VOYAGE AUTOUR DU MONDE

SUR LA FRÉGATE

LA VÉNUS

COMMANDÉE

PAR ABEL DU PETIT-THOUARS,

Capitaine de vaisseau, Commandeur de la Légion-d'Honneur.

PHYSIQUE

PAR U. DE TESSAN,

Ingénieur-hydrographe, Chevalier de la Légion d'Honneur.

TOME IX.

OBSERVATIONS DIVERSES ET RÉSUMÉS.

PARIS,
GIDE, ÉDITEUR,
RUE DES PETITS-AUGUSTINS, 5, PRÈS LE QUAI MALAQUAIS.

1844

Bibliothèque
Centrale

Nᵒ

5/05
229(2)

VOYAGE
AUTOUR DU MONDE

sur la frégate

LA VÉNUS.

IX.

Imprimerie d'A. SIROU, successeur d'A. PIHAN DE LA FOREST, rue des Noyers, 37.

VOYAGE AUTOUR DU MONDE

SUR LA FRÉGATE

LA VÉNUS,

PENDANT LES ANNÉES 1836-1839,

PUBLIÉ PAR ORDRE DU ROI,

SOUS LES AUSPICES DU MINISTRE DE LA MARINE,

PAR ABEL DU PETIT-THOUARS,

Capitaine de vaisseau, Commandeur de la Légion-d'Honneur.

TOME NEUVIÈME.

PARIS,

GIDE, ÉDITEUR,

RUE DES PETITS-AUGUSTINS, 5, PRÈS LE QUAI MALAQUAIS.

1844.

VOYAGE
AUTOUR DU MONDE

SUR LA FRÉGATE
LA VÉNUS.

PHYSIQUE.

IV.

OBSERVATIONS DIVERSES ET RÉSUMÉS.

VOYAGE
AUTOUR DU MONDE

SUR LA FRÉGATE

LA VÉNUS

COMMANDÉE

PAR ABEL DU PETIT-THOUARS,

Capitaine de vaisseau, Commandeur de la Légion-d'Honneur.

PHYSIQUE

PAR U. DE TESSAN,

Ingénieur-hydrographe, Chevalier de la Légion d'Honneur.

TOME IV.

OBSERVATIONS DIVERSES ET RÉSUMÉS.

PARIS,

GIDE, ÉDITEUR,

RUE DES PETITS-AUGUSTINS, 5, PRÈS LE QUAI MALAQUAIS.

1844.

INTRODUCTION.

Ce volume contient d'abord le détail de diverses observations qui n'ont pu trouver place dans les trois volumes précédents, et puis, le résumé complet des observations dont les détails occupent et ces trois volumes et la première partie de celui-ci.

Nous donnons en premier lieu le mémoire de M. J. Lefebvre, sur les montres marines embarquées à bord de la *Vénus,* montres dont cet officier distingué était chargé de suivre les mouvements. Ce mémoire est suivi de l'itinéraire détaillé de la frégate, dû également à M. Lefebvre, tant pour les observations que pour les calculs.

M. le commandant Du Petit-Thouars et M. Lefebvre ayant, par leurs observations astronomiques, déterminé pour chaque jour, dans les lieux où nous avons fait des levés hydrographiques, un grand nombre de positions différentes de la frégate, et ces positions ayant servi à la construction des cartes, nous avons cru devoir en donner aussi le détail. Nous le faisons suivre de la liste des cartes et plans levés à bord de la *Vénus*, de la table des positions géographiques déterminées pendant la campagne, et du tableau général de la hauteur des terres aperçues.

Ces données astronomiques et géographiques sont suivies du détail des observations des marées, faites dans les quinze relâches principales de la *Vénus*, et du détail des observations horaires du baromètre, faites à terre dans ces mêmes relâches. Ces derniers tableaux sont accompagnés d'un tableau graphique présentant aux yeux la marche diurne moyenne de la pression atmosphérique dans chaque lieu d'observation.

Après tous ces détails, viennent les résumés.

Et d'abord, vient le résumé des observations faites à la mer, c'est-à-dire le résumé complet des deux premiers volumes de la partie physique de ce voyage. On y trouve pour chaque jour la position du point de midi et la déclinaison de l'aiguille aimantée; la direction et la vitesse des courants; le maximum, le minimum et la moyenne des températures de la mer; le maximum, le minimum et la moyenne des températures de l'air; le maximum, le minimum et la moyenne de la pression barométrique, et la différence de ces divers maxima aux minima correspondants; la force élastique de la vapeur d'eau contenue dans l'air; le double de la dépression de l'horizon; la direction du vent, l'état du ciel et celui de la mer; et enfin l'indication du parage. Ce résumé est accompagné d'une carte du voyage, sur laquelle nous avons indiqué par des flèches la direction et la vitesse des courants, et où nous avons inscrit, à côté de chaque position, le maximum, le minimum et la moyenne des températures de la mer dans la journée, de manière à présenter ainsi à l'œil l'ensemble des données relatives à l'étude des courants à la surface de la mer.

Pour faciliter encore cette étude, nous avons réuni dans les tableaux suivants, sous le titre de *Anomalies des températures de la mer*, les diverses observations thermométriques les plus propres à mettre en relief l'existence des courants chauds ou froids dans les divers parages que nous avons parcourus.

Sous le titre de *Températures aux attérages*, nous avons réuni les observations des températures de la mer, faites au large et sur les côtes, dans le but d'éclairer la question relative à l'influence du voisinage des terres sur la température de l'eau de la mer.

Les températures de l'Océan sous l'équateur, loin des terres, ayant acquis beaucoup d'importance depuis que l'illustre M. Arago a montré qu'elles pouvaient servir à résoudre la grande question de la variabilité ou de l'invariabilité de l'action calorifique du soleil sur la terre, nous avons cru devoir réunir en un même tableau les maxima, les minima et les moyennes des températures obtenues pour chaque jour, entre 10° de latitude Nord, et 10° de latitude Sud, durant les quatre traversées dans lesquelles la route de la *Vénus* a coupé l'équateur terrestre.

Le tableau suivant complète ce qui est relatif aux températures de la mer, et contient les résultats de nos cinquante-huit grandes sondes thermométriques sous-marines.

Vient ensuite le résumé général et complet des observations, soit astronomiques, soit météorologiques, soit magnétiques, faites à terre dans les diverses relâches de la *Vénus*. Ce résumé est accompagné d'un tableau graphique représentant le mouvement diurne de l'aiguille aimantée horizontale dans nos quinze relâches principales. Et enfin, pour compléter ce qui est relatif au magnétisme terrestre, suit le tableau des positions en longitude et latitude des points de l'équateur magnétique, déterminée par les observations de l'inclinaison de l'aiguille aimantée faites tant à terre que sous voile, à bord de la *Vénus*.

M. le gouverneur général du Kamtschatka à Pétropawlowsky, et M. le savant docteur Rooke aux îles Sandwich, ayant eu l'extrême obligeance de communiquer à M. le commandant Du Petit-Thouars les résultats de leurs intéressantes observations météorologiques faites dans ces deux localités importantes, nous donnons ici ces résultats à la suite de nos propres observations, persuadés qu'on nous saura gré d'avoir dérogé en cette occasion à la règle que nous nous étions imposée, de ne publier dans cet ouvrage que les résultats de nos propres travaux.

Tels sont les matériaux qui composent ce quatrième volume, matériaux auxquels nous aurons à chaque instant l'occasion de renvoyer le lecteur, dans le cinquième et dernier volume de cette partie physique du voyage de la *Vénus*.

Nota. Les errata relatifs à ce tome-ci se trouvent à la fin du volume, page 155.

SUPPLÉMENT AUX ERRATA

DU TOME PREMIER DE LA PARTIE PHYSIQUE.

(Voir à la fin du troisième volume.)

A la page 168, le 14 juin 1837, les colonnes des températures de l'air et de la mer sont transposées; il faut par conséquent les permuter entr'elles pour les remettre à leurs places.

PAGES.	DATES.	DÉSIGNATION.	ERREURS.	CORRECTIONS
167	Le 13 juin 1837.	Température de l'air, le soir, à 1 h.	31°,0	30°,0
208	Le 24 juill. 1837.	Longitude.	160° 21'	160° 12'
209	Le 25 juill. 1837.	Température de la mer, le soir, à 2 h.	26°,8	25°,8
261	Le 16 sept. 1387.	Latitude.	52° 46'	53° 01'
Id.	Id.	Longitude.	153° 28'	156° 23'
Id.	Id.	Température moyenne de la mer.	10,°61	11°,07
406	Le 7 févr. 1838.	Tempér. de la mer, à 5 h. et à 6 h. du s.	27°,0^m	24°,0^m
464	Le 15 févr. 1838.	Vitesse du courant.	57,4	22,5

SUPPLÉMENT AUX ERRATA

DU TOME DEUXIÈME DE LA PARTIE PHYSIQUE.

(Voir à la fin du troisième volume).

PAGES.	DATES.	DÉSIGNATION.	ERREURS.	CORRECTIONS
28	Le 28 avril 1838.	Température de la mer, le matin, à 3 h.	13°,8	12°,8
		4	13,8	12,8
		5	13,9	12,9
Id.	Id.	Id. Le soir, à 7 h.	14°,5	15°,5
		8	14,0	15,8
		9	14,0	15,8
		10	13,8	15,8
		11	13,8	15,8
		Minuit,	13,8	15,8
Id.	Id.	Id. Moyenne.	13°,77	14°,07
116	Le 25 juill. 1838.	Dans le titre. Latitude,	Nord.	Sud.
119	Le 28 juill. 1838.	Id. Id.	Id.	Id.
120	Le 29 juill. 1838.	Id. Id.	Id.	Id.
121	Le 30 juill. 1838.	Id. Id.	Id.	Id.
135	Le 13 août 1838.	Id. Id.	Id.	Id.
136	Le 14 août 1838.	Id. Id.	Id.	Id.
137	Le 15 août 1838.	Id. Id.	Id.	Id.
137	Le 15 août 1838.	Température de la mer, le matin, à 3 h.	15°,3	16°,3
Id.	Id.	Id. 4	15,2	16,2
262	Le 19 déc. 1838.	Température de la mer, le soir, à 7 h.	20°,3	22°,3
		8	20,2	22,2
		9	20,2	22,2
		10	20,0	22,0
		11	20,0	22,0
		Minuit,	20,0	22,0
Id.	Id.	Id. Moyenne.	20°,82	21°,32
282	Le 8 janv. 1839.	Température de la mer, le matin, à 1 h.	9°,6	13°,7
		2	9,5	13,6
		3	9,3	13,7
		4	9,3	13,5
		5	9,5	13,2

SUITE DU SUPPLÉMENT AUX ERRATA DU TOME DEUXIÈME.

PAGES.	DATES.	DÉSIGNATION.	ERREURS.	CORRECTIONS
282	Le 8 janv. 1839.	Températures de la mer, le matin, à 6 h.	9,8	13,0
		7	10,0	12,8
		8	10,0	12,8
		9	10,0	12,5
		10	10,0	12,2
		11	10,0	12,0
		Midi.	10,2	12,0
		1	11,5	12,4
Id.	Id.	..... Id. ..... Moyenne. 2	12,0	12,7
448	Le 23 juin 1839.	Températures de la mer, le soir, à 5 h.	$11^o,26$	$12^o,86$
		6	15,6	15,8
		7	15,6	15,5
		8	15,5	15,5
		9	15,3	15,3
		10	15,8	15,0
		11	15,5	14,7
		Minuit.	15,5	14,5
Id.	Id.	..... Id. .... Moyenne. ...	15,55	14,5
456	Le 25 mai 1839.	.... Vitesse du courant,	51,0	15,40
				17,0

SUPPLÉMENT AUX ERRATA

DU TOME TROISIÈME DE LA PARTIE PHYSIQUE.

(Voir à la fin du troisième volume.)

PAGES.	DÉSIGNATION.	ERREURS.	CORRECTIONS.
112	Au premier tableau, dans le résultat. Azimuth magnét.	$98^o 41'$	$62^o 58'$
Id.	..... Id. .... Id. ..... Azimuth astron. .	92 30	56 48
Id.	..... Id. .... Id. .... Déclinaison. .	6 11	6 10
123	Dans le titre. .... Date.	12 mai.	2 mai.
Id.	..... Id. .... Heure.	8 h.	3 h.
160	..... Id.	octobre.	novembre.
172	..... Id. .... Date.	3 mars.	23 mars.
173	..... Id.	soir.	matin.
179	..... Id. .... Latitude. ...	$20^o 18'$	$21^o 18'$
Id.	..... Id. .... Inclinaison. .	41 54	41 59
180	..... Id. .... Latitude. ...	20 18	21 18
Id.	..... Id. .... Inclinaison. .	41 54	41 59
Id.	..... Id. .... Vers.	matin.	soir.
192	..... Id.	9 h.	11 h.
205	21° ligne.	1,383	1,381
216	Dans le titre.	1858	1838
224	..... Id.	Avril.	novembre.
252	Au 1er tableau, dans le résultat Température après,	$24^o,8$ ext.	$22^o,8$ ext.
Id.	..... Id. .... Id.	22,8 int.	24,8 int.
254	..... Id. .... Id.	22,5 ext.	27,5 ext.
288	A la 6 ligne.	$2^o 9'$	$1^o 35'$
Id.	A la 10 ligne.	1 31	1 27
291	Dans le titre. .... Inclinaison moyenne,	$8^o,4$	$8^o,04$
311	..... Id. .... Latitude. ...	$2^o 26'$	$3^o 23'$
Id.	..... Id. .... Longitude. ..	98 47	99 51
Id.	..... Id. ..... Point correspondant { Latitude. ...	3 16	4 14
	{ Longitude. ..	98 51	99 58
333	Dans les errata, supprimer l'erratum relatif à la p. 126. .		

MÉMOIRE

SUR LES

MONTRES MARINES

EMBARQUÉES A BORD DE LA VÉNUS

PENDANT LES ANNÉES 1836, 1837, 1838 ET 1839;

PAR M. J. LEFEBVRE,

Enseigne de vaisseau, chargé des montres.

Les longitudes données par les montres marines ayant servi non-seulement à tracer l'itinéraire de la frégate, mais encore à construire des cartes hydrographiques, il devient nécessaire d'exposer ici les soins dont ces instruments délicats ont été l'objet, de faire connaître les principales circonstances de leurs marches, et d'indiquer le mode d'observation et les méthodes de calcul dont on a fait usage. C'est ce que nous allons faire sommairement pour passer ensuite aux détails relatifs à chaque traversée en particulier.

Le 24 décembre 1836, l'observatoire de la marine à Brest, délivra, pour la frégate la *Vénus*, les montres marines n°s 75, 76 et 127 de Berthoud, 186 Motel, et les chronomètres de poche 175 Motel, et 9 Bréguet.

Les montres, dans leurs boîtes où elles sont suspendues à la Cardan, furent placées comme elles le sont ordinairement à bord de nos grands bâtiments : sur une tablette à compartiments, soutenue et fixée au pont inférieur par deux billots en chêne scellés invariablement. Le tout enfermé dans une armoire située à l'avant du mât d'artimon dans le faux-pont.

Les montres ont été comparées tous les jours aux environs de 8 heures, et montées immédiatement après. On a consigné dans un journal ces comparaisons avec leurs différences premières et secondes, au moyen desquelles on était averti immédiatement des brusques écarts d'une montre par rapport aux autres. Celle qui servait d'étalon avait été choisie comme inspirant le plus de confiance par la régularité de sa marche.

A la mer, les observations ont été faites avec un sextant ou un cercle de réflexion, et consignées dans des cahiers où l'on a eu soin de noter l'état du ciel et de la mer au moment des observations. Un chronomètre de poche dont la marche était régulière, servait aux comparaisons avec les montres marines. Les angles horaires pour les longitudes ont été calculés en nombres ronds, ce qui est d'une exactitude suffisante, eu égard aux éléments qui entrent dans la formule.

A terre, le temps a été déterminé par des hauteurs absolues du soleil ou des étoiles, observées matin et soir au théodolite répétiteur de Gambey, quelquefois, mais rarement, avec le cercle de réflexion et l'horizon en glace du même artiste. Les angles horaires ont alors été calculés avec toute la rigueur possible, tenant compte des corrections du baromètre et du thermomètre.

Les états et marches des montres dans chaque relâche ont été calculés d'après les formules de M. Daussy (voir la connaissance des temps de 1835). Ces formules ont l'avantage de faire entrer toutes les observations d'une même relâche dans la combinaison des résultats. Cette méthode nous paraissant préférable à celle où l'on ne se sert que des observations du jour de départ comparées à celles du jour d'arrivée, nous l'avons presque toujours employée.

Des registres où l'on a consigné les observations et les calculs faits pendant la campagne, nous extrairons les tableaux suivants, n°s 1, 2, 3, pour montrer de quelle manière ces registres ont été tenus. (Ces registres seront, du reste, déposés au Dépôt des cartes de la marine, et mis à la disposition des personnes qui pourraient avoir à les consulter.)

Les tableaux n°s 4, 5 et 6, exposant le mouvement des montres marines pendant l'espace des trente mois qu'a duré le voyage de la *Vénus*, feront voir le degré de confiance qu'on doit accorder aux indications de chacune d'elles.

TABLEAU N° I.

SPÉCIMEN DU REGISTRE DES COMPARAISONS JOURNALIÈRES.

DATES.	HEURES à la montre 76.	HEURES à la montre 127.	DIFFÉRENCE première.	DIFFÉR. seconde.	OBSERVATION.
Année 1838.	h. m. s.	h. m. s.	h. m. s.	s.	Chaque montre a une page semblable tous les mois.
1ᵉʳ janv.	3 36 04,5	1 49 00,0	1 47 04,5		
2	3 42 01,8	1 55 00,0	1 47 01,8	— 2,7	
3	3 30 59,5	1 44 00,0	1 46 59,5	— 2,3	
4	3 45 57,0	1 59 00,0	1 46 57,0	— 2,5	
5	3 15 53,7	1 29 00,0	1 46 53,7	— 3,3	
6	3 09 51,0	1 23 00,0	1 46 51,0	— 2,7	
7	3 08 47,8	1 22 00,0	1 46 47,8	— 3,2	
8	3 19 45,0	1 33 00,0	1 46 45,0	— 2,8	
9	3 46 41,9	2 00 00,0	1 46 41,9	— 3,1	
10	2 54 38,4	1 08 00,0	1 46 38,4	— 3,5	

TABLEAU N° 2.

SPÉCIMEN DU REGISTRE DES ÉTATS ET MARCHES.

Observations d'angles horaires qui ont servi à déterminer la marche des montres à Acapulco (Mexique).

DATES.	Hauteurs observées du centre du soleil. Au théodolite répétit.	Baromèt. à l'inst. des observat.	Therm. du baromèt.	Therm. centigr. libre à l'ombre.	Temps vrai astronomique des observations.	Temps moyen de Paris correspondant.	Heures à la montre n° 76 à l'instant des observations.	États du n° 76 sur le temps moyen de Paris.	ÉTATS ADOPTÉS.
9 janv. 1838.	1re série 12°56'40",9 2e série 15 07 22 ,3 3e série 16 48 49 ,9	mill. 761,4 id. id.	+25°,0 Id. id.	+25°,0 +25,0 +25,6	h. m. s. 10 27 40,90 19 38 05,33 19 46 14,10	h. m. s. 2 24 10,28 2 34 34,88 2 42 43,81	h. m. s. 2 40 36,75 2 51 03,15 2 59 10,13	h. m. s. Av. 0 16 26,47 0 16 28,27 0 16 26,32	h. m. s. Av. 0 16 26,30
10	1re série 27 50 33 ,5 2e série 26 04 20 ,4 3e série 24 17 16 ,5	762,8 id. id.	+29,8 Id. id.	+29,0 +28,7 +28,0	3 18 37,25 3 27 48,73 3 36 55,76	10 15 14,46 10 24 36,10 12 33 33,28	10 31 41,02 10 40 52,94 10 50 00,19	Av. 0 16 26,56 0 16 26,84 0 16 26,91	Av. 0 16 26,87
10	1re série 18 18 55 ,5 2e série 19 47 42 ,5 3e série 24 65 00 ,1	764,0 id. id.	+27,0 id. id.	+25,0 +25,2 +26,0	19 53 11,10 20 00 24,87 20 25 58,63	2 50 04,79 2 57 18,67 3 22 52,75	3 06 35,85 3 13 50,18 3 39 24,25	Av. 0 16 31,06 0 16 31,51 0 16 31,50	Av. 0 16 31,50
11	1re série 26 28 55 ,4 2e série 24 48 49 ,5 3e série 23 21 35 ,1	763,7 id. id.	+31,5 Id. Id.	+29,3 +28,5 +28,7	3 26 08,63 3 34 40,63 3 42 01,40	10 23 09,66 10 31 41,80 10 39 02,69	10 39 39,12 10 48 11,20 10 55 32,03	Av. 0 16 29,47 0 16 29,40 0 16 20,34	Av. 0 16 29,40
20	1re série 18 30 11 ,7 2e série 20 13 06 ,1 3e série 21 33 12 ,8	763,8 Id. Id.	+29,2 Id. id.	+26,2 +26,4 +26,6	19 50 39,10 19 58 08,43 20 04 34,80	2 50 56,24 2 58 25,65 3 04 52,10	3 08 11,03 3 15 40,37 3 22 06,53	Av. 0 17 14,79 0 17 14,72 0 17 14,43	Av. 0 17 14,75
21	1re série 27 07 01 ,3 2e série 25 32 11 ,9 3e série 23 33 50 ,1	762,0 Id. Id.	+28,5 Id. id.	+30,0 +29,7 +29,5	3 28 11,16 3 36 27,18 3 45 47,47	10 28 33,55 10 36 27,18 10 46 10,06	10 45 47,08 10 53 40,91 11 03 23,83	Av. 0 17 13,53 0 17 13,73 0 17 13,77	Av. 0 17 13,75
21	1re série 18 07 33 ,0 2e série 19 31 42 ,5 3e série 20 49 16 ,5	761,6 Id. Id.	+22,2 id. id.	+26,6 +26,8 +27,2	19 47 40,13 19 54 20,63 20 00 32,16	2 48 13,68 2 54 54,25 3 01 05,85	3 05 32,10 3 12 12,40 3 18 25,10	Av. 0 17 18,42 0 17 18,15 0 17 19,52	Av. 0 17 18,28
22	1re série 23 53 29 ,9 2e série 22 01 34 ,5 3e série 20 39 12 ,4	762,2 Id. Id.	+20,5 id. id.	+28,6 +28,8 +28,3	3 44 45,03 3 53 49,43 4 00 25,70	10 45 23,80 10 54 28,30 11 05 04,74	11 02 43,32 11 11 47,82 11 18 24,91	Av. 0 17 19,52 0 17 19,52 0 17 20,17	Av. 0 17 19,52

Prenant pour point de départ la date du 22 janvier, et combinant entr'elles les observations du matin par les formules de M. Daussy, on trouve que le 22 janvier, à 3 h., T. M. P., le n° 76 avançait de 0 h. 17′18″,19, et que du 9 au 21 janvier, la marche diurne du même n° avait été une avance de 4″,315. Combinant aussi entr'elles les observations du soir, on trouve que le 22 janvier, à 10 h. T. M. P., le n° 76 avançait de 17′18″,70, et que du 10 au 22 janvier, le même numéro avait eu pour marche diurne une avance de 4″,376. D'où, en prenant la moyenne de ces résultats, on obtient une avance de 0 h. 17′18″,695 pour l'état de la montre 76 sur le temps de Paris, à 6 h. 30′0″. T. M. P., et une avance de 4″,345 pour sa marche diurne.

TABLEAU N° 3.

SPÉCIMEN DU REGISTRE DES LATITUDES OBSERVÉES
ET DES LONGITUDES OBTENUES PAR LES MONTRES.

(ANNÉE 1838)

DATES.	Latitude à l'inst. des observat.	Différ. en long. entre midi et l'heure des observ.	Temps vrai astronom. des observat.	N° 9. Heure de la montre à l'instant des observat.	N° 9. Heure de l'État cor. de la montre sur le T. M. P.	N° 9. Heure vraie de Paris.	N° 9. Longitude occident.	N° 76. Heure à l'État de la montre à l'instant des observat.	N° 76. État de la montre sur le temps moyen de Paris.	N° 76. Heure vraie de Paris.	N° 76. Longitude occidentale.	N° 127. Heure à la montre à l'instant des observat.	N° 127. État de la montre sur le temps moyen de Paris.	N° 127. Heure vraie de Paris.	N° 127. Longitude occidentale.
janv. 1838	15°37'00" Boréale.	1',3 E.	h. m. s. 19 52 00,8	h. m. s. 4 53 37,07	Avance. h. m. s. 2 02,51	h. m. s. 2 39 08,41	101°46'51"	h. m. s. 3 09 01,17	Avance. h. m. s. 0 17 26,72	h. m. s. 2 39 08,30	101°46'55"	h. m. s. 1 23 09,47	Retard. h. m. s. 1 28 24,78	h. m. s. 2 39 08,10	101°46'40"
23															
24	15 31 47	»	00 00 00,0	»	»	»	»	»	»	»	»	h. m. s. »	h. m. s. »	h. m. s. »	h. m. s. »
24	13 58 40	2,2	19 59 03,3	4 58 04,07	2 1 49,72	2 43 34,07	101 07 41	3 13 46,37	0 17 31,09	2 43 35,00	101 07 55	1 27 57,87	1 28 17,06	2 43 34,66	101 07 50
25	13 50 20	»	00 00 00,0	»	»	»	»	»	»	»	»	»	»	»	»
25	12 17 30	1,7	19 46 52,0	4 46 59,17	2 1 37,10	2 32 28,58	101 24 08	3 02 59,17	0 17 35,80	2 32 30,29	101 24 34	1 17 14,67	1 28 09,43	2 32 30,51	101 24 42
26	12 06 37	»	00 00 00,0	»	»	»	»	»	»	»	»	»	»	»	»
26	10 23 50	4,1	19 51 14,4	4 51 24,10	2 1 24,33	2 36 53,77	101 24 50	3 07 42,00	0 17 39,75	2 36 58,25	101 25 28	1 22 01 00	1 28 01,81	2 36 50,81	101 25 36
27	9 55 36	»	00 00 00,0	»	»	»	»	»	»	»	»	»	»	»	»

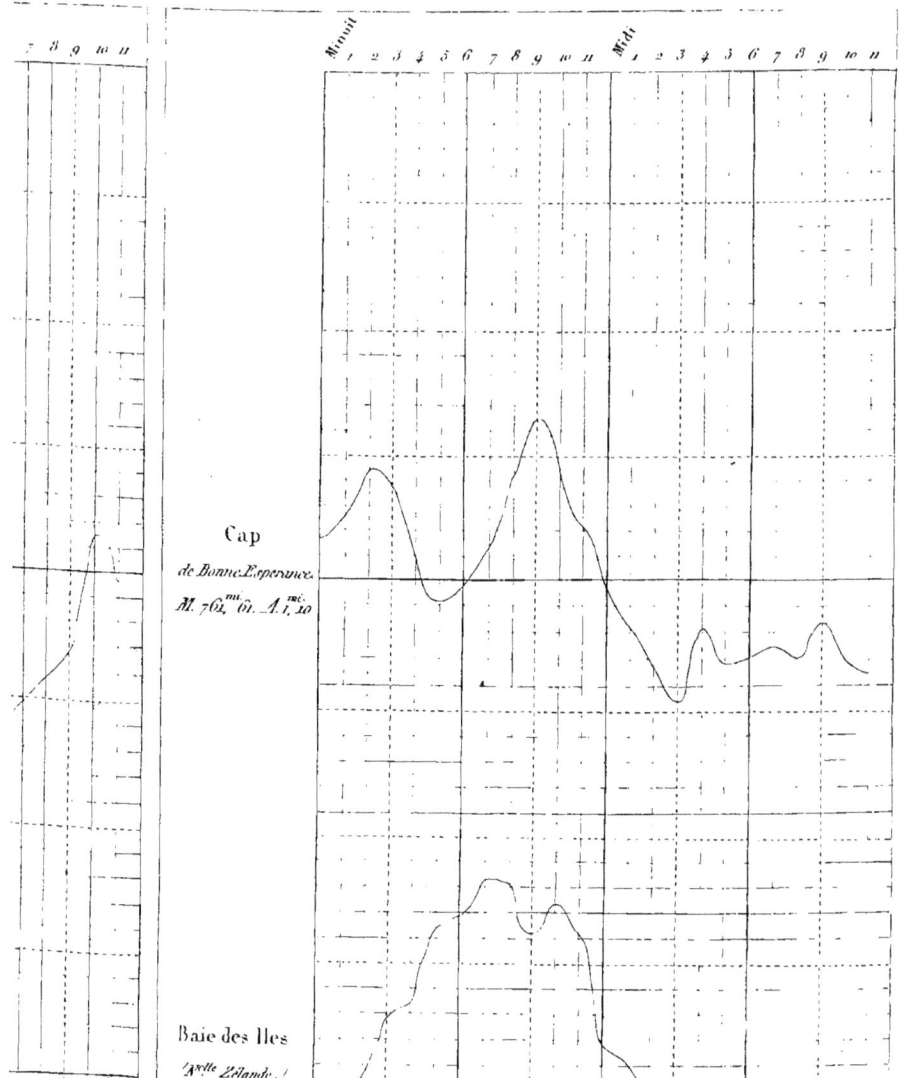

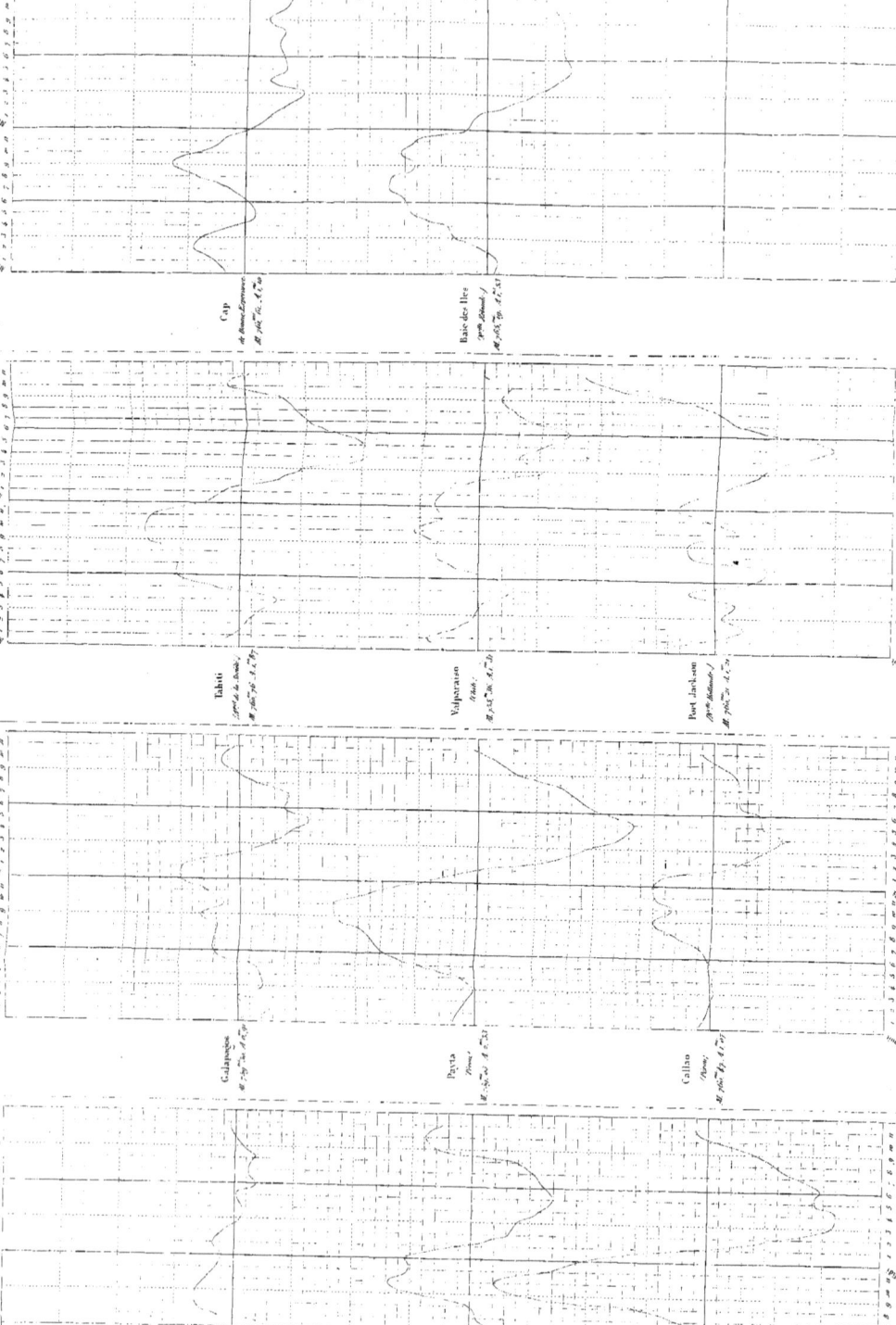

On voit par ce qui précède que de six montres embarquées sur la frégate, deux ont été mises hors de service par suite de l'oxidation de quelques pièces ; deux autres ont eu des marches si peu régulières, qu'on devra se défier de leurs résultats, et que les deux dernières seules sont restées dans les limites ordinaires des bons chronomètres, surtout pendant l'année 1838 où la frégate a parcouru des climats de température peu différente.

Le prompt dérangement des n°s 75 et 9, fait voir combien l'air humide, salin et sulfuré du bord agit destructivement sur le mécanisme des montres.

Au reste, ces influences atmosphériques nous paraissent être les principales causes des irrégularités que l'on observe dans la marche des chronomètres, surtout par la détérioration qu'elles occasionnent dans les huiles. Et tout ce qui contribuera à affaiblir ces causes, sera un perfectionnement heureux qui accroîtra l'utilité de ces machines délicates déjà si utiles à la marine.

Les secousses ordinaires d'un bâtiment, dues au roulis et au tangage, n'occasionnent généralement pas de variations bien sensibles dans la marche des montres : il n'en est pas de même de de l'ébranlement causé par des salves d'artillerie. Nous attribuâmes à de nombreux saluts faits en rade de Valparaiso, les écarts subits de plusieurs chronomètres pendant cette relâche. On pensa qu'en les mettant entre deux matelas sur un cadre suspendu, on empêcherait les vibrations de l'air de troubler leur mouvement, et ce moyen paraissant avoir assez bien réussi, on l'employa désormais quand on fit des salves dans la batterie basse.

Enfin, après cet exposé, nous discuterons la marche

des montres durant chaque traversée, afin de faire apprécier le degré d'exactitude des positions déterminées pendant l'intervalle.

TRAVERSÉE DE BREST A RIO-JANEIRO.

Le transport des montres de l'Observatoire à bord de la frégate, fut effectué dans des circonstances défavorables.

Elles éprouvèrent des secousses qui durent altérer leur mouvement, mais on ne put constater ce fait, même par une simple comparaison avec l'observatoire, le départ ayant eu lieu le lendemain de bonne heure. Cette cause, jointe à l'action locale et aux influences atmosphériques qui furent très-grandes pendant cette traversée, dut nécessairement altérer d'une manière irrégulière la marche des montres. Aussi les résultats qu'elles donnent sont-ils en désaccord dès les premiers jours, et ils continuent à s'écarter jusqu'à Rio-Janeiro, où l'on trouve le 5 février 1837 pour la longitude de l'observatoire à l'île de Villegagnon :

$$\left.\begin{array}{rl} N° \ 75 &= 3\ h.\ 0'\ 39'',20 \\ 127 &= 3 \quad 2\ 59,87 \\ 186 &= 3 \quad 4\ 15\ ,80 \\ 76 &= 3 \quad 1\ 57\ ,00 \\ 175 &= 3 \quad 1\ 57\ ,07 \end{array}\right\} \text{(Conn. temps 1842)} = 3\ h.\ 2'0''$$

L'hypothèse d'une variation uniformément progressive dans la marche des montres n'est guère admissible, eu égard au nombre et à la nature des causes qui l'ont produite. C'est ce que prouve d'ailleurs le calcul, si l'on veut corriger la longitude de Rio d'après cette méthode. Ainsi, les différences entre les marches de Brest et celles observées à Villegagnon étaient pour le

$$\begin{array}{rl} \text{N°} \ 75 & -\ 2'',05 \\ 127 & +\ 2\ ,08 \\ 186 & +\ 5\ ,38 \\ 76 & +\ 2\ ,02 \\ 175 & -\ 1\ ,34 \end{array}$$

L'intervalle (40 jours) écoulé entre le 27 décembre et le 5 février, donne les constantes suivantes pour le

$$\begin{array}{rl} \text{N°}\ 75 & 0'',051 \\ 127 & 0\ ,052 \\ 186 & 0\ ,134 \\ 76 & 0\ ,050 \\ 175 & 0\ ,033 \end{array}$$

D'où, au moyen du facteur 820 correspondant au nombre 40, nous déduisons les corrections suivantes pour le

$$\begin{array}{rl} \text{N°}\ 75 & +\ 41'',82 \\ 127 & -\ 42\ ,64 \\ 186 & -\ 109\ ,88 \\ 76 & -\ 41\ ,00 \\ 175 & +\ 27\ ,06 \end{array}$$

Et les longitudes précédentes deviendront :

$$\begin{array}{rl} \text{N°}\ 75 & =3\text{h}.\ 01'21'',02 \\ 127 & =3\ \ 02\ \ 17\ ,23 \\ 186 & =3\ \ 02\ \ 25\ ,92 \\ 76 & =3\ \ 01\ \ 16\ ,00 \\ 175 & =3\ \ 02\ \ 24\ ,06 \end{array}$$

Bien que la moyenne se soit rapprochée de la vérité, les

résultats partiels diffèrent encore trop pour y ajouter grande confiance. Je pense donc qu'il vaut mieux donner ceux de la montre n° 76, non corrigés, plutôt que d'introduire, par des hypothèses, des erreurs peut-être plus grandes que celles qui existent déjà, et c'est ce que l'on a fait pour tracer l'itinéraire de la frégate.

On n'a point fait de corrections aux longitudes de cette traversée.

Ainsi les positions déterminées dans l'intervalle, sont :

POSITIONS GÉOGRAPHIQUES DÉTERMINÉES PENDANT LA TRAVERSÉE.					
			LONGITUDES.		
NOMS DES LIEUX.	Latitudes.	Comment déterminées.	Comptées du méridien de l'observatoire de Brest.	Comptées du méridien de Paris.	Comment déterminées.
Fernando Noronha (Pic).	3°50' 10" A.	Triangulation.	27°56' 20" O.	34°46'09" O	Mont. n° 76.
Rio-Janeiro (Ile Villegagnon, pointe N.)	22 54 32 A.	déd. du plan.	38 39 26 O.	45 29 15 O.	Mont. n° 76.
				45 30 00 O.	C. T. 1842.

TRAVERSÉE DE RIO-JANEIRO A VALPARAISO.

L'état de l'atmosphère a éprouvé de si grandes vicissitudes pendant la traversée de Rio à Valparaiso, que, lors même que les marches des montres paraîtraient avoir peu varié, on devrait néanmoins suspecter leurs résultats.

Or, voici ce que les marches de Rio donnèrent pour longitude de l'observatoire dans l'Almendral, à Valparaiso :

$$\left.\begin{array}{rl} N° \ 75 & = 4\text{h}.58'58",0 \\ 76 & = 5\ \ 00\ \ 45,0 \\ 127 & = 4\ \ 59\ \ 59,2 \\ 175 & = 4\ \ 59\ \ 56,9 \\ 186 & = 4\ \ 59\ \ 10,3 \\ \hline & 298\ \ 49,4 \end{array}\right\} \text{Moyenne. } 4\text{ h. } 59'45",9.$$

Ces résultats sont trop mauvais pour inspirer la moindre confiance. Si néanmoins on veut les corriger par la formule du mouvement uniformément accéléré, en comparant les marches de Rio à celles de Valparaiso, on obtient les différences suivantes :

$$\begin{array}{rl} \text{Pour le n°} \ 75 & +\ 3",33 \\ 76 & +\ 3,23 \\ 127 & +\ 4,53 \\ 175 & +\ 4,51 \\ 186 & +\ 5,26 \end{array}$$

D'où, au moyen de l'intervalle (75 jours) écoulé entre le 13 février et le 29 avril 1837, on détermine les constantes suivantes :

$$\begin{array}{rl} N° \ 75 & 0",0444 \\ 76 & 0,0430 \\ 127 & 0,0604 \\ 175 & 0,0601 \\ 186 & 0,0701 \end{array}$$

Avec ces constantes et le facteur 2850 correspondant à 75 jours, on obtient les corrections à faire aux longitudes précédentes qui deviennent :

$$
\begin{array}{rl}
\text{N}° \ 75 & 4\text{ h. } 56'51'',46 \\
76 & 4 \ \ 58 \ 42 \ ,45 \\
127 & 4 \ \ 57 \ 28 \ ,20 \\
175 & 4 \ \ 57 \ 25 \ ,90 \\
186 & 4 \ \ 55 \ 50 \ ,80 \\
\hline
& 36 \ 18 \ ,81
\end{array}
\Bigg\} \text{Moyenne.} = 4 \text{ h. } 57'15'',76.
$$

Comme on le voit, il faudra s'abstenir de fixer quelque position géographique par les montres dans cette traversée, à moins que ce ne soit fort près du point de départ ou de celui d'arrivée. Pour tracer l'itinéraire de la frégate, nous adopterons le n° 186, dont le résultat corrigé s'approche le plus de la vérité, et ainsi, pour chaque jour de la traversée, nous chercherons le produit de la constante 0'',07 par le nombre triangulaire correspondant au jour désigné. Puis nous retrancherons le produit de la longitude obtenue par les marches observées à Rio-Janeiro.

TABLEAU DES CORRECTIONS FAITES AUX LONGITUDES DONNÉES PAR LE N° 186.

DATES.	Corrections en degrés.	DATES.	Corrections en degrés.	DATES.	Corrections en degrés.	DATES.	Corrections en degrés.
1837.	soustractives.		soustractives.		soustractives.		soustractives.
14 fév.	0' 01"	5 mars.	3 40	24 mars.	13 59	12 avril.	29 56
15	0 03	6	4 02	25	14 21	13	30 58
16	0 06	7	4 25	26	15 04	14	32 01
17	0 10	8	4 49	27	15 48	15	33 05
18	0 16	9	5 15	28	16 33	16	34 11
19	0 22	10	5 41	29	17 19	17	35 17
20	0 29	11	6 08	30	18 07	18	36 23
21	0 38	12	6 37	31	18 55	19	37 33
22	0 47	13	7 06	1er avril.	19 44	20	38 42
23	0 58	14	7 37	2	20 35	21	39 53
24	1 09	15	8 08	3	21 26	22	41 03
25	1 22	16	8 41	4	22 19	23	42 11
26	1 35	17	9 14	5	23 12	24	43 29
27	1 50	18	9 49	6	24 06	25	44 43
28	2 06	19	10 25	7	25 02	26	45 59
1er mars.	2 22	20	11 01	8	25 59	27	47 16
2	2 41	21	11 39	9	26 57	28	48 33
3	2 59	22	12 18	10	27 56	29	49 52
4	3 19	23	12 58	11	28 55		

POSITIONS GÉOGRAPHIQUES DÉTERMINÉES PENDANT LA TRAVERSÉE.

NOMS DES LIEUX.	Latitudes.	Comment déterminées.	LONGITUDES. Comptées du méridien de Rio (Villegagnon).	LONGITUDES. Comptées du méridien de Paris.	Comment déterminées.
Valparaiso (Obs. de l'Almendral, maison Green et Macferlan).	33°3'36" A.	Par des hauteurs d'étoil.	28°29' 17"O.	73°59' 17"	Mont. n°186.
Valparaiso (Fort Antoine).	33 1 56 A.	Déduit du précédent.	28 30 00	74 00 00 / 74 1 39	montre 186. / C. T. 1842.

TRAVERSÉE DE VALPARAISO AU CALLAO DE LIMA.

Les marches observées pendant la relâche à Valparaiso, doivent être entachées de quelque erreur, provenant des irrégularités produites par les nombreuses salves d'artillerie faites depuis le 27 avril jusqu'au 10 mai. Du moins, ce n'est guère qu'à cette cause qu'on peut attribuer les différences suivantes, trouvées entre les marches de Valparaiso et celles conclues au Callao.

$$\begin{array}{rl} \text{Pour le n° } 75 & +\ 0'',13 \\ 76 & +\ 0\ ,50 \\ 175 & +\ 6\ ,64 \\ 186 & +\ 2\ ,80 \\ 127 & +\ 1\ ,35 \end{array}$$

Ces différences prouvent qu'il faudra suspecter surtout et même éliminer les résultats donnés par les n°s 175 et 186. Ainsi le 27 mai on trouve pour la longitude du mouillage du Callao :

$$\begin{array}{rl} \text{N° } 75 & = 5\text{ h. } 18'\ 12'',87 \\ 76 & = 5 \quad 18\ 30\ ,73 \\ 127 & = 5 \quad 18\ 22\ ,67 \\ 186 & = 5 \quad 18\ 29\ ,73 \\ 175 & = 5 \quad 19\ 38\ ,27 \end{array}$$

Et en éliminant les deux derniers numéros, nous avons pour longitude moyenne 5 h. 18'22",16.

La cause présumée des variations qu'on a trouvées dans les marches, fait supposer que l'hypothèse d'un mouvement uniforme sera peu favorable. Cependant, si, au moyen des différences précédentes, et de l'intervalle (14 jours) écoulé entre le 13 et le 27 mai, on détermine les constantes suivantes :

pour le n° 75 0",009
76 0 ,035
127 0 ,096

on pourra corriger les résultats donnés par ces montres, et l'on aura pour la longitude du Callao :

N° 75 = 5 h. 18' 12",00
76 = 5   18 27 ,07
127 = 5 18 12 ,60
—————
51 ,67

Moyenne 5 h. 18'17",22.

Mais la longitude du point de départ, c'est-à-dire, celle de l'observatoire de l'Almendral à Valparaiso avait été supposée 4 h. 56'15",00.

On aura donc pour différence en longitude entre l'observavatoire à Valparaiso et le mouillage au Callao 0 h. 22'02",22.

Pour tracer l'itinéraire de la frégate, on a adopté les résultats donnés par la montre 75, et corrigés de la variation de sa marche comme ci-dessus

TABLEAU DES CORRECTIONS APPORTÉES AUX LONGITUDES DU N° 75.

DATES.	Corrections en degrés.	DATES.	Corrections en degrés.
1837.	Soustractives.		Soustractives.
14 mai.	0"	21 mai.	5
15	0	22	6
16	1	23	7
17	1	24	9
18	2	25	10
19	3	26	12
20	4	27	11

NOMS DES LIEUX.	Latitudes.	Comment déterminées.	LONGITUDES.		Comment déterminées.
			Comptées du méridien de Valparaiso (fort St-Ant.).	Comptées du méridien de Paris.	
Callao (mouillage).	12°3'30" A.	Déduite du plan.	5°32'21" O.	79°34'00" O.	Mont. n° 76
Callao (fort du Soleil).	12 3 38	Haut. circum.	5 31 21	79 33 00	M. 76.
			5 28 53	79 30 32	(76,127,75)
			5 32 25	79 34 04	C. T. 1842.

TRAVERSÉE DU CALLAO A HONOLOULOU.

Pendant cette traversée, la température a été assez uniforme pour qu'on suppose que les variations qu'ont éprouvées les montres aient été progressives, ainsi les marches observées au Callao étant :

$$N° \quad 76 \quad + \quad 0",78$$
$$175 \quad + \quad 19,27$$
$$127 \quad + \quad 7,08$$

Et celles observées à Honoloulou :

$$N° \quad 76 \quad + \quad 3",44$$
$$175 \quad + \quad 20,66$$
$$127 \quad + \quad 7,45$$

On en déduira les différences suivantes :

$$\begin{array}{ll} N^o\ 76 & +\ 2'',66 \\ 175 & +\ 1\ ,39 \\ 127 & +\ 0\ ,47 \end{array}$$

D'où, au moyen de l'intervalle (41 jours) écoulé entre le 1ᵉʳ juin et le 12 juillet 1837, on déterminera les constantes suivantes :

$$\begin{array}{ll} N^o\ 76 & 0'',065 \\ 175 & 0\ ,034 \\ 127 & 0\ ,011 \end{array}$$

Le produit de ces constantes par le nombre triangulaire correspondant à un jour quelconque de la traversée, sera la correction de la longitude de ce même jour. Opérant de cette manière sur les résultats trouvés le 12 juillet pour l'observatoire d'Honoloulou, on trouve les longitudes :

$$\begin{array}{lllll} N^o\ 76 & 10\ h.\ 40'17'',26, & \text{au lieu de} & 10\ h.\ 41'13'',22 \\ 175 & 10\quad 40\ \ 44\ ,18 & & 10\quad 41\ \ 13\ ,45 \\ 127 & 10\quad 40\ \ 31\ ,53 & & 10\quad 40\ \ 41\ ,09 \end{array}$$

Toutefois, ces résultats s'accordent encore peu et n'inspirent pas grande confiance. Leur moyenne donne 10 h. 40′30″,99, et comme la longitude du Callao avait été supposée de 5 h. 18′18″,00, on en conclura pour différence en longitude entre ces deux lieux 5 h. 22′13″,00. La montre n° 127 se rapprochant le plus de la moyenne, et ayant le moins changé de marche dans l'intervalle, c'est elle que nous avons adoptée pour tracer l'itinéraire de la frégate, en corrigeant ses résultats comme ci-dessus, par la formule du mouvement uniformément accéléré.

IX.

Remarque. —Douze jours après le départ du Callao, le 14 juin, le n° 75 s'est arrêté par la rupture de quelque pièce oxidée. Dans la nuit du 23 au 24 juin, le n° 186, qui n'avait pas été remonté entièrement, s'est arrêté : c'est pourquoi ces deux montres n'entrent pas dans la moyenne des résultats.

TABLEAU DES CORRECTIONS FAITES AUX LONGITUDES DU N° 127.					
DATES.	Corr. en degrés.	DATES.	Corr. en degrés.	DATES.	Corr. en degrés.
1837.	soustractives.	1837.	soustractives.	1837.	soustractives.
2 juin.	0' 00"	16 juin.	0' 18"	30 juin.	1' 05"
3	0 00	17	0 20	1er juillet.	1 10
4	0 01	18	0 23	2	1 14
5	0 01	19	0 26	3	1 19
6	0 02	20	0 28	4	1 24
7	0 03	21	0 31	5	1 29
8	0 04	22	0 35	6	1 34
9	0 05	23	0 38	7	1 40
10	0 06	24	0 41	8	1 45
11	0 08	25	0 45	9	1 51
12	0 10	26	0 49	10	1 57
13	0 12	27	0 53	11	2 03
14	0 14	28	0 56	12	2 09
15	0 16	29	1 01		

POSITIONS GÉOGRAPHIQUES DÉTERMINÉES PENDANT LA TRAVERSÉE.					
NOMS DES LIEUX.	Latitudes.	Comment déterminées.	LONGITUDES comptées de		Comment déterminées.
			Callao (fort del Sol.)	Paris.	
Honoloulou (observatoire situé à la mission française).	21°18'12"B.	Hauteurs d'étoiles.	80°33'15" O.	160°07'19" O. 160 20 49 O. Diff. 12'30"	Montres n° (76,127,175). C. T. 1842.

Malgré le peu d'accord des montres, la différence 12'30" paraît assez considérable pour motiver une nouvelle révision des diverses déterminations de la longitude des îles Sandwich.

TRAVERSÉE D'HONOLOULOU A PÉTROPAULOWSKI.

Les différences de température ont été fort grandes pendant cette traversée, aussi les marches des montres qui, à Honoloulou, étaient :

N° 76   +   3",44, deviennent +   5",35 à Pétropaul.
   175   + 20 ,66   —   + 18 ,87
   186   + 14 ,60   —   + 19 ,65
   127   +   7 ,45   —   + 10 ,96
     9   —   7 ,98   —   — 13 ,02

En admettant que leurs différences soient la somme des termes d'une progression commençant le 24 juillet, et finissant le 2 septembre 1837, on trouve que la différence :

+ 1",91 des 2 marches du n°   76 prod. la const. 0",048
— 1 ,79   —   175   —   0 ,045
+ 5 ,05   —   186   —   0 ,126
+ 3 ,51   —   127   —   0 ,088
+ 5 ,04   —   9   —   0 ,126

Au moyen de ces constantes et du nombre triangulaire correspondant à un jour quelconque de la traversée, nous obtiendrons la correction à faire aux longitudes du même jour. Opérant de cette manière sur la longitude trouvée le 2 septembre pour l'observatoire de Pétropaulowski, on a :

N° 76   13 h. 35' 15",91 au lieu de 13 h. 35' 55",27
   175   13   36 11 ,10   —   13   35 34 ,20
   186   13   34 11 ,96   —   13   35 55 ,28
   127   13   35 01 ,91   —   13   36 14 ,07
     9   13   35 51 ,92   —   13   34 08 ,60 O.

La moyenne corrigée donne donc pour la position de l'observatoire 13 h. 35'18",56, et comme 10 h. 41'23",00, donnée par la Connaissance des temps de 1842, était la position adoptée pour l'observatoire d'Honoloulou, il en résulte 2 h. 53'55",56 =43°28'53",4 pour différence en longitude entre Honoloulou et Pétropaulowski. Toutefois, ces résultats s'accordent assez peu et ne doivent pas inspirer une grande confiance. Je pense qu'il vaudrait mieux, surtout pour les premiers jours de la traversée, adopter les résultats non corrigés du n° 76. Mais pour suivre une marche uniforme d'opérer, nous avons fait porter la correction sur toutes les positions qui servent à tracer l'itinéraire de la frégate.

TABLEAU DES CORRECTIONS FAITES AUX LONGITUDES DONNÉES PAR LE N° 76.							
DATES.	Corrections en degrés.	DATES.	Corrections en degrés.	DATES.	Corrections en degrés.	DATES.	Corrections en degrés.
1837.	soustractives.	1837.	soustractives.	1837.	soustractives.	1837.	soustractives.
25 juill.	0' 00"	4 août.	0' 47"	14 août.	2' 46"	24 août.	5' 57"
26	0 02	5	0 56	15	3 02	25	6 20
27	0 04	6	1 05	16	3 19	26	6 44
28	0 07	7	1 15	17	3 36	27	7 08
29	0 11	8	1 26	18	3 54	28	7 34
30	0 15	9	1 38	19	4 13	29	7 59
31	0 20	10	1 50	20	4 22	30	8 26
1er août.	0 26	11	2 03	21	4 52	31	8 53
2	0 32	12	2 17	22	5 13	1er sept.	9 22
3	0 42	13	2 31	23	5 35	2	9 50

POSITIONS GÉOGRAPHIQUES DÉTERMINÉES PENDANT LA TRAVERSÉE

NOMS DES LIEUX.	Latitudes.	Comment déterminées.	LONGITUDES comptées		Comment déterminées.
			de Honoloulou (miss. franç.).	de Paris.	
Pétropaulowski (observatoire près l'église).	53°00'57"B.	Haut. d'ét. et haut. circum. du soleil.	43°28'52" O.	156°10'19" E.	N° 76,175, 186,127,9.
				156°23'10" E.	Déd. du plan de Beechey et donné par la C. T. 1842.
				Diff. 12'51"	

Cette différence du même ordre de grandeur et dans le même sens que celle trouvée précédemment pour Honoloulou, tient évidemment à la même cause et milite en faveur d'une correction à faire subir à la longitude des îles Sandwich donnée par la Connaissance des temps de 1842.

TRAVERSÉE DE PETROPAULOWSKI A MONTEREY.

Les différences de température ont été peu sensibles pendant cette traversée. Aussi les marches des montres paraissent-elles avoir peu varié durant cet intervalle :

Marches à Pétropaulowski,	à Monterey.	Différences.
N° 76 + 5",35	+ 6",01	+ 0",66
175 + 18 ,87	»	»
186 + 19 ,65	+ 22 ,00	+ 2 ,35
127 + 10 ,96	+ 11 ,34	+ 0 ,38
9 − 13 ,02	− 14 ,74	− 1 ,72

Les différences de ces marches produiront, d'après l'hypothèse d'un mouvement uniformément accéléré, les constantes suivantes :

N°	76	0",019
	175	0 ,008
	186	0 ,067
	127	0 ,011
	9	0 ,049

Et leur produit par le facteur correspondant au nombre de jours écoulés depuis le 14 septembre 1837, sera la correction de la longitude pour le jour proposé. Opérant ainsi pour la longitude obtenue le 19 octobre 1837, à l'observatoire de Monterey, on trouve :

N°	76	8 h. 16' 41",03,	au lieu de	8 h. 16' 53",00
	175	8 17 40 ,06	—	8 17 45 ,10
	186	8 15 31 ,79	—	8 16 14 ,00
	127	8 16 01 ,94	—	8 16 08 ,87
	9	8 16 48 ,14	—	8 16 17 ,27

Comme ces résultats s'accordent peu, nous adopterons seulement ceux des n°ˢ 76 et 9, qui diffèrent le moins de la moyenne, ce qui nous donnera 8 h. 16'44"58 pour longitude de Monterey. Et comme 13 h. 34'27",0, donnée par la Connaissance des temps était celle que nous avions adoptée pour Pétropaulowski, il en résultera 5 h. 17'42",42 pour différence entre les observatoires de ces deux points.

Et pour tracer l'itinéraire de la frégate, nous adopterons le n° 76, dont les résultats seront corrigés de la même manière que ci-dessus.

TABLEAU DES CORRECTIONS FAITES AUX LONGITUDES DONNÉES PAR LE N° 76.

DATES.	CORRECTIONS en degrés.	DATES.	CORRECTIONS en degrés.	DATES.	CORRECTIONS en degrés.
1837.	soustractives.	1837.	soustractives.	1837.	soustractives.
15 sept.	0' 00"	27 sept.	0' 25"	9 octobre.	1' 31"
16	0 01	28	0 29	10	1 38
17	0 02	29	0 34	11	1 46
18	0 03	30	0 38	12	1 54
19	0 04	1er octobre.	0 43	13	2 02
20	0 06	2	0 48	14	2 10
21	0 08	3	0 53	15	2 19
22	0 10	4	0 59	16	2 28
23	0 12	5	1 05	17	2 37
24	0 15	6	1 11	18	2 47
25	0 18	7	1 17	19	2 58
26	0 22	8	1 24		

POSITIONS GÉOGRAPHIQUES DÉTERMINÉES PENDANT LA TRAVERSÉE.

NOMS DES LIEUX.	Latitudes.	Comment déterminées.	LONGITUDES.		Comment déterminées.
			Comptées de Pétropaul. (obs.).	Comptées de Paris.	
Monterey (observatoire).	33°35'55"B.	H. d'ét., haut. circ. du soleil.	79°25'36" E.	124°11'14" O.	Montre 76.
				124 13 23 O.	176 d. Du petit-Thouars.
				124 11 38 O.	44 dist. Lefebvre.
				124 12 45 O.	Déd. du plan de Beechey et C. T. 1842.

TRAVERSÉE DE MONTEREY A LA BAIE DE LA MADELEINE.

Pendant cette traversée, qui a été courte, les différences de température ont été peu sensibles. Néanmoins, les montres n⁰ˢ 186 et 127 ont varié assez notablement, comme on le voit dans les résultats qu'elles donnent pour la longitude de l'observatoire dans la baie de la Madeleine, le 28 novembre 1837.

N° 76	7 h. 37' 46",33	
175	7 37 50 ,80	
9	7 37 46 ,73	
186	7 37 28 ,06	
127	7 37 19 ,47	

La comparaison des marches observées à Monterey avec celles que l'on a trouvées à la baie de la Madeleine, donne les moyens de corriger ces longitudes par la formule du mouvement uniformément accéléré ou retardé.

	Marches à Monterey,	à la Madeleine.	Différence.
N° 76	+ 6",01	+ 6",57	+ 0",56
175	+ 18 ,60	+ 18 ,54	— 0 ,06
9	— 14 ,74	— 13 ,85	+ 0 ,89
186	+ 22 ,00	+ 21 ,42	— 0 ,58
127	+ 11 ,34	+ 7 ,85	— 3 ,49

Le quotient de ces différences pour l'intervalle (17 jours) écoulé entre le 11 et le 28 novembre, fournit les constantes suivantes :

pour le n° 76	0",033	
175	0 ,003	
9	0 ,052	
186	0 ,034	
127	0 ,205	

Le produit de ces constantes par le facteur 153, correspondant à 17, sera la correction à apporter à la longitude du numéro que l'on considère. Ainsi, les longitudes de l'observatoire de la Madeleine deviendront :

$$
\left.\begin{array}{lll}
\text{N}° \ 76 & 7\text{h}.37' \ 41'',28 \\
176 & 7 \ \ 37 \ \ 51 \ ,26 \\
\ 9 & 7 \ \ 37 \ \ 38 \ ,77 \\
186 & 7 \ \ 37 \ \ 33 \ ,80 \\
127 & 7 \ \ 37 \ \ 50 \ ,83 \\
& \overline{215'',94}
\end{array}\right\} \text{Moyenne} = 7\text{h}.37'43'',19.
$$

La moyenne 7 h. 37'43",19 nous paraît être assez exacte ; mais la longitude adoptée pour Monterey étant 8 h. 16'51",00, nous en déduirons 0 h. 19'07",81 pour différence en longitude entre les deux observatoires.

La montre n° 76 étant celle dont les résultats inspirent le plus de confiance, nous l'avons adoptée pour les diverses positions déterminées pendant la traversée de Monterey à la Madeleine.

Pour construire les cartes hydrographiques, on a adopté les marches moyennes entre les deux lieux, mais pour tracer l'itinéraire, on a continué l'hypothèse du mouvement uniformément accéléré ou retardé. Le tableau ci-joint contient les corrections calculées d'après cette hypothèse. Au reste, la longitude d'arrivée calculée par la première méthode ne donne, au bout de dix-sept jours, que 36" de degré de différence avec la longitude obtenue par la deuxième.

TABLEAU DES CORRECTIONS FAITES AUX LONGITUDES DONNÉES PAR LE N° 76.

DATES.	Corrections en degrés.	DATES.	Corrections en degrés.
1837.	Soustractives.	1837.	Soustractives.
12 novembre.	0' 00"	21 novembre.	0' 27"
13	0 01	22	0 32
14	0 02	23	0 38
15	0 04	24	0 45
16	0 07	25	0 52
17	0 10	26	0 59
18	0 13	27	1 07
19	0 17	28	1 16
20	0 22		

POSITIONS GÉOGRAPHIQUES DÉTERMINÉES PENDANT LA TRAVERSÉE.

NOMS DES LIEUX.	Latitudes.	Comment déterminées.	LONGITUDES comptées de Monterey (observat.).	de Paris.	Comment déterminées.
Ile Guadalupe (gr. sommet).	29°07'25" B.	Triangulation.	3°30' 19" E.	120°42'26" O.	Mont. n° 76.
Ilots Alijos (le plus grand).	24 57 25 B.	Triangulation.	6 07 01 E.	118 05 44 O.	Mont. n° 76.
Baie de la Madeleine (obs.).	24 36 37 B.	Haut. d'ét. pol. et circ. du sol.	9 47 26 E.	114 25 16 O.	Mont. n° 76.
				114 23 32 O.	80 dist. Lefebvre.

TRAVERSÉE DE LA MADELEINE A SAN BLAS.

Bien que cette traversée ait été courte, et la température presque égale, les montres ont présenté les variations suivantes dans leurs marches :

	à la Madeleine,	à San Blas.	Différence.
N° 76	+ 6",57	+ 6",39	— 0",18
175	+ 18 ,54	+ 15 ,77	— 2 ,77
9	— 13 ,85	— 14 ,69	— 1 ,47
186	+ 21 ,42	+ 22 ,89	+ 1 ,05
127	+ 7 ,85	+ 8 ,90	+ 0 ,84

Au moyen de ces différences et de l'intervalle (17 jours) écoulé entre le 5 décembre et le 22 décembre 1887, nous déterminerons les constantes suivantes qui serviront à corriger les longitudes par la formule du mouvement uniformément accéléré ou retardé,

pour le n° 76	0",011
175	0 ,163
9	0 ,049
186	0 ,086
127	0 ,062

Le produit de ces constantes par le facteur 153, correspondant à 17, fournira les corrections à apporter aux longitudes trouvées le 22 décembre 1837, à l'observatoire de San Blas. Ainsi on aura :

N° 76.	7 h. 10' 32",81,	au lieu de	7 h. 10' 31",13
175	7 10 56 ,61	—	7 10 31 ,67
9	7 10 33 ,17	—	7 10 25 ,67
186	7 10 25 ,84	—	7 10 39 ,00
127	7 10 52 ,98	—	7 11 02 ,47

Ces résultats, différant sensiblement les uns des autres, nous adopterons seulement ceux des n°^{os} 76 et 9, dont les marches ont peu varié, ce qui nous donne pour longitude moyenne, 7 h. 10'32",99 : et puisque la longitude supposée pour la Madeleine était 7 h. 37'46", on aura pour différence en longitude entre l'observatoire de la Madeleine et celui de San Blas, 0 h. 27'13",01.

Cette différence, ajoutée à celle trouvée entre Monterey et la Madeleine, nous donne 1 h. 06'20",82 pour différence en longitude entre l'observatoire de Monterey et celui de San Blas.—Beechey trouve 1 h. 06'26",00, ce qui permet d'ajouter foi aux positions déterminées depuis le 11 novembre jusqu'au 22 décembre 1837.

Et comme dans cet intervalle, c'est la montre n° 76 qui approche le plus de la vérité, c'est elle que nous adoptons pour tracer l'itinéraire de la frégate, toujours en corrigeant les résultats d'après la formule ordinaire.

Pour construire les cartes hydrographiques, on a pris pour point de départ les états trouvés à San Blas, et l'on est revenu vers la Madeleine avec les marches moyennes de ces deux lieux.

TABLEAU DES CORRECTIONS FAITES AUX LONGITUDES DONNÉES PAR LE N° 76.

DATES.	Corrections en degrés.	DATES.	Corrections en degrés.
1837.	Additives.	1837.	Additives.
6 décembre.	0' 00"	15 décembre.	0' 09"
7	0 00	16	0 10
8	0 01	17	0 12
9	0 02	18	0 14
10	0 02	19	0 17
11	0 03	20	0 19
12	0 04	21	0 22
13	0 06	22	0 25
14	0 07		

POSITIONS GÉOGRAPHIQUES DÉTERMINÉES PENDANT LA TRAVERSÉE.

NOMS DES LIEUX.	Latitudes.	Comment déterminées.	LONGITUDES comptées de San Blas (observat.).	de Paris.	Comment déterminées.
Baie de la Madeleine (obs.).	24°36'37"B.	H. d'ét., soleil.	6°48'18" O.	114°24'36" O.	Mont. n° 76
Cap Saint-Lucas.	22 51 30 B.	Triangulation	4 39 42 O.	112 16 00 O.	M. 76.
Ile Venado (p. sud. observ.).	23 14 28 B.	H. d'ét. pol.	1 09 34 O.	108 45 52 O.	M. 76.
Ile Isabelle (sommet).	21 52 00 B.	Triangulation	0 32 22 O.	108 08 40 O.	M. 76.
San Blas (obs. anse du nord).	21 32 28 B.	H. circ. sol.	Monterey (obs.) 16 35 47 E.	107 36 58 O.	M. 76.
				107 36 18 O.	C. T. 1842.

REMARQUE.—On a pris pour point de départ de ces longitudes, celle de l'observatoire de San Blas, situé dans l'anse au nord de la ville, parce que cette position est bien déterminée, et que celle de la Madeleine en est déduite.

TRAVERSÉE DE SAN BLAS A ACAPULCO.

Les changements de température ont été graduels pendant cette courte traversée, et permettent de supposer que la formule du mouvement uniformément accéléré nous rapprochera de la vérité.

Ainsi, les marches étant :

	A San Blas,	à Acapulco.
N° 76	+ 6",39	+ 4",34
175	+ 15 ,77	+ 11 ,95
186	+ 22 ,89	+ 22 ,18
127	+ 8 ,90	+ 7 ,69
9	— 14 ,69	— 12 ,73

on aura les différences : — 2",04
 — 3 ,82
 — 0 ,71
 — 1 ,21
 + 1 ,96

Ces différences, divisées par l'intervalle (15 jours) écoulé entre le 26 décembre 1837 et le 10 janvier 1838, donneront les constantes suivantes :

N° 76	0",136
75	0 ,254
175	0 ,047
127	0 ,081
9	0 ,131

qui, étant multipliées par 120, facteur correspondant à 15, donneront au produit la correction qu'il faudra faire aux longitudes trouvées le 10 janvier 1838 pour l'observatoire d'Acapulco. Ainsi l'on trouve :

N°	76	6h. 48' 51",99,	au lieu de	6h. 48' 35",67
	175	6 48 56 ,35	—	6 48 25 ,87
	186	6 48 53 ,84	—	6 48 48 ,20
	127	6 48 49 ,72	—	6 48 40 ,00
	9	6 48 41 ,81	—	6 48 57 ,53

La moyenne 6 h. 48'50",74, comparée à la longitude 7 h. 10'25",00 supposée de San Blas, nous donne 0 h. 21'34"26 pour différence en longitude entre l'observatoire de ce lieu et celui d'Acapulco.

Le n° 76 est encore celui dont les résultats se rapprochent le plus de la moyenne, et c'est lui que nous adopterons pour tracer l'itinéraire de la frégate, en corrigeant les résultats d'après la formule ordinaire.

Remarque. — Pour construire les cartes hydrographiques, on a adopté les marches moyennes de San Blas et d'Acapulco.

TABLEAU DES CORRECTIONS FAITES AUX LONGITUDES DONNÉES PAR LE N° 76.

DATES.	Corrections en degrés.	DATES.	Corrections en degrés.
1837.	Additives.	1838.	Additives.
27 décembre.	0' 02"	4 janvier.	1' 30
28	0 06	5	1 50
29	0 12	6	2 12
30	0 20	7	2 36
31	0 30	8	3 02
1er janvier 1838.	0 42	9	3 30
2	0 56	10	4 04
3	1 12		

POSITIONS GÉOGRAPHIQUES DÉTERMINÉES PENDANT LA TRAVERSÉE.					
NOMS DES LIEUX.	Latitudes.	Comment déterminées.	LONGITUDES. comptées de San Blas (observatoire).	de Paris.	Comment déterminées.
Acapulco (observatoire).	16°50'28"B.	H. circ. du sol.	5°23'37" E.	120°12'41" O.	M. (76,175, 186,127,9).
				102 06 21 O.	136 d. M. D.
				102 12 27 O.	64 dist. M.L.
				102 09 55 O.	C. T. 1842.
Acapulco (pavillon du fort).	16 50 35 B.	Déduite de la précédente.	»	102 09 33 O.	d. de la préc.

TRAVERSÉE D'ACAPULCO A VALPARAISO.

Pendant cette traversée de cinquante-neuf jours, la frégate a éprouvé de longs calmes accompagnés de fortes chaleurs. Les influences de la température ont dû nécessairement altérer le mouvement des montres, comme le prouvent, d'ailleurs, les résultats suivants :

March. observ.	à Acapulco,	à Valparaiso.	Différence.
N° 76	+ 4",34	+ 5",10	+ 0",76
175	+ 11 ,95	+ 6 ,12	— 5 ,83
186	+ 22 ,18	+ 26 ,40	+ 4 ,22
127	+ 7 ,69	+ 10 ,75	+ 3 ,06
9	— 12 ,73	— 16 ,09	— 3 ,36

Les différences de ces marches, divisées par 59, nombre de jours écoulés entre le 22 janvier et le 22 mars 1838, donneront au quotient les constantes :

N°	76	0",013
	175	0 ,099
	186	0 ,072
	127	0 ,052
	9	0 ,057

qui, multipliées par 1770, facteur correspondant à l'intervalle 59, donneront au produit les corrections des longitudes trouvées le 22 mars au fort Louis, à Valparaiso. Et l'on aura :

N° 76	4h. 55' 00",72	au lieu de	4h. 55' 23",73
175	4 54 59 ,43	—	4 52 04 ,20
186	»	—	4 53 45 ,07
127	4 54 37 ,96	—	4 56 10 ,00
9	4 54 52 ,02	—	4 53 11 ,13

Nous éliminons le n° 186 de la moyenne, parce que de brusques variations dans les premiers jours de la traversée, ne permettent pas d'adopter, pour cette montre, l'hypothèse du mouvement uniformément accéléré. La longitude moyenne des quatre montres est donc 4h. 54'52",53. Toutefois, la montre n° 76 ayant très-peu varié, nous prendrons ses résultats de préférence aux autres pour tracer l'itinéraire de la frégate.

Mais pour déterminer avec plus de précision les positions des lieux où l'on a fait de l'hydrographie, lieux qui se trouvent dans le voisinage de Valparaiso, on a pris, pour point de départ, l'état du n° 76 à l'arrivée à Valparaiso, et l'on est revenu en arrière avec 4",72, marche moyenne de ce numéro entre Valparaiso et Acapulco, ainsi l'on a obtenu les résultats suivants.

TABLEAU DES CORRECTIONS FAITES AUX LONGITUDES DONNÉES PAR LE N° 76.

DATES.	Corrections en degrés.	DATES.	Corrections en degrés.	DATES.	Corrections en degrés.	DATES.	Corrections en degrés.
1838.	soustractives.	1838.	soustractives.	1838.	soustractives.	1838.	soustractives.
23 janv.	0' 00"	7 fév.	0' 26"	22 fév.	1' 34"	9 mars.	3' 25"
24	0 01	8	0 29	23	1 40	10	3 34
25	0 01	9	0 32	24	1 46	11	3 43
26	0 02	10	0 36	25	1 53	12	3 53
27	0 03	11	0 40	26	1 59	13	4 02
28	0 04	12	0 44	27	2 06	14	4 12
29	0 05	13	0 48	28	2 13	15	4 22
30	0 07	14	0 52	1er mars.	2 21	16	4 32
31	0 09	15	0 57	2	2 28	17	4 42
1er fév.	0 10	16	1 02	3	2 36	18	4 52
2	0 12	17	1 07	4	2 43	19	5 03
3	0 15	18	1 12	5	2 51	20	5 14
4	0 17	19	1 17	6	2 59	21	5 25
5	0 20	20	1 23	7	3 08	22	5 36
6	0 23	21	1 28	8	3 16		

POSITIONS GÉOGRAPHIQUES DÉTERMINÉES PENDANT LA TRAVERSÉE.

NOMS DES LIEUX.	Latitudes.	Comment déterminées.	LONGITUDES. comptées		Comment déterminées.
			de Valparaiso (fort S.-Ant.).	de Paris.	
Île de Pâques (somm. p. N.E)	27°05'20"A.	Triangulation	37°34'36" O.	111°36'15" O.	Montre 76.
Mas-à-Fuera (sommet).	33 48 30 A.	Triangulation	9 09 31 O.	83 11 10 O.	Montre 76.
Juan Fernandez (gr. somm.)	33 39 10 A.	Triangulation	7 11 01 O.	81 12 40 O.	Montre 76.
Valparaiso (fort Louis).	33 02 20 A.	H. circ. du sol.	»	73 55 19 O.	36 d. Du Petit-Thouars.
				73 58 06 O.	28 dist. Lefebvre.
				74 01 25 O.	C. T. 1842.
Valparaiso (fort S.-Antoine).	33 01 46 A.	Déduite de la précédente.	»	74 01 39 O.	C. T. 1842.

TRAVERSÉE DE VALPARAISO AU CALLAO.

Pendant cette traversée, les accroissements de chaleur ont été graduels, et paraissent avoir peu influé sur les montres. Aussi les résultats qu'elles donnèrent pour la longitude du fort *del Sol*, le 14 mai 1838, au Callao, doivent être peu éloignées de la vérité.

$$
\begin{array}{rl}
\text{N}° \ 76 & 5\text{h}.18'\ 19'',40 \\
175 & 5\ 18\ 31\ ,20 \\
186 & 5\ 18\ 03\ ,73 \\
127 & 5\ 18\ 10\ ,93 \\
9 & 5\ 18\ 25\ ,07
\end{array}
$$

dont la moyenne est 5 h. 18'18",07.

La comparaison des marches de Valparaiso à celles du

Callao nous permettra de corriger ces longitudes par la formule du mouvement uniformément retardé.

March. observ. à Valparaiso,	au Callao.	Différence.
N° 76 + 4",96	+ 4",44	—0",52
175 + 4 ,47	+ 4 ,46	—0 ,01
186 +27 ,25	+25 ,76	—1 ,49
127 +10 ,83	+10 ,06	—0 ,77
9 —17 ,88	—17 ,37	+0 ,51

Au moyen des différences précédentes et de l'intervalle (18 jours) écoulé entre le 26 avril et le 14 mai, on détermine les constantes suivantes :

$$
\begin{array}{ll}
\text{N° } 76 & 0",029 \\
175 & 0 ,0005 \\
186 & 0 ,083 \\
127 & 0 ,043 \\
9 & 0 ,028
\end{array}
$$

Le produit de ces constantes, par le nombre 171, correspondant à l'intervalle 18, sera la correction qu'il faudra faire aux longitudes précédentes, et elles deviendront alors :

$$
\left.\begin{array}{lll}
\text{N° } 76 & 5\text{h. } 18' \ 24",36 \\
175 & 5 \ \ 18 \ \ 31 ,28 \\
186 & 5 \ \ 18 \ \ 17 ,92 \\
127 & 5 \ \ 18 \ \ 18 ,28 \\
9 & 5 \ \ 18 \ \ 20 ,28 \\
\hline
& \ \ \ \ \ 112 ,12
\end{array}\right\} \text{Moyenne} \ \ 5\text{h. } 18'22",42.
$$

La moyenne 5h. 18'22",42 étant comparée à la longitude 4h. 56'16",00 suposée pour Valparaiso, au fort Louis, donnera o h. 22'06",42 pour différence en longitude entre ce point et le fort del Sol, au Callao.

Nous adopterons le n° 76 pour tracer l'itinéraire de la frégate.

TABLEAU DES CORRECTIONS FAITES AUX LONGITUDES DONNÉES PAR LE N° 76.

DATES.	CORRECTIONS en degrés.	DATES.	CORRECTIONS en degrés.
1838.	Additives.	1838.	Additives.
27 avril.	0' 00"	6 mai.	0' 24"
28	0 01	7	0 28
29	0 02	8	0 33
30	0 04	9	0 39
1er mai.	0 06	10	0 45
2	0 09	11	0 52
3	0 12	12	0 58
4	0 15	13	1 06
5	0 19	14	1 14

POSITIONS GÉOGRAPHIQUES DÉTERMINÉES PENDANT LA TRAVERSÉE.

NOMS DES LIEUX.	Latitudes.	Comment déterminées.	LONGITUDES comptées		Comment déterminées.
			de Valparaiso (fort St-Ant.).	de Paris.	
Ile St-Ambroise (sommet).	26°18'36"A.	Triangulation	8°14'04" O.	82°15'43" O.	Montre 76.
Ile St-Félix (sommet).	26 16 00 A.	Triangulation	8 25 26 O.	82 27 05 O.	Montre 76.
Callao (fort del Sol).	12 03 38 A.	H. circ. du sol.	5 31 51 O.	79 33 30 O.	Montre 76. 104 dist. Du Petit-Thouars
				79 32 16 O.	
				79 34 04 O.	C. T. 1842.

TRAVERSÉE DU CALLAO A PAYTA.

Un intervalle de 9 jours sépare les points où les montres ont été réglées, et permet de compter sur les longitudes qu'elles donnent le 8 juin pour l'observatoire de Payta. Toutefois, nous éliminons le n° 175 qui a éprouvé des variations à la fin du mois de mai.

$$\left. \begin{array}{ll} \text{N° } 76 & 5\text{h. }34'11'',67 \\ 186 & 5\ \ 34\ \ 10\ ,87 \\ 127 & 5\ \ 34\ \ 04\ ,40 \\ 9 & 5\ \ 34\ \ 08\ ,13 \end{array} \right\} \text{Moyenne.}=5\text{h. }34'08'',78.$$

Nous corrigerons ces résultats des variations des marches, d'après la formule du mouvement uniformément accéléré.

	March. observ. au Callao,	à Payta.	Différence.
N° 76	+ 4'',19	+ 4'',02	— 0'',17
186	+ 25 ,94	+ 25 ,76	— 0 ,18
127	+ 9 ,55	+ 8 ,89	— 0 ,66
9	— 17 ,71	Hors de service.	

Le quotient de ces différences par l'intervalle (9 jours) écoulé entre le 30 mai et le 8 juin, détermine les constantes :

$$\begin{array}{ll} \text{pour le n° }76 & 0'',019 \\ 186 & 0\ ,020 \\ 127 & 0\ ,073 \end{array}$$

Le produit de ces constantes par le facteur 45, correspondant à 9, nous donnera les corrections à apporter aux longitudes précédentes qui deviendront :

N° 76   5h.34' 12",12 ⎫
  186   5 34 11 ,77 ⎬ Moyenne.   5 h. 34'10",53.
  127   5 34 07 ,69 ⎭

La moyenne 5 h. 34'10",53 étant comparée à la longitude 5 h. 18'18",00 supposée pour le fort del Sol, au Callao, 0 h. 15'52",53 sera la différence en longitude entre ce dernier point et l'observatoire de Payta.

Nous adopterons le n° 76 corrigé pour tracer l'itinéraire de la frégate dans cette traversée.

TABLEAU DES CORRECTIONS FAITES AUX LONGITUDES DONNÉES PAR LE N° 76.			
DATES.	CORRECTIONS EN DEGRÉS.	DATES.	CORRECTIONS EN DEGRÉS.
1838.	Additives.	1838.	Additives.
31 mai.	0' 00"	5 juin.	0' 06"
1er juin.	0 01	6	0 08
2	0 02	7	0 10
3	0 03	8	0 13
4	0 04		

NOMS DES LIEUX.	Latitudes.	Comment déterminées.	LONGITUDES comptées		Comment déterminées.
			du Callao (fort del Sol).	de Paris.	
Iles Hormigas (somm. g. Ilot).	12°00'21" A.	Triangulation	0°27'20" O.	80°01'24" O.	Montre 76.
Payta (obs. au S. de la ville).	5 05 09 A.	H. circ. du sol.	3 58 08 O.	83 32 12 O.	Mont. (76, 186, 127).
				83 28 42 O.	88 d. Du Petit-Thouars.
				83 32 33 O.	C. T. 1842.

TRAVERSÉE DE PAYTA A POST-OFFICE-BAY.

En arrivant à Post-office-bay (Galapagos), les états et marches conclus à Payta donnèrent, le 27 juin 1838, pour la longitude de l'observatoire, situé sur le rivage, pointe S. O., les résultats suivants :

$$\left. \begin{array}{l} N° \ 76 = 6h. \ 11' \ 34",06 \\ 175 = 6 \ \ 11 \ \ 31 \ ,76 \\ 186 = 6 \ \ 11 \ \ 25 \ ,96 \\ 127 = 6 \ \ 11 \ \ 30 \ ,17 \end{array} \right\} \text{Moy.} = 6h. \ 11'30",49 = 92°52'42"$$

Les marches observées à Payta, étaient :

N° 76	+ 4",02.	Post office,	+ 3",85.	Diff.	—0",17
175	+ 3 ,02	27 juin.	+ 3 ,02		—0 ,00
186	+25 ,76		+24 ,78		—0 ,98
127	+ 8 ,89		+ 8 ,38		—0 ,51

Au moyen des différences de ces marches et de l'intervalle (11 jours) écoulé entre le 16 et le 27 juin, on détermine les constantes suivantes :

$$
\begin{aligned}
\text{N}° \ 76 &= 0'',0015 \\
175 &= 0\ ,0000 \\
186 &= 0\ ,089 \\
127 &= 0\ ,046
\end{aligned}
$$

Maintenant, en corrigeant les longitudes d'arrivée à Post-Office-Bay, nous trouvons :

$$
\left.\begin{aligned}
\text{N}° \ 76 &= 6\text{h}.\ 11'\ 34'',16 \\
175 &= 6\ \ 11\ \ 31\ ,76 \\
186 &= 6\ \ 11\ \ 31\ ,83 \\
127 &= 6\ \ 11\ \ 33\ ,21
\end{aligned}\right\} \text{Moyenne. } 6\text{ h. } 11'32'',74.
$$

Nous adopterons donc 6 h. 11'32",74 = 92°53'11" pour la position de notre observatoire, et nous prendrons pour tracer l'itinéraire de la frégate les résultats du n° 76, tels qu'on les a obtenus, puisque la correction n'est que de 0",1 le 27 juin.

NOMS DES LIEUX.	Latitudes.	Comment déterminées.	LONGITUDES comptées		Comment déterminées
			de Payta (observat.).	de Paris.	
Baie de Post-Office (observ. de l'Ile Charles, Galapagos).	1°13'58"A.	H. circ. du sol.	9°20'38" O.	92°53'11" O.	(M. 76, 175, 186, 127).
Ile Charles (grand sommet).	1 13 38 A.	D. de la préc.	»	92 50 26 O.	D. de la préc.

POSITIONS GÉOGRAPHIQUES DÉTERMINÉES PENDANT LA TRAVERSÉE.

TRAVERSÉE DE POST-OFFICE-BAY A PAPEITI.

Cette traversée, qui a été coupée de plusieurs mouillages, a eu lieu sous une température presque uniforme, aussi les marches des montres ont-elles peu varié, et nous donnent, le 1er septembre 1838, pour la longitude de l'observatoire à Papeïti :

$$N° \ 76 \ = 10h. \ 07' \ 56'',60$$
$$175 \ = 10 \ \ 07 \ \ 59\ ,73$$
$$186 \ = 10 \ \ 07 \ \ 57\ ,07$$
$$127 \ = 10 \ \ 07 \ \ 14\ ,80$$

L'hypothèse du mouvement uniformément accéléré nous paraissant très-probable dans ce cas-ci, nous l'adopterons pour corriger ces résultats des variations de marches.

Marches à Post-Office,	à Papéïti.	Différence.
N° 76 + 3' 85"	+ 3' 85"	+ 0' 00"
175 + 3 02	+ 0 99	— 2 03
186 +24 78	+25 08	+ 0 30
127 + 8 38	+ 8 92	+ 0 54

Le quotient de ces différences, par l'intervalle (66 jours) écoulé entre le 27 juin et le 1ᵉʳ septembre 1838, fournira les constantes :

N° 76   0",0000
175   0 ,0307
186   0 ,0045
127   0 ,0082

qui, multipliées par le facteur 2211, correspondant au nombre (66) des jours écoulés, donneront les corrections à faire aux longitudes précédentes. Elles deviendront alors :

N° 76 =10h. 07' 56",60
186 =10   07 49 ,78
127 =10   07 38 ,94
175 =10   08 22 ,67

Moyenne 10 h. 07' 56",99.

La moyenne 10 h. 07' 56",99, comparée à la longitude supposée 6 h. 11' 32",00 de l'observatoire, à Post-Office-Bay, donne 3 h. 56' 24",99 pour différence en longitude entre ce point et l'observatoire de Papéïti.

Le n° 76 seul n'a point varié, et donne des résultats qui doivent inspirer la plus grande confiance. C'est aussi lui que nous avons adopté pour tracer l'itinéraire de la frégate, et pour déterminer les positions géographiques de cette traversée; mais, comme dans les calculs, on avait continué à se servir jusqu'à Papéïti, des états et marches conclus à Payta il est nécessaire de dresser le tableau ci-joint qui contient les corrections à apporter aux longitudes déterminées par les états et marches de Payta, afin de les réduire à ce qu'elles seraient par les états et marches de Post-Office-Bay.

TABLEAU DES CORRECTIONS FAITES AUX LONGITUDES DONNÉES PAR LE N° 76, avec les états et marches de Payta.

DATES.	CORRECTIONS en degrés.	DATES.	CORRECTIONS en degrés.	DATES.	CORRECTIONS en degrés.
1838.		1838.		1838.	
4 juillet.	—0' 28"	24 juillet.	+0' 22"	13 août.	+1' 13"
5	—0 26	25	+0 25	14	+1 15
6	—0 23	26	+0 27	15	+1 18
7	—0 21	27	+0 30	16	+1 21
8	—0 18	28	+0 33	17	+1 23
9	—0 16	29	+0 35	18	+1 26
10	—0 13	30	+0 38	19	+1 29
11	—0 10	31	+0 40	20	+1 31
12	—0 08	1er août.	+0 43	21	+1 34
13	—0 05	2	+0 45	22	+1 37
14	—0 03	3	+0 48	23	+1 39
15	—0 00	4	+0 50	24	+1 41
16	+0 02	5	+0 53	25	+1 44
17	+0 05	6	+0 55	26	+1 46
18	+0 07	7	+0 58	27	+1 49
19	+0 10	8	+1 01	28	+1 51
20	+0 12	9	+1 03	29	+1 54
21	+0 15	10	+1 06	30	+1 57
22	+0 17	11	+1 08	31	+1 59
23	+0 20	12	+1 11		

POSITIONS GÉOGRAPHIQUES DÉTERMINÉES PENDANT LA TRAVERSÉE.

NOMS DES LIEUX.	Latitudes.	Comment déterminées.	LONGITUDES comptées de Post-Office.	de Paris.	Comment déterminées.
Baie de la Résolution (milieu.)	9°56'20" A.	Triangulation	48°38'33" O	141°29'56" O.	Mont. n° 76.
Nouka-Hiva (gr. sommet).	8 54 00 A.	Triangulation	49 41 11 O.	142 32 44 O.	M. 76.
Krusenstern (somm., p. O.).	15 05 00 A.	Triangulation	57 48 18 O	150 39 51 O.	M. 76.
Ile Matia (sommet).	15 50 30 A.	Triangulation	57 44 30 O.	150 36 03 O	M. 76.
Papéïti (observat., île Taïti).	17 32 00 A.	H. circ. du sol.	59 06 09 O.	151 57 42 O.	M. 76.
				151 53 21 O.	6 d. M. D.
				151 53 49 O.	De pointe Vénus.

TRAVERSÉE DE TAITI A KORORAREKA

(BAIE DES ILES, NOUVELLE-ZÉLANDE).

Durant cette traversée, les différences de température ont été graduelles. Les montres paraissent avoir marché assez régulièrement pour qu'on puisse adopter l'hypothèse du mouvement uniformément accéléré.

Marches	à Papéïti,	à Kororareka.	Différences.
N° 76	+ 3",74	+ 4",545	+ 0",805
175	+ 0 ,62	+ 0 ,716	+ 0 ,096
186	+24 ,93	+26 ,684	+ 1 ,754
127	+ 8 ,86	+10 ,454	+ 1 ,594

Le quotient de ces différences par l'intervalle (27 jours) écoulé entre le 15 septembre et le 13 octobre 1838, fournit les constantes suivantes :

$$
\begin{array}{ll}
\text{N° } 76 & 0'',030 \\
175 & 0,003 \\
186 & 0,064 \\
127 & 0,059
\end{array}
$$

qui, multipliées par 378, facteur correspondant au nombre 27, donneront les corrections à apporter aux longitudes trouvées le 13 octobre 1838 à l'observatoire de Kororareka, par les marches de Papéïti. On aura ainsi :

N° 76   11 h. 26' 51",67, au lieu de   11 h. 26' 40",33
    175 11   26 53 ,73   —   11   26 52 ,60
    186 11   26 54 ,86   —   11   26 30 ,67
    127 11   26 45 ,43   —   11   26 23 ,13 E.

Moyenne = 11 h. 26' 51",42 E.

Cette moyenne, comparée à la longitude supposée, 10 h. 07'52",00 O., pour Papéïti, donne 2 h. 25'16",58 pour différence en longitude entre l'observatoire de Papéïti et celui de Kororareka.

Nous choisissons encore le n° 76 pour déterminer les diverses positions géographiques de cette traversée, puisque c'est ce numéro qui se rapproche le plus de notre moyenne.

La longitude adoptée pour Papéïti étant de 4'11" trop considérable, il faudra retrancher ces 4'11" de toutes les longitudes occidentales, et les ajouter à toutes les longitudes orientales déterminées dans cette traversée.

TABLEAU DES CORRECTIONS FAITES AUX LONGITUDES DONNÉES PAR LE N° 76.

DATES.	CORRECTIONS en degrés.	DATES.	CORRECTIONS en degrés.	DATES.	CORRECTIONS en degrés.
1838.		1838.		1838.	
16 sept.	—0' 00"	25 sept.	—0' 25"	5 octobre.	+1' 25"
17	—0 01	26	—0 30	6	+1 34
18	—0 03	27	—0 35	7	+1 44
19	—0 04	28	—0 41	8	+1 54
20	—0 06	29	—0 47	9	+2 04
21	—0 09	30	—0 54	10	+2 15
22	—0 12	1er oct.	—1 01 *	11	+2 26
23	—0 16	2 et 3	+1 09 *	12	+2 38
24	—0 20	4	+1 17	13	+2 50

* Le signe des corrections qu'il faut apporter aux longitudes du n° 76, change avec la dénomination de la longitude qui devient orientale.

POSITIONS GÉOGRAPHIQUES DÉTERMINÉES PENDANT LA TRAVERSÉE.

NOMS DES LIEUX.	Latitudes.	Comment déterminées.	LONGITUDES comptées de Papéïti (observat.).	de Paris.	Comment déterminées
Enéo (sommet, milieu).	17°32'30"A.	Triangulation	0°13'00" O.	152°11'00" O.	Mont. n° 76.
Tabouai Manou (s., milieu).	17 39 30 A.	Triangulation	1 02 30 O.	153 00 30 O.	M. 76.
Ile Hull (milieu).	21 50 00 A.	Triangulation	5 08 51 O.	157 06 51 O.	M. 76.
Ile Mangia (somm., milieu).	21 54 20 A.	Triangulation	8 22 16 O.	160 20 16 O.	M. 76.
Ile Rarotonga (s., milieu).	21 12 00 A.	Triangulation	10 10 46 O.	162 08 46 O.	M. 76.
Kororareka (observatoire).	35 15 10 A.	H. circ. sol.	36 19 05 O.	171 42 55 E.	M. 76.
				171 49 40 E.	48 d. Du Petit Thouars.
				171 50 40 E.	64 dist. Lef.
				171 50 20 E.	C. T. 1842.

La longitude 151°58'0", admise pour l'observatoire de Papéïti étant trop grande de 4'11", les longitudes occidentales de ce tableau sont trop grandes de la même quantité. Par la même raison, la longitude orientale de Kororareka, donnée par le n° 76, est trop petite de 4'11", et doit être portée à 171°47'06".

TRAVERSÉE DE KORORAREKA AU PORT JACKSON.

Bien que cette traversée soit courte, les différences en longitudes suivantes trouvées entre l'observatoire de Kororareka et celui de Port Jackson (îlot Pinch-Gut), le 25 novembre 1838, ne présentent pas tout l'accord désirable :

$$\begin{array}{lll} \text{N}° \ 76 & 1\,\text{h}.31'\,48'',80 \\ 127 & 1 \ \ 32\ \ 08\ ,07 \\ 186 & 1 \ \ 31\ \ 26\ ,80 \\ 175 & 1 \ \ 31\ \ 34\ ,67 \end{array}$$

Comme les différences de température ont été peu sensibles, l'hypothèse du mouvement uniformément accéléré nous sera favorable, et nous corrigerons les résultats précédents d'après la formule ordinaire.

March. observ.	à Kororareka,	à Pinch-Gut.	Différences.
N° 76	+ 7'',10	+ 7'',07	+ 0'',027
175	+ 2 ,91	+ 0 ,10	+ 2 ,804
186	+ 25 ,83	+ 26 ,18	— 0 ,348
127	+ 9 ,50	+ 9 ,93	— 0 ,431

Le quotient de ces différences par l'intervalle (14 jours) écoulé entre le 11 et le 25 novembre 1838, fournit les constantes :

$$\begin{array}{ll} \text{N}° \ 76 & 0'',002 \\ 175 & 0\ ,200 \\ 186 & 0\ ,025 \\ 127 & 0\ ,031 \end{array}$$

qui, multipliées par 105, facteur correspondant au nombre 14, donnent les corrections à apporter aux différences précédentes. Elles deviendront alors :

N° 76   1 h. 31' 48",59 ⎫
  175   1   31 47 ,07 ⎪
  186   1   31 29 ,43 ⎬ Moyenne. 1 h. 31'40",75.
  127   1   31 37 ,93 ⎭

Bien que la moyenne 1 h. 31'40",75 soit un peu différente du résultat que donne le n° 76, nous adopterons néanmoins cette montre pour tracer l'itinéraire de la frégate pendant cette traversée. Nous remarquerons seulement que 11 h. 27'15" = 171°48'45" étant la longitude que nous avons supposée pour Kororareka, si l'on jugeait à propos d'y apporter quelque changement, il faudrait le faire porter aussi sur les positions géographiques déterminées dans l'intervalle.

TABLEAU DES CORRECTIONS FAITES AUX LONGITUDES DONNÉES PAR LE N° 76.			
DATES.	CORRECTIONS en degrés.	DATES.	CORRECTIONS en degrés.
1838.	Additives.	1838.	Additives.
12 novembre.	0' 00"	19 novembre.	0' 01
13	0 00	20	0 01
14	0 00	21	0 02
15	0 00	22	0 02
16	0 00	23	0 02
17	0 00	24	0 03
18	0 00	25	0 03

POSITIONS GÉOGRAPHIQUES DÉTERMINÉES PENDANT LA TRAVERSÉE.

NOMS DES LIEUX.	Latitudes.	Comment déterminées.	LONGITUDES comptées		Comment déterminées.
			de Kororareka (observatoire).	de Paris.	
Ilot Pinch-Gut (Port Jackson, Nouv.-Hollande, observ.)	33°51'14" A.	H. circ. du sol.	22°57'09" O.	148°53'11" E.	Mont. n° 76
				148 53 42 E.	Déd. de celle du fort Macquarie. C. T. 1842.

TRAVERSÉE DU PORT JACKSON A SIMON'S BAY
(CAP DE BONNE-ESPÉRANCE).

Pendant une traversée qui a duré 107 jours, sauf une courte relâche à Bourbon, il est impossible de compter sur les résultats que donnent les montres. Comme, au reste, ils ne sont employés que pour tracer l'itinéraire de la frégate, on aura toujours une exactitude suffisante.

Les marches observées étaient :

	à Port Jackson,	à Simon's town.	Différences.
N° 76	+ 7",16	+ 6",66	— 0",50
175	+ 2 ,35	+ 5 ,01	+ 2 ,66
186	+ 25 ,68	+ 22 ,26	— 3 ,42
127	+ 9 ,41	+ 9 ,55	+ 0 ,14

Si nous adoptons la formule du mouvement uniformément accéléré pour corriger la longitude de cette traversée, nous diviserons les différences précédentes par 107, nombre de jours écoulés entre le 13 décembre 1838 et le 30 mars 1839 : ce qui fournira les constantes :

$$
\begin{array}{rl}
N° \ 76 & 0'',005 \\
175 & 0\ ,024 \\
186 & 0\ ,032 \\
127 & 0\ ,001
\end{array}
$$

qui, multipliées par le facteur correspondant à un nombre quelconque de jours écoulés, donnent les corrections à apporter à la longitude du dernier de ces jours. Ainsi les longitudes du mouillage de Saint-Denis (Bourbon) deviendront :

7 mars 1839.
$$
\begin{cases}
N° \ 76 & 3\text{h}.\ 31'\ 28'',00,\ \text{au lieu de}\ 3\text{h}.\ 31'\ 45'',80 \\
175 & 3\ \ 34\ 12\ ,50\ \ \ \ -\ \ \ \ 3\ \ 32\ 45\ ,87 \\
186 & 3\ \ 31\ 19\ ,96\ \ \ \ -\ \ \ \ 3\ \ 33\ 14\ ,20 \\
127 & 3\ \ 32\ 33\ ,97\ \ \ \ -\ \ \ \ 3\ \ 32\ 30\ ,40
\end{cases}
$$

Moyenne. $= 3\ \ 32\ 23\ ,61$

Le n° 127 est celui dont les résultats se rapprochent le plus de la moyenne, le plus de la longitude 3 h. 32'40", assignée à Saint-Denis par la Connaissance des temps, et celui dont la marche paraît avoir le moins varié. Nous l'adopterons donc pour tracer l'itinéraire de la frégate entre le Port Jackson et l'île Bourbon.

Les états des montres furent vérifiés au mouillage de Saint-Denis, mais les circonstances ayant été défavorables, on devra peu compter sur leur exactitude. Ces états, comparés à ceux du 13 décembre, fournirent des marches moyennes qui ont servi jusqu'à Simon's Bay et donné pour la longitude du mouillage :

N° 76   1 h. 4' 49",19
  175   1   4 16 ,53
  186   1   5 12 ,78
  127   1   5 14 ,22

Pour corriger ces résultats d'après la formule ordinaire, nous remarquerons que les marches ont été

	supposées à St-Denis,	obs. à Simon's Town.	Différences.
N° 76	+ 7',82	+ 6",66	— 1",16
175	+ 2 ,286	+ 5 ,01	+ 2 ,72
186	+ 25 ,28	+ 22 ,26	— 3 ,02
127	+ 9 ,53	+ 9 ,55	+ 0 ,02

Ces différences, divisées par le nombre de jours (23) écoulés entre le 7 et le 30 mars 1839, fourniront les constantes :

N° 76   0",050
  175   0 ,118
  186   0 ,131
  127   0 ,001

qui, multipliées par 276, facteur correspondant au nombre 23, donneront les corrections qu'il faudra faire aux longitudes trouvées ci-dessus pour le mouillage de Simon's Bay. Elles deviennent alors :

N° 76   1 h. 4' 35",39
  175   1   4 49 ,10
  186   1   4 36 ,62
  127   1   5 14 ,49

Nous adopterons le n° 76, dont le résultat se rapproche le plus de la longitude 1 h. 4'23" que la Connaissance des temps assigne à Simon's Bay.

TABLEAU DES CORRECTIONS FAITES AUX LONGITUDES DONNÉES PAR LE N° 127, entre Port-Jackson et Bourbon.

DATES.	CORRECTIONS en degrés.	DATES.	CORRECTIONS en degrés.	DATES.	CORRECTIONS en degrés.
1838.	additives.	1839.	additives.	1839.	additives:
14 décemb.	0' 00"	11 janvier	0' 06"	8 février	0' 25"
15	0 00	12	0 06	9	0 26
16	0 00	13	0 07	10	0 26
17	0 00	14	0 07	11	0 27
18	0 00	15	0 08	12	0 28
19	0 00	16	0 08	13	0 29
20	0 00	17	0 09	14	0 30
21	0 00	18	0 09	15	0 31
22	0 01	19	0 10	16	0 32
23	0 01	20	0 10	17	0 33
24	0 01	21	0 11	18	0 34
25	0 01	22	0 12	19	0 35
26	0 01	23	0 13	20	0 36
27	0 01	24	0 13	21	0 37
28	0 01	25	0 14	22	0 38
29	0 02	26	0 15	23	0 39
30	0 02	27	0 15	24	0 40
31	0 02	28	0 16	25	0 41
1er janv. 1839.	0 02	29	0 17	26	0 42
2	0 03	30	0 18	27	0 43
3	0 03	31	0 18	28	0 44
4	0 03	1er février	0 19	1er mars	0 45
5	0 04	2	0 20	2	0 46
6	0 04	3	0 21	3	0 48
7	0 04	4	0 21	4	0 49
8	0 05	5	0 22	5	0 51
9	0 05	6	0 23	6	0 52
10	0 06	7	0 24	7	0 54

TABLEAU DES CORRECTIONS FAITES AUX LONGITUDES DONNÉES PAR LE N° 76,
entre Bourbon et Simon's Bay.

DATES.	CORRECTIONS en degrés.	DATES.	CORRECTIONS en degrés.
1839.	soustractives.	1839.	soustractives.
8 mars.	0' 00",7	20 mars.	1' 08"
9	0 02	21	1 18
10	0 04	22	1 30
11	0 07	23	1 42
12	0 11	24	1 55
13	0 16	25	2 08
14	0 21	26	2 22
15	0 27	27	2 37
16	0 33	28	2 53
17	0 41	29	3 10
18	0 49	30	3 27
19	0 57		

POSITIONS GÉOGRAPHIQUES DÉTERMINÉES PENDANT LA TRAVERSÉE.

NOMS DES LIEUX.	Latitudes.	Comment déterminées.	LONGITUDES comptées de Pinch-Gut (observat.).	de Paris.	Comment déterminées.
St-Denis (mouill. Bourbon).	20°51'43" A.	Déd. du plan.	95°45' 12" O.	53°08'30" E.	Mont. n° 127.
				53 10 00 E.	D. du plan.
Simon's Bay (mouillage).	34 10 50 A.	Déd. du plan.	De St-Denis. 37 01 05 O.	16 08 55 E.	Mont. n° 76.
				16 04 30 E.	D. du plan.
				16 05 47 E.	C. T. 1842.
Simon's Town (observatoire).	34 11 41 A.	H. circ. du sol.			

TRAVERSÉE DE SIMON'S BAY A BREST.

Partis le 21 avril de Simon's Bay, nous arrivâmes le 20 juin en France. Cette traversée a été coupée de deux relâches trop courtes pour faire autre chose que de corriger les états des montres. Ainsi, en arrivant à Sainte-Hélène, on eut pour longitude du mouillage, le 8 mai 1839 :

N° 76   0 h. 32' 30",93 Ouest.
175   0   33 04 ,80
186   0   32 20 ,67
127   0   32 19 ,07

Le *Neptune* assigne 0 h. 32'13",00 pour la position que nous occupions au mouillage de James' Town. Le n° 76 a été adopté pour l'itinéraire de la frégate, depuis le 21 avril jusqu'au 8 mai. La différence 17",93 du résultat de cette montre à la longitude 0 h. 32'13",00 sera répartie sur toutes les positions dans l'intervalle, d'après la formule du mouvement uniformément retardé.

Du 8 au 15 mai, on se servit des états corrigés à Ste-Hélène, ou des marches moyennes conclues dans ce même lieu. Ils donnèrent pour longitude du mouillage de Sandy Bay (île de l'Ascension) :

N° 76   1 h. 06' 56",94
175   1   06 57, 76
186   1   06 49 ,87   Moyenne. = 1 h. 06'54",81
127   1   06 54 ,66

La moyenne 1 h. 06'54"81 des 4 montres, donne 0 h. 34'41",81 pour différence en longitude entre Sainte-Hélène et l'Ascension, puisqu'on a supposé pour Sainte-Hélène 0 h. 32'13",00. Bien que le n° 127 se rapproche plus de la moyenne, nous continuons à nous servir du n° 76 pour tracer l'itinéraire de la frégate, depuis le 8 jusqu'au 15 mai.

A l'île de l'Ascension, les états des montres furent vérifiés : en les comparant à ceux de Sainte-Hélène, on eut des marches moyennes qui servirent jusqu'en France, et donnèrent, le 28 juin, pour longitude de l'observatoire à Brest :

$$\left. \begin{array}{lll} \text{N}° \ 76 & \text{o h. } 27'39'',33 \\ 175 & \text{o } \ \ 26 \ \ 37\ ,33 \\ 186 & \text{o } \ \ 26 \ \ 07\ ,67 \\ 127 & \text{o } \ \ 26 \ \ 42\ ,93 \end{array} \right\} \text{Moyenne.} = \text{o h. } 26'\ 46'',82.$$

La longitude vraie étant o h. 27'19",00, le n° 76 s'en rapproche le plus, puisqu'il ne diffère que de 20",33. On l'adoptera donc pour tracer l'itinéraire de la frégate, en répartissant cette différence sur l'intervalle écoulé entre le 16 mai et le 28 juin, d'après la formule du mouvement uniformément retardé.

TABLEAU DES CORRECTIONS FAITES AUX LONGITUDES DONNÉES PAR LE N° 76, entre Simon's-Bay et Sainte-Hélène.			
DATES.	Corrections en degrés.	DATES.	Corrections en degrés.
1839.	soustractives.	1839.	soustractives.
22 avril.	0' 02"	1er mai.	1' 37"
23	0 05	2	1 56
24	0 10	3	2 17
25	0 16	4	2 40
26	0 26	5	3 04
27	0 37	6	3 31
28	0 49	7	3 59
29	1 03	8	4 29
30	1 19		

TABLEAU DES CORRECTIONS FAITES AUX LONGITUDES DONNÉES PAR LE N° 76,
entre Sainte-Hélène et l'Ascension.

DATES.	CORRECTIONS EN DEGRÉS.	DATES.	CORRECTIONS EN DEGRÉS.
1839.	soustractives.	1839.	soustractives.
9 mai.	0' 01"	13 mai.	0' 14"
10	0 03	14	0 19
11	0 06	15	0 26
12	0 09		

TABLEAU DES CORRECTIONS FAITES AUX LONGITUDES DONNÉES PAR LE N° 76,
entre l'île de l'Ascension et Brest.

DATES.	Corrections en degrés.	DATES.	Corrections en degrés.	DATES.	Corrections en degrés.	DATES.	Corrections en degrés.
1839.	soustractives.	1839.	soustractives.	1839.	soustractives.	1839.	soustractives.
17 mai.	0' 00"	28 mai.	0' 25"	8 juin.	1' 28"	19 juin.	3' 10"
18	0 01	29	0 29	9	1 36	20	3 21
19	0 02	30	0 34	10	1 44	21	3 33
20	0 03	31	0 38	11	1 52	22	3 45
21	0 05	1er juin.	0 43	12	2 01	23	3 57
22	0 07	2	0 48	13	2 10	24	4 09
23	0 09	3	0 54	14	2 19	25	4 22
24	0 11	4	1 00	15	2 29	26	4 35
25	0 14	5	1 07	16	2 39	27	4 48
26	0 17	6	1 14	17	2 49	28	5 02
27	0 21	7	1 21	18	2 59		

POSITIONS GÉOGRAPHIQUES DÉTERMINÉES PENDANT LA TRAVERSÉE.

NOMS DES LIEUX.	Latitudes.	Comment déterminées.	LONGITUDES comptées		Comment déterminées.
			de Simon's town (obs.)	de Paris.	
Sainte-Hélène (mouillage).	15°54'00"A.	Pl. de la Coq.	7°59'54" O.	8°05'53" O.	Montres (76, 186, 127).
				8 03 15 O.	Pl. de la Coq.
			Sainte-Hélène (mouillage)		
Ascension (m. de Sandy Bay).	7 53 57 A.	Pl. de la Coq.	8°40'25" O.	16 43 40 O.	Montres (76, 186, 127).
				16 44 40 O.	Pl. de la Coq.
			l'Ascension.		
Brest (observatoire)	48 23 32 A.	C. T. 1842.	9°48'54" O.	6 54 50 O.	Montre 76.
				6 49 49 O.	C. T. 1842.

Ayant exposé ce qui est relatif à la marche des montres, nous allons donner en détail l'ITINÉRAIRE de la *Vénus*.

ITINÉRAIRE DE LA FRÉGATE LA VÉNUS, PAR M. LEFEBVRE.

DATES.	HEURES des observ. en T. V. ast. du lieu.	LATITUDES	LONGITUDES	OBSERVATIONS.
	h. m. s.	boréales.	occidentales.	
1836.				
29 déc.	0 0 0	48°16' 25"	7°13'25" re.	De Brest à Rio-Janeiro, on
30	0 0 0	47 39 20	10 27 25 esti.	a adopté les résultats donnés
31	0 0 0	45 32 38	13 21 25 esti.	par la montre marine n° 76.
1837.				Les longitudes sont comptées
1er janv.	0 0 0	42 40 14	16 49 45	du méridien de Paris, en sup-
2	0 0 0	39 14 48	»	posant l'observatoire de Brest
2	20 41 00	37 32 30	18 10 30	par 6°49'49" O.
3	0 0 0	37 11 53	18 06 30	
3	21 17 17	36 01 40	18 02 45	
4	0 0 0	35 46 24	18 21 45	
5	0 0 0	35 18 10	18 26 28	
5	3 30 32	35 16 20	18 14 28	
5	20 34 12	34 49 30	17 35 15	
6	0 0 0	34 39 07	17 32 15	
6	20 36 13	32 29 50	17 21 30	
7	0 0 0	32 07 10	17 21 30	
7	3 24 06	31 43 20	17 21 45	
7	20 38 20	30 31 20	17 21 45	
8	0 0 0	30 25 20	17 23 15	
8	20 26 27	29 15 00	18 04 30	
9	0 0 0	29 02 45	18 14 30	Au mouillage de Ste-Croix
10	0 0 0	28 28 00	18 35 00	de Ténériffe.
10	20 48 34	26 18 40	19 41 20	
11	0 0 0	25 56 10	19 53 20	
11	19 56 56	23 48 50	21 02 00	
12	0 0 0	23 31 27	21 11 00	
12	19 53 26	22 02 00	21 47 03	
13	0 0 0	21 50 00	21 53 03	
13	19 59 07	20 16 50	22 42 53	
14	0 0 0	20 01 00	22 51 23	
14	23 21 44	19 39 40	22 54 00	
15	0 0 0	17 48 00	23 43 20	
15	3 33 28	17 33 10	23 53 20	
15	20 12 29	15 58 40	24 39 41	
16	0 0 0	15 58 10	24 41 40	
16	20 28 17	13 48 10	24 55 45	
17	0 0 0	13 15 50	24 59 45	
17	20 02 53	10 42 20	25 47 00	
18	0 0 0	10 13 00	25 53 00	
18	19 53 07	7 51 10	26 43 20	
19	0 0 0	7 23 56	26 49 20	
19	20 11 14	5 37 00	27 38 15	
20	0 0 0	5 13 20	27 43 15	
21	0 0 0	3 37 00	28 28 30	
21	3 14 21	3 24 20	28 33 30	
21	19 59 28	2 30 30	29 04 15	
22	0 0 0	2 10 15	29 17 15	
22	19 56 46	0 55 40	31 10 45	
23	0 0 0	0 37 50	31 23 45	
		australes.		
23	20 00 10	0 44 46	32 50 00	
24	0 0 0	1 03 50	33 01 00	
24	19 59 11	2 23 30	34 20 55	
25	0 0 0	2 35 33	34 24 55	

ITINÉRAIRE DE LA FRÉGATE LA VÉNUS, PAR M. LEFEBVRE.

DATES.	HEURES des observ. en T. V. ast: du lieu.	LATITUDES australes.	LONGITUDES occidentales.	OBSERVATIONS.
1837.	h. m. s.			
25 janv.	0 0 0	2°35'33"	34°28'33"	Suite de la traversée de Brest à Rio-Janeiro.
25	3 21 03	2 44 50	34 30 45	
25	20 36 52	3 34 20	34 56 57	
26	0 0 0	3 50 30	34 55 09	
26	19 55 05	5 47 50	35 29 40	
27	0 0 0	6 14 30	35 39 10	
27	20 14 09	8 18 50	35 40 15	
28	0 0 0	8 40 20	35 40 57	
28	19 59 39	10 33 40	36 11 45	
29	0 0 0	10 56 20	36 14 45	
29	19 59 25	12 36 40	36 44 55	
30	0 0 0	12 54 00	36 47 55	
30	19 51 44	14 51 00	37 31 00	
31	0 0 0	15 09 50	37 36 12	
31	23 12 43	17 42 20	38 55 45	
1er février.	0 0 0	17 46 48	38 57 15	
1	20 10 26	20 27 20	40 46 45	
2	0 0 0	20 44 30	40 57 15	
2	20 26 44	22 43 40	42 45 15	
3	0 0 0	22 53 40	43 03 15	Arrivée à Rio-Janeiro.
3	20 12 06	23 13 00	45 22 00	
16 fév.	0 0 0	23 02 30	45 26 50 rel.	Du 16 février au 25 avril 1837, on a adopté les résultats donnés par la montre n° 186. Ils sont corrigés d'après l'hypothèse que la marche diurne a varié d'un mouvement uniformément accéléré. On a compté les longitudes du méridien de Paris, en supposant que l'observatoire de Villegagnon (Rio-Janeiro) était par 45°28'25" O.
17	0 0 0	23 29 30	45 40 40 rel.	
18	0 0 0	24 11 40	46 57 40 esti.	
18	21 31 00	26 02 20	47 57 38	
19	0 0 0	26 08 50	48 03 08	
19	19 46 00	27 48 40	49 33 00	
20	0 0 0	27 55 50	49 39 00	
20	19 49 00	30 00 50	51 01 52	
21	0 0 0	30 24 10	51 15 22	
21	19 54 00	32 27 30	52 32 58	
22	0 0 0	32 37 00	52 38 28	
22	19 55 00	33 55 10	53 44 52	
23	0 0 0	34 15 50	54 00 52	
24	0 0 0	35 58 40	55 11 30 est.	
25	0 0 0	36 30 44est.	55 36 00 esti.	
25	19 35 43	37 59 40	55 55 29	
26	0 0 0	38 05 40	56 01 29	
26	20 40 33	38 23 00	56 35 36	
27	0 0 0	38 36 35	56 34 36	
27	19 44 00	40 10 30	56 12 32	
28	0 0 0	40 23 56	55 58 32	
28	19 40 00	41 36 10	55 16 16	
1er mars.	0 0 0	41 40 40	55 32 58	
1	19 48 00	41 45 40	57 06 09	
2	0 0 0	41 56 20	57 25 57	
2	19 51 00	42 48 50	59 00 40	
3	0 0 0	43 05 20	59 30 58	
3	19 23 56	44 56 40	62 31 39	
4	0 0 0	45 22 39	63 14 39	
4	19 33 00	45 38 10	63 29 50	
5	0 0 0	45 38 10	63 29 50	

ITINÉRAIRE DE LA FRÉGATE LA VÉNUS, PAR M. LEFEBVRE.

DATES.	HEURES des observ. en T. V. ast. du lieu.	LATITUDES.	LONGITUDES.	OBSERVATIONS.
1837.	h. m. s.	australes.	occidentales.	
5 mars.	19 27 00	47°22' 40"	65°17' 32"	Suite de la traversée de
6	0 0 0	47 51 00	65 05 32	Rio-Janeiro à Valparaiso.
6	19 16 00	49 17 10	64 42 00	
7	0 0 0	49 39 00	64 33 00	
7	19 45 00	50 42 00	65 01 15	
8	0 0 0	50 43 57	65 03 45	
8	19 48 00	51 53 10	65 25 51	
9	0 0 0	51 57 00	65 44 51	
9	19 42 00	53 17 30	66 47 23	
10	0 0 0	53 24 00	66 49 05	
10	19 08 00	54 07 20	66 26 22	
11	0 0 0	54 25 40	66 13 22	
11	19 43 00	54 42 30	66 04 32	
12	0 0 0	55 01 10	66 23 32 mat.	
			66 15 44	
12	0 0 0	55 01 10	66 03 46 soir.	
12	3 52 00	55 08 00	66 26 28	
13	0 0 0	56 16 39	65 29 30	
13	3 34 00	56 28 30	65 26 54	
13	20 35 00	56 32 40	66 23 05	
14	0 0 0	56 34 33	66 55 05 mat.	
14	0 0 0	56 34 33	66 59 53 soir.	
14	4 10 00	56 30 30	67 13 53	
15	0 0 0	57 26 50	67 42 53 esti.	
15	20 08 00	57 16 10	66 25 37	
16	0 0 0	57 21 47	66 18 37	
16	19 16 00	58 03 50	66 36 19	
17	0 0 0	58 13 00	66 06 19	
18	0 0 9	58 43 00	66 01 39 esti.	
18	19 29 00	58 58 40	71 10 20	
19	0 0 0	58 57 56	72 02 20	
19	20 55 00	59 43 00	74 11 14	
20	0 0 0	59 50 40	74 21 44	
20	21 35 00	60 30 20	74 29 51	
21	0 0 0	60 19 00	74 33 51	
22	0 0 0	58 41 10	75 40 11 esti.	
22	19 33 00	58 47 10	75 22 47	
23	0 0 0	58 32 00	75 48 47	
24	0 0 0	59 37 20	77 24 50 esti.	
25	0 0 0	60 37 40	80 42 10 esti.	
25	20 33 00	59 48 40	82 14 11	
26	0 0 0	59 47 40	82 16 11	
27	0 0 0	59 42 50	85 20 17 soir.	
27	0 0 0	59 42 50	85 18 02 soir.	
27	1 28 00	59 43 40	85 11 17	
27	3 58 00	59 38 50	85 00 02	
27	22 20 00	59 26 36	84 25 52	
28	0 0 0	59 19 30	84 07 52	
29	0 0 0	58 47 13	82 34 42 esti.	
30	0 0 50	58 43 48	82 29 50	
30	22 07 00	58 38 20	83 05 00	
31	0 0 0	58 34 20	82 47 00	
31	21 55 00	58 41 00	81 35 21	
1er avril.	0 0 0	58 40 20	81 35 00	

ITINÉRAIRE DE LA FRÉGATE LA VÉNUS, PAR M. LEFEBVRE.

DATES.	HEURES des observ. en T. V. ast. du lieu.	LATITUDES.	LONGITUDES.	OBSERVATIONS.
1837.	h. m. s.	australes.	occidentales.	
1er avril.	3 55 00	55°40′ 00″	81°47′ 21″	Suite de la traversée de Rio-Janeiro à Valparaiso.
1	20 13 00	58 20 40	81 44 40	
2	0 0 0	58 06 00	82 06 10	
3	0 0 0	57 25 30	84 11 10 esti.	
3	20 33 00	57 14 00	84 34 56	
4	0 0 0	57 16 00	84 35 00	
4	19 22 00	56 56 50	84 36 00	
5	0 0 0	56 58 00	84 36 00	
5	19 49 00	55 37 10	84 34 54	
6	0 0 0	55 34 00	84 27 50	
7	0 0 0	54 29 50	81 53 35	
7	20 38 00	53 50 50	81 10 15	
8	0 0 0	53 36 10	81 06 45	
8	21 40 10	52 30 00	80 23 03	
9	0 0 0	52 09 00	80 29 00	
9	21 58 00	49 58 30	80 46 49	
10	0 0 0	49 46 00	80 45 50	
11	0 0 0	49 04 30	81 33 10	
11	19 39 00	48 44 00	82 17 45	
12	0 0 0	48 32 00	82 14 15	
13	0 0 0	47 30 30	82 02 00	
13	3 24 00	47 08 30	82 08 00	
13	20 46 00	45 51 50	82 28 14	
14	0 0 0	45 43 00	82 28 10	
14	19 58 00	44 32 00	82 07 40	
15	0 0 0	44 24 00	82 05 40	
15	19 31 00	43 55 10	81 29 04	
16	0 0 0	43 46 50	81 26 00	
16	20 12 00	43 24 20	80 12 43	
17	0 0 0	43 16 00	79 37 13	
17	20 38 00	42 23 40	78 31 37	
18	0 0 0	42 16 00	78 23 40	
18	22 22 00	41 53 30	78 44 47	
19	0 0 0	41 49 47	78 39 50	
20	0 0 0	40 55 50	78 11 40	
20	3 38 00	40 17 30	78 11 44	
20	20 05 00	39 19 40	77 49 53	
21	0 0 0	38 58 00	77 43 53	
21	19 50 00	37 18 30	76 54 42	
22	0 0 0	36 56 00	76 39 12 mat.	
22	0 0 0	36 56 00	76 33 00 soir.	
22	3 31 00	36 33 50	76 18 00	
22	19 59 00	34 25 50	76 01 50	
23	0 0 0	34 03 00	74 42 50	
24	0 0 0	33 26 00	73 23 30 esti.	
25	0 0 0	34 13 00	74 10 20	
25	3 14 00	33 04 10	74 10 50	Arrivée à Valparaiso le 26 avril.
14 mai.	0 0 0	31 57 00	74 53 00	Du 14 au 24 mai 1837, on
14	19 44 09	28 53 20	75 30 35	a adopté les résultats donnés
15	0 0 0	28 21 30	75 35 00	par la montre n° 75. Ils sont
15	3 39 00	27 54 20	75 44 22	
15	19 58 54	25 14 10	76 15 00	

ITINÉRAIRE DE LA FRÉGATE LA VÉNUS, PAR M. LEFEBVRE.

DATES.	HEURES des observ. en T. V. ast. du lieu.	LATITUDES.	LONGITUDES.	OBSERVATIONS.
1837.	h. m. s.	australes.	occidentales.	
16 mai.	0 0 0	24°53′ 30″	76° 20′ 00″	corrigés de la variation qu'a
17	0 0 0	22 17 50	76 52 10	éprouvée la marche diurne de
18	0 0 0	19 38 30	77 32 10	ce numéro pendant la traversée
18	3 46 08	19 15 50	77 38 10	de Valparaiso au port du Callao.
18	20 01 06	17 51 00	77 66 27	On a compté les longitudes du
19	0 0 0	17 38 27	77 59 30	méridien de Paris, en suppo-
19	19 54 52	16 40 20	78 14 56	sant que 74°03′45″ était la
20	0 0 0	16 27 20	78 17 00	longitude de l'observatoire de
21	0 0 0	15 04 00	78 50 40	Valparaiso.
21	3 12 32	14 54 30	78 53 40	
22	0 0 0	13 50 30	79 00 53	Arrivée au Callao le 24 mai.
22	3 46 46	13 41 20	79 04 00	
22	20 02 14	12 39 30	79 27 54	
23	0 0 0	12 39 00	79 27 20	
23	19 53 52	12 24 00	79 31 36	
24	0 0 0	12 19 00	79 35 00	
2 juin.	20 15 01	12 14 50	80 56 15	Du 1er juin au 12 juillet 1837
3	0 0 0	12 13 20	81 07 19	on a adopté les résultats donnés
3	4 08 50	12 11 20	81 27 45	par la montre marine n° 127.
4	0 0 0	11 43 40	82 53 26	Ils sont corrigés de la variation
4	4 06 09	11 41 40	83 16 30	de la marche diurne pendant la
5	0 0 0	11 30 37	85 17 00 esti.	traversée du Callao à Honolou-
6	0 0 0	11 05 00	88 15 16	lou. On a compté les longitudes
6	3 12 00	11 03 10	88 37 34	du méridien de Paris, en sup-
7	0 0 0	10 43 20	91 16 05	posant 79°34′30″ pour celle du
7	3 18 41	10 42 30	91 38 47	mouillage du Callao, où les
7	20 06 34	10 36 20	93 40 07	montres avaient été réglées.
8	0 0 0	10 33 17	94 08 00	
8	20 01 31	10 06 00	96 54 40	
9	0 0 0	10 04 00	97 20 00	
9	20 08 32	9 46 10	99 49 22	
10	0 0 0	9 45 00	100 14 20	
10	19 47 50	9 35 50	102 52 03	
11	0 0 0	9 34 50	103 16 39 mat.	
			103 15 30 soir.	
11	3 31 25	9 35 30	103 35 00	
11	19 53 14	9 19 50	105 06 35	
12	0 0 0	9 17 54	105 28 05 mat.	
			105 35 00 soir.	
12	3 10 18	9 15 50	105 51 26	
12	19 48 43	8 49 50	107 38 02	
13	0 0 0	8 46 50	108 01 38	
13	19 40 32	8 23 10	110 47 11	
14	0 0 0	8 19 57	111 19 23	
14	19 38 10	8 04 20	114 04 00	
15	0 0 0	8 04 45	114 29 54 mat.	
			114 35 10 soir.	
15	3 45 10	7 57 50	114 55 10	
15	19 48 03	7 26 30	116 28 22	
16	0 0 0	7 21 30	116 54 46	
16	19 57 23	6 39 50	119 23 40	
17	0 0 0	6 32 36	119 48 40	

ITINÉRAIRE DE LA FRÉGATE LA VÉNUS, PAR M. LEFEBVRE.

DATES.	HEURES des observ. en T. V. ast. du lieu.	LATITUDES	LONGITUDES	OBSERVATIONS.
1837.	h. m. s.	australes	occidentales.	
17 juin.	19 45 34	5° 57' 00" A.	122° 25' 49"	Suite de la traversée du Callao à Honoloulou.
18	0 0 0	5 48 00	122 55 49	
18	19 52 28	5 22 30	125 21 19	
19	0 0 0	5 18 11	125 50 31	
19	19 46 24	5 03 30	128 10 53	
20	0 0 0	5 01 37	128 37 50	
20	19 45 07	5 00 26	130 40 19	
21	0 0 0	5 00 00	130 57 43	
21	19 43 05	4 43 40	133 09 50	
22	0 0 0	4 43 15	133 35 50	
22	20 17 41	2 27 40	134 48 07	
23	0 0 0	2 05 50	134 51 10	
23	19 39 28	0 10 30	135 17 39	
		boréales.		
24	0 0 0	0 13 30	135 20 40	
24	19 42 05	1 59 30	136 02 40	
25	0 0 0	2 17 29	136 04 40	
25	20 03 46	3 35 50	136 40 54	
26	0 0 0	3 55 50	136 43 00	
27	0 0 0	4 32 10	136 54 00 esti.	
28	0 0 0	5 28 00	137 01 50 esti.	
28	19 13 40	6 49 50	137 34 44	
29	0 0 0	7 07 00	137 43 44	
30	0 0 0	8 18 20	138 12 00	
30	19 52 16	8 26 10	138 37 18	
1er juill.	0 0 0	8 44 00	138 55 20	
1	19 34 35	10 10 00	140 50 07	
2	0 0 0	10 28 30	141 19 10	
2	19 40 24	11 55 00	143 32 29	
3	0 0 0	12 00 30	143 56 30	
3	21 14 39	13 23 40	146 11 08	
4	0 0 0	13 31 00	146 22 24	
4	19 42 47	14 57 10	148 24 42	
5	0 0 0	15 18 30	148 50 00	
5	19 30 38	16 51 10	150 46 20	
6	0 0 0	17 10 26	151 09 20	
6	19 38 35	18 34 20	153 05 09	
7	0 0 0	18 53 34	153 28 33	
7	19 52 20	19 53 10	155 31 15	
8	0 0 0	20 02 50	155 50 33	
8	19 46 14	21 06 50	157 44 00	
9	0 0 0	21 06 00	158 07 42 mat.	
			158 19 00 soir.	
9	3 37 03	21 04 00	158 34 48	Arrivée à Honoloulou.
25 juill.	0 0 0	21 13 45	161 59 38	Du 24 juillet au 2 septembre 1837, on a adopté les résultats donnés par la montre n° 76. Ils sont corrigés de la variation
25	3 19 55	21 16 30	162 20 56	
25	19 26 45	21 21 10	164 29 57	
26	0 0 0	21 20 17	164 56 57	
26	19 33 16	21 32 30	167 28 27	
27	0 0 0	21 36 40	168 07 30	
27	19 50 01	21 52 10	170 14 37	
28	0 0 0	21 53 37	170 32 49	

ITINÉRAIRE DE LA FRÉGATE LA VÉNUS, PAR M. LEFEBVRE.

DATES.	HEURES des observ. en T. V. ast. du lieu.	LATITUDES.	LONGITUDES.	OBSERVATIONS.
1837.	h. m. s.	boréales.	occidentales.	
28 juillet.	19 44 38	22° 08' 10"	172° 50' 01"	de la marche diurne pendant la
29	0 0 0	22 10 50	172 23 13	traversée d'Honoloulou à Pé-
29	19 38 21	22 25 40	175 22 03	tropaulowski. On a compté la
30	0 0 0	22 27 40	175 53 15	longitude du méridien de Pa-
30	19 41 05	22 47 30	177 21 05	ris, en supposant 160°20'19" O.
31	0 0 0	22 44 50	177 47 05	pour celle de l'observatoire
31	19 33 10	23 25 20	179 13 26	d'Honoloulou, qui a servi de
1er août.	0 0 0	23 44 37	179 35 26	point de départ. Mais comm
			orientales.	cette longitude (donnée par la
1 et 2	19 54 07	24 57 00	178 57 37	Connaissance des temps), est
2 et 3	0 0 0	25 08 40	178 42 40	probablement trop grande de
2 et 3	19 39 47	25 51 40	177 32 46	8', il en sera de même des lon-
4	0 0 0	26 02 30	177 18 34	gitudes occidentales de cette
4	20 18 27	26 29 40	176 53 03	traversée, tandis que les lon-
5	0 0 0	26 30 30	176 52 21	gitudes orientales seront trop
5	20 56 11	26 34 40	175 57 43	petites de cette même quan-
6	0 0 0	26 45 20	175 31 01	tité (8').
6	19 43 58	27 05 00	175 16 05	
7	0 0 0	27 14 33	175 06 23	
7	19 49 05	28 01 10	174 17 05	
8	0 0 0	28 01 10	173 46 53	
8	19 45 26	28 55 00	171 57 15 estl.	
9	0 0 0	29 13 34	171 36 15	
10	0 0 0	30 52 40	169 32 10	
10	3 17 00	31 06 50	169 08 58	
10	19 41 34	32 20 20	167 41 56	
11	0 0 0	32 37 30	167 17 14	
11	19 31 24	32 52 50	166 15 12	
12	0 0 0	32 58 10	166 10 10	
12	19 55 02	32 12 40	164 56 11	
13	0 0 0	33 21 01	164 40 10	
13	19 55 23	33 51 10	163 31 47	
14	0 0 0	33 51 20	163 31 47	
14	19 39 19	34 33 20	163 13 38	
15	0 0 0	34 50 40	163 06 08	
15	19 45 48	37 11 40	162 40 14	
16	0 0 0	37 44 50	162 29 14	
17	0 0 0	40 16 38	161 37 00	
18	0 0 0	42 01 10	161 17 50	
19	0 0 0	41 42 00	160 21 50	
19	19 35 42	42 32 50	160 38 43	
20	0 0 0	42 55 10	160 30 01	
21	0 0 0	44 54 00	150 34 58	
21	2 57 25	45 05 40	159 28 10	
22	0 0 0	45 39 20	158 30 04	
22	21 09 12	46 49 40	158 15 59	
23	0 0 0	46 57 00	158 13 35	
23	19 29 14	47 50 50	158 08 22	
24	0 0 0	48 07 00	158 02 20	
24	19 30 16	50 33 10	157 36 45	
25	0 0 0	51 04 40	157 17 50	
26	0 0 0	52 29 10est.	156 01 50	
27	0 0 0	52 31 16est.	156 45 00	
28	0 0 0	52 06 00est.	157 17 00	

IX. 9

ITINÉRAIRE DE LA FRÉGATE LA VÉNUS, PAR M. LEFEBVRE.

DATES.	HEURES des observ. en T. V. ast. du lieu.	LATITUDES.	LONGITUDES.	OBSERVATIONS.
1837.	h. m. s.	boréales.	orientales.	
28 août.	1 52 20	52° 06' 00"	157° 10' 00"	Suite de la traversée de Ho-
29	0 0 0	51 41 40	157 01 30	noloulou à Pétropaulowski.
29	20 31 42	52 10 10	156 31 40	Arrivée à Pétropaulowski.
30	0 0 0	52 14 20	156 23 40	
17 sept.	0 0 0	51 50 50	159 36 00	Du 14 septembre au 19 oc-
17	19 54 20	51 37 50	159 22 28	tobre 1837, on a adopté les
18	0 0 0	51 34 36	159 20 32	résultats donnés par la montre
18	19 22 0	51 09 20	160 10 00	marine n° 76. Ils sont corrigés
19	0 0 0	51 12 00	160 23 00	de la variation qu'a éprouvée
19	19 38 45	51 00 30	161 56 33	la marche diurne de cette
20	0 0 0	50 59 00	162 02 30	montre pendant la traversée
20	20 09 56	50 30 00	162 55 59	de Pétropaulowski à Monterey.
21	0 0 0	50 40 50	163 22 00	Les longitudes sont comptées
21	19 58 42	51 07 50	166 00 15	du méridien de Paris, en sup-
22	0 0 0	51 03 38	166 17 15	posant que 156°23'10" soit
23	0 0 0	50 05 21	168 11 10	celle de l'observatoire de Pétro-
23	2 05 40	50 01 10	168 34 10	paulowski.
23	20 05 37	49 28 10	171 12 23	
24	0 0 0	49 25 00	171 35 20?	
24	0 0 0	49 25 00	171 02 00	
24	2 14 01	49 25 10	171 24 03	
25	0 0 0	49 11 46	172 53 28	
25	2 18 41	49 11 40	173 00 16	
25	19 54 27	48 57 20	174 37 23	
26	0 0 0	48 54 40	175 06 20	
26	20 02 37	48 29 00	178 17 58	
27	0 0 0	48 24 50	178 58 00	
			occidentales.	
27	0 0 0	47 53 20	176 35 20 esti.	
28	0 0 0	47 15 30	171 44 56	
28	3 10 09	47 06 00	171 08 26	
29	0 0 0	46 25 30	169 14 36	
30	0 0 0	45 15 40	170 01 40	
30	20 03 28	45 55 50	168 54 41	
1er oct.	0 0 0	46 06 20	168 33 40	
1	20 50 34	45 47 20	167 02 27	
2	0 0 0	45 42 55	166 52 27	
2	20 08 30	45 14 20	165 58 52	
3	0 0 0	45 07 40	165 47 22	
4	0 0 0	43 47 30	163 33 00 esti.	
5	0 0 0	42 05 00	162 38 00 esti.	
5	20 58 17	41 30 50	163 16 45	
6	0 0 0	41 17 20	163 25 40	
6	20 02 57	41 03 50	161 14 08	
7	0 0 0	41 03 30	160 38 10	
7	20 14 09	41 11 50	159 06 23	
8	0 0 0	41 09 10	158 57 53	
9	0 0 0	41 16 40	155 41 00 esti.	
10	0 0 0	40 24 00	150 58 00 esti.	
10	19 55 24	41 01 50	147 56 00	
11	0 0 0	40 56 30	147 04 00	
11	20 19 04	40 30 50	144 07 26	

ITINÉRAIRE DE LA FRÉGATE LA VÉNUS, PAR M. LEFEBVRE.

DATES.	HEURES des observ. en T. V. ast. du lieu.	LATITUDES.	LONGITUDES.	OBSERVATIONS.
1837.	h. m. s.	boréales.	occidentales.	
12 oct.	0 0 0	40°16' 50"	143° 14' 00"	Suite de la traversée de Pé-
13	0 0 0	39 14 30	138 23 20 esti.	tropaulowski à Monterey.
13	21 18 38	38 18 00	135 43 20	
14	0 0 0	38 13 00	135 29 20	
14	20 00 11	37 23 50	133 20 20	
15	0 0 0	37 16 10	132 55 32	
15	19 53 17	36 45 20	130 18 12	
16	0 0 0	36 44 10	129 51 40	
16	20 03 34	36 45 50	127 44 33	
17	0 0 0	36 44 30	127 11 30	
17	19 49 10	36 37 20	124 33 13	
18	0 0 0	36 38 40	124 25 13	Arrivée à Monterey.
14 nov.	19 45 50	34 15 30	124 45 41	Du 11 au 28 novembre 1837,
15	0 0 0	33 35 50	124 39 00	on a adopté les résultats donnés
15	19 57 21	31 15 10	123 07 17	par le n° 76, et corrigés de la va-
16	0 0 0	30 47 50	122 47 20	riation qu'a éprouvée la marche
16	20 23 32	29 30 50	121 21 08	diurne de ce numéro pendant
17	0 0 0	29 24 38	121 11 10	la traversée de Monterey à
17	0 0 0	29 24 38	121 14 00	la baie de la Madeleine. On
17	4 07 05	29 20 40	121 11 20	a supposé 124°12'49" pour
17	20 06 18	29 10 50	121 12 27	la longitude de Monterey.
18	0 0 0	29 10 50	121 00 27	
18	20 01 10	29 13 50	120 33 47	
19	0 0 0	29 03 20	120 27 50	
20	0 0 0	27 20 38	119 49 37	
20	4 24 32	27 09 00	119 44 07	
21	0 0 0	26 29 38	119 25 00	
21	20 01 25	25 22 50	118 41 00	
22	0 0 0	25 09 20	118 26 00	
22	20 25 16	24 26 50	116 31 30	
23	0 0 0	24 26 50	115 44 48	
23	20 42 03	24 32 10	114 55 16	
24	0 0 0	24 35 49	114 43 52	
24	0 0 0	24 35 49	114 41 20	
24	3 53 04	24 31 50	114 26 20	
24	20 17 08	24 26 10	114 37 15	
25	0 0 0	24 31 00	114 27 21	Arrivée à la Madeleine.
6 déc.	20 28 50	24 00 40	114 46 31	Du 5 au 22 décembre 1837,
7	0 0 0	24 03 24	114 44 00	on a adopté les résultats donnés
8	0 0 0	22 19 40	114 46 50	par la montre marine n° 76,
8	2 42 03	22 11 20	114 34 50	et corrigés de la variation de la
8	19 57 26	22 25 20	113 34 13	marche diurne pendant la tra-
9	0 0 0	22 35 10	113 09 10	versée de la Madeleine à San
9	20 21 42	22 49 40	112 30 43	Blas. On a supposé pour lon-
10	0 0 0	22 54 46	112 20 00	gitude de l'observatoire dans la
11	0 0 0	22 57 46	112 00 02	baie de la Madeleine 114°26'25".
11	2 49 48	22 56 00	111 56 20	
11	20 23 19	22 58 20	109 49 44	
12	0 0 0	23 02 46	109 29 20	

ITINÉRAIRE DE LA FRÉGATE LA VÉNUS, PAR M. LEFEBVRE.

DATES.	HEURES des observ. en T. V. ast. du lieu.	LATITUDES.	LONGITUDES.	OBSERVATIONS.
1837.	h. m. s.	boréales.	occidentales.	
12 déc.	0 0 0	23°02' 46"	109°24' 34"	Suite de la traversée.
12	3 34 17	23 16 30	109 04 34	
13	6 28 00	23 14 28	108 48 14	Ile Venado (obs. à terre) séjour à Mazatlan.
18	19 56 25	22 12 10	108 51 57	
19	0 0 0	22 06 00	108 42 00	
19	20 18 01	21 50 00	108 13 53	
20	0 0 0	21 50 00	108 13 53	Ile Isabella.
20	21 06 11	21 36 20	107 54 15	
21	0 0 0	21 36 20	107 54 15	Arrivée à San Blas.
27 déc.	19 49 17	20 56 20	108 12 17	Du 26 décembre 1837 au 10 janvier 1838, on a adopté les résultats donnés par le n° 76, corrigés des variations de la marche diurne pendant la traversée de San Blas à Acapulco. On a supposé que le méridien de San Blas était par 107°36'18" O.
28	0 0 0	20 42 13	108 14 20	
28	20 07 04	19 38 40	107 54 18	
29	0 0 0	19 39 25	108 03 48	
29	20 08 42	19 21 20	107 28 29	
30	0 0 0	19 17 30	107 33 41	
30	20 19 18	19 02 40	107 11 27	
31	0 0 0	19 01 20	107 08 45	
31	20 02 44	18 49 00	106 50 47	
1838.				
1er janv.	0 0 0	18 45 40	106 32 11	
1	20 12 41	17 50 20	105 58 04	
2	0 0 0	17 52 52	105 39 28	
2	20 02 08	17 44 50	104 52 04	
3	0 0 0	17 46 06	104 44 00	
3	20 20 15	17 30 40	104 03 31	
4	0 0 0	17 28 55	103 59 55	
4	19 51 45	16 57 30	103 37 14	
5	0 0 0	17 06 20	103 30 00	
5	19 47 47	17 08 20	103 44 00	
6	0 0 0	17 08 26	103 40 18	
6	19 49 28	16 47 20	102 42 29	
7	0 0 0	16 46 56	102 38 53	Arrivée, le 8, à Acapulco.
23 janv.	19 52 01	15 37 00	101 46 55	Du 22 janvier au 22 mars 1838, on a adopté les résultats donnés par le n° 76, corrigés de la variation de la marche diurne pendant la traversée de Acapulco à Valparaiso. On a supposé que le méridien d'Acapulco était par 102°09'23" O.
24	0 0 0	15 31 47	101 45 37	
24	19 59 03	13 58 40	101 07 54	
25	0 0 0	13 50 20	101 05 42	
25	19 46 52	12 17 30	101 24 32	
26	0 0 0	12 06 37	101 22 50	
26	19 51 14	10 23 50	101 25 25	
27	0 0 0	9 55 36	101 21 19	
27	19 44 54	8 33 20	101 11 06	
28	0 0 0	7 47 10	101 00 36	
28	19 51 36	6 23 30	100 23 01	
29	0 0 0	5 53 20	100 09 25	
29	19 52 21	3 34 20	99 19 10	
30	0 0 0	3 18 40	99 11 52	
30	19 44 54	2 26 00	99 38 37	
31	0 0 0	2 19 15	99 19 19	
31	20 14 26	2 17 00	98 54 08	

— 69 —

ITINÉRAIRE DE LA FRÉGATE LA VÉNUS, PAR M. LEFEBVRE.

DATES.	HEURES des observ. en T. V. ast. du lieu.	LATITUDES.	LONGITUDES.	OBSERVATIONS.
1838.	h. m. s.	boréales.	occidentales.	
1er février.	0 0 0	2°02' 00"	99°06' 32"	Suite de la traversée d'Acapulco à Valparaiso.
1	19 57 33	1 46 10	100 04 20	
2	0 0 0	1 41 54	100 09 20	
2	19 47 58	1 59 30	100 34 46	
3	0 0 0	1 53 28	100 31 50	
3	19 46 41	1 22 40	100 31 37	
4	0 0 0	1 06 20	100 27 31	
5	0 0 0	0 25 00	100 14 00 esti.	
		australes.		
5	19 57 03	0 18 00	99 54 08	
6	0 0 0	0 24 00	99 50 26	
6	19 49 27	0 31 30	99 37 32	
7	0 0 0	0 31 30	99 37 30	
7	19 48 38	0 53 30	99 27 19	
8	0 0 0	0 55 30	99 26 49	
8	19 56 05	1 14 40	99 16 14	
9	0 0 0	1 17 00	99 18 44	
9	19 52 16	1 33 40	99 31 53	
10	0 0 0	1 33 40	99 31 50	
10	20 31 49	1 50 40	99 04 20	
11	0 0 0	1 55 00	99 01 20	
11	19 45 02	2 19 50	98 38 36	
12	0 0 0	2 26 00	99 47 06	
12	20 10 54	3 12 10	99 41 48	
13	0 0 0	3 23 20	99 50 42	
13	19 39 58	3 49 10	99 51 11	
14	0 0 0	3 50 40	99 51 00	
14	19 42 46	2 59 20	100 04 40	
15	0 0 0	3 11 01	100 17 04	
15	20 13 15	4 09 10	101 41 43	
16	0 0 0	4 20 40	101 52 31	
16	20 14 41	6 05 10	103 36 46	
17	0 0 0	6 26 40	103 54 50	
17	20 06 46	8 11 10	105 24 38	
18	0 0 0	8 36 30	105 43 14	
18	19 27 18	10 02 10	107 20 33	
19	0 0 0	10 26 30	107 47 03	
19	19 34 53	12 31 50	108 51 22	
20	0 0 0	13 00 40	109 02 50	
20	19 36 19	15 14 40	109 46 51	
21	0 0 0	15 41 20	109 47 45	
21	19 45 58	17 53 10	110 03 46	
22	0 0 0	18 24 20	110 09 52	
22	20 51 48	20 37 20	110 47 10	
23	0 0 0	21 03 20	110 41 52	
23	19 58 31	23 34 20	111 00 44	
24	0 0 0	23 48 20	110 49 40	
24	19 26 17	25 55 10	110 58 57	
25	0 0 0	26 30 00	110 56 57	
25	20 11 12	26 56 40	111 18 50	
26	0 0 0	27 00 00	111 22 50mat.	Dans les parages de l'Ile de Pâques.
			111 28 00soir.	
26	4 27 39	27 06 00	111 34 16	
26	19 42 52	28 08 30	111 34 46	

ITINÉRAIRE DE LA FRÉGATE LA VÉNUS, PAR M. LEFEBVRE.

DATES.	HEURES des observ. en T. V. ast. du lieu.	LATITUDES.	LONGITUDES.	OBSERVATIONS.
1838.	h. m. s.	australes.	occidentales.	
27 fév.	0 0 0	28°19'10"	111°30'50"	Suite de la traversée d'Aca-
27	21 16 39	29 10 20	111 16 22	pulco à Valparaiso.
28	0 0 0	29 16 00	111 05 00	
28	19 50 05	29 49 20	109 17 39	
1er mars.	0 0 0	29 56 20	108 48 20	
1	19 54 11	30 53 30	105 29 42	
2	0 0 0	31 03 10	104 48 40	
3	0 0 0	31 38 10	101 11 36	
3	4 06 26	31 43 10	100 44 24	
3	20 03 54	32 09 10	98 49 40	
4	0 0 0	32 15 00	98 20 40	
4	19 49 13	32 34 20	95 47 32	
5	0 0 0	32 37 00	95 24 50	
5	19 46 20	32 46 30	93 34 40	
6	0 0 0	32 49 00	93 16 16	
6	19 37 58	32 53 50	90 59 32	
7	0 0 0	32 55 00	90 23 30	
8	0 0 0	32 47 40	87 55 30 esti.	
8	19 59 56	32 43 10	86 04 38	
9	0 0 0	32 39 00	85 38 40	
9	19 39 10	32 33 00	85 13 54	
10	0 0 0	32 44 00	85 04 18	
10	19 33 33	33 31 30	86 08 00	
11	0 0 0	33 38 23	85 45 36	
11	19 43 20	33 11 00	83 52 43	
12	0 0 0	33 15 24	83 35 40	
12	21 05 59	33 24 50	83 00 05	
13	0 0 0	33 25 23	82 59 00	
13	20 03 16	33 53 50	82 46 48	
14	0 0 0	33 53 46	82 29 42	
14	20 02 57	33 46 40	81 11 05	
15	0 0 0	33 35 12	81 01 00	
15	0 0 0	33 35 12	80 59 48	
15	20 08 32	33 35 40	80 52 42	
15	19 49 16	33 40 20	79 53 30	
16	0 0 0	33 37 40	79 29 30	
16	19 38 41	33 04 20	77 13 49	
17	0 0 0	33 02 40	76 54 25	
17	19 56 36	33 15 00	74 43 00	
18	0 0 0	33 10 20	74 10 00	Arrivée, le 18, à Valparaiso.
28 avril.	19 48 58	31 18 10	75 43 09	Du 26 avril au 14 mai 1838,
29	0 0 0	31 00 20	76 09 40	on a adopté les résultats donnés
29	20 11 56	28 59 50	78 45 13	par la montre n° 76, corrigés
30	0 0 0	28 45 44	79 06 43	des variations de la marche
30	20 14 24	27 16 40	81 06 32	diurne pendant la traversée de
1er mai.	0 0 0	27 02 50	81 19 50	Valparaiso au port du Callao.
1	19 58 57	26 28 30	82 08 32	La longitude supposée pour
2	0 0 0	25 23 15	82 25 20	l'observatoire de Valparaiso
2	20 21 17	26 12 50	82 50 14	était 74°04'00" O.
3	0 0 0	26 15 00	82 37 10	
			82 41 40	
3	3 32 16	29 19 10	82 38 45	

ITINÉRAIRE DE LA FRÉGATE LA VÉNUS, PAR M. LEFEBVRE.

DATES.	HEURES des observ. en T. V. ast. du lieu.	LATITUDES	LONGITUDES	OBSERVATIONS.
1838.	h. m. s.	australes	occidentales.	
3 mai.	19 45 42	24° 48' 10"	82° 20' 46"	Suite de la traversée de Valparaiso au Callao.
4	0 0 0	24 18 00	82 12 28	
4	20 29 56	21 54 30	81 41 42	
5	0 0 0	21 26 10	81 34 12	
6	0 0 0	18 20 48	80 49 00	
6	21 47 06	15 48 00	80 25 45	
7	0 0 0	15 33 00	80 21 00	
7	20 10 09	13 20 40	79 55 43	
8	0 0 0	13 20 40	79 55 00	
9	0 0 0	12 45 50	79 33 30	
9	2 01 38	12 43 20	79 32 00	
10	0 0 0	12 14 20	79 40 00 esti.	Arrivée, le 10, au Callao.
1er juin.	21 26 45	12 07 50	80 08 18	Du 1er au 8 juin 1838, on a adopté les résultats donnés par la montre n° 76, corrigés des variations de la marche diurne pendant la traversée du Callao à Payta. On a compté les longitudes du méridien de Paris, en supposant que l'observatoire du Callao (fort del Sol) était par 79°34'30" O.
2	0 0 0	12 02 15	80 11 18	
3	0 0 0	10 50 00	80 52 20	
3	3 20 13	10 50 10	81 15 22	
4	0 0 0	9 05 40	82 38 30	
4	3 09 56	8 48 20	82 44 28	
4	20 33 27	7 08 20	83 25 54	
5	0 0 0	6 55 00	83 30 24	Arrivée, le 6, au matin à Payta.
17 juin.	22 17 40	4 08 30	85 44 45	Du 16 au 27 juin 1838, on a adopté les résultats donnés par la montre n° 76. On a compté les longitudes du méridien de Paris, en supposant l'observatoire de Payta par 83°34'00".
18	0 0 0	4 07 10	85 55 27	
18	20 41 10	3 22 00	88 14 38	
19	0 0 0	3 15 40	88 38 02	
20	0 0 0	2 04 33	90 35 30	
20	20 43 38	1 56 00	90 48 04	
21	0 0 0	1 29 22	92 05 45	
21	1 24 38	1 28 00	92 11 45	
21	20 45 43	1 26 00	92 44 22	Mouillé le 22 à Black-Beach (île Charles, Galapagos).
22	0 0 0	1 23 30	92 59 04	
3 juill.	19 55 08	1 34 30	93 05 01	Du 27 juin au 1er septembre 1838, on a adopté les résultats donnés par le n° 76, dont la marche est la même à Post-Office-Bay et à Papéiti. Les longitudes sont comptées du méridien de Paris, en supposant celle de l'observatoire à Post-Office-Bay = 92°53'00" O.
4	0 0 0	1 34 40	92 52 01 mat.	
4	0 0 0	1 34 40	92 55 55 soir	
4	3 30 00	1 34 10	92 48 13	
5	0 0 0	1 52 55	92 00 13	
5	3 47 08	1 40 00	91 52 25	
5	20 00 00	1 44 20	91 59 46	
6	0 0 0	1 26 52	91 56 46 mat.	
			92 00 40 soir	
6	3 04 35	1 16 40	92 01 40	
6	19 00 00	1 14 00	91 58 22	
6	21 00 00	1 00 00	92 04 55	
7	0 0 0	0 56 20	91 48 22 m.	La différence de ces longitudes ramenées à midi, provient sans doute des courants. La moyenne 91°56'28" entre les long. provenant des observ. de 9 h du matin et de 3 h. du soir, est probablement la meilleure.
7	0 0 0	0 56 20	91 54 07 m.	
7	0 0 0	0 56 20	91 53 46 s.	
7	0 0 0	0 56 20	91 58 48 s.	
7	0 0 0	0 56 20	92 03 12 s.	

ITINÉRAIRE DE LA FRÉGATE LA VÉNUS, PAR M. LEFEBVRE.

DATES.	HEURES des observ. en T. V. ast. du lieu.	LATITUDES	LONGITUDES	OBSERVATIONS.
1838.	h. m. s.	australes.	occidentales.	
7 juill.	1 00 00	0°56' 15"	91°47'46"	Suite de la traversée de Post-Office-Bay à Papéïti.
7	3 10 00	0 54 15	91 46 24	
7	5 20 00	0 49 00	91 39 36	
7	20 00 00	0 44 40	91 36 05	
7	21 00 00	0 40 15	91 36 35	
8	0 0 0	0 38 10	91 46 17 mat.	
8	0 0 0	0 38 10	91 46 35 mat.	
8	0 0 0	0 38 10	91 54 20 soir.	
8	3 15 00	0 41 40	92 06 32	
		boréales.		
8	20 00 00	0 13 20	92 15 15	
8	21 00 00	0 17 20	92 17 27	
9	0 0 0	0 22 30	92 28 57 mat.	
9	0 0 0	0 22 30	92 30 21 m.	
9	0 0 0	0 22 30	92 34 25 soir.	
9	0 0 0	0 22 30	92 36 46 s.	
9	4 00 00	0 25 30	92 51 01	
9	5 30 00	0 26 40	92 58 16	
9	19 45 00	0 24 49	93 12 00	
9	21 15 00	0 27 01	93 08 57	
10	0 0 0	0 24 50	92 58 24 mat.	
10	0 0 0	0 24 50	92 57 03 m.	
10	0 0 0	0 34 50	93 04 06 soir.	
10	4 00 00	0 23 20	93 10 18	
10	19 00 00	0 09 40	93 03 04	
10	21 00 00	0 11 40	92 57 43	
11	0 0 0	0 16 00	92 41 16 mat.	
11	0 0 0	0 16 00	92 43 55 m.	
11	0 0 0	0 16 00	92 49 02 soir.	
11	0 0 0	0 16 00	92 48 29 s.	
11	3 30 00	0 32 10	93 05 02	
11	5 36 00	0 38 45	93 08 39	
11	20 00 00	1 05 50	93 52 35	
12	0 0 0	1 15 30	94 07 29 mat.	
12	0 0 0	1 15 30	94 11 57 soir.	
12	0 0 0	1 15 30	94 11 54 s.	
12	3 00 00	1 27 20	94 13 27	
12	4 00 00	1 27 40	94 14 40	
12	19 20 00	1 40 50	94 25 54	
12	21 00 00	1 40 40	94 17 11	
13	0 0 0	1 42 26	94 24 50 mat.	
13	0 0 0	1 42 26	94 26 23 m.	
13	0 0 0	1 42 26	94 33 09 soir.	
13	5 30 00	1 32 20	94 21 45	
13	20 00 00	0 50 40	93 43 00	
14	0 0 0	0 44 30	93 48 18 mat.	
14	0 0 0	0 44 30	93 47 19 soir.	
14	4 00 00	0 35 50	93 52 19	
14	20 00 00	0 06 10	94 14 42	
		australes.		
15	0 0 0	0 00 06	93 58 06 mat.	
15	0 0 0	0 00 06	94 05 00 soir.	
15	4 00 00	0 05 30	94 10 18	Quitté les Galapagos.
15	19 48 10	0 26 40	95 05 01	

ITINÉRAIRE DE LA FRÉGATE LA VÉNUS, PAR M. LEFEBVRE.

DATES.	HEURES des observ. en T. V. ast. du lieu.	LATITUDES.	LONGITUDES.	OBSERVATIONS.
1838.	h. m. s.	australes.	occidentales.	
16 juillet.	0 0 0	0° 36' 37"	95° 28' 10"	N° 76 = 95° 28' 10"
16	20 45 0	1 30 10	97 21 40	175 = 95 28 25
17	0 0 0	1 39 49	97 39 20	186 = 95 28 35
18	0 0 0	3 27 00	100 55 33	127 = 95 28 00
18	3 37 30	3 43 10	101 19 21	
18	21 17 10	4 58 10	103 15 10	Moyenne = 95 28 16
19	0 0 0	5 05 00	103 28 40	Ce résultat est celui que donnent les
20	0 0 0	6 19 08	106 33 40 esti.	marches conclues à Post-Office-Bay ; mais
21	0 0 0	7 32 50	109 21 30	si on les corrige de la variation des marches,
21	3 36 12	7 40 00	109 50 30	on trouve :
21	20 50 25	8 34 40	111 55 05	
22	0 0 0	8 44 50	112 19 35	N° 76 = 95° 28' 10"
22	19 58 57	8 52 10	114 40 12	175 = 95 29 52
23	0 0 0	8 53 20	115 08 12	184 = 95 28 23
23	19 14 39	9 15 00	117 26 54	127 = 95 27 37
24	0 0 0	9 15 50	117 56 54	Moyenne = 95 28 30
24	20 53 49	9 33 50	120 21 35	
25	0 0 0	9 33 34	120 44 05	
25	20 0 14	9 42 42	123 09 57	
26	0 0 0	9 41 20	123 35 45	
26	20 59 47	9 49 10	126 24 45	
27	0 0 0	9 51 40	126 45 45	
27	19 48 40	10 03 40	129 27 06	
28	0 0 0	10 04 10	129 57 06	
29	0 0 0	10 27 30	133 29 47	
29	2 09 0	10 29 10	133 45 11	
30	0 0 0	10 30 40	136 15 51	
30	3 11 05	10 30 40	136 34 33	
30	20 04 59	10 20 50	138 38 20	
31	0 0 0	10 17 10	139 08 32	
31	20 0 0	10 19 44	140 33 47	Attéri sur Magdalena (îles Marquises).
31	21 0 0	10 21 26	? 140 51 12	Le 1er août, à 8 heures du matin, long. :
1er août.	0 0 0	10 33 38	140 57 11 mat.	N° 76 = 140° 33' 47"
1	0 0 0	10 33 38	141 03 48 m.	175 = 140 35 21
1	0 0 0	10 33 38	141 00 33 soir.	186 = 149 34 08
1	0 0 0	10 33 38	141 02 42 s.	127 = 140 33 50
1	3 0 0	10 21 56	141 04 39	
1	5 0 0	10 20 50	141 06 48	17 06
1	19 20 0	10 07 59	141 06 41	Moyenne = 140 34 16
1	20 0 0	10 06 05	141 05 33	Ces résultats du 1er août sont conclus
1	21 15 0	10 02 11	141 06 53	avec les marches de Post Office-Bay ; mais
2	0 0 0	9 42 59	141 09 11 mat.	si on les corrige des variations de marche,
2	0 0 0	9 42 59	141 09 33 m.	on aura :
2	0 0 0	9 42 59	141 09 23 m.	N° 76 = 140° 33' 47"
2	0 0 0	9 42 59	141 11 52 soir.	175 = 140 40 11
2	0 0 0	9 42 59	141 10 13 s.	186 = 140 33 26
2	3 15 0	9 22 05	141 20 25	127 = 140 32 33
2	5 30 0	9 26 11	141 21 13	
2	19 0 0	9 34 49	141 11 30	139 07
2	21 0 0	9 38 28	141 13 19	
3	0 0 0	9 40 00	141 15 42 mat.	Moyenne = 140 34 59
3	0 0 0	9 40 00	141 16 37 m.	
3	0 0 0	9 40 00	141 22 41 soir.	

ITINÉRAIRE DE LA FRÉGATE LA VÉNUS, PAR M. LEFEBVRE.

DATES.	HEURES des observ. en T. V. ast. du lieu.	LATITUDES.	LONGITUDES.	OBSERVATIONS.
1838.	h. m. s.	australes.	occidentales.	
3 août.	3 0 0	9°42'07"	141° 29' 19"	Suite de la traversée de Post-Office-Bay
3	19 0 0	9 43 36	141 37 42	à Papeïti.
4	0 0 0	9 47 05	141 36 42	
4	19 0 0	9 50 40	141 27 37	Mouillé à 4 heures du soir. Ile Christine
6	3 5 0	9 55 20	141 30 35	(Marquises).
9	3 30 0	10 01 00	141 33 57	Parti à midi de l'île Christine.
9	19 30 0	10 08 24	141 28 20	Le 9 août, à 19 h. 30', long. :
9	21 15 0	10 04 26	141 29 56	N° 76 = 141° 28' 20"
10	0 0 0	9 58 56	141 20 08mat.	175 = 141 30 10
10	0 0 0	9 58 56	141 23 38 m.	186 = 141 29 26
10	0 0 0	9 58 56	141 26 48soir.	127 = 141 28 42
10	0 0 0	9 58 56	141 28 55 s.	
10	2 15 0	9 51 02	141 22 41	116 38
10	4 30 0	9 48 14	141 27 43	Moyenne = 141 29 09
10	21 45 0	9 18 11	141 38 40	
11	0 0 0	9 10 05	141 41 57soir.	Ces résultats, corrigés des variations de
11	0 0 0	9 10 05	141 41 40mat.	marches, deviennent :
11	4 15 0	9 10 05	141 41 57	N° 76 = 141° 28' 20"
11	21 50 0	9 04 00	141 37 07	175 = 141 44 45
12	0 0 0	9 02 50	141 40 31	186 = 141 28 20
12	19 20 0	9 01 11	141 49 06	127 = 141 26 40
12	20 0 0	9 02 05	141 53 06	
12	21 0 0	9 00 23	141 58 44	128 05
13	0 0 0	8 53 23	142 05 06mat.	Moyenne = 141 32 01
13	0 0 0	8 53 23	142 03 42 m.	
13	0 0 0	8 53 23	142 04 14 m.	
13	0 0 0	8 53 23	142 04 42soir.	
13	4 45 0	8 45 59	141 59 42	
13	18 30 0	8 33 46	142 04 37	
13	20 0 0	8 26 04	142 06 39	
13	21 30 0	8 19 40	142 06 38	
13	22 40 0	8 18 34	142 12 43	
14	0 0 0	8 17 58	142 10 31mat.	
14	0 0 0	8 17 58	142 11 09 m.	
14	0 0 0	8 17 58	142 11 50 m.	
14	0 0 0	8 17 58	142 15 55 m.	
14	0 0 0	8 17 58	142 23 35soir.	
14	4 25 0	8 02 28	142 39 34	
14	19 45 0	8 12 27	142 41 10	
15	0 0 0	7 58 03	142 33 34mat.	
15	0 0 0	7 58 03	142 54 57soir.	
15	3 30 0	7 56 03	142 30 33	
15	19 10 29	7 45 40	142 28 17	
15	21 0 0	7 36 16	142 27 25	
16	0 0 0	7 33 40	142 40 29mat.	
16	0 0 0	7 33 40	142 30 13 m.	
16	0 0 0	7 33 40	142 41 18soir.	
16	0 0 0	7 33 40	142 42 42 s.	
16	4 0 0	7 46 28	142 56 38	
16	5 0 0	7 50 48	143 00 42	
16	20 0 0	8 08 00	143 14 55	
16	22 0 0	8 06 12	143 13 36	
17	0 0 0	8 19 18	143 10 13mat.	
17	0 0 0	8 19 18	143 09 42 m.	

ITINÉRAIRE DE LA FRÉGATE LA VÉNUS, PAR M. LEFEBVRE.

DATES.	HEURES des observ. en T. V. ast. du lieu.	LATITUDES.	LONGITUDES.	OBSERVATIONS.
1838.	h. m. s.	australes.	occidentales.	
17 août.	0 0 0	8° 19' 18"	143° 10' 30" soir	Suite de la traversée de Post-Office-Bay à Papeïti.
17	0 0 0	8 19 18	143 12 11 s.	
17	3 0 0	8 25 06	143 04 30	
17	5 30 0	8 43 36	143 02 11	Le 20 août, à 7 h. 35' du matin, avec les marches de Post-Office, on a pour longitude les résultats suivants :
17	19 0 0	9 20 50	142 47 15	
17	21 40 0	9 25 57	142 39 23	
18	0 0 0	9 28 57	142 41 03 mat.	N° 76 = 142° 30' 40"
18	0 0 0	9 28 57	142 37 41 m.	175 = 142 24 54
18	0 0 0	9 28 57	142 36 52 soir.	186 = 142 30 56
18	0 0 0	9 28 57	142 37 42 s.	127 = 142 29 56
18	0 0 0	9 28 57	142 36 23 s.	
18	2 0 0	9 27 57	142 34 28	116 26
18	3 20 0	9 29 57	142 33 16	Moyenne = 142 29 06
18	5 25 0	9 36 57	142 26 53	Le 20 août, à 7 h. 35' du matin, les longitudes corrigées des variations des marches sont :
18	19 20 0	9 37 55	142 17 23	
18	20 0 0	9 31 10	142 20 24	
18	21 45 0	9 19 09	142 24 57	N° 76 = 142° 30' 40"
19	0 0 0	9 15 15	142 26 53 mat.	175 = 142 36 14
19	0 0 0	9 15 15	142 27 51 m.	186 = 142 29 16
19	0 0 0	9 15 15	142 28 27 m.	127 = 142 26 54
19	19 0 0	9 02 35	142 31 04	
19	19 35 0	9 00 48	142 30 40	3 04
19	21 35 0	8 54 47	142 26 02	Moyenne = 142 30 46
20	0 0 0	8 44 47	142 26 52 mat.	
20	0 0 0	8 44 47	142 27 22 m.	
20	0 0 0	8 44 47	142 26 56 m.	
20	0 0 0	8 44 47	142 27 32 soir.	
20	0 0 0	8 44 47	142 27 47 s.	
20	0 0 0	8 44 47	142 26 55 s.	
20	2 0 0	8 48 47	142 41 02	
20	3 45 0	8 56 47	142 45 47	
20	5 20 0	8 57 05	142 45 11	
20	20 24 0	10 09 10	143 46 17	Quitté les Marquises.
21	0 0 0	10 27 54	143 58 17	
21	20 01 08	10 58 54	144 45 35	
22	0 0 0	10 59 06	145 00 11	
22	19 59 53	11 52 00	146 16 54	
23	0 0 0	12 01 40	146 23 24	
23	20 11 04	13 21 10	147 26 14	
24	0 0 0	13 35 40	147 40 44	
24	19 49 27	14 02 00	149 05 02	
25	0 0 0	14 23 30	149 05 02	Attéri dans les îles Pomotou.
25	19 14 46	14 39 50	150 21 16	Mouillé le 29 août dans la baie de Papeïti, dont la longitude par les montres est :
26	0 0 0	14 52 36	150 30 46 mat.	
26	0 0 0	14 52 36	150 32 56 soir.	N° 76 = 151° 59' 19"
26	5 30 0	14 49 00	150 41 52	175 = 152 05 40
26	18 45 0	14 57 04	150 44 31	186 = 151 57 27
26	21 45 0	15 04 58	150 46 29	127 = 151 54 45
27	0 0 0	15 10 10	150 44 31 mat.	
27	0 0 0	15 10 10	150 45 29 m.	237 11
27	0 0 0	15 10 10	150 45 46 soir.	Moyenne = 151 59 18 le 1er sept. à l'observatoire.
27	0 0 0	15 10 10	150 46 16 s.	
27	1 0 0	15 11 52	150 45 46	Ces résultats sont corrigés des variations des marches.
27	4 0 0	15 16 50	150 45 36	

ITINÉRAIRE DE LA FRÉGATE LA VÉNUS, PAR M. LEFEBVRE.

DATES.	HEURES des observ. en T. V. ast. du lieu.	LATITUDES.	LONGITUDES.	OBSERVATIONS.
1838.	h. m. s.	australes.	occidentales.	
27 août.	20 0 0	16° 07' 14"	151° 07' 15"	Arrivée à Taïti.
28	0 0 0	16 30 14	151 12 07 mat.	
28	19 57 39	17 27 00	151 53 01	
17 sept.	0 0 0	17 23 00	151 52 30	Départ de Taïti.
17	3 22 37	17 18 30	152 11 17	
17	20 02 42	17 30 00	152 31 43	Du 16 sept. au 13 oct. 1838,
18	0 0 0	17 47 30	152 49 22	on a adopté les résultats don-
18	2 42 37	17 58 10	153 05 37	nés par le n° 76, corrigés de la
19	0 0 0	19 25 10	154 50 13	variation de la marche diurne
19	2 25 27	19 33 50	155 01 26	pendant la traversée de Taïti à
19	19 51 54	20 41 40	156 11 10	Kororareka, le méridien de Pa-
20	0 0 0	21 03 50	156 28 58	peïti étant supposé de 151° 54
20	19 55 39	21 36 30	156 49 08	O.
21	0 0 0	21 50 30	157 05 26	
21	19 50 06	21 43 30	159 26 21	
22	0 0 0	21 48 00	159 53 20	
22	19 53 35	21 51 40	161 40 00	
23	0 0 0	21 30 50	161 55 30	
23	19 59 57	21 12 00	162 33 30	
24	0 0 0	21 39 30	162 51 48	
24	19 55 23	21 41 40	164 34 18	
25	0 0 0	21 48 30	165 07 20	
25	20 08 55	22 11 40	167 49 35	
26	0 0 0	22 18 00	168 19 35	
26	19 42 58	23 16 40	170 38 00	
27	0 0 0	23 : 3 00	171 04 30	
27	20 01 16	24 54 50	173 32 55	
28	0 0 0	25 08 50	173 55 13	
28	20 09 41	26 14 20	175 48 44	
29	0 0 0	26 26 30	176 07 44	
29	20 02 02	26 50 20	176 37 22	
30	0 0 0	26 53 20	176 47 46	
1er oct.	0 0 0	27 25 48	178 39 58	
1	19 23 48	28 16 20	179 50 00	
2 et 3	0 0 0	28 35 10	179 58 12	Changé de date à cause du
			orientales.	180° degré de longitude.
3	20 06 33	28 49 10	179 42 43	
4	0 0 0	28 51 00	179 41 19 mat.	
			179 49 17 soir.	
4	3 57 0	28 54 30	179 49 41	
5	0 0 0	29 39 40	177 59 07	
5	2 13 05	29 53 30	178 15 01	
5	19 44 43	31 20 20	176 25 47	
6	0 0 0	31 40 30	176 06 40	
6	19 32 42	32 44 40	174 34 34	
7	0 0 0	32 51 35	174 26 04	
7	19 31 48	33 27 40	174 05 04	
8	0 0 0	33 28 00	173 43 16	
8	19 28 35	33 53 00	172 35 54	
9	0 0 0	34 00 00	172 44 00	
9	19 54 11	34 26 20	172 47 54	
10	0 0 0	34 25 10	172 41 18	

ITINÉRAIRE DE LA FRÉGATE LA VÉNUS, PAR M. LEFEBVRE.

DATES.	HEURES des observ. en T. V. ast. du lieu.	LATITUDES.	LONGITUDES.	OBSERVATIONS.
1838.	h. m. s.	australes.	orientales.	
10 sept.	20 02 31	34° 20' 50"	171° 37' 45"	Suite de la traversée de Taïti à Kororareka.
11	0 0 0	34 29 00	171 33 45	
11	19 58 11	34 47 00	171 51 09	
12	0 0 0	34 54 00	171 49 15	Arrivé le 12 à la Baie-des-Iles.
11 nov.	19 45 15	33 51 10	171 10 04	Du 11 au 25 novembre 1838,
12	0 0 0	33 40 00	171 08 00	on a adopté les résultats donnés
12	19 46 17	34 09 50	170 15 38	par le n° 76, corrigés de la va-
13	0 0 0	34 28 00	169 54 26	riation de la marche diurne
13	19 43 32	34 36 00	168 49 32	pendant la traversée de Kora-
14	0 0 0	34 37 00	168 41 30	reka au Port-Jackson; la longi-
15	0 0 0	34 44 00	167 58 00	tude de l'observatoire de la Baie-
16	0 0 0	35 04 00	165 18 00	des-Iles étant supposée de
17	0 0 0	35 12 00	163 37 00	171° 50' 20" C. T.
18	0 0 0	35 05 00	160 20 16	
18	5 21 30	35 11 00	159 50 16	
18	19 26 31	34 40 20	158 59 10	
19	0 0 0	34 03 40	158 42 10	
19	19 29 35	34 17 20	157 05 56	
20	0 0 0	34 19 60	156 54 56	
21	0 0 0	34 30 00	155 27 00	
21	19 47 10	34 38 50	153 43 52	
22	0 0 0	34 36 00	153 19 50	
22	19 40 41	34 07 55	151 23 47	
23	0 0 0	34 04 00	151 04 47	
23	19 22 26	34 03 40	149 29 06	Arrivé le 24 au port Jackson.
24	0 0 0	33 35 00	149 15 06	
18 déc.	0 0 0	32 57 00	149 20 00	Du 13 déc. 1838 au 6 mars
18	19 55 56	34 04 00	149 59 19	1839, on a adopté les résultats
19	0 0 0	34 04 45	150 15 20	donnés par le n° 127 m. m.,
19	19 42 36	34 20 00	151 45 10	corrigés des variations de la
20	0 0 0	34 29 30	152 06 10	marche diurne pendant la tra-
20	19 46 12	35 15 10	153 31 36	versée du Port-Jackson à Si-
21	0 0 0	35 26 00	153 36 12	mon's-Bay. Les longitudes sont
22	0 0 0	36 35 07	153 51 36	comptées du méridien de Paris,
22	19 42 50	37 55 10	154 33 48	en supposant celui de l'obser-
23	0 0 0	38 10 30	154 44 18	vatoire à Pinch-Gut-Island par
23	19 44 05	39 27 40	155 02 26	148° 53' 30" E.
24	0 0 0	39 41 20	155 00 00	
24	19 35 32	40 46 40	154 47 41	
25	0 0 0	41 02 00	154 19 23	
26	0 0 0	42 04 00	152 16 20	
26	20 08 02	42 32 00	151 48 52	
27	0 0 0	42 34 00	151 50 50	
27	19 46 33	43 36 30	151 21 02	
28	0 0 0	43 49 00	151 02 20	
28	19 35 04	45 02 10	151 24 13	
29	0 0 0	45 00 00	151 26 31	
29	19 24 30	44 01 10	150 41 45	
30	0 0 0	43 49 30	150 24 15	
30	19 42 35	43 34 00	149 40 45	
31	0 0 0	43 41 00	149 20 15	

ITINÉRAIRE DE LA FRÉGATE LA VÉNUS, PAR M. LEFEBVRE.

DATES.	HEURES des observ. en T. V. ast. du lieu.	LATITUDES	LONGITUDES	OBSERVATIONS.
1839.	h. m. s.	australes.	orientales.	
24 février.	0 0 0	22°13' 00"	74°17' 50"	Suite de la traversée du Port-Jackson à l'île Bourbon.
24	20 03 14	21 12 20	72 55 42	
25	0 0 0	21 37 35	72 33 40	
25	19 48 42	20 59 00	70 00 02	
26	0 0 0	20 53 20	69 32 32	
26	19 42 32	20 51 50	67 48 08	
27	0 0 0	20 47 40	67 28 38	
27	19 28 24	20 35 50	65 39 10	
28	0 0 0	20 35 00	65 15 46	
28	19 53 40	20 27 30	63 15 32	
1er mars.	0 0 0	20 27 00	62 52 30	
1	19 51 13	20 25 10	60 57 06	
2	0 0 0	20 24 20	60 35 10	
2	20 03 49	20 32 40	58 48 00	
3	0 0 0	20 33 00	58 31 50	
3	20 09 11	20 28 20	56 55 19	
4	0 0 0	20 30 00	56 34 00	
4	19 40 18	20 55 20	54 13 14	
5	0 0 0	20 55 20	53 46 44	
6	0 0 0	20 49 55	53 08 28	Au mouillage de Saint-Denis.
9 mars.	0 0 0	20 56 45	52 12 00	Du 7 au 30 mars 1839, on a adopté les résultats donnés par le chronomètre n° 76. Ils sont corrigés des variations de la marche diurne pendant la traversée de Bourbon au cap de Bonne-Espérance. Les longitudes sont comptées du méridien de Paris, en supposant celui de Saint-Denis par 53°10'00" E.
9	19 56 14	22 21 50	51 06 17	
10	0 0 0	22 36 20	50 50 20	
10	19 41 59	24 19 50	48 54 03	
11	0 0 0	24 48 10	48 40 30	
11	19 48 24	26 22 30	46 55 39	
12	0 0 0	26 38 30	46 36 40	
12	19 57 31	28 00 20	44 13 24	
13	0 0 0	28 09 20	43 48 36	
14	0 0 0	29 16 00	41 20 00	
15	0 0 0	29 51 20	41 57 00	
15	3 14 20	29 51 20	41 57 07	
15	19 41 17	30 29 20	41 26 41	
16	0 0 0	30 48 40	41 06 17	
16	19 49 06	31 54 50	39 58 28	
17	0 0 0	32 04 00	39 47 10	
17	19 58 51	31 13 30	38 46 51	
18	0 0 0	31 04 45	38 30 27	
18	21 05 09	31 01 40	38 00 40	
19	0 0 0	31 05 20	37 49 40	
19	19 29 58	32 00 30	36 01 22	
20	0 0 0	32 10 10	35 18 52	
20	20 05 45	32 36 00	33 04 00	
21	0 0 0	32 54 00	32 53 30	
21	19 34 10	32 15 20	32 01 00	
22	0 0 0	32 01 00	31 58 30	
22	19 48 07	31 33 30	31 10 10	
23	0 0 0	31 33 30	31 10 10	
23	19 48 35	31 54 10	30 32 00	
24	0 0 0	32 15 00	30 12 32	
24	19 30 03	33 16 10	28 15 16	
25	0 0 0	33 33 30	27 39 16	

ITINÉRAIRE DE LA FRÉGATE LA VÉNUS, PAR M. LEFEBVRE.

DATES.	HEURES des observ. en T. V. ast. du lieu.	LATITUDES.	LONGITUDES.	OBSERVATIONS.
1839.	h. m. s.	australes.	orientales.	
25 mars.	19 38 45	34° 37' 20"	25° 13' 00"	Suite de la traversée de Bourbon au cap de Bonne-Espérance.
26	0 0 0	34 41 50	24 51 00	
26	19 38 19	35 33 00	21 31 49	
27	0 0 0	35 34 00	21 04 50mat.	
27	0 0 0	35 34 00	20 38 00soir.	
27	2 46 17	35 29 40	20 17 00	
27	20 11 42	34 47 50	18 28 00	
28	0 0 0	34 38 50	18 19 00mat.	
28	0 0 0	34 38 50	18 07 17soir.	Arrivé, le 29 mars, à False-Bay (cap de Bonne-Espérance).
28	2 27 47	34 44 00	18 04 00	
28	19 34 05	34 40 20	16 27 10	
29	0 0 0	34 18 00	16 20 10	
21 avril.	20 10 57	34 38 00	15 46 02	Du 21 avril au 9 mai 1839, on a adopté les résultats donnés par la montre marine n° 76. Ils sont corrigés des variations de la marche diurne pendant la traversée du Cap à Sainte-Hélène. Le méridien de l'observatoire à Simon's-Town étant supposé par 16o5'47" E.
22	0 0 0	34 38 00	15 38 02	
22	19 24 43	33 37 00	13 59 56	
23	0 0 0	33 24 00	13 37 10	
23	20 04 15	31 39 40	11 20 40	
24	0 0 0	31 25 20	11 00 40	
24	19 50 42	30 06 20	9 23 46	
25	0 0 0	30 02 00	9 17 10	
25	20 02 46	29 36 40	8 40 56	
26	0 0 0	29 33 00	8 36 52	
26	21 27 48	28 23 20	7 26 18	
27	0 0 0	28 19 10	7 20 48	
27	21 25 04	27 27 50	6 16 19	
28	0 0 0	27 23 30	6 10 48	
28	20 07 57	26 40 50	5 20 09	
29	0 0 0	26 35 00	5 12 27	
29	19 52 40	26 01 50	5 08 24	
30	0 0 0	25 54 00	5 06 44	
30	20 13 32	25 14 00	5 37 47	
1er mai.	0 0 0	25 10 00	5 38 44	
2	0 0 0	24 35 00	4 50 22	
2	20 43 32	22 41 20	2 31 31	
3	0 0 0	22 29 20	2 16 31	
3	19 46 01	21 03 50	0 39 20	
4	0 0 0	20 51 00	0 17 20	
			occidentales.	
4	21 40 15	19 32 40	1 50 42	
5	0 0 0	19 25 10	2 04 12	
6	0 0 0	18 12 20	4 07 10	
6	20 57 29	16 59 50	6 05 45	
7	0 0 0	16 50 00	6 21 45	
8	0 0 0	15 54 00	8 03 15	Arrivé, le 8, à Sainte-Hélène.
10 mai.	20 02 18	14 43 00	9 16 16	Du 9 au 16 mai 1839, on a adopté les résultats donnés par le n° 76. Ils sont corrigés des variations de la marche diurne entre Sainte-Hélène et l'Ascension. Le méridien du mouillage de Ste-Hélène ayant été supposé par 8°03'15".
11	0 0 0	14 28 00	9 29 16	
11	19 44 56	12 57 10	10 59 39	
12	0 0 0	12 40 00	11 15 09	
12	20 02 22	11 33 30	12 35 53	

ITINÉRAIRE DE LA FRÉGATE LA VÉNUS, PAR M. LEFEBVRE.

DATES.	HEURES des observ. en T. V. ast. du lieu.	LATITUDES.	LONGITUDES.	OBSERVATIONS.
1839.	h. m. s.	australes.	occidentales.	
13 mai.	0 0 0	11°21'40"	12°48'53"	Suite de la traversée de l'Ascension à Brest.
13	19 54 34	10 03 20	14 11 08	
14	0 0 0	9 49 20	14 26 08	
14	19 30 54	8 32 00	15 56 22	
15	0 0 0	8 16 40	16 12 22	
16 mai.	20 01 18	6 15 20	17 45 07	
17	0 0 0	5 54 40	18 02 43	
17	19 47 02	4 41 20	20 40 22	
18	0 0 0	4 28 40	21 05 20	
18	19 45 51	3 28 10	23 11 12	
19	0 0 0	3 18 10	23 28 54 mat.	
19	0 0 0	3 18 10	23 44 20 soir.	
19	5 01 51	3 03 20	24 02 19	
19	19 56 59	2 08 03	25 18 55	
20	0 0 0	1 51 50	25 37 55	
20	19 26 22	0 20 00	26 38 10	
		boréales.		
21	0 0 0	0 09 20	26 46 10	
21	20 06 24	2 23 00	27 35 39	
22	0 0 0	2 51 00	27 43 15	
23	0 0 0	4 04 40	28 12 00	
23	19 52 03	4 23 00	28 26 04	
24	0 0 0	4 25 00	28 29 40	
24	19 24 51	6 10 50	29 52 16	
25	0 0 0	6 27 00	30 14 28	
25	22 10 07	8 12 00	31 55 43	
26	0 0 0	8 21 40	32 04 40	
26	19 25 50	10 02 50	33 13 24	
27	0 0 0	10 16 10	33 22 20	
27	19 44 20	11 39 40	34 35 48	
28	0 0 0	11 58 00	34 51 06	
28	19 46 46	13 29 40	36 56 53	
29	0 0 0	13 55 21	37 19 35	
29	19 36 21	16 04 30	38 43 11	
30	0 0 0	16 36 00	38 54 10	
30	19 33 08	18 50 20	40 17 42	
31	0 0 0	19 19 00	40 30 12	
31	19 46 22	21 04 50	41 13 04	
1er juin.	0 0 0	22 34 10	41 13 16	
1	19 28 40	22 20 00	41 32 01	
2	0 0 0	22 34 10	41 37 00	
2	19 45 52	23 49 50	42 10 03	
3	0 0 0	24 00 30	42 12 35	
3	19 40 10	25 01 10	43 07 34	
4	0 0 0	25 13 20	43 12 30	
4	19 47 36	26 48 10	44 09 10	
5	0 0 0	26 56 50	44 13 10	
5	19 41 15	27 43 40	45 19 25	
6	0 0 0	27 51 20	45 28 25	
6	19 49 42	28 14 40	46 29 24	
7	0 0 0	28 15 03	46 31 20	
7	19 34 39	28 21 16	46 21 47	

ITINÉRAIRE DE LA FRÉGATE LA VÉNUS, PAR M. LEFEBVRE.

DATES.	HEURES des observ. en T. V. ast. du lieu.	LATITUDES	LONGITUDES.	OBSERVATIONS.
1839.	h. m. s.	boréales .	occidentales.	
8 juin.	0 0 0	28°25'00"	46°18'47"	Suite de la traversée de l'Ascension à Brest.
8	20 10 03	29 33 00	45 26 34	
9	0 0 0	29 56 10	45 10 30	
9	19 55 39	31 24 10	43 33 09	
10	0 0 0	31 35 42	43 23 10	
10	19 38 37	31 43 30	42 58 33	
11	0 0 0	31 55 40	43 01 30	
11	19 59 06	33 38 20	42 26 41	
12	0 0 0	34 04 00	42 08 40	
12	19 40 59	35 42 50	41 06 00	
13	0 0 0	36 01 40	40 54 00	
13	19 27 30	37 28 30	39 41 11	
14	0 0 0	37 48 00	39 14 10	
14	19 33 45	39 20 40	36 59 05	
15	0 0 0	39 31 56	36 27 00	
15	21 22 43	40 28 10	33 41 42	
16	0 0 0	40 36 50	33 12 12	
16	19 52 36	41 30 20	31 07 42	
17	0 0 0	41 37 30	30 43 40	
17	21 32 02	42 22 40	28 45 54	
18	0 0 0	42 27 50	28 28 50	
18	20 16 49	42 39 10	25 47 01	
19	0 0 0	42 42 10	25 23 31	
19	19 45 24	43 10 10	22 31 42	
20	0 0 0	43 14 17	22 03 40	
20	20 00 18	43 44 00	19 04 35	
21	0 0 0	44 05 00	18 15 35	
21	19 48 19	45 14 40	15 10 48	
22	0 0 0	45 27 20	14 30 50	
22	19 40 46	45 52 20	11 14 47	
23	0 0 0	46 18 30	10 46 47	
23	19 32 59	48 00 20	8 01 00	
24	0 0 0	48 08 46	7 19 00	Arrivé, le 24, en rade de Brest.

TABLEAU DES POSITIONS

DE LA

FRÉGATE LA VÉNUS,

DÉTERMINÉES PENDANT LES ANNÉES 1837, 1838 ET 1839,

pour servir à la construction des cartes de l'archipel des îles Galapagos et de celui des îles Marquises de Mandana, ainsi qu'à la rectification de quelques positions d'îles dans l'Océanie.

OBSERVATIONS DE M. DU PETIT-THOUARS,

capitaine de vaisseau;

CALCULÉES PAR M. ENOUT,

élève de 1re classe.

POSITIONS DE LA VÉNUS, PAR M. DU PETIT-THOUARS.

DATES. 1837.	LATITUDES australes.	DIFFÉRENCE en latitude.		LONGITUDES occidentales.		DIFFÉRENCE en longitude.		OBSERVATIONS.
		N.	S.			E.	O.	
26 janv. 9 h. du matin	3°36'35"	»	14'00"	Séries. 1 2 3 Somme. Moy. Différ. Longit.	34° 57'18" 34 56 17 34 55 33 169'08" 34 56 22 1 36 34° 54'46"	1'36"	»	Près de Fernando de Noroñha. Ramenée à midi.
26 janv. à midi.	3°50'35"	»	»	»	34° 54'46"	....	....	Moyenne des longitudes du matin ramenées à midi.
26 mars 9 h. 30' du matin.	59°50'30"	0'00"	0'00"	1 2 3 Somme. Moy. Chang. Longit.	82° 35'15" 82 36 00 82 36 10 107'25" 82 36 28 0 00 82°36'28"	0'00"	0'00"	Dans les parages de l'île douteuse de Christian. Ramenée à midi.
26 mars à midi.	59°50'30"	»	»	Longit.	82°36'28"	....	....	Moy. des longitudes du matin ramenées à midi.

POSITIONS DE LA VÉNUS, PAR M. DU PETIT-THOUARS.

DATES 1837.	LATITUDES septentrion.	DIFFÉRENCE en latitude. N.	DIFFÉRENCE en latitude. S.	LONGITUDES occidentale.		DIFFÉRENCE en longitude. E.	DIFFÉRENCE en longitude. O.	OBSERVATIONS.
8 juillet à midi.	20°00'00"	»	»	Séries. Longit.	154°55'19"			Moyenne des observations de distance soir.
8 juillet 1 h. 30' du soir.	20°01'00"	1'00"	»	1 2 Somme. Moy. Chang. Longit.	154°59 19 155 03 20 62'39" 155 01 19 6 00 154°55'19"	»	6'00"	Attérage des Sandwich Distance de la lu au soleil. Ramenée à midi.
9 juillet à midi.	21°06'30"	»	»	Longit.	157°04'40"			Moyenne des observations du soir ramenées à midi.
9 juillet à 3 h. du soir.	21°12'00"	5'30"	»	1 2 3 Somme. Moy. Chang. Longit.	157°20'00" 157 20 50 157 21 10 62'00" 157 20 40 16 00 157°04'40"	»	16'00"	Attérage des Sandwich Ramenée à midi.
18 sept. vers 9 h. du mat.	51°41'48"	»	6'48"	1 2 3 Somme. Moy. Ch.+ Longit.	159°10'37" 159 11 05 159 10 40 32'22" 159°10'47" 10 00 159°20'47"	»	10'00"	Après le départ du Kamtschatka. Hors de vue de terre. Moyenne des observations du matin ramenées à midi.
18 sept. à midi.	51 25 00	»	»	Longit.	159°20'47"			Idem.
17 nov. à midi.	29°24'00"	»	»	Longit.	120°56'54"			Moy. des observ. du soir, ramenées à midi.
17 nov. vers 4 h. du soir.	»	»	»	1 2 3 Somme. Moy. Ch.+ Longit.	120°53'30" 120 53 17 120 54 00 160'47" 120 59 36 3 18 120°56'54"	3'18" » »	» » »	Près de l'île de la Guadeloupe, sur la côte de la Californie.

POSITIONS DE LA VÉNUS, PAR M. DU PETIT-EHOUARS.

DATES. 1838.	LATITUDES australes.	DIFFÉRENCE en latitude. N.	DIFFÉRENCE en latitude. S.	LONGITUDES occidentales.		DIFFÉRENCE en latitude. E.	DIFFÉRENCE en latitude. O.	OBSERVATIONS.
26 fév. vers 9 h. 40' du matin.	27°06'22"	0'42"	»	Séries. 1 2 3 Somme. Moy. Chang. Longit	111°13'50" 111 13 47 111 13 10 °40 47" 111 13 36 2 56 111°16'32"	»	2'56"	Calculée avec la marche d'Acapulco. Près de l'île de Pâques. Ramenée à midi.
26 fév. à midi.	27 05 40	»	»	Longit. id. Somme. Longit.	111°16'32" 111 17 28 34'00" 111 17 00			M. du mat ram. à midi. M. du soir ram. à midi. M. des 2 obs. du mat. et du soir, avec la marche d'Acapulco.
26 fév. à 4 h. 25' du soir.	27 08 58	»	3'18"	1 2 Somme. Moy. Chang. Longit.	111°18'17" 111 18 40 36'57" 111 18 28 1 00 111°17'28"	»	1'00"	Calculée avec la marche d'Acapulco. Près de l'île de Pâques. Ramenée à midi.
26 fév. vers 9 h. 10' mat.	27 06 22	0 42	»	1 2 3 Somme. Moy. Chang. Longit.	111°40'34" 111 40 39 111 39 15 120'28" 111°40 09 2 56 111°43'05"	»	2'56"	Calculée avec la nouvelle marche de Valpar. Près de l'île de Pâques. Ramenés à midi.
26 fév. à midi.	27 05 40	»	»	Longit. id. Somme. Moy.	111°43'05" 111 43 17 86'22" 111°43 11			M. du mat. ram. à midi. Idem du soir id. Moy. des 2 obs. du mat. et du soir, avec la nouv. marche de Valparaiso.
26 fév. vers 4 h. 25' du s.	27 08 58	»	3'18"	1 2 Somme. Moy. Chang. Longit.	111°44'19" 111 44 15 88'34" 111 44 17 1 00 111°43'17"	»	1'00"	Calculée avec la nouv. marche de Valparaiso. Près de l'île de Pâques. Ramenée à midi.
12 mars à midi.	33 15 30	»	»	Longit.	83°38'14"			Observations du soir ramenées à midi.
12 mars 4 h. du soir.	33°18'18"	»	2'48"	1 2 3 Somme. Moy.	83°18'02" 83 17 00 83 16 04 51'42" 83 17 14	21'00"	»	Obs. de M. Lefebvre, ancienne marche. Près de Mas-a-Fuera.

POSITIONS DE LA VÉNUS, PAR M. DU PETIT-THOUARS.

DATES 1838.	LATITUDES australes.	DIFFÉRENCE en latitude.		LONGITUDES occidentales.		DIFFÉRENCE en longitude.		OBSERVATIONS.
		N.	S.			E.	O.	
12 mars 4 h. du soir.	33°18'18"	»	2'48"	Séries. Chang. Longit. Longit.	21'00" 83°38'14" + 14 00 83°52'14'	21'00"	»	Observ. de M. Lefebvr ancienne marche. Près de Mas-a-Fuer Ram. à midi, m. d'Aca Différence entre l'a cienne et la nouv. mar Ramenée à midi, marcl nouvelle de Valparais
13 mars à midi.	33°24'00"	»	»	Longit.	83°05'23"	»	»	Moyenne du soir, r menée à midi, avec l marche d'Acapulco.
13 mars 3 h. 30' du soir.	33 27 30	»	3'30"	1 2 3 Somme Moy. Chang. Longit.	83°00'00" 83 00 54 83 00 05 01'08" 83°00 23 05 00 83°05'23"	5'00"	»	Calculées avec la mar che d'Acapulco. Près de Mas-a-Fuera Ramenée à midi.
13 mars à midi.	33 24 00	»	»	Longit.	83°20'35"	»	»	Moyenne du soir, ra menée à midi avec l nouv. marc. de Valpar.
13 mars 3 h. 30' soir.	33 27 30	»	3'30"	1 2 3 Somme. Moy. Chang. Longit.	83°15'37" 83 15 22 83 15 45 1'04" 83°15'35" 5 00 83°20'35"	5'00"	»	Calculées avec la nouv marche de Valparaiso. Près de Mas-a-Fuera. Ramenée à midi.
14 mars à 8 h. du mat.	33°51'30"	»	»	1 2 3 Somme. Moy. Chang. Longit.	82°52'15" 82 51 51 82 52 01 2'56'07" 82°52 02 14 00 82°38'02"	14'00"	»	Calculées avec la mar che d'Acapulco. Près de Mas-a-Fuera. Ramenée à midi.
14 mars à midi.	33 55 00	»	»	Longit.	82°38'02"	»	»	Moyenne du matin ra menée à midi, d'après la marche d'Acapulco.

POSITIONS DE LA VÉNUS, PAR M. DU PETIT-THOUARS.

DATES 1838.	LATITUDES ustrales.	DIFFÉRENCE en latitude.		LONGITUDES occidentales.		DIFFÉRENCE en longitude.		OBSERVATIONS.
		N.	S.			E.	O.	
14 mars 8 h. du matin.	33°51'30"	»	3'30"	Séries. 1 2 3 Somme. Moy. Chang.	83°05'57" 83 05 31 83 05 46 17'14" 83°05 45 14 00	14' 00"	»	Calculées avec la nouvelle marche de Valpar. Près de Mas-a-Fuera.
				Longit.	82°51'45"	. . . .	. . . .	Ramenée à midi.
14 mars à midi.	33 55 00	»	»	Longi.	82°51'45"			Moy. du mat. ram. à midi, d'après la marche de Valparaiso.
15 mars 8 h. du mat.	33°42'00"	6'00"	»	1 2 3 Somme. Moy. Chang.	80°55'43" 80 55 40 80 55 17 166'40" 80°55 33 5 54	5'54"	»	Calcul. avec la marche d'Acapulco. Près de Juan Fernandez.
				Longit.	80°49'39"	. . . .	. . . .	Ramenée à midi.
15 mars à midi.	33 35 00	»	»	Longit. id. Somme. Moy.	80°49'39" 80 50 00 161°39'39" 80 49 50	. . . .	. . . .	Moy. du mat. ram à mid. Id. du soir. Marche d'Acapulco. Moy. des deux observations du s. et du mat.
15 mars 2 h. 15' du soir.	23 32 42	2 18	»	1 2 3 Somme. Moy. Chang.	80°42'25" 80 43 00 80 43 20 128'45" 80°42 55 7 18	7 18	»	Marche d'Acapulco. Près de Juan Fernandez.
				Longit.	80°50'13"	. . . .	. . . .	Ramenée à midi.
15 mars 3 h. 30' du soir.	33 35 00	0 00	0 00	1 2 3 Somme. Moy. Chang.	80°42'00" 80 41 53 80 41 29 125'22" 80°41 47 8 10	8 10	»	Marche d'Acapulco. Près de Juan Fernandez.
				Longit.	80°49'57"	. . . .	. . . .	Ramenée à midi.
15 mars 8 h. du matin.	33 42 00	6 00	»	1 2 3 Somme. Moy. Chang.	81°21'35" 81 21 42 81 21 09 86" 81°21'29 — 5 54	5 54	»	Nouvelle marche de Valparaiso. Près de Juan Fernandez.
				Longit.	81°15'35"			Ramenée à midi.

POSITIONS DE LA VÉNUS, PAR M. DU PETIT-THOUARS.

DATES 1838.	LATITUDES australes.	DIFFÉRENCE en latitude.		LONGITUDES occidentales.		DIFFÉRENCE en longitude.		OBSERVATIONS.
		N.	S.			E.	O.	
15 mars à midi.	33°35'00"	»	»	Séries. Longit. id. Somme. Longit.	81°15'35" 81 16 48 − 32 33 81 16 17	....	»	Moy. du mat. ram à mid. Id. du soir. M. des obs. du m. et du s.
15 mars 2 h. 16' soir.	33 32 42	2'18"	»	1 2 3 Somme. Moy. Chang. Longit.	81°08'52" 81 09 34 81 07 55 26 21 81 08 47 + 07 18 81 16 05	7'18"	»	Nouv. marche de Valpar. Près de Juan Fernandez Ramenée à midi.
15 mars 3 h. 30' soir.	33 35 00	»	»	1 2 3 Somme. Moy. Chang. Longit.	81°09'31" 81 09 44 81 09 59 126 81 09 42 + 08 10 81 17 52	8 10	»	Nouv. marc. de Valpar. Près de Juan Fernandez Ramenée à midi.
3 mai vers 7 h. 15' mat.	26 10 30	»	2'00"	1 2 Somme. Moy. Chang. Longit.	82°50'28" 28 50 33 61 82 50 30 − 13 18 82 37 12	13'18"	»	Près des Iles Saint-Ambroise et Saint-Félix. Moy. ramenée à midi.
3 mai vers 9 h. 5' mat.	26 10 14	»	2 12	1 2 3 Somme. Moy. Chang. Longit.	82°47'13" 82 47 10 82 46 12 140 35 82 46 52 − 08 00 82 38 52	8 00	»	Près des Iles Saint-Ambroise et Saint-Félix. Moy. ramenée à midi.
3 mai à midi.	26 12 26	»	»	Longit. Id. Somme. Moy.	82°38'02" 82 35 58 74 00 82 37 00	.....	.....	Moy. des 2 obs. du mat. Idem du soir. M. des obs. du m. et du s.
3 mai 2 h. 40' du soir.	26 15 14	»	2 48	1 2 3 4 Somme. Moy. Chang. Longit.	82°34'50" 82 34 07 82 33 52 82 33 44 136 33 82 34 08 + 01 50 82 35 58	1 50	»	Près des Iles Saint Ambroise et Saint-Félix. Moy. ramenée à midi.

POSITIONS DE LA VÉNUS, PAR M. DU PETIT-THOUARS.

DATES. 1838.	LATITUDES australes.	DIFFÉRENCE en latitude. N.	DIFFÉRENCE en latitude. S.	LONGITUDES occidentales.		DIFFÉRENCE en longitude. E.	DIFFÉRENCE en longitude. O.	OBSERVATIONS.
2 juin 8 h. du matin.	12°11'10" Relèvement.	2'12"	»	Séries. 1 2 3 Somme. Moy. Chang. Longit.	80°08'55" 80 02 15 80 21 15 32 25 80 10 48 + 02 30 80 13 18	»	2'30"	Près des Hormigas. Ramenée à midi.
2 juin 9 h. 15' du mat.	12 07 50 Relèvement.	2 00	»	1 2 Somme. Moy. Chang. Longit.	80°11'15" 80 11 16 31 80 11 15 1 30 80 12 45	»	1 30	Près des Hormigas. Ramenée à midi.
2 juin à midi.	12 02 15	»	»	Longit. Id. Somme. Longit.	80°13'01" 80 12 03 25 04 80 12 32			Moy. des 2 obs. du mat. Id. de l'observ. du soir. Id. des obs. du m. et du s.
2 juin vers 2 h. 40' soir.	12 00 00	2 15	»	1 2 3 Somme. Moy. Chang. Longit.	80°12'25" 80 12 28 80 12 10 63 80 12 21 — 00 18 80 12 03	»	0 18	Près des Hormigas. Ramenée à midi.
3 juin à midi.	10°49'59"	»	»	Longit.	80°53'23"			Moyenne du soir.
3 juin à 3 h. 15' du soir.	10 49 59	0 00	0 00	1 2 3 Somme. Moy. Chang. Longit.	81°14'44" 81 15 00 81 16 26 46 10 81 15 23 — 22 00 80 53 23	»	22'00"	Ramenée à midi.
4 juin à midi.	9°05'42"	»	»	Longit.	82°38'02"	»	»	Moyenne du soir.
4 juin vers 3 h. du soir.	8 48 20	17'22"	»	1 2 3 Somme. Moy. Chang. Longit.	82°43'21" 82 44 21 82 44 25 132 07 82 44 02 — 06 00 82 38 02	»	6'00"	Ramenée à midi.

POSITIONS DE LA VÉNUS, PAR M. DU PETIT-THOUARS.

DATES. 1838.	LATITUDES australes.	DIFFÉRENCE en latitude.		LONGITUDES occidentales.		DIFFÉRENCE en longitude.		OBSERVATIONS.
		N.	S.			E.	O.	
5 juin vers 8 h. du mat.	7°08'20"	12'58"	»	Séries. 1 2 3 Somme. Moy. Chang. Longit.	83°27'41" 83 27 15 83 26 30 81 26 83 27 09 +04 30 83 31 39	»	4'30"	Ramenée à midi.
5 juin à midi.	6 55 22	»	»	Longit.	83°31'39"	»	»	Moyenne du matin.
21 juin 7 h. 30' du mat.	1°41'20"	9'42" E +2 17 C 11 59	»	1 2 3 Somme. Moy. Chang. Longit.	91°44'32" 91 44 29 91 44 23 84 91 44 28 +21 06 92 05 34	17'00" +4 06 21 06	....	Cour. à l'O. en 24 h. 22' Id. au N. id. 10 Provenant de l'estime. Part. prop. pour le cour. Moy. du soir et du mat.
21 juin à midi	1 29 22	»	»	Longit. id. Somme. Longit.	92°05'34" 92 04 27 10 01 92 05 00	»	»	Moyenne du matin. Id. du soir. Moy. du soir et du mat.
21 juin 1 h. 30' du soir.	1 28 00	1'05" E. 0 04 C. 1 09	»	1 2 3 4 5 6 Somme. Moy. Chang. Longit.	92°11'08" 92 12 12 92 12 12 92 11 34 92 11 38 92 11 45 70 29 92 11 44 — 07 18 92 04 27	»	6 12 E. +1 06 C 7 18	Ramenée à midi.
22 juin 8 h. 40' du mat.	1°26'00"	1'47" E. 1 42 C. 2 29	»	1 2 3 Somme. Moy. Chang. Longit.	92°44'22" 92 44 33 92 44 22 77 92 44 26 +17 42 93 02 08	»	14'42" +3 00 17 42	Proven. de l'estime. Provenant du courant. Moy. ram. à midi.
22 juin à midi.	1 23 31	»	»	Longit.	92 53 27,55	»	....	Moyenne du matin.

POSITIONS DE LA VÉNUS, PAR M. DU PETIT-THOUARS.

DATES. 1838.	LATITUDES australes.	DIFFÉRENCE en latitude.		LONGITUDES occidentales.		DIFFÉRENCE en longitude.		OBSERVATIONS.
		N.	S.			E.	O	
27 juin mouill. de Post-Office.	1°13'55" 1 13 45	Hauteur méridienne. Haut. circum. méridienne.		Séries. Longit.	92 53 28	»	»	Moyenne de quatre séries de douze observat. chacune, qui donnent la même minute.
29 juin à midi.	1°24'30"	»	»	Longit.	»	»	»	A la pointe N. de l'île Gardner. On n'a pas vu le soleil monter.
1er juill. à midi.	1°13'23"	Hauteur méridienne.		Longit.	»	»	»	Au mouillage de Post-Office (île Charles.) Ile de la Floriana (Galapagos).
4 juillet vers 8 h. du matin.	1°34'40"	0'00"	0'00"	1 2 3 Somme. Moy. Chang. Longit.	93°07'40" 93 03 45 93 05 03 16 28 93 05 29 — 11 00 92 54 29	13'06" 11 00	» 2' 00" »	Cour. à l'O. en 24h. 16' Estime. Courants présumés, à l'E. Moyenne ram. à midi.
4 juillet à midi.	1 34 40	»	»	Longit. id. Somme. Longit.	92°54'29" 92 54 41 70 92 54 35	....	....	Moyenne du matin. Id. soir. Moy. du mat. et du soir.
4 juillet à h. 30' du soir.	1 34 20	0 20	»	1 2 3 4 Somme. Moy. Chang. Longit.	92°48'39" 92 49 21 92 48 49 92 47 55 194 44 92 48 41 + 06 00 92 54 41	7'42" 6 00	..... I 42	Estime. Courants présumés. Différence à l'E. Moy. ramenée à midi.
5 juillet à midi.	1°52'55"	»	»	Longit.	91°57'29"	»	»	Moyenne du soir.
5 juillet 3 h. 30' du soir.	1 40 00	11'18"E 1 27 C. 12 45	»	1 2 Somme. Moy. Chang. Longit.	91°52'45" 91 52 55 100 91 52 50 + 04 39 91 57 29	7'48" 4 39	..... 3'09"	Estime. Courants présumés. Différence à l'B. Ramenée à midi.

POSITIONS DE LA VÉNUS, PAR M. DU PETIT-THOUARS.

DATES. 1838.	LATITUDES australes.	DIFFÉRENCE en latitude.		LONGITUDES occidentales.		DIFFÉRENCE en longitude.		OBSERVATIONS.
		N.	S.			E.	O.	
3 juillet vers 8 h. lu mat.	1°44'20"	15 30 E. 1 42 C. 17'12"	»	Séries. 1 2 3 Somme. Moy. Chang. Longit.	92°00'30" 92 02 23 91 57 33 276 00 26 92 00 09 — 01 18 91 58 51	3'00" 1 18	1'42"	Estime. Courants présumés. Différence à l'E. Ramenée à midi.
3 juillet à midi.	1 26 52	»	»	Longit. id. Somme. Longit.	91°58'51" 91 58 22 73 91 58 36			Moyenne du matin. Id. soir. Moy. du soir et du mat.
6 juillet à 3 h. du soir.	1 16 40	8 40 E. 1 16 C. 9 56	»	1 2 3 4 Somme. Moy. Chang. Longit.	92°02'15" 92 02 39 92 01 20 92 02 04 08 18 92 02 04 — 03 42 91 58 22	»	1 00 2 42 3 42	Eestime. Courants présumés. Ramenée à midi.
7 juillet vers 7 h. du matin.	1°14'00"	5'00" E 2 00 C. 7 00	»	1 2 3 Somme. Moy. Chang. Longit.	91°59'58" 91 56 55 91 59 15 176 08 91 58 43 — 05 24 91 53 19	10'00" 5 24	4'36"	Estime. Courants supposés. Différence à l'E. Ramenée à midi.
7 juillet à 9 h. du mat.	1 00 00	2 00 E. 2 00 C. 4 00	»	1 2 3 4 Somme. Moy. Chang. Longit.	92°05'18" 92 05 32 92 04 49 92 05 26 21 05 92 05 16 — 08 36 91 56 40	10'48" 8 36	2 42	Estime. Courants présumés. Différence à l'E. Ramenée à midi.
7 juillet à midi.	0 56 15	»	»	Longit. id. Somme. Moy.	91°54'59" 91 56 04 111 03 91 55 32			Moy. des 2 obs. du mat. Id 3 soir. Moy. des observ. du matin et du soir.
7 juillet 1 h. du soir.	0 56 15	0 00	0 00	1 2 Somme. Moy. Chang. Longit.	91°48'15" 91 48 00 15 91 48 07 + 05 00 91 53 07	6 00 5 00	1 00	Estime. Courants présumés. Différence à l'E. Ramenée à midi.

POSITIONS DE LA VÉNUS, PAR M. DU PETIT-THOUARS.

DATES 1838.	LATITUDES australes.	DIFFÉRENCE en latitude.		LONGITUDES occidentales.		DIFFÉRENCE en longitude.		OBSERVATIONS.
		N.	S.			E.	O.	
7 juillet 3 h. 10' du soir.	0°54'15"	0'48"E 1 12 C. 2 00	»	Séries. 1 2 3 4 Somme. Moy. Chang. Longit.	91°46'22" 91 46 51 91 47 01 91 46 47 187 01 91 46 45 + 09 42 91 56 27	12'24" 9 42	2'42"	Estime. Courants présumés. Différence à l'E. Ramenée à midi.
7 juillet 5 h. 20' soir.	0 49 00	4 30 E. 2 30 C. 7 00	»	1 2 3 4 Somme. Moy. Chang. Longit.	91°40'48" 91 39 40 91 39 58 91 39 25 159 51 91 39 58 + 18 42 91 58 40	23 36 18 42	4 54	Estime. Courants présumés. Différence à l'E. Ramenée à midi.
8 juillet à 8 h. du mat.	0°44'40"	4'48"E. 1 42 C. 6 30	»	1 2 3 Somme. Moy. Chang. Longit.	91°36'06" 91 36 35 91 36 29 70 91 36 23 + 13 54 91 50 17	10'12" » 11 06	3 42	Estime. Courants présumés. Différence à l'O. Ramenée à midi.
8 juillet 3 h. 15' du mat.	0 40 15	3 12 E. 1 12 C. 4 24	»	1 2 Somme. Moy. Chang. Longit.	91°37'24" 91 36 22 73 46 91 36 53 + 11 42 91 48 35	10 00 » 13 42	1 42	Estime. Courants présumés. Différence à l'O. Ramenée à midi.
8 juillet à midi.	0 38 10	»	»	Longit. Id. Somme. Longit.	91°49'26" 91 51 44 101 10 91 50 35			Moy. des 2 obs. du mat. Id. de l'obs. du soir. Moy. des observat. du matin et du soir.
8 juillet 3 h. 15' soir.	0 41 40	E. 1 12 Différ.	4'42" Cour. 3 30	1 2 3 Somme. Moy. Chang. Longit.	92°07'12" 92 00 24 92 06 55 20 31 92 06 50 − 15 06 91 51 44	12 12 » 15 06	2 54	Estime. Courants présumés. Différence à l'O. Ramenée à midi.

POSITIONS DE LA VÉNUS, PAR M. DU PETIT-THOUARS.

DATES. 1838.	LATITUDES septentrion.	DIFFÉRENCE en latitude. N.	DIFFÉRENCE en latitude. S.	LONGITUDES occidentales.	DIFFÉRENCE en latitude. E.	DIFFÉRENCE en latitude. O.	OBSERVATIONS.
9 juillet vers 8 h. du mat.	0°13'20"	7'20"E 1 35 C. 8 55	»	Séries. 1 92°14'01" 2 92 17 01 Somme. 31 02 Moy. 92 15 31 Chang. + 17 24 Longit. 92 32 55	»	13'42" 3 42 17 24	Estimé. Constantes présumés. Différence à l'O. Ramenée à midi.
9 juillet vers 9 h. du mat.	0 17 20	3 45 E. 1 12 C. 4 57	»	1 92°17'27" 2 92 18 00 Somme. 35 27 Moy. 92 17 43 Chang. + 15 39 Longit. 92 33 22	»	12 54 2 45 15 39	Estimé. Courants présumés. Différence à l'O. Ramenée à midi.
9 juillet à midi.	0 22 30	Id.	»	Longit. 92°33'05" Id. 92 31 30 Somme. 185 04 35 Longit. 92 32 18			Moy. des 2 obs. du mat. Id. soir. M. des 2 obs. du m. et s.
9 juillet 4 h. du soir.	0 25 30	3 30 E. 1 40 C. 5 10	»	1 92°50'51" 2 92 51 45 3 92 50 39 4 92 51 54 Somme. 205 09 Moy. 92 51 17 Chang. — 20 18 Longit. 92 30 59	»	16 36 3 42 20 18	Estimé. Courants présumés. Différence à l'O. M. du soir ram. à midi.
9 juillet vers 5 h. 30' soir.	0 26 40	1 50 E 2 25 C. 4 15	»	1 92°58'28" 2 92 58 48 3 92 58 22 Somme. 98 Moy. 92 58 33 Chang. — 26 30 Longit. 92 32 03	»	21 30 5 00 26 30	Estime. Courants présumés. Différence à l'O. Ramenée à midi.
10 juill. à 7 h. 45' matin.	0°24'49".	0'00" 1 25 C. 1 25	»	1 93°11'37" 2 93 11 59 3 93 13 14 4 93 12 03 Somme. 48 53 Moy. 93 12 13 Chang. — 12 54 Longit. 92 59 19	13'36" 3'42" 12 54		Estime. Courants présumés. Différence à l'O. Ramenée à midi.

POSITIONS DE LA VÉNUS, PAR M. DU PETIT-THOUARS.

DATES. 1838.	LATITUDES septentrion.	DIFFÉRENCE en latitude.		LONGITUDES occidentales.		DIFFÉRENCE en latitude.		OBSERVATIONS.
		N.	S			E.	O.	
10 juill. 9 h. 15' du mat.	0°27'00"	Estim. 1'12" Différ.	2'00" Cour. 0 48	Séries. 1 2 3 4 Somme. Moy. Chang. Longit.	93°08'40" 93 09 55 93 09 10 93 08 55 36 40 93 09 10 − 09 12 92 59 58	11'54" 9 12	2 40	Estime. Courants présumés. Différence à l'E. Ramenée à midi.
10 juill. à midi.	»	»	»	Longit. Id. Somme. Longit.	92°59'39" 93 00 25 04 93 00 02			Moy. des 2 obs. du mat. Id. du soir. Moy. des observ. du matin et du soir.
10 juill. vers 4 h. du soir.	0 23 20	Estim. 1 40 Différ.	4 40 Cour. 3 00	1 2 3 4 Somme. Moy. Chang. Longit.	93°10'10" 93 10 33 93 10 48 93 10 33 42 04 93 10 31 − 10 06 93 10 25	»	6'12" 3 54 10 06	Estime. Courants présumés. Différence à l'O. Ramenée à midi.
11 juill. vers 7 h. 40' mat.	0°09'40"	Estim. Cour.	3 50 2 30 6 20	1 2 3 Somme. Moy. Chang. Longit.	93°02'36" 93 04 07 93 02 58 9 41 93 03 14 − 18 00 92 45 14	21'48" 18 00	3'48"	Estime. Courants supposés. Différence à l'E. Ramenée à midi.
11 juill. 9 h. matin.	0 11 40	3'10" 1 12 4 22	Estim. Cour.	1 2 3 Somme. Moy. Chang. Longit.	92°57'22" 92 58 58 92 57 19 173 39 92 57 53 − 11 06 92 46 47	13 48 11 06	2 42	Estime. Courants présumés. Différence à l'E. Ramenée à midi.
11 juill. à midi.	0 16 00	»	»	Longit. id. Somme. Moy.	92°46'00" 92 45 58 91 58 92 45 59			Moy. des 2 obs. du mat. Id 2 du soir. M. des obs. du mat. et s.

POSITIONS DE LA VÉNUS, PAR M. DU PETIT-THOUARS.

DATES. 1838.	LATITUDES septentrion.	DIFFÉRENCE en latitude.		LONGITUDES occidentales.		DIFFÉRENCE en longitude.		OBSERVATIONS.
		N.	S.			E.	O.	
11 juill. 3 h. 30' du mat.	0°32'10"	14' 19" 1 42 16 01	Estim. Cour.	Séries. 1 2 3 Somme. Moy. Chang. Longit.	93°03'48" 93 05 54 93 05 54 15 36 93 05 12 — 19 26 92 45 46	»	16' 00" 3 26 19 26	Estime. Courants présumés. Différence à l'O. Ramenée à midi.
11 juill. 5 h. 30' du soir.	0 38 45	20 10 2 30 22 40	Estim. Cour.	1 2 Longit.	93°08'49" 93 22 40 92 46 09	»	20 10 2 30 22 40	Estime. Courants présumés. Différence à l'O.
12 juill. 8 h. du matin.	1°05'50"	7' 50" 1 50 9 40	Estim. Cour.	1 2 Somme. Moy. Chang. Longit.	93°52'47" 93 52 39 105 26 93 52 43 + 18 34 94 11 17	»	14' 54" 3 40 18 34	Estime. Constantes présumées. Différence à l'O. Ramenée à midi.
12 juill. à midi.	1 15 30	»	»	Longit. id. Somme. Longit.	94°11'17" 94 08 50 20 07 94 10 04	....	....	Moy. de l'obs. du matin. Id. des 2 obs. soir. M. des obs. du m. et du s.
12 juill. 3 h. du soir.	1 27 20	10 38 1 12 11 50	Estim. Cour.	1 2 Somme. Moy. Chang. Longit.	94°13'51" 94 13 18 69 94 13 34 — 04 12 94 09 22	»	1 30 2 42 4 12	Estime. Courants présumés. Différence à l'O. Ramenée à midi.
12 juill. à 4 h. du soir.	1 27 40	Estim. 1 42 0 12	» 1 30 Cour. Différ.	1 2 3 4 Somme. Moy. Chang. Longit.	94°14'45" 94 14 46 94 14 43 94 14 47 191 94 14 48 — 06 30 94 08 18	»	2 54 3 36 6 30	Estime. Courants présumés. Différence à l'O. Ramenée à midi.
13 juill. 7 h. 20' du mat.	1°40'50"	0' 00" 1 30 1 30	Estim. Cour. Différ.	1 2 3 4 5 Somme. Moy. Chang. Longit.	94°26'11" 94 26 21 94 25 42 94 25 27 94 25 55 129 56 94 25 59 + 03 20 94 29 19	1' 00"	.... 4 20 3 20	Estime. Courants présumés. Différ. à l'O. Ramenée à midi.

POSITIONS DE LA VÉNUS, PAR M. DU PETIT-THOUARS.

DATES 1838.	LATITUDES. septentrion.	DIFFÉRENCE en latitude.		LONGITUDES occidentales.		DIFFÉRENCE en longitude.		OBSERVATIONS.
		N.				E.	O.	
13 juill. à 9 h. du mat.	1°40'40"	0'00" 1 20 1 20	Estim. Cour. Différ.	Séries. 1 2 3 Somme. Moy. Chang. Longit.	94°16'48" 94 17 21 94 17 39 51 48 94 17 16 + 11 54 94 29 10	»	9'12" 2 42 11 54	Estime. Courants présumés. Différence à l'O. Ramenée à midi.
13 juill. à midi.	1 42 26	»	»	Longit. id. Somme. Longit.	94°29'15" 94 28 11 57 26 94 28 43			Moy. des 2 obs. du mat. Id. de l'obs. du soir. Moy. des observat. du matin et du soir.
13 juill. vers 5 h. 30' soir.	1 32 20	»	»	1 Chang. Longit.	94°21'50" + 06 21 94 28 11	11'24" 6 21	5 03	Estime. Courants présumés. Différence à l'E. Ramenée à midi.
14 juill. vers 8 h. du mat.	0°50'40"	Estim. 1'40"	7' 55" 6 15	1 2 3 Somme. Moy. Chang. Longit.	03°42'21" 93 43 48 93 43 00 129 09 93 43 03 + 08 44 93 51 47	»	5'18" 3 26 8 44	Estime. Courants présumés. Différence à l'O. Ramenée à midi.
14 juill. à midi.	0 44 31	»	»	Longit. id. Somme. Longit.	93°51'47" 93 53 40 105 27 93 52 44			Moy. de l'obs. du mat. Idem du soir. M. des obs. du m. et du s.
24 juill. vers 4 h. du soir.	0 35 50	Estim. 1 40 Différ.	9 10 8 10	1 2 Somme. Moy. Chang. Longit.	93°52'00" 93 52 44 44 93 52 22 + 01 18 93 53 40	5'00" 1 18	3 42	Estime. Courants présumés. Différence à l'E. Ramenée à midi.
15 juill. vers du mat.	0°06'10"	Estim. 1'40" Différ.	7' 30" 5 50	1 2 3 Somme. Moy. Chang. Longit.	94°14'31" 94 14 36 94 14 58 125 94 14 42 − 12 56 94 01 46	16' 36" 12 56	3 40	Estime. Courants présumés. Différence à l'E. Ramenée à midi.

POSITIONS DE LA VÉNUS, PAR M. DU PETIT-THOUARS.

DATES. 1838.	LATITUDES australes.	DIFFÉRENCE en latitude.		LONGITUDES occidentales.		DIFFÉRENCE en longitude.		OBSERVATIONS.
		N.	S.			E.	O.	
15 juill. à midi.	0°00'00"	»	»	Séries. Longit. Id. Somme. Longit.	94°01'46" 94 01 12 58 94 01 29	....	....	Moyenne du matin. Id. du soir. Moy. du mat. et du soir.
15 juill. à 4 h. du soir.	0 05 30	Estim. 1'30" Différ.	7'00" Cour. 5 30	I Chang. Longit.	94°16'18" — 15 06 94 01 12	»	11'18" 3 48 15 06	Estime. Courants présumés. Différence à l'O. Ramenée à midi.
1er août vers 8 h. du mat.	10°19'44"	»	13'54"	1 2 3 4 Somme. Moy. Chang. Longit.	140°30'45" 140 39 05 140 39 32 140 34 56 132 18 140 33 04 + 23 24 140 56 28	»	23'24"	Archipel de îles MARQUISES. Ramenée à midi.
1 août vers 9 h. 30' mat.	10 21 26	»	12 12	1 2 3 Somme. Moy. Chang. Longit.	140°51'28" 140 49 05 140 50 54 151 27 140 50 29 + 12 06 141 02 35	»	12 06	Ramenée à midi.
1 août à midi.	10 33 38	»	»	Longit. Id. Somme. Longit.	140°59'32" 141 00 55 282 00 27 141 00 14	....	....	Moy. des 2 obs. du mat. Idem du soir. Moy. du mat. et du soir.
1 août vers 3 h. du soir.	10 21 56	11'42"	»	1 2 3 Somme. Moy. Chang. Longit.	141°03'07" 141 05 22 141 03 21 11 50 141 03 56 — 04 06 140 59 51	»	4 06	Ramenée à midi.
1 août vers 5 h. soir.	10 20 50	12 48	»	1 2 3 4 5 Somme. Moy. Chang. Longit.	141°09'04" 141 16 37 141 05 22 141 06 00 141 05 53 18 15 141 06 05 — 04 06 141 01 59	»	4 06	Ces 2 séries n'entrent pas dans la moyenne. Ramenée à midi.

POSITIONS DE LA VÉNUS, PAR M. DU PETIT-THOUARS.

DATES. 1838.	LATITUDES australes.	DIFFÉRENCE en latitude. N.	DIFFÉRENCE en latitude. S.	LONGITUDES occidentales.		DIFFÉRENCE en longitude. E.	DIFFÉRENCE en longitude. O.	OBSERVATIONS.
2 août 7 h. 20' matin	10°07'59"	25'00"	»	Séries. 1 2 3 4 Somme. Moy. Chang. Longit.	141°04'57" 141 06 42 141 05 12 141 06 54 23 45 141 05 56 + 30 30 141 09 26	»	3'30"	Ramenée à midi.
2 août vers 8 h. matin.	10 06 05	23 06	»	1 2 3 Somme. Moy. Chang. Longit.	141°11'36" 141 03 59 141 05 38 09 37 141 04 48 + 04 00 141 08 48	»	4 00	Cette série est mauvaise et n'ent. pas dans la moy. Ramenée à midi.
2 août 9 h. 15' du mat.	10 02 11	19 12	»	1 2 3 Somme. Moy. Chang. Longit.	141°06'02" 141 06 14 141 12 32 12 16 141 06 08 + 02 30 141 08 38	»	2 30	Série mauvaise. Ramenée à midi.
2 août à midi.	9 42 59	»	»	Longit. Id. Somme. Longit.	141°08'57" 141 10 18 19 15 141 09 38			Moyenne du matin. Id. du soir. Moy. du mat. et du soir.
2 août 3 h. 15' du soir.	09 22 05	20 54	»	1 2 3 4 Somme. Moy. Chang. Longit.	141°17'09" 141 20 12 141 20 05 141 21 17 78 43 141 19 41 − 08 33 141 11 08	»	8 33	Ramenée à midi.
2 août 5 h. 30' soir.	9 26 11	16 48	»	1 2 3 Somme. Moy. Chang. Longit.	141°20'50" 141 20 32 141 20 02 84 141 20 28 − 11 00 141 09 28	»	11 00	

POSITIONS DE LA VÉNUS, PAR M. DU PETIT-THOUARS.

DATES 1838.	LATITUDES australes.	DIFFÉRENCE en latitude.		LONGITUDES occidentales.		DIFFÉRENCE en longitude.		OBSERVATIONS.
		N.	S.			E.	O.	
3 août 7 h. du matin.	9°34'49"	»	5' 11"	Séries. 1 2 3 4 Somme. Moy. Chang. Longit.	141°12'05" 141 09 41 141 16 12 141 10 20 32 06 141 10 42 + 04 12 141 14 54	»	4' 12"	Cette série n'entre pas dans la moyenne. Ramenée à midi.
3 août 9 h. du matin.	9 38 28	»	1 32	1 2 3 Somme. Moy. Chang. Longit.	141°13'22" 141 12 51 141 11 51 37 34 141 12 31 + 03 18 141 15 49	»	3 18	Ramenée à midi.
3 août à midi.	9 40 00	»	»	Longit. Id. Somme. Longit.	141°15'21" 141 21 53 37 14 141 18 37			Moy. des 2 obs. du mat. Id. de l'observ. du soir. M. des obs. du m. et du s.
3 août 3 h. du soir.	9 42 07	»	2 07	1 2 3 4 Somme. Moy. Chang. Longit.	141°31'01" 141 32 40 141 28 22 141 28 40 62 141 28 31 — 06 38 141 21 53	»	6 38	Ces 2 séries n'entrent pas dans la moyenne. Ramenée à midi.
4 août 7 h. du matin.	9°43'36"	»	3 29	1 2 3 4 Somme. Moy. Chang. Longit.	141°37'20" 141 35 12 141 38 03 141 30 23 110 35 141 36 52 — 01 48 144 35 04	»	1' 48"	Cette série est mauvaise. Ramenée à midi.
4 août à midi.	9 47 05	»	»	Longit.	141°35'04"			Moyenne du matin.
5 août 7 h. du matin.	9°50'40"	»	»	1 2 Somme. Longit.	144°28'18" 141 25 10 52 28 141 26 44	»	»	En route et près d'arriver à Résolution-Bay, ou Madre de Dios. A midi, au mouillage.

POSITIONS DE LA VÉNUS, PAR M. DU PETIT-THOUARS.

DATES. 1838.	LATITUDES australes.	DIFFÉRENCE en latitude.		LONGITUDES occidentales.		DIFFÉRENCE en longitude.		OBSERVATIONS.
		N.	S.			E.	O.	
6 août 3 h. 5' du soir.	9°55'20"	»	»	Séries. 1 2 Somme. Longit.	141°28'50" 141 30 30 141 59 20 141 29 40	»	»	Près d'arriver à Madre de Dios.
9 août 3 h. 30' du soir.	10°01'00"	»	»	1 2 Somme. Longit.	141°32'56" 141 32 52 108 141 32 54			A midi, encore au mouill. En route pour doubler l'île Christine par le sud.
10 août 7 h. 30' du soir.	10°08'24"	9'28"	»	1 2 3 4 Somme. Moy. Chang. Longit.	141°27'20" 141 27 23 141 28 43 141 25 29 108 55 141 27 14 — 08 12 141 19 02	»	8'12"	Ramenée à midi.
10 août 9 h. 15' du mat.	10 04 26	5 30	»	1 2 3 4 Somme. Moy. Chang. Longit.	141°27'01" 141 28 46 141 28 45 141 30 50 115 22 141 28 50 — 06 18 141 22 32	»	6 18	Ramenée à midi.
10 août à midi.	9 58 56	»	»	Longit. id. Somme. Longit.	141°20'47" 141 26 09 46 56 141 23 28			Moyenne du matin. Id. du soir. M. des obs. du m. et du s
10 août 2 h. 15' soir.	9 51 02	7 54	»	1 2 3 4 Somme. Moy. Chang. Longit.	141°22'15" 141 20 14 141 20 41 141 23 10 86 20 141 21 35 + 04 07 141 25 42	»	4'07"	Ramenée à midi.
10 août 4 h. 30' du soir.	9 48 14	10 42	»	1 Chang. Longit.	141°27'49" — 01 12 141 26 37	»	1 12	Ramenée à midi.

POSITIONS DE LA VÉNUS, PAR M. DU PETIT-THOUARS.

DATES. 1838.	LATITUDES australes.	DIFFÉRENCE en latitude. N.	S.	LONGITUDES occidentales.		DIFFÉRENCE en longitude. E.	O.	OBSERVATIONS.
11 août 9 h. 45' du mat.	9°18'11"	6'08"	»	Séries. 1 2 3 4 Somme. Moy. Chang. Longit.	141°35'13" 141 38 55 141 38 50 141 37 09 150 07 141 37 32 + 03 00 141 40 32	»	3' 00"	Ramenée à midi.
11 août à midi.	9 10 05	»	»	Longit. id. Somme. Longit.	141°40'32" 141 40 49 81 21 141 40 40			Moyenne du matin. Idem. du soir. Moy. du mat. et du soir.
11 août 4 h. 15' du soir.	9 10 05	0 00	0 00	1 2 3 4 5 Somme. Longit.	141°40'25" 141 41 31 141 40 00 141 40 22 141 41 51 204 09 141 40 49	»	»	Il n'y a pas de différence. Calme plat depuis midi.
12 août vers 9 h. 50' mat.	9°04'00"	1 10	»	1 2 3 4 Somme. Moy. Chang. Longit.	141°36'31" 141 36 14 141 36 00 141 35 01 143 46 141 35 56 + 03 24 141 39 20	»	3'24"	Ramenée à midi.
12 août à midi.	9 02 50	»	»	Longit.	141°39'20"			Moyenne du matin.
13 août 7 h. 20' du mat.	9°01'11"	8 00	»	1 2 3 4 Somme. Moy. Chang. Longit.	141°48'16" 141 46 44 141 48 32 141 48 00 191 32 141 47 53 + 16 00 142 03 53	»	16' 00"	Ramenée à midi.

POSITIONS DE LA VÉNUS, PAR M. DU PETIT-THOUARS.

DATES. 1838.	LATITUDES australes.	DIFFÉRENCE en latitude. N.	DIFFÉRENCE en latitude. S.	LONGITUDES occidentales.		DIFFÉRENCE en longitude. E.	DIFFÉRENCE en longitude. O.	OBSERVATIONS.
13 août 8 h. du matin.	9°02'05"	8'54"	»	Séries. 1 2 3 Somme. Moy. Chang. Longit.	141°51'46" 141 51 39 141 52 14 155 39 141 51 53 + 12 36 142 04 29	»	12'36"	Ramenée à midi.
13 août 9 h. du mat.	9 00 23	7 12	»	1 2 3 Somme. Moy. Chang. Longit.	141°57'21" 141 57 17 141 57 55 93 141 57 31 + 05 30 142 03 01	»	5 30	Ramenée à midi.
13 août à midi.	8 53 11	»	»	Longit. id. Somme. Longit.	142°03'47" 141 03 39 07 26 142 03 43	. . . .	. . . .	Moy. des 3 obs. du mat. idem du soir. Id. des obs. du m. et du s.
13 août 4 h. 45' du soir.	8°45'59"	7 12	»	1 2 3 4 5 Somme. Moy. Chang. Longit.	141°58'04" 141 59 00 141 59 03 141 58 11 141 58 59 293 17 141 58 39 + 05 00 142 03 39	»	5 00	Ramenée à midi.
14 août 6 h. 30' du mat.	8°33'46"	15 48	»	1 2 3 Somme. Moy. Chang. Longit.	142°03'51" 142 03 02 142 03 13 10 06 142 03 22 + 05 54 142 09 16	»	5'54"	Ramenée à midi.
14 août 8 h. matin.	8 26 04	8 06	»	1 2 3 4 5 Somme. Moy. Chang. Longit.	142°06'47" 142 05 30 142 05 02 142 04 00 142 05 42 27 01 142 05 24 + 04 30 142 09 54	»	4 30	Ramenée à midi.

POSITIONS DE LA VÉNUS, PAR M. DU PETIT-THOUARS.

DATES. 1838.	LATITUDES australes.	DIFFÉRENCE en latitude. N.	DIFFÉRENCE en latitude. S.	LONGITUDES occidentales.		DIFFÉRENCE en longitude. E.	DIFFÉRENCE en longitude. O.	OBSERVATIONS.
14 août 9 h. 30' matin.	8°19'40"	1'42"	»	Séries. 1 2 Somme. Moy. Chang. Longit.	142°05'30" 142 05 15 45 142 05 23 + 05 12 142 10 35	»	5' 12"	Ramenée à midi.
14 août 10 h. 40' matin.	8 18 34	0 36	»	1 2 3 Somme. Moy. Chang. Longit.	142°10'56" 142 12 01 142 11 26 34 23 142 11 28 + 03 12 142 14 40	»	3 12	Ramenée à midi.
14 août à midi.	8 17 58	»	»	Longit.	142°11'08"			Moy. des 4 obs. du mat. Celle du soir n'a point été ramenée à midi, attendu qu'elle est très-mauvaise. Cela vient probablem. de l'estime.
14 août 4 h. 25' du soir.	8 02 28	15 30	»	1 2 3 4 Somme. Moy. Chang. Longit.	142°38'33" 142 37 59 142 38 35 142 38 16 153 23 142 38 21 − 16 00 142 22 21	»	16 00	Elle n'est pas ramenée.
15 août 7 h. 45' du mat.	8 12 27	14 24	»	1 2 3 4 Somme. Moy. Chang. Longit.	142°40'37" 142 39 22 142 40 28 142 39 04 159 31 142 39 53 − 07 06 142 32 47	7' 06"	»	Ramenée à midi.
15 août à midi.	7 58 03	»	»	1 2 Somme. Longit.	142°32'47" 142 33 39 66 26 142 33 13			Moyenne du matin. Id. du soir. Moy. du mat. et du soir.

POSITIONS DE LA VÉNUS, PAR M. DU PETIT-THOUARS.

DATES. 1838.	LATITUDES australes.	DIFFÉRENCE en latitude.		LONGITUDES occidentales.		DIFFÉRENCE en longitude.		OBSERVATIONS.
		N.	S.			E.	O.	
15 août 3 h. 30' du soir.	7°56'03"	2'00"	»	Séries. 1 2 3 4 Somme. Moy. Chang. Longit.	142°28'10" 142 30 40 142 28 32 142 29 39 117 01 142 29 15 + 04 24 142 33 39	4'24"	»	Ramenée à midi.
16 août 7 h. du matin.	7°46'34"	12 54	»	1 2 3 4 Somme. Moy. Chang. Longit.	142°27'02" 142 26 44 142 27 05 142 26 53 107 44 142 26 56 + 12 12 142 39 08	»	12'12"	Ramenée à midi.
16 août 9 h. matin.	7 36 16	2 36	»	1 2 3 4 Somme. Moy. Chang. Longit.	142°26'08" 142 26 07 142 26 11 142 25 50 104 16 142 26 04 + 11 48 142 37 52	»	11 48	Ramenée à midi.
16 août à midi.	7 33 40	»	»	Longit. id. Somme. Long t.	142°38'30" 142 39 48 78 18 142 39 09			Moy. des 2 obs. du mat. Id 3 du soir. M. des obs. du m. et du s.
16 août à 2 h. du soir.	7 36 06	»	2'26"	1 2 3 4 Somme. Moy. Chang. Longit.	142°46'50" 142 46 49 142 46 49 142 47 49 187 47 142 46 57 — 08 50 142 38 07	»	8 50	Ramenée à midi.
16 août 4 h. du soir.	7 46 28	»	12 48	1 2 3 4 Somme. Moy. Chang. Longit.	142°55'08" 142 55 48 142 55 00 142 55 14 70 142 55 17 — 15 20 142 39 57	»	15 20	Ramenée à midi.

POSITIONS DE LA VÉNUS, PAR M. DU PETIT-THOUARS.

DATES. 1838.	LATITUDES australes.	DIFFÉRENCE en latitude.		LONGITUDES occidentales.		DIFFÉRENCE en longitude.		OBSERVATIONS.
		N.	S.			E.	O.	
16 août 5 h. du soir.	7°50'48"	»	14' 52"	Séries. 1 2 3 4 Somme. Moy. Chang. Longit.	142°58'59" 142 59 06 142 59 32 142 59 58 237 25 142 59 21 — 18 00 142 41 21	»	18'00"	Ramenée à midi.
17 août 8 h. du matin.	8 08 00	»	11 18	1 2 3 4 Somme Moy. Chang Longit.	143°13'55" 143 13 42 143 13 01 143 13 31 129 143 13 32 — 04 42 143 08 50	4' 42"	»	Ramenée à midi.
17 août 10 h. du matin.	8 06 12	»	13 06	1 2 3 4 Somme. Moy. Chang. Longit.	143°11'37" 143 12 21 143 12 41 143 12 15 48 54 143 12 13 — 03 54 143 08 19	»	3 54	Ramenée à midi.
17 août à midi.	8 19 18	»	»	Longit. Id. Somme. Longit.	143°08'35" 143 09 57 18 32 143 09 16			Moy. des 2 obs. du mat. Id. des 2 id. du soir. M. des obs. du m. et du s.
17 août 3 h. du soir.	8 25 06	»	5 48	1 2 3 4 5 Somme. Moy. Chang. Longit.	143°03'48" 143 03 14 143 03 02 143 02 31 143 02 59 15 34 143 03 07 + 06 00 143 09 07	6 00	»	Moy. ramenée à midi.
17 août 5 h. 30' du soir.	8 43 36	»	24 18	1 2 3 4 Somme. Moy. Chang. Longit.	143°01'30" 143 01 00 143 00 34 143 00 11 03 15 143 00 49 + 10 00 143 10 49	10 00	»	Ramenée à midi.

POSITIONS DE LA VÉNUS, PAR M. DU PETIT-THOUARS.

DATES. 1838.	LATITUDES australes.	DIFFÉRENCE en latitude.		LONGITUDES occidentales.		DIFFÉRENCE en latitude.		OBSERVATIONS.
		N.	S.			E.	O.	
18 août à 7 h. du mat.	9°20'50"	»	8'07"	Séries. 1 2 3 4 Somme. Moy. Chang. Longit.	142°45'24" 142 45 42 142 46 05 142 46 05 183 16 142 45 49 — 06 12 142 39 37	6'12"	»	Ramenée à midi.
18 août 9 h. 40' matin.	9 25 57	»	3 00	1 2 3 4 Somme. Moy. Chang. Longit.	142°37'49" 142 38 41 142 37 44 142 37 35 151 49 142 37 57 — 01 42 142 36 15	1 42	»	Ramenée à midi.
18 août à midi.	9 28 57	»	»	Longit. Id. Somme. Longit.	142°37'56" 142 35 26 73 22 142 36 41			Moy. des 2 obs. du mat. Id. 3 du soir. M. des obs. du mat. et s.
18 août à 2 h. du soir.	9 27 27	1'37"	»	1 2 3 4 Somme. Moy. Chang. Longit.	142°33'33" 142 32 57 142 32 35 142 33 03 132 08 142 33 02 + 02 24 142 35 26	2 24	»	Ramenée à midi.
18 août 3 h. 20' soir.	9 29 57	»	1 00	1 2 3 4 Somme. Moy. Chang. Longit.	142°31'34" 142 32 30 142 31 32 142 31 42 127 18 142 31 49 + 04 06 142 35 55	4 06	»	Ramenée à midi.
18 août 5 h. 25' soir.	9 36 57	»	8 00	1 2 3 4 Somme. Moy. Chang. Longit.	142°25'25" 142 25 27 142 25 42 142 25 14 108 142 25 27 + 09 30 142 34 57	9 30	»	Ramenée à midi.

POSITIONS DE LA VÉNUS, PAR M. DU PETIT-THOUARS.

DATES. 1838.	LATITUDES australes.	DIFFÉRENCE en latitude. N.	DIFFÉRENCE en latitude. S.	LONGITUDES occidentales.		DIFFÉRENCE en longitude. E.	DIFFÉRENCE en longitude. O.	OBSERVATIONS.
19 août à 7 h. 20' mat.	9°37'55"	22'40"	»	Séries. 1 2 3 Somme. Moy. Chang. Longit.	142°16'02" 142 15 54 142 15 47 47 43 142 15 54 + 00 30 142 25 24	»	9'30"	Ramenée à midi.
19 août 8 h. du mat.	9 31 10	15 55	»	1 2 3 4 Somme. Moy. Chang. Longit.	142°16'14" 142 18 26 142 19 42 142 19 18 75 40 142 18 55 + 07 30 142 26 25	»	7 30	Ramenée à midi.
19 août 9 h. 45' du mat.	9 19 09	3 54	»	1 2 3 Somme. Moy. Chang. Longit.	142°28'49" 142 23 48 142 23 08 56 142 23 28 + 03 30 142 26 58	»	3 30	Série mauvaise; elle n'est pas comprise dans la moyenne. Ramenée à midi.
19 août à midi.	9 15 15	»	»	Longit. Somme. Longit.	142°25'24" 142 26 25 142 26 58 78 47 142 26 16	. . . .	. . . .	Moy. des 3 obs. du mat. Moy. des moy. du mat.
20 août 7 h. du mat.	9°02'35"	17'46"	»	1 Chang. Longit.	142°29'33" − 04 12 142 25 21	4'12"	»	Ramenée à midi.
20 août 7 h. 35' matin.	9 00 48	16 01	»	1 2 3 4 Somme. Moy. Chang. Longit.	142°29'19" 142 29 20 142 28 46 142 20 11 116 36 142 29 09 − 03 18 142 25 51	3 18	»	Ramenée à midi.

POSITIONS DE LA VÉNUS, PAR M. DU PETIT-THOUARS.

DATES. 1838.	LATITUDES australes.	DIFFÉRENCE en latitude. N.	DIFFÉRENCE en latitude. S.	LONGITUDES occidentales.		DIFFÉRENCE en longitude. E.	DIFFÉRENCE en longitude. O.	OBSERVATIONS.
20 août 9 h. 35' du mat.	8°54'47"	10'00"	»	Séries. 1 Chang. Longit.	142°24'31" + 54 142 25 25	»	0'54"	Ramenée à midi.
20 août à midi.	8 44 47	»	»	Longit. id. Somme. Longit.	142°25'32" 142 25 54 51 26 142 25 43	....	....	Moyenne du matin. Idem. du soir. Moy. du mat. et du soir.
20 août à 2 h. du soir.	8 48 47	»	4'00"	1 2 3 4 5 Somme. Moy. Chang. Longit.	142°39'28" 142 39 13 142 39 43 142 39 13 142 39 58 155 142 39 31 — 13 30 142 26 01	»	13 30	Ramenée à midi.
20 août 3 h. 45' du soir.	8 56 47	»	12 00	1 2 3 4 Somme. Moy. Chang. Longit.	142°43'50" 142 44 50 142 44 20 142 44 05 177 05 142 44 16 — 18 00 142 26 16	»	18 00	Ramenée à midi.
20 août 5 h. 20' du soir.	8 57 05	»	12 18	1 2 3 Somme. Moy. Chang. Longit.	142°43'34" 142 43 15 142 44 11 131 00 142 43 40 » — 18 16	»	18 16	Ramenée à midi.
25 août à midi.	14°23'30"	»	»	Longit.	149°08'19"	»	.....	Moy. de l'obs. du soir.
25 août 3 h. 50' soir.	14 30 30	»	6 30	1 2 3 Somme. Moy. Chang. Longit.	149°20'57" 149 21 42 149 21 49 64 28 149 21 29 — 13 10 149 08 19	»	13'10"	Ramenée à midi.

POSITIONS DE LA VÉNUS, PAR M. DU PETIT-THOUARS.

DATES. 1838.	LATITUDES. australes.	DIFFÉRENCE en latitude. N.	DIFFÉRENCE en latitude. S.	LONGITUDES occidentales.		DIFFÉRENCE en longitude. E.	DIFFÉRENCE en longitude. O.	OBSERVATIONS.
26 août à 7 h. 15' mat.	14°37'00"	»	15'42"	Séries. 1 2 3 4 Somme. Moy. Chang. Longit.	150°20'20" 150 19 57 150 19 27 150 19 57 79 41 150 19 55 + 09 30 150 29 25	»	9'30"	Ramenée à midi.
26 août à midi.	14 52 32	»	»	Longit. id. Somme. Longit.	150°29'25" 150 31 11 60 36 150 30 18			Moyenne du matin. Id. du soir. Moy. du mat. et du soir.
26 août 5 h. 30' du soir.	14 49 00	3'42"	»	1 2 3 Somme. Moy. Chang. Longit.	150°39'45" 150 40 30 150 40 05 120 20 150 40 07 — 08 56 150 31 11	»	8 56	Ramenée à midi.
27 août 6 h. 45' du mat.	14°57'04"	»	13'06"	1 2 3 4 Somme. Moy. Chang. Longit.	150°42'01" 150 43 10 150 42 53 150 42 38 170 48 150 42 42 » 150 42 42	»	»	Ramenée à midi.
27 août 9 h. 45' du mat.	15 04 58	»	5 12	1 2 3 Somme. Moy. Chang. Longit.	150°44'24" 150 44 37 150 45 00 134 01 150 44 40 — 01 00 150 43 40	01' 00"	»	Ramenée à midi.
27 août à midi.	15 10 10	»	»	Longit. Id. Somme. Longit.	150°43'11" 150 44 12 87 23 150 43 41			Moy. des 2 obs. du mat. Idem du soir. Moy. du mat. et du soir.
27 août 1 h. du soir.	15 11 52	»	1 42	1 2 Somme. Longit.	150°43'09" 150 44 45 87 54 150 43 57	»	»	Pas de différence sensible depuis midi.

POSITIONS DE LA VÉNUS, PAR M. DU PETIT-THOUARS.

DATES. 1838.	LATITUDES australes.	DIFFÉRENCE en latitude. N.	DIFFÉRENCE en latitude. S.	LONGITUDES occidentales.		DIFFÉRENCE en longitude. E.	DIFFÉRENCE en longitude. O.	OBSERVATIONS.
27 août 4 h. soir.	15°16'50"	»	6'40"	Séries. 1 2 3 Somme. Moy. Chang. Longit.	150°44'08" 150 43 35 150 43 38 131 21 150 43 47 + 00 40 150 44 27	0'40"	»	Ramenée à midi.
28 août 7 h. matin.	16°02'14"	»	28 00	1 Chang. Longit.	150°13'03" + 05 54 150 18 57	»	5'54"	Cette seule sér. est dout. et n'ent. pas dans la moy.
28 août à 8 h. matin.	16 07 14	»	23 00	1 2 3 4 Somme. Moy. Chang. Longit.	151 05 38 151 05 22 151 05 30 151 05 00 90 151 05 22 + 04 54 151 10 16	»	4 45	Ramenée à midi.
28 août à midi.	16 30 14	»	»	Longit. id. Somme. Longit.	151 10 17 151 01 12 11 29 151 05 44			Moyenne du matin. Id. du soir. M. des obs. du m. et du s.
18 sept. 9 h. 10' mat.	17°34'26"	»	14 12	1 2 3 Somme. Moy. Chang. Longit.	152°42'07" 152 42 49 152 42 34 127 30 152 42 30 + 12 30 152 55 00	»	12 30	En vue d'Eméo et de Toubouaï-Manou. Ramenée à midi.
18 sept. 9 h. 50' mat.	17 38 53	»	9 45	1 2 3 Somme. Moy. Chang. Longit.	152 44 52 152 45 22 152 45 30 135 44 152 45 15 + 09 12 152 54 27	»	9 13	En vue d'Eméo et de Toubouaï-Manou. Ramenée à midi.
18 sept. à midi.	17 47 53	»	»	Longit. id. Somme. Longit.	152 55 00 152 54 26 109 26 152 54 43			Moyenne du matin. Id. du soir. Moy. du mat. et du soir.

IX.

POSITIONS DE LA VÉNUS, PAR M. DU PETIT-THOUARS.

DATES. 1838.	LATITUDES. australes.	DIFFÉRENCE en latitude.		LONGITUDES occidentales.		DIFFÉRENCE en longitude.		OBSERVATIONS.
		N.	S.			E.	O.	
				Séries.				
21 sept. à 9 h. 30' mat.	21°41'54"	»	9' 06"	1 2 3 4 Somme. Moy. Chang. Longit.	157°02'30" 157 02 59 157 02 29 157 02 21 139 157 02 35 + 06 45 157 09 20	»	6'45"	Près de l'île Hull. Ramenée à midi.
21 sept. 10 h. 15' du mat.	21 45 54	»	5 06	1 2 3 Somme. Moy. Chang. Longit.	157 06 24 157 05 59 157 06 30 18 53 157 06 18 + 01 45 157 08 03	»	1 45	Près de l'île Hull. Ramenée à midi.
21 sept. à midi.	21 51 00	»	»	Longit. id. Somme. Longit.	157 09 20 157 08 03 17 22 157 08 41			Moyenne du matin. Id. du soir. Moy. du mat. et du soir.
22 sept. à midi.	21°48'14"	»	»	Long. Somme. Longit.	159°57'15" 57 21 54 51 169 27 159 56 29			Moyennes du soir. Moyenne des moyennes
22 sept. 2 h. 30' du soir.	21 58 14	»	10 00	1 2 3 Somme. Moy. Chang. Longit.	160 09 10 160 10 18 160 09 48 29 16 160 09 45 − 12 30 159 57 15	»	12 30	 Ramenée à midi.
22 sept. 3 h. 45' soir.	21 54 50	»	6 36	1 2 3 Somme. Moy. Chang. Longit.	160 17 13 160 15 51 160 15 58 49 02 160 16 21 − 19 00 159 57 21	»	19 00	 Ramenée à midi.
22 sept. 5 h. 20' soir.	21 58 32	»	10 18	1 Chang. Longit.	160 21 51 − 27 00 159 54 51	»	27 00	 Ramenée à midi.

POSITIONS DE LA VÉNUS, PAR M. DU PETIT-THOUARS.

DATES. 1838.	LATITUDES australes.	DIFFÉRENCE en latitude. N.	DIFFÉRENCE en latitude. S.	LONGITUDES occidentales.		DIFFÉRENCE en longitude. E.	DIFFÉRENCE en longitude. O.	OBSERVATIONS.
23 sept. 9 h. 15' matin.	21°43'22"	12'00"	»	Séries. 1 2 3 4 Somme. Moy. Chang. Longit.	161°47'52" 161 46 45 161 47 00 161 47 37 189 14 161 47 18 + 14 00 162 01 18	»	14' 00"	Ramenée à midi.
23 sept. 10 h. 50' matin.	21 37 04	5 42	»	1 2 3 4 Somme. Moy. Chang. Longit.	161 57 42 161 58 04 161 58 27 161 58 27 232 40 161 58 10 + 03 48 162 01 58	»	3 48	Ramenée à midi.
23 sept. à midi.	21 31 22	»	»	Longit. Id. Somme. Longit.	162 01 38 161 58 28 324 00 06 162 00 03	.... I	....	Moy. des 2 obs. du mat. Id. 2 du soir. M. des obs. du m. et du s.
23 sept. 10 h. 10' matin.	21 07 22	24 00	»	1 2 3 4 Somme. Moy. Chang. Longit	162 05 51 162 06 21 162 05 36 162 05 36 23 24 162 05 51 — 07 15 161 58 36	»	7 15	Ramenée à midi.
23 sept. 4 h. soir.	21 04 45	26 37	»	1 2 3 Somme. Moy. Chang. Longit.	162 12 13 162 12 06 162 12 43 62 162 10 21 — 14 00 161 58 21	»	14 00	Ramenée à midi.
24 sept. 9 h. 25' matin.	Rel.21°23'00"	»	21 00	1 2 3 4 Somme. Moy. Chang. Longit.	162 46 19 162 46 30 162 46 50 162 45 43 185 22 162 46 20 + 09 00 162 55 20	»	9 00	Ramenée à midi.

— 146 —

POSITIONS DE LA VÉNUS, PAR M. DU PETIT-THOUARS.

DATES. 1838.	LATITUDES australes.	DIFFÉRENCE en latitude.		LONGITUDES orientales.		DIFFÉRENCE en longitude.		OBSERVATIONS.
		N.	S.			E.	O.	
2,3 oct. 7 h. 15' matin.	28°11'00"	»	25' 54"	Séries. 1 2 3 Somme. Moy. Chang.	179°53'12" 179 53 12 179 53 27 51 179 53 17 + 09 18	»	9' 18"	Près des îles Raoul.
2,3 oct. à midi.	28 36 54	»	»	Longit. Id. Longit. id. Somme. Longit.	180 02 35 179 57 25 179 57 25 179 59 00 116 25 179 58 12	....	....	O.la long. dép.180°,est E. Ramenée à midi. Moy. des 2 obs. du mat. Idem du soir. Moy. du mat. et du soir.
2,3 oct 3 h. 40' soir.	28 54 00	»	17 06	1 2 3 4 Somme. Moy. Chang. Longit.	179 51 30 179 52 00 179 52 00 179 51 45 207 15 179 51 49 + 06 42 179 58 31	»	6 42	Près des îles Raoul. Moyenne du soir.
2,3 oct. 5 h. 15' soir.	28 59 00	»	22 06	1 2 3 4 Somme. Moy. Chang. Longit.	179 50 30 179 49 56 179 50 30 179 51 00 201 56 179 50 29 + 00 00 179 59 29	»	9 00	Près des îles Raoul. Ramenée à midi.
4 oct. 7 h. 40' matin.	Rel.28°58'30"	7 00	»	1 2 3 4 Somme. Moy. Chang. Longit.	179 38 15 179 38 30 179 39 00 179 38 45 154 30 179 38 37 + 04 00 179 42 37	4' 00"	»	Près des îles Raoul. Ramenée à midi.
4 octob. à midi.	28 51 30	»	»	Longit. Id. Somme. Longit.	179 42 37 179 42 46 84 179 42 42	....	....	Moy. des obs. du mat. Id. des 2 id. du soir. M. des obs. du m. et du s.
4 octob. 4 h. soir.	28 54 48	7' 00"	»	1 2 3 4 Somme. Moy. Chang. Longit.	179 45 27 179 45 34 179 45 33 179 45 44 138 179 45 34 — 02 42 179 42 52	2 42	»	Près des îles Raoul. Ramenée à midi.

POSITIONS DE LA VÉNUS, PAR M. DU PETIT-THOUARS.

DATES. 1838.	LATITUDES australes.	DIFFÉRENCE en latitude.		LONGITUDES orientales.		DIFFÉRENCE en longitude.		OBSERVATIONS.
		N.	S.			E.	O.	
4 oct. 5 h. 20' soir.	28°56'54"	»	5 24	Séries. 1 2 Somme. Moy. Chang. Longit.	179°46'55" 179 46 25 80 179 46 40 — 04 00 179 42 40	4 00	»	Près des îles Raoul. Ramenée à midi.
5 oct. vers 9 h. matin.	29°24'18"	»	16 42	1 2 Somme. Moy. Chang. Longit.	178°41'34" 178 42 18 83 52 178 41 56 — 19 00 178 22 56	»	19 00	Ramenée à midi.
5 oct. à midi.	29 41 00	»	»	Longit.	178 22 56	. . . .	. . . .	Moyenne du matin.
6 oct. 9 h. matin.	31°26'23"	»	14 24	1 2 3 Somme. Moy. Chang. Longit.	176°16'15" 176 16 30 176 17 00 49 45 176 16 35 — 13 30 176 03 05	»	13 30	Ramenée à midi.
6 oct. à midi.	31 40 47	»	»	Longit.	176 03 05	. . . .	. . . .	Moyenne du matin.
7 oct. 8 h. 15' matin.	32°50'20"	»	5 30	1 2 3 Somme. Moy. Chang. Longit.	174°25'30" 174 26 30 174 27 15 79 15 174 26 35 — 06 30 174 20 05	»	6 30	Ramenée à midi.
7 oct. à midi.	32 55 50	»	»	Longit.	174 20 05	. . . .	. . . .	Moyenne du matin.
9 oct. vers 9 h. matin.	33°55'23"	»	»	1 2 Somme. Moy. Chang. Longit.	172°31'16" 172 30 55 62 11 172 31 05 + 05 54 172 36 59	5 54	»	Ramenée à midi.

POSITIONS DE LA VÉNUS, PAR M. DU PETIT-THOUARS.

DATES. 1838.	LATITUDES australes.	DIFFÉRENCE en latitude.		LONGITUDES orientales.		DIFFÉRENCE en longitude.		OBSERVATIONS.
		N.	S.			E.	O.	
9 octob. à midi.	34 01 17	»	»	Séries. Longit.	172°36'59"	.....	.....	Moyenne du matin.
11 oct. 7 h. 45' mat.	34°21'00"	»	9' 00"	1 2 Somme. Moy. Chang.	171°34'45" 171 33 45 68 30 171 34 15 — 02 45	»	2'45"	
				Longit.	171 31 30	.....	.....	Ramenée à midi.
11 oct. à midi.	34 30 00	»	»	Longit.	171 31 30	.....	.....	Moyenne du matin.
12 oct. 8 h. du matin.	Rel.34°45'00"	»	10 32	1 2 3 Somme. Moy. Chang.	171°44'15" 171 43 50 171 44 30 132 35 171 44 12 — 01 59	»	1'59"	Près d'arriver à la Baie des Iles (Nouv.-Zélande).
				Longit.	171 42 13	.....	.....	Ramenée à midi.
12 oct. à midi.	34 55 02	»	»	Longit.	171 42 13	.....	.....	Moyenne du matin.
19 nov. 7 h. 30' matin.	34°40'20"	7' 30"	»	1 2 3 4 Somme. Moy. Chang.	158°59'09" 188 58 39 158 58 30 158 58 15 234 33 158 58 38 — 17 00	»	17' 00"	
				Longit.	158 41 38	.....	.....	Ramenée à midi.
19 nov. à midi.	34 20 50	»	»	Longit.	158 41 38	.....	.....	Moyenne du matin.
20 nov. 7 h. 30' matin.	34°17'20"	0 00	0 00	1 2 3 4 Somme. Moy. Chang.	157°05'55" 157 06 10 157 06 03 157 06 30 24 38 157 06 09 — 11 00	»	11' 00"	
				Longit.	156 55 09	.....	.....	Ramenée à midi.
20 nov. à midi.	34 17 20	»	»	Longit.	156 55 09	.....	.....	Moyenne du matin.

POSITIONS DE LA VÉNUS, PAR M. DU PETIT-THOUARS.

DATES. 1838.	LATITUDES australes.	DIFFÉRENCE en latitude.		LONGITUDES orientales.		DIFFÉRENCE en longitude.		OBSERVATIONS.
		N.	S.			E.	O.	
22 nov. 7 h. 45' matin.	34°38'50"	»	2' 24"	Séries. 1 2 3 4 Somme. Moy. Chang. Longit.	153°43'51" 153 43 56 153 44 00 153 43 16 17h 03 153 43 45 − 24 00 153 19 45	»	24' 00"	Ramenée à midi.
22 nov. à midi.	34 36 26	»	»	Longit.	153 19 45	....	....	Moyenne du matin.
23 nov. vers 7 h. 40' mat.	34°07'55"	4' 20"	»	1 2 3 4 Somme. Moy. Chang. Longit.	151°23'45" 151 23 00 151 22 00 151 23 30 92 15 151 23 04 − 22 22 151 00 42	»	22' 22"	Ramenée à midi.
23 nov. à midi.	34 03 35	»	»	Longit.	151 00 42	....	....	Moyenne du matin.
24 nov. 7 h. 40' matin.	34°03'40"	10' 27"	»	1 2 3 Somme. Moy. Chang. Longit.	149°29'04" 149 29 17 149 28 15 86 36 149 28 52 − 11 00 149 17 52	»	11' 00"	Ramenée à midi.
24 nov. à midi.	33 53 13	»	»	Longit.	149 17 52	....	....	Moyenne du matin.
25 déc. à midi.	41°03'00"	»	»	Longit.	154°17'34"	....	....	Moy. des 2 obs. du soir.
25 déc. à 3 h. soir.	41 11 00	»	8 00	1 Chang. Longit.	153 58 34 + 19 00 154 17 34	»	19' 00"	Ramenée à midi.
1839. 2 fév. à midi.	37°07'00"	»	»	Longit.	110°57'56"	....	....	Moyenne du soir.

POSITIONS DE LA VÉNUS, PAR M. DU PETIT-THOUARS.

DATES. 1839.	LATITUDES australes.	DIFFÉRENCE en latitude.		LONGITUDES orientales.		DIFFÉRENCE en latitude.		OBSERVATIONS.
		N	S			E.	O.	
2 fév. 2 h. 10′ soir.	37°02′00″	5′00″	»	Séries. 1 2 3 Somme. Moy. Chang. Longit.	111°07′05″ 111 06 19 111 06 49 20 13 111 06 44 — 08 48 110 57 56	»	8 48	Ramenée à midi.
5 fév. 9 h. 30′ matin.	33°30′00″	(5 00	»	1 Chang. Longit.	106°51′03 — 11 00 106 40 03	»	11 10	Ramenée à midi.
5 fév. à midi.	33 15 00	»	»	Longit.	106 40 03		.....	Moyenne du matin.
28 mars 8 h. 30′ matin.	34°43′48″	5 18	»	1 2 3 Somme. Moy. Chang. Longit.	18°40′13 18 40 45 18 40 00 58 18 40 19 — 16 42 18 23 37	»	16 42	Ramenée à midi.
28 mars 10 h. 35′ matin.	34 37 36	»	0 54	1 2 Somme. Moy. Chang. Longit.	18 34 22 18 34 33 55 18 34 28 — 09 18 18 25 10	»	9 18	Ramenée à midi.
28 mars à midi.	34 38 30	»	»	Longit. Id. Somme. Longit.	18 24 24 18 24 42 49 06 18 24 33		....	Moy. des 2 obs. du mat. Id. du soir. M. des obs. du mat. et s.
28 mars 3 h. 45′ soir.	34 48 36	»	10 06	1 2 3 Somme. Moy. Chang. Longit.	18 04 30 18 05 04 18 06 22 15 56 18 05 19 + 19 24 18 24 43	»	19 24	Ramenée à midi.
29 mars 8 h. matin.	34°50′00″	»	»	1 2 3 Somme. Longit.	16 28 35 16 28 00 16 28 42 77 16 28 26	»	»	A midi nous étions au mouillage de Simon's-Bay.

POSITIONS DE LA VÉNUS, PAR M. DU PETIT-THOUARS.

DATES. 1839.	LATITUDES australes.	DIFFÉRENCE en latitude.		LONGITUDES orientales.	DIFFÉRENCE en latitude.		OBSERVATIONS.
		N.	S.		E.	O.	
29 mars vers 10h. du mat.	34° 36' 24"	»	»	Séries. 1 16°21'12" 2 16 22 19 3 16 21 52 Somme. 65 23 Moy. 16 21 48	»	»	Au mouillage.
8 mai 8 h. 55' matin.	15°47'00"	»	»	Occident· 1 7°56'24" 2 7 56 54 3 7 57 24 Somme. 170 42 Moy. 7 56 54	»	»	Près de Ste-Hélène.
8 mai 8 h. 40' mat.	15 44 00	»	»	1 8 04 45 2 8 04 15 3 8 05 15 Somme. 14 15 Moy. 8 04 45	»	»	Près de Ste-Hélène. A midi nous étions au mouillage.

IX.

TABLEAU DES POSITIONS

DE LA

FRÉGATE LA VÉNUS,

pour servir à la construction de la carte des côtes du Mexique, depuis la baie de la Madeleine jusqu'à Acapulco, et des cartes des îles de Pâques, de Maz-a-Fuera et de Juan-Ferdandez.

PAR M. J. LEFEBVRE,

enseigne de vaisseau, chargé des montres.

POSITIONS DE LA FRÉGATE, PAR M. LEFEBVRE.

DATES. 1837.	Latitudes boréales.	DIFFÉRENCE en latitude avec midi.		LONGITUDES occidentales.		DIFFÉRENCE en longitude avec midi.		OBSERVATIONS.
		N.	S.			E.	O.	
7 déc. 8 h. 30' matin.	24°00'40"	»	2' 44"	Séries. 1 2 3 Moy.	114°45'26" 114 46 37 114 46 40 ——— 43 114 46 14	»	2' 30"	De la baie de la Madeleine à San Blas, les longitudes sont données par le n° 76. On les a calculées avec la marche moyenne, en prenant pour départ les états de San Blas.
7 déc. à midi.	24 03 24	»	»	Moy.	114 43 44 » 114 43 44	....	....	Moy. du mat. ram. à midi. Pas d'observations le soir.
8 déc. à midi.	22°19'40"	»	»	Moy.	» 114°48'12" 114 48 12	....	....	Pas d'observations le mat. Moy. du soir ram. à midi.
8 déc. 2 h. 30' du soir.	22 11 20	»	8' 18"	1 2 3 Moy.	114 34 12 114 34 58 114 33 25 ——— 35 114 34 12		14' 00"	

POSITIONS DE LA FRÉGATE, PAR M. LEFEBVRE.

DATES 1837.	Latitudes boréales.	DIFFÉRENCE en latitude avec midi.		LONGITUDES occidentales.		DIFFÉRENCE en longitude avec midi.		OBSERVATIONS.
		N.	S.			E.	O.	
9 déc. 8 h. mat.	22°25'20"	»	9'48"	Séries. 1 2 3 Moy.	113°33'44" 113 33 23 113 33 59 ___ 126 113 33 42	»	25' 00"	
9 déc. à midi.	22 35 10	»	»	Moy.	113 08 42 » 113 08 42	....	....	Moy. du mat. ram. à midi. Pas d'observations le soir.
10 déc. à 7 h. 50' mat.	22°49'40"	»	2' 06"	1 2 3 Moy.	112°30'36" 112 30 30 111 30 19 ___ 85 112 30 28	»	10' 00"	Le 10 décembre à 8 h. 20' du matin, 3 séries de relèvements astronomiques d'une montagne ont donné : 30°35'00" ⎫ 30 33 20 ⎬ 30°34'30" du 30 35 00 ⎭ N. vers l'E.
10 déc. à 8 h. 20' matin.	22 49 40	»	2 06	1 2 3 Moy.	112 30 56 112 29 55 112 30 44 ___ 01 35 112 39 32	»	10 00	La même montagne ayant été relevée au même instant au N. 25° E. du compas, la variation conclue serait 5°24' N.E., résultat évidemment trop faible.
10 déc. à midi.	22 51 46	»	»	1 2 3 Moy.	112 20 28 112 20 32 112 21 09 ___ 02 09 112 20 43	....	....	Moy. du mat. ram. à midi. id. id. id. du soir id. Le 10 déc. à 3 h. 40' du s., 3 sér. de relèvem. astron. d'une montag., ont donné : 46°26'20" ⎫ Moy. 46°22'06" 46 25 00 ⎬ du nord vers 46 15 00 ⎭ l'ouest. La même mont. dans cet inst. a été relev. au N.55°O. du compas, ce qui donne 8°37'54" N.E. pour la variat.
10 déc. 3 h. 37' du soir.	22 53 20	»	»	1 2 3 Moy.	112 11 07 112 11 05 112 11 15 ___ 27 112 11 09	10' 00"	»	Le 10 déc. vers 1 h. 45' du soir, 3 séries de relèvements astron. ont donné : 0°30 20 ⎫ Moy. 0°41'18" 0 46 18 ⎬ du nord vers 0 47 18 ⎭ l'ouest. Un relèvement au compas fait dans le même inst. sur la même montagne, a donné N. 8°45' O., d'où, la variat. 8°04' N. E. Comp. ce résult. avec le précédent, nous aurons pour variat. 8°21' N.E.

POSITIONS DE LA FRÉGATE, PAR M. LEFEBVRE.

DATES. 1837.	Latitudes boréales.	DIFFÉRENCE en latitude avec midi.		LONGITUDES occidentales.		DIFFÉRENCE en longitude avec midi.		OBSERVATIONS.
		N.	S.			E.	O.	
11 déc. à midi.	22°57'50"	»	»	Séries. 1 2 3 Moy.	» 111°59'42" 111 57 58 17 40 111 58 50	.....	.....	Pas d'observat. le matin. 1re Moy. du soir ram. à midi. 2e id. id. id.
11 déc. 2 h. 50' soir.	22 56 00	»	1' 48"	1 2 3 Moy.	111 56 44 111 56 00 111 56 16 00 111 56 00	3' 42"	»	Le 11 à 2h.50' du s. 3 sér. de relèv. astr., ont donné: Moy. 40°09'40" du N. vers l'O. pour une mont. qui au même instant a été relevé au N. 50° O. du compas d'où la var. = 9°30' N. E. / 40°30'40" 40 30 00 40 28 20
11 déc. 3 h. 45' soir.	23 01 00	3' 12"	»	1 2 3 Moy.	111 52 50 111 52 32 111 53 15 8 37 111 52 52	5 06	»	Le 11 déc. à 3h. 45' du s. 3 s. de relèv. ast. ont donné: Moy. 56°58'50" du N. vers l'O. pour une mont. qui au même instant a été relevée au N. 67° O. du compas; d'où variat. = 10°01' N. E. Compar. ce résult. avec le précéd. nous avons pour var. moyen. = 9°45' N. E. / 56°56'40" 56 58 40 57 01 20
12 déc. 8 h. 20' matin.	22°58'20"	»	4' 30"	1 2 3 Moy.	109°49'01" 109 49 41 109 49 01 43 109 49 14	»	21' 18"	
12 déc. à midi.	23 02 50	»	»	Moy.	109 27 56 109 24 26 12 22 109 26 11	.....	.....	Moy. du mat. ram. à midi. id. du soir id.
12 déc. 3 h. 35' soir.	23 16 30	13' 43"	»	1 2 3 4 Moy.	109 04 24 109 05 14 109 03 55 109 04 10 17 43 109 04 26	20' 00"	»	Près de Mazatlan.

POSITIONS DE LA FRÉGATE, PAR M. LEFEBVRE.

DATES. 1837.	Latitudes boréales.	DIFFÉRENCE en latitude avec midi.		LONGITUDES occidentales.		DIFFÉRENCE en longitude avec midi.		OBSERVATIONS.
		N.	S.			E.	O.	
19 déc. 8 h. matin.	21° 12' 10"	6' 06"	»	Séries. 1 2 3 Moy.	108° 49' 29" 108 50 08 108 49 00 148 37 108 49 32	»	10' 00"	
19 déc. à midi.	22 06 02	»	»	Moy.	108 39 32 » 108 39 32	....	....	Moy. du mat. ram. à midi. Pas d'observations le soir.
20 déc. 8 h. 20' matin.	21° 50' 20"	1' 20"	»	1 2 3 Moy.	108° 10' 43" 108 10 34 108 10 20 97 108 10 32	»	1' 00"	A 8 h. 20', nous étions au mouill. de l'île Isabelle.
20 déc. à midi.	21 49 00	»	»	Moy.	108 09 32 » 108 09 32	....	....	Moy. du mat. ram. à midi. Pas d'observations le soir.
21 déc. 9 h. 10' matin.	21° 36' 22"	»	»	1 2 3 Moy.	107° 51' 44" 107 51 51 107 51 40 135 107 51 45	»	»	Au mouillage de Piedra del mar.
21 déc. à midi.	21 36 22	»	»	Moy.	107 51 45 » 107 51 45	....	....	Moy. du mat. ram. à midi. Pas d'observations le soir.
28 déc. vers 7 h. 49' mat.	20° 57' 20"	15' 07"	»	1 2 3 Moy.	108° 12' 15" 108 12 10 108 12 45 70 108 12 23	2' 12"	»	
28 déc. à midi.	20 42 13	»	»	Moy.	108 14 35 108 21 29 36 04 108 18 02	....	....	Moy. du mat. ram. à midi. Id. soir id. id. Moyenne à midi.

POSITIONS DE LA FRÉGATE, PAR M. LEFEBVRE.

DATES. 1837.	Latitudes australes.	DIFFÉRENCE en latitude avec midi.		LONGITUDES occidentales.		DIFFÉRENCE en longitude avec midi.		OBSERVATIONS.
		N.	S.			E.	O.	
28 déc. vers 4 h. soir.	20°26'50"	»	15'23"	Séries. 1 2 3 4 Moy.	108°06'35" 108 07 07 108 06 45 108 07 05 27 32 108 06 53	14'36"	»	Le 28 décembre à 4 h. du soir, au moment de la station, on a relevé une montagne au S. 47° E., Quatre séries de relèvements astronomiques, ont donné : 36°27'20" / 36 24 53 / 36 39 20 / 36 29 20. La montagne gisait donc à 36°29'20" du S. vers l'E.; d'où la variat. est 10° N.E.
29 déc. 8 h. 7 matin.	19°38'40"	»	0'55"	1 2 3 Moy.	107°55'49" 107 54 59 107 55 00 15 48 107 55 16	»	9'30"	
29 déc. à midi.	19 39 35	»	»	 Moy.	107 45 46 » 107 45 46	....	....	Moy. du mat. ramen. à midi. Pas d'observations le soir.
30 déc. 8 h. 9 matin.	19°21'20"	3'50"	»	1 2 3 Moy.	107°29'24" 107 29 00 107 29 12 36 107 29 12	»	5'12"	
30 déc. à midi.	19 17 30	»	»	 Moy.	107 24 00 » 107 24 00	....	....	Moy. du mat. ram. à midi. Pas d'observations le soir.
31 déc. 8 h.19 matin.	19°02'40"	1'21"	»	1 2 3 Moy.	107°11'00" 107 12 15 107 12 15 05 30 107 11 50	»	2'42"	
31 déc. à midi.	19 01 19	»	»	 Moy.	107 09 08 » 107 09 08	....	....	Moy. du mat. ram. à midi. Pas d'observations le soir.

POSITIONS DE LA FRÉGATE, PAR M. LEFEBVRE.

DATES. 1838.	Latitudes boréales.	DIFFÉRENCE en latitude avec midi.		LONGITUDES occidentales.		DIFFÉRENCE en longitude avec midi.		OBSERVATIONS.
		N.	S.			E.	O.	
				Séries.				
1 janv. 8 h. 03' matin.	18°49' 00"	3' 20"	»	1 2 3 Moy.	106° 51' 54" 106 51 38 106 50 54 04 26 106 51 29	»	8' 00"	
1 janv. à midi.	18 45 40	»	»	 Moy.	106 43 29 106 44 45 08 14 106 44 07	....	....	Moy. du mat. ram. à midi. Id. soir id.
1 janv. 3 h. 45' soir.	18 41 50	»	3 50	1 2 3 Moy.	106 33 19 106 33 22 106 33 22 63 106 33 21	11' 24"	»	
2 janv. 8 h. 13' matin.	17°50' 20"	»	2' 32"	1 2 3 Moy.	105° 59' 15" 105 58 54 105 58 56 27 05 105 59 02	»	18' 36"	
2 janv. à midi.	17 52 52	»	»	 Moy.	105 40 26 105 39 39 05 105 40 02	....	....	Moy. du mat. ram. à midi. Id. soir id.
2 janv. 3 h. 56' soir.	17 54 30	1 38	»	1 3 2 Moy.	105 27 36 105 27 18 105 27 10 64 105 27 21	12 18	»	
3 janv. 8 h. 2' mat.	17°44' 50"	»	1' 16"	1 2 3 Moy.	104° 52' 55" 104 52 43 104 53 07 08 45 104 52 25	»	8' 00"	
3 janv. à midi.	17 46 06	»	»	 Moy.	104 44 55 104 45 36 31 104 45 15	....	....	Moy. du mat. ram. à midi. Id. soir id.

POSITIONS DE LA FRÉGATE, PAR M. LEFEBVRE.

DATES. 1838.	Latitudes boréales.	DIFFÉRENCE en latitude avec midi.		LONGITUDES occidentales.		DIFFÉRENCE en longitude avec midi.		OBSERVATIONS.
		N.	S.			E.	O.	
3 janv. 3 h. 56' soir.	17°46' 50"	0' 44"	»	Séries. 1 2 3 Moy.	104° 32' 19" 104 31 49 104 32 12 ——— 20 104 32 06	13' 30"	»	
4 janv. 8 h. 20' matin.	17° 30' 40"	1 50	»	1 2 3 Moy.	104° 04' 19" 104 04 30 104 03 21 ——— 10 104 04 03	»	2' 12"	
4 janv. à midi.	17 28 50	»	»	Moy.	104 01 51 » ——— 104 01 51	....	....	Moy. du mat. ram. à midi. Pas d'observations le soir.
5 janv. 7 h. 32' matin.	16°57' 30"	»	8' 50"	1 2 3 Moy.	103° 39' 04" 103 38 58 103 38 56 ——— 26 58 103 38 59	»	8' 18"	
5 janv. à midi.	17 06 20	»	»	Moy.	103 30 41 103 38 06 ——— 08 47 103 34 23	....	....	Moy. du mat. ram. à midi. Id. soir id.
5 janv. 4 h. 00' soir.	17 10 20	4 00	»	1 3 2 Moy.	103 27 10 103 25 47 103 26 34 ——— 19 31 103 26 30	11 36	»	
6 janv. 7 h. 48' mat.	17°08' 20"	»	0' 06"	1 2 3 Moy.	103° 45' 11" 103 44 16 103 44 37 ——— 14 04 103 44 41	»	4' 42"	
6 janv. à midi.	17 08 26	»	»	Moy.	103 39 59 103 46 18 ——— 06 17 103 43 08	....	....	Moy. du mat. ram. à midi. Id. soir id.

IX.

POSITIONS DE LA FRÉGATE, PAR M. LEFEBVRE.

DATES. 1838.	Latitudes australes.	DIFFÉRENCE en latitude avec midi.		LONGITUDES occidentales.	DIFFÉRENCE en longitude avec midi.		OBSERVATIONS.
		N.	S.		E.	O.	
6 janv. 4 h. soir.	17°06'50"	»	1'36"	Séries. 103°32'19" 103 33 38 103 33 03 —— 60 Moy. 103 33 00	13'18"	»	
7 janv. 7 h. 49' matin.	16°47'20"	0'20"	»	1 102°43'40" 2 102 42 56 3 102 43 03 —— 39 Moy. 102 43 13	»	4'12"	Moy. du mat. ram. à midi. Id. soir id. id.
7 janv. à midi.	16 47 00	»	»	102 39 01 102 35 02 —— 14 03 Moy. 102 37 01	....	....	
7 janv. 3 h. 36'	16 47 20	0 20	»	1 102 26 10 2 102 25 54 3 102 25 46 —— 17 50 Moy. 102 25 56	9 06	»	
25 fév. 7 h. 26 matin.	25°54'42"	35'18"	»	1 111°16'34" 2 111 16 13 3 111 16 09 —— 56 Moy. 111 16 19	»	2'12"	En vue de l'île de Pâques.
25 fév. à midi.	26 30 00	»	»	111 14 06 111 15 14 —— 29 20 Moy. 111 14 40	....	....	Moy. du mat. ram. à midi. Id. soir id. id.
25 fév. 3 h. 58' soir.	26 51 00	»	21'00"	1 111 21 11 2 111 21 00 3 111 20 50 —— 63 01 Moy. 111 21 00			
26 fév. 8 h. 8' matin.	27°03'30"	»	3'30"	1 111°35'22" 2 111 35 15 3 111 35 11 —— 48 Moy. 111 35 16	5'18"	»	
26 fév. à midi.	27 00 00	»	»	111 40 34 111 45 58 —— 86 32 Moy. 111 23 16	....	....	Moy. du mat. ram. à midi. Id. soir id. id.

POSITIONS DE LA FRÉGATE, PAR M. LEFEBVRE.

DATES 1837.	Latitudes boréales.	DIFFÉRENCE en latitude avec midi.		LONGITUDES occidentales.		DIFFÉRENCE en longitude avec midi.		OBSERVATIONS.
		N.	S.			E.	O.	
26 fév. à 4h.30' du soir.	27°03'50"	»	3'50"	Séries. 1 2 3 Moy.	111°51'34" 111 51 48 111 51 57 139 111 51 46	»	5'48"	
12 mars à 7h.45' mat.	33°11'00"	4'24"	»	1 2 Moy.	84°10'29" 84 11 03 21 32 84 10 46	»	17'00"	En vue de Mas-a-Fuera. Par l'anc. marche 83°56'. Différence = 14'.
12 mars à midi.	33 15 24	»	»	1 2 Moy.	83°53'46" 83 53 02 48 83 53 24	....	....	Moy. du mat. ram. à midi. id. du soir id.
12 mars 3h. 25' soir.	33 17 54	»	2'30"	1 2 Moy.	83 34 15 83 33 49 68 04 83 34 02	19 00	»	
13 mars 9 h. matin.	33°24'53"	0'30"	»	2 3 Moy.	83 18 07 83 18 04 11 83 18 05	»	1 00	En vue de Mas-a-Fuera. Par l'anc. marche 33°04'. Différence = 14'.
13 mars à midi.	33 25 53	»	«	2 3 Moy.	83 17 05 83 19 11 36 16 83 18 08	....	....	Moy. du mat. ram. à midi. id. soir id.
13 mars 3 h. 45' soir.	33 28 35	»	4'12"	1 2 3 Moy.	83 15 28 83 15 22 83 14 43 33 83 15 11	4 06	»	

POSITIONS DE LA FRÉGATE, PAR M. LEFEBVRE.

DATES. 1838.	Latitudes australes.	DIFFÉRENCE en latitude avec midi.		LONGITUDES occidentales.	DIFFÉRENCE en longitude avec midi.		OBSERVATIONS.
		N.	S.		E.	O.	
14 mars 8 h. matin.	33° 53' 50"	»	»	Séries. 1 83° 04' 52" 2 83 04 44 3 83 05 02 —— 14 38 Moy. 83 04 53	»	16' 48"	En vue de Mas-a-Fuera. Le 14 mars à 8 h. du mat. 4 séries de relèvements astronomiques ont donné : Moy. 27°30'29" N.vers l'O. pour une mont. qui 28°25'43" au même inst. 28 38 56 a été relevée 27 12 57 au N. 45° O. 26 44 20 du compas ; d'où la variat. = 17° 29' 31" N. E.
14 mars à midi.	33 35 50	»	»	82°48' 05" » Moy. 82 48 05	....	....	Moy. du mat. ram. à midi. Pas d'observations le soir. Par l'anc. marche 82°35'. Différence 13'.
15 mars 8 h. matin.	33°46'40"	»	11' 28'	1 81° 28' 20" 2 81 28 59 3 81 29 00 —— 86 19 Moy. 81 28 46	»	10' 00"	En vue de Juan Fernandez.
15 mars à midi.	33 35 12	»	»	81 18 46 81 17 46 81 20 01 —— 56 33 Moy. 81 18 51⅓	....	....	Moy. du mat. ram. à midi. 1 id. id. 2 id. du soir id.
15 mars 2 h. 10' soir.	35 35 48	»	0 36	1 81 10 44 2 81 10 50 3 81 10 53 —— 137 Moy. 81 10 46	7 00	»	
15 mars 3 h. 55' soir.	33 41 00	»	5 48	1 81 12 14 2 81 12 11 3 81 12 07 —— 32 Moy. 81 12 11	7 50	»	

LONGITUDES

DONNÉES

PAR LES OBSERVATIONS DE DISTANCES LUNAIRES,

FAITES PAR M. DU PETIT-THOUARS,
capitaine de vaisseau,

ET CALCULÉES PAR M. LEFEBVRE,
lieutenant de vaisseau.

DISTANCES LUNAIRES, PAR MM. DU PETIT-THOUARS ET LEFEBVRE.

Longitudes obtenues à l'observatoire de Monterey (Haute-Californie), en octobre et novembre 1837, par les distances de la lune au soleil, observées par M. Du Petit-Thouars, capitaine de vaisseau, et calculées par M. Lefebvre, lieutenant de vaisseau.

NUMÉROS des séries.	LONGITUDES occidentales.	NUMÉROS des séries.	LONGITUDES occidentales.	NUMÉROS des séries.	LONGITUDES occidentales.
1	8h. 16' 35",4	20	8 16 53 ,3	39	8 17 53 ,0
2	8 16 27 ,4	21	8 18 17 ,0 (d)	40	8 18 42 ,7 (d)
3	8 15 58 ,0	22	8 15 48 ,0 (d)	41	8 17 57 ,5
4	8 16 11 ,6	23	8 16 49 ,4	42	8 17 52 ,7
5	8 16 07 ,9	24	8 16 24 ,2	43	8 17 53 ,6
6	8 14 52 ,2 (d)	25	8 15 34 ,6 (d)	44	8 16 24 ,2
7	8 16 02 ,7	26	8 17 01 ,8	45	8 16 09 ,5
8	8 15 06 ,4 (d)	27	8 16 01 ,5	46	8 16 50 ,0
9	8 16 37 ,2	28	8 16 07 ,7	47	8 17 46 ,3
10	8 18 34 ,9 (d)	29	8 15 52 ,5	48	8 18 10 ,4 (d)
11	8 15 03 ,3 (d)	30	8 17 49 ,9	49	8 17 42 ,2
12	8 16 15 ,0	31	8 17 06 ,1	50	8 17 30 ,3
13	8 16 12 ,0	32	8 16 33 ,4	51	8 17 40 ,3
14	8 16 25 ,4	33	8 15 54 ,1	52	8 17 54 ,7
15	8 16 00 ,3	34	8 17 44 ,7	53	8 17 33 ,6
16	8 16 11 ,3	35	8 18 15 ,5 (d)	54	8 18 19 ,6 (d)
17	8 16 32 ,5	36	8 17 23 ,5	55	8 18 40 ,8 (d)
18	8 15 49 ,4	37	8 17 52 ,4	56	8 17 46 ,4
19	8 15 42 ,5 (d)	38	8 16 28 ,7	57	8 17 54 ,0

On a éliminé les résultats marqués d'un (d), ce qui réduit à 44 séries ou 176 distances le nombre de celles qui fournissent pour moyenne 8 h. 16'53",55 (Ouest).
La Connaissance des Temps de 1842 donne.   8   16 16   51
Différence   0   00 02   55

DISTANCES LUNAIRES, PAR MM. DU PETIT-THOUARS ET LEFEBVRE.

Longitudes obtenues à l'observatoire d'Acapulco (Mexique), en janvier 1838, par les distances de la lune au soleil, observées par M. Du Petit-Thouars, capitaine de vaisseau, et calculées par M. Lefebvre, lieutenant de vaisseau.

NUMÉROS des séries.	LONGITUDES occidentales.	NUMÉROS des séries.	LONGITUDES occidentales.	NUMÉROS des séries.	LONGITUDES occidentales.
1	6h. 47' 50",0	13	6h. 48' 21",3	25	6 47 50 ,8
2	6 47 49 ,0	14	6 48 37 ,6	26	6 48 08 ,4
3	6 47 39 ,6	15	6 49 01 ,4	27	6 48 34",1
4	6 48 38 ,0	16	6 49 08 ,6	28	6 48 34 ,5
5	6 47 37 ,4	17	6 49 06 ,4	29	6 49 04 ,4
6	6 47 55 ,3	18	6 49 00 ,0	30	6 48 27 ,1
7	6 47 42 ,8	19	6 48 47 ,1	31	6 49 22 ,0
8	6 48 20 ,0	20	6 48 22 ,9	32	6 48 38 ,5
9	6 48 35 ,0	21	6 49 00 ,6	33	6 48 58 ,7
10	6 48 41 ,3	22	6 47 21 ,2	34	6 48 21 ,1
11	6 48 51 ,1	23	6 48 06 ,2		
12	6 48 27 ,6	24	6 47 34 ,8		

On a obtenu pour moyenne des 34 séries ou 136 distances. . . 6h. 48'25",4 (Ouest.)
La Connaissance des Temps de 1842 donne. . . . . 6 48 58 ,0
Différence. . . . . 0 00 12 ,6

Longitudes obtenues à l'observatoire du fort Louis (Valparaiso), en avril 1838, par les distances de la lune au soleil, observées par M. Du Petit-Thouars, capitaine de vaisseau, et calculées par M. Lefebvre, lieutenant de vaisseau.

NUMÉROS des séries.	LONGITUDES occidentales.	NUMÉROS des séries.	LONGITUDES occidentales.
1	4h. 55' 16",4	6	4h. 55' 57",8
2	4 56 02 ,4	7	4 55 05 ,7
3	4 55 32 ,4	8	4 56 25 ,2
4	4 57 21 ,7 (d)	9	4 55 16 ,1
5	4 55 44 ,9	10	4 55 43 ,0

On a obtenu pour moyenne des 9 séries ou 36 distances. . . 4h.55'40",45
La Connaissance des Temps de 1842 donne. . . . . 4 56 08 ,00
Différence. . . . . . . 0 00 27 ,55

DISTANCES LUNAIRES, PAR MM. DU PETIT-THOUARS ET LEFEBVRE.

Longitudes obtenues à l'observatoire de KORORAREKA (Baie-des-Iles), en octobre et novembre 1838, par les distances de la lune au soleil, observées par M. Du Petit-Thouars, capitaine de vaisseau, et calculées par M. Lefebvre, lieutenant de vaisseau.

NUMÉROS des séries.	LONGITUDES orientales.	NUMÉROS des séries.	LONGITUDES orientales.	NUMÉROS des séries.	LONGITUDES orientales.
1	11h. 26' 24",5	10	11h. 27' 56",6	19	11 26 06 ,8 (d)
2	11 27 09 ,9	11	11 27 43 ,7	20	11 26 36 ,8
3	11 27 51 ,1	12	15 26 45 ,3	21	11 27 30 ,5
4	11 28 01 ,2	13	11 28 09 ,9	22	11 27 17 ,2
5	11 26 33 ,7	14	11 27 35 ,6	23	11 26 50 ,3
6	11 27 14 ,9	15	11 28 02 ,4	24	11 26 47 ,4
7	11 27 03 ,4	16	11 27 27 ,3	25	11 26 54 ,3
8	11 27 29 ,4	17	11 28 03 ,6		
9	11 26 58 ,6	18	11 27 01 ,2		

On a obtenu pour moyenne de 24 séries ou 48 distances. . . . . 11h. 27' 18",69
La Connaissance des Temps de 1842 donne . . . . 11 27 21 ,33
Moyenne. . . . .   02 ,64

CARTES ET PLANS

LEVÉS A BORD DE LA VÉNUS.

―――――

Voici la liste des Cartes et des Plans levés et dressés à bor de la *Vénus*.

Les Plans sont le résultat d'un lever fait à terre. En généra M. le commandant du Petit-Thouars sondait; M. l'ingénieu de Tessan levait les détails topographiques et construisait.

Les Cartes et les Croquis résultent d'un lever fait sous voiles Les positions du navire étaient données par les observatior astronomiques faites à bord par M. le commandant du Petit Thouars, ou par M. Lefebvre, officier chargé des montres le lever proprement dit et la construction, sont dus au trava de M. l'ingénieur de Tessan, et résultent d'environ quatr cents vues de côtes, prises dans le courant de la campagne.

1. Plan d'attérage de VALPARAISO (Chili).
2. Plan d'attérage du CALLAO DE LIMA (Pérou).
3. Plan d'ACAPULCO (Mexique).
4. Plan de la baie de la MAGDELEINE (Basse-Californie).
5. Plan de MONTEREY (Haute-Californie).
6. Plan de l'entrée et d'une partie de la baie de SAN-FRANCISCO (Haute-Californie).
7. Plan de la baie d'AVATCHA (Kamtschatka).
8. Plan de la baie de PAPEITI (Tahiti).
9. Plan de la BAIE-DES-ILES (Nouvelle-Zélande).
10. Plan de l'île CHARLES (archipel des Galagagos).

11. Carte d'une partie de l'ARCHIPEL DES ILES GALAPAGOS (Equateur).
12. Carte de l'ARCHIPEL DES ILES MARQUISES (Océanie).
13. Carte à petit point des attérages du CALLAO DE LIMA, comprenant les roches HORMIGAS (Pérou).
14. Positions et croquis des îles ST.-FÉLIX et ST.-AMBROISE (Chili).
15. Positions et croquis des îles MAS-A-FUERA et JUAN-FERNANDEZ (Chili).
16. Position et croquis de l'île de PAQUES (Océanie).
17. Positions et croquis des roches ALIJOS (Californie).
18. Position et croquis de l'île GUADELOUPE (Californie).
19. Positions et croquis des îles HULL, MANGIA et RAROTONGA (Océanie).

TABLE DES POSITIONS GÉOGRAPHIQUES

DES POINTS VISITÉS PAR LA FRÉGATE LA VÉNUS.

NOMS DES LIEUX.	Latitudes.	LONGITUDES Comptées du méridien de		de Paris.	Comment obtenues.
Brest (observatoire)...	48° 23' 32"N.	....	....	6°49' 49"O.	C. T. 1842.
Fernando - Noronha, (pic)..........	3 50 10 S.	Brest (observat.) 6°49'49" O. C. T.	27°56'20"O.	34 46 20 O.	Montre 76.
Rio-Janeiro (p. N.) île Villegagnon.....	22 54 32 S.	Id.	38 39 26 O.	45 29 15 O. 45 30 47 O.	id. Occultation.
Terre-des-États (p. orientale.........	54 43 06 S.	Rio-Janeiro (obs.) 45°30'00" O. C.T.	20 40 00 O.	66 10 08 O.	Montre 76.
Valparaiso (Castelviejo de San Antonio)....	33 01 46 S.	Id. Id. Id.	28 30 00 O.	74 00 00 O. 73 55 19 O. 73 58 06 O.	id. Dist. lunaire. id.
Callao de Lima (fort du Soleil.)......	12 03 38 S.	Valp. Castel viejo. 74°01'39" O. C.T.	5 31 21 O.	79 33 00 O. 79 33 30 O.	Montre 76. id.
Honoloulou (observ. de la mission cathol.).	21 18 12 N.	Callao fort du Sol. 79°34'04" O. C.T.	80 30 16 O.	160 04 20 O. 160 12 30 O.	id. 2 culminat. lunaires.
Pétropawlowski (ob. près de la maison de P. Achard)......	53 00 57 N.	Honoloulou (obs.) 160°12'30" O.	43 23 40 O.	156 23 50 E.	Montre 76.
Feu de l'entrée de la baie d'Avatcha....	52 52 44 N.	Id.		156 26 38 E.	Déd. du Plan.
Monterey (obs. à l'entrée du village)....	36 35 55 N.	Pétropawlowsky. obs. 156°23'10" E.	79 25 36 E.	124 11 14 O. 124 13 23 O. 124 11 38 O.	Montre 76. Dist. lunaire. id.
Guadeloupe (p. N.)..	29 10 45 N.	Monterey (obs.) 124°12'45" O.		120 39 40 O.	Route, n° 76.
Id. (îlot du S.).	28 54 30 N.	Id.		120 41 00 O.	id.
Alijos (le plus grand)..	24 57 25 N.	Id.		118 05 44 O	id.
Baie de la Madeleine (observatoire).....	24 36 37 N.	Id.	9 47 29 E.	114 25 16 O.	Montre 76.
		San-Blas (observ.) 107°36'18" O. C.T.	16 48 18 O.	114 24 36 O. 114 23 32 O.	id. Dist. lunaire.
Entrée de la baie id. (îlot de la pointe N.).	24 32 30 N.	Id.		114 22 30 O.	Déd. du Plan.
Cap Saint-Lazare (le sommet)........	24 47 00 N.	Id.		114 35 20 O.	id.
Cap Saint-Lucas (entrée du golfe de Californie.).........	22 51 30 N.	Id.	4 39 42 O.	112 16 00 O.	Montre 76.
Ile Venado (p. S., près de Mazatlan (Mexique).	23 14 28 N.	Id.	1 09 34 O.	108 45 52 O.	Id.
Ile Isabelle (sommet).	21 52 00 N.	Id.	0 32 22 O.	108 08 40 O.	Id.
San-Blas (Mexique), anse du N. de l'Entrée.	21 32 28 N.	Monterey (obs.) 124°12'45" O.	16 35 47 E.	107 36 58 O.	Id.
Cap Corientes (côte du Mexique)......	20 26 00 N.	Id.		108 02 00 O.	Route, n° 76.
Punta Farallones, (côte du Mexique)...	19 24 00 N.	Id.		107 22 00 O.	Id.

TABLE DES POSITIONS GÉOGRAPHIQUES.

NOMS DES LIEUX.	Latitudes.	LONGITUDES			Comment obtenues.
		Comptées du méridien de		de Paris.	
Volcan de Colima, (côte du Mexique)...	19°34' 00"N.			105°58' 00"O.	Route, n° 76.
Acapulco (obs.)(Mexiq.)	16 50 28 N.	San-Blas (obs.) 107°35'18" O. C.T.	5°23' 18" E.	102 13 00 O. 102 06 21 O. 102 12 27 O.	Montre 76. Dist. lunaire. Id.
Ile de Paques (sommet de la pointe N. E.)...	27 05 20 S.	Valpar.Castelviejo 74°01'39" O. C.T.	37 34 36 O.	111 36 15 O.	Montre 76.
Ile Mas-a-Fuera (grand sommet).......	33 48 30 S.	Id.	9 09 31 O.	83 11 10 O.	Id.
Ile Juan-Fernandez (grand sommet)....	33 39 10 S.	Id.	7 11 01 O.	81 10 40 O.	Id.
Ile St-Ambroise (sommet).........	26 18 36 S.	Id.	8 14 04 O.	82 15 43 O.	Id.
Ile St-Felix (sommet)..	26 16 00 S.	Id.	8 25 26 O.	82 27 05 O.	Id.
Iles Hormigas (sommet du grand Ilot)....	12 00 21 S.	Callao fort du Sol. 79°34'04" C.T.	0 37 20 O.	80 11 24 O.	Id.
Payta (obs. dans le Sud de la ville......	5 05 09 S.	Id.	3 58 32 O.	83 32 36 O. 83 28 42 O.	Id. Dist. lunaire.
GALAPAGOS.					
Ile Charles (obs. dans la baie de Port-office).	1 13 58 S.	Payta (observat.). 83°32'33" O. C.T.	9 20 38 O.	92 53 11 O.	Montre 76.
Ile Charles (som. le plus élevé)......	1 13 38 S.	Iles Charles (obs.). 92°51'33" O.	M. des mont.	92 50 26 O.	Déd. du Plan.
Ile Gardner (sommet).	1 20 00 S.	Id.		92 38 30 O.	Id.
Ile Hood (som. le plus élevé).........	1 21 20 S.	Ile Charles (obs.). 92°51'33" O.	Id.	92 07 00 O.	Déd. route.
Ile Chatam (sommet le plus élevé).....	0 51 00 S.	Id.	»	92 01 30 O.	Id.
Ile Chatam (p. orient.)	0 42 00 S.	Id.	»	91 37 50 O.	Id.
Ile Barrington (soms)	0 46 45 S.	Id.	»	92 27 30 O.	Id.
Ile Indefatigable (s.)	0 36 30 S.	Id.	»	92 43 40 O.	Id.
Ile James (sommet)...	0 11 20 S.	Id.	»	93 12 20 O.	Id.
Ile Tower (sommet)...	0 19 50 N.	Id.	»	92 19 20 O.	Id.
Ile Bindloe (sommet).	0 22 00 N.	Id.	»	92 50 50 O.	Id.
Ile Abingdon (sommet).	0 36 00 N.	Id.	»	93 08 30 O.	Id.
Ile Wenman (sommet)..	1 24 00 N.	Id.	»	94 11 10 O.	Id.
Ile Culpepper(sommet)	1 41 00 N.	Id.	»	94 20 50 O.	Id.
Ilot Monte-Redondo..	0 19 20 N.	Id.	»	94 00 00 O.	Id.
Ile Albemarle (sommet Nord).........	0 04 40 N.	Id.	»	93 40 30 O.	Id.
Ile Albemarle (Cap Berkeley).......	0 00 00	Id.	»	94 01 00 O.	Id.
Ile Narborough (sommet Nord)......	0 18 20 S.	Id.	»	94 03 30 O.	Id.
Archip. des MARQUISES.					
Ile Cristina (Baie de la Résolution)......	9 56 22 S.	Ile Charles (obs.). 92°51'33" O.	48 38 23 O.	141 29 56 O.	Montre 76.
Ile Cristina (gr. som.).	9 26 40 S.	Id	»	141 28 00 O.	Déd. route.
Ile de la Madalena (som. du Nord).......	10 25 50 S.	Id.	»	141 01 50 O.	Id.
Ile San-Pedro (sommet).	10 00 25 S.	Id.	»	141 11 10 O.	Id.

TABLE DES POSITIONS GÉOGRAPHIQUES.

NOMS DES LIEUX.	Latitudes.	LONGITUDES Comptées du méridien de	de Paris.	Comment obtenue
Ile de la DOMINICA (gr. sommet).	9 45 00 S.	Ile Charles (obs.). 92°51'33" O.	141 27 30 O.	Déd. rout
Ile de la DOMINICA (sommet de la p. de l'E.).	9 43 40 S.	Id.	141 11 20 O.	Id.
Ile HOOD (sommet).	9 25 00 S.	Id.	141 18 40 O.	Id.
Ile ROA-POUA (sommet).	9 24 00 S.	Id.	142 25 40 O.	Id.
Ile ROA-POUA (Ilot du S.)	9 29 30 S.	Id.	142 25 00 O.	Id.
Ile ROA-HOUGA (som.).	8 56 20 S.	Id.	141 53 20 O.	Id.
Ile NOUKA-HIVA (som.).	8 54 10 S.	Id.	142 32 10 O.	Id.
Ile NOUKA-HIVA (pointe du S. E).	8 57 30 S.	Id.	142 23 00 O.	Id.
Ilot HERGEST.	8 44 20 S.	Id.	142 59 20 O.	Id.
Ile MASSE (sommet).	8 00 00 S.	Id.	143 02 40 O.	Id.
Ile CHANAL (sommet).	7 55 20 S.	Id.	142 55 50 O.	Id.
BANC DE CORAIL (som.).	7 53 00 S.	Id.	142 46 10 O.	Id.
Ile KRUSENSTERN (extremité occid. (Archipel des Pomoutou).	15 05 00 S.	Id.	150 39 50 O.	Id.
Ile MATHIA (sommet).	15 50 30 S.	Id.	150 36 00 O.	Id.
Ile de TAHITI (Baie de Papeïti, obs.).	17 32 00 S.	Id.	151 57 42 O.	Montre 76.
Ile de TAHITI (mât de pavillon de l'Ilot de la Reine).	17 31 15 S.	Ile Tahiti (obs.). 151°53'49" O.	59°06' 09"O. D. de la long. de p. Vénus. 151 54 51 O	Déd.du Plan
Ile de TAHITI (gr. som.).	17 37 15 S.	Id.	151 48 10 O.	Déd. Carte.
Ile EIMEO (grand som.).	17 32 30 S.	Id.	152 06 49 O.	Id.
Ile TABOUAI-MANOU s du milieu.	17 39 30 S.	Id.	152 56 20 O.	Déd. route.
Ile HULL (milieu).	21 50 00 S.	Id.	1 02 30 O. 157 02 40 O.	Montre 76.
Ile MANGEA (gr. som.).	21 54 20 S.	Id.	5 08 51 O. 160 16 05 O.	Id.
Ile RAROTONGA (grand sommet).	21 12 00 S.	Id.	8 22 16 O. 162 04 25 O.	Id.
BAIE-DES-ILES (obs près de Kororareka (Nouvelle-Zélande.	35 15 10 S	Id.	10 10 46 O. 171 47 06 E.	Id.
			36 19 05 O. 171 49 40 E	Dist. lunaire.
			171 50 40 E.	Id.
Ilot PAIHIA id.	35 16 27 S.	Baie-des-Iles (obs.) 171°50'20"E. C.T.	171 48 55 E.	Déd.du Plan.
GRAND SOMMET DE L'ENTRÉE (Baie-des-Iles.	35 09 45 S.	Id.	171 50 57 E	Id
Ilot PINCHGUT (Nouvelle-Holl.; Port-Jackson.	33 51 14 S.	Id. P.-Jacks. Pinch-G. 148°53'42"E. C.T.	22 57 09 O. 148 53 11 E.	Montre 76.
Ile de BOURBON (mouillage de St.-Denis).	20 51 43 S.	Ile Bourbon Mouillage St-Denis 53°10'00" E.	95 45 12 O. 53 08 30 E.	Montre 127.
FALSE-BAY (mouillage) (Cap de Bonne - Espérance).	34 10 00 S.	False-Bay (obs.) 16°05'47" E. C.T.	37 01 05 O. 16 08 55 E.	Montre 76.
Ile de SAINTE - HÉLÈNE (m. de Jam's-Town).	15 54 00 S.	Ile Ste-Hélène (m.) 8°03'15" O. P.C.	24 11 40 O. 8 05 53 O.	Montres.
Ile de l'ASCENSION (m. de Sandy-Bay).	5 53 57 S.	Ile Ascension (m.) 16°44'40" O. P.C.	8 40 25 O. 16 43 40 O.	Id.
BREST (observatoire).	48 23 32 N.		9 49 50 E. 6 54 50 O. 6 49 49 O.	Montre 76. C. T. 1842.

HAUTEURS
DES TERRES.

Nous donnons ici le tableau des élévations de divers points au-dessus du niveau de la mer, déterminées, pendant la campagne, dans les divers parages visités par la *Vénus*.

On ne doit considérer ces valeurs que comme des approximations assez grossières des élévations réelles; mais leur exactitude est toutefois bien supérieure à celle des déterminations qu'on pourrait déduire de toute espèce d'estime faite à vue.

Nous pensons qu'on peut généralement compter sur l'exactitude de ces nombres à $\frac{1}{20}$ ou $\frac{1}{15}$ près, et cela suffit pour donner l'idée du relief des terres.

Des trois éléments qui entrent dans le calcul des élévations : 1° la hauteur angulaire de l'objet au-dessus de l'horizon visuel; 2° le coefficient de la réfraction terrestre; 3° la distance de l'objet à l'observateur, celui-ci est sans contredit le plus incertain, et ce qui le prouve, c'est qu'à mesure qu'on peut faire usage de cartes plus exactes et de positions mieux déterminées, on voit les résultats partiels différer de moins en moins les uns des autres.

Les erreurs sur les élévations provenant de l'incertitude des positions relatives de l'observateur et du point relevé, peuvent s'élever à $\frac{1}{10}$ de la hauteur réelle, quand la distance est petite et que les positions relatives sont déduites d'un simple levé sous voile. L'influence de cette inexactitude diminue à mesure que la distance augmente ; mais alors l'influence du second élément, du coefficient de la réfraction terrestre (le plus incertain des trois éléments après la distance), se fait plus fortement sentir ; alors aussi, la petite erreur dont l'angle de hauteur est susceptible, acquiert une influence plus grande ; mais cet élément est, sans contredit, le moins incertain des trois.

Nous avons fait usage de la formule connue

$$E = e + D \tang. (h-d- nD + \tfrac{1}{2}D)$$

dans laquelle E est l'élévation cherchée; e est l'élévation de l'œil de l'observateur (à bord de la *Vénus*, la valeur de e était de 7 mètres); D est la distance de l'objet à l'observateur (cette distance est généralement prise sur une carte); h est la hauteur angulaire de l'objet au-dessus de l'horizon visuel (cette hauteur était mesurée avec un instrument à réflexion); d est la dépression de l'horizon visuel (sa valeur à bord de la *Vénus* était 4′32″ quand l'horizon n'était pas borné par les terres); enfin n est le coefficient de la réfraction terrestre (nous l'avons supposé constant et égal à 0,08).

Pour les quelques points dont nous avons déterminé l'élévation par la dépression de l'horizon visuel, nous avons fait usage de la formule

$$E = \frac{R}{2} \tang.^2 \left(\frac{1-n}{1-2n} d \right)$$

dans laquelle E, d et n ont la même signification que ci-dessus, et R est le rayon de la terre supposée sphérique (R=6366198).

La première colonne du tableau contient la désignation du point observé; le second fait connaître les élévations calculées; les troisième, quatrième et cinquième colonnes contiennent les éléments du calcul, c'est-à-dire la distance de l'objet, sa hauteur angulaire au-dessus de l'horizon visuel et la dépression de cet horizon; la sixième colonne, enfin, fait connaître le lieu et l'époque de l'observation.

Les élévations marquées d'un point d'interrogation (?) n'entrent pas dans les moyennes.

HAUTEUR DES TERRES, PAR M. DE TESSAN.

DÉSIGNATION du point observé.	Résultat du calcul et haut. en mèt.	DONNÉES DU CALCUL.			ÉPOQUE et lieu de l'observation.
		distances en milles.	Angle de hauteur.	dépress. de l'horizon.	
Sommet du pic de Fernando de Noronha.	192+7 175+7 190	15,30 8,80	0°31'00" 0 41 20	4'32" 4 32	26 janv. 1837, 9 h 20' m. Id. à midi.
Sommet oriental de la Terre des États.	1273+7 1317+7 1301	10,85 23,71	3 43 00 1 47 20	4 32 4 32	12 mars 1837, 10 h. m. Id. 1 h. 45'
A VALPARAISO.					
Sémaphore.	325'+7 332	1',67	6 24 00	24 20	Mouillage de la Vénus en avril 1837.
Sommet le plus élevé des collines.	336+7 343	1,62	6 44 00	21 00	Id. id.
Panthéon.	68+7 75	0,91	2 39 00	21 00	Id. id.
AU CALLAO DE LIMA.					
Sommet du Morro-Solar.	261+7 270+7 239+7? 231+7? 272	9,64 11,00 12,57 10,83	0 50 40 1 04 40 0 34 30? 1 11 20	4 32 23 40 4 32 36 19?	14 mai 1837, à midi. 1er mouill. Callao 1838. Mouill. de San Lorenzo. 27 mai 1838, 2e mouill.
Sommet de la presqu'île de Morro-Solor.	105+7 134+7 126	8,30 12,84	0 24 30 0 18 30	4 32 4 32	14 mai 1837, à midi. M. San Lorenzo 25 mai 1838.
Sommet de l'île Fronton.	167+7 170+7 184+7 177	10,95 4,00 4,12	0 26 30 1 22 00 1 26 00	4 32 4 47 4 45	14 mai 1837, à midi. Mouill. du Callao 1837. 2e id. id. 1838.
Sommet S. de l'île San-Lorenzo.	271+7? 228+7 241+7 220+7 231+7 237	11,85 6,75 6,47 3,82 3,95	0 22 00 1 04 30 1 11 00 1 50 20 1 52 00	4 32 4 32 4 32 5 00 4 55	14 mai 1837, à midi. Id. 3 h. 35'. Id. 4 40' Mouillage, Callao 1837. 2e id. id. 1838.
Sommet du milieu de l'île San-Lorenzo.	273+7 283+7 285	3,97 4,20	2 11 00 2 08 00	5 00 4 54	Mouill. du Callao 1837. 2e id. id. 1838.

HAUTEUR DES TERRES, PAR M. DE TESSAN.

DÉSIGNATION du point observé.	Résultat du cà cul et haut. en mèt.	DONNÉES DU CALCUL.			ÉPOQUE et lieu de l'observation.
		distances en milles.	Angle de hauteur.	dépress. de l'horizon.	
Grand sommet de l'île San Lorenzo.	484+7? 401+7 410+7 390+7 388+7 373+7? **404**	14,34 8,01 6,23 4,61 4,82 32,70	1°09' 10" 1 34 00 2 04 00 2 39 20 2 32 00 0 12 00	4' 32" 4 32 4 32 4 47 4 43 4 32	14 mai 1837, à midi. id. 3 h. 35'. id. 5 h. 40'. Mouill. du Callao 1837. 2 id. id. 1838. 2 juin 1838, à 4 h. 52'.
Vigie de l'île San-Lorenzo.	273+7 271+7 **279**	5,24 5,47	1 39 00 1 34 20	4 32 4 32	Mouill. du Callao 1837. 2° id. id. 1838.
Sommet de la colline de Saint-Christophe.	398+7 384+7 405+7 **403**	8,38 11,23 8,12	1 38 30 1 04 00 1 47 40	13 39 5 13 18 22	Mouill. du Callao 1837. Id. de l'île San-Lor. 1838. 2° mouill. Callao 1838.
Sommet du faux St-Christophe.	751+7 **758**	8,40	2 54 00	11 39	Mouill. du Callao 1837.
Autre sommet.	535+7 **542**	9,79	1 21 30	4 58	2° id. id. id.
Mamelon Régala.	109+7 112+7 113+7 **118**	4,42 4,30 6,93	0 50 10 0 54 20 0 32 00	6 49 7 38 4 32	1er id. id. id. 2e id. id. 1838. id. l'île San-Lor. id.
Sommet de l'île Guara.	127+7 90+7 **115**	18,11 17,92	0 10 00 0 06 20	4 32 4 32	id. id. id. 2° id. du Callao id.
Sommet de la pointe au N. des Marais-Salains.	336+7 **343**	13 70	0 44 20	4 32	id. id. id.
Gr. falaise de Chorillos.	43 **43**	0,31	4 21 00	»	4° stat. en canot dans l'anse de Chorillos.
Sommet de la grande île des Hormigas.	89 90 **90**	2,60 2,80	0 06 20 0 06 00	» »	2 juin 1838, à 2 h. 40'. id. 4 h. 52'.

HAUTEUR DES TERRES, PAR M. DE TESSAN.

DÉSIGNATION. du point observé.	Résultat du calcul et haut. en mèt.	DONNÉES DU CALCUL.			ÉPOQUE et lieu de l'observation.
		distances en milles.	Angle de hauteur.	dépress. de l'horizon	
A HONOLOULOU (Îles Sandwich). Sommet du Cratère du Bol-de-Punch.	150+7 147+7 165	0,63 2,16	7°27′ 30″ 2 29 00	» 24′20″	Dist. zénithale prise de l'observatoire. Au mouil. juillet 1837.
Sommet du Cratère du Diamant.	257+7 264	4,08	2 00 00	5 00	id.
Mamelon occidental.	87+7 94	4,73	0 56 00	24 20	id.
Autre mamelon.	79+7 86	4,42	0 55 00	24 20	id.
AU KAMTSCHATKA. Mont Gavareah.	2474+7 2480+7 2484	27,40 34,40	2 41 00 2 04 30	5 00 5 00	30 aout 1837 7 h. soir. id. 8 h. mat.
Mont Willeuchenski.	2196+7 2280+7 2245	17,60 41,40	3 48 50 1 29 50	5 00 5 00	id. 7 h. soir. id. 8 h. mat.
Mont Koriatskoi ou d'Avatcha.	3916+7 3489+7 3709+7 3712	40,50 32,70 68,70	2 47 20 3 08 30 1 16 20	5 00 5 00 5 00	id. 7 h. mat. 16 sept. 1837 à midi. 30 aout 1837 8 h. mat.
Volcan Koselskoi.	2569+7 2841+7 2712	32,00 64,10	2 20 30 1 00 20	5 00 5 00	id. 7 h. soir. id. 8 h. mat.
Mont Joupano.	2797+7 2804	79,70	0 36 40	5 00	id. 8 h. mat.
Phare de l'entrée de la baie d'Avatcha.	158+7 165	6,93	0 44 00	4 32	1er mouillage dans la baie d'Avatcha.
Le plus grand des Frères.	62+7 69	6,38	0 19 50	4 32	id.

HAUTEUR DES TERRES, PAR M. DE TESSAN.

DÉSIGNATION du point observé.	Résultat du calcul et haut.en mèt.	DONNÉES DU CALCUL.			ÉPOQUE et lieu de l'observation.	
		distances en milles.	Angle de hauteur.	dépress. de l'horizon.		
Sommet de la pointe du Phare de l'Entrée.	229+7 / 236	6,80	1° 05' 30"	5' 52"		1ᵉʳ mouillage dans la baie d'Avatcha.
Phare du Nord.	48+7 / 55	1,92	0 53 00	7 15		id.
Sommet de la pointe du Phare Nord.	147+7 / 126+7 / 143	2,42 / 2,11	1 59 00 / 1 57 20	7 15 / 7 38	2e	id. / id.
Sommet A.	528+7 / 542+7 / 541	4,85 / 4,30	3 26 00 / 4 05 40	6 34 / 13 39	1er / 2e	id. / id.
Somme de l'Aiguade.	440+7 / 431+7 / 442	2,60 / 1,73	5 20 30 / 7 51 30	7 50 / 12 29	1er / 2e	id. / id.
Mamelon Nord.	392+7 / 395+7 / 401	3,77 / 3,06	3 17 00 / 4 04 20	5 28 / 6 00	1er / 2e	id. / id.
Ilot Babouska.	62+7 / 83+7? / 69	4,61 / 5,10	0 27 40 / 0 32 40?	4 32 / 4 32	1er / 2e	id. / id.
Sommet de la pointe du Phare Sud.	208+7 / 209+7 / 215	4,53 / 5,11	1 28 00 / 1 18 20	4 39 / 4 32	1er / 3e	id. / id.
Sommet C.	612+7 / 614+7 / 620	8,80 / 9,67	2 10 00 / 1 58 20	4 32 / 4 32	1er / 2e	id. / id.
Sommet de la p. K.	197+7 / 195+7 / 203	5,30 / 6,24	1 11 20 / 0 59 50	4 32 / 4 32	1er / 2e	id. / id.
Sommet de Paratonka.	752+7 / 731+7 / 748	10,40 / 10,95	2 14 20 / 2 03 50	4 32 / 4 32	1er / 2e	id. / id.
Mamelon de la p. E.	189+7 / 196	6,64	0 55 30	4 32		id.

HAUTEUR DES TERRES, PAR M. DE TESSAN.

DÉSIGNATION du point observé.	Résultat du calcul et haut en mèt.	DONNÉES DU CALCUL.			ÉPOQUE et lieu de l'observation
		distances en milles.	Angle de hauteur.	dépress. de l'horizon.	
Grand sommet H.	430+7 / 437	9,50	1°22' 40"	4' 32"	2e mouillage dans la baie d'Avatcha.
Le mamelon Bluf.	48+7 / 55	5,20	0 19 40	4 32	id.
Mât de pavillon du port.	58+7 / 65	1,01	2 00 20	13 20	id.
Mamelon du Port.	107+7 / 114	1,74	2 03 00	9 08	id.
Sommet de la p. A.	130+7 / 137	6,30	0 40 20	4 32	16 sept. 1837, à midi.
Sommet de la pointe Vénus.	198+7 / 205	4,81	1 19 00	4 32	id.
Sommet de l'îlot Saricof.	140+7 / 147	3,74	1 12 40	4 55	id.
A MONTÉREY. Grand sommet vers Santa-Crux.	1238+7 1215+7 1204+7 1233+7 1178+3? 1230	32,00 32,00 29,70 42,50 21,20	1 03 00 1 01 40 1 07 00 0 40 30 1 37 20	4 32 4 32 4 32 4 32 3 00	18 octob. 1837, 10h.7'm id. à midi. 3 nov., au mouillage. 18 nov. à 4 h. 10' m 22 octobre à midi.
Sommet N. de Santa-Cruz.	760+7 776+7 764+3 772	25,20 30,00 10,90	0 50 00 0 40 00 2 08 30	4 32 4 32 4 34	18 octobre à midi. 3 novr, au mouillage. 22 octobre, à midi.
Grand sommet de Monterey.	1345+7 1409+7 1304+7 1382+3 1366	24,20 25,30 14,30 37,00	1 36 30 1 37 20 2 48 00 0 56 30	4 32 4 32 4 32 3 00	18 oct. 1837 à 10 h. 7' id. à midi. 18 nov. 1837 à 4 h. 10 22 oct. 1837 à midi.
Sommet Sud-Est.	1068+7 1094+7 1090+7 1100+3 1094	28,20 29,50 14,50 36,60	1 04 00 1 01 00 2 24 00 0 42 20	4 32 4 32 10 35 3 00	18 oct. 1837 à 10 h. 7' id. à midi. 3 nov. 1837 au mouil. 23 oct. 1837 à midi.

— 149 —

HAUTEUR DES TERRES, PAR M. DE TESSAN.

DÉSIGNATION du point observé.	Résultat du calcul et haut. en mèt.	DONNÉES DU CALCUL.			ÉPOQUE et lieu de l'observation.
		distances en milles.	Angle de hauteur.	dépress. de l'horizon.	
Sommet Est.	1025+7 1071+7 975+7 ? 1036+3 1053	33 ,20 34 ,20 20 ,50 35 ,40	0°48' 00" 0 48 20 1 25 00? 0 42 30	4 32 4 32 5 17 3 00	18 oct. 1837 à 10 h. 7' id. à midi. 3 nov. 1837 au mouil. 22 oct. 1837 à midi.
Sommet de la coline des Pins.	287+7 294	1 ,70	5 39 00	26 50	3 nov. au mouillage.
2ᵐᵉ Sommet id.	326+7 333	14 ,40	0 40 30	4 32	18 oct. 1837 à midi.
Sommet Q.	325+7 332	3 ,10	3 28 00	14 49	3 nov. au mouillage.
A SAN-FRANCISCO. Sommet A.	762+3 765	25 ,80	0 47 00	3 00	25 oct. à midi.
Sommet du Cap-Blanc.	635+3 638	16 ,00	1 10 00	3 00	id.
Sommet dans l'intérieur.	591+3 594	35 ,40	0 19 10	3 00	id.
Sommet des îles Farillones.	84+3 87	12 ,60	0 10 00	3 00	id.
Escarpement du Présidio.	35	1 ,45	0 45 00	»	A terre au signal de la pointe base.
Sommet de l'île aux Cerfs.	245+2 247	3 ,50	2 11 15	2 29	id.
Sommet de l'île aux Oiseaux.	53+2 55	1 ,70	0 58 00	2 50	id.
Sommet de la 2ᵐᵉ p. Noire.	283+2 285	2 ,80	3 08 40	2 29	id.
Sommet Nord de l'Entrée.	300+2 302	2 ,80	3 20 00	2 40	id.

HAUTEUR DES TERRES, PAR M. DE TESSAN.

DÉSIGNATION du point observé.	Résultat du calcul et haut. en mèt.	DONNÉES DU CALCUL.			ÉPOQUE et lieu de l'observation.
		distances en milles.	Angle de hauteur.	dépress. de l'horizon.	
Sommet de l'Aiguade.	348+2 / 350	3,70	2°55' 30"	2 35	18 nov. 1837 à midi.
A L'ÎLE DE LA GUADELOUPE.					
Sommet du Nord.	1053+7 1026+7 1053+7 1166+7? 1051	155,50 112,50 96,00 75,00	2 03 40 2 49 00 3 24 00 4 50 20?	4 32 4 32 4 32 4 32	id. id. id. à 3 h. 20' id. à 5 h. 20' 19 nov. 1837 à midi.
Pic du Sud.	826+7 782+7 785+7 890+7? 858+7 783+7 780+7 810	18,95 13,55 9,80 8,30? 5,80 4,60 6,00	1 17 00 1 46 00 2 29 00 3 20 00? 4 36 30 5 20 00 4 06 00	4 32 4 32 4 32 4 32 4 49 6 52 6 62	18 nov. 1837 à midi. id. à 3 h. 20' id. à 5 h. 20' 19 nov. 1837 à 9 h. m. id. à midi. id. à 1 h. 37' id. à 2 h. 37'
2° sommet Sud.	521+7 / 528	6,00	2 43 00	4 32	id. à midi.
Sommet de la 1re p. Sud.	279+7 / 286	2,65	3 21 00	6 45	id. à 2 h. 37'
Sommet de la 2e pointe Sud.	257+7 / 264	2,50	3 15 26	6 45	id. id.
Mamelon Sud.	404+7 / 411	3,15	4 04 00	7 17	id. à 1 h. 37'
Cap du N. E.	331+7 / 338	8,00	1 18 00	4 32	id. à midi.
Sommet A.	264+7 264+7 228+7 259	8,75 3,70 2,40	0 56 30 2 16 00 3 02 00	4 32 5 01 6 45	id. id. id. à 1 h. 37' id. à 2 h. 37
Cratère.	292+7 / 299	3,35	2 47 00	6 45	id. id.
Ilot.	240+7 / 247	3,80	1 30 40	4 49	id. id.

HAUTEUR DES TERRES, PAR M. DE TESSAN.

DÉSIGNATION du point observé.	Résultat du calcul et haut. en mèt.	DONNÉES DU CALCUL.			ÉPOQUE. et lieu de l'observation.
		distances en milles.	Angle de hauteur.	dépress. de l'horizon.	
Rocher plat.	145+7 171+7 ――― 165	3,50 5,50	1°20' 20" 1 00 00	5 01 4 32	19 nov. 1837, 2 h. 37' id. 1 h. 37'
La plus grande des roches Alijos.	37+7 ――― 34	1,50	0 39 20	4 32	22 nov. 1837 à 3 h. 47'
La moyenne id.	15+7 ――― 22	1,55	0 22 10	4 32	id. id.
A LA BAIE DE LA MADELEINE.					
Sommet du cap Saint-Lazare.	403+7 387+7 385+7 385+7 408+7 ――― 400	12,80 12,80 10,00 12,80 16,50	0 57 40 0 55 20 1 11 45 0 55 00 0 43 30	4 32 4 32 4 32 4 32 4 32	24 nov. 1837 à midi. id. id. id. à 1 h. 30' id. à 2 h. 35' Au mouillage de l'Epi.
Pointe sud de Saint-Lazare.	253+7 236+7 ――― 251	12,00 9,00	0 38 40 0 49 20	4 32 4 32	24 novembre à midi. id. 1 h. 30'
Sommet N. de la baie de la Madeleine.	204+7 211+7 ――― 214	12,70 6,30	0 29 00 1 04 00	4 32 4 32	24 nov. 1837 à midi. id. à 1 h. 30'
Pic du N. de l'Entrée.	293+7? 370+7 384+7 373+7 397 ――― 386	15,40 9,40 1,90 15,20 »	0 33 20? 1 13 40 6 33 40 0 43 40 0 34 45	4 32 4 32 20 36 4 32 »	id. à midi. id. à 1 h. 30' Au mouil. de l'Epi. 6 déc. 1837 à 5 h. 00' Par dépression.
Sommet des terres basses de l'entrée.	141+7 ――― 148	2,17	2 15 20	15 30	Au mouil. de l'Epi.
Sommet Sud.	519+7 520+7 475+7 493+7 537 ――― 514	25,30 19,80 9,00 9,30 »	0 32 00 0 45 00 1 38 40 1 39 00 0 40 25	4 32 4 32 4 32 4 32 »	24 nov. 1837 à midi. id. à 1 h. 30' Au mouil. de l'Epi. 6 déc. 1837 à 5 h. 00' Par dépression.
2e Sommet Sud.	480+7 ――― 487	7,80	1 55 40	4 32	6 déc. 1837 à 5 h. 00'

HAUTEUR DES TERRES, PAR M. DE TESSAN.

DÉSIGNATION du point observé.	Résultat du calcul et haut en mèt.	DONNÉES DU CALCUL.			ÉPOQUE et lieu de l'observation.
		distances en milles.	Angle de hauteur.	dépress. de l horizon.	
3e Sommet plus Sud.	593+7 / 600	37,10	0° 18' 40"	4 32	24 nov. 1837 à midi.
Sommet de la Table.	317+7 / 324	11,80	0 50 20	4 32	Au mouil. de l'Epi.
AU CAP St.-LUCAS.					
Sommet de la pointe S.-Lucas.	202+7 155+7 180+7 200+7 191	13,50 7,10 4,50 4,30	0 26 40 0 42 00 1 17 20 1 29 20	4 32 4 32 5 00 4 55	10 déc. 1837 à 8 h. 10' Id. à 10 h. 00' Id. à midi. Id. à 3 h. 30'
Escarpement de la p. S.-Lucas.	61+7 / 68	9,20	0 13 00	4 32	Id. à 10 h. 00'
Escarpement de la 2e pointe.	122+7 / 129	15,50	0 13 40	4 32	Id. à 8 h. 10'
Sommet A.	1102+7? 841+7 855+7 927+7 825+7 1036+7? 869	19,20 12,70 11,50 13,00 11,60 12,70	1 43 00 2 02 00 2 19 00 2 13 40 2 14 00 2 34 40	4 32 4 32 5 52 5 52 6 52 8 40	Id. à 8 h. 10' Id. à 10 h. 00' Id. à midi. Id. à 1 h. 45' 11 déc. 1837 à 9 h. 10' Id. à midi.
Sommet B.	1002+7 928+7 1030+7 832+7? 994	23,10 16,20 14,30 8,30	1 15 20 1 44 00 2 13 30 3 07 40	4 32 4 32 5 52 5 17	10 déc. 1837 à 8 h. 10' Id. à 10 h. 00' Id. à midi. 11 déc. 1837 à midi.
A MAZATLAN ET A SAN-BLAS.					
Sommet de l'Ile Vénado.	158	»	0 22 10	»	Par dépression.
Sommet de l'Ile Creston.	154	»	0 21 48	»	Id.
Sommet de l'Ile Isabelle.	95	»	0 17 09	»	Id.
Piedra-di-Mar.	30	»	0 09 40	»	Id.

HAUTEUR DES TERRES, PAR M DE TESSAN.

DÉSIGNATION du point observé.	Résultat du calcul et haut. en mèt.	DONNÉES DU CALCUL.			ÉPOQUE et lieu de l'observation.
		distances en milles.	Angle de hauteur.	dépress. de l'horizon.	
Sommet du mont San-Juan près de San-Blas.	2284+7 2476+7 2167+7 2071+7 2145+7 2309+7 ――― 2249	69,00 65,0 33,50 21,40 20,00 72,00	0°37′00″ 0 37 30 1 50 30 2 55 20 3°15 00 0 24 00	4′32″ 4 32 4 32 4 32 4 32 4 32	19 déc. 1837 à 3 h. 40′ Id. à 4 h. 50′ Mouil. Piedra-di-Mar. 21 déc. 1837 à 3 h. 10′ 27 déc. 1837 à 4 h. 00′ 28 déc. 1837 à midi.
Volcan de Colima.	4195+7 4215+7 4235+7 4261+7 4244+7 4631+7 ? 4426+7 ? ――― 4237	67,50 66,30 64,30 62,00 59,50 104,00 103,20	1 31 30 1 34 40 1 39 40 1 46 00 1 52 00 0 43 30 0 41 00	4 32 4 32 4 32 4 32 4 32 4 32 4 32	1 janv. 1838 à 8 h. 03′ Id. à 11 h. 10′ Id. à 1 h. 20′ Id. à 3 h. 45′ Id. à 5 h. 25′ 2 janv. 1838 à 6 h. 50′ Id. à 8 . 45′
A ACAPULCO.					
Sommet le plus élevé.	946+7 ――― 953	11,77	2 28 40	4 32	23 jan. 1838 à 2 h. 00′
Sommet Déboisé.	815+7 833 ――― 827	11,19 »	2 15 00 0 51 30	4 32 »	Id. Id. Par dépression.
Sommet Boisé.	708+7 ――― 715	10,05	2 11 00	4 32	23 jan. 1838 à 2 h. 00′
Sommet de la pointe Guitarron.	467+7 ――― 475	6,22	2 21 20	4 32	Id. Id.
Sommet du Port Marquis.	123+7 ――― 130	4,58	0 52 40	4 32	Id. Id.
Mamelon du Port Marquis.	125+7 ――― 132	4,68	0 52 00	4 32	Id. Id.
Sommet Enout.	119+7 ――― 126	6,96	0 31 40	4 32	Id. Id.
Som. de l'île Griffon.	112+7 ――― 119	6,44	0 34 10	4 32	Id. Id.

HAUTEUR DES TERRES, PAR M. DE TESSAN.

DÉSIGNATION du point observé.	Résultat du calcul et haut. en mèt.	DONNÉES DU CALCUL.			ÉPOQUE et lieu de l'observation.
		distances en milles.	Angle de hauteur.	dépress. de l'horizon.	
A L'ILE DE PAQUE.					
Sommet de la p. E.	365+7 ? 467+7 521+7 503+7 439+7 ――― 489	21 ,40 12 ,50 8 ,40 4 ,00 5 ,10	0°27′ 15″ 1 08 40 1 56 10 3 57 00 2 42 20	4 32 4 32 4 32 5 38 4 49	25 fév. 1838 à 4 h. 00′ s. Id. à 6 h. 07′ s. 26 fév. 1838 à 7 h. 00′ m. Id. à 9 h. 00′ Id. à midi.
Sommet Nord.	510+7 ? 709+7 ? 577+7 570+7 613+7 606+7 ――― 599	26 ,80 19 ,20 9 ,60 6 ,90 5 ,70 11 ,80	0 28 40 1 04 00 1 52 00 2 35 00 3 22 00 1 35 10	4 32 4 32 4 32 4 32 5 01 4 32	25 fév. 1838 à 4 h. 00′ s. Id. à 6 h. 07′ s. 26 fév. 1838 à 9 h. 00′ id. à midi. id. à 4 h. 15′ id. à 6 h. 00′
Sommet du milieu.	404+7 ? 520+7 484+7 ――― 509	14 ,90 8 ,90 5 ,70	0 48 40 1 50 00 2 40 00	4 32 5 11 5 52	id. à 7 h. 00′ m. id. à midi. id. à 4 h. 15′
Sommet de la p. S. O.	443+7 508+7 312+7 ――― 428	20 ,50 5 ,50? 3 ,70?	0 36 00 2 53 40 2 40 00	4 32 4 32 5 11	Id. à 7 h. 00′ m. Id. à 4 h. 15′ Id. à 6 h. 00′
Dépression des terres à l'intérieur	93+7 ――― 100	4 ,80?	0 39 00	5 11	Id. à 4 h. 15′
Falaise de la pointe E.	179+7 216+7 ――― 204	12 ,50 8 ,20	0 26 00 0 50 00	4 32 4 32	25 fév. 1838 à 6 h. 07′ s. 26 id. 7 h. 00′
Escarpement de la p. sud-Ouest.	372+7 471+7 283+7 ――― 382	20 ,50 5 ,60? 3 ,80?	0 29 40 2 53 40 2 22 00	4 32 4 32 5 26	Id. id. Id. à 4 h. 15′ Id. à 6 h. 00′
Aiguille.	69+7 53+7 ――― 68	5 ,80? 2 ,80?	0 25 20 0 38 40	4 32 5 26	Id. à 4 h. 15′ Id. à 6 h. 00′
Rocher plat.	57+7 35+7 ――― 53	6 ,10? 2 ,60?	0 19 20 0 28 40	4 32 5 44	id. à 4 h. 15′ id. à 6 h. 00′

HAUTEUR DES TERRES, PAR M. DE TESSAN.

DÉSIGNATION du point observé.	Résultat du calcul et haut. en mèt.	DONNÉES DU CALCUL.			ÉPOQUE. et lieu de l'observation.
		distances en milles.	Angle de hauteur.	dépress. de l'horizon.	
ÎLES MAS-A-FUERA ET JUAN-FERNANDEZ.					
Sommet de l'île Mas-a-Fuera.	1414+7 ? 1860+7 1804+7 1839	23,50 ? 17,80 9,20	1°46' 20" 3 11 00 6 03 20	4' 32" 4 32 4 32	13 mars 1838 à midi. id. à 6 h. 08' 14 mars 1838 à 8 h. 00'
Falaise de Mas-a-Fuera.	1336+7 1343	7,50	5 30 00	4 32	id. id.
Nuage presque au sommet de l'île.	1770+7 1777	16,70	3 14 00	4 32	id. à 6 h. 53'
Autre nuage sur l'île.	1365+7 1372	46,50	0 40 00	4 32	12 mars 1883 à midi.
Nuage sur l'île très-bas.	698+7 705	20,00	1 01 00	4 32	14 mars 1838 à midi.
Sommet de l'île Juan-Fernandez.	998+7 968+7 926+7 833+7 830+7 918	18,90 13,20 6,30 5,20 5,20	1 34 00 2 15 00 4 35 00 4 59 00 5 02 00	4 32 4 32 5 17 4 32 8 40	15 mars 1838 à 6 h. 00' m. id. à 8 h. 00' id. à 10 h. 30' id. à 2 h. 00' id. à 3 h. 00'
Escarpement Nord de Juan-Fernandez.	342+7 245+7 307+7 305	17,30 4,20 6,00	0 34 00 1 51 00 1 37 00	4 32 4 39 4 32	id. à 6 h. 00' m. id. à 10 h. 30' id. à 2 h. 00'
Mamelon rond de Juan-Fernandez.	667+7 ? 548+7 574+7 568	3,10 4,20 6,00	0 41 00 4 04 40 3 00 00	5 44 4 46 4 32	id. à midi. id. à 2 h. 00' id. à 3 h. 30'
Sommet de la pointe Sud-Est.	495+7 545+7 527	4,90 4,30	3 10 00 3 58 00	4 55 4 49	id. à 2 h. 00' id. à 6 h. 00 s.
Sommet de la pointe Sud-Ouest.	284+7 ? 181+7 183+7 189	14,20 8,50 11,00	0 35 40 0 40 30 0 30 30	4 32 4 32 4 32	id. à 6 h. 00' m. id. à 8 h. 00' id. à 6 h. 00' s.

HAUTEUR DES TERRES, PAR M. DE TESSAN.

DÉSIGNATION du point observé.	Résultat du calcul et haut. en mèt.	DONNÉES DU CALCUL.			ÉPOQUE et lieu de l'observation.
		distances en milles.	Angle de hauteur.	dépress. de l'horizon	
Ilot du S. O.	377+7 402+7 365+7 323+7 374	14,70 8,50 5,30 10,50	0°35' 40" 1 28 50 2 10 00 0 57 20	4 32 4 32 4 32 4 32	15 mars 1838, 6h. 00'm. Id. à 8 h. 00' id. à 10 h. 30' Id. à 6 h. 00's.
AUX ILES S. FELIX ET S AMBROISE.					
Sommet de l'île Saint-Ambroise.	412+7 434+7 395+7 415+7 392+7 417+7 418	10,50 3,30 7,40 12,00 16,40 14,80	1 13 00 4 07 40 1 40 30 1 03 40 0 42 00 0 50 40	4 32 5 26 4 32 4 32 4 32 4 32	2 mai 1838 à midi. id. à 2 h. 30' Id. à 4 h. 00' id. à 5 h. 10' 3 mai 1838 à midi. id. à 3 h. 26'
Rocher dans l'Est de l'île S.-Ambroise.	90+7 97	3,10	0 57 40	5 11	2 mai 1838 à 2 h. 30'
Sommet de l'île Saint-Félix.	171+7 160+7 168+7 171+7 167+7 174	11,30 5,80 4,70 6,10 4,20	0 28 00 0 53 20 1 09 00 0 54 00 1 16 40	4 32 4 32 4 35 4 32 4 40	Id. à 2 h. 30' Id. à 4 h. 00' id. à 5 h. 10' 3 mai 1838 à midi. id. à 3 h. 26'
Ilot dans le S. E. de l'île S.-Felix.	151+7 138+7 145+7 134+7 149	10,20 5,30 5,40 5,50	0 27 40 0 50 40 0 52 20 0 48 20	4 32 4 32 4 32 4 32	2 mai 1838 à 2 h. 30' id. à 4 h. 00' id. à 5 h. 10' 3 mai 1838 à 3 h. 26'
Rocher dans le N. O. de l'île S.-Felix.	67+7 55+7 52+7 42+7? 65	11,60 5,70 3,60 3,60	0 10 20 0 20 00 0 30 00 0 25 00	4 32 4 32 4 39 4 49	2 mai 1838 à 2 h. 30' id. à 4 h. 00' id. à 5 h. 10' 3 mai 1838 à 3 h. 26'
AUX ILES GALAPAGOS.					
Sommet Est de l'île Hood.	213+7 215+7 138+7? 211+7 220	18,00 7,50 5,60? 6,60	0 19 00 0 54 30 0 48 20 1 01 00	4 32 4 32 5 01 4 32	21 juin 1838 à 9 h. 40' id. à midi. 6 juil. 1838 à midi. id. à 3 h. 00'

HAUTEUR DES TERRES, PAR M. DE TESSAN.

DÉSIGNATION du point observé.	Résultat du calcul et haut. en mèt.	DONNÉES DU CALCUL.			ÉPOQUE et lieu de l'observation.
		distances en milles.	Angle de hauteur.	dépress. de l'horizon.	
Sommet Ouest de l'île Hood.	297+7 269+7 219+7 205+7? 257+7 229+7 ___ 261	20,40 9,20 16,30 7,80? 7,70 21:20	0°22'00" 0 55 00 0 22 40 0 50 20 1 03 20 0 15 40	4'32" 4 32 4 32 4 32 4 32 4 32	21 juin 1838 à 9 h. 40' id. à midi. id. à 3 h. 40' 6 juil. 1838 à midi. id. à 3 h. 00' 7 juil. 1838 à 9 h. 15'
Sommet de la pointe E. de l'île Hood.	42+7 24+7? ___ 49	6,50 4,10	0 13 40 0 14 00	4 32 4 46	21 juin 1838 à midi. 6 juil. 1838 à midi.
Escarpement Ouest de l'île Hood.	26+7 ___ 33	7,40	0 08 00	4 32	21 juin 1838 à midi.
Som. de l'île Gardner.	218+7 237+7 ___ 234	19,10 6,20	0 17 40 1 13 00	4 32 4 32	id. à 3 h. 40' 22 juin 1838 à 8 h. 40'
Petit îlot Gardner.	54+7 ___ 61	5,40	0 21 00	4 32	22 juin 1838 à 8 h. 40'
Grand sommet de l'île Charles.	343+235 495+7 599+7 ___ 562	4,10 28,80 13,10	3 04 54 0 24 20 1 24 00	27 37 4 32 4 32	Du s. N. E. île Charles. 21 juin 1838 à 3 h. 40' 22 juin 1838 à 8 h. 40'
Autre grand sommet de l'île Charles.	476+7 544+7 ___ 517	28,20 11,80	0 24 00 1 25 10	4 32 4 32	21 juin 1838 à 3 h. 40' 22 id. à 8 h. 40'
Sommet du N. E. de l'île Charles.	249? 235 ___ 235	» »	0 27 47 0 27 47	» »	Par dép. (coef. 0,08). id. 0,053).
Sommet de l'île Chatam.	864+7 ___ 871	38,30	0 30 20	4 32	21 juin 1838 à midi.
Nuage sur l'île Chatam.	485+7 ___ 492	11,40	1 18 40	4 32	8 juil. 1838 à 2 h. 00'
id.	506+7 ___ 513	24,80	0 32 00	4 32	6 id. à 3 h. 00'

HAUTEUR DES TERRES, PAR M. DE TESSAN.

DÉSIGNATION du point observé.	Résultat du calcul et haut. en mêt.	DONNÉES DU CALCUL.			ÉPOQUE et lieu de l'observation.
		distances en milles.	Angle de hauteur.	dépress. de l'horizon.	
Nuage sur l'île Chatam.	352+7 / 359	11,60	0°56' 00"	4' 32"	7 juillet 1838 à 9 h. 15'
id.	642+7 / 549	16,40	0 59 00	4 32	id. à 5 h. 30'
id.	553+7 / 560	12,10	1 24 20	4 32	8 id. à midi.
Sommet Est de l'île Chatam.	181+7 / 190+7 / 278+7 / 192	7,10 / 6,50 / 3,00?	0 49 00 / 0 56 00 / 2 56 00	4 32 / 4 32 / 5 38	7 id. à 5 h. 30' / 8 id. à 7 h. 00' / id. à 9 h. 00'
Morne E. de l'île Chatam.	98+7 / 152+7? / 105	8,20 / 3,40?	0 23 20 / 1 26 30	4 32 / 5 06	id. à 7 h. 00' / id. à 9 h. 00'
Ilot Kicker.	156+7? / 113+7 / 120	7,80 / 6,00	0 38 30 / 0 37 00	4 32 / 4 32	id. à midi. / id. à 2 h. 00'
Som. de la pointe E. de la baie Stephen.	182+7 / 183+7 / 190	5,30 / 9,10	1 18 20 / 0 38 00	4 32 / 4 32	id. à midi. / id. à 2 h. 00'
Mamelon O. de l'île Chatam.	323+7 / 330	10,70	0 56 00	4 32	7 id. à 9 h. 15'
Sommet de l'île Barrington.	117+235 / 352	35,00	0 18 20	26 50	Som. N. E. île Charles.
Sommet de l'île Indéfatigable.	852+7 / 859	49,20	0 16 00	4 32	11 juil. 1838 à 7 h. 30'
Nuage au sommet de l'île Indéfatigable.	669+235 / 904	38,20	0 43 20	26 50	Som. N. E. île Charles.
Som. de l'île James.	655+235 / 1235+7? / 897+7 / 897	67,50 / 49,40 / 22,80	0 16 30 / 0 31 00 / 1 08 00	26 50 / 4 32 / 4 32	id. / 10 juil. 1838 à midi. / 11 id. à 7 h. 30'

HAUTEUR DES TERRES, PAR M. DE TESSAN.

DÉSIGNATION du point observé.	Résultat du calcul et haut. en mèt.	DONNÉES DU CALCUL.			ÉPOQUE et lieu de l'observation.	
		distances en milles.	Angle de hauteur.	dépress. de l'horizon.		
Som. de l'île Tower.	70+7 70+7 77	8,20 12,30	0°17'00" 0 10 00	4 32 4 32	9 juill. 1838, à 8 h. 00' Id. à midi.	
Som. de l'île Bindloe.	384+7 337+7 409+7 322+7 370	38,00 19,70 8,70 16,70	0 07 20 0 28 00 1 29 00 0 33 20	4 32 4 32 5 29 4 32	10 11	id. à 8 h. 00' id. à midi. id. à midi. id. à 7 h. 30
Som. de l'île Abingdon.	644+7 595+7 663+7 641	39,40 14,00 27,20	0 18 20 1 18 20 0 38 20	4 32 4 32 4 32	10 11	9 juill. 1838 à midi. id. à midi. id. à 7 h. 30
Som. n° 1 de l'île Albemarle.	789+7 796	47,40	0 16 20	4 32	10	id. à midi.
Nuage sur le som. n° 1.	770+7 777	32,40	0 40 00	4 32	11	id. à 7 h. 30
Sommet n° 2 de l'île Albemarle.	1087+7 1094	49,50	0 25 20	4 32	10	id. à midi.
Nuage sur le som. 2.	1241+7? 1248	37,60	0 50 00	4 32	11	id. à 7 h. 30
Sommet n° 3 de l'île Albemarle.	1504+7 1522+7 1520	47,00 54,60	0 45 00 0 33 20	4 32 4 32	10 11	id. à midi. id. id.
Nuage sur le som. 3.	1374+7 1381	38,80	0 54 00	4 32	11	id. à 7 h. 30
id.	1186+7 1193	25,80	1 19 00	4 32	15	id. à 10 h. 00
Som. de l'île Wenman.	260+7 270+7 272	8,30 23,50	0 59 10 0 16 00	4 32 4 32	12 13	id. à midi. id. id.
Rocher percé dans le Sud de Wenman.	77+7 84	8,00	0 19 00	4 32	12	id. id.

HAUTEUR DES TERRES, PAR M. DE TESSAN.

DÉSIGNATION du point observé.	Résultat du calcul et haut en mèt.	DONNÉES DU CALCUL.			ÉPOQUE et lieu de l'observation.
		distances en milles.	Angle de hauteur.	dépress. de l'horizon.	
Som. de l'île Culpepper.	205 07 212	5 ,10	1°16' 00"	4 32	13 juillet 1838, à midi.
Escarpement de l'île Culpepper.	145+7 152	4 ,90	0 57 20	4 32	13 id. id.
Monte-Redondo.	119+7 126	18 ,70	0 08 30	4 32	15 id. à 10 h. 50
AUX ILES MARQUISES.					
Escarpement Sud de l'île Madalena.	704+7 750+7 734	9 ,50 22 ,80	2 17 00 0 55 00	4 32 4 32	1 aout 1838 à 5 h. 00 2 id. à 7 h. 15

Sommet Nord de l'île Madalena.	1254+7
	1155+7
	983+7
	1146+7
	1149+7
	966+7
	1116
		6 ,70
		18 ,60
		25 ,00
		44 ,30
		34 ,00
		34 ,00
			5 48 00
			1 52 00
			1 07 00
			0 34 00
			0 53 00
			0 43 00
				4 40
				4 32
				4 32
				4 32
				4 32
				4 32
					1 id. à 5 h. 00
					2 id. à 7 h. 15
					   id. à 9 h. 15
					   id. à midi.
					10 id. à midi.
					   id. à 9 h. 15

Ilot Sud de l'île San-Pedro.	220+7
	149+7?
	326+7?
	268+7
	251
		8 ,80
		5 ,00
		15 ,50
		17 ,30
			0 46 20
			0 57 40
			0 87 00
			0 26 00
				4 32
				4 32
				4 32
				4 32
					2 id. à 7 h. 15
					   id. à 9 h. 15
					10 id. à midi.
					   id. à 9 h. 15

Sommet de l'île San-Pedro.	457+7
	549+7
	469+7
	539+7
	525+7
	489+7
	548+7
	516+7
	560+7
	524
		21 ,80
		9 ,40
		5 ,80
		16 ,80
		24 ,50
		23 ,30
		14 ,80
		16 ,80
		12 ,40
			0 34 20
			1 09 00
			2 30 00
			0 57 00
			0 34 00
			0 34 00
			1 07 00
			0 54 00
			1 23 00
				4 32
				4 32
				4 32
				4 32
				4 32
				4 32
				4 32
				4 32
				4 32
					1 id. à 5 h. 00
					2 id. à 7 h. 15
					   id. à 9 h. 15
					   id. à midi.
					4 id. à 1 h. 00
					9 id. à 3 h. 30
					10 id. à midi.
					   id. à 9 h. 15
					   id. à 2 h. 15

Sommet de la pointe E. de l'île Dominica.	378+7
	381+7
	387+7
	306+7
	460+7
	389
		3 ,00
		21 ,70
		10 ,30
		17 ,60
		23 ,00
			3 58 00
			0 28 00
			1 10 00
			0 29 30
			0 32 00
				5 32
				4 32
				4 32
				4 32
				4 32
					2 id. à midi.
					   id. à 3 h. 15
					3 id. à 7 h. 00
					   id. à 3 h. 00
					10 id. à midi.

HAUTEUR DES TERRES, PAR M. DE TESSAN.

DÉSIGNATION du point observé.	Résultat du calcul et haut. en mèt.	DONNÉES DU CALCUL.			ÉPOQUE et lieu de l'observation.		
		distances en milles.	Angle de hauteur.	dépress. de l'horizon.			
Sommet du milieu de l'île Dominica. Nuage id.	859+7 882+7 850+7 811+7 857	21,90 13,30 9,00 18,00	1°09' 00" 2 02 00 2 56 00 1 21 00	4 32 4 32 4 32 4 32	2 août 1838 3 id. id. 10 id.	à 3 h. 15 à 7 h. 00 à 3 h. 00 à midi.
Grand sommet de l'île Dominica.	1062+7? 1313+7 1237+7 1200+7 1257	16,00 18,30 7,00 20,60	2 01 00 2 10 00 5 30 00 1 44 00	4 32 4 32 5 47 4 32	2 3 id. 9	id. id. id. id.	à 5 h. 25 à 7 h. 00 à 3 h. 00 à 3 h. 30
Sommet de l'île Hood.	360+7 342+7 390+7 330+7 362	20,50 2,60 6,80 10,10	0 28 30 4 09 00 1 48 00 1 01 00	4 32 6 29 4 32 4 32	2 3	id. id. id. id.	à midi. à 3 h. 15 à 5 h. 25 à 7 h. 00
Ilot O. de l'île Hood.	170+7 177	3,00	1 47 20	5 17	2 id.	à 3 h. 15
Grand sommet de l'île Cristina.	995+7 995+7 916+7? 1002	10,10 10,10 7,00	3 03 00 3 03 00 4 04 00?	4 32 4 32 4 32	4 9 10	id. id. id.	à 1 h. 00 à 3 h. 30 à 2 h. 15
Piton Sud de l'île Cristina.	775+7 782	7,10	3 25 00	4 32	9 id.	à 3 h. 30
Sommet de l'île Roa-Houga.	738+7 745	8,00	2 52 20	4 32	13 id.	à midi.
Ilot dans l'O. de l'île Roa-Houga.	94+7 101	7,70	0 21 00	4 32	id.	id.
Som. de l'île Chanal.	375+7 411+7 456+7 407+7 433+7 423	22,20 28,00 8,60 6,00 27,20	0 27 20 0 20 00 1 39 20 2 08 00 0 22 40	4 32 4 32 4 32 4 32 4 32	15 16 17	id. id. id. id. id.	midi. id. à 4 h. 00 à 5 h. 40 à midi.
Som. de l'île Masse.	549+7 574+7 602+7 610+7 627+7 600	29,10 36,00 15,00 5,20 23,40	0 27 20 0 19 00 1 12 40 3 40 00 0 53 00	4 32 4 32 4 32 4 42 4 32	15 16 17	id. id. id. id. id.	midi. id. à 4 h. 00 à 5 h. 40 à midi.

HAUTEUR DES TERRES, PAR M. DE TESSAN.

DÉSIGNATION du point observé.	Résultat du calcul et haut. en mèt.	DONNÉES DU CALCUL.			ÉPOQUE et lieu de l'observation.
		distances en milles.	Angle de hauteur.	dépress. de l'horizon.	
Ilot Hergest.	300+7 313+7 320+7 318	10,00 7,00 4,80	0°56' 00" 1 24 40 2 06 20	4' 32" 4 32 4 40	17 août 1838 à 3 h. 00' id. à 4 h. 00 id. à 5 h. 30
Rocher dans l'Est de l'îlot Hergest.	33+7 40	4,90	0 15 00	4 32	id. id.
Som. de l'île Nou-ka-Hiva.	1298+7 1187+7 1069+7 1118+7 1169+7 1175	35,10 29,00 31,70 34,90 36,00	0 58 20 1 08 20 0 54 00 0 49 30 0 49 40	4 32 4 32 4 32 4 32 4 32	id. à 4 h. 00 id. à 5 h. 30 18 id. à 9 h. 40 id. à midi. id. à 3 h. 20
Nuage sur le som. de l'île Nouka-Hiva.	1139+7 1146	10,20	3 27 20	4 32	20 id. à 3 h. 45
Som. de la p. Est de l'île Nou-ka-Hiva.	365+7 394+7 386	21,50 7,80	0 27 00 1 34 00	4 32 4 32	13 id. à midi. 20 id. à 6 h. 30
Sommet du Pic de l'île Roa-Poua.	1166+7 1173+7 1233+7 1198	45,50 11,00 7,40	0 33 00 3 17 40 5 10 00	4 32 4 32 4 32	11 id. à 5 h. 30 18 id. à midi. id. à 3 h. 20
Nuage sur le Pic de l'île Roa-Poua.	1143+7 1150	11,50	3 04 00	4 32	id. à 9 h. 4
Plate-forme de l'île Roa-Poua.	870+7 877	6,70	4 02 30	4 32	id. à 3 h. 20
Longueur de l'aiguille du Pic.	321	»	»	»	»
Ilot du S. de l'île Roa-Poua.	241+7 245+7 250	11,50 9,50	0 38 40 0 48 20	4 32 4 32	id. à 9 h. 40 id. à midi.
Ilot plat de l'île Roa-Poua.	98+7 105	5,00	0 39 00	4 32	id. à 3 h. 20

HAUTEUR DES TERRES, PAR M. DE TESSAN.

DÉSIGNATION du point observé.	Résultat du calcul et haut. en mét.	DONNÉES DU CALCUL.			ÉPOQUE et lieu de l'observation.
		distances en milles.	Angle de hauteur.	dépress. de l'horizon.	
A L'ILE DE TAHITI.					
Grand somm. de l'île Tahiti.	2364+7 2365+7 2444+7 2510+7 2535+7 2423+7 ——— 2449	16,30 9,80 9,40 7,80 7,80 9,10	4°26' 20" 7 30 00 8 04 10 9 52 44 10 42 00 8 09 00	4 32 8 40 8 40 4 32 43 26 2 01	29 août 1838 à 6 h. 20 29 id. à 8 h. 15 17 sept. 1838 au départ. 30 août 1838 au mouil. id. id. Sur le banc du large.
2e som. de l'île Tahiti.	1618+7 ——— 1625	5,25	9 29 04	4 32	30 août 1838 au mouil.
Appendice (Ile Tahiti).	1123+7 ——— 1130	5,12	6 48 40	6 06	17 sept. 1838 au départ.
Mamelon de l'O. (Ile Tahiti).	42+7 ——— 49	2,70	0 44 20	4 32	id.
Sommet de l'île Eiméo.	1327+7 1281+7 1331+7 1388+7 ——— 1339	30,00 20,35 15,40 14,90	1 14 00 1 53 00 2 38 20 2 51 00	4 32 4 32 4 32 4 32	29 août 1838 à 6 h. 20 id. à 8 h. 15 30 août 1838 au mouil. 17 sept. 1838 au départ.
Sommet de l'île basse Hull.	13+7 ——— 20	5,50	0 06 30	4 32	21 id. à 10 h. 15
Sommet de l'île Mangia.	198+7 186+7 196+7 191+7 ——— 200	10,30 14,10 6,00 5,70	0 35 50 0 23 00 1 03 00 1 04 40	4 32 4 32 4 53 4 57	22 id. à 2 h. 30 id. à midi. id. à 3 h. 45 id. à 4 h. 42
Somm. de l'île Rarotonga.	713+7 878+7 686+7 897+7 ——— 800	28,50 21,90 5,80 7,30	0 38 00 1 06 20 3 52 00 3 50 00	4 32 4 32 5 06 4 40	23 id. à 10 h. 50 id. à midi. id. à 3 h. 17 id. à 4 h. 15
A LA BAIE-DES-ILES.					
Ilot de l'Est.	185+7 170+7 ——— 184	84,99 14,27	0 21 00 0 20 40	4 32 4 32	22 oct. 1838 à midi. 11 nov. 1838 à 3 h. 00

HAUTEUR DES TERRES, PAR M. DE TESSAN.

DÉSIGNATION du point observé.	Résultat du calcul et haut. en mèt.	DONNÉES DU CALCUL.			ÉPOQUE et lieu de l'observation.
		distances en milles.	Angle de hauteur.	dépress. de l'horizon	
La Roche Sentinelle.	46+7 / 53	6,96	0° 14' 00"	4 32	11 novembre, à midi.
Som. O. de l'entrée.	283+7 275+7 254+7? 286	14,54 7,00 6,09	0 34 30 1 14 30 1 20 00	4 32 4 32 5 05	12 oct. 1838 à midi. 11 nov. 1838 à 3 h. 00' Mouil. de Kororareka.
Sommet de l'Est.	361+7 / 368	14,87	0 43 20	4 32	11 nov. 1838 à 3 h. 00
Sommet du N E.	371+7 382+7 383	16,18 14,69	0 40 20 0 46 40	4 32 4 32	12 oct. 1838 à midi. 11 nov. 1838 à 3 h. 00
Grand som. du S. E.	435+7 455+7 462	22,00 17,32	0 33 40 0 46 00	4 32 4 32	12 oct. 1838 à midi. 11 nov. 1838 à 3 h. 00
Sommet Déboisé.	175+7 / 182	2,74	2 14 00	10 35	Mouill. de Kororaréka.
Som. de l'Aiguade de Kororareka.	98+7 / 105	0,75	4 21 00	20 21	id.
Mât de pavillon de M. Robertson.	65+7 / 72	0,78	2 50 00	17 52	id.
Sommet de Pahia.	77+7 / 84	1,12	2 19 00	12 46	id.
Sommet A.	66+7 / 73	2,54	0 55 00	8 07	id.
Sommet B.	52+7 / 59	3,62	0 30 00	4 55	id.

OBSERVATIONS DES MARÉES.

Les observations des marées dont nous donnons ici les détails, ont été faites par MM. Raulline et Leroux, dont la scrupuleuse exactitude est au-dessus de tout éloge. On ne peut espérer toutefois que des séries d'aussi courte durée puissent utilement servir à résoudre les grandes questions que la théorie des marées laisse encore indécises; mais elles peuvent servir à déterminer avec une précision suffisante les deux éléments dont les navigateurs font usage : l'heure de l'établissement du port et l'unité de marée.

Le premier élément nous paraît présenter dans sa détermination toute l'exactitude désirable. Nous n'avons fait entrer dans les calculs que les observations faites dans le voisinage des sysygies, parce que dans les pays où la marée est faible, et c'est ici le cas, les pleines et les basses mers deviennent très-irrégulières dans le voisinage des quadratures.

Quant au second élément (l'unité de marée), il présente beaucoup moins de certitude, par suite de la nature même de la chose. Nous l'avons toujours déduit d'une marée sysygie, excepté dans deux points où l'observation de cette marée nous ayant manqué, nous avons pris une marée très-voisine. Ces deux points sont les îles Galapagos et les îles Marquises.

Pour calculer ces éléments, nous avons fait usage des formules données par le savant M. Francœur dans sont très-utile *Traité d'Astronomie pratique*. Elles contiennent, comme on sait, l'hypothèse généralement admise, mais très-contestable cependant, qu'il s'écoule toujours 36 heures entre le moment de l'action des astres et l'instant où l'effet de cette action se manifeste dans les eaux de la mer.

Les lieux d'observation sont : Rio-Janeiro (Brésil), Valparaiso (Chili), le Callao de Lima (Pérou, 1re relâche), le Callao de Lima (2e relâche), les Iles Sandwich (Honoloulou); le Kamtschatka (Petropawlowski, dans la baie d'Avatcha), Monterey (Haute-Californie), baie de la Madeleine (Basse-Californie), Acapulco (Mexique), Payta (Pérou), îles Galapagos (Post-Office-Bay), îles Marquises (Résolution-Bay), Ile Tahiti (Papeïti), Baie-des-Iles (Nouvelle-Zélande), Port-Jackson (Nouvelle-Hollande), et False-Bay (cap de Bonne-Espérance).

OBSERVATIONS DES MARÉES.

A RIO-JANEIRO (BRÉSIL),

AU DÉBARCADÈRE DE L'ILE VILLEGAGNON.

Latitude 22°54' S. — Longitude 45°30' O.

DU 5 AU 14 FÉVRIER 1837.

PAR M. RAULLINE.

Heure de l'établissement du port 2 h. 30'. — Unité de marée 0 m. 52 c.

HEURES.	HAUTEURS.	HEURES.	HAUTEURS.	HEURES.	HAUTEURS.	HEURES.	HAUTEURS.
Le 5 février.		Le 6 février.		Suite du 6 février.		Suite du 7 février.	
10 h. 00'	4^m,54	5 h. 45'	6^m,30	2 h. 45'	6^m,60	10 h. 15'	3^m,92
15	4 ,60	6 00	6 ,17	3 00	6 ,71	30	3 ,81
30	4 ,68	15	6 ,03	15	6 ,63	45	3 ,79
45	4 ,76	30	5 ,84	30	6 ,55	11 00	3 ,79
11 00	4 ,90	45	5 ,65	45	6 ,49	15	3 ,81
15	4 ,98	7 00	5 ,57	4 00	6 ,38	30	3 ,90
30	5 ,06	15	5 ,41	15	6 ,33	45	3 ,95
45	5 ,28	30	5 ,33	30	6 ,22	Midi.	4 ,00
Midi.	5 ,44	45	5 ,33	45	6 ,09	15	4 ,06
15	5 ,65	8 00	5 ,19	5 00	5 ,95	30	4 ,14
30	5 ,76	15	5 ,00	15	5 ,76	45	4 ,30
45	5 ,92	30	4 ,76	30	5 ,74	1 00	4 ,46
1 00	6 ,06	45	4 ,55	45	5 ,33	15	4 ,68
15	6 ,22	9 00	4 ,38	6 00	5 ,11	30	4 ,92
30	6 ,33	15	4 ,36	15	4 ,87	45	5 ,22
45	6 ,52	30	4 ,27	30	4 ,68	2 00	5 ,44
2 00	6 ,63	45	4 ,16	45	4 ,44	15	5 ,68
15	6 ,74	10 00	4 ,06			30	5 ,90
30	6 ,92	15	4 ,03	Le 7 février.		45	6 ,09
45	6 ,85	30	4 ,06			3 00	6 ,28
3 00	6 ,82	45	4 ,08	6 h. 15'	5^m,52	15	6 ,33
15	6 ,74	11 00	4 ,14	30	5 ,25	30	6 ,38
30	6 ,68	15	4 ,25	45	5 ,00	45	6 ,49
45	6 ,57	30	4 ,35	7 00	4 ,87	4 00	6 ,38
4 00	6 ,52	45	4 ,44	15	4 ,76	15	6 ,33
15	6 ,38	Midi.	4 ,60	30	4 ,35	30	6 ,28
30	6 ,28	15	4 ,71	45	4 ,27	45	6 ,17
45	6 ,20	30	4 ,92	8 00	4 ,22	5 00	6 ,01
5 00	6 ,03	45	5 ,06	15	4 ,36	15	5 ,92
15	5 ,76	1 00	5 ,25	30	4 ,30	30	5 ,76
30	6 ,33	15	5 ,44	45	4 ,25	45	5 ,63
45	5 ,19	30	5 ,68	9 00	4 ,22	6 00	5 ,33
6 00	5 ,00	45	5 ,90	15	4 ,11	30	4 ,68
15	4 ,76	2 00	6 ,09	30	4 ,03	45	4 ,54
30	4 ,63	15	6 ,30	45	3 ,98	9 30	2 ,92
45	4 ,44	30	6 ,41	10 00	3 ,90	45	»

OBSERVATIONS DES MARÉES (RIO—JANEIRO).

HEURES.	HAUTEURS.	HEURES.	HAUTEURS.	HEURES.	HAUTEURS.	HEURES.	HAUTEURS.
Suite du 7 février.		Suite du 8 février.		Suite du 9 février.		Suite du 10 février.	
10 h. 00'	2^m,78	5 h. 00'	6^m,63	5 h. 45'	6^m,25	6 h.15	6^m,06
15	2 ,73	15	6 ,49	6 00	6 ,17	30	5 ,95
30	2 ,60	30	6 ,33	15	5 ,98	45	5 ,87
45	2 ,41	45	6 ,17	30	5 ,84	7 00	5 ,76
11 00	2 ,41	6 00	5 ,98	45	5 ,65	Le 11 février.	
15	2 ,35	15	5 ,84	Le 10 février.			
30	2 ,27	30	5 ,33			Minuit.	4^m,11
45	2 ,60	Le 9 février.		6 h. 15'	5^m,60	15	4 ,06
Minuit.	2 ,92			30	5 ,52	30	3 ,95
Le 8 février.		6 h. 15'	5^m,60	45	5 ,30	45	4 ,00
		30	5 ,41	7 00	5 ,11	1 00	4 ,08
6 h. 00'	5^m,33	45	5 ,25	15	4 ,95	15	4 ,14
15	5 ,22	7 00	5 ,03	30	4 ,73	30	4 ,25
30	5 ,11	15	4 ,95	45	5 ,68	5 15	5 ,09
45	5 ,03	30	4 ,71	8 00	4 ,60	30	5 ,19
7 00	4 ,92	45	4 ,60	15	4 ,44	45	5 ,25
15	4 ,76	8 00	4 ,44	30	4 ,30	6 00	5 ,30
30	4 ,65	15	4 ,33	45	4 ,14	15	5 ,38
45	4 ,54	30	4 ,27	9 00	4 ,08	30	5 ,44
8 00	4 ,44	45	4 ,25	15	4 ,03	45	5 ,39
15	4 ,33	9 00	4 ,25	30	3 ,97	7 00	5 ,25
30	4 ,27	15	4 ,22	45	3 ,95	15	5 ,44
45	4 ,22	30	4 ,14	10 00	3 ,95	30	5 ,09
9 00	4 ,14	45	4 ,14	15	3 ,92	45	4 ,95
15	4 ,08	10 00	4 ,11	30	3 ,92	8 00	4 ,76
30	4 ,06	15	4 ,11	45	3 ,90	15	4 ,65
45	4 ,03	30	4 ,08	11 00	3 ,90	30	4 ,55
10 00	4 ,00	45	4 ,06	15	3 ,90	45	4 ,41
15	3 ,98	11 00	4 ,06	30	3 ,95	9 00	4 ,30
30	3 ,95	15	4 ,03	45	4 ,00	15	4 ,14
45	3 ,95	30	4 ,03	Midi.	4 ,11	30	4 ,06
11 00	3 ,92	45	4 ,00	15	4 ,25	45	3 ,98
15	3 ,90	Midi.	4 ,00	30	4 ,30	10 00	3 ,95
30	3 ,81	15	3 ,98	45	4 ,33	15	3 ,95
45	3 ,81	30	3 ,98	1 00	4 ,38	30	3 ,95
Midi.	3 ,92	45	4 ,03	15	4 ,44	45	3 ,92
15	4 ,00	1 00	4 ,11	30	4 ,46	11 00	3 ,92
30	4 ,11	15	4 ,27	45	4 ,60	15	3 ,90
45	4 ,27	30	4 ,44	2 00	4 ,65	30	3 ,90
1 00	4 ,35	45	4 ,60	15	4 ,68	45	3 ,90
15	4 ,46	2 00	4 ,73	30	4 ,71	Midi.	3 ,95
30	4 ,63	15	4 ,92	45	4 ,73	15	4 ,03
45	4 ,98	30	5 ,09	3 00	4 ,87	30	4 ,14
2 00	5 ,25	45	5 ,28	15	4 ,95	45	4 ,30
15	5 ,44	3 00	5 ,41	30	5 ,00	1 00	4 ,36
30	5 ,68	15	5 ,57	45	5 ,09	15	4 ,38
45	5 ,84	30	5 ,68	4 00	5 ,25	30	4 ,41
3 00	5 ,98	45	5 ,87	15	5 ,38	45	4 ,44
15	6 ,20	4 00	6 ,06	30	5 ,55	2 00	4 ,46
30	6 ,33	15	6 ,30	45	5 ,65	15	4 ,46
45	6 ,55	30	6 ,41	5 00	5 ,76	30	4 ,55
4 00	6 ,60	45	6 ,57	15	5 ,93	45	4 ,55
15	6 ,66	5 00	6 ,63	30	5 ,93	3 00	4 ,57
30	6 ,82	15	6 ,66	45	6 ,03	15	4 ,60
45	6 ,82	30	6 ,30	6 00	6 ,17	30	4 ,65

OBSERVATIONS DES MARÉES (RIO-JANEIRO).

HEURES.	HAUTEURS.	HEURES.	HAUTEURS.	HEURES.	HAUTEURS.	HEURES.	HAUTEURS.
Suite du 11 février.		Suite du 12 février.		Suite du 13 février.		Suite du 14 février.	
3 h. 45'	4^m,68	2 h. 15'	5^m,30	11 h. 15'	4 ^{m},90	6 h. 45	4^m,98
4 00	4 ,73	30	5 ,30	30	4 ,87	7 00	4 ,98
15	4 ,76	45	5 ,30	45	4 ,76	15	4 ,98
30	4 ,79	3 00	5 ,30	Midi.	4 ,76	30	5 ,03
45	4 ,92	15	5 ,30	15	4 ,73	45	5 ,03
5 00	4 ,98	30	5 ,30	30	4 ,71	8 00	5 ,11
15	5 ,06	45	5 ,30	45	4 ,68	15	5 ,11
30	5 ,19	4 00	5 ,30	1 00	4 ,73	30	5 ,03
45	5 ,33	15	5 ,30	15	4 ,79	45	5 ,28
6 00	5 ,44	30	5 ,30	30	4 ,92	9 00	5 ,38
15	5 ,57	45	5 ,33	45	4 ,98	15	5 ,52
30	5 ,65	5 00	5 ,33	2 00	5 ,03	30	5 ,60
45	5 ,74	15	5 ,36	15	5 ,06	45	5 ,65
7 00	5 ,52	30	5 ,38	30	5 ,06	10 00	5 ,74
		45	5 ,41	45	5 ,06	15	5 ,74
Le 12 février.		6 00	5 ,44	3 00	5 ,06	30	5 ,64
		15	5 ,57	15	5 ,06	45	5 ,74
Minuit 45'	4^m,60	30	5 ,65	30	5 ,06	11 00	5 ,55
1 h. 00	4 ,76	45	5 ,74	45	5 ,06	15	5 ,44
15	4 ,95	7 00	5 ,87	4 00	5 ,06	30	5 ,30
30	5 ,03	15	5 ,95	15	4 ,98	45	5 ,25
5 30	5 ,22	30	6 ,03	30	4 ,90	Midi.	5 ,19
45	5 ,25	45	5 ,98	45	4 ,76	45	5 ,19
6 00	5 ,30	8 00	5 ,92	5 00	4 ,68	10	5 ,09
15	5 ,38			15	4 ,63	35	5 ,19
30	5 ,52	Le 13 février.		30	4 ,71	1 00	5 ,25
45	5 ,52			45	4 ,76	15	5 ,06
7 00	5 ,41	Minuit.	5^m,30	6 00	4 ,87	30	4 ,95
15	5 ,38	15	5 ,25	15	4 ,92		
30	5 ,36	30	5 ,19	30	4 ,95		
45	5 ,33	45	5 ,11	45	5 ,00		
8 00	5 ,30	1 h. 00'	5 ,19	7 00	5 ,06		
15	5 ,28	15	5 ,19	15	5 ,06		
30	5 ,25	30	5 ,28	30	5 ,09		
45	5 ,25	45	5 ,30	45	5 ,11		
9 00	5 ,22	2 00	5 ,30	8 00	5 ,22		
15	5 ,22	6 15	5 ,60	15	5 ,22		
30	5 ,19	30	5 ,65	30	5 ,09		
45	5 ,19	45	5 ,71	45	4 ,98		
10 00	5 ,19	7 00	5 ,74	9 00	4 ,90		
15	5 ,11	15	5 ,84				
30	5 ,03	30	5 ,90	Le 14 février.			
45	4 ,95	45	5 ,87				
11 00	4 ,87	8 00	5 ,76	Minuit 45'	5^m,25		
15	4 ,76	15	5 ,87	1 h. 00	5 ,38		
30	4 ,71	30	5 ,74	15	5 ,57		
45	4 ,63	45	5 ,65	30	5 ,68		
Midi.	4 ,60	9 00	5 ,57	45	5 ,76		
15	4 ,71	15	5 ,52	2 00	5 ,76		
30	4 ,92	30	5 ,41	15	5 ,76		
45	5 ,09	45	5 ,36	30	5 ,76		
1 00	5 ,19	10 00	5 ,30	45	5 ,76		
15	5 ,19	15	5 ,19	3 00	5 ,76		
30	5 ,22	30	5 ,06	6 00	4 ,92		
45	5 ,25	45	4 ,95	15	4 ,92		
2 00	5 ,28	11 00	4 ,92	30	4 ,92		

OBSERVATIONS DES MARÉES.
VALPARAISO (CHILI),
AU DÉBARCADÈRE.

Latitude 33°02' S. — Longitude 74°04' O.

DU 28 AVRIL AU 9 MAI 1837.

PAR M. RAULLINE.

Heure de l'établissement du port 9 h. 40'. — Unité de marée 0 m. 79 c.

HEURES.	HAUTEURS.	HEURES.	HAUTEURS.	HEURES.	HAUTEURS.	HEURES.	HAUTEURS.
Le 28 avril.		Suite du 29 avril.		Le 30 avril.		Le 1er mai.	
10 h. 15'	9^m,17	8 h. 00'	9^m,79	7 h. 30'	10^m,53	6 h.15'	11^m,20
30	9 ,23	15	9 ,66	45	10 ,47	30	11 ,20
45	9 ,31	30	9 ,58	8 00	10 ,39	45	11 ,15
11 00	9 ,42	45	9 ,50	15	10 ,26	7 00	11 ,09
15	9 ,47	9 00	9 ,42	30	10 ,17	15	11 ,07
30	9 ,53	15	9 ,25	45	10 ,09	30	10 ,96
45	9 ,58	30	9 ,17	9 00	9 ,95	45	10 ,93
Midi.	9 ,63	45	9 ,09	15	9 ,84	8 00	10 ,85
15	9 ,76	10 00	8 ,98	30	9 ,74	15	10 ,77
30	9 ,87	15	8 ,93	45	9 ,58	30	10 ,72
45	9 ,98	30	8 ,90	10 00	9 ,44	45	10 ,61
1 00	10 ,12	45	8 ,88	15	9 ,25	9 00	10 ,53
15	10 ,23	11 00	8 ,88	30	9 ,12	15	10 ,45
30	10 ,39	15	8 ,90	45	8 ,96	30	10 ,31
45	10 ,47	30	8 ,93	11 00	8 ,86	45	10 ,20
2 00	10 ,55	45	8 ,98	15	8 ,77	10 00	10 ,09
15	10 ,72	Midi.	9 ,01	30	8 ,66	15	9 ,92
30	10 ,83	15	9 ,12	45	8 ,55	30	9 ,81
45	10 ,95	30	9 ,15	Midi.	8 ,55	45	9 ,63
3 00	11 ,12	45	9 ,20	15	8 ,58	11 00	9 ,50
15	11 ,20	1 00	9 ,28	30	8 ,61	15	9 ,31
30	11 ,28	15	9 ,44	45	8 ,63	30	9 ,20
45	11 ,45	30	9 ,53	1 00	8 ,69	45	9 ,09
4 00	11 ,53	45	9 ,61	15	8 ,82	Midi.	8 ,93
15	11 ,53	2 00	9 ,76	30	8 ,90	15	8 ,85
30	11 ,47	15	9 ,87	45	9 ,01	30	8 ,77
45	11 ,42	30	9 ,97	2 00	9 ,17	45	8 ,66
5 00	11 ,37	45	10 ,17	15	9 ,31	1 00	8 ,61
15	11 ,26	3 00	10 ,31	30	9 ,44	15	8 ,58
30	11 ,20	15	10 ,50	45	9 ,55	30	8 ,61
45	11 ,15	30	10 ,63	3 00	9 ,74	45	8 ,63
		45	10 ,82	15	9 ,84	2 00	8 ,69
Le 29 avril.		4 00	10 ,96	30	9 ,97	15	8 ,77
		15	11 ,15	45	10 ,17	30	8 ,82
6 h. 15'	10^m,20	30	11 ,26	4 00	10 ,31	45	8 ,88
30	10 ,17	45	11 ,42	15	10 ,50	3 00	8 ,96
45	10 ,15	5 00	11 ,50	30	10 ,72	15	9 ,01
7 00	10 ,09	15	11 ,58	45	10 ,88	30	9 ,20
15	9 ,97	30	11 ,56	5 00	11 ,04	45	9 ,33
30	9 ,92	45	11 ,50	15	11 ,17	4 00	9 ,60
45	9 ,87			30	11 ,28	15	9 ,81
				45	11 ,42		

OBSERVATIONS DES MARÉES (VALPARAISO).

HEURES.	HAUTEURS.	HEURES.	HAUTEURS.	HEURES.	HAUTEURS.	HEURES.	HAUTEURS.
Suite du 1er janvier.		Suite du 4 mai.		Suite du 5 mai.		Suite du 6 mai.	
4 h. 30'	9^m,97	Midi 30'	10^m,12	2 h. 00	9^m,61	3h. 30	8^m,93
45	10 ,20	45	9 ,87	15	9 ,42	45	8 ,77
5 00	10 ,39	1 h. 00	9 ,66	30	9 ,15	4 00	8 ,58
15	10 ,55	15	9 ,44	45	8 ,90	15	8 ,44
30	10 ,74	30	9 ,20	3 00	8 ,66	30	8 ,25
45	10 ,91	45	8 ,96	15	8 ,52	45	8 ,20
Le 2 mai.		2 00	8 ,77	30	8 ,33	5 00	8 ,20
		15	8 ,52	45	8 ,25	15	8 ,23
6 h. 15'	11^m,50	30	8 ,28	4 00	8 ,15	30	8 ,31
30	11 ,58	45	8 ,15	15	8 ,15	45	8 ,47
45	11 ,74	3 00	7 ,93	30	8 ,20	Le 7 mai.	
7 00	11 ,80	15	7 ,93	45	8 ,23		
15	11 ,83	30	7 ,98	5 00	8 ,28	6h.15'	9^m,09
30	11 ,83	45	8 ,01	15	8 ,33	30	9 ,28
45	11 ,77	4 00	8 ,03	30	8 ,47	45	9 ,50
8 00	11 ,69	15	8 ,12	45	8 ,78	7 00	9 ,74
15	11 ,53	30	8 ,17	Le 6 mai.		15	9 ,89
30	11 ,39	45	8 ,25			30	10 ,12
45	11 ,23	5 00	8 ,33	6 h. 15'	9^m,53	45	10 ,31
9 00	11 ,15	15	8 ,49	30	9 ,63	8 00	10 ,55
15	11 ,04	30	8 ,61	45	9 ,84	15	10 ,77
30	10 ,88	45	8 ,77	7 00	9 ,97	30	11 ,04
45	10 ,77	Le 5 mai.		15	10 ,17	45	11 ,23
10 00	10 ,63			30	10 ,31	9 00	11 ,45
15	10 ,55	6 h. 15'	9^m,97	45	10 ,53	15	11 ,58
30	10 ,45	30	10 ,20	8 00	10 ,72	30	11 ,83
45	10 ,23	45	10 ,42	15	10 ,88	45	12 ,07
11 00	10 ,09	7 00	10 ,61	30	11 ,07	10 00	12 ,26
15	9 ,89	15	10 ,85	45	11 ,28	15	12 ,39
30	9 ,76	30	11 ,09	9 00	11 ,56	30	12 ,45
45	9 ,58	45	11 ,37	15	11 ,83	45	12 ,50
Midi.	9 ,47	8 00	11 ,61	30	12 ,07	11 00	12 ,56
15	9 ,31	15	11 ,88	45	12 ,26	15	12 ,58
30	9 ,20	30	12 ,15	10 00	12 ,48	30	12 ,58
45	9 ,09	45	12 ,36	15	12 ,58	45	12 ,53
1 00	8 ,96	9 00	12 ,53	30	12 ,72	Midi.	12 ,48
15	8 ,93	15	12 ,55	45	12 ,72	15	12 ,40
30	8 ,93	30	12 ,67	11 00	12 ,69	30	12 ,20
45	8 ,98	45	12 ,69	15	12 ,67	45	12 ,02
2 00	9 ,12	10 00	12 ,69	30	12 ,50	1 00	12 ,77
On n'a pas observé le 3 mai.		15	12 ,55	45	12 ,39	15	11 ,53
		30	12 ,48	Midi.	12 ,18	30	11 ,28
		45	12 ,39	15	11 ,91	45	11 ,10
Le 4 mai.		11 00	12 ,21	30	11 ,75	2 00	11 ,85
		15	12 ,12	45	11 ,53	15	10 ,72
10 h. 30'	11^m,50	30	12 ,02	1 00	11 ,28	30	10 ,53
45	11 ,39	45	11 ,83	15	11 ,10	45	10 ,31
11 00	11 ,20	Midi.	11 ,58	30	10 ,88	3 00	10 ,17
15	11 ,07	15	11 ,39	45	10 ,63	15	10 ,02
30	10 ,88	30	11 ,15	2 00	10 ,45	30	9 ,74
45	10 ,72	45	10 ,88	15	10 ,17	45	9 ,50
Midi.	10 ,50	1 00	10 ,58	30	9 ,89	4 00	9 ,25
15	10 ,28	15	10 ,28	45	9 ,63	15	9 ,98
		30	10 ,07	3 00	9 ,42	30	8 ,79
		45	9 ,84	15	9 ,17	45	8 ,61

OBSERVATIONS DES MARÉES (VALPARAISO).

HEURES.	HAUTEURS.	HEURES.	HAUTEURS.	HEURES.	HAUTEURS.	HEURES.	HAUTEURS.
Suite du 7 mai.		Suite du 8 mai.		Suite du 8 mai.		Le 9 mai.	
5 h. 00'	8^m,47	10 h. 45'	11^m,53	2 h. 30'	10^m,83	6 h. 15'	9^m,34
15	8 ,36	11 00	11 ,69	45	10 ,58	30	8 ,93
30	8 ,33	15	11 ,77	3 00	10 ,45	45	9 ,20
45	8 ,33	30	11 ,88	15	10 ,28	7 00	9 ,20
Le 8 mai.		45	12 ,02	30	10 ,18	15	9 ,25
		Midi.	12 ,12	45	9 ,97	30	9 ,34
		25	12 ,18	4 00	9 ,81	45	9 ,53
8 h. 45'	10^m,45	30	12 ,18	15	9 ,61	8 00	9 ,66
9 00	10 ,55	45	12 ,15	30	9 ,42	15	9 ,84
15	10 ,72	1 00	12 ,04	45	9 ,23	30	9 ,98
30	10 ,85	15	12 ,85	5 00	9 ,10	45	10 ,18
45	10 ,96	30	11 ,69	15	8 ,90		
10 00	11 ,15	45	11 ,50	30	8 ,77		
15	11 ,26	2 00	11 ,26	45	8 ,61		
30	11 ,42	15	11 ,07				

OBSERVATIONS DES MARÉES.

AU CALLAO DE LIMA

AU MOLE

Latitude 12°03' S. — Longitude 79°33' O.

DU 27 MAI AU 1ᵉʳ JUIN 1837,

PAR M. RAULLINE.

Heure de l'établissement du port 5 h. 58'. — Unité de marée » m. » c.

HEURES.	HAUTEURS.	HEURES.	HAUTEURS.	HEURES.	HAUTEURS.	HEURES.	HAUTEURS.
Le 27 mai.		Suite du 27 mai.		Suite du 28 mai.		Suite du 29 mai.	
7 h. 45'	9^m,74	5 h. 00'	9^m,66	2 h. 00'	10^m,88	11h.00'	10^m,10
8 00	9 ,78	15	9 ,55	15	10 ,80	15	10 ,17
15	9 ,76	30	9 ,47	30	10 ,72	30	10 ,26
30	9 ,95	45	9 ,33	45	10 ,58	45	10 ,39
45	10 ,09	Le 28 mai.		3 00	10 ,47	Midi.	10 ,47
9 00	10 ,17			15	10 ,39	15	10 ,55
15	10 ,28			30	10 ,23	30	10 ,63
30	10 ,42	6 h. 30'	9^m,15	45	10 ,15	45	10 ,74
45	10 ,50	45	9 ,09	4 00	9 ,97	1 00	10 ,80
10 00	10 ,58	7 00	8 ,98	15	9 ,87	15	10 ,88
15	10 ,72	15	8 ,98	30	9 ,78	30	10 ,93
30	10 ,80	30	9 ,01	45	9 ,63	45	10 ,96
45	10 ,90	45	9 ,12	5 00	9 ,55	2 00	10 ,04
11 00	11 ,04	8 00	9 ,23	15	9 ,47	15	10 ,96
15	11 ,12	15	9 ,28	30	9 ,42	30	10 ,93
30	11 ,20	30	9 ,33	45	9 ,28	45	10 ,88
45	11 ,28	45	9 ,47	Le 29 mai.		3 00	10 ,80
Midi.	11 ,39	9 00	9 ,55			15	10 ,72
15	11 ,42	15	9 ,66			30	10 ,61
30	11 ,42	30	9 ,79	6 h. 30'	9^m,17	45	10 ,53
45	11 ,37	45	9 ,87	45	9 ,12	4 00	10 ,44
1 00	11 ,28	10 00	9 ,97	7 00	9 ,01	15	10 ,39
15	11 ,20	15	10 ,12	15	8 ,95	30	10 ,25
30	11 ,12	30	10 ,20	30	8 ,93	45	10 ,17
45	11 ,04	45	10 ,31	45	8 ,93	5 00	10 ,07
2 00	10 ,88	11 00	10 ,44	8 00	8 ,95	15	9 ,92
15	10 ,80	15	10 ,53	15	9 ,01	30	9 ,84
30	10 ,63	30	10 ,63	30	9 ,09	45	9 ,76
45	10 ,53	45	10 ,74	45	9 ,15	6 00	9 ,63
3 00	10 ,44	Midi.	10 ,82	9 00	9 ,23	Le 30 mai.	
15	10 ,31	15	10 ,88	15	9 ,31		
30	10 ,23	30	10 ,93	30	9 ,44		
45	10 ,17	45	11 ,04	45	9 ,55	5h.45'	9^m,74
4 00	10 ,09	1 00	11 ,07	10 00	9 ,66	6 00	9 ,63
15	9 ,95	15	11 ,07	15	9 ,78	15	9 ,55
30	9 ,87	30	11 ,04	30	9 ,87	30	9 ,50
45	9 ,78	45	10 ,93	45	9 ,95	45	9 ,42

OBSERVATIONS DES MARÉES (CALLAO DE LIMA).

HEURES.	HAUTEURS.	HEURES.	HAUTEURS.	HEURES.	HAUTEURS.	HEURES.	HAUTEURS.
Suite du 30 mai.		Suite du 30 mai.		Suite du 31 mai.		Suite du 1er juin.	
7 h. 00'	$9^m,31$	4 h. 00'	$10^m,80$	1 h. 15'	$10^m,28$	9 h. 30'	$9^m,31$
15	9 ,25	15	10 ,72	30	10 ,42	45	9 ,28
30	9 ,20	30	10 ,58	45	10 ,47	10 00	9 ,25
45	9 ,12	45	10 ,50	2 00	10 ,55	15	9 ,25
8 00	9 ,01	5 00	10 ,42	15	10 ,61	30	9 ,31
15	8 ,95	15	10 ,28	30	10 ,74	45	9 ,33
30	8 ,93	30	10 ,17	45	10 ,80	11 00	9 ,42
45	8 ,93	45	10 ,09	3 00	10 ,85	15	9 ,44
9 00	8 ,95	Le 31 mai		15	10 ,91	30	9 ,50
15	8 ,98			30	10 ,93	45	9 ,55
30	9 ,01			45	10 ,91	Midi.	9 ,63
45	9 ,12	7 h. 00'	$9^m,78$	4 00	10 ,85	15	9 ,76
10 00	9 ,20	15	9 ,66	15	10 ,77	30	9 ,84
15	9 ,28	30	9 ,58	30	10 ,63	45	9 ,95
30	9 ,42	45	9 ,50	45	10 ,55	1 00	10 ,09
45	9 ,50	8 00	9 ,42	5 00	10 ,47	15	10 ,17
11 00	9 ,61	15	9 ,28	15	10 ,39	30	10 ,25
15	9 ,74	30	9 ,20	30	10 ,28	45	10 ,39
30	9 ,84	45	9 ,12	45	10 ,20	2 00	10 ,47
45	9 ,92	9 00	8 ,98	6 00	10 ,15	15	10 ,58
Midi.	10 ,07	15	8 ,93			30	10 ,72
15	10 ,15	30	8 ,93	Le 1er juin.		45	10 ,77
30	10 ,25	45	8 ,96			3 00	10 ,85
45	10 ,39	10 00	9 ,01	6 h. 15'	$10^m,63$	15	10 ,93
1 00	10 ,50	15	9 ,15	30	10 ,53	30	11 ,07
15	10 ,58	30	9 ,23	45	10 ,44	45	11 ,15
30	10 ,72	45	9 ,31	7 00	10 ,31	4 00	11 ,20
45	10 ,80	11 00	9 ,42	15	10 ,20	15	11 ,23
2 00	10 ,88	15	9 ,50	30	10 ,12	30	11 ,20
15	10 ,93	30	9 ,58	45	9 ,97	45	11 ,12
30	10 ,96	45	9 ,66	8 00	9 ,89	5 00	11 ,04
45	10 ,07	Midi.	9 ,78	15	9 ,81	15	10 ,91
3 00	10 ,04	15	9 ,87	30	9 ,74	30	10 ,82
15	10 ,96	30	9 ,95	45	9 ,58	45	10 ,74
30	10 ,93	45	10 ,09	9 00	9 ,50	6 00	10 ,61
45	10 ,85	1 00	10 ,17	15	9 ,42		

OBSERVATIONS DES MARÉES.

AU CALLAO DE LIMA

AU MOLE

Latitude 12°03' S. — Longitude 79°33' O.

DU 12 AU 25 MAI 1838,

PAR M. RAULLINE.

Heure de l'établissement du port 5 h. 55'. — Unité de marée 0 m. 38 c.

HEURES.	HAUTEURS.	HEURES.	HAUTEURS.	HEURES.	HAUTEURS.	HEURES.	HAUTEURS.
Le 12 mai.		Suite du 13 mai.		Le 14 mai.		Suite du 14 mai.	
Midi.	0^m,86	9 h. 00'	1^m,24	6 h. 15'	0^m,92	3h.45'	0^m,67
15	0 ,84	15	1 ,24	30	0 ,94	4 00	0 ,67
30	0 ,81	30	1 ,24	45	0 ,97	15	0 ,70
45	0 ,78	45	1 ,24	7 00	1 ,00	30	0 ,73
1 00	0 ,75	10 00	1 ,21	15	1 ,03	45	0 ,75
15	0 ,73	15	1 ,19	30	1 ,05	5 00	0 ,81
30	0 ,70	30	1 ,16	45	1 ,11	15	0 ,84
45	0 ,67	45	1 ,13	8 00	1 ,13	30	0 ,86
2 00	0 ,65	11 00	1 ,08	15	1 ,16	Le 15 mai.	
15	0 ,65	15	1 ,05	30	1 ,19		
30	0 ,65	30	1 ,03	45	1 ,21		
45	0 ,67	Midi.	1 ,00	9 00	1 ,21	6h.15'	0^m,89
3 00	0 ,70	15	0 ,97	15	1 ,24	30	0 ,92
15	0 ,73	30	0 ,94	30	1 ,24	45	0 ,92
30	0 ,75	45	0 ,92	45	1 ,24	7 00	0 ,94
45	0 ,78	1 00	0 ,89	10 00	1 ,24	15	0 ,97
4 00	0 ,84	15	0 ,86	15	1 ,21	30	1 ,00
15	0 ,86	30	0 ,84	30	1 ,21	45	1 ,03
30	0 ,89	45	0 ,81	45	1 ,19	8 00	1 ,05
45	0 ,92	2 00	0 ,75	11 00	1 ,16	15	1 ,08
5 00	0 ,94	15	0 ,73	15	1 ,13	30	1 ,11
15	1 ,00	30	0 ,70	30	1 ,08	45	1 ,11
30	1 ,03	45	0 ,67	45	1 ,05	9 00	1 ,13
Le 13 mai.		3 00	0 ,65	Midi.	1 ,03	15	1 ,16
		15	0 ,65	15	1 ,00	30	1 ,19
6 h. 00'	0^m,94	30	0 ,65	30	0 ,97	45	1 ,21
15	0 ,97	45	0 ,67	45	0 ,94	10 00	1 ,24
30	1 ,00	4 00	0 ,70	1 00	0 ,92	15	1 ,24
45	1 ,05	15	0 ,73	15	0 ,89	30	1 ,27
7 00	1 ,08	30	0 ,75	30	0 ,86	45	1 ,27
15	1 ,11	45	0 ,81	45	0 ,84	11 00	1 ,27
30	1 ,13	5 00	0 ,84	2 00	0 ,81	15	1 ,24
45	1 ,16	15	0 ,86	15	0 ,78	30	1 ,21
8 00	1 ,16	30	0 ,92	30	0 ,75	45	1 ,19
15	1 ,19	45	0 ,94	45	0 ,73	Midi.	1 ,16
30	1 ,21			3 00	0 ,70	15	1 ,13
45	1 ,21			15	0 ,67	30	1 ,13
				30	0 ,67	45	1 ,11

OBSERVATIONS DES MARÉES (CALLAO DE LIMA).

HEURES.	HAUTEURS.	HEURES.	HAUTEURS.	HEURES.	HAUTEURS.	HEURES.	HAUTEURS.
Suite du 15 mai.		Suite du 16 mai.		Suite du 17 mai.		Le 19 mai.	
1 h. 00'	1^m,08	2 h. 30'	0^m,94	3 h. 45'	1^m,00	6h.15'	0^m,81
15	1 ,05	45	0 ,92	4 00	0 ,97	30	0 ,78
30	1 ,03	3 00	0 ,89	15	0 ,94	45	0 ,78
45	0 ,97	15	0 ,86	30	0 ,92	7 00	0 ,75
2 00	0 ,94	30	0 ,84	45	0 ,86	15	0 ,73
15	0 ,89	45	0 ,81	5 00	0 ,84	30	0 ,73
30	0 ,86	4 00	0 ,78	15	0 ,81	45	0 ,70
45	0 ,81	15	0 ,75	30	0 ,78	8 00	0 ,70
3 00	0 ,78	30	0 ,73	Le 18 mai.		15	0 ,73
15	0 ,75	45	0 ,73			30	0 ,73
30	0 ,73	5 00	0 ,70	6 h. 15'	0^m,75	45	0 ,75
45	0 ,70	15	0 ,67	30	0 ,75	9 00	0 ,78
4 00	0 ,67	30	0 ,65	45	0 ,73	15	0 ,81
15	0 ,65	45	0 ,65	7 00	0 ,73	30	0 ,84
30	0 ,65	6 00	0 ,65	15	0 ,73	45	0 ,86
45	0 ,65	Le 17 mai.		30	0 ,73	10 00	0 ,92
5 00	0 ,65			45	0 ,73	15	0 ,94
15	0 ,65	6 h. 15'	0^m,73	8 00	0 ,73	30	0 ,97
30	0 ,67	30	0 ,73	15	0 ,73	45	1 ,00
45	0 ,70	45	0 ,73	30	0 ,73	11 00	1 ,05
Le 16 mai.		7 00	0 ,75	45	0 ,73	15	1 ,08
		15	0 ,73	9 00	0 ,75	30	1 ,11
6 h. 15'	0 ,73	30	0 ,73	15	0 ,75	45	1 ,16
30	0 ,75	45	0 ,75	30	0 ,78	Midi.	1 ,19
45	0 ,78	8 00	0 ,75	45	0 ,81	15	1 ,19
7 00	0 ,81	15	0 ,78	10 00	0 ,84	30	1 ,21
15	0 ,84	30	0 ,81	15	0 ,86	45	1 ,24
30	0 ,86	45	0 ,84	30	0 ,86	1 00	1 ,27
45	0 ,89	9 00	0 ,86	45	0 ,89	15	1 ,27
8 00	0 ,92	15	0 ,89	11 00	0 ,92	30	1 ,30
15	0 ,94	30	0 ,92	15	0 ,94	45	1 ,30
30	0 ,97	45	0 ,94	30	0 ,94	2 00	1 ,32
45	0 ,97	10 00	1 ,00	45	0 ,97	15	1 ,32
9 00	1 ,00	15	1 ,03	Midi.	1 ,00	30	1 ,32
15	1 ,03	30	1 ,03	15	1 ,03	45	1 ,30
30	1 ,05	45	1 ,05	30	1 ,05	3 00	1 ,30
45	1 ,08	11 00	1 ,08	45	1 ,08	15	1 ,27
10 00	1 ,08	15	1 ,11	1 00	1 ,13	30	1 ,24
15	1 ,11	30	1 ,13	15	1 ,16	45	1 ,21
30	1 ,13	45	1 ,16	30	1 ,19	4 00	1 ,16
45	1 ,16	Midi.	1 ,19	45	1 ,21	15	1 ,13
11 00	1 ,16	15	1 ,19	2 00	1 ,24	30	1 ,11
15	1 ,19	30	1 ,21	15	1 ,21	45	1 ,08
30	1 ,21	45	1 ,21	30	1 ,21	5 00	1 ,05
45	1 ,24	1 00	1 ,21	45	1 ,19	15	1 ,03
Midi.	1 ,24	15	1 ,19	3 00	1 ,16	30	0 ,97
15	1 ,24	30	1 ,16	15	1 ,13	Le 20 mai.	
30	1 ,21	45	1 ,16	30	1 ,11		
45	1 ,19	2 00	1 ,13	45	1 ,08	6h.15'	0^m,89
1 00	1 ,13	15	1 ,13	4 00	1 ,05	30	0 ,86
15	1 ,11	30	1 ,11	15	1 ,03	45	0 ,84
30	1 ,08	45	1 ,08	30	1 ,00	7 00	0 ,84
45	1 ,03	3 00	1 ,05	45	0 ,97	15	0 ,81
2 00	1 ,00	15	1 ,05	5 00	0 ,94	30	0 ,81
15	0 ,97	30	1 ,03	30	0 ,89	45	0 ,78

OBSERVATIONS DES MARÉES (CALLAO DE LIMA).

HEURES.	HAUTEURS.	HEURES.	HAUTEURS.	HEURES.	HAUTEURS.	HEURES.	HAUTEURS.
Suite du 20 mai.		Suite du 21 mai.		Suite du 22 mai.		Suite du 23 mai.	
8 h. 00'	0^m,81	10 h. 00'	0^m,81	Midi.	0^m,78	10h.30'	0^m,86
15	0 ,75	15	0 ,84	15	0 ,81	45	0 ,84
30	0 ,75	30	0 ,86	30	0 ,84	11 00	0 ,81
45	0 ,78	45	0 ,86	45	0 ,86	15	0 ,78
9 00	0 ,81	11 00	0 ,89	1 00	0 ,92	30	0 ,78
15	0 ,84	15	0 ,89	15	0 ,94	45	0 ,78
30	0 ,86	30	0 ,92	30	1 ,00	Midi	0 ,78
45	0 ,89	45	0 ,94	45	1 ,03	15	0 ,81
10 00	0 ,89	Midi.	0 ,97	2 00	1 ,05	30	0 ,84
15	0 ,92	15	1 ,03	15	1 ,08	2 45	1 ,03
30	0 ,92	30	1 ,05	30	1 ,11	3 00	1 ,03
45	0 ,94	45	1 ,11	45	1 ,13	15	1 ,05
11 00	0 ,94	1 00	1 ,13	3 00	1 ,16	30	1 ,08
15	0 ,97	30	1 ,16	15	1 ,19	45	1 ,08
30	0 ,97	15	1 ,19	30	1 ,21	4 00	1 ,11
45	1 ,00	45	1 ,21	45	1 ,24	15	1 ,13
Midi.	1 ,03	2 00	1 ,27	4 00	1 ,27	30	1 ,13
15	1 ,05	15	1 ,30	15	1 ,27	45	1 ,16
30	1 ,11	30	1 ,32	30	1 ,30	5 00	1 ,16
45	1 ,13	45	1 ,35	45	1 ,32	15	1 ,16
1 00	1 ,16	3 00	1 ,35	5 00	1 ,30	30	1 ,19
15	1 ,21	15	1 ,38	15	1 ,24	45	1 ,19
30	1 ,24	30	1 ,38	30	1 ,21	6 00	1 ,16
45	1 ,30	45	1 ,38	10 15	0 ,65	11 00	0 ,65
2 00	1 ,32	4 00	1 ,35	30	0 ,62	15	0 ,62
15	1 ,32	15	1 ,30	45	0 ,59	30	0 ,59
30	1 ,35	30	1 ,27	11 00	0 ,59	45	0 ,56
45	1 ,35	45	1 ,24	15	0 ,59	Minuit	0 ,56
3 00	1 ,38	5 00	1 ,19	30	0 ,62	15	0 ,56
15	1 ,38	15	1 ,16	45	0 ,65	30	0 ,59
30	1 ,35	30	1 ,13	Minuit.	0 ,67	45	0 ,65
45	1 ,35			15	0 ,73	1 00	0 ,67
4 00	1 ,30	Le 22 mai.				15	0 ,73
15	1 ,30	6 h. 30'	1^m,19	Le 23 mai.			
30	1 ,27	45	1 ,16			Le 24 mai.	
45	1 ,21	7 00	1 ,13	5 h. 15'	1^m,49		
5 00	1 ,19	15	1 ,11	30	1 ,49	5h.45'	1^m,51
15	1 ,16	30	1 ,08	45	1 ,46	6 00	1 ,51
30	1 ,13	45	1 ,05	6 00	1 ,43	15	1 ,54
		8 00	1 ,03	15	1 ,40	30	1 ,51
Le 21 mai.		15	1 ,00	30	1 ,38	45	1 ,51
6 h. 30'	1^m,05	30	0 ,97	45	1 ,35	7 00	1 ,46
45	1 ,03	45	0 ,94	7 00	1 ,32	15	1 ,43
7 00	1 ,00	9 00	0 ,92	15	1 ,30	30	1 ,41
15	0 ,97	15	0 ,86	30	1 ,27	45	1 ,35
30	0 ,94	30	0 ,84	45	1 ,24	8 00	1 ,32
45	0 ,92	45	0 ,81	8 00	1 ,19	15	1 ,30
8 00	0 ,89	10 00	0 ,78	15	1 ,16	30	1 ,24
15	0 ,86	15	0 ,75	30	1 ,11	45	1 ,21
30	0 ,84	30	0 ,73	45	1 ,08	9 00	1 ,16
45	0 ,81	45	0 ,70	9 00	1 ,03	15	1 ,13
9 00	0 ,78	11 00	0 ,67	15	1 ,00	30	1 ,08
15	0 ,78	15	0 ,67	30	0 ,97	45	1 ,05
30	0 ,78	30	0 ,70	45	0 ,94	10 00	1 ,00
45	0 ,78	45	0 ,73	10 00	0 ,92	15	1 ,97
				15	0 ,89	30	1 ,94

IX.

OBSERVATIONS DES MARÉES (CALLAO DE LIMA).

HEURES.	HAUTEURS.	HEURES.	HAUTEURS.	HEURES.	HAUTEURS.	HEURES.	HAUTEURS.
Suite du 24 mai.		Suite du 24 mai.		Suite du 24 mai.		Suite du 25 mai.	
10 h. 45'	$0^m,92$	5 h. 00'	1 ,05	1 h. 15'	$0^m,65$	11h.30'	$1^m,19$
11 00	0 ,89	15	1 ,05	30	0 ,67	45	1 ,16
15	0 ,86	30	1 ,08	45	0 ,70	Midi.	1 ,16
30	0 ,84	45	1 ,08	Le 25 mai.		15	1 ,13
45	0 ,81	6 00	1 ,11			30	1 ,13
Midi.	0 ,78	15	1 ,11			45	1 ,11
15	0 ,76	30	1 ,11	6 h. 15'	$1^m,46$	1 00	1 ,11
30	0 ,76	45	1 ,08	30	1 ,49	15	1 ,11
45	0 ,78	7 00	1 ,05	45	1 ,51	30	1 ,11
1 00	0 ,81	11 30	1 ,67	7 00	1 ,51	45	1 ,11
3 30	1 ,00	45	1 ,65	15	1 ,51	2 00	1 ,13
45	1 ,00	Minuit.	1 ,62	30	1 ,51	15	1 ,16
4 00	1 ,03	15	1 ,69	45	1 ,49	30	1 ,19
15	1 ,03	30	1 ,59	8 00	1 ,46	45	1 ,22
30	1 ,03	45	1 ,59	15	1 ,43		
45	1 ,03	1 00	1 ,62	30	1 ,40		

OBSERVATIONS DES MARÉES.

HONOLOULOU (ILES SANDWICH),

DANS LE PORT.

Latitude 21°18' N.—Longitude 160°12' O.

DU 11 AU 22 JUILLET 1837,

PAR M. BAULLINE.

Heure de l'établissement du port 3 h. 36'. — Unité de marée 0 m. 29 c.

HEURES.	HAUTEURS.	HEURES.	HAUTEURS.	HEURES.	HAUTEURS.	HEURES.	HAUTEURS.
Le 11 juillet.		Suite du 11 juillet.		Suite du 12 juillet.		Suite du 13 juillet.	
8 h. 00'	3^m,90	5 h. 00'	3^m,73	Midi.	4 ,71	6 h. 45'	3^m,30
15	3 ,95	15	3 ,71	15	4 ,68	7 00	3 ,33
30	4 ,00	30	3 ,71	30	4 ,65	15	3 ,38
45	4 ,06	45	3 ,76	45	4 ,63	30	3 ,46
9 00	4 ,11	6 00	3 ,79	1 00	4 ,61	45	3 ,57
15	4 ,22	15	3 ,90	15	4 ,57	8 00	3 ,65
30	4 ,27	30	3 ,92	30	4 ,55	15	3 ,73
45	4 ,33	45	3 ,98	45	4 ,46	30	3 ,81
10 00	4 ,36			2 00	4 ,44	45	3 ,95
15	4 ,38	Le 12 juillet.		15	4 ,41	9 00	4 ,00
30	4 ,41			30	4 ,38	15	4 ,08
45	4 ,41	5 h. 45'	3^m,35	45	4 ,36	30	4 ,14
11 00	4 ,44	6 00	3 ,35	3 00	4 ,33	45	4 ,25
15	4 ,44	15	3 ,35	15	4 ,30	10 00	4 ,30
30	4 ,41	30	3 ,38	30	4 ,27	15	4 ,38
45	4 ,38	45	3 ,44	45	4 ,22	30	4 ,46
Midi.	4 ,38	7 00	3 ,49	4 00	4 ,11	45	4 ,60
15	4 ,36	15	3 ,60	15	4 ,06	11 00	4 ,68
30	4 ,33	30	3 ,65	30	4 ,00	15	4 ,76
45	4 ,30	45	3 ,71	45	3 ,95	30	4 ,87
1 00	4 ,27	8 00	3 ,76	5 00	3 ,90	45	4 ,93
15	4 ,25	15	3 ,81	15	3 ,81	Midi.	4 ,98
30	4 ,22	30	3 ,92	30	3 ,76	15	5 ,00
45	4 ,14	45	3 ,98	45	3 ,71	30	5 ,00
2 00	4 ,11	9 00	4 ,06	6 00	3 ,71	45	5 ,00
15	4 ,09	15	4 ,11	15	3 ,73	1 00	4 ,98
30	4 ,06	30	4 ,25	30	3 ,76	15	4 ,98
45	4 ,03	45	4 ,30	45	3 ,79	30	4 ,95
3 00	4 ,00	10 00	4 ,38	7 00	3 ,81	45	4 ,93
15	3 ,98	15	4 ,45			2 00	4 ,90
30	3 ,92	30	4 ,55	Le 13 juillet.		15	4 ,79
45	3 ,81	45	4 ,60			30	4 ,74
4 00	3 ,79	11 00	4 ,65	5 h. 45'	3^m,38	45	4 ,68
15	3 ,76	15	4 ,68	6 00	3 ,33	3 00	4 ,63
30	3 ,76	30	4 ,71	15	3 ,30	15	4 ,60
45	3 ,73	45	4 ,71	30	3 ,27	30	4 ,55

OBSERVATIONS DES MARÉES (HONOLOULOU).

HEURES.	HAUTEURS.	HEURES.	HAUTEURS.	HEURES.	HAUTEURS.	HEURES.	HAUTEURS.
Suite du 13 juillet.		Suite du 14 juillet.		Suite du 15 juillet.		Suite du 16 juillet.	
3 h. 45'	4^m,44	3 h. 00'	4^m,87	2 00	5 ,52	1h.15'	5 ,30
4 00	4 ,38	15	4 ,76	15	5 ,52	30	5 ,36
15	4 ,30	30	4 ,71	30	5 ,44	45	5 ,41
30	4 ,25	45	4 ,65	45	5 ,36	2 00	5 ,52
45	4 ,14	4 00	4 ,60	3 00	5 ,28	15	5 ,57
5 00	4 ,06	15	4 ,55	15	5 ,11	30	5 ,63
15	3 ,98	30	4 ,41	30	5 .06	45	5 ,66
30	3 ,92	45	4 ,33	45	5 ,01	3 00	5 ,63
45	3 ,81	5 00	4 ,25	4 00	4 ,95	15	5 ,60
6 00	3 ,73	15	4 ,11	15	4 ,90	30	5 ,55
15	3 ,71	30	4 ,06	30	4 ,76	45	5 ,44
30	3 ,65	45	3 ,98	45	4 ,71	4 00	5 ,38
45	3 ,60	6 00	3 ,90	5 00	4 ,65	15	5 ,33
7 00	3 ,60	15	3 ,79	15	4 ,57	30	5 ,28
15	3 ,63	30	3 ,71	30	4 ,44	45	5 ,20
		45	3 ,65	45	4 ,36	5 00	5 .09
Le 14 juillet.		7 00	3 ,60	6 00	4 ,25	15	5 ,01
		15	3 ,49	15	4 ,08	30	4 ,92
5 h. 45'	3^m,06	30	3 ,46	30	3 ,98	45	4 ,79
6 00	3 ,03			45	3 ,90	6 00	4 ,71
15	3 ,00	Le 15 juillet.		7 00	3 ,76	15	4 ,57
30	2 ,98			15	3 ,71	30	4 ,41
45	2 ,95	5 h. 30'	2^m,98			45	4 ,27
7 00	2 ,95	45	2 ,92	Le 16 juillet.		7 00	4 ,09
15	2 ,98	6 00	2 ,81			15	3 ,98
30	3 ,00	15	2 ,78	5 h. 30'	3 ,00		
45	3 ,06	30	2 ,78	45	2 ,95	Le 17 juillet.	
8 00	3 ,14	45	2 ,76	6 00	2 ,92		
15	3 ,27	7 00	2 ,76	15	2 ,84	5h.30'	3^m,30
30	3 ,35	15	2 ,76	30	2 ,81	45	3 ,16
45	3 ,44	30	2 ,79	45	2 ,79	6 00	3 ,11
9 00	3 ,57	45	2 ,84	7 00	2 ,76	15	3 ,05
15	3 ,68	8 00	2 ,98	15	2 ,73	30	3 ,00
30	3 ,79	15	3 ,03	30	2 ,73	45	2 ,95
45	3 ,95	30	3 ,14	45	2 ,76	7 00	2 ,84
10 00	4 ,06	45	3 ,25	8 00	2 ,79	15	2 ,79
15	4 ,22	9 00	3 ,30	15	2 ,84	30	2 ,76
30	4 ,33	15	3 ,41	30	2 ,95	45	2 ,73
45	4 ,46	30	3 ,60	45	3 ,00	8 00	2 ,71
11 00	4 ,65	45	3 ,71	9 00	3 ,05	15	2 ,71
15	4 ,76	10 00	3 ,81	15	3 ,11	30	2 ,73
30	4 ,90	15	3 ,98	30	3 ,25	45	2 ,76
45	4 ,95	30	4 ,08	45	3 ,33	9 00	2 ,79
Midi.	5 ,00	45	4 ,25	10 00	3 ,44	15	2 ,81
15	5 ,09	11 00	4 ,36	15	3 ,57	30	2 ,92
30	5 ,19	15	4 ,46	30	3 ,68	45	3 ,00
45	5 ,22	30	4 ,65	45	3 ,81	10 00	3 ,06
1 00	5 ,25	45	4 ,76	11 00	3 ,98	15	3 ,11
15	5 ,25	Midi.	4 ,92	15	4 ,11	30	3 ,25
30	5 ,25	15	5 ,03	30	4 ,30	45	3 ,35
45	5 ,22	30	5 ,19	45	4 ,44	11 00	3 ,46
2 00	5 ,19	45	5 ,25	Midi.	4 ,63	15	3 ,62
15	5 ,06	1 00	5 ,30	15	4 ,73	30	3 ,73
30	4 ,98	15	5 ,33	30	4 ,90	45	3 ,92
45	4 ,92	30	5 ,38	45	5 ,00	Midi.	4 ,06
		45	5 ,44	1 00	5 ,20	15	4 ,27

OBSERVATIONS DES MARÉES (HONOLOULOU).

HEURES.	HAUTEURS.	HEURES.	HAUTEURS.	HEURES.	HAUTEURS.	HEURES.	HAUTEURS.
Suite du 17 juillet.		Suite du 18 juillet.		Le 19 juillet.		Suite du 19 juillet.	
Midi. 30'	4m,44	7 h. 45'	2m,92	4 h. 00'	3m,79	6h.00'	5m,33
45	4 ,63	8 00	2 ,81	15	3 ,81	15	5 ,28
1 00	4 ,76	15	2 ,79	30	3 ,90	30	5 ,22
15	4 ,93	30	2 ,76	45	3 ,92	45	5 ,11
30	5 ,01	45	2 ,73	5 00	3 ,90	7 00	5 ,06
45	5 ,11	9 00	2m,73	15	3 ,81	10 30	3 ,35
2 00	5 ,28	15	2 ,71	30	3 ,76	45	3 ,33
15	5 ,36	30	2 ,71	45	3 ,71	11 00	3 ,30
30	5 ,44	45	2 ,73	6 00	3 ,68	15	3 ,30
45	5 ,55	10 00	2 ,76	6 15	3 ,71	30	3 ,33
3 00	5 ,60	15	2 ,79	30	3 ,60	45	3 ,35
15	5 ,63	30	2 ,92	45	3 ,46	Minuit.	3 ,38
30	5 ,63	45	3 ,05	7 00	3 ,41	Le 20 juillet.	
45	5 ,63	11 00	3 ,16	15	3 ,35		
4 00	5 ,60	15	3 ,35	30	3 ,30	5h.00'	3 ,90
15	5 ,55	30	3 ,49	45	3 ,16	15	3 ,92
30	5 ,52	45	3 ,68	8 00	3 ,11	30	3 ,95
45	5 ,41	Midi.	3 ,79	15	3 ,06	45	3 ,95
5 00	5 ,36	15	3 ,92	30	3 ,00	6 00	3 ,95
15	5 ,30	30	4 ,03	45	2 ,98	15	3 ,92
30	5 ,22	45	4 ,14	9 00	2 ,95	30	3 ,90
45	5 ,11	1 00	4 ,33	15	2 ,92	45	3 ,81
6 00	5 ,03	15	4 ,46	30	2 ,84	7 00	3 ,79
15	4 ,95	30	4 ,65	45	2 ,81	15	3 ,76
30	4 ,79	45	4 ,79	10 00	2 ,79	30	3 ,73
45	4 ,65	2 00	4 ,92	15	2 ,79	45	3 ,71
7 00	4 ,55	15	5 ,03	30	2 ,81	8 00	3 ,65
15	4 ,38	30	5 ,11	45	2 ,84	15	3 ,60
9 00	3 ,38	45	5 ,25	11 00	2 ,98	30	3 ,49
15	3 ,33	3 00	5 ,33	15	3 ,03	45	3 ,44
30	3 ,30	15	5 ,38	30	3 ,08	9 00	3 ,35
45	3 ,30	30	5 ,41	45	3 ,16	15	3 ,27
10 00	3 ,33	45	5 ,44	Midi.	3 ,33	30	3 ,14
15	3 ,33	4 00	5 ,44	15	3 ,44	45	3 ,11
30	3 ,35	15	5 ,52	30	3 ,62	10 00	3 ,06
45	3 ,38	30	5 ,52	45	3 ,70	15	3 ,03
11 00	3 ,41	45	5 ,44	1 00	3 ,90	30	3 ,03
Le 18 juillet.		5 00	5 ,41	15	4 ,00	45	3 ,03
3 h. 45'	3m,76	15	5 ,38	30	4 ,11	11 00	3 ,06
4 00	3 ,79	30	5 ,36	45	4 ,28	15	3 ,08
15	3 ,79	45	5 ,33	2 00	4 ,41	30	3 ,14
30	3 ,76	6 00	5 ,28	15	4 ,57	45	3 ,25
45	3 ,73	15	5 ,19	30	4 ,68	Midi.	3 ,30
5 00	3 ,68	30	5 ,09	45	4 ,79	15	3 ,35
15	3 ,65	45	4 ,68	3 00	4 ,95	30	3 ,41
30	3 ,60	7 00	4 ,60	15	5 ,03	45	3 ,46
45	3 ,46	9 45	3 ,38	30	5 ,20	1 00	3 ,60
6 00	3 ,41	10 00	3 ,35	45	5 ,28	15	3 ,68
15	3 ,35	15	3 ,30	4 00	5 ,33	30	3 ,76
30	3 ,27	30	3 ,27	15	5 ,38	45	3 ,92
45	3 ,16	45	3 ,27	30	5 ,41	2 00	4 ,00
7 00	3 ,11	11 00	3 ,30	45	5 ,44	15	4 ,09
15	3 ,05	15	3 ,33	5 00	5 ,44	30	4 ,28
30	2 ,98	30	3 ,35	15	5 ,44	45	4 ,88
				30	5 ,41	3 00	4 ,46
				45	5 ,38		

OBSERVATIONS DES MARÉES (HONOLOULOU).

HEURES.	HAUTEURS.	HEURES.	HAUTEURS.	HEURES.	HAUTEURS.	HEURES.	HAUTEURS.
Suite du 21 juillet.		Suite du 21 juillet.		Suite du 21 juillet.		Le 22 juillet.	
3 h. 15'	4^m,60	7 h. 00'	4^m,03	1 h. 15'	3^m,65	5h.30'	4^m,00
30	4 ,65	15	4 ,03	30	3 ,68	45	4 ,03
45	4 ,68	30	4 ,00	45	3 ,73	6 00	4 ,06
4 00	4 ,74	45	3 ,98	2 00	3 ,79	15	4 ,09
15	4 ,90	8 00	3 ,95	15	3 ,90	30	4 ,11
30	4 ,98	15	3 ,92	30	3 ,98	45	4 ,14
45	5 ,06	30	3 ,81	45	4 ,06	7 00	4 ,22
5 00	5 ,11	45	3 ,76	3 00	4 ,14	15	4 ,25
15	5 ,25	9 00	3 ,71	15	4 ,25	30	4 ,27
30	5 ,30	15	3 ,65	30	4 ,30	45	4 ,30
45	5 ,33	30	3 ,63	45	4 ,36	8 00	4 ,30
6 00	5 ,33	45	3 ,57	4 00	4 ,41	15	4 ,30
15	5 ,30	10 00	3 ,46	15	4 ,55	30	4 ,27
30	5 ,28	15	3 ,44	30	4 ,63	45	4 ,27
45	5 ,22	30	3 ,41	45	4 ,68	9 00	4 ,25
7 00	5 ,09	45	3 ,41	5 00	4 ,73	15	4 ,14
Le 21 juillet.		11 00	3 ,38	15	4 ,79	30	4 ,09
		15	3 ,36	30	4 ,90	45	4 ,03
5 h. 30'	3^m,99	30	3 ,36	45	4 ,95	10 00	3 ,99
45	3 ,98	45	3 ,38	6 00	4 ,95		
6 00	4 ,03	Midi.	3 ,44	15	4 ,98		
15	4 ,06	15	3 ,46	30	4 ,98		
30	4 ,06	30	3 ,57	45	4 ,95		
45	4 ,06	45	3 ,60	7 00	4 ,92		
		1 00	3 ,63				

OBSERVATIONS DES MARÉES.

PÉTROPAWLOWSKI (KAMSTCHATKA),

AU DÉBARCADÈRE.

Latitude 53°04' N.—Longitude 156°23' E.

DU 2 AU 15 SEPTEMBRE 1837.

PAR M. RAULLINE.

Heure de l'établissement du port 3 h. 57'. — Unité de marée 0 m. 46' c.

HEURES.	HAUTEURS.	HEURES.	HAUTEURS.	HEURES.	HAUTEURS.	HEURES.	HAUTEURS.
Le 2 septembre.		Suite du 2 septembre.		Suite du 3 septembre.		Le 4 septembre.	
8 h. 00'	10^m,50	5 h. 00'	12^m,34	11 h. 00'	9 ,15	5 h. 15'	11^m,56
15	10 ,28	15	12 ,37	15	9 ,15	30	11 ,61
30	10 ,12	30	12 ,39	30	9 ,17	45	11 ,69
45	9 ,89	45	12 ,39	45	9 ,23	6 00	11 ,72
9 00	9 ,76	6 00	12 ,37	Midi.	9 ,28	15	11 ,72
15	9 ,58	15	12 ,23	15	9 ,45	30	11 ,69
30	9 ,47	30	12 ,18	30	9 ,53	45	11 ,61
45	9 ,34	45	12 ,10	45	9 ,61	7 00	11 ,56
10 00	9 ,26	7 00	11 ,93	1 00	9 ,74	15	11 ,47
15	9 ,20			15	9 ,84	30	11 ,37
30	9 ,17	Le 3 septembre.		30	9 ,98	45	11 ,23
45	9 ,15			45	10 ,20	8 00	11 ,12
11 00	9 ,15	5 h. 00'	11^m,77	2 00	10 ,39	15	11 ,04
15	9 ,15	15	11 ,83	15	10 ,53	30	10 ,91
30	9 ,17	30	11 ,83	30	10 ,64	45	10 ,80
45	9 ,23	45	11 ,80	45	10 ,83	9 00	10 ,61
Midi.	9 ,28	6 00	11 ,75	3 00	10 ,96	15	10 ,50
15	9 ,42	15	11 ,61	15	11 ,12	30	10 ,31
30	9 ,50	30	11 ,53	30	11 ,23	45	10 ,20
45	9 ,63	45	11 ,42	45	11 ,39	10 00	10 ,12
1 00	9 ,79	7 00	11 ,28	4 00	11 ,50	15	9 ,95
15	9 ,89	15	11 ,15	15	11 ,58	30	9 ,84
30	10 ,12	30	11 ,04	30	11 ,72	45	9 ,76
45	10 ,28	45	10 ,85	45	11 ,80	11 00	9 ,66
2 00	10 ,50	8 00	10 ,72	5 00	11 ,88	15	9 ,63
15	10 ,72	15	10 ,53	15	12 ,04	30	9 ,61
30	10 ,91	30	10 ,39	30	12 ,10	45	9 ,58
45	11 ,15	45	10 ,20	45	12 ,10	Midi.	9 ,61
3 00	11 ,37	9 00	10 ,07	6 00	12 ,12	45	9 ,66
15	11 ,50	15	9 ,27	15	12 ,10	10	9 ,79
30	11 ,69	30	9 ,76	30	12 ,04	35	9 ,84
45	11 ,80	45	9 ,58	45	11 ,91	1 00	9 ,92
4 00	11 ,91	10 00	9 ,47	7 00	11 ,80	15	10 ,09
15	12 ,07	15	9 ,34			30	10 ,20
30	12 ,18	30	9 ,23			45	10 ,31
45	12 ,23	45	9 ,20			2 00	10 ,53

OBSERVATIONS DES MARÉES (PÉTROPAWLOWSKI).

HEURES.	HAUTEURS.	HEURES.	HAUTEURS.	HEURES.	HAUTEURS.	HEURES.	HAUTEURS.
Suite du 4 septembre.		Suite du 5 septembre.		Suite du 6 septembre.		Suite du 7 septembre.	
2 h. 15'	10^m,64	1 h. 45'	10^m,50	1 h. 30'	10^m,74	Midi 45'	10^m,96
30	10 ,85	2 00	10 ,61	45	10 ,82	1 00	10 ,96
45	10 ,96	15	10 ,74	2 00	10 ,91	15	10 ,96
3 00	11 ,10	30	10 ,85	15	11 ,04	30	11 ,04
15	11 ,20	45	10 ,93	30	11 ,15	45	11 ,10
30	11 ,37	3 00	11 ,10	45	11 ,26	2 00	11 ,15
45	11 ,47	15	11 ,20	3 00	11 ,39	15	11 ,20
4 00	11 ,58	30	11 ,29	15	11 ,47	30	11 ,28
15	11 ,75	45	11 ,42	30	11 ,58	45	11 ,42
30	11 ,83	4 00	11 ,50	45	11 ,72	3 00	11 ,50
45	11 ,90	15	11 ,58	4 00	11 ,80	15	11 ,56
5 00	12 ,04	30	11 ,75	15	11 ,91	30	11 ,72
15	12 ,07	45	11 ,83	30	12 ,04	45	11 ,83
30	12 ,12	5 00	11 ,91	45	12 ,12	4 00	11 ,91
45	12 ,12	15	12 ,04	5 00	12 ,18	15	12 ,07
6 00	12 ,12	30	12 ,12	15	12 ,20	30	12 ,15
15	12 ,10	45	12 ,21	30	12 ,20	45	12 ,23
30	12 ,07	6 00	12 ,23	45	12 ,23	5 00	12 ,34
45	12 ,02	15	12 ,26	6 00	12 ,23	15	12 ,37
7 00	11 ,88	30	12 ,26	15	12 ,26	30	12 ,39
		45	12 ,23	30	12 ,26	45	12 ,48
Le 5 septembre.				45	12 ,23	6 00	12 ,45
5 h. 30'	11^m,37	Le 6 septembre.		7 00	12 ,20	15	12 ,48
45	11 ,45	5 h. 30'	10^m,93			30	12 ,48
6 00	11 ,50	45	11 ,08	Le 7 septembre.		45	12 ,45
15	11 ,56	6 00	11 ,26	5 h. 15'	10^m,07	7 00	12 ,40
30	11 ,56	15	11 ,39	30	10 ,17		
45	11 ,58	30	11 ,50	45	10 ,28	Le 8 septembre.	
7 00	11 ,58	45	11 ,56	6 00	10 ,45	5h.15'	9^m,28
15	11 ,56	7 00	11 ,58	15	10 ,55	30	9 ,42
30	11 ,53	15	11 ,61	30	10 ,72	45	9 ,53
45	11 ,47	30	11 ,69	45	10 ,82	6 00	9 ,66
8 00	11 ,42	45	11 ,69	7 00	10 ,93	15	9 ,84
15	11 ,28	8 00	11 ,61	15	11 ,10	30	9 ,97
30	11 ,20	15	11 ,58	30	11 ,18	45	10 ,17
45	11 ,10	30	11 ,53	45	11 ,23	7 00	10 ,31
9 00	10 ,96	45	11 ,47	8 00	11 ,28	15	10 ,53
15	10 ,88	9 00	11 ,42	15	11 ,37	30	10 ,66
30	10 ,80	15	11 ,29	30	11 ,39	45	10 ,82
45	10 ,72	30	11 ,20	45	11 ,39	8 00	10 ,96
10 00	10 ,58	45	11 ,15	9 00	11 ,39	15	11 ,12
15	10 ,53	10 00	11 ,07	15	11 ,37	30	11 ,23
30	10 ,45	15	10 ,96	30	11 ,28	45	11 ,39
45	10 ,31	30	10 ,91	45	11 ,23	9 00	11 ,45
11 00	10 ,23	45	10 ,85	10 00	11 ,18	15	11 ,45
15	10 ,18	11 00	10 ,80	15	11 ,15	30	11 ,45
30	10 ,12	15	10 ,75	30	11 ,10	45	11 ,47
45	10 ,10	30	10 ,72	45	11 ,07	10 00	11 ,47
Midi.	10 ,07	45	10 ,64	11 00	11 ,04	15	11 ,47
15	10 ,07	Midi.	10 ,61	15	11 ,04	30	11 ,45
30	10 ,10	15	10 ,55	30	11 ,04	45	11 ,45
45	10 ,15	30	10 ,53	45	11 ,04	11 00	11 ,42
1 00	10 ,20	45	10 ,53	Midi.	11 ,04	15	11 ,42
15	10 ,26	1 00	10 ,55	15	10 ,96	30	11 ,39
30	10 ,42	15	10 ,61	30	10 ,96	45	11 ,39

OBSERVATIONS DES MARÉES (PÉTROPAWLOWSKI).

HEURES.	HAUTEURS.	HEURES.	HAUTEURS.	HEURES.	HAUTEURS.	HEURES.	HAUTEURS.
Suite du 8 septembre.		Suite du 9 septembre.		Suite du 10 septembre.		Suite du 11 septembre.	
Midi.	11^m,39	11 h. 30'	11^m,77	11 h. 15'	12^m,09	11h.00'	11^m,17
15	11 ,37	45	11 ,75	30	12 ,18	15	11 ,36
30	11 ,39	Midi.	11 ,75	45	12 ,20	30	11 ,53
45	11 ,42	15	11 ,72	Midi.	12 ,34	45	11 ,72
1 00	11 ,47	30	11 ,72	15	12 ,39	Midi	11 ,83
15	11 ,50	45	11 ,69	30	12 ,45	15	11 ,93
30	11 ,53	1 00	11 ,61	45	12 ,50	30	12 ,12
45	11 ,55	15	11 ,72	1 00	12 ,55	45	12 ,20
2 00	11 ,58	30	11 ,80	15	12 ,58	1 00	12 ,34
15	11 ,61	45	11 ,91	30	12 ,69	15	12 ,42
30	11 ,69	2 00	12 ,07	45	12 ,75	30	12 ,47
45	11 ,74	15	12 ,18	2 30	12 ,77	45	12 ,55
3 00	11 ,80	30	12 ,34	45	12 ,80	2 00	12 ,66
15	11 ,85	45	12 ,42	00	12 ,83	15	12 ,72
30	11 ,91	3 00	12 ,50	15	12 ,85	30	12 ,72
45	12 ,01	15	12 ,56	3 00	12 ,88	45	12 ,75
4 00	12 ,04	30	12 ,66	15	12 ,99	3 00	12 ,77
15	12 ,15	45	12 ,75	30	13 ,02	15	12 ,80
30	12 ,20	4 00	12 ,83	45	13 ,04	30	12 ,80
45	12 ,26	15	12 ,88	4 00	13 ,07	45	12 ,80
5 00	12 ,37	30	12 ,99	15	13 ,12	4 00	12 ,80
15	12 ,39	45	13 ,02	30	13 ,15	15	12 ,80
30	12 ,45	5 00	13 ,04	45	13 ,18	30	12 ,80
45	12 ,50	15	13 ,07	5 00	13 ,23	45	12 ,83
6 00	12 ,56	30	13 ,07	15	13 ,31	5 00	12 ,83
15	12 ,58	45	13 ,10	30	13 ,31	15	12 ,85
30	12 ,56	6 00	13 ,10	45	13 ,31	30	12 ,88
45	12 ,53	15	13 ,10	6 00	13 ,23	45	12 ,91
7 00	12 ,48	30	13 ,07	15	13 ,21	6 00	12 ,99
		45	13 ,02	30	13 ,15	15	12 ,99
				45	13 ,04	30	12 ,99
						45	12 ,99
Le 9 septembre.		Le 10 septembre.		Le 11 septembre.		Le 12 septembre.	
5 h. 30'	8^m,93	5 h. 30'	8^m,77	5 h. 30'	8^m,44	5h.30'	8^m,33
45	9 ,09	45	8 ,79	45	8 ,44	45	8 ,25
6 00	9 ,25	6 00	8 ,85	6 00	8 ,47	6 00	8 ,17
15	9 ,47	15	8 ,95	15	8 ,52	15	8 ,12
30	9 ,63	30	9 ,12	30	8 ,60	30	8 ,12
45	9 ,84	45	9 ,25	45	8 ,63	45	8 ,12
7 00	9 ,84	7 00	9 ,44	7 00	8 ,77	7 00	8 ,12
15	10 ,07	15	9 ,55	15	8 ,87	15	8 ,14
30	10 ,23	30	9 ,74	30	8 ,98	30	8 ,17
45	10 ,39	45	9 ,87	45	9 ,12	45	8 ,22
8 00	10 ,50	8 00	10 ,07	8 00	9 ,20	8 00	8 ,33
15	10 ,63	15	10 ,23	15	9 ,31	15	8 ,50
30	10 ,83	30	10 ,39	30	9 ,47	30	8 ,63
45	10 ,93	45	10 ,55	45	9 ,58	45	8 ,85
9 00	11 ,12	9 00	10 ,74	9 00	9 ,74	9 00	8 ,25
15	11 ,23	15	10 ,85	15	9 ,86	15	9 ,12
30	11 ,37	30	11 ,04	30	10 ,06	30	9 ,25
45	11 ,47	45	11 ,20	45	10 ,23	45	9 ,42
10 00	11 ,58	10 00	11 ,37	10 00	10 ,42	10 00	9 ,55
15	11 ,72	15	11 ,50	15	10 ,58	15	9 ,76
30	11 ,75	30	11 ,61	30	10 ,77	30	9 ,92
45	11 ,77	45	11 ,80	45	10 ,96		
11 00	11 ,77	11 00	11 ,93				
15	11 ,77						

OBSERVATIONS DES MARÉES (PÉTROPAWLOWSKI).

HEURES.	HAUTEURS.	HEURES.	HAUTEURS.	HEURES.	HAUTEURS.	HEURES.	HAUTEURS.
Suite du 12 septembre.		Suite du 13 septembre.		Suite du 14 septembre.		Suite du 15 septembre.	
10 h. 45'	$10^m,15$	10 h. 15'	$9^m,09$	9 h. 45'	$8^m,49$	7h.30'	$9^m,47$
11 00	10 ,31	30	9 ,23	10 00	8 ,60	45	9 ,31
15	10 ,52	45	9 ,42	15	8 ,77	8 00	9 ,20
30	10 ,74	11 00	9 ,61	30	8 ,85	15	9 ,09
45	10 ,90	15	9 ,78	45	8 ,95	30	8 ,95
Midi.	11 ,15	30	9 ,92	11 00	9 ,14	45	8 ,93
15	11 ,37	45	10 ,09	15	9 ,31	9 00	8 ,85
30	11 ,50	Midi.	10 ,25	30	9 ,52	15	8 ,77
45	11 ,61	15	10 ,44	45	9 ,74	30	8 ,66
1 00	11 ,77	30	10 ,61	Midi.	9 ,86	45	8 ,66
15	11 ,88	45	10 ,85	15	10 ,09	10 00	8 ,68
30	12 ,04	1 00	11 ,04	30	10 ,25	15	8 ,79
45	12 ,12	15	11 ,20	45	10 ,50	30	8 ,87
2 00	12 ,23	30	11 ,39	1 00	10 ,71	45	8 ,95
15	12 ,37	45	11 ,55	15	10 ,91	11 00	9 ,14
30	12 ,45	2 00	11 ,74	30	11 ,15	15	9 ,25
45	12 ,55	15	11 ,85	45	11 ,36	30	9 ,44
3 00	12 ,66	30	12 ,01	2 00	11 ,53	45	9 ,68
15	12 ,66	45	12 ,12	15	11 ,72	Midi.	9 ,76
30	12 ,66	3 00	12 ,18	30	11 ,88	15	9 ,92
45	12 ,66	15	12 ,23	45	12 ,04	30	10 ,15
4 00	12 ,66	30	12 ,26	3 00	12 ,12	45	10 ,25
15	12 ,66	45	12 ,34	15	12 ,15	1 00	10 ,44
30	12 ,66	4 00	12 ,34	30	12 ,18	15	10 ,55
45	12 ,66	15	12 ,34	45	12 ,18	30	10 ,74
5 00	12 ,66	30	12 ,26	4 00	12 ,18	45	10 ,90
15	12 ,66	45	12 ,20	15	12 ,15	2 00	11 ,12
30	12 ,66	5 00	12 ,15	30	12 ,09	15	11 ,28
45	12 ,66	15	12 ,10	45	12 ,01	30	11 ,50
6 00	12 ,66	30	12 ,04	5 00	11 ,88	45	11 ,69
15	12 ,58	45	11 ,93	15	11 ,82	3 00	11 ,82
30	12 ,53	6 00	11 ,88	30	11 ,77	15	12 ,01
45	12 ,47	15	11 ,83	45	11 ,72	30	12 ,09
		30	11 ,74	6 00	11 ,58	45	12 ,15
Le 13 septembre.		45	11 ,69	15	11 ,50	4 00	12 ,15
5 h. 15'	$8^m,98$			30	11 ,42	15	12 ,12
30	8 ,87	Le 14 septembre.		10 30	10 ,88	30	12 ,01
45	8 ,77			11 00	10 ,96	45	11 ,88
6 00	8 ,60	5 h. 15'	$9^m,84$	30	11 ,15	5 00	11 ,74
15	8 ,49	30	9 ,74	Minuit.	11 ,28	15	11 ,55
30	8 ,39	45	9 ,55	1 00	11 ,50	30	11 ,47
45	8 ,31	6 00	9 ,12	30	11 ,72	45	11 ,36
7 00	8 ,22	15	9 ,23	2 00	11 ,82	6 00	11 ,20
15	8 ,17	30	9 ,10	30	11 ,88	15	11 ,07
30	8 ,12	45	8 ,90			30	10 ,88
45	8 ,12	7 00	8 ,77	Le 15 septembre.			
8 00	8 ,12	15	8 ,56				
15	8 ,14	30	8 ,49	5 h. 30'	$10^m,39$		
30	8 ,17	45	8 ,36	45	10 ,20		
45	8 ,22	8 00	8 ,28	6 00	10 ,12		
9 00	8 ,31	15	8 ,20	15	9 ,95		
15	8 ,44	30	8 ,17	30	9 ,86		
30	8 ,58	45	8 ,17	45	9 ,78		
45	8 ,77	9 00	8 ,20	7 00	9 ,66		
10 00	8 ,90	15	8 ,25	15	9 ,58		
		30	8 ,33				

OBSERVATIONS DES MARÉES.

MONTEREY (HAUTE-CALIFORNIE),

AU DÉBARCADÈRE.

Latitude 36°36' N.—Longitude 124°13 O.

DU 20 OCTOBRE AU 5 NOVEMBRE 1837.

PAR M. BAULLINE.

Heure de l'établissement du port 9 h. 52'. — Unité de marée 0 m. 98 c.

HEURES.	HAUTEURS.	HEURES.	HAUTEURS.	HEURES.	HAUTEURS.	HEURES.	HAUTEURS.
Le 20 octobre.		Suite du 21 octobre.		Le 22 octobre.		Suite du 22 octobre.	
Midi 30'	1^m,08	9 h. 15'	0^m,83	6 h. 00'	1^m,21	3h.00'	1^m,03
45	1 ,10	30	0 ,81	15	1 ,19	15	1 ,05
1 00	1 ,13	45	0 ,78	30	1 ,16	30	1 ,08
15	1 ,13	10 00	0 ,75	45	1 ,16	45	1 ,11
30	1 ,16	15	0 ,75	7 00	1 ,13	4 00	1 ,13
45	1 ,19	30	0 ,75	15	1 ,11	15	1 ,16
2 00	1 ,19	45	0 ,78	30	1 ,08	30	1 ,19
15	1 ,21	11 00	0 ,81	45	1 ,08	45	1 ,19
30	1 ,24	15	0 ,83	8 00	1 ,05	5 00	1 ,19
45	1 ,24	30	0 ,86	15	1 ,02	15	1 ,16
3 00	1 ,21	45	0 ,89	30	1 ,00	30	1 ,16
15	1 ,19	Midi.	0 ,92	45	0 ,97	45	1 ,13
30	1 ,16	15	0 ,92	9 00	0 ,94	6 00	1 ,11
45	1 ,13	30	0 ,94	15	0 ,92	Le 23 octobre.	
4 00	1 ,10	45	0 ,94	30	0 ,89		
15	1 ,08	1 00	0 ,97	45	0 ,89	7h.00'	0^m,86
30	1 ,05	15	1 ,00	10 00	0 ,86	30	0 ,83
45	1 ,03	30	1 ,00	15	0 ,84	45	0 ,81
5 00	1 ,00	45	1 ,03	30	0 ,84	8 00	0 ,78
15	0 ,97	2 00	1 ,05	45	0 ,81	15	0 ,73
30	0 ,94	15	1 ,08	11 00	0 ,78	30	0 ,70
45	0 ,89	30	1 ,08	15	0 ,78	45	0 ,67
6 00	0 ,89	45	1 ,11	30	0 ,78	9 00	0 ,65
Le 21 octobre.		3 00	1 ,11	45	0 ,78	15	0 ,62
6 h. 30'	1^m,05	15	1 ,13	Midi.	0 ,78	30	0 ,59
45	1 ,03	30	1 ,13	15	0 ,78	45	0 ,56
7 00	1 ,00	45	1 ,16	30	0 ,81	10 00	0 ,54
15	0 ,97	4 00	1 ,16	45	0 ,83	15	0 ,51
30	0 ,94	15	1 ,16	1 00	0 ,83	30	0 ,48
45	0 ,92	30	1 ,13	15	0 ,86	45	0 ,46
8 00	0 ,92	45	1 ,11	30	0 ,86	11 00	0 ,43
15	0 ,89	5 00	1 ,11	45	0 ,89	15	0 ,40
30	0 ,89	15	1 ,08	2 00	0 ,92	30	0 ,37
45	0 ,86	30	1 ,02	15	0 ,94	45	0 ,35
9 00	0 ,83	45	1 ,00	30	0 ,97	Midi.	0 ,32
		6 00	0 ,99	45	1 ,00		

OBSERVATIONS DES MARÉES (MONTEREY).

HEURES.	HAUTEURS.	HEURES.	HAUTEURS.	HEURES.	HAUTEURS.	HEURES.	HAUTEURS.
Suite du 23 octobre.		Suite du 24 octobre.		Suite du 25 octobre.		Suite du 26 octobre.	
Midi. 15'	0^m,32	1 h. 15'	0^m,13	2 h. 45'	0^m,05	4h. 15'	0^m,16
3	0 ,32	30	0 ,13	3 00	0 ,08	30	0 ,21
4	0 ,32	45	0 ,16	15	0 ,13	45	0 ,24
1 00	0 ,35	2 00	0 ,16	30	0 ,19	5 00	0 ,29
15	0 ,35	15	0 ,19	45	0 ,24	15	0 ,35
30	0 ,37	30	0 ,21	4 00	0 ,27	30	0 ,40
45	0 ,37	45	0 ,24	15	0 ,32	45	0 ,46
2 00	0 ,40	3 00	0 ,27	30	0 ,37	Le 27 octobre.	
15	0 ,43	15	0 ,29	45	0 ,40		
30	0 ,46	30	0 ,32	5 00	0 ,46	6h. 15'	0^m,75
45	0 ,48	45	0 ,35	15	0 ,51	30	0 ,81
3 00	0 ,54	4 00	0 ,38	30	0 ,56	45	0 ,86
15	0 ,56	15	0 ,43	45	0 ,62	7 00	0 ,92
30	0 ,59	30	0 ,46	Le 26 octobre.		15	0 ,94
45	0 ,62	45	0 ,48			30	1 ,00
4 00	0 ,65	5 00	0 ,51	6 h. 15'	0^m,81	45	1 ,03
15	0 ,67	15	0 ,56	30	0 ,86	8 00	1 ,08
30	0 ,70	30	0 ,62	45	0 ,89	15	1 ,13
45	0 ,75	45	0 ,67	7 00	0 ,94	30	1 ,16
5 00	0 ,78	6 00	0 ,73	15	1 ,00	45	1 ,19
15	0 ,81	Le 25 octobre.		30	1 ,03	9 00	1 ,16
30	0 ,84			45	1 ,08	15	1 ,13
45	0 ,86	6 h. 30'	0^m,81	8 00	1 ,11	30	1 ,11
6 00	0 ,89	45	0 ,84	15	1 ,13	45	1 ,05
Le 24 octobre.		7 00	0 ,89	30	1 ,13	10 00	1 ,00
		15	0 ,92	45	1 ,11	15	0 ,94
6 h. 00'	0^m,75	30	0 ,94	9 00	1 ,08	30	0 ,89
15	0 ,78	45	0 ,94	15	1 ,03	45	0 ,86
30	0 ,81	8 00	0 ,94	30	1 ,00	11 00	0 ,81
45	0 ,84	15	0 ,92	45	0 ,97	15	0 ,73
7 00	0 ,86	30	0 ,92	10 00	0 ,92	30	0 ,67
15	0 ,86	45	0 ,89	15	0 ,86	45	0 ,59
30	0 ,84	9 00	0 ,86	30	0 ,81	Midi.	0 ,54
45	0 ,84	15	0 ,84	45	0 ,75	15	0 ,46
8 00	0 ,81	30	0 ,81	11 00	0 ,70	30	0 ,40
15	0 ,81	45	0 ,75	15	0 ,65	45	0 ,32
30	0 ,78	10 00	0 ,73	30	0 ,59	1 00	0 ,27
45	0 ,73	15	0 ,67	45	0 ,54	15	0 ,19
9 00	0 ,70	30	0 ,65	Midi.	0 ,48	30	0 ,13
15	0 ,65	45	0 ,59	15	0 ,46	45	0 ,06
30	0 ,59	11 00	0 ,54	30	0 ,40	2 00	—0 ,00
45	0 ,56	15	0 ,51	45	0 ,35	15	—0 ,06
10 00	0 ,54	30	0 ,46	1 00	0 ,29	30	—0 ,11
15	0 ,48	45	0 ,40	15	0 ,27	45	—0 ,15
30	0 ,46	Midi.	0 ,38	30	0 ,19	3 00	—0 ,16
45	0 ,40	15	0 ,32	45	0 ,13	15	—0 ,19
11 00	0 ,38	30	0 ,27	2 00	0 ,08	30	—0 ,17
15	0 ,35	45	0 ,21	15	0 ,03	45	—0 ,14
30	0 ,32	1 00	0 ,16	30	0 ,00	4 00	—0 ,08
45	0 ,27	15	0 ,11	45	—0 ,03	15	—0 ,03
Midi.	0 ,21	30	0 ,05	3 00	—0 ,03	30	0 ,03
15	0 ,19	45	0 ,02	15	0 ,00	45	0 ,08
30	0 ,16	2 00	0 ,02	30	0 ,02	5 00	0 ,13
45	0 ,13	15	0 ,02	45	0 ,05	15	0 ,19
1 00	0 ,13	30	0 ,02	4 00	0 ,11	30	0 ,27
						45	0 ,32

OBSERVATIONS DES MARÉES (MONTEREY).

HEURES.	HAUTEURS.	HEURES.	HAUTEURS.	HEURES.	HAUTEURS.	HEURES.	HAUTEURS.
Le 28 octobre.		Suite du 29 octobre.		Suite du 30 octobre.		Suite du 31 octobre.	
6 h. 30'	$0^m,86$	8 h. 00'	$1^m,11$	9 h. 30'	$1^m,30$	11h.00'	$1^m,35$
45	0 ,91	15	1 ,16	45	1 ,30	15	1 ,32
7 00	0 ,97	30	1 ,21	10 00	1 ,32	30	1 ,24
15	1 ,03	45	1 ,27	15	1 ,32	45	1 ,19
30	1 ,11	9 00	1 ,30	30	1 ,30	Midi.	1 ,11
45	1 ,16	15	1 ,32	45	1 ,24	15	1 ,05
8 00	1 ,21	30	1 ,32	11 00	1 ,19	30	1 ,00
15	1 ,24	45	1 ,30	15	1 ,13	45	0 ,92
30	1 ,30	10 00	1 ,27	30	1 ,05	1 00	0 ,84
45	1 ,32	15	1 ,21	45	1 ,00	15	0 ,78
9 00	1 ,35	30	1 ,13	Midi.	0 ,94	30	0 ,70
15	1 ,38	45	1 ,05	15	0 ,86	45	0 ,62
30	1 ,38	11 00	1 ,00	30	0 ,81	2 00	0 ,54
45	1 ,35	15	0 ,92	45	0 ,73	15	0 ,46
10 00	1 ,30	30	0 ,84	1 00	0 ,75	30	0 ,38
15	1 ,21	45	0 ,78	15	0 ,62	45	0 ,29
30	1 ,16	Midi.	0 ,70	30	0 ,54	3 00	0 ,21
45	1 ,08	15	0 ,70	45	0 ,46	15	0 ,13
11 00	1 ,00	30	0 ,62	2 00	0 ,40	30	0 ,05
15	0 ,92	45	0 ,56	15	0 ,32	45	—0 ,03
30	0 ,86	1 00	0 ,48	30	0 ,24	4 00	—0 ,11
45	0 ,78	15	0 ,40	45	0 ,19	15	—0 ,19
Midi.	0 ,70	30	0 ,35	3 00	0 ,10	30	—0 ,30
15	0 ,62	45	0 ,27	15	0 ,03	45	—0 ,35
30	0 ,54	2 00	0 ,21	30	—0 ,05	5 00	—0 ,36
45	0 ,43	15	0 ,13	45	—9 ,14	15	—0 ,38
1 00	0 ,35	30	0 ,05	4 00	—0 ,22	30	—0 ,38
15	0 ,27	45	—0 ,01	15	—0 ,30	45	—0 ,38
30	0 ,16	3 00	—0 ,06	30	—0 ,36		
45	0 ,08	15	—0 ,14	45	—0 ,41	Le 1er novembre.	
2 00	0 ,00	30	—0 ,22	5 00	—0 ,43	6h.30'	$0^m,59$
15	—0 ,06	45	—0 ,28	15	—0 ,43	45	0 ,65
30	—0 ,14	4 00	—0 ,33	30	—0 ,41	7 00	0 ,67
45	—0 ,19	15	—0 ,39	45	—0 ,35	15	0 ,73
3 00	—0 ,22	30	—0 ,41			30	0 ,78
15	—0 ,24	45	—0 ,41	Le 31 octobre.		45	0 ,81
30	—0 ,27	5 00	—0 ,38	6 h. 15'	$0^m,65$	8 00	0 ,86
45	—0 ,30	15	—0 ,32	30	0 ,70	15	0 ,92
4 00	—0 ,30	30	—0 ,27	45	0 ,75	30	0 ,94
15	—0 ,27	45	—0 ,22	7 00	0 ,84	45	1 ,03
30	—0 ,23			15	0 ,89	9 00	1 ,08
45	—0 ,19	Le 30 octobre.		30	0 ,94	15	1 ,13
5 00	—0 ,14	6 h. 15'	$0^m,70$	45	0 ,97	30	1 ,16
15	—0 ,08	30	0 ,78	8 00	1 ,02	45	1 ,21
30	0 ,00	45	0 ,84	15	1 ,08	10 00	1 ,24
45	0 ,06	7 00	0 ,92	30	1 ,13	15	1 ,27
		15	0 ,97	45	1 ,16	30	1 ,30
Le 29 octobre.		30	1 ,02	9 00	1 ,21	45	1 ,32
6 h. 15'	$0^m,67$	45	1 ,08	15	1 ,27	11 00	1 ,32
30	0 ,73	8 00	1 ,11	30	1 ,30	15	1 ,35
45	0 ,81	15	1 ,13	45	1 ,32	30	1 ,38
7 00	0 ,89	30	1 ,19	10 00	1 ,35	45	1 ,35
15	0 ,94	45	1 ,21	15	1 ,35	Midi.	1 ,32
30	1 ,03	9 00	1 ,24	30	1 ,35	15	1 ,27
45	1 ,08	15	1 ,27	45	1 ,38	30	1 ,21

OBSERVATIONS DES MARÉES (MONTEREY).

HEURES.	HAUTEURS.	HEURES.	HAUTEURS.	HEURES.	HAUTEURS.	HEURES.	HAUTEURS.
Suite du 1er novembre.		Suite du 2 novembre.		Le 4 novembre.		Suite du 5 novembre.	
Midi 45'	1^m,13	4 h. 15	0^m,54	6 h. 30'	0^m,56	8 h. 45'	0^m,59
1 00	1 ,08	30	0 ,48	45	0 ,56	9 00	0 ,59
15	1 ,03	45	0 ,40	7 00	0 ,59	15	0 ,62
30	0 ,97	5 00	0 ,35	15	0 ,59	30	0 ,62
45	0 ,92	15	0 ,29	30	0 ,59	45	0 ,65
2 00	0 ,84	30	0 ,24	45	0 ,59	10 00	0 ,67
15	0 ,78	45	0 ,19	8 00	0 ,62	15	0 ,70
30	0 ,70			30	0 ,63	30	0 ,73
45	0 ,65	Le 3 novembre.		45	0 ,65	45	0 ,75
3 00	0 ,59			9 00	0 ,67		
15	0 ,51	6 h. 30'	0^m,51	15	0 ,70		
30	0 ,43	45	0 ,51	30	0 ,73		
45	0 ,38	7 00	0 ,54	45	0 ,78		
4 00	0 ,32	15	0 ,56	10 00	0 ,81		
		30	0 ,59	15	0 ,84		
Le 2 novembre.		45	0 ,62	30	0 ,86		
		8 00	0 ,65	45	0 ,92		
6 h. 30'	0^m,56	15	0 ,67	11 00	0 ,94		
45	0 ,59	30	0 ,70	15	0 ,97		
7 00	0 ,62	45	0 ,73	30	1 ,00		
15	0 ,65	9 00	0 ,78	45	1 ,03		
30	0 ,67	15	0 ,81	Midi.	1 ,08		
45	0 ,70	30	0 ,83	15	1 ,11		
8 00	0 ,73	45	0 ,89	30	1 ,13		
15	0 ,75	10 00	0 ,92	45	1 ,16		
30	0 ,81	15	0 ,97	1 00	1 ,16		
45	0 ,84	30	1 ,00	15	1 ,19		
9 00	0 ,86	45	1 ,05	30	1 ,19		
15	0 ,89	11 00	1 ,08	45	1 ,16		
30	0 ,94	15	1 ,11	2 00	1 ,16		
45	0 ,97	30	1 ,16	15	1 ,13		
10 00	1 ,03	45	1 ,19	30	1 ,11		
15	1 ,05	Midi.	1 ,21	45	1 ,08		
30	1 ,08	15	1 ,27	3 00	1 ,05		
45	1 ,13	30	1 ,27	15	1 ,03		
11 00	1 ,16	45	1 ,24	30	1 ,00		
15	1 ,19	1 00	1 ,21	45	0 ,97		
30	1 ,24	30	1 ,19	4 00	0 ,92		
45	1 ,27	15	1 ,13	15	0 ,86		
Midi.	1 ,30	45	1 ,11	30	0 ,84		
15	1 ,32	2 00	1 ,08	45	0 ,81		
30	1 ,30	15	1 ,03	5 00	0 ,75		
45	1 ,24	30	0 ,97	15	0 ,70		
1 00	1 ,21	45	0 ,92	30	0 ,67		
15	1 ,16	3 00	0 ,86				
30	1 ,13	15	0 ,81	Suite du 5 novembre.			
45	1 ,08	30	0 ,75				
2 00	1 ,03	45	0 ,70	6 h. 30'	0^m,62		
15	1 ,00	4 00	0 ,65	45	0 ,59		
30	0 ,97	15	0 ,62	7 00	0 ,59		
45	0 ,92	30	0 ,59	15	0 ,59		
3 00	0 ,86	45	0 ,51	30	0 ,59		
15	0 ,81	5 00	0 ,46	45	0 ,59		
30	0 ,75	15	0 ,40	8 00	0 ,59		
45	0 ,67	30	0 ,35	15	0 ,59		
4 00	0 ,62	45	0 ,29	30	0 ,59		

OBSERVATIONS DES MARÉES.

BAIE DE LA MADELEINE,

À LA COTE N. O.

Latitude 24°36' N.—Longitude 114°25' O.

DU 27 NOVEMBRE AU 5 DÉCEMBRE 1837,

PAR M. RAULLINE.

Heure de l'établissement du port 7 h. 37'. — Unité de marée 1 m. 38 c.

HEURES.	HAUTEURS.	HEURES.	HAUTEURS.	HEURES.	HAUTEURS.	HEURES.	HAUTEURS.
Le 27 novembre.		Suite du 28 novembre.		Suite du 29 novembre.		Suite du 29 novembre.	
2 h. 00'	1m,19	10 h. 45'	2m,65	7 h. 45'	3m,35	4 h. 45'	1m,35
15	1 ,13	11 00	2 ,54	8 00	3 ,41	5 00	1 ,43
30	1 ,13	15	2 ,41	15	3 ,43	15	1 ,54
45	1 ,16	30	2 ,30	30	3 ,43	30	1 ,62
3 00	1 ,21	45	2 ,18	45	3 ,41	45	»
15	1 ,27	Midi.	2 ,04	9 00	3 ,35		
30	1 ,32	15	1 ,92	15	3 ,30	Le 30 novembre.	
45	1 ,38	30	1 ,81	30	3 ,25		
4 00	1 ,43	45	1 ,70	45	3 ,19	6 h. 30'	2m,84
15	1 ,51	1 00	1 ,59	10 00	3 ,14	45	2 ,92
30	1 ,59	15	1 ,46	15	3 ,03	7 00	3 ,00
45	1 ,67	30	1 ,35	30	2 ,92	15	3 ,11
5 00	1 ,73	45	1 ,27	45	2 ,81	30	3 ,19
15	1 ,86	2 00	1 ,19	11 00	2 ,70	45	3 ,25
30	1 ,97	15	1 ,13	15	2 ,60	8 00	3 ,27
		30	1 ,11	30	2 ,49	15	3 ,32
Le 28 novembre.		45	1 ,08	45	2 ,35	30	3 ,35
		3 00	1 ,08	Midi.	2 ,21	45	3 ,38
6 h. 15'	3m,05	15	1 ,13	15	2 ,10	9 00	3 ,38
30	3 ,14	30	1 ,16	30	1 ,99	15	3 ,38
45	3 ,22	45	1 ,21	45	1 ,89	30	3 ,35
7 00	3 ,30	4 00	1 ,27	1 00	1 ,78	45	3 ,30
15	3 ,38	15	1 ,30	15	1 ,68	10 00	3 ,25
38	3 ,41	30	1 ,38	30	1 ,57	15	3 ,19
45	3 ,41	45	1 ,43	45	1 ,46	30	3 ,11
8 00	3 ,38	5 00	1 ,49	2 00	1 ,38	45	3 ,05
15	3 ,35	15	1 ,57	15	1 ,27	11 00	2 ,98
30	3 ,33	30	1 ,65	30	1 ,19	15	2 ,89
45	3 ,30			45	1 ,13	30	2 ,81
9 00	3 ,25	Le 29 novembre.		3 00	1 ,11	45	2 ,70
15	3 ,19			15	1 ,08	Midi.	2 ,60
30	3 ,11	6 h. 30'	2m,84	30	1 ,05	15	2 ,49
45	3 ,03	45	2 ,98	45	1 ,08	30	2 ,38
10 00	2 ,92	7 00	3 ,08	4 00	1 ,13	45	2 ,23
15	2 ,84	15	3 ,19	15	1 ,19	1 00	2 ,10
30	2 ,76	30	3 ,30	30	1 ,27	15	1 ,99

OBSERVATIONS DES MARÉES (BAIE DE LA MADELEINE).

HEURES.	HAUTEURS.	HEURES.	HAUTEURS.	HEURES.	HAUTEURS.	HEURES.	HAUTEURS
Suite du 30 novembre.		Suite du 1er novembre.		Suite du 3 décembre.		Suite du 4 décembre.	
1 h. 30'	1m,89	4 h. 45'	1m,30	8 h. 15'	2m,46	11h.30'	2m,54
45	1 ,76	5 00	1 ,21	30	2 ,49	45	2 ,57
2 00	1 ,68	15	1 ,19	45	2 ,51	Midi	2 ,60
15	1 ,59	30	1 ,19	9 00	2 ,54	15	2 ,62
30	1 ,51	Le 2 décembre.		15	2 ,60	30	2 ,65
45	1 ,40			30	2 ,65	45	2 ,65
3 00	1 ,35	6 h. 30'	2m,35	45	2 ,70	1 00	2 ,65
15	1 ,30	45	2 ,43	10 00	2 ,73	15	2 ,62
30	1 ,24	7 00	2 ,49	15	2 ,78	30	2 ,62
45	1 ,19	15	2 ,54	30	2 ,81	45	2 ,60
4 00	1 ,16	30	2 ,57	45	2 ,84	2 00	2 ,60
15	1 ,13	45	2 ,65	11 30	2 ,86	15	2 ,57
30	1 ,13	8 00	2 ,68	15	2 ,89	30	2 ,57
45	1 ,16	15	2 ,76	30	2 ,92	45	2 ,54
5 00	1 ,21	30	2 ,81	45	2 ,92	3 00	2 ,54
15	1 ,27	45	2 ,87	Midi.	2 ,89	15	2 ,51
30	,35	9 00		15	2 ,87	30	2 ,49
Le 1er décembre.		15	2 ,89	30	2 ,84	45	2 ,46
		30	2 ,95	45	2 ,81	4 00	2 ,41
6 h. 30'	2m,51	45	3 ,00	1 00	2 ,78	15	2 ,38
45	2 ,60	10 00	3 ,03	15	2 ,76	30	2 ,32
7 00	2 ,68	15	3 ,05	30	2 ,70	45	2 ,27
15	2 ,73	30	3 ,05	45	2 ,68	5 00	2 ,21
30	2 ,81	45	3 ,03	2 00	2 ,62	15	2 ,15
45	2 ,87	11 00	3 ,03	15	2 ,54	30	2 ,10
8 00	2 ,95	15	3 ,00	30	2 ,51	Le 5 décembre.	
15	3 ,03	30	2 ,97	45	2 ,46		
30	3 ,08	45	2 ,95	3 00	2 ,41	6h.30'	2m,35
45	3 ,14	Midi.	2 ,89	15	2 ,35	45	2 ,33
9 00	3 ,19	15	2 ,87	30	2 ,30	7 00	2 ,30
15	3 ,22	30	2 ,81	45	2 ,23	15	2 ,23
30	3 ,25	45	2 ,73	4 00	2 ,18	30	2 ,21
45	3 ,27	1 00	2 ,68	15	2 ,12	45	2 ,15
10 00	3 ,27	15	2 ,65	30	2 ,07	8 00	2 ,15
15	3 ,19	30	2 ,57	45	2 ,02	15	2 ,12
30	3 ,16	45	2 ,49	5 00	1 ,97	30	2 ,12
45	3 ,08	2 00	2 ,43	15	1 ,89	45	2 ,10
11 00	3 ,00	15	2 ,35	30	1 ,86	9 00	2 ,10
15	2 ,95	30	2 ,27	Le 4 décembre.		15	2 ,10
30	2 ,89	45	2 ,18			30	2 ,10
45	2 ,84	3 00	2 ,10	6 h. 30'	2m,21	45	2 ,10
Midi.	2 ,78	15	2 ,02	45	2 ,18	10 00	2 ,10
15	2 ,68	30	1 ,95	7 00	2 ,18	15	2 ,10
30	2 ,62	45	1 ,86	15	2 ,18	30	2 ,12
45	2 ,54	4 00	1 ,81	30	2 ,18	45	2 ,12
1 00	2 ,46	15	1 ,73	45	2 ,18	11 00	2 ,15
15	2 ,35	30	1 ,65	8 00	2 ,18	15	2 ,18
30	2 ,30	45	1 ,57	15	2 ,21	30	2 ,21
45	2 ,23	5 00	1 ,49	30	2 ,21	45	2 ,23
2 00	2 ,18	15	1 ,40	45	2 ,23	Midi.	2 ,30
15	2 ,10	30	1 ,32	9 00	2 ,23	15	2 ,32
30	2 ,04	Le 3 décembre.		15	2 ,27	30	2 ,35
45	1 ,97			30	2 ,30	45	2 ,41
3 00	1 ,89	6 h. 30'	2m,18	45	2 ,32	1 00	2 ,43
15	1 ,81	45	2 ,21	10 00	2 ,35	15	2 ,46
30	1 ,73	7 00	2 ,27	15	2 ,41	30	2 ,49
45	1 ,65	15	2 ,30	30	2 ,43	45	2 ,51
4 00	1 ,57	30	2 ,35	45	2 ,46	2 00	2 ,54
15	1 ,49	45	2 ,38	11 00	2 ,49	15	2 ,57
30	1 ,41	8 00	2 ,43	15	2 ,51	30	2 ,57
						45	2 ,57

OBSERVATIONS DES MARÉES.

ACAPULCO,

A L'EXTRÉMITÉ OCCIDENTALE DE LA PLAGE DE SABLE QUI LONGE LA VILLE

Latitude 16°50' N. — Longitude 102°09' O.

DU 10 AU 21 JANVIER 1838,

PAR M. RAULLINE.

Heure de l'établissement du port 3 h. 05'. — Unité de marée 0 m. 37 c.

HEURES.	HAUTEURS.	HEURES.	HAUTEURS.	HEURES.	HAUTEURS.	HEURES.	HAUTEURS.
Le 10 janvier.		Suite du 10 janvier.		Suite du 11 janvier.		Suite du 11 janvier.	
6 h. 00'	1^m.,86	3 h. 00'	1^m.,78	11 h. 00'	1^m.,70	8 h. 00'	1^m.,54
15	1 ,86	15	1 ,78	15	1 ,70	15	1 ,51
30	1 ,84	30	1 ,78	30	1 ,73	30	1 ,51
45	1 ,84	45	1 ,76	45	1 ,73	45	1 ,49
7 00	1 ,81	4 00	1 ,76	Midi.	1 ,73	9 00	1 ,49
15	1 ,81	15	1 ,76	15	1 ,76	15	1 ,49
30	1 ,81	30	1 ,73	30	1 ,76	30	1 ,49
45	1 ,81	45	1 ,73	45	1 ,76	45	1 ,49
8 00	1 ,78	5 00	1 ,70	1 00	1 ,76	10 00	1 ,51
15	1 ,78	15	1 ,70	15	1 ,78	Le 12 janvier.	
30	1 ,78	30	1 ,68	30	1 ,78		
45	1 ,76	45	1 ,68	45	1 ,78	2 h. 00'	2^m.,21
9 00	1 ,76	6 00	1 ,65	2 00	1 ,81	15	2 ,21
15	1 ,76	Le 11 janvier.		15	1 ,81	30	2 ,23
30	1 ,76			30	1 ,81	45	2 ,23
45	1 ,76	6 h. 00'	1^m.,89	45	1 ,81	3 00	2 ,27
10 00	1 ,76	15	1 ,86	3 00	1 ,81	15	2 ,27
15	1 ,76	30	1 ,86	15	1 ,81	30	2 ,27
30	1 ,76	45	1 ,84	30	1 ,81	45	2 ,27
45	1 ,76	7 00	1 ,84	45	1 ,78	4 00	2 ,30
11 00	1 ,76	15	1 ,81	4 00	1 ,76	15	2 ,27
15	1 ,78	30	1 ,81	15	1 ,76	30	2 ,27
30	1 ,78	45	1 ,78	30	1 ,73	45	2 ,27
45	1 ,78	8 00	1 ,78	45	1 ,70	5 00	2 ,23
Midi.	1 ,81	15	1 ,76	5 00	1 ,70	6 15	1 ,95
15	1 ,81	30	1 ,76	15	1 ,67	30	1 ,99
30	1 ,81	45	1 ,76	30	1 ,65	45	1 ,92
45	1 ,84	9 00	1 ,76	45	1 ,62	7 00	1 ,89
1 00	1 ,84	15	1 ,73	6 00	1 ,62	15	1 ,86
15	1 ,84	30	1 ,73	15	1 ,59	30	1 ,84
30	1 ,84	45	1 ,70	30	1 ,59	45	1 ,84
45	1 ,84	10 00	1 ,67	45	1 ,59	8 00	1 ,81
2 00	1 ,84	15	1 ,67	7 00	1 ,59	15	1 ,78
15	1 ,84	30	1 ,67	15	1 ,57	30	1 ,76
30	1 ,81	45	1 ,70	30	1 ,57	45	1 ,76
45	1 ,81			45	1 ,54		

OBSERVATIONS DES MARÉES (ACAPULCO).

HEURES.	HAUTEURS.	HEURES.	HAUTEURS.	HEURES.	HAUTEURS.	HEURES.	HAUTEURS
Suite du 12 janvier.		Suite du 13 janvier.		Le 14 janvier.		Le 15 janvier.	
				4 h. 00'	1^m,97		
9 h. 00'	1^m,73	5 h. 15'	2^m,23	15	1 ,99	6 h. 00'	2^m,10
15	1 ,73	30	2 ,21	30	1 ,99	15	2 ,10
30	1 ,70	45	2 ,21	45	2 ,02	30	2 ,10
45	1 ,67	7 h. 15'	2 ,07	5 00	2 ,02	45	2 ,07
10 00	1 ,67	30	2 ,04	15	2 ,04	7 00	2 ,07
15	1 ,65	45	2 ,04	30	2 ,04	15	2 ,07
30	1 ,65	8 00	2 ,02	45	2 ,02	30	2 ,04
45	1 ,67	15	2 ,99	6 00	2 ,02	45	2 ,04
11 00	1 ,67	30	1 ,97	15	2 ,02	8 00	2 ,04
15	1 ,70	45	1 ,97	30	1 ,99	15	2 ,02
30	1 ,70	9 00	1 ,95	45	1 ,99	30	1 ,99
45	1 ,70	15	1 ,92	7 00	1 ,97	45	1 ,97
Midi.	1 ,70	30	1 ,89	15	1 ,95	9 00	1 ,95
15	1 ,73	45	1 ,89	30	1 ,95	15	1 ,95
30	1 ,76	10 00	1 ,86	45	1 ,92	30	1 ,92
45	1 ,76	15	1 ,84	8 00	1 ,89	45	1 ,89
1 00	1 ,78	30	1 ,81	15	1 ,86	10 00	1 ,86
15	1 ,81	45	1 ,81	30	1 ,86	15	1 ,86
30	1 ,81	11 30	1 ,78	45	1 ,84	30	1 ,84
45	1 ,84	15	1 ,76	9 00	1 ,81	45	1 ,81
2 00	1 ,84	30	1 ,76	15	1 ,81	11 00	1 ,78
15	1 ,84	45	1 ,76	30	1 ,78	15	1 ,76
30	1 ,84	Midi.	1 ,76	45	1 ,78	30	1 ,73
45	1 ,86	15	1 ,76	10 00	1 ,78	45	1 ,73
3 00	1 ,86	30	1 ,78	15	1 ,78	Midi.	1 ,70
15	1 ,86	45	1 ,78	30	1 ,73	15	1 ,68
30	1 ,86	1 00	1 ,81	45	1 ,70	30	1 ,68
45	1 ,86	15	1 ,81	11 00	1 ,70	45	1 ,68
4 00	1 ,86	30	1 ,81	15	1 ,68	1 00	1 ,68
15	1 ,86	45	1 ,84	30	1 ,68	15	1 ,70
30	1 ,86	2 00	1 ,84	45	1 ,65	30	1 ,70
45	1 ,84	15	1 ,84	Midi.	1 ,65	45	1 ,73
5 00	1 ,84	30	1 ,86	15	1 ,65	2 00	1 ,73
15	1 ,81	45	1 ,86	30	1 ,68	15	1 ,76
30	1 ,81	3 00	1 ,86	45	1 ,68	30	1 ,76
45	1 ,78	15	1 ,86	1 00	1 ,70	45	1 ,78
9 00	1 ,54	30	1 ,89	15	1 ,70	3 00	1 ,78
15	1 ,54	45	1 ,89	30	1 ,73	15	1 ,81
30	1 ,51	4 00	1 ,89	45	1 ,73	30	1 ,81
45	1 ,51	15	1 ,89	2 00	1 ,76	45	1 ,84
10 00	1 ,49	30	1 ,89	15	1 ,76	4 00	1 ,84
15	1 ,49	45	1 ,89	30	1 ,78	15	1 ,87
30	1 ,49	5 00	1 ,89	45	1 ,78	30	1 ,87
45	1 ,49	15	1 ,89	3 00	1 ,81	45	1 ,89
11 00	1 ,49	30	1 ,89	15	1 ,84	5 00	1 ,89
15	1 ,51	45	1 ,86	30	1 ,84	15	1 ,92
		6 00	1 ,84	45	1 ,86	30	1 ,92
Le 13 janvier.		10 15	1 ,62	4 00	1 ,86	45	1 ,95
		30	1 ,59	15	1 ,89	6 00	1 ,95
3 h. 30'	2^m,18	45	1 ,59	30	1 ,89	15	1 ,97
45	2 ,18	11 00	1 ,57	45	1 ,92	30	1 ,97
4 00	2 ,21	15	1 ,57	5 00	1 ,92	45	1 ,97
15	2 ,23	30	1 ,59	15	1 ,95	7 00	1 ,97
30	2 ,23	45	1 ,59	30	1 ,95	15	1 ,95
45	2 ,23	Minuit.	1 ,62	45	1 ,95		
5 00	2 ,23			6 00	1 ,95		
				15	1 ,95		

OBSERVATIONS DES MARÉES (ACAPULCO).

HEURES.	HAUTEURS.	HEURES.	HAUTEURS.	HEURES.	HAUTEURS.	HEURES.	HAUTEURS.
Le 16 janvier.		Le 17 janvier.		Le 18 janvier.		Suite du 19 janvier.	
Minuit 15'	1m,65	1 h. 00'	1m,67	1 h. 45'	1m,65	6h.15'	1m,99
30	1 ,65	15	1 ,67	2 00	1 ,65	30	2 ,02
45	1 ,62	30	1 ,67	15	1 ,62	45	2 ,02
1 00	1 ,62	45	1 ,65	30	1 ,62	7 00	2 ,04
15	1 ,62	2 00	1 ,65	45	1 ,62	15	2 ,04
30	1 ,62	15	1 ,65	3 00	1 ,62	30	2 ,04
45	1 ,65	30	1 ,67	15	1 ,65	45	2 ,04
6 15	1 ,97	45	1 ,67	6 30	1 ,97	8 00	2 ,04
30	1 ,99	6 15	1 ,73	45	1 ,99	15	2 ,04
45	1 ,99	30	1 ,73	7 00	1 ,99	30	2 ,02
7 00	1 ,99	45	1 ,76	15	2 ,02	45	2 ,02
15	2 ,02	7 00	1 ,76	30	2 ,04	9 00	1 ,99
30	2 ,02	15	1 ,76	45	2 ,04	15	1 ,99
45	1 ,99	30	1 ,78	8 00	2 ,02	30	1 ,97
8 00	1 ,99	45	1 ,78	15	2 ,02	45	1 ,95
15	1 ,97	8 00	1 ,78	30	1 ,99	10 00	1 ,95
30	1 ,95	15	1 ,78	45	1 ,97	15	1 ,92
45	1 ,95	30	1 ,76	9 00	1 ,95	30	1 ,89
9 00	1 ,92	45	1 ,76	15	1 ,92	45	1 ,86
15	1 ,89	9 00	1 ,73	30	1 ,92	11 00	1 ,86
30	1 ,86	15	1 ,70	45	1 ,89	15	1 ,84
45	1 ,86	30	1 ,70	10 00	1 ,86	30	1 ,81
10 00	1 ,84	45	1 ,67	15	1 ,84	45	1 ,78
15	1 ,81	10 00	1 ,67	30	1 ,84	Midi.	1 ,78
30	1 ,78	15	1 ,65	45	1 ,81	15	1 ,76
45	1 ,78	30	1 ,65	11 00	1 ,78	30	1 ,73
11 00	1 ,76	45	1 ,62	15	1 ,76	45	1 ,70
15	1 ,73	11 00	1 ,62	30	1 ,76	1 00	1 ,70
30	1 ,70	15	1 ,59	45	1 ,73	15	1 ,67
45	1 ,70	30	1 ,59	Midi.	1 ,70	30	1 ,65
Midi.	1 ,68	45	1 ,59	15	1 ,67	45	1 ,65
15	1 ,65	Midi.	1 ,57	30	1 ,65	2 00	1 ,65
30	1 ,65	15	1 ,57	45	1 ,65	15	1 ,65
45	1 ,62	30	1 ,57	1 00	1 ,62	30	1 ,67
1 00	1 ,62	45	1 ,54	15	1 ,65	45	1 ,67
15	1 ,59	1 00	1 ,54	30	1 ,65	3 00	1 ,67
30	1 ,59	15	1 ,54	45	1 ,67	15	1 ,70
45	1 ,62	30	1 ,51	2 00	1 ,67	30	1 ,70
2 00	1 ,62	45	1 ,54	15	1 ,70	45	1 ,70
15	1 ,65	2 00	1 ,54	30	1 ,73	4 00	1 ,73
30	1 ,65	15	1 ,57	45	1 ,73	15	1 ,73
45	1 ,67	30	1 ,59	3 00	1 ,76	30	1 ,73
3 00	1 ,70	45	1 ,59	15	1 ,76	45	1 ,76
15	1 ,73	3 00	1 ,62	30	1 ,78	5 00	1 ,78
30	1 ,73	15	1 ,65	45	1 ,78	15	1 ,78
45	1 ,76	30	1 ,65	4 00	1 ,81	30	1 ,81
4 00	1 ,78	45	1 ,67	15	1 ,81	45	1 ,84
15	1 ,81	4 00	1 ,70	30	1 ,84	6 00	1 ,84
30	1 ,81	15	1 ,73	45	1 ,84		
45	1 ,84	30	1 ,73	5 00	1 ,84	Le 20 janvier.	
5 00	1 ,86	45	1 ,76	15	1 ,86		
15	1 ,89	5 00	1 ,78	30	1 ,86	6h.15'	1m,86
30	1 ,89	15	1 ,81	45	1 ,86	30	1 ,89
45	1 ,92	30	1 ,81	6 00	1 ,86	45	1 ,89
		45	1 ,84			7 00	1 ,92
		6 00	1 ,86			15	1 ,92

OBSERVATIONS DES MARÉES (ACAPULCO).

HEURES.	HAUTEURS.	HEURES.	HAUTEURS.	HEURES.	HAUTEURS.	HEURES.	HAUTEURS.
Suite du 20 janvier.		Suite du 20 janvier.		Le 21 janvier.		Suite du 21 janvier.	
7 h. 30'	1^m,92	1 h. 30'	1^m,59	6 h. 15'	1^m,86	Midi 15'	1^m,59
45	1 ,92	45	1 ,57	30	1 ,89	30	1 ,57
8 00	1 ,92	2 00	1 ,57	45	1 ,89	45	1 ,57
15	1 ,92	15	1 ,57	7 00	1 ,92	1 00	1 ,54
30	1 ,92	30	1 ,59	15	1 ,89	15	1 ,54
45	1 ,89	45	1 ,59	30	1 ,89	30	1 ,54
9 00	1 ,89	3 00	1 ,62	45	1 ,86	45	1 ,54
15	1 ,89	15	1 ,65	8 00	1 ,86	2 00	1 ,54
30	1 ,86	30	1 ,67	15	1 ,84	15	1 ,54
45	1 ,86	45	1 ,67	30	1 ,84	30	1 ,54
10 00	1 ,86	4 00	1 ,70	45	1 ,81	45	1 ,54
15	1 ,84	15	1 ,73	9 00	1 ,81	3 00	1 ,54
30	1 ,81	30	1 ,76	15	1 ,78	15	1 ,57
45	1 ,78	45	1 ,76	30	1 ,78	30	1 ,57
11 00	1 ,78	5 00	1 ,78	45	1 ,76	45	1 ,57
15	1 ,76	15	1 ,78	10 00	1 ,76	4 00	1 ,57
30	1 ,73	30	1 ,81	15	1 ,73	15	1 ,59
45	1 ,70	45	1 ,84	30	1 ,73	30	1 ,62
Midi.	1 ,70	6 00	1 ,86	45	1 ,70	45	1 ,65
15	1 ,67			11 00	1 ,67	5 00	1 ,65
30	1 ,65			15	1 ,65	15	1 ,67
45	1 ,65			30	1 ,65	30	1 ,67
1 00	1 ,62			45	1 ,62	45	1 ,70
15	1 ,59			Midi.	1 ,59	6 00	1 ,73

OBSERVATIONS DES MARÉES.

A PAYTA (PÉROU),

AU DÉBARCADÈRE.

Latitude 5°7' S. — Longitude 83°32' O.

DU 7 AU 14 JUIN 1838.

PAR M. RAULLINE.

Heure de l'établissement du port 3 h. 18'. — Unité de marée 0 m. 89 c.

HEURES.	HAUTEURS.	HEURES.	HAUTEURS.	HEURES.	HAUTEURS.	HEURES.	HAUTEURS.
Le 7 juin.		Suite du 7 juin.		Suite du 8 juin.		Suite du 9 juin.	
7 h. 45'	1m,08	4 h. 45'	1m,62	1 h. 00'	1m,57	7 h. 00'	1m,59
8 00	1 ,03	5 00	1 ,57	15	1 ,62	15	1 ,54
15	0 ,94	15	1 ,49	30	1 ,70	30	1 ,46
30	0 ,92	30	1 ,41	45	1 ,76	45	1 ,38
45	0 ,92	45	1 ,35	2 00	1 ,84	8 00	1 ,30
9 00	0 ,94			15	1 ,89	15	1 ,24
15	0 ,97	Le 8 juin.		30	1 ,95	30	1 ,16
30	1 ,00			45	1 ,97	45	1 ,08
10 00	1 ,03	6 h. 00'	1m,70	3 00	1 ,99	9 00	1 ,03
15	1 ,08	15	1 ,62	15	1 ,99	15	0 ,97
30	1 ,11	30	1 ,54	30	2 ,02	30	0 ,92
45	1 ,13	45	1 ,46	45	2 ,02	45	0 ,89
11 00	1 ,16	7 00	1 ,38	4 00	1 ,99	10 00	0 ,84
15	1 ,21	15	1 ,30	15	1 ,95	15	0 ,86
30	1 ,27	30	1 ,22	30	1 ,86	30	0 ,92
45	1 ,32	45	1 ,13	45	1 ,78	45	0 ,97
Midi.	1 ,38	8 00	1 ,08	5 00	1 ,70	11 00	1 ,00
15	1 ,46	15	1 ,03	15	1 ,65	15	1 ,05
30	1 ,54	30	0 ,97	30	1 ,57	30	1 ,11
45	1 ,62	45	0 ,94	45	1 ,49	45	1 ,16
1 00	1 ,68	9 00	0 ,92	9 30	0 ,59	Midi.	1 ,21
15	1 ,73	15	0 ,89	45	0 ,56	15	1 ,27
30	1 ,81	30	0 ,89	10 00	0 ,54	30	1 ,32
45	1 ,86	45	0 ,86	15	0 ,54	45	1 ,38
2 00	1 ,89	10 00	0 ,89	30	0 ,56	1 00	1 ,43
15	1 ,92	15	0 ,94	45	0 ,59	15	1 ,49
30	1 ,92	30	1 ,03			30	1 ,59
45	1 ,95	45	1 ,08	Le 9 juin.		45	1 ,59
3 00	1 ,95	11 00	1 ,11			2 00	1 ,65
15	1 ,95	15	1 ,13	3 h. 15'	1m,95	15	1 ,70
30	1 ,95	30	1 ,16	30	1 ,99	30	1 ,76
45	1 ,92	45	1 ,21	45	2 ,02	45	1 ,81
4 00	1 ,86	Midi.	1 ,30	4 00	2 ,04	3 00	1 ,86
15	1 ,81	15	1 ,38	15	2 ,04	15	1 ,89
30	1 ,76	30	1 ,46	30	2 ,02	30	1 ,95
45	1 ,67	45	1 ,51	45	1 ,97	45	1 ,97

OBSERVATIONS DES MARÉES (PAYTA).

HEURES.	HAUTEURS.	HEURES.	HAUTEURS.	HEURES.	HAUTEURS.	HEURES.	HAUTEURS.
Suite du 9 juin.		Suite du 10 juin.		Suite du 11 juin.		Suite du 12 juin.	
4 h. 00'	2^m,02	2 h. 15'	1 ,51	Midi 30'	0^m,92	2h.00'	1^m,11
15	2 ,02	30	1 ,57	45	0 ,94	15	1 ,16
30	1 ,97	45	1 ,62	1 00	0 ,97	30	1 ,24
45	1 ,92	3 00	1 ,70	15	1 ,00	45	1 ,27
5 00	1 ,84	15	1 ,78	30	1 ,05	3 00	1 ,30
15	1 ,81	30	1 ,84	45	1 ,11	15	1 ,35
30	1 ,76	45	1 ,89	2 00	1 ,16	30	1 ,38
45	1 ,68	4 00	1 ,92	15	1 ,21	45	1 ,43
9 30	0 ,62	15	1 ,95	30	1 ,27	4 00	1 ,49
45	0 ,56	30	1 ,97	45	1 ,32	15	1 ,54
10 00	0 ,54	45	1 ,97	3 00	1 ,38	30	1 ,57
15	0 ,51	5 00	1 ,97	15	1 ,43	45	1 ,62
30	0 ,51	15	1 ,97	30	1 ,49	5 00	1 ,67
45	0 ,51	30	1 ,92	45	1 ,57	15	1 ,73
11 00	0 ,54	45	1 ,89	4 00	1 ,62	30	1 ,81
15	0 ,59	10 15	0 ,65	15	1 ,70	45	1 ,86
30	0 ,65	30	0 ,62	30	1 ,76		
		45	0 ,59	45	1 ,84	Le 13 juin.	
Le 10 juin.		11 00	0 ,58	5 00	1 ,86		
		15	0 ,56	15	1 ,89	6h.15'	1^m,92
3 h. 45'	1^m,95	30	0 ,56	30	1 ,92	30	1 ,99
4 00	1 ,99	45	0 ,59	45	1 ,95	45	2 ,04
15	2 ,07	Minuit	0 ,62			7 00	2 ,10
30	2 ,10	15	0 ,67	Le 12 juin.		15	2 ,12
45	2 ,10					30	2 ,15
5 00	2 ,07	Le 11 juin.		6 h. 15'	1^m,99	45	2 ,15
15	2 ,02			30	2 ,02	8 00	2 ,10
7 00	1 ,54	4 h. 45'	1^m,89	45	2 ,02	15	2 ,07
15	1 ,46	5 00	1 ,95	7 00	2 ,02	30	2 ,02
30	1 ,41	15	1 ,97	15	1 ,97	45	1 ,97
45	1 ,35	30	2 ,02	30	1 ,95	9 00	1 ,89
8 00	1 ,30	45	2 ,02	45	1 ,89	15	1 ,84
15	1 ,27	6 00	1 ,99	8 00	1 ,86	30	1 ,76
30	1 ,24	15	1 ,95	15	1 ,81	45	1 ,70
45	1 ,21	7 00	1 ,86	30	1 ,76	10 00	1 ,65
9 00	1 ,19	15	1 ,81	45	1 ,70	15	1 ,57
15	1 ,16	30	1 ,78	9 00	1 ,68	30	1 ,51
30	1 ,13	45	1 ,76	15	1 ,62	45	1 ,46
45	1 ,08	8 00	1 ,70	30	1 ,57	11 00	1 ,40
10 00	1 ,05	15	1 ,68	45	1 ,54	15	1 ,35
15	1 ,00	30	1 ,62	10 00	1 ,46	30	1 ,30
30	0 ,97	45	1 ,57	15	1 ,38	45	1 ,24
45	0 ,92	9 00	1 ,49	30	1 ,32	Midi.	1 ,19
11 00	0 ,89	15	1 ,41	45	1 ,27	15	1 ,13
15	0 ,89	30	1 ,32	11 00	1 ,21	30	1 ,08
30	0 ,92	45	1 ,27	15	1 ,19	45	1 ,05
45	0 ,94	10 00	1 ,21	30	1 ,13	1 00	1 ,03
Midi.	1 ,00	15	1 ,16	45	1 ,08	15	1 ,00
15	1 ,05	30	1 ,11	Midi.	1 ,03	30	0 ,97
30	1 ,13	45	1 ,05	15	0 ,97	45	0 ,94
45	1 ,19	11 00	1 ,00	30	0 ,94	2 00	0 ,97
1 00	1 ,24	15	0 ,94	45	0 ,92	15	1 ,00
15	1 ,30	30	0 ,92	1 00	0 ,92	30	1 ,03
30	1 ,35	45	0 ,89	15	0 ,92	45	1 ,08
45	1 ,41	Midi.	0 ,89	30	1 ,00	3 00	1 ,16
2 00	1 ,46	15	0 ,89	45	1 ,05	15	1 ,19

OBSERVATIONS DES MARÉES (PAYTA).

HEURES.	HAUTEURS.	HEURES.	HAUTEURS.	HEURES.	HAUTEURS.	HEURES.	HAUTEURS.
Suite du 13 juin.		Le 14 juin.		Suite du 14 juin.		Suite du 14 juin.	
3 h. 30'	1^m,24	6 h. 30'	1^m,81	10 h. 30'	1^m,65	2 h. 30'	1^m,03
45	1 ,27	45	1 ,86	45	1 ,59	45	1 ,03
4 00	1 ,32	7 00	1 ,89	11 00	1 ,57	3 00	1 ,05
15	1 ,35	15	1 ,95	15	1 ,54	15	1 ,08
30	1 ,43	30	1 ,97	30	1 ,51	30	1 ,11
45	1 ,49	45	1 ,99	45	1 ,49	45	1 ,13
5 00	1 ,54	8 00	2 ,02	Midi.	1 ,46	4 00	1 ,19
15	1 ,59	15	2 ,04	15	1 ,43	15	1 ,24
30	1 ,62	30	2 ,04	30	1 ,41	30	1 ,27
45	1 ,67	45	2 ,02	45	1 ,35	45	1 ,32
		9 00	2 ,02	1 00	1 ,27	5 00	1 ,35
		15	1 ,97	15	1 ,21	15	1 ,41
		30	1 ,89	30	1 ,16	30	1 ,46
		45	1 ,84	45	1 ,11	45	1 ,51
		10 00	1 ,76	2 00	1 ,08		
		15	1 ,70	15	1 ,05		

OBSERVATIONS DES MARÉES.

A L'ILE CHARLES (GALAPAGOS),

DANS POST–OFFICE–BAY.

Latitude 1°44' S. — Longitude 92°53' O.

DU 26 JUIN AU 2 JUILLET 1838,

PAR M. LEROUX.

Heure de l'établissement du port 3 h. 33'. — Unité de marée 0 m. 89 c.

HEURES.	HAUTEURS.	HEURES.	HAUTEURS.	HEURES.	HAUTEURS.	HEURES.	HAUTEURS.
Le 26 juin.		Midi.	0^m.,16	Suite du 29 juin.		Le 2 juillet.	
		15	0 ,11				
9 h. 00'	0^m.,62	30	0 ,00	2 h. 15'	0 ,16	10h.15'	1^m.,13
15	0 ,54	45	0 ,13	30	0 ,21	30	1 ,21
30	0 ,43	1 00	0 ,32	45	0 ,32	45	1 ,16
45	0 ,35	15	0 ,59			11 00	1 ,11
10 00	0 ,29			Le 30 juin.		3 00	0 ,27
15	0 ,27	Le 28 juin.				45	0 ,21
30	0 ,27			8 h. 30'	1^m.,19	4 00	0 ,19
45	0 ,16	6 h. 30'	1^m.,19	45	1 ,21	15	0 ,16
11 00	0 ,13	45	1 ,21	9 00	1 ,24	30	0 ,13
15	0 ,16	7 00	1 ,24	15	1 ,19	45	0 ,21
30	0 ,21	15	1 ,27	30	1 ,11	5 00	0 ,27
45	0 ,27	30	1 ,27	45	1 ,05		
5 15	1 ,19	45	1 ,24	2 30	0 ,32		
30	1 ,24	Midi 45	0 ,21	45	0 ,27		
45	1 ,30	1 00	0 ,21	3 00	0 ,21		
6 00	1 ,30	15	0 ,19	15	0 ,27		
15	1 ,24	30	0 ,27	30	0 ,32		
30	1 ,11	45	0 ,32				
				Le 1er juillet.			
Le 27 juin.		Le 29 juin.					
				9 h. 00'	1^m.,13		
6 h. 15'	1^m.,24	7 h. 45'	1^m.,13	15	1 ,19		
30	1 ,30	8 00	1 ,19	30	1 ,24		
45	1 ,30	15	1 ,30	45	1 ,30		
7 00	1 ,24	30	1 ,24	10 00	1 ,24		
15	1 ,16	45	1 ,16	2 30	0 ,32		
11 00	0 ,43	1 15	»	45	0 ,27		
15	0 ,32	30	0 ,32	3 00	0 ,16		
30	0 ,27	45	0 ,27	15	0 ,32		
45	0 ,21	2 00	0 ,21	30	0 ,43		

OBSERVATIONS DES MARÉES.

A L'ILE CHRISTINE (ARCHIPEL DES MARQUISES),

DANS RÉSOLUTION–BAY.

Latitude 9°56' S. — Longitude 141°32' O.

LE 5, 6 ET 7 AOUT 1838,

PAR M. LEROUX.

Heure de l'établissement du port 5 h. 07'. — Unité de marée 0 m. 92 c.

HEURES.	HAUTEURS.	HEURES.	HAUTEURS.	HEURES.	HAUTEURS.	HEURES.	HAUTEURS.
Le 5 août.		Suite du 5 août.		Suite du 5 août.		Suite du 5 août.	
9 h. 15'	0^m,48	11 h. 45'	0^m,92	2 h. 15'	1^m,51	4 h. 45'	1^m,78
30	0 ,32	Midi.	0 ,97	30	1 ,57	5 00	1 ,78
45	0 ,48	15	1 ,02	45	1 ,62	Le 6 août.	P. M.
10 00	0 ,59	30	1 ,05	3 00	1 ,70		
15	0 ,65	45	1 ,11	15	1 ,76	4 h. 30'	2^m,04
30	0 ,70	1 00	1 ,13	30	1 ,78		
45	0 ,75	15	1 ,24	45	1 ,95	Le 7 août.	B. M.
11 00	0 ,81	30	1 ,30	4 00	1 ,89		
15	0 ,84	45	1 ,41	15	1 ,86	10 h. 45'	0^m,32
30	0 ,86	2 00	1 ,46	30	1 ,84		

OBSERVATIONS DES MARÉES.
A L'ILE TAHITI,
DANS LA BAIE DE PAPÉÏTI.

Latitude 17°32' S. — Longitude 151°54' O.

DU 1er AU 11 SEPTEMBRE 1838,

PAR MM. RAULLINE ET LEROUX.

Marées très-faibles et très-irrégulières. La mer est pleine tous les jours vers 1 heure de l'après-midi.

HEURES.	HAUTEURS.	HEURES.	HAUTEURS.	HEURES.	HAUTEURS.	HEURES.	HAUTEURS.
Le 1er septembre.		Suite du 2 septembre.		Le 3 septembre.		Suite du 3 septembre.	
2 h. 00'	1m,24	10 h. 15'	1m,30	6 h. 00'	1m,08	3 h. 00'	1m,27
15	1 ,21	30	1 ,30	15	1 ,05	30	1 ,24
30	1 ,21	45	1 ,32	30	1 ,05	45	1 ,21
45	1 ,19	11 00	1 ,35	45	1 ,08	4 00	1 ,21
3 00	1 ,19	15	1 ,38	7 00	1 ,11	15	1 ,19
15	1 ,16	30	1 ,41	15	1 ,11	30	1 ,19
30	1 ,16	45	1 ,43	30	1 ,11	45	1 ,16
45	1 ,13	Midi.	1 ,46	45	1 ,13	5 00	1 ,16
4 00	1 ,13	15	1 ,46	8 00	1 ,13	15	1 ,13
15	1 ,11	30	1 ,43	15	1 ,13	30	1 ,11
30	1 ,11	45	1 ,41	30	1 ,16	45	1 ,08
45	1 ,08	1 00	1 ,41	45	1 ,16	6 00	1 ,08
5 00	1 ,08	15	1 ,38	9 00	1 ,19	15	1 ,05
15	1 ,05	30	1 ,35	15	1 ,21	30	1 ,05
30	1 ,05	45	1 ,35	30	1 ,21		
45	1 ,03	2 00	1 ,32	45	1 ,24	Le 4 septembre.	
6 00	1 ,03	15	1 ,30	10 00	1 ,27		
		30	1 ,27	15	1 ,27	6 h. 00'	1m,05
Le 2 septembre.		45	1 ,27	30	1 ,30	15	1 ,05
		3 00	1 ,24	45	1 ,32	30	1 ,05
6 h. 15'	1m,08	15	1 ,21	11 00	1 ,32	45	1 ,08
30	1 ,08	30	1 ,19	15	1 ,35	7 00	1 ,08
45	1 ,08	45	1 ,16	30	1 ,38	15	1 ,11
7 00	1 ,11	4 00	1 ,16	45	1 ,40	30	1 ,11
15	1 ,11	15	1 ,13	Midi.	1 ,40	45	1 ,11
30	1 ,13	30	1 ,13	15	1 ,43	8 00	1 ,13
45	1 ,13	45	1 ,11	30	1 ,43	15	1 ,13
8 00	1 ,13	5 00	1 ,11	45	1 ,43	30	1 ,16
15	1 ,16	15	1 ,08	1 00	1 ,40	45	1 ,16
30	1 ,16	30	1 ,08	15	1 ,40	9 00	1 ,19
45	1 ,19	45	1 ,05	30	1 ,38	15	1 ,21
9 00	1 ,19	6 00	1 ,05	45	1 ,38	30	1 ,21
15	1 ,21	15	1 ,03	2 00	1 ,35	45	1 ,24
30	1 ,24			15	1 ,32	10 00	1 ,27
45	1 ,27			30	1 ,30	15	1 ,27
10 00	1 ,27			45	1 ,27	30	1 ,30

OBSERVATIONS DES MARÉES (TAHITI).

HEURES.	HAUTEURS.	HEURES.	HAUTEURS.	HEURES.	HAUTEURS.	HEURES.	HAUTEURS.
Suite du 4 septembre.		Suite du 5 septembre.		Suite du 6 septembre.		Suite du 7 septembre.	
10 h. 45'	1^m,30	11 h. 15'	1^m,32	Midi.	1^m,35	Midi 30'	1^m,35
11 00	1 ,32	30	1 ,32	15	1 ,38	45	1 ,35
15	1 ,35	45	1 ,35	30	1 ,38	1 00	1 ,35
30	1 ,35	Midi.	1 ,35	45	1 ,38	15	1 ,35
45	1 ,38	15	1 ,38	1 00	1 ,35	30	1 ,38
Midi.	1 ,41	30	1 ,40	15	1 ,35	45	1 ,38
15	1 ,41	45	1 ,41	30	1 ,35	2 00	1 ,38
30	1 ,41	1 00	1 ,43	45	1 ,35	15	1 ,41
45	1 ,43	15	1 ,43	2 00	1 ,32	30	1 ,41
1 00	1 ,43	30	1 ,46	15	1 ,32	45	1 ,41
15	1 ,41	45	1 ,43	30	1 ,32	3 00	1 ,38
30	1 ,41	2 00	1 ,43	45	1 ,30	15	1 ,38
45	1 ,38	15	1 ,41	3 00	1 ,30	30	1 ,35
2 00	1 ,38	30	1 ,38	15	1 ,27	45	1 ,35
15	1 ,35	45	1 ,35	30	1 ,27	4 00	1 ,32
30	1 ,35	3 00	1 ,35	45	1 ,24	15	1 ,32
45	1 ,32	15	1 ,32	4 00	1 ,24	30	1 ,30
3 00	1 ,30	30	1 ,32	15	1 ,21	45	1 ,30
15	1 ,30	45	1 ,30	30	1 ,21	5 00	1 ,27
30	1 ,27	4 00	1 ,27	45	1 ,19	15	1 ,27
45	1 ,27	15	1 ,27	5 00	1 ,19	30	1 ,24
4 00	1 ,24	30	1 ,24	15	1 ,16	45	1 ,24
15	1 ,21	45	1 ,21	30	1 ,16	6 00	1 ,21
30	1 ,19	5 00	1 ,19	45	1 ,13	15	1 ,21
45	1 ,19	15	1 ,19	6 00	1 ,13		1 ,19
5 00	1 ,16	30	1 ,16	15	1 ,11	Le 8 septembre.	
15	1 ,16	45	1 ,13	30	1 ,11		
30	1 ,13	6 00	1 ,11	Le 7 septembre.		6 h.00'	1^m,16
45	1 ,13	15	1 ,11			15	1 ,16
6 00	1 ,11	Le 6 septembre.		6 h. 00'	1^m,00	30	1 ,19
15	1 ,08			15	1 ,03	45	1 ,13
30	1 ,05	6 h. 00'	1^m,03	30	1 ,05	7 00	1 ,11
Le 5 septembre.		15	1 ,05	45	1 ,08	15	1 ,11
		30	1 ,05	7 00	1 ,08	30	1 ,13
6 h. 00'	1^m,08	45	1 ,08	15	1 ,11	45	1 ,13
15	1 ,08	7 00	1 ,08	30	1 ,11	8 00	1 ,13
30	1 ,05	15	1 ,11	45	1 ,13	15	1 ,13
45	1 ,08	30	1 ,11	8 00	1 ,13	30	1 ,16
7 00	1 ,08	45	1 ,13	15	1 ,13	45	1 ,16
15	1 ,11	8 00	1 ,13	30	1 ,16	9 00	1 ,16
30	1 ,11	15	1 ,16	45	1 ,16	15	1 ,19
45	1 ,11	30	1 ,16	9 00	1 ,16	30	1 ,19
8 00	1 ,13	45	1 ,19	15	1 ,16	45	1 ,21
15	1 ,13	9 00	1 ,19	30	1 ,16	10 00	1 ,21
30	1 ,13	15	1 ,19	45	1 ,19	15	1 ,24
45	1 ,16	30	1 ,21	10 00	1 ,19	30	1 ,24
9 00	1 ,16	45	1 ,21	15	1 ,21	45	1 ,24
15	1 ,19	10 00	1 ,21	30	1 ,21	11 00	1 ,27
30	1 ,19	15	1 ,21	45	1 ,24	15	1 ,27
45	1 ,21	30	1 ,24	11 00	1 ,24	30	1 ,27
10 00	1 ,21	45	1 ,24	15	1 ,27	45	1 ,30
15	1 ,24	11 00	1 ,24	30	1 ,27	Midi.	1 ,30
30	1 ,27	15	1 ,27	45	1 ,30	15	1 ,30
45	1 ,27	30	1 ,30	Midi.	1 ,30	30	1 ,30
11 00	1 ,30	45	1 ,32	15	1 ,32	45	1 ,30

OBSERVATIONS DES MARÉES (TAHITI).

HEURES.	HAUTEURS.	HEURES.	HAUTEURS.	HEURES.	HAUTEURS.	HEURES.	HAUTEURS.
Suite du 8 septembre.		Suite du 9 septembre.		Suite du 10 septembre.		Suite du 11 septembre.	
1 h. 00'	1^m,30	1 h. 45'	1^m,24	2 h. 30'	1 ,24	3 h. 00'	1^m,21
15	1 ,30	2 00	1 ,24	45	1 ,24	15	1 ,21
30	1 ,30	15	1 ,24	3 00	1 ,24	30	1 ,21
45	1 ,32	30	1 ,24	15	1 ,21	45	1 ,19
2 00	1 ,30	45	1 ,21	30	1 ,21	4 00	1 ,19
15	1 ,27	3 00	1 ,21	45	1 ,21	15	1 ,16
30	1 ,27	15	1 ,21	4 00	1 ,21	30	1 ,16
45	1 ,27	30	1 ,21	15	1 ,21	45	1 ,16
3 00	1 ,27	45	1 ,19	30	1 ,21	5 00	1 ,16
15	1 ,27	4 00	1 ,19	45	1 ,19	15	1 ,16
30	1 ,27	15	1 ,16	5 00	1 ,19	30	1 ,16
45	1 ,27	30	1 ,16	15	1 ,19	45	1 ,13
4 00	1 ,24	45	1 ,16	30	1 ,19	6 00	1 ,13
15	1 ,24	5 00	1 ,16	45	1 ,16	15	1 ,13
30	1 ,24	15	1 ,16	6 00	1 ,16		
45	1 ,21	30	1 ,16	15	1 ,13		
5 00	1 ,21	45	1 ,13	30	1 ,13		
15	1 ,21	6 00	1 ,13	Le 11 septembre.			
30	1 ,19	15	1 ,13	6 h. 00'	1^m,16		
45	1 ,19	Le 10 septembre.		15	1 ,16		
6 00	1 ,16	6 h. 00'	1^m,19	30	1 ,16		
15	1 ,16	15	1 ,19	45	1 ,16		
Le 9 septembre.		30	1 ,19	7 00	1 ,19		
6 h. 00'	1^m,16	45	1 ,16	15	1 ,19		
15	1 ,16	7 00	1 ,16	30	1 ,21		
30	1 ,13	15	1 ,19	45	1 ,21		
45	1 ,13	30	1 ,19	8 00	1 ,21		
7 00	1 ,11	45	1 ,19	15	1 ,21		
15	1 ,11	8 00	1 ,19	30	1 ,24		
30	1 ,08	15	1 ,21	45	1 ,24		
45	1 ,11	30	1 ,21	9 00	1 ,24		
8 00	1 ,11	45	1 ,21	15	1 ,24		
15	1 ,11	9 00	1 ,24	30	1 ,27		
30	1 ,13	15	1 ,24	45	1 ,27		
45	1 ,13	30	1 ,24	10 00	1 ,27		
9 00	1 ,13	45	1 ,24	15	1 ,27		
15	1 ,13	10 00	1 ,24	30	1 ,30		
30	1 ,13	15	1 ,27	45	1 ,30		
45	1 ,16	30	1 ,27	11 00	1 ,30		
10 00	1 ,16	45	1 ,27	15	1 ,32		
15	1 ,19	11 00	1 ,27	30	1 ,32		
30	1 ,19	15	1 ,27	45	1 ,32		
45	1 ,21	30	1 ,27	Midi.	1 ,32		
11 00	1 ,21	45	1 ,27	15	1 ,32		
15	1 ,24	Midi.	1 ,27	30	1 ,32		
30	1 ,24	15	1 ,30	45	1 ,32		
45	1 ,27	30	1 ,30	1 00	1 ,35		
Midi.	1 ,27	45	1 ,32	15	1 ,35		
15	1 ,27	1 00	1 ,32	30	1 ,32		
30	1 ,27	15	1 ,32	45	1 ,32		
45	1 ,27	30	1 ,32	2 00	1 ,32		
1 00	1 ,27	45	1 ,30	15	1 ,30		
15	1 ,27	2 00	1 ,27	30	1 ,24		
30	1 ,27	15	1 ,27	45	1 ,24		

OBSERVATIONS DES MARÉES.

A LA BAIE-DES-ILES (NOUVELLE-ZÉLANDE),

DANS L'ANSE DE M. ROBERTSON.

Latitude 35°45' S. — Longitude 174°50' E.

DU 13 AU 28 OCTOBRE 1838.

PAR M. BRISSAULT.

Heure de l'établissement du port 7 h. 49'. — Unité de marée 1 m. 02 c.

HEURES.	HAUTEURS.	HEURES.	HAUTEURS.	HEURES.	HAUTEURS.	HEURES.	HAUTEURS.
Le 13 octobre.		Suite du 14 octobre.		Suite du 14 octobre.		Suite du 15 octobre.	
1 h. 30'	1^m.,86	8 h 15'	1 ,21	4 h. 30'	2^m.,30	Midi.	1 ,00
45	1 ,92	30	1 ,13	45	2 ,27	15	1 ,05
2 00	1 ,99	45	1 ,08	5 00	2 ,21	30	1 ,11
15	2 ,04	9 00	1 ,00	15	2 ,18	45	1 ,16
30	2 ,10	15	0 ,97	30	2 ,12	1 00	1 ,21
45	2 ,15	30	0 ,94	45	2 ,04	15	1 ,30
3 00	2 ,21	45	0 ,92	6 00	2 ,02	30	1 ,41
15	2 ,21	10 00	0 ,89	15	1 ,99	45	1 ,46
30	2 ,23	15	0 ,89	30	1 ,95	2 00	1 ,54
45	2 ,23	30	0 ,92	45	1 ,92	15	1 ,70
4 00	2 ,04	45	0 ,94	7 00	1 ,86	30	1 ,76
15	2 ,18	11 00	0 ,94			45	1 ,81
30	2 ,12	15	1 ,00	Le 15 octobre.		3 00	1 ,86
45	2 ,10	30	1 ,05			15	1 ,95
5 00	2 ,07	45	1 ,11	7 h. 15'	1^m.,81	30	2 ,04
15	2 ,02	Midi.	1 ,16	30	1 ,78	45	2 ,12
30	1 ,97	15	1 ,19	45	1 ,70	4 00	2 ,18
45	1 ,95	30	1 ,21	8 00	1 ,62	15	2 ,27
6 00	1 ,89	45	1 ,30	15	1 ,54	30	2 ,30
15	1 ,84	1 00	1 ,38	30	1 ,46	45	2 ,30
30	1 ,78	30	1 ,46	45	1 ,38	5 00	2 ,32
45	1 ,76	15	1 ,54	9 00	1 ,30	15	2 ,32
7 00	1 ,73	45	1 ,62	15	1 ,21	30	2 ,30
		2 00	1 ,73	30	1 ,13	45	2 ,27
Le 14 octobre.		15	1 ,84	45	1 ,05	6 00	2 ,23
		30	1 ,95	10 00	0 ,97	15	2 ,18
6 h. 30'	1^m.,76	45	2 ,04	15	0 ,94	30	2 ,12
45	1 ,65	3 00	2 ,10	30	0 ,92	45	2 ,07
7 00	1 ,57	15	2 ,18	45	0 ,89	7 00	2 ,02
15	1 ,48	30	2 ,18	11 00	0 ,89		
30	1 ,43	45	2 ,21	15	0 ,89		
45	1 ,38	4 00	2 ,23	30	0 ,92		
8 00	1 ,30	15	2 ,27	45	0 ,94		

OBSERVATIONS DES MARÉES (NOUVELLE-ZÉLANDE).

HEURES.	HAUTEURS.	HEURES.	HAUTEURS.	HEURES.	HAUTEURS.	HEURES.	HAUTEURS.
Le 16 octobre.		Suite du 17 octobre.		Suite du 18 octobre.		Suite du 19 octobre.	
7 h. 00'	2^m,51	7 h. 30'	2 ,21	8 h. 00'	2 ,27	9h.00'	2^m,04
15	2 ,43	45	2 ,15	15	2 ,21	15	1 ,97
30	2 ,38	8 00	2 ,10	30	2 ,12	30	1 ,89
45	1 ,95	15	2 ,02	45	2 ,04	45	1 ,84
8 00	1 ,89	30	1 ,97	9 00	1 ,97	10 00	1 ,78
15	1 ,78	45	1 ,95	15	1 ,89	15	1 ,73
30	1 ,70	9 00	1 ,89	30	1 ,81	30	1 ,65
45	1 ,65	15	1 ,78	45	1 ,73	45	1 ,54
9 00	1 ,59	30	1 ,73	10 00	1 ,62	11 00	1 ,49
15	1 ,49	45	1 ,59	15	1 ,49	15	1 ,43
30	1 ,41	10 00	1 ,46	30	1 ,41	30	1 ,38
45	1 ,32	15	1 ,32	45	1 ,30	45	1 ,27
10 00	1 ,24	30	1 ,24	Midi.	1 ,21	Midi.	1 ,16
15	1 ,13	45	1 ,19	15	1 ,13	15	1 ,11
30	1 ,08	11 00	1 ,08	30	1 ,05	30	1 ,03
45	1 ,03	15	0 ,97	45	0 ,97	45	0 ,97
11 00	0 ,97	30	0 ,92	1 00	0 ,86	1 00	0 ,92
15	0 ,94	45	0 ,86	15	0 ,81	15	0 ,86
30	0 ,92	Midi.	0 ,84	30	0 ,81	30	0 ,81
45	0 ,89	15	0 ,81	45	0 ,86	45	0 ,81
Midi.	0 ,89	30	0 ,81	2 00	0 ,86	2 00	0 ,76
15	0 ,89	45	0 ,81	15	0 ,92	15	0 ,81
30	0 ,92	1 00	0 ,78	30	0 ,92	30	0 ,86
45	0 ,97	15	0 ,86	45	0 ,94	45	0 ,92
1 00	1 ,03	30	1 ,24	3 00	1 ,03	3 00	0 ,94
15	1 ,08	45	0 ,97	15	1 ,08	15	1 ,05
30	1 ,16	2 00	1 ,03	30	1 ,13	30	1 ,16
45	1 ,24	15	1 ,13	45	1 ,19	45	1 ,27
2 00	1 ,32	30	1 ,19	4 00	1 ,30	4 00	1 ,41
15	1 ,41	45	1 ,27	15	1 ,41	15	1 ,49
30	1 ,49	3 00	1 ,46	30	1 ,51	30	1 ,57
45	1 ,57	15	1 ,51	45	1 ,62	45	1 ,62
3 00	1 ,68	30	1 ,57	5 00	1 ,73	5 00	1 ,73
15	1 ,78	45	1 ,65	15	1 ,84	15	1 ,84
30	1 ,86	4 00	1 ,73	30	1 ,89	30	1 ,95
45	1 ,95	15	1 ,81	45	2 ,04	45	2 ,04
4 00	2 ,04	30	1 ,89	6 00	2 ,15	6 00	2 ,15
15	2 ,13	45	1 ,95	15	2 ,23	15	2 ,21
30	2 ,18	5 00	2 ,02	30	2 ,32	30	2 ,27
45	2 ,27	15	2 ,10	45	2 ,41	45	2 ,33
5 00	2 ,35	30	2 ,18	7 00	2 ,49	7 00	2 ,38
15	2 ,41	45	2 ,30	15	2 ,49	Le 20 octobre.	
30	2 ,43	6 00	2 ,41	30	2 ,46		
45	2 ,43	15	2 ,41	Le 19 octobre.		6h.45'	2^m,15
6 00	2 ,43	30	2 ,41			7 00	2 ,21
15	2 ,41	45	2 ,38	6 h. 30'	2^m,13	15	2 ,27
30	2 ,35	7 00	2 ,35	45	2 ,23	30	2 ,32
45	2 ,30	Le 18 octobre.		7 00	2 ,35	45	2 ,38
7 00	2 ,27			15	2 ,43	8 00	2 ,43
Le 17 octobre.		6 h. 30'	2^m,38	30	2 ,46	15	2 ,46
		45	2 ,43	45	2 ,43	30	2 ,49
6 h. 30'	2^m,38	7 00	2 ,43	8 00	2 ,43	45	2 ,49
45	2 ,32	15	2 ,41	15	2 ,38	9 00	2 ,43
7 00	2 ,32	30	2 ,41	30	2 ,30	15	2 ,43
15	2 ,27	45	2 ,35	45	2 ,18	30	2 ,41

OBSERVATIONS DES MARÉES (NOUVELLE-ZÉLANDE).

HEURES.	HAUTEURS.	HEURES.	HAUTEURS.	HEURES.	HAUTEURS.	HEURES.	HAUTEURS.
Suite du 20 octobre.		Suite du 21 octobre.		Suite du 22 octobre.		Suite du 23 octobre.	
9 h. 45'	2^m,41	10 h. 30'	2^m,18	Midi.	1^m,95	1h.15'	1^m,30
10 00	2 ,38	45	2 ,07	15	1 ,89	30	1 ,21
15	2 ,27	11 00	1 ,95	30	1 ,81	45	1 ,13
30	2 ,15	15	1 ,86	45	1 ,73	2 00	1 ,05
45	2 ,07	30	1 ,76	1 00	1 ,62	15	1 ,00
11 00	1 ,97	45	1 ,67	15	1 ,51	30	0 ,97
15	1 ,76	Midi.	1 ,57	30	1 ,43	45	0 ,94
30	1 ,62	15	1 ,49	45	1 ,35	3 00	0 ,92
45	1 ,38	30	1 ,43	2 00	1 ,32	15	0 ,86
Midi.	1 ,41	45	1 ,32	15	1 ,24	30	0 ,84
15	1 ,30	1 00	1 ,24	30	1 ,19	45	0 ,81
30	1 ,19	15	1 ,13	45	1 ,13	4 00	0 ,81
45	1 ,11	30	1 ,08	3 00	1 ,03	15	0 ,78
1 00	1 ,03	45	0 ,97	15	0 ,92	30	0 ,81
15	0 ,97	2 00	0 ,92	30	0 ,81	45	0 ,84
30	0 ,86	15	0 ,89	45	0 ,81	5 00	0 ,89
45	0 ,81	30	0 ,84	4 00	0 ,84	15	0 ,94
2 00	0 ,75	45	0 ,81	15	0 ,89	30	1 ,03
15	0 ,73	3 00	0 ,81	30	0 ,94	45	1 ,11
30	0 ,73	15	0 ,84	45	1 ,03	6 00	1 ,21
45	0 ,75	30	0 ,86	5 00	1 ,13	15	1 ,30
3 00	0 ,75	45	0 ,92	15	1 ,21	30	1 ,41
15	0 ,78	4 00	0 ,97	30	1 ,30	45	1 ,51
30	0 ,84	15	1 ,05	45	1 ,41	7 00	1 ,62
45	0 ,92	30	1 ,16	6 00	1 ,51	Le 24 octobre.	
4 00	1 ,03	45	1 ,32	15	1 ,62	5h.45'	0^m,94
15	1 ,13	5 00	1 ,43	30	1 ,73	6 00	0 ,97
30	1 ,24	15	1 ,51	45	1 ,84	15	1 ,05
45	1 ,35	30	1 ,62	7 00	1 ,95	30	1 ,11
5 00	1 ,46	45	1 ,73	Le 23 octobre.		45	1 ,16
15	1 ,51	6 00	1 ,84	7 h. 15'	1 ,89	7 00	1 ,24
30	1 ,62	15	1 ,95	30	1 ,95	15	1 ,35
45	1 ,73	30	2 ,04	45	2 ,02	30	1 ,46
6 00	1 ,84	45	2 ,15	8 00	2 ,10	45	1 ,54
15	1 ,95	7 00	2 ,27	15	2 ,18	8 00	1 ,65
30	2 ,02	Le 22 octobre.		30	2 ,27	15	1 ,76
45	2 ,10	7 h. 30'	1^m,78	45	2 ,32	30	1 ,84
7 00	2 ,18	45	1 ,87	9 00	2 ,35	45	1 ,95
Le 21 octobre.		8 00	1 ,95	15	2 ,38	9 00	2 ,04
0 h. 45'	1^m,59	15	1 ,99	30	2 ,38	15	2 ,15
7 00	1 ,68	30	2 ,04	00	2 ,35	30	2 ,23
15	1 ,78	45	2 ,10	10 45	2 ,32	45	2 ,30
30	1 ,89	9 00	2 ,15	15	2 ,32	10 00	2 ,35
45	1 ,99	15	2 ,21	30	2 ,27	15	2 ,38
8 00	2 ,12	30	2 ,27	45	2 ,18	30	2 ,41
15	2 ,32	45	2 ,32	11 00	2 ,10	45	2 ,43
30	2 ,43	10 00	2 ,35	15	2 ,10	11 00	2 ,46
45	2 ,49	15	2 ,32	30	2 ,04	15	2 ,46
9 00	2 ,49	30	2 ,27	45	1 ,95	30	2 ,46
15	2 ,49	45	2 ,21	Midi.	1 ,86	45	2 ,41
30	2 ,43	11 00	2 ,15	15	1 ,78	Midi.	2 ,35
45	2 ,38	15	2 ,10	30	1 ,68	15	2 ,27
10 00	2 ,32	30	2 ,04	45	1 ,57	30	2 ,18
15	2 ,27	45	1 ,99	1 00	1 ,43	45	2 ,10

OBSERVATIONS DES MARÉES (NOUVELLE-ZÉLANDE).

HEURES.	HAUTEURS.	HEURES.	HAUTEURS.	HEURES.	HAUTEURS.	HEURES.	HAUTEURS.
Suite du 24 octobre.		Suite du 25 octobre.		Suite du 26 octobre.		Suite du 27 octobre.	
1 h. 00'	2^m,02	1 h. 30'	2^m,15	1 h. 30'	2^m,32	2h.00'	2^m,35
15	1 ,95	45	2 ,10	45	2 ,27	15	2 ,32
30	1 ,86	2 00	2 ,02	2 00	2 ,23	30	2 ,27
45	1 ,78	15	1 ,95	15	2 ,18	45	2 ,21
2 00	1 ,70	30	1 ,86	30	2 ,13	3 00	2 ,15
15	1 ,62	45	1 ,78	45	2 ,04	15	2 ,10
30	1 ,54	3 00	1 ,70	3 00	1 ,95	30	2 ,04
45	1 ,46	15	1 ,65	15	1 ,84	45	1 ,99
3 00	1 ,38	30	1 ,57	30	1 ,73	4 00	1 ,95
15	1 ,27	45	1 ,51	45	1 ,65	15	1 ,86
30	1 ,19	4 00	1 ,49	4 00	1 ,57	30	1 ,78
45	1 ,11	15	1 ,46	15	1 ,49	45	1 ,70
4 00	1 ,05	30	1 ,43	30	1 ,43	5 00	1 ,62
15	1 ,03	45	1 ,41	45	1 ,38	15	1 ,54
30	1 ,00	5 00	1 ,35	5 00	1 ,30	30	1 ,49
45	0 ,97	15	1 ,30	15	1 ,21	45	1 ,38
5 00	0 ,94	30	1 ,24	30	1 ,16	6 00	1 ,30
15	0 ,92	45	1 ,16	45	1 ,11	15	1 ,19
30	0 ,94	6 00	1 ,11	6 00	1 ,05	30	1 ,13
45	0 ,97	15	1 ,03	15	1 ,03	45	1 ,13
6 00	1 ,03	30	0 ,86	30	1 ,00	7 00	1 ,08
15	1 ,08	45	0 ,86	45	0 ,97	15	1 ,03
30	1 ,16	7 00	0 ,86	7 00	0 ,92	30	0 ,97
45	1 ,24	15	0 ,92	15	0 ,86	45	0 ,89
7 00	1 ,32	30	0 ,94	30	0 ,84	Le 28 octobre.	
Le 25 octobre.		Le 26 octobre.		45	0 ,84	7h.00'	1^m,11
5 h. 15'	0^m,81	5 h. 15'	0^m,89	Le 27 octobre.		15	1 ,05
30	0 ,84	30	0 ,86	6 h. 00'	1^m,03	30	1 ,03
45	0 ,86	45	0 ,84	15	0 ,93	45	0 ,97
6 00	0 ,89	6 00	0 ,84	30	0 ,94	8 00	0 ,94
15	0 ,94	15	0 ,86	45	0 ,92	15	0 ,97
30	1 ,00	30	0 ,89	7 00	0 ,89	30	1 ,00
15	1 ,05	45	0 ,92	15	0 ,89	45	1 ,03
7 00	1 ,11	7 00	0 ,97	38	0 ,92	9 00	1 ,08
15	1 ,16	15	1 ,03	45	0 ,92	15	1 ,11
30	1 ,24	30	1 ,08	8 00	0 ,94	30	1 ,16
45	1 ,35	45	1 ,13	15	0 ,97	45	1 ,21
8 00	1 ,46	8 00	1 ,21	30	1 ,03	10 00	1 ,30
15	1 ,54	15	1 ,30	45	1 ,11	15	1 ,38
30	1 ,62	30	1 ,41	9 00	1 ,19	30	1 ,46
45	1 ,70	45	1 ,49	15	1 ,19	45	1 ,54
9 00	1 ,81	9 00	1 ,57	30	1 ,35	11 00	1 ,62
15	1 ,89	15	1 ,65	45	1 ,43	15	1 ,70
30	1 ,95	30	1 ,73	10 00	1 ,51	30	1 ,78
45	2 ,02	45	1 ,81	15	1 ,59	45	1 ,86
10 00	2 ,10	10 00	1 ,89	30	1 ,68	Midi.	1 ,95
15	2 ,18	15	1 ,97	45	1 ,76	15	2 ,02
30	2 ,27	30	2 ,04	11 00	1 ,86	30	2 ,10
45	2 ,35	45	2 ,13	15	1 ,95	45	2 ,18
11 00	2 ,41	11 00	2 ,15	30	2 ,02	1 00	2 ,27
15	2 ,43	15	2 ,21	45	2 ,10	15	2 ,35
30	2 ,43	30	2 ,27	Midi.	2 ,15	30	2 ,43
45	2 ,43	45	2 ,30	15	2 ,21	45	2 ,49
Midi.	2 ,41	Midi.	2 ,32	30	2 ,27	2 00	2 ,49
15	2 ,41	15	2 ,35	45	2 ,27	15	2 ,51
30	2 ,38	30	2 ,38	1 00	2 ,32	30	2 ,51
45	2 ,32	45	2 ,46	15	2 ,35	45	2 ,49
1 00	2 ,27	1 00	2 ,41	30	2 ,38	3 00	2 ,46
15	2 ,21	15	2 ,38	45	2 ,38		

OBSERVATIONS DES MARÉES.

AU PORT JAKSON (NOUVELLE-ZÉLANDE),

A L'ILE PINCH-GUT.

Latitude 33°51' S.—Longitude 148°53' E.

DU 30 NOVEMBRE AU 5 DÉCEMBRE 1838,

PAR M. LEROUX.

Heure de l'établissement du port 9 h. 02'½ — Unité de marée 0 m. 93 c.

HEURES.	HAUTEURS.	HEURES.	HAUTEURS.	HEURES.	HAUTEURS.	HEURES.	HAUTEURS.
Le 30 décembre.		Suite du 1er décembre.		Suite du 2 décembre.		Suite du 3 décembre.	
Midi 00,	0^m,94	11 h. 00'	1^m,70	9 h. 00'	2 ,43	10h.30'	2^m,43
15	0 ,89	15	1 ,59	15	2 ,43	45	2 ,35
30	0 ,81	30	1 ,49	30	2 ,41	11 00	2 ,27
45	0 ,75	45	1 ,38	45	2 ,38	1 30	1 ,41
1 00	0 ,73	Midi.	1 ,30	10 00	2 ,35	45	1 ,30
15	0 ,70	15	1 ,16	15	2 ,30	2 00	1 ,21
30	0 ,70	30	1 ,05	1 00	1 ,27	15	1 ,13
45	0 ,73	45	1 ,00	15	1 ,08	30	1 ,08
2 00	0 ,73	1 00	0 ,97	30	1 ,03	45	0 ,94
15	0 ,76	15	0 ,92	45	0 ,97	3 00	0 ,89
30	0 ,81	30	0 ,84	2 00	0 ,84	15	0 ,84
45	0 ,86	45	0 ,78	15	0 ,78	30	0 ,81
3 00	0 ,92	2 00	0 ,73	30	0 ,78	45	0 ,81
Le 1er décembre.		15	0 ,70	45	0 ,73	4 00	0 ,78
		30	0 ,67	3 00	0 ,70	15	0 ,75
6 h. 00'	2^m,21	45	0 ,67	15	0 ,67	30	0 ,75
15	2 ,23	3 00	0 ,67	30	0 ,65	45	0 ,75
30	2 ,30	15	0 ,70	45	0 ,65	5 00	0 ,75
45	2 ,35	30	0 ,75	4 00	0 ,67	15	0 ,78
7 00	2 ,41	45	0 ,78	15	0 ,73	30	0 ,81
15	2 ,43	4 00	0 ,84	30	0 ,75	Le 4 décembre.	
30	2 ,46	15	0 ,92	45	0 ,78		
45	2 ,49	30	0 ,97	5 00	0 ,84	8h.00'	1^m,97
8 00	2 ,51	45	1 ,05	Le 3 décembre.		15	1 ,99
15	2 ,51	5 00	1 ,11			30	2 ,12
30	2 ,51	Le 2 décembre.		8 h. 00'	2^m,02	45	2 ,15
45	2 ,51			15	2 ,10	9 00	2 ,21
9 00	2 ,49	7 h. 00'	2^m,18	30	2 ,18	15	2 ,27
15	2 ,46	15	2 ,35	45	2 ,30	30	2 ,30
30	2 ,43	30	2 ,32	9 00	2 ,38	45	2 ,35
45	2 ,21	45	2 ,38	15	2 ,49	10 00	2 ,38
10 00	2 ,10	8 00	2 ,41	30	2 ,51	15	2 ,38
15	2 ,02	15	2 ,43	45	2 ,51	30	2 ,38
30	1 ,92	30	2 ,46	10 00	2 ,49	45	2 ,35
45	1 ,84	45	2 ,46	15	2 ,46	11 90	2 ,35

OBSERVATIONS DES MARÉES (PORT-JACKSON).

HEURES.	HAUTEURS.	HEURES.	HAUTEURS.	HEURES.	HAUTEURS.	HEURES.	HAUTEURS.
Suite du 4 décembre.		Suite du 4 décembre.		Le 5 décembre.		Suite du 5 décembre.	
11 h. 15'	2^m,30	4 h. 00'	0^m,84	10 h. 00'	2^m,27	3 h. 30'	1^m,19
30	2 ,23	15	0 ,81	15	2 ,32	45	1 ,13
45	2 ,21	30	0 ,78	30	2 ,32	4 00	1 ,05
Midi.	2 ,13	45	0 ,75	45	2 ,35	15	1 ,00
15	2 ,07	5 00	0 ,78	11 00	2 ,38	30	0 ,97
2 00	1 ,41	15	0 ,78	15	2 ,38	45	0 ,89
15	1 ,30	30	0 ,78	30	2 ,32	5 00	0 ,86
30	1 ,24	45	0 ,81	45	2 ,27	15	0 ,84
45	1 ,19	6 00	0 ,81	Midi.	2 ,21	30	0 ,84
3 00	1 ,11	15	0 ,86	15	2 ,15	45	0 ,84
15	1 ,03			30	2 ,10	6 00	0 ,84
30	0 ,92			45	2 ,04	15	0 ,81
45	0 ,86					30	0 ,81

OBSERVATIONS DES MARÉES.

A FALSE-BAY (CAP DE BONNE-ESPÉRANCE),

AU MOLE DE SIMON'S-TOWN.

Latitude 34°11' S. — Longitude 16°06' E.

DU 12 AU 15 AVRIL 1839.

PAR M. LEROUX.

Heure de l'établissement du port 3 h. 10'. — Unité de marée 0 m. 86 c.

HEURES.	HAUTEURS.	HEURES.	HAUTEURS.	HEURES.	HAUTEURS.	HEURES.	HAUTEURS.
Le 12 avril.		Suite du 12 avril.		Suite du 13 avril.		Suite du 15 octobre.	
6 h. 30'	1^m,14	2 h. 45'	2^m,68	6 h. 45'	1 ,30	3h.00'	2 ,66
45	1 ,11	3 00	2 ,44	7 00	1 ,19	15	2 ,60
7 00	1 ,06	15	2 ,43	15	1 ,08	30	2 ,51
15	1 ,05	30	2 ,41	30	1 ,03	45	2 ,44
30	1 ,01	45	2 ,38	45	0 ,92	4 00	2 ,43
45	0 ,97	4 00	2 ,32	8 00	0 ,87	15	2 ,35
8 00	0 ,95	15	2 ,27	15	0 ,84	30	2 ,31
15	0 ,92	30	2 ,22	30	0 ,81	45	2 ,27
30	0 ,92	45	2 ,14	45	0 ,81	5 00	2 ,16
45	0 ,97	5 00	2 ,00	9 00	0 ,87	15	2 ,04
9 00	1 ,03	15	1 ,95	15	0 ,92	30	1 ,95
15	1 ,08	30	1 ,79	30	0 ,97	45	1 ,84
30	1 ,15	45	1 ,62	45	1 ,03	6 00	1 ,70
45	1 ,24	6 00	1 ,47	10 00	1 ,08	15	1 ,57
10 00	1 ,32	15	1 ,38	15	1 ,14	30	1 ,44
15	1 ,39	30	1 ,30	30	1 ,16	45	1 ,41
30	1 ,46	45	1 ,24	45	1 ,24	7 00	1 ,32
45	1 ,52	Le 13 avril.		11 00	1 ,35	15	1 ,16
11 00	1 ,65			15	1 ,49	30	1 ,14
15	1 ,79	Minuit 00'	2^m,35	30	1 ,62	45	1 ,08
30	1 ,92	15	2 ,38	45	1 ,74	8 00	1 ,03
45	2 ,11	30	2 ,44	Midi.	1 ,84	15	0 ,97
Midi.	2 ,19	45	2 ,54	15	1 ,95	30	0 ,95
15	2 ,27	1 00	2 ,68	30	2 ,08	45	0 ,97
30	2 ,36	15	2 ,76	45	2 ,17	Le 14 avril.	
45	2 ,43	30	2 ,80	1 00	2 ,24		
1 00	2 ,49	45	2 ,87	15	2 ,35	2h.15'	2^m,73
15	2 ,54	2 00	2 ,89	30	2 ,43	30	2 ,81
30	2 ,60	15	2 ,87	45	2 ,54	45	2 ,81
45	2 ,68	30	2 ,79	2 00	2 ,60	3 00	2 ,84
2 00	2 ,76	45	2 ,70	15	2 ,65	15	2 ,80
15	2 ,84	6 30	1 ,35	30	2 ,70	30	2 ,73
30	2 ,77			45	2 ,70		

OBSERVATIONS DES MARÉES (FALSE-BAY).

HEURES.	HAUTEURS.	HEURES.	HAUTEURS.	HEURES.	HAUTEURS.	HEURES.	HAUTEURS.
Suite du 14 avril.		Suite du 14 avril.		Le 15 avril.		Suite du 15 avril.	
6 h. 15'	1^m,79	2 h. 15'	2^m,32	3 h. 15'	2^m,65	1h.30'	1^m,62
30	1 ,66	30	2 ,41	30	2 ,76	45	1 ,73
45	1 ,54	45	2 ,43	45	2 ,68	2 00	1 ,84
7 00	1 ,43	3 00	2 ,51	4 00	2 ,63	15	1 ,95
15	1 ,32	15	2 ,51	15	2 ,54	30	2 ,03
30	1 ,19	30	2 ,54	6 45	1 ,70	45	2 ,11
45	1 ,11	45	2 ,51	7 00	1 ,66	3 00	2 ,21
8 00	1 ,03	4 00	2 ,49	15	1 ,54	15	2 ,32
15	0 ,97	15	2 ,44	30	1 ,46	30	2 ,35
30	0 ,92	30	2 ,38	45	1 ,38	45	2 ,35
45	0 ,82	45	2 ,32	8 00	1 ,30	4 00	2 ,32
9 00	0 ,79	5 00	2 ,27	15	1 ,22	15	2 ,28
15	0 ,79	15	2 ,19	30	1 ,14	30	2 ,27
30	0 ,81	30	2 ,04	45	1 ,03	45	2 ,35
45	0 ,84	45	1 ,95	9 00	0 ,95	5 00	2 ,27
10 00	0 ,85	6 00	1 ,84	15	0 ,89	15	2 ,22
15	0 ,87	15	1 ,77	30	0 ,87	30	2 ,14
30	0 ,89	30	1 ,73	45	0 ,84		
45	0 ,97	45	1 ,70	10 00	0 ,81		
11 00	1 ,05	7 00	1 ,62	15	0 ,79		
15	1 ,14	15	1 ,54	30	0 ,81		
30	1 ,24	30	1 ,44	45	0 ,84		
45	1 ,30	45	1 ,32	11 00	0 ,92		
Midi.	1 ,41	8 00	1 ,24	15	0 ,97		
15	1 ,46	15	1 ,16	30	1 ,00		
30	1 ,57	30	1 ,05	45	1 ,03		
45	1 ,68	45	1 ,03	Midi.	1 ,11		
1 00	1 ,79	9 00	0 ,97	15	1 ,22		
15	1 ,89	15	0 ,95	30	1 ,30		
30	2 ,00	30	0 ,92	45	1 ,38		
45	2 ,14	45	0 ,92	1 00	1 ,46		
2 00	2 ,22	10 00	0 ,95	15	1 ,54		

OBSERVATIONS BAROMÉTRIQUES

FAITES A TERRE.

Les tableaux suivants offrent les détails des observations barométriques faites à terre dans quelques-unes des relâches de la *Vénus*, savoir : 1° à Montérey (Haute-Californie); 2° à la baie de la Madeleine (Basse-Californie); 3° à Acapulco (Mexique); 4° à Valparaiso (Chili); 5° au Callao de Lima (Pérou); 6° à Payta (Pérou); 7° à l'Ile Charles (archipel des Galapagos); 8° à l'île Tahiti (archipel de la Société); 9° à la Baie-des-Iles (Nouvelle-Zélande); 10° au Port Jackson (Nouvelle-Hollande), et 11° au cap de Bonne-Espérance.

Le baromètre dont on a fait usage pour ces observations, sortait des ateliers de notre célèbre artiste Bunten; il était à siphon et portait le n° 301. Son erreur instrumentale était de $+0^{mm},56$, ainsi qu'il résulte des comparaisons faites à Brest de ce baromètre avec les baromètres 298 et 299 du même artiste, comparés directement à celui de l'observatoire de Paris, par M. E. Bouvard.

M. E. Bouvard a trouvé, pour les erreurs respectives des baromètres 298 et 299, $+0,82$ et $+1,01$. Or, à la température commune de $6°,0$ centigrades, les trois baromètres marquaient respectivement, à Brest, avant le départ :

$$\left.\begin{array}{l}\text{N° 301} \quad 763^{mm},0 \\ \phantom{\text{N° }}298 \quad 763\phantom{^{mm}},3 \\ \phantom{\text{N° }}299 \quad 763\phantom{^{mm}},4\end{array}\right\} \text{d'où hauteur corrigée} \left\{\begin{array}{l}762^m,48 \\ 762,39\end{array}\right\} \text{d'où erreur du n° 301} \left\{\begin{array}{l}+0,52 \\ +0,64\end{array}\right.$$

$$\text{Moyenne.} \quad \overline{+0,56}$$

C'est, en effet, cette moyenne +0,56 que nous avons adoptée et que nous avons retranché, de toutes les hauteurs réduites à zéro degré de température.

Cet instrument ayant été cassé à Brest, lors de notre retour en France, n'a pu être comparé directement au baromètre de l'Observatoire de Paris.

La durée moyenne de chaque série d'observation est de 9 jours. (La plus longue est de 13 jours à Monterey, et la plus courte de 6 jours à la baie de la Madeleine.)

Dans la plupart des cas, cette durée a été suffisante pour mettre en évidence la loi connue de la variation diurne de la pression barométrique et pour permettre de conclure l'amplitude de cette variation. Mais en jettant les yeux sur le tableau graphique, on voit tout de suite que cette durée a été insuffisante pour les observations de Montérey, des Galapagos, du Port-Jackson et du cap de Bonne-Espérance. Aussi avons-nous marqué du point de doute (?) les amplitudes des variations diurnes déduites de ces observations.

Des séries d'aussi courte durée ne pouvant servir à déterminer, même approximativement, la hauteur moyenne absolue du baromètre pour les lieux d'observation, nous avons négligé de mesurer d'une manière précise les élévations de la cuvette du baromètre au-dessus du niveau moyen de la mer, élévations qui eussent servi à réduire à ce niveau les hauteurs moyennes observées. Aussi ne faut-il considérer que comme de simples approximations, les élévations de la cuvette portées en tête des tableaux. Celles qui sont relatives aux observations de Valparaiso, de Payta, de la Baie-des-Iles, du cap de Bonne-Espérance, peuvent être en erreur de plusieurs mètres; ce qui nous les a fait signaler particulièrement par un point de doute (?).

Nous avons signalé sur les tableaux par le même point, les hauteurs observées douteuses et celles qui, manquant dans les séries, ont été déduites par interpolation des hauteurs oblevées qui les précèdent et qui les suivent immédiatement.

Un astérisque signale les observations qui n'entrent pas dans l'évaluation des moyennes.

Chaque observation ayant été réduite séparément à zéro degré de température, on peut juger à la simple vue, des écarts plus ou moins grands que chacune d'elles présente relativement à leur moyenne, placée au bas de chaque colonne.

La moyenne générale de ces 24 moyennes particulières relatives à chacune des 24 heures de la journée, est placée en tête de chaque série, et c'est l'excès de chaque moyenne particulière sur la moyenne générale qu'on trouve porté à la dernière ligne du bas de chaque colonne.

Le plus grand excès positif y est signalé par un trait horizontal placé au-dessus de lui, et le plus grand excès négatif par un trait horizontal placé au-dessous. A ces excès extrêmes correspondent la plus grande et la plus petite pression barométrique, dont la différence donne l'amplitude totale de la variation diurne portée en tête de chaque série.

Le Tableau graphique n'est autre chose que la représentation graphique de cette dernière ligne de chaque série. Il permet de saisir d'un coup d'œil la marche de la variation diurne de la pression atmosphérique. L'échelle en est de trente pour un, c'est-à-dire que le côté du carreau dont la longueur est de trois millimètres, représente un dixième de millimètre de variation dans la colonne barométrique.

La disposition de ces tableaux est la même que celle adoptée dans le précédent volume pour les observations de la Variation diurne de l'aiguille aimantée. La première colonne verticale donne la date des jours d'observation; la seconde donne la hauteur barométrique observée; la troisième, la température du baromètre; la quatrième, la hauteur réduite à zéro degré de température, et corrigée de l'erreur instrumentale; et la cinquième, enfin, fait connaître l'état de l'atmosphère. Il y a ainsi quatre colonnes affectées à chacune des heures d'observation qni se suivent régulièrement à partir de minuit, et sont portées en tête de chaque tableau dans la première ligne horizontale.

OBSERVATIONS BAROMÉTRIQUES FAITES A TERRE.

A MONTEREY (HAUTE-CALIFORNIE),
A 4 MÈTRES ENVIRON AU-DESSUS DU NIVEAU MOYEN DE LA MER.

Latitude 36°36' N. — Longitude 124°13' O.
Hauteur moyenne 762^{mm},50. — Amplitude totale de la variation diurne 0^{mm},50?.

DU 21 OCTOBRE AU 3 NOVEMBRE 1837.

PAR MM. LEFEBVRE, DUBOSQ, BERTRAND ET BRISSAULT.

(Les hauteurs barométriques sont exprimées en millimètres).

JOURS. 1837.	MINUIT.				1 HEURE.			
	Haut. bar.	Temp.	Haut. à 0°.	Ét. de l'atm.	Haut. bar.	Temp.	Haut à 0°.	Ét. de l'atm.
21 oct.	763,1	13°7	760,85	Beau O.S.O.	763,3	13°8	761,03	Beau calme.
22	765,7	9 5	763,97	Beau calme.	766,1	9 5	764,37	Beau N. O.
23	766,3	9 0	764,63	Beau O.S.O.	766,2	11 8	764,18	Beau calme.
24	767,3	11 5	765,32	Beau calme.	766,8	11 0	764,88	Id.
25	764,2	11 0	762,28	Id.	764,0	11 0	762,08	Id.
26	761,4	10 5	759,43	Id.	760,9	10 3	759,08	Id.
27	759,4	15 0	757,00	Brum. calm.	759,4	13 0	757,24	Brum. calm.
28	760,0	15 0	757,60	Couv. id.	762,4	14 0	760,12	Couv. calm.
29	765,4	16 2	762,84	Beau id.	765,6	15 2	763,16	Couv. O N.O.
30	766,3	13 9	763,62	Beau O.N.O.	766,2	14 5	763,85	Couvert O.
31	766,5	15 0	764,09	Couv. calm.	766,5	14 8	764,11	Id.
1er nov.	767,4	13 8	765,13	Beau N. O.	767,4	13 5	765,17	Beau N. O.
2	764,5	14 0	762,21	Id.	764,5	14 2	762,29	Beau O.N.O.
3	764,8	10 5	762,94*	Beau O.N.O.	763,7	9 6	761,95*	Beau O.
Moyenne...			762,23	»	Moyenne...		762,43	»
Excès sur la moyenne générale.			—0,28	»	Exc. sur la m. gén.		—0,08	»

JOURS. 1837.	2 HEURES.				3 HEURES.			
	Haut. bar.	Temp.	Haut. à 0°.	Ét. de l'atm.	Haut. bar.	Temp.	Haut. à 0°.	Ét. de l'atm
21 oct.	763,3	13°7	761,05	Beau calme	762,9	13°8	760,64	Beau calme.
22	765,5	9 0	763,83	Beau N. O.	765,8	9 5	764,07	Beau S.
23	766,3	11 6	764,31	Beau calme.	766,5	10 5	764,64	Beau calme.
24	766,5	11 0	764,58	Id.	766,6	10 0	764,80	Id.
25	764,4	10 5	762,54	Id.	764,2	10 3	762,37	Id.
26	761,0	10 0	759,21	Id.	761,0	10 0	759,21	Id.
27	759,3	11 3	757,35	Brum. calm.	759,0	11 6	757,01	Brum. calm.
28	762,4	13 0	750,24	Couv. calm.	761,5	13 8	759,24	Couv. calme.
29	765,1	15 8	762,59	Couv.O N.O.	765,1	15 0	762,59	Id. O N.O.
30	766,5	14 6	764,14	Couvert O.	766,3	14 8	763,91	Couvert O.
31	767,0	15 8	764,49	Id.	767,1	14 8	764,71	Id.
1er nov.	767,4	13 5	765,17	Beau N. O.	767,0	12 0	764,96	Beau N N.O.
2	764,8	10 5	762,94	Beau O.N.O.	763,8	11 5	761,82	Beau O.N.O.
3	764,4	10 4	762,56*	Beau O.	764,1	9 4	762,38*	Beau O.
Moyenne...			762,50	»	Moyenne...		762,31	»
Excès sur la moyenne générale.			—0,01	»	Exc. sur la m. gén.		—0,19	»

OBSERVATIONS BAROMÉTRIQUES FAITES A TERRE.

A MONTEREY (HAUTE-CALIFORNIE).

JOURS. 1837.	4 HEURES.				5 HEURES.			
	Haut. bar.	Temp.	Haut. à 0°.	Ét. de l'atm.	Haut. bar.	Temp.	Haut. à 0°.	Ét. de l'atm.
21 oct.	763,9	14°8	761,51	beau calme.	763,9	14°5	761,55	beau calme.
22	766,1	9 0	764,43	beau S.	766,1	9 0	764,43	beau S. O.
23	766,5	9 8	764,73	beau calme.	766,5	8 0	764,95	beau O.N.O.
24	766,5	10 0	764,70	Id.	766,5	10 0	764,70	beau calme.
25	764,0	10 0	762,20	Id.	763,0	10 0	761,20	Id.
26	760,8	9 5	759,07	Id.	761,2	9 5	759,47	Id.
27	758,9	10 0	757,11	brum. calm.	758,7	10 0	766,91	couvert S.
28	761,4	14 0	759,12	couv. calme.	761,6	14 0	769,32	Id.
29	765,5	15 2	763,06	couv. O N O.	765,5	14 8	763,11	couv N.N.O.
30	766,2	15 0	763,79	couvert O.	766,5	15 7	764,00	couvert O.
31	767,1	15 0	764,69	Id.	767,2	14 8	764,81	couvert E.
1er nov.	766,9	11 5	764,92	beau N.N.O.	767,0	12 8	764,86	beau N. O
2	763,5	11 0	761,58	beau O.N.O.	763,4?	10 2	761,58	Id.
3	763,9	9 4	762,18*	beau O.	763,7	9 0	762,03*	beau O.S.O.
Moyenne.			762,39	»	Moyenne. . .		762,38	»
Excès sur la moyenne générale.			—0,13	»	Exc. sur la m. gén.		—0,13	»

JOURS. 1837.	6 HEURES.				7 HEURES.			
	Haut. bar.	Temp.	Haut. à 0°.	Ét. de l'atm.	Haut. bar.	Temp.	Haut. à 0°.	Ét. de l'atm.
21 oct.	763,9	13°7	761,65	beau calme.	765,5	12°5	763,38	beau calme.
22	766,1	8 0	764,55	beau S. O.	767,3	7 8	765,78	beau E.
23	766,5	8 0	764,95	beau calme.	767,0	11 9	764,93	beau calme.
24	766,5	11 0	764,68	Id.	767,0	9 0	765,33	Id.
25	762,8	9 8	761,03	Id.	763,2	11 0	761,28	Id.
26	761,3	9 8	759,54	Id.	761,2	9 9	759,42	Id.
27	758,6	9 5	756,87	couvert S.	758,4	9 0	756,74	brumeux S.
28	761,4	12 0	759,37	Id.	761,4	11 8	759,39	Id.
29	765,3	14 5	762,95	couv. N.N.O.	765,3	13 8	763,03	couv. N.N.O.
30	765,8	14 8	763,45	Id	766,0	11 5	764,02	couvert O.
31	767,1	14 0	764,81	brumeux E.	766,9	11 8	764,88	brum.E.N.E.
1er nov.	766,6	9 6	764,85	beau N. O.	766,1	9 7	764,34	beau S.
2	763,5	11 0	761,58	Id.	763,6	9 5	761,87	beau N.N.O.
3	763,7	9 1	762,01*	beau calme.	763,4	5 5	762,16*	beau S. E.
Moyenne.			762,33	»	Moyenne. . .		762,65	»
Excès sur la moyenne générale.			—0,18	»	Exc. sur la m. gén.		+0,14	»

OBSERVATIONS BAROMÉTRIQUES FAITES A TERRE.

A MONTEREY (HAUTE-CALIFORNIE).

JOURS. 1837.	8 HEURES.				9 HEURES.			
	Haut. bar.	Temp.	Haut. à 0°.	Ét. de l'atm.	Haut. bar.	Temp.	Haut. à 0°.	Ét. de l'atm.
21 oct.	765,5	13°5	763,27	beau calme.	766,0	14°2	763,69	beau N
22	768,4	9 8	766,62	beau N. E.	768,4	12 9	766,24	beau N.N.E.
23	767,2	15 9	764,66	beau calme.	767,7	20 2	764,63	beau N.
24	767,3	13 5	765,07	Id.	767,5	17 2	764,78	beau calme.
25	763,5	12 0	761,46	Id.	764,8	19 0	761,89	beau N.N.O.
26	762,1	10 2	760,29	Id.	760,7	15 5	758,24	beau calme.
27	759,0	10 2	757,19	brum. S. O.	759,0	11 5	757,03	beau O.
28	762,0	12 5	759,91	couvert S.	761,7	13 0	759,54	couvert S.
29	765,2	12 6	763,08	couv.N.N.O.	765,8	13 0	763,63	couvert O.
30	766,1	12 8	763,96	couvert O.	766,1	12 7	763,97	Id.
31	766,5	10 0	764,70	brum. N. E.	767,8	10 0	766,00	couv. E.N.E.
1er nov.	766,2	10 0	764,40	beau S.	766,8	12 0	764,76	beau N. O.
2	764,0	12 2	761,93	beau N.N.O.	764,6	14 8	762,21	beau N.N.O.
3	764,8	8 5	763,19*	beau S. E.	765,1	14 5	762,75*	beau calme.
Moyenne.			762,81	»	Moyenne. . . .		762,82	»
Excès sur la moyenne générale.			+0,31	»	Exc. sur la m. gén.		+0,31	»

JOURS. 1837.	10 HEURES.				11 HEURES.			
	Haut. bar.	Temp.	Haut. à 0°.	Ét. de l'atm.	Haut. bar.	Temp.	Haut. à 0°.	Ét. de l'atm.
21 oct.	765,6	15°0	763,19	beau N.	765,5	15°5	763,02	beau N.
22	768,4	»	765,97	beau N.N.E.	768,5	»	765,83	beau N.N.O.
23	767,7	24 5	764,10	beau N.	769,6	24 5	766,00	beau N.N.O.
24	769,0	22 0	765,71	beau calme	768,7	27 0	764,78	beau N. O.
25	765,0	21 5	761,78	beau N.N.O.	764,7	24 0	761,18	beau N.N.O.
26	760,5	17 0	757,84	beau calme.	762,1	19 0	759,21	Id.
27	759,0	12 8	756,87	beau N O.	759,0	16 2	756,45	brum. N. O.
28	762,9	13 5	760,68	couvert S.	761,8	14 5	758,46	couvert S.
29	766,0	13 6	763,76	couv.N.N.O.	765,9	14 2	763,59	beau N.N.O.
30	766,0	12 5	763,90	brumeux O.	765,5	13 0	763,33	brumeux O.
31	767,2	11 5	765,22	couv.E.N.E.	767,5	13 0	765,33	couv. E.N.E.
1er nov.	767,0	13 6	764,76	beau N. O.	767,2	14 6	764,84	beau N. O.
2	764,5	15 5	762,02	beau N.N.O.	765,1	16 0	762,56	beau N.N.O
3	765,2	15 7	762,80*	beau calme.	765,8	17 6	763,06*	beau calme.
Moyenne.			762,76	»	Moyenne. . . .		762,66	»
Excès sur la moyenne générale.			+0,25	»	Exc. sur la m. gén.		+0,16	»

OBSERVATIONS BAROMÉTRIQUES FAITES A TERRE.

A MONTEREY (HAUTE-CALIFORNIE).

JOURS. 1837.	MIDI.				1 HEURE.			
	Haut. bar.	Temp.	Haut. à 0°.	Ét. de l'atm.	Haut. bar.	Temp.	Haut. à 0°.	Ét. de l'atm.
21 oct.	765,6	16°8	762,96	beau N.	765,8	1 58	762,29	beau N.
22	769,2	18 9	766,29	beau N.N.O.	769,1	20 0	766,05	beau O.
23	769,3	23 6	765,80	Id.	769,4	24 6	665,78	Id.
24	769,0	27 0	765,08	beau N. O.	769,0	27 0	765,08	beau N.N.O.
25	764,6	27 8	760,60	beau N.	764,4	26 8	760,53	beau N.
26	761,2	22 0	757,94	beau N.N.O.	761,0	21 6	757,79	Id.
27	759,1	15 0	755,70	brum N. O.	759,7	13 7	757,46	brum S.S.E.
28	762,1	14 5	759,76	couvert S.	762,5	14 2?	760,56	couvert S.O.
29	765,9	14 8	762,51	beau N.N.O.	766,6	14 9	764,20	beau N. O.
30	765,5	14 0	763,21	brumeux N.	766,2	14 5	763,85	brumeux N.
31	767,6	14 5	765,24	beau E.N.E.	767,6	15 0	765,18	beau O.
1er nov.	767,0	15 0	764,59	beau N. O	767,0	15.8	764,48	beau N. O.
2	764,9	17 0	762,24	beau N.N.O.	764,6	16 4	762.01	beau N N.O.
3	766,2	20 0	763,17*	b au calme.	»	»	»	»
Moyenne.			762,61	»	Moyenne. . .		762.69	»
Excès sur la moyenne générale.			+0,10	»	Exc. sur la m. gén.		+0,18	»

JOURS. 1837.	2 HEURES.				3 HEURES.			
	Haut. bar.	Temp.	Haut. à 0°.	Ét. de l'atm.	Haut. bar.	Temp.	Haut. à 0°.	Ét. de l'atm.
21 oct.	765,2	14°8	762,81	beau N.	765,8	14°5'	762,45	beau N N.E.
22	769,2	19 9	766,17	beau O.	768,8	18 5	765,94	beau O.
23	769,1	23 2	765,66	Id.	768,3	22 0	765,01	beau O.S.O.
24	768,0	26 2	764,18	beau N.N.O.	768,0	25 0	764,33	beau N.N.O.
25	764,4	26 0	760,63	beau N.	763,6	20 5	760,51	beau N.N.E.
26	761,0	21 5	757,80	Id.	759,8?	17 9	757,04	beau N.N.O
27	759,5	13 0	757,34	beau E.N.E.	759,8	12 2	7.7,74	beau E.N.E.
28	762,3	14 5	759,96	couvert S.O.	763,0	13 8	760,74	couv.N.N.O.
29	766,8	14 0	764,51	beau N. O.	766,3	14 0	764,01	beau O.N.O.
30	766,0	14 2	763,69	beau N.N.O.	766,0	13 8	763,73	beau N N.O.
31	767,7	16 0	765,16	nuageux O.	767,2	14 8	764,80	nuag. N. O.
1er nov.	766,4	15 0	763,99	beau N. O.	766,3	14 5	763,95	beau N. O.
2	764,4	16 5	761,80	beau N.N.O.	764,1	16 3	761,53	Id.
3	»	»	»	»	»	»	»	»
Moyenne.			762,59	»	Moyenne. . .		762,45	»
Excès sur la moyenne générale.			+0,09	»	Exc. sur la m. gén.		−0,06	»

OBSERVATIONS BAROMÉTRIQUES FAITES A TERRE.

A MONTEREY (HAUTE-CALIFORNIE).

JOURS. 1837.	4 HEURES.				5 HEURES.			
	Haut. bar.	Temp.	Haut. à 0°.	Ét. de l'atm.	Haut. bar.	Temp.	Haut. à 0°.	Ét. de l'atm.
21 oct.	765,6	14°0	763,31	beau N.N.E.	765,7	13°0	763,53	beau calme.
22	768,2	17 4	765,47	beau O.	768,2	14 3	765,86	beau O.
23	768,7	20 5	765,59	beau O.S.O.	768,8	20 5	765,69	Id.
24	767,7	21 8	764,07	beau N.N.O	766,8	19 9	763,78	beau N.
25	763,3	17 3	760,60	beau N.N.E.	762,1	16 5	759,51	beau calme.
26	759,2	17 2	756,53	beau N.N.O.	760,3	13 9	758,03	brum. calm.
27	760,6	13 0	758,44	couv. N. O.	760,7	12 8	758,57	couv.N.N.O.
28	763,0	13 5	760,78	couv.N.N.O.	763,2	13 5	760,98	nuag N.N.O.
29	766,0	13 5	763,77	beau O.N.O.	766,0	13 2	763,81	Id.
30	765,5	13 6	763,26	beau N.N.O.	765,4	13 0	763,23	beau N. O.
31	767,4	14 8	765,00	nuag. N. O.	767,4	13 8	765,13	beau O.
1er nov.	765,5	13 8	763,23	beau N. O.	764,6	13 5	762,37	beau N. O.
2	764,1	15 0	761,69	Id.	764,3	13 6	762,06	Id
3	»	»	»	»	»	»	»	»
Moyenne.......			762,44	»	Moyenne. . .		762,50	»
Excès sur la moyenne générale.			—0,06	»	Exc. sur la m. gén.		—0,00	»

JOURS. 1837.	6 HEURES.				7 HEURES.			
	Haut. bar.	Temp.	Haut. à 0°.	Ét. de l'atm.	Haut. bar.	Temp.	Haut. à 0°.	Ét. de l'atm.
21 oct.	765,7	13°0	763,53	beau calme.	766,6	13°6	764,36	beau calme.
22	768,1	14 0	765,80	beau O.	768,0	13 6	765,75	beau O.
23	768,0	20 0	764,95	beau O.S.O.	768,2	18 5	765,34	beau calme.
24	766,9	15 5	764,42	beau N.	766,6	15 0	764,19	beau N.
25	761,5	14 2	759,20	beau calme.	761,8	13 0	759,64	beau calme.
26	758,7	12 5	756,61	brum. calm.	758,5	12 0	756,47	brum. calm.
27	760,6	12 5	758,51	couv.N.N.O.	760,3	12 3	758,23	couv. N.N.O.
28	763,0	13 2	760,81	beau N.N.O.	763,0	14 7	760,62	beau N.N.O.
29	766,2	14 0	763,91	nuag.N.N.O.	765,9	15 0	763,49	nung. calm.
30	765,3	12 0	763,26	beau N. O.	765,7	11 4	763,73	beau N. O.
31	767,5	15 8	764,88	beau O.	767,5	15 6	765,01	Id.
1er nov.	764,4	13 8	762,13	beau N. O.	764,6	13 0	762,43	Id.
2	764,5	14 5	762,15	beau N.N.O.	764,3	15 0	761,89	beau N.N.O.
3	»	»	»	»	»	»	»	»
Moyenne.......			762,32	»	Moyenne. . .		762,40	»
Excès sur la moyenne générale.			—0,19	»	Exc. sur la m. gén.		—0,11	»

OBSERVATIONS BAROMÉTRIQUES FAITES A TERRE.
A MONTEREY (HAUTE-CALIFORNIE).

DATES. 1837.	8 HEURES.				9 HEURES.			
	Haut. bar.	Temp.	Haut. à 0°.	Ét. de l'atm.	Haut. bar.	Temp.	Haut. à 0°.	Ét. de l'atm.
21 oct.	765,06	13°6'	763,36	beau S.	765.1	13 0	762,93	beau S.
22	766,08	11 2	764,86	beau O.	767,0	11 4	765,03	beau O.
23	768,03	15 0	765,87	beau calme.	768,3	13 2	766,10	beau calme.
24	766,05	14 0	764,21	beau N.	766,6	13 0	764,43	beau N.N.O.
25	761,09	12 5	759,81	beau calme.	761,9	12 0	759,87	beau calme.
26	758,06	13 3	756,41	brum calm.	758,7	11 0	756,79	brum. calm
27	760,00	12 8	757,87	couv.N.N.O.	760,0	14 5	757,66	couv. calme.
28	763,60	15 6	760,51	beau N N.O.	763,8	13 5	761,57	beau calme.
29	766,02	15 3	763,75	beau calme.	766,2	15 5	763,72	beau O N.O.
30	766,06	15 2	764,16	beau N. O.	766,6	15 5	764,12	couv. N.O.
31	767,03	15 0	764,88	Id.	767,0	15 0	764,58	beau N. O.
1er nov.	764,05	13 5	762,27	beau N.N.O.	764,3	12 9	762,15	beau N.N.O.
2	764,07	13 8	762,43	Id.	765,0	12 6	762,88	beau O.N.O.
3	»	»	»	»	»	»	»	»
Moyenne.			762,34	»	Moyenne. . . .		762,45	»
Excès sur la moyenne générale.			—0,17	»	Exc. sur la m. gén.		—0,06	»

DATES. 1837.	10 HEURES.				11 HEURES.			
	Haut. bar.	Temp.	Haut. à 0°.	Ét. de l'atm.	Haut. bar.	Temp.	Haut. à 0°.	Ét. de l'atm.
21 oct.	765.3	12°5	763,18	beau calme.	765,5	11°5	763,52	beau calme.
22	766,4	11 2	764,46	beau O.S.O.	766,5	10 1	764,69	beau O.S.O
23	768,9	11 8	766,87	beau calme.	767,8	11 8	765,77	beau calme.
24	766,6	13 0	764,43	beau N.N.O.	766,4	11 0	764,48	Id.
25	761,8	12 0	759,77	beau calme.	761,5	11 0	759,59	Id.
26	758,4	13 5	756,28	brum. calm.	758,5	14 0	756,22	brum. calm.
27	760,0	15 0	757,60	couv. calme.	760,8	15 5	758,34	couv. calme.
28	763,8	14 5	760,45	beau calme.	764,7	16 0	762,17	beau calme.
29	766,2	15 2	763,76	beau O.N.O	766,4	14 6	764,04	beau O.N.O
30	766,6	15 3	764,15	couv. N. O.	766,6	15 0	764,19	couv. N. O.
31	767,1	15 0	764,69	beau N. O.	767,5	13 5	765,27	beau N. O.
1er nov.	764,5	13 9	762,22	beau N N.O.	764,5	13 8	762,23	Id.
2	764,6	10 8	762,70	beau O.N.O.	764,6	10 6	762,63	beau O.N.O.
3	»	»	»	»	»	»	»	»
Moyenne.			762,51	»	Moyenne. . . .		762,57	»
Excès sur la moyenne générale.			+0,00	»	Exc. sur la m. gén.		+0,06	»

OBSERVATIONS BAROMÉTRIQUES FAITES A TERRE.
A LA BAIE DE LA MADELEINE (BASSE-CALIFORNIE).
A 2 MÈT. 50 ENVIRON AU-DESSUS DU NIVEAU MOYEN DE LA MER.

Latitude 24°36′ N.—Longitude 114°25′ O.
Hauteur moyenne 761^{mm},09. — Amplitude totale de la variation diurne 1^{mm},39.
DU 28 NOVEMBRE AU 5 DÉCEMBRE.
PAR MM. LEFEBVRE, DUBOSQ, BERTRAND ET BRISSAULT.
(Les hauteurs barométriques sont exprimées en millimètres).

JOURS. 1837.	MINUIT.				1 HEURE.			
	Haut. bar.	Temp.	Haut. à 0°.	Ét. de l'atm.	Haut. bar.	Temp.	Haut. à 0°.	Ét. de l'atm.
28 nov.	»	»	»	»	»	»	»	»
29	763,8	18°5	760,95	beau N. O.	764,6	18°0	761,82	beau N.N.O.
30	764,4	18 0	761,62	Id.	764,2	18 0	761,42	beau N. O.
1er déc.	765,1	17 2	762,41	Id.	765,1	17 5	762,38	Id.
2	765,1	18 0	762,32	nuag.N.N.O.	764,5	17 0	761,83	nuageux N.
3	762,8	19 0	759,91	couv. N. O.	763,0	19 0	760,10	nuag.N.N.O
4	763,0	16 0	760,47	nuag. O.N.O	762,6	16 0	760,07	beau N. O.
5	763,6	15 3	761,15*	beau N. O.	763,9	15 6	761,41*	beau N. O.
Moyenne.			761,28	»	Moyenne.		761,27	»
Excès sur la moyenne générale.			+0,19	»	Exc. sur la m. gén.		+0,18	»

JOURS. 1837.	2 HEURES.				3 HEURES.			
	Haut. bar.	Temp.	Haut. à 0°.	Ét. de l'atm.	Haut. bar.	Temp.	Haut. à 0°.	Ét. de l'atm.
28 nov.	»	»	»	»	»	»	»	»
29	764,7	18°0	761,92	beau N.N.O.	764,2	18°0	761,42	beau N.N.O.
30	764,0	18 9	761,10	beau N. O.	763,9	17 5	761,18	beau N. O.
1er déc.	765,2	17 3	762,50	Id.	765,2	17 3	762,50	Id.
2	764,2	16 0	761,66	nuageux N.	764,3	15 0	761,89	nuageux N.
3	763,0	19 0	760,10	nuag.N.N.O.	762,6	18 8	759,72	couv.N.N.O
4	762,4	15 5	759,93	beau N. O.	762,3	16 0	759,77	beau N. O.
5	763,6	15 2	761,16*	beau N. O.	763,3	14 0	761,02*	beau O.N.O.
Moyenne.			761,20	»	Moyenne.		761,08	»
Excès sur la moyenne générale.			+0,11	»	Exc. sur la m. gén.		−0,01	»

JOURS. 1837.	4 HEURES.				5 HEURES.			
	Haut. bar.	Temp.	Haut. à 0°.	Ét. de l'atm.	Haut. bar.	Temp.	Haut. à 0°.	Ét. de l'atm.
28 nov.	»	»	»	»	»	»	»	»
29	763,9	18°0	761,12	beau N.N.O.	764,1	17°9	761,33	beau N. E.
30	763,8	17 0	761,14	beau N. O.	763,8	17 6	761,06	beau N.
1er déc.	765,4	17 3	762,70	Id.	765,5	17 8	762,74	beau N.N.O.
2	764,5	14 0	762,21	nuageux N.	763,8	13 9	761,52	nuag. N. E.
3	762,3	18 8	759,42	couv.N.N.E.	762,0	19 3	759,06	couv.N.N.E.
4	762,4	15 9	759,88	beau N. O.	762,6	15 5	760,13	beau N.N.O.
5	762,3	13 0	760,14*	beau O.N.O.	762,6	12 0	760,56*	beau calme.
Moyenne.			761,08	»	Moyenne.		760,97	»
Excès sur la moyenne générale.			−0,01	»	Exc. sur la m. gén.		−0,12	»

OBSERVATIONS BAROMÉTRIQUES FAITES A TERRE.
A LA BAIE DE LA MADELEINE (BASSE-CALIFORNIE).

JOURS. 1837.	6 HEURES.				7 HEURES.			
	Haut. bar.	Temp.	Haut. à 0°.	Ét. de l'atm.	Haut. bar.	Temp.	Haut. à 0°.	Ét. de l'atm.
28 nov.	»	»	»	»	»	»	»	»
29	764,4	17°8	761,64	beau N. E.	764,5	17°8	761,74	beau N. E.
30	763,8	18 0	761,02	beau N.	763,7	18 0	760,92	beau N.N.O.
1er déc.	765,0	17 4	762,29	beau N.N.O.	764,9	16 5	762,30	Id.
2	763,8	14 9	761,40	nuag. N. E.	764,1	15 5	761,62	nuag. N.E.
3	761,9	18 7	759,04	couv. N N.E.	761,2	17 0	758,55	couv. N. E.
4	762,6	15 2	760,17	beau N.N.O.	763,5	14 8	761,11	beau N. O.
5	762,6	12 0	760,56*	beau S.	762,7	11 8	760,69*	beau S.
Moyenne.			760,93	»	Moyenne. . .		761,04	»
Excès sur la moyenne générale.			—0,16	»	Exc. sur la m. gén.		—0,05	»

JOURS. 1837.	8 HEURES.				9 HEURES.			
	Haut bar.	Temp.	Haut à 0°.	Ét. de l'atm.	Haut. bar.	Temp.	Haut. à 0°.	Ét. de l'atm.
28 nov.	»	»	»	»	»	»	»	»
29	764,6	18°5	761,75	beau N. E.	764,7	20°0	761,67	beau N. O.
30	763,8	19 6	760,82	beau N.N.O.	764,9	20 0	761,87	Id.
1er déc.	765,2	17 3	762,50	Id.	765,4	19 5	762,43	Id.
2	764,2	16 2	761,64	nuag. N.E.	764,2	18 3	761,38	couv. N. E.
3	761,1	16 9	758,46	couv.	763,1	18 5	760,25	couv. E.N.E.
4	764,1	16 0	761,56	beau N. O.	764,4	17 2	761,71	beau N. O.
5	762,9	15 9	760,38*	beau E.	763,3	17 6	760,56*	beau calme.
Moyenne.			761,12	»	Moyenne. . .		761,55	»
Excès sur la moyenne générale.			+0,03	»	Exc. sur la m. gén.		+0,46	»

JOURS. 1837.	10 HEURES.				11 HEURES.			
	Haut. bar.	Temp.	Haut. à 0°.	Ét. de l'atm.	Haut. bar.	Temp.	Haut. bar.	Ét. de l'atm.
28 nov.	»	»	»	»	»	»	»	»
29	765,0	22°5	761,76	beau N. O.	765,0	23°0	761,60	beau N. O.
30	765,8	23 4	762,35	Id.	765,4	23 9	761,89	beau N.N.O.
1er déc.	766,1	22 3	762,79	Id.	766,1	21 8	762,85	Id.
2	764,2	19 2	761,26	couv. N. E.	765,1	21 0	761,95	couv. N.N.E.
3	763,4	18 6	760,52	couv. E.N.E.	763,0	19 3	760,06	couv. E.
4	764,8	19 0	761,99	beau N. O.	764,5	21 3	761,31	beau N.N.O.
5	763,5	19 5	760,53*	beau calme.	763,6	19 8	760,59*	beau calme.
Moyenne.			761,78	»	Moyenne. . .		761,61	»
Excès sur la moyenne générale.			+0,69	»	Exc. sur la m. gén.		+0,52	»

OBSERVATIONS BAROMÉTRIQUES FAITES A TERRE.
A LA BAIE DE LA MADELEINE (BASSE-CALIFORNIE).

JOURS. 1837.	MIDI.				1 HEURE.			
	Haut. bar.	Temp.	Haut. à 0°.	Ét. de l'atm.	Haut. bar.	Temp.	Haut. à 0°.	Ét. de l'atm.
28 nov.	»	»	»	»	»	»	»	»
29	765,2	24°0	761,68	beau N. O.	764,8	24°6	761,20	beau N. O.
30	765,5	24 8	761,88	beau N.N.O.	765,6	24 3	761,98	beau N.N.O.
1er déc.	766,0	22 4	762,67	Id.	766,0	22 5	762,66	nuag. N. O.
2	765,5	22 0	762,22	couv.N.N.E	765,1	22 5	761,76	couv. calme.
3	762,7	19 7	759,71	couv. calme.	761,5	21 8	758,26	couv. N. O.
4	765,1	22 5	761,76	beau N.N.O.	765,0	23 0	761,60	beau N.N.O.
5	763,6	21 0	760,45*	beau calme.	763,3	21 0	760,15*	beau O.
Moyenne..........			761,65	»	Moyenne...		761,24	»
Excès sur la moyenne générale.			+0 ,56	»	Exc. sur la m. gén.		+0,15	»

JOURS. 1837.	2 HEURES.				3 HEURES.			
	Haut. bar.	Temp.	Haut. à 0°.	Ét. de l'atm	Haut. bar.	Temp.	Haut. à 0°.	Ét. de l'atm.
28 nov.	764,3	22°8	760,92*	beau N. O.	764,1	23°9	760,69*	beau N. O
29	764,7	24 9	761,06	beau N. O.	764,6	23 8	761,10	Id.
30	764,9	24 5	761,31	beau N. O.	764,5	22 5	761,16	Id.
1er déc.	765,7	22 0	762,42	nuag. N. O.	765,2	21 0	762,05	nuag.N N O.
2	764,5	24 1	760,96	couv. N.N.O.	764,2	23 5	760,74	couv. N.N.O.
3	761,3	21 5	758,08	Id.	761,0	19 5	758,05	Id.
4	764,1	22 9	760,71	beau N.N.O.	764,2	20 5	761,11	beau N. O.
5	763,2	20 2	760,17*	beau O.	»	»	»	»
Moyenne..			760,76	»	Moyenne...		760,70	
Excès sur la moyenne générale.			—0,33	»	Exc. sur la m. gén.		—0,39	»

JOURS. 1837.	4 HEURES.				5 HEURES.			
	Haut. bar.	Temp.	Haut. à 0°.	Ét. de l'atm.	Haut. bar.	Temp.	Haut. à 0°.	Ét. de l'atm.
28 nov.	764,0	23°9	760,49*	beau N. O.	763,7	19°5	760,24*	beau N. O.
29	764,3	21 9	761,03	Id.	764,1	19 8	761,09	Id.
30	764,3	21 8	761,05	Id.	764,1	20 8	760,97	Id.
1er déc.	764,6	18 5	761,75	nuag.N.N.O.	764,3	18 3	761,48	nuag.N.N.O.
2	763,3	21 2	760,12	couv. N. O.	763,3	18 8	760,42	couv. N. O.
3	761,0	19 0	758,11	beau N N.O.	760,4	18 8	757,65	beau N.N.O.
4	764,1	20 0	761,07	beau N. O.	763,3	16 5	760,70	beau N. O.
5	»	»	»	»	»	»	»	»
Moyenne........			760,52	»	Moyenne...		760,39	»
Excès sur la moyenne générale.			—0,57	»	Exc. sur la m. gén.		—0,70	»

OBSERVATIONS BAROMÉTRIQUES FAITES A TERRE.
A LA BAIE DE LA MADELEINE (BASSE-CALIFORNIE).

JOURS. 1837.	6 HEURES.				7 HEURES.			
	Haut. bar.	Temp.	Haut. à 0°.	Ét. de l'atm	Haut. bar.	Temp.	Haut. à 0°.	Ét. de l'atm
28 nov.	763,4	18°7	760,53*	beau N. O.	763,1	18°9	760,20*	beau N. O.
29	764,0	19 4	761,04	Id.	764,0	19 2	761,07	Id.
30	763,9	18 5	761,05	Id.	764,4	18 0	761,62	beau O.N O.
1er déc.	765,1	18 8	762,22	nuag. N. O.	765,1	18 5	762,25	nuag. N.O.
2	763,2	18 8	760,32	couv. N. O.	763,0	18 5	760,15	couv. N.O.
3	760,2	16 5	757,61	beau N.N.O.	760,2	15 5	757,74	beau N.N.O.
4	763,1	16 0	760,56	beau N. O.	763,1	15 5	760,62	beau N. O.
5	»	»	»	»	»	»	»	»
Moyenne........			760,47	»	Moyenne....		760,58	»
Excès sur la moyenne générale.			—0,62	»	Exc. sur la m. gén.		—0,51	»

JOURS. 1837.	8 HEURES.				9 HEURES.			
	Haut. bar	Temp.	Haut. à 0°.	Ét. de l'atm	Haut. bar.	Temp.	Haut. à 0°.	Et. de l'atm
28 nov.	763,6	18°6	760,74*	beau N. O.	763,9	18°0	761,12*	beau N. O.
29	764,7	19 0	761,79	Id.	764,7	18 8	761,82	Id.
30	764,4	18 2	761,59	beau O.N.O.	765,2	18 0	762,42	Id.
1er déc.	765,0	18 3	762,18	nuag. N. O.	765,0	18 7	762,73	nuag. N. O
2	763,0	17 8	760,24	couv. N. O.	763,5	17 8	760,74	couv. N. O.
3	760,2	14 3	757,88	beau N.N.O.	761,7	14 8	759,32	beau O.N.O.
4	763,0	15 2	760,56	beau N. O.	763,8	16 4	761,21	beau N. O.
5	»	»	»	»	»	»	»	»
Moyenne........			760,71	»	Moyenne....		761,37	»
Excès sur la moyenne générale.			—0,38	»	Exc. sur la m. gén.		+0,28	»

JOURS. 1837.	10 HEURES.				11 HEURES.			
	Haut. bar.	Temp.	Haut. à 0°.	Ét. de l'atm.	Haut. bar.	Temp.	Haut à 0°	Ét. de l'atm.
28 nov.	763,9	17°5	761,18*	beau N. O.	763,8	17°5	761,08*	beau N. O.
29	764,7	18 0	761,92	Id.	764,6	17 8	761,84	Id.
30	765,3	18 0	762,52	Id.	765,6	17 2	762,91	Id.
1er déc.	765,5	18 5	762,65	nuag. N. O.	765,3	18 1	762,50	nuag N.N.O
2	763,5	17 8	760,74	couv. N. O.	763,1	19 2	760,17	couv. N. O
3	762,0	15 5	759,54	beau O.N.O.	762,0	15 5	759,54	nuag.O.N.O.
4	764,0	15 8	761,49	beau N. O.	763,8	15 5	761,32	beau N. O.
5	»	»	»	»	»	»	»	»
Moyenne.......			761,48	»	Moyenne....		761,36	»
Excès sur la moyenne générale.			+0,39	»	Exc. sur la m. gén.		+0,27	»

OBSERVATIONS BAROMÉTRIQUES FAITES A TERRE.

A ACAPULCO (MEXIQUE),

A 2 MÈTRES ENVIRON AU-DESSUS DU NIVEAU MOYEN DE LA MER.

Latitude 16°50' N. — Longitude 102°09' O.
Hauteur moyenne 758^{mm},89. — Amplitude totale de la variation diurne 2^{mm},91.

DU 9 AU 22 JANVIER 1838.

PAR MM. LEFÈBVRE, DUBOSQ, BERTRAND ET BRISSAULT.

JOURS. 1838.	MINUIT.				1 HEURE.			
	Haut. bar.	Temp.	Haut. à 0°.	Ét. de l'atm.	Haut. bar.	Temp.	Haut à 0°.	Ét. de l'atm
9 janv.	»	»	»	»	»	»	»	»
10	762,1	23°1	758,71	beau N. O.	761,3	23°1	757,91	beau N.
11	763,3	23 0	759,90	nuageux N.	763,4	22 0	760,12	couv. calme.
12	763,8	21 3	760,61	beau calme	763,7	21 3	760,51	beau N.
13	763,8	20 0	760,77	beau N.	764,0	19 5	761,03	beau N. E.
14	763,4	21 0	760,25	Id.	763,4	21 0	760,25	beau calme
15	762,9	22 5	759,56	beau O.N.O.	763,4	22 8	760,03	beau N.
16	761,9	21 5	758,70	beau N.	761,6	21 0	758,46	Id.
17	760,8	23 0	757,42	Id.	760,8	22 9	757,43	beau N.N.E.
18	761,5	22 0	758,24	Id.	761,6	22 0	758,34	beau N.
19	761,6	22 5	758,28	Id.	761,6	22 0	758,34	beau calme
20	761,0	24 0	757,49	couv. calme.	761,0	23 0	757,62	Id.
21	762,8	23 8	759,31	beau calme.	762,8	23 0	758,41	beau N.
22	762,7	24 5	759,12*	beau N. O.	763,1	24 0	759,69*	beau N. E.
Moyenne..			759,10	»	Moyenne...		759,04	»
Excès sur la moyenne générale.			+0,22	»	Exc. sur la m. gén.		+0,15	»

JOURS. 1837.	2 HEURES.				3 HEURES.			
	Haut. bar.	Temp.	Haut. à 0°.	Ét. de l'atm.	Haut. bar.	Temp.	Haut. à 0°.	Ét. de l'atm.
9 janvier.	»	»	»	»	»	»	»	»
10	762,7	23°5	759,25	beau N.	762,6	23°3	759,17	beau N.
11	762,8	22 0	759,53	couv. calme.	762,2	22 0	758,93	beau calme.
12	763,7	20 6	760,69	beau N.	763,9	20 0	760,87	beau E.N.E.
13	764,0	20 0	760,97	beau N. E.	764,1	20 2	761,04	Id.
14	763,1	20 5	760,01	beau calme.	762,9	20 2	758,48	beau calme.
15	762,8	21 9	759,54	beau N.	761,5	21 5	758,30	beau N.
16	761,6	21 8	757,36	beau N.N.E.	761,8	21 2	758,64	beau N. E.
17	760,1	21 5	756,90	beau N.N.O.	760,7	21 0	757,56	couv. N.N.O.
18	761,0	21 8	757,76	beau N.	760,4	21 5	757,20	beau N.
19	761,6	22 2	758,32	beau calme.	761,6	22 2	758,32	Id
20	761,4	23 1	758,01	beau calme.	761,3	22 9	757,93	beau calme.
21	761,9	22 0	758,64	beau N.	761,0	22 0	757,74	beau N. O.
22	763,0	24 0	759,49*	beau N. E.	762,9	23 8	759,41*	beau N. E.
Moyenne..			758,91	»	Moyenne...		758,68	»
Excès sur la moyenne générale.			+0,02	»	Exc. sur la m. gén.		−0,21	»

OBSERVATIONS BAROMÉTRIQUES FAITES A TERRE.

A ACAPULCO (MEXIQUE).

JOURS. 1837.	4 HEURES.				5 HEURES.			
	Haut. bar.	Temp.	Haut. à 0°.	Ét. de l'atm.	Haut. bar.	Temp.	Haut. à 0°.	Ét. de l'atm.
9 janv.	»	»	»	»	»	»	»	»
10	762,5	23°3	759,07	beau N.	762,4	24°2	758,86	beau calme.
11	763,0	21 9	759,74	couv. calme.	762,4	21 0	759,25	nuag. calme.
12	763,8	19 8	760,79	beau N.N.E.	763,2	20 5	760,11	beau calme.
13	764,1	20 2	761,04	Id.	763,5	19 8	760,49	beau N.
14	762,7	20 7	759,22	beau calme.	762,9	20 4	759,46	beau calme.
15	761,6	21 0	758,46	beau N.	761,1	21 3	757,93	Id.
16	761,8	21 2	758,64	beau calme.	761,8	21 2	758,64	Id.
17	760,6	21 0	757,46	Id.	760,9	21 0	757,76	Id.
18	760,4	21 3	757,23	beau N.	761,1	20 0	758,09	Id.
19	761,0	22 0	757,74	nuag. N.	761,1	22 2	757,82	nuag. N.N.E.
20	760,9	23 2	757,49	beau calme.	761,1	23 8	757,62	beau N. E.
21	760,3	22 0	757,04	beau N. O.	761,0	22 5	757,68	beau N.N.O.
22	762,2	13 5	758,75	beau N. E.	761,6	22 4	758,29*	beau N N.E.
Moyenne.			759,66	»	Moyenne. . . .		758,64	»
Excès sur la moyenne générale.			—0,23	»	Exc. sur la m. gén.		—0,25	»

JOURS. 1837.	6 HEURES.				7 HEURES.			
	Haut. bar.	Temp.	Haut. à 0°.	Ét. de l'atm.	Haut. bar.	Temp.	Haut. à 0°.	Ét. de l'atm.
9 janv.	»	»	»	»	»	»	»	»
10	762,4	23°6	758,97	beau calme.	762,9	23 o2	759,48	Beau calme
11	762,6	20 8	759,48	nuag. calm.	762,4	20 5	759,32	Id.
12	763,3	20 4	760,22	beau calme.	763,8	20 1	760,76	Id.
13	763,6	19 5	760,63	beau N.	763,6	19 8	760,59	beau N.N.O.
14	762,7	19 8	759,70	beau calme.	763,0	19 8	760,00	beau calme.
15	761,2	21 0	758,06	Id.	760,9	20 5	757,82	Id.
16	762,2	21 5	758,99	Id.	762,4	20 8	759,28	Id.
17	760,8	20 3	757,75	Id.	761,8	20 7	758,70	Id.
18	761,1	19 8	758,11	Id.	761,4	20 6	758,31	Id.
19	760,6	22 2	757,32	nuag. N. E.	762,2	25 0	758,56	beau N. E.
20	761,6	24 2	757,82	beau E.N.E.	761,7	25 1	758,06	beau E
21	761,0	21 8	757,76	beau N.	761,9	23 0	758,52	beau N.
22	761,6	21 9	758,35*	Id.	761,6	22 2	758,32*	beau N.N.O.
Moyenne.			758,73	»	Moyenne. . . .		759,12	»
Excès sur la moyenne générale.			—0,15	»	Exc. sur la m. gén.		+0,23	»

OBSERVATIONS BAROMÉTRIQUES FAITES A TERRE.

A ACAPULCO (MEXIQUE).

DATES. 1838.	6 HEURES.				9 HEURES.			
	Haut. bar.	Temp.	Haut. à 0°.	Ét. de l'atm.	Haut. bar.	Temp.	Haut. à 0°.	Ét. de l'atm.
9 janvier.	»	»	»	»	»	»	»	»
10	761,4	25°2	757,75	beau calme.	765,2	31°8	760,71	beau calme.
11	764,0	27 0	760,10	Id.	766,1	31 5	761,65	Id.
12	765,2	26 5	761,37	Id.	766,5	31 0	762,11	Id.
13	766,7	29 0	762,56	beau N N.O.	767,7	33 5	763,00	beau N.N.O.
14	763,8	25 8	760,05	beau calme.	765,5	31 0	761,11	beau calme
15	762,1	25 9	758,35	Id.	763,9	31 0	759,51	Id.
16	762,9	26 0	759,14	Id.	764,4	31 5	759,95	Id.
17	762,7	26 5	758,88	Id.	764,8	32 2	760,26	Id.
18	762,6	28 5	758,53	Id.	764,0	34 5	759,18	Id.
19	762,5	29 0	758,37	beau N. E.	763,2	31 0	758,81	beau E.N.E.
20	762,7	29 0	758,57	beau E.	764,0	33 0	759,36	beau E.
21	763,8	29 2	759,63	beau N.N.E.	764,2	33 0	759,56	beau calme.
22	760,0	25 0	756,37*	beau N.	»	»	»	»
Moyenne......			759,44	»	Moyenne...		760,43	»
Excès sur la moyenne générale.			+0,55	»	Exc. sur la m. gén.		+1,55	»

DATES. 1838.	10 HEURES.				11 HEURES.			
	Haut. bar.	Temp.	Haut. à 0°.	Ét. de l'atm.	Haut. bar.	Temp.	Haut. à 0°.	Ét. de l'atm.
9 janvier.	»	»	»	»	»	»	»	»
10	766,4	33°4	761,71	beau calme.	765,1	33°8	760,36	beau O.S.O.
11	766,6	34 2	761,81	beau O.S.O.	767,7	33 5	763,00	Id.
12	767,2	32 0	762,69	Id.	766,0	32 5	761,42	Id.
13	767,1	34 9	762,23	beau O.	766,9	35 2	761,99	beau S. O.
14	766,8	31 8	762,31	brum. calm.	767,5	32 5	762,92	Id.
15	764,3	33 0	759,66	beau O.S.O.	764,2	31 8	759,71	beau. O.S.O
16	764,4	32 2	759,86	beau S. O.	763,8	32 5	759,22	Id.
17	765,0	32 5	760,42	Id.	763,8	33 4	759,13	beau S. O.
18	765,0	35 0	760,12	beau O.	763,6	35 5	758,65	beau O.
19	763,8	32 8	759,19	beau E.	763,3	34 5	758,48	beau S. E.
20	763,8	36 0	758,79	beau calme.	764,0	36 2	758,97	beau S.
21	764,3	34 5	759,48	beau. calme.	764,5	35 5	759,55	beau S. O.
22	»	»	»	»	»	»	»	»
Moyenne......			760,69	»	Moyenne...		760,28	»
Excès sur la moyenne générale.			+1,80	»	Exc. sur la m. gén.		+1,40	»

OBSERVATIONS BAROMÉTRIQUES FAITES A TERRE.

A ACAPULCO (MEXIQUE.)

JOURS. 1838.	MIDI.				I HEURE.			
	Haut. bar.	Temp.	Haut. à 0°.	Ét. de l'atm.	Haut. bar.	Temp.	Haut. à 0°.	Ét. de l'atm.
9 janvier.	»	»	»	»	»	»	»	»
10	765,2	34°0	760,44	beau O.S.O.	763,9	32°2	759,37	beau S. O.
11	765,4	33 5	760,70	Id.	765,0	33 0	760,37	beau O.S.O.
12	766,0	33 5	761,32	Id.	765,4	32 8	760,79	Id.
13	767,2	35 7	762,23	beau S. O.	766,2	35 0	761,32	beau S.S.O.
14	765,5	33 5	760,81	Id.	765,7	33 0	761,07	beau S. O
15	763,3	33 0	758,67	beau O.S.O.	762,6	33 0	757,98	beau O.S.O.
16	763,6	33 5	758,91	Id.	762,1	31 9	757,61	Id.
17	763,4	33 3	758,73	beau S. O.	763,3	33 0	758,67	Id.
18	763,8	33 5	759,11	beau O.	763,9	34 0	759,15	beau O.
19	762,8	34 8	757,95	beau S. E.	760,5	33 5	755,83	nuageux S
20	763,6	36 0	758,60	beau S.S.O.	»	»	758,69?	beau S.S.O.
21	763,7	35 0	758,82	beau O.S.O.	763,4	33 8	758,67	beau O.S.O.
22	»	»	»	»	»	»	»	»
Moyenne.........			759,97	»	Moyenne....		759,04	»
Excès sur la moyenne générale.			+1,08	»	Exc. sur la m. gén.		+0,16	»

JOURS. 1838.	2 HEURES.				3 HEURES.			
	Haut. bar.	Temp.	Haut. à 0°.	Ét. de l'atm.	Haut. bar.	Temp.	Haut. à 0°.	Ét. de l'atm.
9 janvier.	»	»	»	»	»	»	»	»
10	762,9	31°0	758,52	beau O.S.O.	762,8	29°8	758,57	beau O.
11	763,7	31 5	759,26	Id.	763,7	30 0	759,44	beau O.S.O.
12	764,2	30 2	759,91	Id.	763,8	28 5	759,73	Id.
13	765,2	32 5	760,62	beau S.S.O.	764,1	30 5	759,77	beau S.S.E.
14	762,4	31 8	757,92	beau S. O.	761,9	29 8	757,68	beau S. O.
15	762,0	30 5	757,68	Id.	761,5	29 2	757,36	Id.
16	762,3	30 9	757,93	beau O.S.O.	761,0	29 2	756,86	Beau O.S.O.
17	762,5	30 0	758,25	beau O.	762,2	29 0	758,07	beau O.
18	763,0	31 8	758,52	beau S. O.	762,0	30 8	757,65	beau S. O.
19	759,7	31 6	755,26	nuageux S.	759,4	30 5	755,10	nuageux S.
20	»	»	756,78?	beau S.S.O.	760,8	31 5	756,37	Beau S. O.
21	763,2	32 0	758,69	»	761,9	30 5	757,60	beau O.S.O.
22	»	»	»	»	»	»	»	»
Moyenne......			758,29	»	Moyenne....		757,85	»
Excès sur la moyenne générale.			—0,60	»	Exc. sur la m. gén.		—1,04	»

OBSERVATIONS BAROMÉTRIQUES FAITES A TERRE.

A ACAPULCO (MEXIQUE.)

JOURS. 1838.	4 HEURES.				5 HEURES.			
	Haut. bar.	Temp.	Haut. à 0°.	Ét. de l'atm.	Haut. bar.	Temp.	Haut. à 0°.	Ét. de l'atm.
9 janvier.	»	»	»		761,9	26°4	758,10*	beau N.N O.
10	762,8	28°2	758,77	beau O.	762,8	27 0	758,92	beau O.
11	763,2	27 5	759,25	Beau O.S.O.	763,0	26 0	759,24	baeu O.S.O.
12	763,2	28 7	759,35	Id.	763,2	26 4	759,39	Id.
13	763,9	27 5	759,95	beau S.S.E.	764,2	25 6	760,48	beau S.
14	761,6	27 5	757,66	beau S. O.	761,5	26 0	757,75	beau S. O.
15	761,3	27 0	757,43	Id.	761,4	25 8	757,67	Id.
16	761,0	27 0	757,13	beau O.S.O.	761,0	26 5	757,19	beau O.S.O.
17	761,0	27 5	757,06	beau O.	761,0	27 0	757,13	beau O.
18	761,0	28 5	756,94	beau S. O.	760,7?	27 0	756,83?	beau S. O.
19	759,4	29 8	755,18	nuageux S	760,3	28 2	756,28	nuag. S.S.O.
20	760,9	29 0	756,78	beau S. O.	761,0	28 0	757,00	beau O.S.O.
21	761,9	28 5	757,84	beau O.S.O.	761,8	27 9	757,81	beau O.
22	»	»	»	»	»	»	»	»
Moyenne.........			757,78	»	Moyenne....		757,97	»
Excès sur la moyenne générale.			—1,11	»	Exc. sur la m. gén.		—0,92	»

JOURS. 1838.	6 HEURES.				7 HEURES.			
	Haut. bar.	Temp.	Haut. à 0°.	Ét. de l'atm.	Haut. bar.	Temp.	Haut. à 0°.	Ét. de l'atm.
9 janvier.	762,5	25°0	758,86*	beau O.N.O.	762,7	24°0	759,18*	beau N.N.O
10	763,0	26 5	759,18	beau O.	763,8	26 8	759,94	beau O.
11	762,7	25 4	759,01	beau O.S.O.	762,5	24 8	758,88	beau O.S.O.
12	762,8	26 0	759,04	Id.	762,6	25 2	758,94	beau O.N O.
13	763,8	24 0	760,28	beau S.	763,6	23 0	760,20	beau S.
14	761,3	25 2	757,65	beau O.N.O.	762,3	26 0	758,54	beau O.N O
15	761,2	24 1	757,68	beau calme.	761,2	22 0	757,94	beau calme.
16	760,8	26 0	757,05	beau O.S.O.	761,0	25 0	757,37	beau O.
17	761,0	26 5	757,19	beau O.	760,8	25 8	757,07	Id.
18	760,5	26 8	756,60	beau O.S.O.	760,5	25 0	756,87	beau N. O.
19	760,1	26 0	756,35	beau S. O.	760,3	26 0	756,54	beau calme.
20	760,7	26 0	756,95	beau O.S.O.	761,2	25 9	757,46	beau O.
21	761,7	26 1	757,94	bean calme.	761,9	26 0	758,14	beau calme.
22	»	»	»	»	»	»	»	»
Moyenne........			757,02	»	Moyenne....		758,16	»
Excès sur la moyenne générale.			—0,97	»	Exc. sur la m. gén.		—0,73	»

OBSERVATIONS BAROMÉTRIQUES FAITES A TERRE.

A ACAPULCO (MEXIQUE).

JOURS. 1838.	8 HEURES.				9 HEURES.			
	Haut. bar.	Temp.	Haut. à 0°.	Ét. de l'atm.	Haut. bar.	Temp.	Haut. à 0°.	Ét. de l'atm.
9 janvier.	762,8	22°8	759,43	beau N.N.O.	762,8	21°8	758,55	beau N.N.O.
10	764,1	26 5	760,28	beau O.	764,1	26 5	760,27	beau N.
11	763,0	23 4	759,55	beau calme.	764,0	22 3	760,69	beau calme.
12	762,0	24 6	758,41	beau O.N.O.	761,8	23 0	758,42	beau N.
13	763,2	22 5	759,87	beau S.	763,5	22 0	760,22	beau O.
14	762,2	25 5	758,50	beau O.N.O.	762,2	24 2	758,66	beau O.N.O.
15	760,8	22 0	757,54	beau calme.	761,2	22 0	757,84	beau N.
16	761,0	25 0	757,37	beau N.O.	760,8	25 0	757,17	Id.
17	761,0	23 9	757,50	beau O.N.O.	760,6	23 0	757,22	Id.
18	760,3	24 0	756,79	beau N.O.	760,3	24 0	756,89	Id.
19	761,0	25 8	757,27	beau calme.	761,0	25 5	757,31	couv. calme.
20	761,7	25 5	758,01	beau O.N.O.	761,8	24 0	758,29	beau N.O.
21	762,3	26 0	758,54	beau calme.	762,5	25 5	758,80	Id.
22	»	»	»	»	»	»	»	»
Moyenne.			758,30	»	Moyenne. . . .		758,48	»
Excès sur la moyenne générale.			—0,59	»	Exc. sur la m. gén.		—0,41	»

JOURS. 1838.	10 HEURES.				11 HEURES.			
	Haut. bar.	Temp.	Haut. à 0°.	Ét. de l'atm.	Haut. bar.	Temp.	Haut. à 0°.	Ét. de l'atm.
9 janvier.	762,8	21°6	759,58	beau O.N.O.	762,3	22°8	758,93	beau N.O.
10	764,0	25 6	760,28	nuageux, N.	763,5	24 0	759,98	nuageux N.
11	764,0	21 5	760,78	beau calme.	764,0	21 4	760,80	beau calme.
12	761,5	22 0	759,24	beau N.	762,0	20 5	758,94	beau N.
13	763,5	21 6	760,28	beau N.O.	763,4	21 4	760,20	Id.
14	762,2	24 0	758,68	Id. O.N.O.	762,3	23	758,81	beau O.N.O.
15	761,5	22 0	758,24	beau N.	762,2	22 8	758,93	beau N.
16	761,0	23 8	757,52	Id.	760,9	23 5	757,46	Id.
17	760,9	22 8	757,54	Id.	761,5	22 3	758,20	Id.
18	761,0	23 5	757,56	Id.	762,1	22 7	758,74	Id.
19	761,2	25 2	757,55	couv. calme.	761,0	25 0	757,37	couv. calme.
20	762,3	23 8	758,81	beau calme.	762,8	24 8	759,18	beau calme.
21	762,9	25 5	759,20	beau N. O.	763,2	25 3	759,53	beau N. O.
22	»	»	»	»	»	»	»	»
Moyenne.			758,81	»	Moyenne. . . .		759,01	»
Excès sur la moyenne générale.			—0,08	»	Exc. sur la m. gén.		+0,12	»

OBSERVATIONS BAROMÉTRIQUES FAITES A TERRE.

A VALPARAISO (CHILI),

A 45? MÈTRES ENVIRON AU-DESSUS DU NIVEAU MOYEN DE LA MER.

Latitude 33°02' S. — Longitude 74°04' O.
Hauteur moyenne 755^{mm},36.—Amplitude totale de la variation diurne 1^{mm},31.

DU 21 AU 31 MARS 1838.

PAR MM. LEFEBVRE, DUBOSQ, BERTRAND ET BRISSAULT.

JOURS. 1838.	MINUIT.				1 HEURE.			
	Haut. bar.	Temp.	Haut. à 0°	Ét. de l'atm.	Haut. bar.	Temp.	Haut à 0°.	Ét. de l'atm
21 mars	»	»	»	»	»	»	»	»
22	760,8	13°5	758,48	beau N.	760,2	14°5	757,86	beau S. E.
23	757,6	13 8	755,35	beau S.	758,8	14 5	756,46	couv. E.S.E.
24	756,2	17 5	753,53	beau N. O.	757,5	18 2	754,71	beau N. O.
25	755,3	16 0	752,79	beau N.O.	755,2	15 0	752,81	beau E.
26	759,0	19 0	756,11	nuag. N. O	759,3	19 0	756,41	beau calme.
27	759,0	18 0	756,23	beau calme.	758,8	18 0	756,03	beau N.
28	759,8	20 5	756,72	Id.	759,1	19 0	756,21	beau calme.
29	761,8	18 6	758,96	beau S.	761,4	18 5	758,57	beau N.
30	755,0	17 0	752,37	beau S. O.	755,6	17 0	752,97	beau calme.
31	759,0	14 0	756,72*	beau calme.	758,9	14 0	756,62*	beau calme.
Moyenne.........			755,63	»	Moyenne....		755,78	»
Excès sur la moyenne générale.			+0,27	»	Exc. sur la m. gén.		+0,43	»

JOURS. 1837.	2 HEURES.				3 HEURES.			
	Haut. bar.	Temp.	Haut. à 0°.	Ét. de l'atm.	Haut. bar.	Temp.	Haut. à 0°.	Ét. de l'atm.
21 mars	»	»	»	»	»	»	»	»
22	759,6	16°4	757,03	beau S. E.	759,6	14°0	757,32	beau S. E.
23	758,1	14 2	755,80	couv. E.S.E.	758,6	15 1	756,19	couv. E.S.E.
24	757,3	16 8	754,68	beau N. O.	755,9	16 0	753,39	beau N O.
25	755,2	14 5	752,86	beau E.	754,4	14 6	752,06	beau E.
26	759,1	20 0	756,09	beau calme.	759,2	19 0	756,31	beau calme.
27	758,7	18 0	755,93	Id.	758,6	18 5	755,77	Id.
28	759,0	18 0	756,23	Id.	759,1	18 0	756,33	Id.
29	761,3	18 0	758,53	beau N.	760,4	16 5	757,81	beau N.
30	755,2	16 8	752,59	beau calme.	755,7	15 0	753,31	beau calme.
31	758,9	15 0	756,50*	beau calme	757,6	15 0	755,20	Id.
Moyenne.....			755,53	»	Moyenne....		755,39	»
Excès sur la moyenne générale.			+0,17	»	Exc. sur la m. gén.		+0,03	»

OBSERVATIONS BAROMÉTRIQUES FAITES A TERRE.

A VALPARAISO (CHILI).

JOURS. 1837.	4 HEURES.				5 HEURES.			
	Haut. bar.	Temp.	Haut. à 0°.	Ét. de l'atm.	Haut. bar.	Temp.	Haut. à 0°.	Ét. de l'atm.
21 mars	»	»	»	»	»	»	»	»
22	759,4	13°5	757,18	beau S. E.	758,8	13°5	756,18	beau S. E.
23	758,9	15 2	756,48	couv. E.S.E.	758,8	14 7	756,44	couv. E.S.E.
24	755,5	16 5	752,93	beau N. O.	755,0	18 0	752,24	beau N. O.
25	754,4	14 0	752,13	beau E.	754,0	14 0	751,73	nuag. E.
26	759,0	18 0	756,23	beau calme.	758,5	18 5	755,67	beau calme.
27	758,6	18 2	755,81	Id.	758,7	17 8	755,96	Id.
28	759,1	18 0	756,33	Id.	759,3	18 0	756,57	Id,
29	760,3	16 5	757,72	beau N.	760,0	16 0	757,48	beau N.
30	755,6	16 0	753,09	beau calme.	755,9	15 0	753,41	Beau calme.
31	757,1	13 8	754,85*	Id.	757,6	14 7	755,24*	Id.
Moyenne.			755,32	»	Moyenne. . . .		755,09	»
Excès sur la moyenne générale.			—0,03	»	Exc. sur la m. gén.		—0,27	»

JOURS. 1837.	6 HEURES.				7 HEURES.			
	Haut. bar.	Temp.	Haut. à 0°.	Ét. de l'atm.	Haut. bar.	Temp.	Haut. à 0°.	Ét. de l'atm.
21 mars	»	»	»	»	»	»	»	»
22	758,1	13°7	755,86	beau S. E.	758,2	13°5	755,99	beau S. E.
23	758,5	13 4	756,30	couv. F.S.E.	759,6	13 8	757,34	couv. E.S.E.
24	755,7	17 0	753,07	beau N. O.	755,5	15 8	753,01	beau N. O.
25	754,8	13 3	752,62	nuag. calm.	755,0	16 0	752,49	nuag. calme.
26	755,8	18 1	756,03	beau calme.	759,7	20 5	756,62	beau calme
27	758,6	16 9	755,97	Id.	758,9	19 8	755,92	Id.
28	759,1	16 2	756,48	Id.	761,2	20 0	758,19	Id.
29	759,2	15 7	756,71	beau N.	759,0	17 8	756,76	Id.
30	755,9	13 7	753,67	beau calme.	756,8	20 0	753,80	Id.
31	757,4	13 4	755,20*	Id.	757,6	13 8	755,35*	Id.
Moyenne.			755,19	»	Moyenne. . . .		755,57	»
Excès sur la moyenne générale.			—0,16	»	Exc. sur la m. gén.		+0,21	»

OBSERVATIONS BAROMÉTRIQUES FAITES A TERRE.

A VALPARAISO (CHILI).

DATES. 1838.	8 HEURES.				9 HEURES.			
	Haut. bar.	Temp.	Haut. à 0°.	Ét. de l'atm.	Haut. bar.	Temp.	Haut. à 0°.	Ét. de l'atm.
21 mars	»	»	»	»	»	»	»	»
22	758,6	16°8	755,98	beau S. E.	759,2	22°4	755,89	beau S. E.
23	759,8	16 7	757,19	couv. E.S.E.	760,2	20 4	757,14	beau E.S.E.
24	755,2	16 8	752,09	beau N. O.	756,0	19 8	753,02	beau N. O.
25	755,7	20 5	752,64	nuag. calme.	756,0	21 0	752,98	nuageux N.
26	760,5	23 2	757,09	beau calme.	760,2	25 0	756,57	beau calme.
27	759,7	22 8	756,34	Id.	759,8	22 9	756,43	Id.
28	761,4	19 0	758,51	Id.	762,0	23 0	758,61	Id.
29	759,1	19 9	756,10	Id.	759,2	20 8	756,09	beau N. O.
30	757,8	18 8	754,95	Id.	757,4	20 0	754,39	beau N.
31	759,2	15 8	756,70*	Id.	760,6	16 8	757,98*	beau calme.
Moyenne........			755,71	»	Moyenne....		755,68	»
Excès sur la moyenne générale.			+0,36	»	Exc. sur la m. gén.		+0,83	»

DATES. 1838.	10 HEURES.				11 HEURES.			
	Haut. bar.	Temp.	Haut. à 0°.	Ét. de l'atm.	Haut. bar.	Temp.	Haut. à 0°.	Ét. de l'atm.
21 mars	»	»	»	»	»	»	»	»
22	759,6	23°0	756,22	beau S. E.	758,8	25°7	755,09	beau S. E.
23	759,9	20 6	756,82	beau E.S.E.	760,0	22 7	756,75	beau N. O.
24	756,3	20 7	755,21	beau N. O.	756,2	21 0	753,08	Id.
25	756,9	23 2	753,51	nuageux N.	757,8	28 9	753,71	nuageux N.
26	760,4	24 0	756,89	beau calme.	760,8	30 0	756,56	beau calme
27	759,8	24 8	756,19	beau N.	759,6	26 7	755,76	beau N.
28	763,5	26 5	759,68	beau S. O.	762,5	24 0	758,99	beau S. O.
29	759,4	27 0	755,53	beau N. O	759,1?	26 0	755,36?	Id.
30	758,2	19 8	755,21	brumeux N.	759,7?	20 5	755,63?	brumeux N.
31	759,7	20 5	756,62*	beau calme.	»	»	»	»
Moyenne........			755,92	»	Moyenne....		755,66	»
Excès sur la moyenne générale.			+0,56	»	Exc. sur la m. gén.		+0,30	»

OBSERVATIONS BAROMÉTRIQUES FAITES A TERRE.

A VALPARAISO (CHILI.)

JOURS. 1838.	MIDI.				1 HEURE.			
	Haut. bar.	Temp.	Haut. à 0°.	Ét. de l'atm.	Haut. bar.	Temp.	Haut. à 0°.	Ét. de l'atm.
21 mars	762,0	23°6	758,54*	pluie N.	762,3	25°8	758,57	beau N.
22	758,4	22 3	755,12	beau S. E.	757,6	22 0	754,35	beau S.
23	759,2	22 9	755,83	beau N. O.	759,2	23 0	755,82	beau N. O
24	755,9	21 0	752,78	Id.	756,0	22 0	752,76	Id.
25	757,9	22 8	754,55	nuageux N.	757,8	25 0	754,18	nuageux N.
26	761,2	32 0	756,69	beau calme.	761,0	27 5	757,06	beau calme.
27	759,7	26 5	755,89	beau N.	760,3	26 0	756,55	beau N.
28	762,3	23 5	758,85	beau S. O.	763,4	23 8	759,91	beau S.
29	759,2	27 0	755,32	Id.	758,3	27 8	754,34	beau S. O
30	759,6	20 8	756,48	brumeux N.	759,5	21 5	756,30*	brum N. O.
31	»	»	»	»	»	»	»	»
Moyenne......			755,72	»	Moyenne....		755,70	»
Excès sur la moyenne générale.			+0,37	»	Exc. sur la m. gén.		+0,34	»

JOURS. 1838.	2 HEURES.				3 HEURES.			
	Haut. bar.	Temp.	Haut. à 0°.	Ét. de l'atm.	Haut. bar.	Temp.	Haut. à 0°.	Ét. de l'atm
21 mars	762,6	24°8	758,99*	beau N.	762,5	23°1	759,10*	beau N.
22	758,6	20 8	755,50	beau S.	755,6	19 3	752,69	beau S.
23	758,6	24 5	755,16	beau N. O.	758,3	26 5	754,49	beau N. O.
24	756,3	21 6	753,12	Id.	756,3	22 8	752,96	Id.
25	758,0	24 8	754,40	nuageux N.	758,7	25 2	755,05	nuageux N.
26	760,7	28 0	756,60	beau calme.	759,5	29 0	754,38	beau calme.
27	760,3	26 2	756,52	beau N.	760,1	25 0	756,47	beau N.
28	762,5	23 0	759,11	beau S.	762,3	22 7	758,94	beau S.
29	756,8	27 7	752,86	beau S. O.	757,0	26 0	753,27?	beau S. O.
30	759,2	22 8	755,84	beau O.	760,0	22 6	756,67	beau O.
31	»	»	»	»	»	»	»	»
Moyenne.......			755,40	»	Moyenne....		754,99	»
Excès sur la moyenne générale.			+0,10	»	Exc. sur la m. gén.		—0,56	»

OBSERVATIONS BAROMÉTRIQUES FAITES A TERRE.

A VALPARAISO (CHILI.)

JOURS. 1838.	4 HEURES.				5 HEURES.			
	Haut. bar.	Temp.	Haut. à 0°.	Ét. de l'atm.	Haut. bar.	Temp.	Haut. à 0°.	Ét. de l'atm.
21 mars	761,8	18°3	758,99	beau N.	762,4	20°4	758,33 *	beau N.
22	756,1	20 0	753,10	beau S	756,0	19 2	753,09	beau S.
23	758,1	26 0	754,35	beau. N. O.	757,4	24 7	753,82	beau N. O.
24	755,8	21 5	752,62	Id.	755,0	19 0	752,12	Id.
25	758,0	24 8	754,40	nuageux N.	757,8	23 0	754,43	nuageux N
26	760,4	25 0	756,77	beau calme.	760,0	22 2	756,72	beau calme.
27	759,7	23 7	756,23	beau N	759,3	22 3	756,00	beau N.
28	761,6	21 0	758,46	beau S.	761,4	21 1	758,25	beau S.
29	756,6	25 0	752,99	beau S. O.	756,7	24 5	753,15	beau S. O.
30	759,8	22 2	756,52	Id.	759,4	24 5	755,83	Id.
31	»	»	»	»	»	»	»	»
Moyenne.			755,05	»	Moyenne. . . .		754,82	»
Excès sur la moyenne générale.			—0,31	»	Exc. sur la m. gén.		—0,53	»

JOURS. 1838.	6 HEURES.				7 HEURES.			
	Haut. bar.	Temp.	Haut. à 0°.	Ét. de l'atm.	Haut. bar.	Temp.	Haut. à 0°.	Ét. de l'atm.
21 mars	761,8	17°1	759,14 *	beau N.	761,6	16°0	759,07 *	beau N.
22	756,0	18 5	753,18	beau S.	756,0	16 5	753,55	beau S.
23	756,2	17 5	753,50	beau N. O.	756,9	19 0	754,02	beau N. O.
24	754,7	16 8	752,19	Id.	755,2	17 0	752,47	Id.
25	757,3	18 9	754,43	beau N.	757,9	18 0	755,14	beau N.
26	759,1	19 8	756,19	beau calme.	759,2	20 0	756,19	beau calme.
27	759,3	20 8	756,19	Id.	759,1	21 0	755,96	Id.
28	760,9	18 8	758,03	beau S.	761,4	18 8	758,53	beau S.
29	754,9	21 0	751,78	beau S. O.	754,9	19 4	751,97	beau S. O.
30	758,9	18 5	756,07	Id.	759,2	17 0	756,56	Id.
31	»	»	»	»	»	»	»	»
Moyenne.			754,61	»	Moyenne. . . .		754,93	»
Excès sur la moyenne générale.			—0,75	»	Exc. sur la m. gén.		—0,42	»

OBSERVATIONS BAROMÉTRIQUES FAITES A TERRE.

A VALPARAISO (CHILI).

JOURS. 1838.	8 HEURES.				9 HEURES.			
	Haut. bar.	Temp.	Haut. à 0°.	Ét. de l'atm.	Haut. bar.	Temp.	Haut. à 0°.	Ét. de l'atm.
12 mars	761,6	15°0	759,20*	beau N.	761,7	14°4	759,37*	beau N.
22	755,8	16 0	753,41	beau S.	755,8	17 2	753,14	beau S.
23	756,8	16 9	754,18	beau N.O.	756,9	16 1	754,37	beau N.O.
24	755,2	15 5	752,75	Id.	755,3	15 6	752,84	Id.
25	757,9	17 8	755,15	Id.	758,0	19 5	755,05	Id.
26	759,2	19 0	756,31	beau calme.	759,2	18 5	756,37	beau calme.
27	759,1	20 0	756,09	Id.	759,2	20 0	756,19	Id.
28	762,0	18 8	759,13	beau S.	762,7	19 0	759,80	beau S.
29	754,9	18 8	752,05	beau S.O.	754,9	17 5	752,43	beau S. O.
30	759,3	16 0	756,78	Id.	759,3	15 2	756,87	beau calme.
31	»	»	»	»	»	»	»	»
Moyenne.			755,09	»	Moyenne. . . .		755,23	»
Excès sur la moyenne générale.			—0,26	»	Exc. sur la m. gén.		—0,13	»

JOURS. 1838.	10 HEURES.				11 HEURES.			
	Haut. bar.	Temp.	Haut. à 0°.	Ét. de l'atm.	Haut. bar.	Temp.	Haut. à 0°.	Ét. de l'atm.
21 mars	761,4	14°0	759,12*	beau N.	761,0	13°8	758,74*	beau N.
22	757,0	15 5	754,54	beau S.	757,0	14 0	754,73	beau S.
23	756,9	15 8	753,41	beau N.O.	756,8	15 8	754,31	beau N. O.
24	755,2	16 0	752,66	Id.	755,2	16 0	752,79	Id.
25	758,0	18 5	755,18	Id.	759,0	19 5	756,05	Id.
26	759,1	18 0	756,33	beau calme.	759,0	17 9	756,24	beau calme.
27	759,2	20 5	756,12	Id.	759,8	21 5	756,60	Id.
28	762,0	19 7	759,01	beau S.	762,0	19 8	759,00	beau S.
29	755,0	17 0	752,37	beau S.O.	754,8	17 0	752,17	beau S. O.
30	758,9	15 1	756,49	beau calme.	758,6	14 8	756,22	beau calme.
31	»	»	»	»	»	»	»	»
Moyenne.			755,12	»	Moyenne. . . .		755,35	»
Excès sur la moyenne générale.			—0,23	»	Exc. sur la m. gén.		—0,01	»

OBSERVATIONS BAROMÉTRIQUES FAITES A TERRE.
AU CALLAO DE LIMA (PÉROU),

A 4 MÈTRES ENVIRON AU-DESSUS DU NIVEAU MOYEN DE LA MER.

Latitude 12°04' S.—Longitude 79°34' O.
Hauteur moyenne 760^{mm},47.—Amplitude totale de la variation diurne 1^{mm},07.

DU 12 AU 21 MAI 1838.

PAR MM. LEFEBVRE, DUBOSQ, BERTRAND ET BRISSAULT.

JOURS. 1838.	MINUIT.				I HEURE.			
	Haut. bar.	Temp.	Haut. à 0°.	Ét. de l'atm	Haut. bar.	Temp.	Haut. à 0°.	Ét. de l'atm.
12 mai.	»	»	»	»				
13	763,7	17°5	760,98	beau S.S O.	763,6	17°3	760,90	beau calme.
14	762,0	19 0	759,10	brum. S.S.E.	762,0	18 8	759,12	Id.
15	764,4	19 0	761,49	beau S. E.	763,9	18 9	760,88	Id.
16	764,5	19 4	751,54	Id.	764,2	19 0	761,39	beau S.S.E.
17	762,9	18 0	760,12	Id.	762,8	17 9	760,03	beau calme.
18	763,6	18 6	760,76	brum. calm.	763,8	18 0	761,02	brum. calm.
19	763,4	19 4	760,45	brum. S. E.	763,5	19 2	760,58	couv. S.E.
20	763,0	18 5	760,16	couv. S.S.E.	763,0	18 5	760,16	beau calme.
21	763,0	17 5	760,28*	beau O.N.O.	762,7	18 5	759,86*	Id.
Moyenne.........			760,58	»	Moyenne. . . .		760,51	»
Excès sur la moyenne générale.			+0,10	»	Exc. sur la m. gén.		+0,04	»

JOURS. 1838.	2 HEURES.				3 HEURES.			
	Haut. bar.	Temp.	Haut. à 0°.	Ét. de l'atm.	Haut. bar.	Temp.	Haut. à 0°.	Ét. de l'atm.
12 mai.	»	»	»	»				
13	763,2	17°4	760,49	beau calme.	762,9	17°6	760,17	beau calme.
14	761,8	18 5	758,96	Id.	761,7	17 3	759,01	Id.
15	764,2	18 9	761,30	Id.	764,4	19 0	761,49	Id.
16	765,0	18 6	762,13	beau S.S.E.	764,7	18 2	761,89	beau S.S.E.
17	762,8	19 0	759,90	beau calme.	762,8	18 8	759,92	beau calme.
18	763,9	18 0	761,12	brum. calm.	763,8	18 0	761,02	brum. calm.
19	762,8	19 5	759,84	couv. S. E.	762,6	19 5	759,64	couv. S. E.
20	762,9	17 5	760,18	beau calme.	763,0	16 5	760,41	beau calme.
21	762,5	18 5	759,66	Id.	762,4	18 0	759,62*	beau N.
Moyenne........			760,49	»	Moyenne. . . .		760,44	»
Excès sur la moyenne générale.			+0,02	»	Exc. sur la m. gén.		−0,03	»

OBSERVATIONS BAROMÉTRIQUES FAITES A TERRE.

AU CALLAO DE LIMA (PÉROU).

JOURS. 1838.	4 HEURES.				5 HEURES.			
	Haut. bar.	Temp.	Haut. à 0°.	Ét. de l'atm.	Haut. bar.	Temp.	Haut. à 0°.	Ét. de l'atm.
12 mai.	»	»	»	»	»	»	»	»
13	762,8	17°6	760,07	beau calme.	762,6	17°2	759,92	beau calme
14	761,7	17 3	759,01	Id.	762,0	18 3	759,18	Id.
15	764,4	18 3	761,58	Id.	764,1	18 5	761,25	beau S. E.
16	764,7	18 8	761,82	beau S.S.E.	764,6	19 0	761,69	beau S.S E
17	763,3	19 0	760,40	beau calme.	763,1	18 7	760,23	beau calme.
18	763,8	18 0	761,02	brum calm.	763,8	17 6	761,07	brum. calm.
19	762,7	19 5	759,74	couvert S.E.	762,9	18 9	760,01	couv. calm.
20	762,5	15 5	760,03	beau calme	762,4	14 6	760,04	beau calme.
21	»	»	»	»	»	»	»	»
Moyenne.......			760,46	»	Moyenne. . .		760,42	»
Excès sur la moyenne générale.			—0,02	»	Exc. sur la m. gén.		—0,05	»

JOURS. 1838.	6 HEURES.				7 HEURES.			
	Haut. bar.	Temp.	Haut. à 0°.	Ét. de l'atm.	Haut. bar.	Temp.	Haut. à 0°.	Ét. de l'atm.
12 mai.	»	»	»	»	»	»	»	»
13	762,7	15°9	760,18	beau calme.	763,0	17°8	760,25	brum. calm.
14	762,1	17 9	759,33	beau S.E.	762,2	19 1	759,29	beau S. E
15	764,2	18 4	761,37	Id.	764,0	19 5	761,63	Id.
16	764,7	18 8	761,82	brum. S. E.	764,9	18 8	762,02	brum. S.E
17	763,2	18 6	760,35	brum. calm.	763,3	18 3	760,48	brum. calm.
18	763,9	18 3	761,08	Id.	763,7	18 2	760,90	Id.
19	762,9	18 8	760,02	couv. calm.	763,0	18 8	760,12	couv. calme.
20	762,3	14 7	759,93	beau calme.	762,6	16 2	760,05	beau calme.
21	»	»	»	»	»	»	»	»
Moyenne.......			760,51	»	Moyenne. . .		760,59	»
Excès sur la moyenne générale.			+0,04	»	Exc. sur la m. gén.		+0,12	»

OBSERVATIONS BAROMÉTRIQUES FAITES A TERRE.

AU CALLAO DE LIMA (PÉROU).

JOURS. 1838.	8 HEURES.				9 HEURES.			
	Haut. bar.	Temp.	Haut. à 0°.	Ét. de l'atm.	Haut. bar.	Temp.	Haut. à 0°.	Ét. de l'atm.
12 mai	»	»	»	»	»	»	»	»
13	764,4	23°6	760,92	brum. S.S.E.	765,1	25°0	761,45	brum. S.S.E.
14	762,6	23 5	759,15	beau S. E.	764,4	29 0	760,26	beau S. E.
15	764,9	23 0	761,50	Id.	765,5	27 2	761,58	Id.
16	765,8	20 0	762,77	brum. S. E.	766,2	22 0	762,92	brum. S.E.
17	763,5	18 8	760,62	brum.calme.	763,6	19 0	760,70	brum.calme.
18	763,7	18 5	760,86	Id.	763,8	20 0	760,77	Id.
19	763,3	20 0	760,28	couvert N.O.	762,9	22 5	759,57	couv. N.O.
20	763,0	18 0	760,22	beau calme.	763,6	20 5	760,51	beau calme.
21	»	»	»	»	»	»	»	»
Moyenne.........			760,79	»	Moyenne....		760,97	»
Excès sur la moyenne générale			+0,32	»	Exc. sur la m. gén.		+0,50	»

JOURS. 1838.	10 HEURES.				11 HEURES.			
	Haut. bar.	Temp.	Haut. à 0°.	Ét. de l'atm.	Haut. bar.	Temp.	Haut. à 0°.	Ét. de l'atm.
12 mai	»	»	»	»	»	»	»	»
13	764,0	26°0	760,23	brum. S.S.E.	765,5	28°7	761,39	brum. S.S.E.
14	765,3	28 8	761,18	beau S. E.	765,3	29 0	761,16	beau S. E.
15	765,5	28 0	761.48	Id.	765,8	28 4	761,78	Id.
16	766,3	23 0	762,90	brum. S.E	766,1	25 0	762,45	brum. S. E.
17	763,6	21 0	760,45	brum.calme.	763,6	24 0	760,08	brum.calme
18	763,8	21 5	760,59	Id.	764,0	23 8	760,50	Id.
19	763,3	25 6	759,58	couv. N. O.	763,9	28 4	759,84	couvert O.
20	763,8	23 8	760,30	beau calme.	764,4	26 8	760,53	beau O.N.O.
21	»	»	»	»	»	»	»	»
Moyenne.........			760,84	»	Moyenne....		760,97	»
Excès sur la moyenne générale.			+0,36	»	Exc. sur la m. gén.		+0,49	»

OBSERVATIONS BAROMÉTRIQUES FAITES A TERRE.

AU CALLAO DE LIMA (PÉROU.)

JOURS. 1838.	MIDI.				1 HEURE.			
	Haut. bar.	Temp.	Haut. à 0°.	Ét. de l'atm.	Haut. bar.	Temp.	Haut. à 0°.	Ét. de l'atm.
12 mai	»	»	»	»	»	»	»	»
13	764,6	28°6	760,51	brum. S.S.E.	764,3	27°1	760,39	brum. S.S.E.
14	764,7	28 5	760,62	beau S. E.	764,7	29 2	760,53	beau S. E.
15	765,4	29 2	761,23	Id.	765,5	28 9	761,37	Id.
16	766,2	25 5	762,49	brum. S. E.	765,5	25 0	761,85	brum. S. E.
17	764,9	24 0	761,38	brum.calme.	764,6	22 9	761,21	brum.calme
18	764,8	24 5	761,21	Id.	764,2	25 4	760,50	brumeux S
19	765,0	33 2	760,34	couv. O.	764,8	32 7	760,20	couvert S. O.
20	763,9	27 0	760,01	beau O.N.O.	763,6	27 0	759,71	beau O.N O.
21	»	»	»	»	»	»	»	»
Moyenne.			760,97	»	Moyenne. . . .		760,72	»
Excès sur la moyenne générale.			+0,50	»	Exc. sur la m. gén.		+0,25	»

JOURS. 1838.	2 HEURES.				3 HEURES.			
	Haut. bar.	Temp.	Haut. à 0°.	Ét. de l'atm.	Haut. bar.	Temp.	Haut. à 0°.	Ét. de l'atm
12 mai	»	»	»	»	»	»	»	»
13	763,3	28°1	759,27	brum.S.S E	762,8	27°4	758,87	brum. S S E.
14	764,3	29 0	760,16	beau S. E	764,3	28 6	760,21	brum N. E.
15	765,4	28 9	761,27	Id.	764,2	28 2	760,16	Id.
16	764,7	26 3	760,88	brum. S.E	764,9	27 5	760,94	brum. S.E
17	764,3	22 7	760,93	brum.calme.	764,2	21 9	760,93	brum.calme.
18	763,9	25 5	760,19	brumeux S	763,4	23 2	759,98	brumeux S
19	763,9	29 6	759,69	couvert S.	763,7	30 0	759,44	couvert S.
20	763,5	26 7	759,64	beau O.N.O.	763,7	28 7	759,69	beau O.N O.
21	»	»	»	»	»	»	»	»
Moyenne.			760,25	»	Moyenne. . . .		760,03	»
Excès sur la moyenne générale.			−0,22	»	Exc. sur la m. gén.		−0,45	»

OBSERVATIONS BAROMÉTRIQUES FAITES A TERRE.

AU CALLAO DE LIMA (PÉROU.)

JOURS. 1838.	4 HEURES.				5 HEURES.			
	Haut. bar.	Temp.	Haut. à 0°.	Ét. de l'atm.	Haut. bar.	Temp.	Haut. à 0°.	Ét. de l'atm.
12 mai	»	»	»	»	»	»	»	»
13	762,6	24°5	759,02	brum. S.S.E.	762,0	21°7	759,79	brum. S.S.E.
14	763,7	25 5	760,00	beau S. E	763,9	22 4	760,68	beau S. E.
15	764,5	25 0	760,85	Id.	764,1	22 5	760,77	Id.
16	763,5	24 6	759,91	brum. S.E.	763,1	21 3	759,92	brum. S.E
17	753,6	20 4	760,53	brum.calme.	763,4	19 5	760,44	brum.calme.
18	763,0	21 2	759,84	brumeux S.	762,3	20 6	759,20	brumeux S.
19	763,5	26 0	759,74	couvert S.	763,3	22 6	759,95	couv. S.S.E.
20	763,0	25 5	759,30	beau O.N O.	763,0	21°5	759,79	beau O.N.O.
21	»	»	»	»	»	»	»	»
Moyenne.			759,90	»	Moyenne. . . .		760,06	»
Excès sur la moyenne générale.			—0,58	»	Exc. sur la m. gén.		—0,42	»

JOURS. 1838.	6 HEURES.				7 HEURES.			
	Haut. bar.	Temp.	Haut. à 0°.	Ét. de l'atm.	Haut. bar.	Temp.	Haut. à 0°.	Ét. de l'atm.
12 mai	»	»	»	»	»	»	»	»
13	762,2	20°3	759,14	brum. S.S.E.	762,6	20°6	759,50	brum. S.S.E.
14	764,3	20 3	761,24	beau S. E.	764,5	20 0	761,47	beau S. E.
15	754,1	20 0	761,07	Id.	764,4	20 3	761,34	Id.
16	763,0	19 8	760,00	brum.S.E	763,2	19 0	760,30	Id.
17	763,2	19 3	760,26	brum.calme.	763,5	19 2	760,57	brum.calme.
18	762,4	20 0	759,38	brumeux S.	762,3	19 8	759,30	brumeux S.
19	762,9	19 8	759,90	couv. S.S.E.	763,0	19 6	760,03	couv. S.S.E.
20	762,6	20 2	759,55	beau O.N.O.	762,6	20 0	759,58	beau O.N.O.
21	»	»	»	»	»	»	»	»
Moyenne.			760,07	»	Moyenne. . . .		760,26	»
Excès sur la moyenne générale.			—0,41	»	Exc. sur la m. gén.		—0,21	»

OBSERVATIONS BAROMÉTRIQUES FAITES A TERRE.

AU CALLAO DE LIMA (PÉROU).

DATES. 1838.	8 HEURES.				9 HEURES.			
	Haut. bar.	Temp.	Haut. à 0°.	Ét. de l'atm.	Haut. bar.	Temp.	Haut. à 0°.	Ét. de l'atm.
12 mai	763,9	20°0	760,88*	beau S.S.O.	764,5	19°0	761,60*	beau S.S O
13	762,4	19 5	759,44	brum. S.S.E.	762,4	19 5	759,44	brum. S.S.E.
14	764,4	20 0	761,37	beau S. E.	764,1	19 8	761,10	beau S. E.
15	764,6	20 2	761,55	Id.	764,8	20 0	761,77	Id.
16	763,1	18 6	760,25	Id.	763,0	18 5	760,16	Id.
17	763,5	19 2	760,57	brum. calme.	763,4	19 0	760,50	brum. calm
18	762,3	19 5	759,34	brum. S.S.E.	762,3	19 0	759,40	brum. S.S.E
19	762,7	19 5	759,74	couv. S.S.E.	763,0	19 0	760,10	couv. S.S.E
20	762,7	18 6	759,85	beau O.N.O.	762,5	17 8	759,75	beau O.N.O
21	»	»	»	»	»	»	»	»
Moyenne......			760,26	»	Moyenne....		760,28	»
Excès sur la moyenne générale.			—0,21	»	Exc. sur la m. gén.		—0,20	»

DATES. 1838.	10 HEURES.				11 HEURES.			
	Haut. bar.	Temp.	Haut. à 0°.	Ét. de l'atm.	Haut. bar.	Temp.	Haut. à 0°.	Ét. de l'atm.
12 mai	763,9	18 5	761,06*	beau S.S.O.	763,6	17°6	760,87*	beau S.S.O.
13	762,3	19 1	760,39	brum. S.S.E.	762,0	18 6	759,16	brum. S.S.E
14	764,2	19 8	761,20	beau S. E.	764,8	19 0	761,90	beau S.E.
15	764,8	19 8	761,79	Id.	764,8	19 6	761,82	Id.
16	763,3	18 0	760,52	Id.	762,9	18 0	760,12	Id.
17	763,4	19 2	760,47	brum calm.	763,8	19 3	760,86	brum. calm.
18	762,3	19 0	759,40	brum. S.S.E.	763,4	19 3	760,46	brum. S.E.
19	762,8	18 8	759,92	couv. S.S.E.	762,9	18 5	760,06	couv. S.S.E.
20	762,6	18 5	759,76	beau O.N.O.	763,2	18 8	760,32	beau O.N.O.
21	»	»	»	»	»	»	»	»
Moyenne......			760,43	»	Moyenne....		760,59	»
Excès sur la moyenne générale.			—0,04	»	Exc. sur la m. gén.		+0,11	»

OBSERVATIONS BAROMÉTRIQUES FAITES A TERRE.

A PAYTA (PÉROU),

A 7? MÈTRES ENVIRON AU-DESSUS DU NIVEAU MOYEN DE LA MER.

Latitude 5°07' S. — Longitude 83°32' O.
Hauteur moyenne 759^{mm},05.—Amplitude totale de la variation diurne 2^{mm},53.

DU 7 AU 16 JUIN 1838.

PAR MM. DE TESSAN, LEFEBVRE, GOURY, BERTRAND ET BRISSAULT.

JOURS. 1838.	MINUIT.				1 HEURE.			
	Haut. bar.	Temp.	Haut. à 0°.	Ét. de l'atm.	Haut. bar.	Temp.	Haut. à 0°.	Ét. de l'atm.
7 juin.	»	»	»	»	»	»	»	»
8	762,4	20°8	759,28	couv. S.S.E.	762,6	21°3	759,42	beau S E.
9	762,2	21 5	759,09	beau S. E.	762,2	21 3	759,02	nuag. S. E.
10	761,7	20 8	758,58	couv. S.S.E.	761,1	20 8	757,98	beau E.S.E.
11	762,7	22 8	759,33	couv. E.S.E.	762,5	23 0	759,11	Id.
12	762,5	19 5	759,54	beau S.E.	762,7	19 9	759,69	Id.
13	762,2	19 8	759,20	beau S.S.E.	762,5	20 1	759,47	beau S.E.
14	762,4	19 5	759,44	Id.	762,3	19 0	759,40	beau S.S.E.
15	762,3	19 2	759,38	beau S.E.	762,4	19 0	759,50	beau S.E
16	762,6	19 5	759,64*	Id.	762,5	19 4	759,55*	beau E.S.E.
Moyenne.			759,23	»	Moyenne.		759,20	»
Excès sur la moyenne générale.			+0,18	»	Exc. sur la m. gén.		+0,15	»

JOURS. 1838.	2 HEURES.				3 HEURES.			
	Haut. bar.	Temp.	Haut. à 0°.	Ét. de l'atm.	Haut. bar.	Temp.	Haut. à 0°.	Ét. de l'atm.
7 juin.	»	»	»	»	»	»	»	»
8	762,4	21°1	759,24	beau S.E.	761,8	21°0	758,66	beau S.E.
9	762,0	21 1	758,84	nuag.E.S.E.	761,9	21 8	759,66	nuag.E.S.E.
10	761,1	20 7	757,99	beau E S.E	761,1	20 5	758,02	beau E.S.E.
11	762,6	22 5	759,27	beau E.	762,0	21 7	758,76	Id.
12	762,4	19 0	759,50	beau E S.E.	762,1	19 5	759,14	Id.
13	762,3	20 1	759,27	beau S.E.	762,4	20 1	759,37	beau S.E.
14	762,3	18 8	759,42	beau S.S.E.	762,2	18 8	759,32	beau S.S.E.
15	762,5	18 7	759,64	beau S.E.	762,5	18 5	759,66	beau E.S.E.
16	762,6	19 2	759,68*	beau E.S.E.	762,0	18 8	759,12*	Id.
Moyenne.			759,15	»	Moyenne.		759,07	»
Excès sur la moyenne générale.			+0,09	»	Exc. sur la m. gén.		+0,02	»

OBSERVATIONS BAROMÉTRIQUES FAITES A TERRE.

A PAYTA (PÉROU).

JOURS. 1837.	4 HEURES.				5 HEURES.			
	Haut. bar.	Temp.	Haut. à 0°.	Ét. de l'atm.	Haut. bar.	Temp.	Haut. à 0°.	Ét. de l'atm.
7 juin.	»	»	»	»	»	»	»	»
8	762,0	20°5	758,92	beau E.S.E.	762,0	20°4	758,93	beau E.S.E.
9	761,9	21 4	758,71	nuag. E S.E.	762,5	21 0	759,35	Id.
10	761,1	19 8	758,11	beau E.S E.	760,8	19 5	757,84	Id.
11	762,5?	21 4	759,30	Id.	763,4	21 0	760,25	beau S.
12	762,2	19 0	759,30	Id.	763,0	18 3	760,18	beau E S.E.
13	762,4	20 3	759,34	beau S. E.	762,8	20 2	759,75	beau S.E.
14	762,2	18 6	759,35	beau S.S.E	762,3	18 3	759,59	Id.
15	763,3	17 9	760,53	beau E.S.E.	762,9	18 0	760,12	beau E.S.E.
16	762,2	19 0	759,30*	Id.	762,3	18 5	759,46*	Id.
Moyenne........			759,20	»	Moyenne. . .		759,50	»
Excès sur la moyenne générale.			+0,14	»	Exc. sur la m. gén.		+0,45	»

JOURS. 1837.	6 HEURES.				7 HEURES.			
	Haut. bar.	Temp.	Haut. à 0°.	Ét. de l'atm.	Haut. bar.	Temp.	Haut. à 0°.	Ét. de l'atm.
7 juin.	»	»	»	»	»	»	»	»
8	762,2	20°2	759,15	beau E.S.E.	762,7	20 5	759,62	beau E.S.E.
9	762,3	20 8	759,18	beau S. E.	761,7	21 0	758,56	beau S.E.
10	763,2	18 8	760,32	beau E.S.E.	763,2	20 2	760,15	beau S.E.
11	763,4	20 0	760,38	beau S. E.	763,5	20 0	760,48	beau S.E.
12	763,2	19 2	760,27	beau E.S.E.	763,3	19 5	760,34	beau E.
13	762,7	20 2	759,65	beau S. E.	762,7	19 8	759,70	beau S.E.
14	762,3	18 0	759,52	beau E.S.E.	762,9	18 8	760,02	beau E.S.E.
15	762,9	18 0	760,12	Id.	763,3	19 0	760,40	Id.
16	763,0	18 5	760,16*	Id.	763,0	19 0	760,10*	Id.
Moyenne........			759,82	»	Moyenne. . .		759,91	»
Excès sur la moyenne générale.			+0,77	»	Exc. sur la m. gén.		+0,86	»

— 247 —

OBSERVATIONS BAROMÉTRIQUES FAITES A TERRE.

A PAYTA (PÉROU).

JOURS. 1838.	8 HEURES.				9 HEURES.			
	Haut. bar.	Temp.	Haut. à 0°.	Ét. de l'atm.	Haut. bar.	Temp	Haut. à 0°.	Ét. de l'atm.
7 juin.	»	»	»	»	»	»	»	»
8	762,8	20°8	759,68	beau E.S.E.	763,1	24°6	759,51	beau E.
9	762,2	22 5	758,97	beau S.E	762,6	24 8	758,98	beau E.S.E.
10	764,3	22 9	761,16	beau E.	764,3	23 8	760,80	beau S.E.
11	763,0	22 3	759,69	beau S.E	765,1	27 5	761,14	Id.
12	763,6	21 0	760,45	beau E.S.E.	763,9	22 5	760,73	beau E.S.E
13	762,9	20 7	759,79	Id.	763,1	22 3	759,91	Id.
14	762,9	21 7	759,67	Id.	763,6	25 3	759,92	beau S.E.
15	764,1	22 0	760,83	Id.	764,7	25 4	761,00	beau E.S.E.
16	763,5	22 5	760,17*	Id.	»	»	760,98?*	Id.
Moyenne........			760,03	»	Moyenne....		760,25	»
Excès sur la moyenne générale.			+0,98	»	Exc. sur la m. gén.		+1,20	»

JOURS. 1838.	10 HEURES.				11 HEURES.			
	Haut. bar.	Temp.	Haut. à 0°.	Ét. de l'atm.	Haut. bar.	Temp.	Haut. à 0°.	Ét. de l'atm.
7 juin.	»	»	»	»	»	»	»	»
8	763,6	29°6	759,39	beau E.	763,4	33°5	758,71	beau E.N.E.
9	763,1	27 0	759,21	beau S.E.	763,0	26 1	759,22	beau S.S.E.
10	764,7	28 2	760,66	Id.	764,8	33 0	760,16	beau E.S.E.
11	765,5	31 8	761,01	beau E.S.E.	765,4	33 0	760,76	beau E.
12	764,5	27 7	760,52	Id.	764,7	30 5	760,37	beau E.S.E.
13	763,8	24 3	760,24	beau S.E.	763,6	27 5	759,65	beau S.S.E.
14	763,6	27 0	759,71	beau S.S.E.	763,9	30 0	759,64	Id.
15	765,3	27 5	761,34	beau S.E.	765,2	30 0	760,93	beau S.E.
16	765,1	25 0	761,45*	beau E.S.E.	764,2	28 0	760,20*	beau E.S.E.
Moyenne........			760,26	»	Moyenne....		759,93	»
Excès sur la moyenne générale.			+1,21	»	Exc. sur la m. gén.		+0,88	»

OBSERVATIONS BAROMÉTRIQUES FAITES A TERRE.

A PAYTA (PÉROU).

DATES. 1838.	MIDI.				1 HEURE.			
	Haut. bar.	Temp.	Haut. à 0°.	Ét. de l'atm.	Haut. bar.	Temp.	Haut. à 0°.	Ét. de l'atm.
7 juin.	»	»	»	»	»	»	»	»
8	763,1	36°6	758,03	beau N. E.	762,2	35°9	757,22	beau N. O.
9	762,9	26 8	759,02	beau S.S.E.	762,8	29 9	758,53	beau S.
10	764,8	33 0	760,16	beau N.	764,6	32 5	760,02	Id.
11	765,0	34 1	760,23	beau E.N.E.	764,6	33 7	759,88	beau N.N.E.
12	764,4	31 5	759,95	beau E.S.E.	763,7	32 5	759,13	beau S. E.
13	763,5	30 5	759,28	beau S.S E.	762,9	29 5	758,71	beau S.S.E
14	763,8	30 5	759,48	Id.	763,4	31 0	759,02	Id.
15	765,0	32 0	760,49	beau S. E.	764,3	30 5	759,87	Id.
16	764,2	30 8	759,84*	beau E.S.E.	»	»	»	»
Moyenne.			759,58	»	Moyenne. . . .		759,05	»
Excès sur la moyenne générale.			+0,43	»	Exc. sur la m. gén.		−0,01	»

DATES. 1838.	2 HEURES.				3 HEURES.			
	Haut. bar.	Temp.	Haut. à 0°.	Ét. de l'atm.	Haut. bar.	Temp.	Haut. à 0°.	Ét. de l'atm.
7 juin.	»	»	»	»	763,3	27°3	759,38	beau S.S.E.
8	761,3	34°3	756.52	beau O.	759,8	28 8	755,70	beau S. O.
9	762,0	29 3	757,81	couv. S.S.O.	762,2	28 0	758,20	couv. S.S.O.
10	763,8	30 3	759,50	beau S.S.O.	762,8	27 0	758,92	beau S.S.O.
11	763,2	29 8	758,94	Id.	762,6	28 6	758,52	Id.
12	762,9	32 0	758,40	beau S. E.	762,2	29 8	757,96	beau S.S.E.
13	762,4	28 5	758,33	beau S.S.E.	761,4	26 8	757,54	Id.
14	762,6	27 6	758,64	beau S.	761,9	24 8	758,29	Id.
15	763,5	30 0	759,24	beau S.S.E.	763,0	28 6	758,92	beau S.S.E.
16	»	»	»	»	»	»	»	»
Moyenne.			758,42	»	Moyenne. . . .		758,01	»
Excès sur la moyenne générale.			−0,63	»	Exc. sur la m. gén.		−0,95	»

OBSERVATIONS BAROMÉTRIQUES FAITES A TERRE.

A PAYTA (PÉROU).

JOURS. 1837.	4 HEURES.				5 HEURES.			
	Haut. bar.	Temp.	Haut. à 0°.	Ét. de l'atm.	Haut. bar.	Temp.	Haut. à 0°.	Ét. de l'atm.
7 juin.	»	»	»	»	»	»	»	»
8	762,7	25°7	758,97*	beau S.S.E	762,5	24°7	758,90*	beau S.S.E.
9	759,4	25 5	755,71	beau S.S.O	759,5	24 5	755,93	beau S.
10	761,0	25 9	757,26	couv. S.S.O.	760,2	23 0	756,82	couv. S.S.O.
11	762,5	25 5	758,80	beau S.S.O.	762,2	25 0	758,56	beau S.S.O.
12	762,0	25 5	758,30	Id.	761,6	23 1	758,20	Id.
13	761,8	28 0	757,80	beau S.S.E.	761,7	25 7	757,98	beau S.S.E
14	762,1	25 0	758,47	Id.	760,9	23 5	757,45	Id.
15	761,4	23 6	757,94	beau S.S.O.	761,4	22 3	758,10	beau S.S.O.
16	762,2	26 8	758,34	beau S.S.E.	762,4	24 8	758,78	beau S.S.E.
Moyenne.			757,83	»	Moyenne. . . .		757,73	»
Excès sur la moyenne générale.			—1,23	»	Exc. sur la m. gén.		—1,33	»

JOURS. 1837.	6 HEURES.				7 HEURES.			
	Haut. bar.	Temp.	Haut. à 0°.	Ét. de l'atm	Haut. bar.	Temp.	Haut. à 0°.	Ét. de l'atm.
7 juin.	762,4	24°0	758,98*	couv. S.S.E.	762,3	23°8	758,93*	couv. S.S.E.
8	760,1	23 2	756,69	beau S.E.	760,4	22 0	757,14	beau S.E.
9	760,6	21 8	757,36	couv. S.S.O.	760,9	21 8	757,65	couv. S.S.O.
10	762,9	23 8	758,51	beau S.S.O.	762,0	23 3	758,57	couv. S.S.E.
11	761,8	22 0	758,53	Id.	761,7	20 7	758,59	beau S.S.O.
12	761,7	23 3	758,27	beau S.S.E.	761,7	22 0	758,43	beau S.S.E.
13	761,1	22 2	757,81	Id.	761,2	21 2	758,03	Id.
14	761,4	21 3	758,22	beau S.S.O.	761,6	21 0	758,46	Id.
15	762,1	23 5	758,65	beau S.S.E.	762,1	22 4	758,78	Id.
16	»	»	»	»	»	»	»	»
Moyenne.			758,01	»	Moyenne. . . .		758,21	»
Excès sur la moyenne générale.			—1,05	»	Exc. sur la m. gén.		—0,85	»

OBSERVATIONS BAROMÉTRIQUES FAITES A TERRE.

A PAYTA (PÉROU).

JOURS. 1838.	8 HEURES.				9 HEURES.			
	Haut. bar.	Temp.	Haut. à 0°.	Ét. de l'atm.	Haut. bar.	Temp.	Haut. à 0°.	Ét. de l'atm.
7 juin.	762,3	22°3	759,00*	couv. S.S.E.	762,3	21°6	759,13*	couv. S.S.E
8	760,4	21 8	757,16	beau S.E.	760,8	21 8	757,56	beau S.E.
9	760,8	21 2	757,64	couvert S.	760,9	20 5	757,82	couvert S.
10	762,0	23 2	758,59	beau S.S.E.	762,5	23 2	759,08	couv. N.O
11	761,6	19 9	758,59	beau S.	762,0	20 0	758,98	beau S.
12	762,0	21 0	758,86	beau S.S E.	761,9	20 5	758,82	beau S.E
13	761,3	20 4	758,23	Id.	762,1	19 4	759,15	beau S.S.E.
14	761,7	20 7	758,59	Id.	761,9	20 0	758,88	beau S E
15	762,2	21 5	758,99	Id.	762,4	20 8	759,28	beau S.S.E
16	»	»	»	»	»	»	»	»
Moyenne.			758,21	»	Moyenne. . .		758,70	»
Excès sur la moyenne générale.			—0,72	»	Exc. sur la m. gén.		—0,36	»

JOURS. 1838.	10 HEURES.				11 HEURES.			
	Haut. bar.	Temp.	Haut. à 0°.	Ét. de l'atm.	Haut. bar.	Temp.	Haut. à 0°.	Ét. de l'atm.
7 juin.	762,3	21°3	759,14*	couv. S.S.E.	762,4	20°8	759,28*	couv. S.S.E
8	762,0	22 0	758,74	beau S.E.	762,4	21 6	759,18	beau S.E.
9	761,1	20 4	758,03	couv. S.S.E.	761,2	20 8	758,08	couv. S.S.E.
10	762,0	22 5	758,67	couv. N. E.	762,6	23 3	759,17	couv. E.S.E
11	762,0	20 0	758,98	beau S.	762,2	19 8	759,20	beau S.
12	762,0	20 0	758,98	beau S.E.	762,2	19 7	759,21	beau S.E.
13	762,2	19 4	759,25	beau S.S.E.	762,3	19 0	759,40	beau S.S.E.
14	761,9	20 0	758,88	beau S.E.	762,0	19 6	759,13	beau S.E.
15	762,5	20 0	759,48	beau S.S.E.	762,6	20 0	759,58	beau S.S.E
16	»	»	»	»	»	»	»	»
Moyenne.			758,88	»	Moyenne. . . .		759,12	»
Excès sur la moyenne générale.			—0,18	»	Exc. sur la m. gén.		+0,07	»

OBSERVATIONS BAROMÉTRIQUES FAITES A TERRE.
BAIE DE POST-OFFICE (ILE CHARLES, ARCHIP. DES GALAPAGOS).

A 2 MÈT. 5 AU-DESSUS DU NIVEAU MOYEN DE LA MER.

Latitude 1°14' S. — Longitude 92°53' O.
Hauteur moyenne 759^{mm},70. — Amplitude totale de la variation diurne 0^{mm},91.

DU 24 JUIN AU 2 JUILLET 1838.

PAR MM. DE TESSAN, GOURY, BERTRAND, LEROUX ET FISEAU.

JOURS. 1838.	MINUIT.				I HEURE.			
	Haut. bar.	Temp.	Haut. à 0°.	Ét. de l'atm.	Haut. bar.	Temp.	Haut. à 0°.	Ét. de l'atm.
24 juin.	»	»	»	»	»	»	»	»
25	762,0	23°8	758,59	couvert S.E.	762,2	23°5	758,75	beau S.E.
26	763,7	23 3	760,27	beau S.S.E.	763,7	23 0	760,30	couvert S.
27	764,5	22 6	761,15	couvert O.	763,7	22 3	760,49	nuag O.N.O.
28	763,2	21 5	759,75	couvert S.	762,9	21 3	759,47	beau S.O.
29	763,2	22 8	759,83	nuageux S.	763,8	22 4	759,48	couv. calme.
30	762,5	23 5	759,05	couv. S E.	762,6	23 0	759,21	couv. S.E.
1er juill.	763,1	23 9	759,60	Id.	762,8	23 5	759,35	couv. N.E.
2	763,2	23 2	759,78	couv. calme.	762,9	23 4	759,46	couvert E.
Moyenne.			759,75	»	Moyenne. . .		759,44	»
Excès sur la moyenne générale.			+0,05	»	Exc. sur la m. gén.		—0,26	»

JOURS. 1838.	2 HEURES.				3 HEURES.			
	Haut. bar.	Temp.	Haut. à 0°.	Ét. de l'atm.	Haut. bar.	Temp.	Haut. à 0°.	Ét. de l'atm.
24 juin.	»	»	»	»	»	»	»	»
25	762,1?	23°8	758,61	beau S. E.	761,9	23°7	758,42	beau S.E.
26	763,6	22 8	760,33	couvert S.	763,8	23 5	760,34	couvert S.O.
27	763,4	22 4	760,08	nuag. O.N.O.	763,4	23 0	760,01	nuag. calme.
28	763,5	21 0	760,35	beau S.O.	762,7	21 2	759,53	beau. S.O.
29	763,6	22 8	760,23	couv. calme.	763,5	23 4	760,06	couv. calme.
30	762,6	23 1	759,20	couv. S.E.	762,6	23 2	759,18	couvert S.E.
1er juill.	762,6	23 2	759,18	couv. E.N.E.	762,6	23 2	759,18	couvert E.
2	763,1	23 3	759,67	couv. E.S.E.	762,6	22 9	759,23	couvert S.E.
Moyenne.			759,71	»	Moyenne. . .		759,49	»
Excès sur la moyenne générale.			+0,00	»	Exc. sur la m. gén.		—0,21	»

JOURS. 1838.	4 HEURES.				5 HEURES.			
	Haut. bar.	Temp.	Haut. à 0°.	Ét. de l'atm.	Haut. bar.	Temp.	Haut. à 0°.	Ét. de l'atm.
24 juin.	»	»	»	»	»	»	»	»
25	762,0	23°5	758,55	couvert S.E.	762,6	24°3	759,05	brum. S. E.
26	763,9	23 4	760,45	couvert S.O.	762,9	23 0	759,51	couvert S.O.
27	763,3	23 0	759,91	nuag. calme.	763,1	23 0	759,71	nuag. calme.
28	762,6	21 8	759,35	nuageux S.O.	763,2	22 0	759,93	nuag. S.O.
29	763,2	23 0	759,81	couv. E.N.E.	763,7	23 2	760,28	pluv. S.S.E.
30	762,8	23 0	759,41	couvert S.E.	762,9	23 3	759,47	couvert S.E.
1er juill.	762,7	23 3	759,27	couv. E S.E.	762,5	23 0	759,11	couv. E.S.E.
2	762,7	22 7	759,34	couv. calme.	763,1	22 5	759,77	couv. calme.
Moyenne.			759,51	»	Moyenne. . .		759,60	»
Excès sur la moyenne générale.			—0,19	»	Exc. sur la m. gén.		—0,10	»

OBSERVATIONS BAROMÉTRIQUES FAITES A TERRE.

DANS LA BAIE DE POST-OFFICE (ILE CHARLES, ARCHIPEL DES GALAPAGOS).

JOURS. 1838.	6 HEURES.				7 HEURES.			
	Haut. bar.	Temp.	Haut. à 0°.	Ét. de l'atm.	Haut. bar.	Temp.	Haut. à 0°.	Ét. de l'atm.
24 jinn.	»	»	»	»	»	»	»	»
25	763,3*	23°4	759,86	pluie S.S.E.	763,2	22°5	759,87	pluie S.S E
26	763,0	22 8	759,63	couv. S.S.O.	763,3	23 4	759,86	couvert S.
27	763,5	22 9	760,12	nuag. calme.	763,8	24 0	760,28	nuag. calme
28	763,4	22 7	760,04	nuag. S. O.	763,6	23 8	760,11	nuag. S.S.O
29	763,7	23 0	760,21	pluv. S.S.E.	763,6	24 0	760,08	nuageux E
30	763,0	22 7	759,64	couvert S.F.	763,0	23 5	759,54	couv. E.S.E.
1er juill.	763,3	22 9	759,92	couv. E.S.E.	763,9	23 5	759,44	Id.
2	763,2	22 4	759,88	couv. calme.	763,6	23 2	760,18	couv calme.
Moyenne.			759,91	»	Moyenne. . .		759.92	»
Excès sur la moyenne générale.			+0,21	»	Exc. sur la m. gén.		+0,22	»

JOURS. 1838.	8 HEURES.				9 HEURES.			
	Haut bar.	Temp.	Haut à 0°.	Ét. de l'atm.	Haut. bar.	Temp.	Haut. à 0°.	Ét. de l'atm
24 juin.	»	»	»	»	»	»	»	»
25	763,6	23°5	759,64	couv. S.S.E.	763,2	25°3	759,52	couv. S.E.
26	763,8	27 6	759,83	Id.	763,9	29 5	759,70	couv. S.S.E.
27	763,4	26 0	759,63	brum. calm.	764,1	25 5	760,39	pluie calme
28	762.7	25 0	760,06	nuageux S.	764,2	28 0	761,18	nuageux S
29	763,8	26 0	760,03	nuag. N.E.	764,2	27 0	760,31	pluv. S.S.E.
30	763,0	25 3	759,32	couv. E.S.E.	763,3	26 7	759,45	couv. E.S.E
1er juill.	764,0	25 8	760,25	Id.	764,7	28 9	760,57	Id.
2	764,4	28 2	760,36	pluie calme.	764,4	29 6	760,18	nuag. S. E
Moyenne.			759,89	»	Moyenne. . .		760,04	»
Excès sur la moyenne générale.			+0,19	»	Exc. sur la m. gén.		+0,33	»

JOURS. 1838.	10 HEURES.				11 HEURES.			
	Haut. bar.	Temp.	Haut. à 0°.	Ét. de l'atm.	Haut. bar.	Temp.	Haut. à 0°.	Ét. de l'atm.
24 juin.	»	»	»	»	»	»	»	»
25	763,1	25°7	759,37	couv. S E.	763,8	27°2	759,88	couvert S.E.
26	763,0	29 4	758,82	couv. S.S.E.	764,2	30 5	759,88	couv. S.S.E.
27	764,7	26 6	760,85	pluie calme.	764,8	26 8	760,93	pluie S.S.O
28	764,7	29 1	760,55	nuag. S.E	764,4	28 7	760,30	nuageux O.
29	764,0	29 0	759,87	nuageux E.	763,9	26 4	760,08	nuag. N.E
30	763,1	28 2	759,06	couv. E.S.E.	763,0	28 3	758,95	couv. E S.E
1er déc.	764,1	29 5	759,90	Id.	764,9	31 5	760,45	Id.
2	764,5	29 0	760,36	nuag. E.S.E.	764,9	32 8	759,29	nuag. calme.
Moyenne.			759,85	»	Moyenne. . .		759,97	»
Excès sur la moyenne générale.			+0,15	»	Exc. sur la m. gén.		+0,27	»

OBSERVATIONS BAROMÉTRIQUES FAITES A TERRE.

DANS LA BAIE DE POST-OFFICE (ILE CHARLES, ARCHIPEL DES GALAPAGOS).

JOURS. 1838.	MIDI.				I HEURE.			
	Haut. bar.	Temp.	Haut. à 0°.	Ét. de l'atm.	Haut. bar.	Temp.	Haut. à 0°.	Ét. de l'atm.
24 juin.	»	»	»	»	»	»	»	»
25	763,9	28°0	759,89	couvert S.E.	764,8	27°0	760,91	couv. S.S.E.
26	765,5	32 5	760,92	couv. S.S.E.	765,2	31 0	760,81	Id.
27	765,0	30 8	760,63	couv. S S.O.	764,7	29 7	760,47	couv. S S.O.
28	764,4	26 0	760,63	nuageux S.O.	763,7	27 8	759,71	nuag. S O.
29	764,1	25 8	760,36	nuag. N. E.	763,7	28 0	759,69	nuag. N.E.
30	762,8	28 4	758,74	couv. E.S.E.	763,5	28 8	759,39	couv. E.S.E.
1er juill.	764,8	32 5	760,22	Id.	764,6	30 6	760,26	couv. E.
2	764,4	29 4	760,21	nuag E.N.E.	764,5	28 7	760,40	nuageux E
Moyenne........			760,20	»	Moyenne...		760,21	»
Excès sur la moyenne générale.			+0,50	»	Exc. sur la m. gén.		+0,50	»

JOURS. 1838.	2 HEURES.				3 HEURES.			
	Haut. bar.	Temp.	Haut. à 0°.	Ét. de l'atm.	Haut. bar.	Temp.	Haut. à 0°.	Ét. de l'atm.
24 juin.	»	»	»	»	»	»	»	»
25	763,6	27°0	759,71	couv. S.S.E.	763,6	27°0	759,81	couv. S.S.E.
26	765,5	30 0	761,23	Id.	765,5	29 6	761,16	Id.
27	764,1	29 2	759,94	couvert S.	763,3	26 0	759,53	pluie, S.
28	764,0	28 0	759,99	nuag. S.S.O.	763,8	31 4	759,37	nuageux S.
29	763,2	27 6	759,24	couv. S.S.E.	762,7	27 6	758,74	couv. S.S.E.
30	762,3	28 0	758,30	Id.	762,6	27 8	758,62	Id.
1er juill.	763,9	29 4	759,71	couvert S.E.	763,7	27 8	759,81	Id.
2	764,4	28 8	760,28	nuag. E.N.E.	766,6	28 0	759,59	nuag. E.N.E
Moyenne........			759,80	»	Moyenne...		759,68	»
Excès sur la moyenne générale.			+0,10	»	Exc. sur la m. gén.		−0,12	»

JOURS. 1838.	4 HEURES.				5 HEURES.			
	Haut. bar.	Temp.	Haut. à 0°.	Ét. de l'atm.	Haut. bar.	Temp.	Haut. à 0°.	Ét. de l'atm.
24 juin.	763,3	»	»	»	»	»	»	»
25	763,6	27°0	759,41	couv. S.S.E.	763,4	26°0	759,63	couv. S.S.E.
26	763,1	28 2	759,56	Id.	763,2	26 6	759,36	Id.
27	763,8	29 2	758,94	couvert S.	762,9	27 3	758,98	Id.
28	763,2	30 4	759,49	nuag. S.S.O.	763,3	28 0	759,29	nuag. S.S.O.
29	762,6	27 0	759,31	couv. S.S.E.	763,3	26 0	759,54	couv. S S.E
30	763,7	27 1	758,70	Id.	762,4	25 4	758,61	Id
1er juill.	762,9	27 0	759,91	Id.	763,4	25 5	759,70	couv. S.E.
2	»	27 3	758,98	nuag. E.N.E.	762,4	25 7	758,67	nuag. E.S.E
Moyenne........			759,29	»	Moyenne...		759,22	»
Excès sur la moyenne générale.			−0,42	»	Exc. sur la m. gén.		−0,58	»

OBSERVATIONS BAROMÉTRIQUES FAITES A TERRE.

DANS LA BAIE DE POST-OFFICE (ILE CHARLES, ARCHIPEL DES GALAPAGOS).

JOURS. 1838.	6 HEURES.				7 HEURES.			
	Haut. bar.	Temp.	Haut. à 0°.	Ét. de l'atm.	Haut. bar.	Temp.	Haut. à 0°.	Ét. de l'atm.
24 juin.	»	»	»	»	»	»	»	»
25	762,8	25°0	759,16	couv. S.S.E.	762,5	23°8	759,01	couv. S.S.E.
26	763,4	24 8	759,78	couv. S.E.	763,2	23 7	759,72	Id. S.E.
27	762,9	24 2	759,36	couv. S.	762,9	23 9	759,40	nuag. N. E.
28	763,6	25 0	759,96	nuag. S.S.O.	763,2	23 8	759,71	nuag. calme.
29	763,0	24 7	759,40	couv. S.S.E.	762,7	24 5	759,12	couvert S.E.
30	762,4	23 8	758,91	Id.	762,6	24 0	759,09	Id.
1er déc.	762,5	23 4	759,06	couv. S.E.	762,7	24 3	759,15	Id.
2	762,6	24 5	759,02	nuag. E.S.E.	762,7	24 1	759,17	nuag. E.S.E.
Moyenne......			759,33	»	Moyenne...		759,30	»
Excès sur la moyenne générale.			—0,37	»	Exc. sur la m. gén.		—0,41	»

JOURS. 1838.	8 HEURES.				9 HEURES.			
	Haut. bar.	Temp.	Haut. à 0°.	Ét. de l'atm.	Haut. bar.	Temp.	Haut. à 0°.	Et. de l'atm.
24 juin.	»	»	»	»	»	»	»	»
25	763 7	24°5	760,12	beau S.S.E.	763,9	24°3	760,34	beau S.S.E
26	762,7	24 2	759,16	couvert E.	763,7	24 0	760,28	couv. E.
27	763,1	23 3	759,67	nuag. E.N.E.	762,8	22 8	759,43	nuag. E.N.E
28	763,5	23 0	760,11	nuag. calme.	763,8	23 6	760,33	nuag. calme.
29	762,6	24 0	759,09	couvert S.E.	762,4	33 6	758,93	couv. S.E.
30	763,4	23 8	759,91	Id.	763,4	23 8	759,91	Id.
1er déc.	762,8	24 2	759,26	Id.	762,8	23 8	759,31	Id.
2	762,7	24 4	759,14	nuag. S.S.E.	772,8	23 8	759,31	couv. E.S.E.
Moyenne......			759,56	»	Moyenne...		759,73	»
Excès sur la moyenne générale.			—0,15	»	Exc. sur la m. gén.		+0,03	»

JOURS. 1838.	10 HEURES.				11 HEURES.			
	Haut. bar.	Temp.	Haut. à 0°.	Ét. de l'atm.	Haut. bar.	Temp.	Haut. à 0°	Ét. de l'atm.
24 juin.	762,2	24°2	758,64*	couv. S S E	762,2	24°0	758,69*	couv. S.E
25	763,8	24 8	760,25	beau S.S.E.	763,7	23 5	759,24	beau S.S.E.
26	763,8	22 8	760,43	couv. E.	763,3	23 0	759,91	couv. E.
27	763,1	22 0	759,83	nuag. E.	763,6	21 6	760,37	nuag. calme.
28	763,7	22 7	760,33	nuag. calme.	763,6	22 7	760,24	Id.
29	763,1	23 8	759,61	couv. E.S.E.	762,9	23 8	759,41	couv. E.S.E
30	763,3	23 8	759,81	Id.	763,1	23 9	759,60	Id.
1er déc.	762,7	23 6	759,23	couv. S.E.	763,0	23 5	759,55	couv. S.E.
2	762,8	23 7	759,32	couv. calme.	763,0	23 8	759,51	couv. calme.
Moyenne......			759,85	»	Moyenne...		759,73	»
Excès sur la moyenne générale.			+0,15	»	Exc. sur la m. gén.		+0,03	»

OBSERVATIONS BAROMÉTRIQUES FAITES A TERRE.

A L'ILE TAHITI (ARCHIPEL DE LA SOCIÉTÉ),

A 2 MÈT. 0 AU-DESSUS DU NIVEAU MOYEN DE LA MER.

Latitude 17°32' S. — Longitude 151°54' O.
Hauteur moyenne 760^{mm},76.—Amplitude totale de la variation diurne 1^{mm},87.

DU 1er AU 11 SEPTEMBRE 1838.

PAR MM. DE TESSAN, GOURY, BERTRAND, LEROUX ET BRISSAULT.

JOURS. 1838.	MINUIT.				1 HEURE.			
	Haut. bar.	Temp.	Haut. à 0°.	Ét. de l'atm.	Haut. bar.	Temp.	Haut. à 0°.	Ét. de l'atm.
1er sept.	»	»	»	»	»	»	»	»
2	765,9	20°3	762,83	nuageux S.	765,5	20°4	762,42	beau S.
3	764,4	20 8	761,28	nuag. calm.	764,3	20 0	761,27	beau calme.
4	763,8	21 5	760,59	beau S.	763,6	21 3	760,41	beau S.
5	763,6	22 6	760,25	beau S E.	763,5	20 5	760,41	beau calme.
6	765,4	22 8	762,02	Id.	764,5	24 9	760,87	beau E.
7	764,1	20 0	761,07	beau S.	763,8	20 0	760,77	beau calme.
8	764,0	24 5	760,42	beau N.E.	764,0	24 3	760,44	beau N.
9	764,0	23 0	760,60	beau E.	764,0	24 0	760,48	nuag. E.
10	763,6	21 6	760,38	beau S.E.	763,5	22 0	760,23	beau S.E.
11	763,7	20 2	760,65*	beau calme.	763,3	20 0	760,27*	beau E.
Moyenne.			761,05	»			760,81	»
Excès sur la moyenne générale.			+0,29	»			+0,05	»

JOURS. 1838.	2 HEURES.				3 HEURES.			
	Haut. bar.	Temp.	Haut. à 0°.	Ét. de l'atm.	Haut. bar.	Temp.	Haut. à 0°.	Ét. de l'atm.
1er sept.	»	»	»	»	»	»	»	»
2	765,4	19°5	762,42	beau S.	764,5	19°0	761,49	beau S.
3	764,3	21 2	761,12	beau calme.	764,5	20 5	761,43	beau calme.
4	763,4	20 5	760,31	beau S.	763,5	20 0	760,47	Id.
5	762,8	20 0	759,78	beau calme.	762,6	19 6	759,64	Id.
6	765,4	22 5	762,06	beau E	765,0	22 0	761,72	beau E.
7	763,7	20 0	760,67	beau calme.	763,6	19 0	760,70	beau calme.
8	763,9	20 6	760,30	beau N.	763,8	23 7	760,31	beau N. E.
9	764,0	24 0	760,48	nuag. E.S.E.	763,7	23 0	760,30	nuag. S. E.
10	762,4	20 9	759,27	beau S.E.	762,6	20 8	759,48	beau S.
11	763,2	20 0	760,17*	beau E.	764,0	20 2	760,96*	beau E.N.E.
Moyenne.			760,71	»			760,62	»
Excès sur la moyenne générale.			—0,05	»			—0,14	»

OBSERVATIONS BAROMÉTRIQUES FAITES A TERRE.

A L'ILE TAHITI (ARCHIPEL DE LA SOCIÉTÉ),

JOURS. 1838.	4 HEURES.				5 HEURES.			
	Haut. bar.	Temp.	Haut. à 0°.	Ét. de l'atm.	Haut. bar.	Temp.	Haut à 0°.	Ét. de l'atm.
1 septemb.	»	»	»	»	»	»	»	»
2	764,5	19°5	761,53	beau S.	764,2	19°2	761,27	beau calme.
3	764,1	19 5	761,15	beau calme.	763,8	19 3	760,86	Id.
4	763,6	20 0	760,57	Id.	763,9	19 8	760,90	Id.
5	762,7	19 8	759,70	Id.	763,2	19 5	760,24	Id.
6	764,9	21 5	761,78	beau E.	765,0	20 3	761,93	Id.
7	763,4	18 9	760,51	beau calme.	764,2	18 9	761,31	Id.
8	763,9	25 0	760,26	beau. N. E.	763,5	19 2	760,57	beau N. E.
9	763,6	23 2	760,18	nuag. S E.	763,8	22 7	760,44	nuag. E.S.E.
10	762,3	19 6	758,33	brum. S.S.O.	764,4	19 2	761,47	beau calme.
11	763,1	20 9	759,96	beau E.N.E.	762,8	22 8	759,43	beau E.
Moyenne.			760,45	»	Moyenne. . . .		761,00	»
Excès sur la moyenne générale.			—0,31	»	Exc. sur la m. gén.		+0,24	»

JOURS. 1838.	6 HEURES.				7 HEURES.			
	Haut. bar.	Temp.	Haut. à 0°.	Ét. de l'atm.	Haut. bar.	Temp.	Haut. à 0°.	Ét. de l'atm.
1 septemb.	»	»	»	»	»	»	»	»
2	765,6	19°3	762,65	beau calme.	765,2	19°9	762,18	beau calme.
3	763,2	19 2	760,27	Id.	764,0	22 5	760,66	Id.
4	765,0	19 7	762,00	Id.	764,2	23 5	760,74	Id.
5	763,4	20 0	760,37	Id.	764,0	24 6	760,40	Id.
6	765,1	19 7	762,10	Id.	765,1	23 6	761,62	Id.
7	764,4	18 3	761,58	Id.	764,9	23 0	761,50	Id.
8	763,5	23 8	760,51	beau N. E.	765,4	26 8	761,53	beau N N.E.
9	763,9	22 0	760,63	nuageux E.	764,5	25 0	761,85	nuageux E.
10	764,7	18 8	761,82	beau calme.	765,9	22 7	761,53	beau E.
11	763,3	22 8	759,92	beau E.	763,9	28 0	759,89	Id.
Moyenne.			761,33	»	Moyenne. . . .		761,33	»
Excès sur la moyenne générale.			+0,57	»	Exc. sur la m. gén.		+0,57	»

OBSERVATIONS BAROMÉTRIQUES FAITES A TERRE.

A L'ILE TAHITI (ARCHIPEL DE LA SOCIÉTÉ).

JOURS. 1838.	8 HEURES.				9 HEURES.			
	Haut. bar.	Temp.	Haut. à 0°.	Ét. de l'atm.	Haut. bar.	Temp.	Haut. à 0°.	Ét. de l'atm.
1er sept.	»	»	»	»	»	»	»	»
2	766,1	25°7	762,36*	beau calme.	766,5	31°0	762,10	beau calme.
3	764,5	28 3	760,45	Id.	765,6	31 0	761,21	Id.
4	765,2	29 5	761,00	Id.	765,6	31 5	761,15	Id.
5	764,8	28 0	760,78	Id.	765,4	31 0	761,01	Id.
6	765,7	26 0	761,93	beau N.E.	766,6	29 2	762,43	beau N.E.
7	765,5	27 6	761,53	beau calme.	766,1	30 8	761,73	beau calme.
8	764,5	29 0	760,36	beau N.N.E.	765,0	30 9	760,62	beau N.E.
9	765,1	29 0	760,96	nuageux E.	766,3	31 0	761,90	nuag. E.N.E.
10	766,2	28 0	762,18	beau E.	766,4	30 3	762,09	beau N.E.
11	764,0	28 1	759,97*	beau N E.	764,3	30 0	760,04*	Id.
Moyenne........			761,28	»	Moyenne....		761,58	»
Excès sur la moyenne générale			+0,52	»	Exc. sur la m. gén.		+0,82	»

JOURS. 1838.	10 HEURES.				11 HEURES.			
	Haut. bar.	Temp.	Haut. à 0°.	Ét. de l'atm.	Haut. bar.	Temp.	Haut. à 0°.	Ét. de l'atm.
1er sept.	»	»	»	»	767,9	32 5	762,32*	beau S.O.
2	766,3	31°0	761,90	beau E.	766,3	31 0	761,90	beau N. E.
3	765,4	31 0	761,01	beau calme.	765,2	31 8	760,71	Id.
4	765,7	32 0	761,18	beau N.	765,5	32 0	760,98	beau N.
5	765,5	31 0	761,11	beau N.N.E.	766,3	31 2	761,88	beau N.N.E
6	767,0	29 3	762,81	beau N.E.	767,1	31 8	762,60	beau. N. E.
7	766,7	31 8	762,20	Id.	766,4	32 0	761,88	Id.
8	765,4	30 5	761,07	Id.	765,7	32 5	761,12	Id.
9	765,5	31 2	761,08	nuag. N.E.	765,6	31 3	761,17	nuag. N.E.
10	766,4	31 2	761,98	beau N.E.	766,2	32 0	761,68	beau N.N.E.
11	764,7	29 0	760,56*	Id.	764,1	31 0	759.71*	beau N.E.
Moyenne........			761,59	»	Moyenne....		761,55	»
Excès sur la moyenne générale			+0,83	»	Exc. sur la m. gén.		+0,79	»

OBSERVATIONS BAROMÉTRIQUES FAITES A TERRE.

A L'ILE TAHITI (ARCHIPEL DE LA SOCIÉTÉ).

DATES. 1838.	MIDI.				1 HEURE.			
	Haut. bar.	Temp.	Haut. à 0°.	Ét. de l'atm.	Haut. bar.	Temp.	Haut. à 0°.	Ét. de l'atm.
1er sept.	768,4	32°8	763,77*	beau O S.O.	766,6	31°9	762,09*	beau S. O.
2	766,4	33 0	761,76	beau N. E.	765,9	31 0	761,51	beau N.E.
3	765,9	32 0	760,49	Id	764,7	31 2	760,39	Id.
4	765,4	32 5	760,82	beau N.	765,4	32 0	760,88	couv. N.N.E.
5	766,2	32 0	761,68	beau N.N.E.	765,2	33 0	760,56	beau N.
6	766,7	32 0	762,18	beau N. E.	766,8	30 0	761,53	nuag. N.E.
7	766,2	32 5	761,62	Id.	764,9	32 5	760,32	beau E.N.E.
8	765,2	33 0	760,56	Id.	765,3	32 0	760,89	beau N.E.
9	764,5	30 8	760,14	nuag. N.E.	765,0	31 5	760,55	nuag. N.E.
10	765,3	32 9	760,67	beau N.N.E.	765,3	32 5	760,72	beau N.E.
11	764,0	32 0	759,49*	beau N. E.	»	»	»	»
Moyenne.			760,10	»	Moyenne. . . .		760,93	»
Excès sur la moyenne générale.			+0,34	»	Exc. sur la m. gén.		+0,17	»

DATES. 1838.	2 HEURES.				3 HEURES.			
	Haut. bar.	Temp.	Haut. à 0°.	Ét. de l'atm.	Haut. bar.	Temp.	Haut. à 0°.	Ét. de l'atm.
1er sept.	766,2	32°3	761,64*	beau S.O.	765,9	31°9	761,39*	beau S. O.
2	765,5	31 3	761,07	beau N.E.	764,7	29 0	760,56	beau N.E.
3	764,5	31 0	760,11	beau N.N.E.	764,7	30 0	760,43	beau N.N.E.
4	765,2	32 2	760,66	couv. N.N.E.	764,5	30 0	760,24	couv. N.E.
5	764,6	32 0	760,09	beau N.O.	764,4	31 9	759,90	beau O.N.O.
6	766,2	29 2	762,03	beau N .E.	766,1	30 2	761,80	nuag. S. O.
7	763,8	31 5	759,35	nuag. N E.	763,5	31 3	759,08	beau N.N.E.
8	765,2	31 8	760,71	beau N E.	764,6	30 5	760,27	beau N E.
9	764,9	32 5	760,32	nuag. N E.	764,6	30 1	760,32	nuag. N.E.
10	764,3	31 8	759,81	beau N.E.	764,0	30 0	759,74	beau N.E.
11	»	»	»	»	»	»	»	»
Moyenne.			760,46	»	Moyenne. . . .		760,26	»
Excès sur la moyenne générale.			—0,30	»	Exc. sur la m. gén.		—0,50	»

OBSERVATIONS BAROMÉTRIQUES FAITES A TERRE.

A L'ILE TAHITI (ARCHIPEL DE LA SOCIÉTÉ).

JOURS. 1838.	4 HEURES.				5 HEURES.			
	Haut. bar.	Temp.	Haut. à 0°.	Ét. de l'atm.	Haut. bar.	Temp.	Haut. à 0°.	Ét. de l'atm.
1er sept.	765,6	29°0	761,45*	beau S.O.	766,3	28°5	762,21*	beau S.O.
2	764,3	28 0	760,28	beau N. E.	763,8	26 8	759,92	beau N. E.
3	763,5	29 0	759,36	beau N.N.E.	763,1	28 0	759,09	beau calme.
4	764,0	29 0	759,86	couvert N.E.	764,0	27 2	760,08	couvert S.O.
5	764,1	31 0	759,71	beau O.S.O.	764,4	27 5	760,64	beau S.O.
6	764,6	29 0	760,46	nuag. S O.	764,5	27 2	760,58	beau S.S.O.
7	763,2	28 9	759,08	beau N.E.	763,0	27,5	759,05	beau N.E.
8	763,7	29 0	759,56	Id.	763,5	27 5	759,55	Id.
9	763,6	28 0	759,59	Id.	763,3	27 0	759,41	Id.
10	763,8	29 2	759,64	Id.	763,7	28 0	759,69	Id.
11	»	»	»	»	»	»	»	»
Moyenne.			759,73	»	Moyenne.		759,77	»
Excès sur la moyenne générale.			—1,03	»	Exc. sur la m. gén.		—0,99	»

JOURS. 1838.	6 HEURES.				7 HEURES.			
	Haut. bar.	Temp.	Haut. à 0°.	Ét. de l'atm.	Haut. bar.	Temp.	Haut. à 0°.	Ét. de l'atm.
1er sept.	766,1	26°5	762,26*	beau S.O.	766,1	24°8	762,47*	beau N.
2	764,9	25 0	761,25	beau N.E.	765,1	23 5	761,64	beau E.N E.
3	763,0	26 0	759,24	beau S.O.	763,6	25 9	759,85	beau S.O.
4	763,7	25 5	760,00	beau O.S.O.	763,2	25 1	759,55	couvert S.
5	765,1	25 5	761,39	beau S.S.O.	764,8	25 5	761,09	beau S.O.
6	764,3	25 6	760,58	beau calme.	764,4	25 3	760,72	beau calme.
7	762,5	26 0	758,74	beau N.E.	762,6	25 0	758,96	beau N.E.
8	763,4	26.3	759,60	Id.	764,0	24 3	760,44	Id.
9	763,5	26 8	759,63	Id.	763,0	25 8	759,26	Id.
10	763,5	26 4	759,68	beau N.N.E.	764,5	26 1	760,72	beau calme.
11	»	»	»	»	»	»	»	»
Moyenne.			760,01	»	Moyenne.		760,25	»
Excès sur la moyenne générale.			—0,75	»	Exc. sur la m. gén.		—0,51	»

OBSERVATIONS BAROMÉTRIQUES FAITES A TERRE.

A L'ILE TAHITI (ARCHIPEL DE LA SOCIÉTÉ).

DATES. 1838.	8 HEURES.				9 HEURES.			
	Haut. bar.	Temp.	Haut. à 0°.	Ét. de l'atm.	Haut. bar.	Temp.	Haut. à 0°.	Ét. de l'atm.
1er sept.	766,1	22°8	762,72*	nuageux N.	766,0	22°0	762,72*	nuageux E.
2	765,0	22 5	761,66	beau E.	764,9	21 5	761,68	beau E.S.E.
3	764,4	25 0	760.75	beau S.O.	764,5	25 0	760,85	beau S.O.
4	763,6	25 0	759,96	couvert S.	764,0	25 0	760,36	beau S.
5	764,2	24 7	760,59	beau S.O.	764,2	24 5	760,62	beau S.O.
6	764,3	24 5	760,72	beau calme.	764,0	22 0	760,73	beau calme.
7	762,5	24 3	758,95	beau N.E.	762,7	23 8	759.21	beau N.E.
8	763,5	24 2	759,96	Id.	763,5	23 2	760,08	Id.
9	763,1	23 5	759,64	Id.	763,3	22 3	759,99	beau E.N.E.
10	764,3	24 8	760,78	beau calme	764,0	23 5	760,54	beau calme.
11	»	»	»	»	»	»	»	»
Moyenne......			760,33	»	Moyenne....		760,45	»
Excès sur la moyenne générale.			—0,43	»	Exc. sur la m. gén.		—0,31	»

DATES. 1838.	10 HEURES.				11 HEURES.			
	Haut. bar.	Temp.	Haut. à 0°.	Ét. de l'atm.	Haut. bar.	Temp.	Haut. à 0°.	Ét. de l'atm.
1er sept.	765,8	20 7	762,68*	nuageux E.	765,9	22 0	762,62*	nuageux S.
2	764,8	21 0	761,65	beau E.S.E.	764,5	21 0	761,35	beau calme.
3	764,7	25 0	761,05	beau S.	763,3	22 5	759,97	beau S.
4	764,2	24 2	760,65	beau S.E.	763,8	22 8	760,43	beau S.E.
5	765,6	24 0	762,07	beau S.O.	765,6	23 0	762,20	beau S.O.
6	764,5	21 8	761,25	beau S.	764,3	20 5	761,21	beau S.
7	764,3	24 8	760,70	beau N.E.	764,1	24 5	760,53	beau N.E.
8	763,8	23 2	760,38	Id.	763,7	22 3	760,40	Id.
9	763,2	22 0	759,93	beau E.	763,2	21 8	759,95	beau E.S.E.
10	764,0	23 5	760,54	beau calme	763,6	20 9	760,46	beau calme.
11	»	»	»	»	»	»	»	»
Moyenne......			760,91	»	Moyenne....		760,72	»
Excès sur la moyenne générale.			+0,15	»	Exc. sur la m. gén.		—0,04	»

OBSERVATIONS BAROMÉTRIQUES FAITES A TERRE.

A LA BAIE-DES-ILES (NOUVELLE-ZÉLANDE),

A 5? MÈTRES ENVIRON AU-DESSUS DU NIVEAU MOYEN DE LA MER.

Latitude 35°15' S. — Longitude 171°50' E.
Hauteur moyenne 765^{mm},19.—Amplitude totale de la variation diurne 1^{mm},53.

DU 13 AU 24 OCTOBRE 1838.

PAR MM. DE TESSAN, LEFEBVRE, DUROSQ, BERTRAND ET BRISSAULT.

JOURS. 1838.	MINUIT.				1 HEURE.			
	Haut. bar.	Temp.	Haut. à 0°.	Ét. de l'atm.	Haut. bar.	Temp.	Haut à 0°.	Ét. de l'atm.
13 oct.	»	»	»	»	»	»	»	»
14	771,4	15°5	768,91	beau calme.	771,0	15°0	768,57	beau calme.
15	770,8	13 0	768,62	beau O.N.O.	771,0	14 0	768,70	beau N.O.
16	767,2	16 8	764,56	beau N.N.O.	767,3	16 3	764,72	couvert N.O.
17	766,1	17 0	763,44	pluv. N O.	765,5	17 1	762,83	Id.
18	767,1	13 2	764,90	Id.	766,8	12 0	764,75	brumeux O.
19	765,0	15 0	762,59	pluvieux O.	765,1	14 0	762,81	pluvieux S.
20	766,6	11 6	764,60	beau calme.	766,6	12 0	764,55	beau calme.
21	766,1	13 2	763,90	beau S.S.E.	765,8	13 5	763,45	beau S.S.E
22	767,3	12 6	765,05	nuag. S.O.	767,4	12 0	765,23	beau S.S.O.
23	767,7	16 5	765,09	couv. calm	767,9	15 0	765,48	beau calme.
24	765,3	16 0	762,96*	beau O.N.O.	765,2	15 0	762,79*	beau N O.
Moyenne........			765,17	»	Moyenne. . .		765,11	»
Excès sur la moyenne générale.			—0,03	»	Exc. sur la m. gén.		—0,08	»

JOURS. 1838.	2 HEURES.				3 HEURES.			
	Haut. bar.	Temp.	Haut. à 0°.	Ét. de l'atm.	Haut. bar.	Temp.	Haut. à 0°.	Ét. de l'atm.
13 toct.	»	»	»	»	»	»	»	»
14	771,0	14°5	768,64	beau calme.	771,0	13°3	768,82	beau calme.
15	771,0	14 0	768,70	beau N.O.	769,2	13 7	766,94	beau N.O.
16	767,3	16 5	764,70	couv. N.O.	767,8	16 4	765,21	couvert N.O.
17	765,9	17 6	763,16	Id.	766,6	17 3	763,90	Id.
18	766,5	12 0	764,45	brum. O.	767,2	13 9	764,92	brum.O.N.O.
19	765,2	14 0	762,91	pluvieux S.	766,7	12 7	764,57	pluvieux S.
20	766,7	12 0	764,66	beau calme.	767,5	12 6	765,38	beau calme.
21	766,2	13 0	763,91	beau S.S.E.	766,5	13 5	763,27	beau S.
22	767,4	11 0	765,48	beau S.S.O.	767,6	10 3	765,76	beau S.O.
23	768,1	14 1	765,79	beau calme.	768,0	11 9	765,96	beau calme.
24	765,0	14 5	762,65	beau N.O.	764,7	12 7	762,57*	beau N.O.
Moyenne........			765,24	»	Moyenne. . .		765,47	»
Excès sur la moyenne générale.			+0,05	»	Exc. sur la m. gén.		+0,28	»

OBSERVATIONS BAROMÉTRIQUES FAITES A TERRE.

A LA BAIE-DES-ILES (NOUVELLE-ZÉLANDE).

JOURS. 1837.	4 HEURES.				5 HEURES.			
	Haut. bar.	Temp.	Haut. à 0°.	Ét. de l'atm.	Haut bar.	Temp.	Haut. à 0°.	Ét. de l'atm.
13 oct.	»	»	»	»	»	»	»	»
14	771,7	12°8	768,54	beau calme.	771,3	13°0	769,12	beau calme.
15	769,1	13 6	766,85	beau N. O.	769,6	14 0	767,30	beau N.O.
16	767,8	16 6	765,18	couv. N.O.	767,4	16 8	764,76	couv. N.O.
17	766,4	16 8	763,76	Id.	767,2	16 3	764,62	Id.
18	766,9	13 0	764,73	bru. O N.O.	767,2	11 8	765,18	brum.calme.
19	767,0	12 7	764,87	pluvieux S.	767,7	12 1	765,64	nuageux S.
20	767,2	11 3	765,24	beau O.S.O.	767,1	11 8	765,08	beau O.S.O.
12	766,6	12 8	764,45	Id.	766,7	13 0	764,43	couvert S.O.
22	767,8	9 8	766,02	beau S. O.	768,0	7 0	766,57	beau calme.
23	767,9	11 4	765,92	beau calme.	767,8	11 6	765,80	brumeux S.
24	764,4	12 0	762,36*	beau N. O.	764,9	11 3	762,94*	Id.
Moyenne.			765, 56	»	Moyenne. . . .		765,85	»
Excès sur la moyenne générale.			+0,36	»	Exc. sur la m. gén.		+0,66	»

JOURS. 1837.	6 HEURES.				7 HEURES.			
	Haut. bar.	Temp.	Haut. à 0°.	Ét. de l'atm.	Haut. bar.	Temp.	Haut. à 0°.	Ét. de l'atm.
13 oct.	»	»	»	»	»	»	»	»
14	771,5	13°2	769,30	beau calme.	771,6	13°2	769,39	beau calme.
15	769,1	11 3	766,14	Id.	769,4	14 0	767,10	Id.
16	767,6	16 4	765,01	couv. N.O.	767,5	16 2	764,93	couv. N.O.
17	767,1	15 4	764,63	Id.	767,9	15 4	765,43	Id.
18	767,5	11 5	765,51	brum calme.	767,7	12 8	765,55	brum.calme.
19	767,7	11 9	765,76	nuageux S.	767,7	12 3	765,62	nuageux S.
20	767,3	12 4	765,20	beau O.S.O.	767,4	13 0	765,23	beau O.S.O.
21	766,9	13 2	764,70	couv. S.O.	766,9	13 6	764,65	couv. S.O.
22	768,2	8 7	766,56	beau calme.	768,0	10 0	766,20	beau calme.
23	767,9	11 8	765,88	brum. S.S.E.	768,1	12 5	765,99	beau S.
24	764,0	11 5	762,03*	Id.	764,4	12 3	762,33*	brum. S.E.
Moyenne.			765,87	»	Moyenne. . . .		766,01	»
Excès sur la moyenne générale.			+0,68	»	Exc. sur la m. gén.		+0,82	»

OBSERVATIONS BAROMÉTRIQUES FAITES A TERRE.

A LA BAIE-DES-ILES (NOUVELLE-ZÉLANDE).

JOURS. 1838.	8 HEURES.				9 HEURES.			
	Haut. bar.	Temp.	Haut. à 0°.	Ét. de l'atm.	Haut. bar.	Temp	Haut. à 0°.	Ét. de l'atm
13 oct.	»	»	»	»	»	»	»	»
14	772,0	16°4	769,77	beau calme.	772,2	18°0	769,40	beau N.
15	769,4	15 5	766,91	Id.	769,6	17 8	766,83	Id.
16	767,8	17 2	765,11	couv. N.O.	767,6	18 0	764,81	couv. N. O.
17	767,8	16 8	765,16	Id.	767,6	17 0	764,93	Id.
18	767,9	15 3	764,34	clair calme.	768,6	20 0	766,56	beau N.
19	767,9	14 0	764,61	nuageux S.	768,0	15 2	765,55	nuageux S
20	767,4	14 5	765,04	beau O.S.O.	767,8	15 2	765,36	beau O.S.O
21	767,3	15 0	764,88	couv. S.S.O.	767,3	17 0	764,63	beau S. O.
22	768,7	15 0	766,28	beau calme.	768,9	19 5	765,92	beau calme.
23	768,3	15 0	765,88	beau S.S E.	768,2	20 5	765,10	Id.
24	764,6	14 5	762,26*	brum. S.E.	765,0	21 0	761,85*	nuag. calme.
Moyenne.			766,00	»	Moyenne. . . .		765,81	»
Excès sur la moyenne générale.			+0,81	»	Exc. sur la m. gén.		+0,62	»

JOURS. 1838.	10 HEURES.				11 HEURES.			
	Haut. bar.	Temp.	Haut. à 0°.	Ét. de l'atm.	Haut. bar.	Temp.	Haut. à 0°.	Ét. de l'atm.
13 oct.	»	»	»	»	»	»	»	»
14	771,9	19°0	768,97	beau N.	772,3	20°9	769,14	beau N.
15	770,3	18 5	767,44	Id.	770,2	19 2	767,25	Id.
16	768,0	19 2	765,06	couv. N. O.	768,0	20 0	764,96	couv. N.O.
17	768,5	18 0	765,71	Id.	768,5	20 0	765,46	Id.
18	768,8	22 5	765,45	beau N.N.O	769,2	25 0	765,54	beau N.N.O.
19	768,1	16 5	765,49	beau S.	767,9	18 5	765,04	beau S.
20	767,6	16 0	765,06	Id.	767,6	16 5	765,00	Id.
21	767,7	18 0	764,91	beau S.O.	768,0	21 7	764,75	beau S.O.
22	769,1	20 5	766,00	beau calme.	769,4	23 5	765,92	beau N.
23	768,6	22 5	765,25	beau N.	768,7	23 0	765,28	beau N E.
24	765,2	22 0	761,92*	nuageux N.	765,5	24 0	761,97	nuageux N.
Moyenne.			765,93	»	Moyenne. . . .		765,83	»
Excès sur la moyenne générale.			+0,74	»	Exc. sur la m. gén.		+0,64	»

OBSERVATIONS BAROMÉTRIQUES FAITES A TERRE.

A LA BAIE-DES-ILES (NOUVELLE ZÉLANDE).

JOURS. 1838.	MIDI.				1 HEURE.			
	Haut. bar.	Temp.	Haut. à 0°.	Ét. de l'atm.	Haut. bar.	Temp.	Haut. à 0°.	Ét. de l'atm.
13 oct.	»	»	»	»	»	»	»	»
14	772,2	21°3	768,99	beau N.	772,0	21 8	768,72	beau N.N O.
15	769,6	18 8	766,70	Id.	769,6	19 5	766,62	beau N.
16	767,5	20 8	764,36	couv. N.O.	768,1	23 4	764,64	couvert N.O.
17	768,3	21 0	765,16	Id.	768,0	20 0	764,96	Id.
18	767,5	26 0	763,72	beau N.N.O.	766,9	21 9	763,63	beau N. O.
19	767,8	21 0	764,64	beau S.	768,4	21 7	765,15	beau S.
20	767,6	20 0	764,56	beau S.S.O.	767,2	19 2	764,26	Id.
21	767,7	22 3	764,38	beau. S.O.	767,9	22 5	764,55	beau S. O.
22	769,7	24 0	766,16	beau N. O.	769,6	24 5	766,00	beau N.
23	768,9	25 5	765,17	beau N.	768,2	25 7	764,45	beau N.N.E.
24	765,3	24 8	761,55	nuageux N.	»	»	»	»
Moyenne.......			765,38	»	Moyenne....		765,30	»
Excès sur la moyenne générale.			+0,19	»	Exc. sur la m. gén.		+0,11	»

JOURS. 1838.	2 HEURES.				3 HEURES.			
	Haut. bar.	Temp.	Haut. à 0°.	Ét. de l'atm.	Haut. bar.	Temp.	Haut. à 0°.	Ét. de l'atm.
13 oct.	»	»	»	»	»	»	»	»
14	772,0	21 8	768,72	beau N.N O.	771,6	21 8	768,32	beau N.N O.
15	768,7	21 0	765,54	Id.	769,1	20 0	766,06	Id.
16	768,3	24 5	764,70	couv. N. O.	768,0	24 0	764,46	couvert N.O.
17	768,2	20 2	765,13	Id.	768,1	18 8	765,20	Id.
18	766,3	21 7	763,05	beau O.	766,0	24 6	762,40	beau O.S.O.
19	768,1	21 9	764,82	beau S.	768,0	22 0	764,71	beau S.
20	766,9	19 5	763,93	Id.	766,5	17 7	763,75	Id.
21	767,6	21 5	764,38	beau S.O.	767,1	22 5	763,75	Id.
22	769,0	23 8	765,36	beau N.N.E.	768,7	23 3	765,25	beau N.N.E.
23	767,4	25 2	763,72	beau N.	767,0	24 7	763,38	Id.
24	»	»	»	»	»	»	»	»
Moyenne.........			764,94	»	Moyenne....		764,73	»
Excès sur la moyenne générale.			—0,16	»	Exc. sur la m. gén.		—0,47	»

OBSERVATIONS BAROMÉTRIQUES FAITES A TERRE.

A LA BAIE-DES-ILES (NOUVELLE-ZÉLANDE).

JOURS. 1837.	4 HEURES.				5 HEURES.			
	Haut. bar.	Temp.	Haut. à 0°.	Ét. de l'atm.	Haut. bar.	Temp.	Haut. à 0°.	Ét. de l'atm.
13 oct.	»	»	»	»	770,2	21°0	767,03*	beau N.
14	771,0	21°8	767,73	beau N.N.O	771,4	19.0	768,48	beau N.N.O
15	768,5	18 0	765,70	Id.	768,0	17 5	765,27	Id.
16	767,8	21 8	764,56	couv. N.O.	767,0	20 5	763,90	couvert N.O.
17	768,5	19 0	765,58	Id.	768,0	19 5	765,02	Id.
18	765,6	24 0	762,07	beau O.S.O.	765,7	22 0	760,40	beau O.S O
19	768,1	22 0	764,81	beau S.	768,0	20 8	764,86	beau S.
20	766,3	16 9	763,65	Id.	766,0	16 0	763,46	Id.
12	766,7	24 0	763,16	beau S.S.E.	766,5	21 0	763,34	nuag. S.S.E.
22	768,7	22 2	765,38	beau N.N.E.	768,6	21 0	765,43	couv. N.
23	766,8	23 0	763,37	beau N.	766,0	22 5	762,66	beau N.
24	»	»	»	»	»	»	»	»
Moyenne........			764,60	»	Moyenne...		764,48	»
Excès sur la moyenne générale.			—0,59	»	Exc. sur la m. gén.		—0,71	»

JOURS. 1837.	6 HEURES.				7 HEURES.			
	Haut. bar.	Temp.	Haut. à 0°.	Ét. de l'atm	Haut. bar.	Temp.	Haut. à 0°.	Ét. de l'atm.
13 oct.	770,5	20°2	767,43*	beau calme.	770,7	18°0	767,90*	beau S.
14	771,4	18 0	768,60	beau N.N.O.	771,5	17 5	768,86	beau N.O.
15	767,9	17 5	765,17	Id.	767,4	16 5	764,80	beau N.N.O.
16	766,0	18 0	763,21	couv. N.O.	766,1	17 5	763,36	couv. N.O.
17	767,2	18 0	764,36	Id.	767,5	16 8	764,86	Id.
18	765,5	20 0	762,47	beau O.S.O.	765,4	17 0	762,74	beau O.S.O.
19	767,5	16 0	764,96	beau S	767,2	15 0	764,78	beau S.
20	766,0	15 2	763,56	Id.	766,0	14 2	763,68	beau S.S.O.
21	767,1	17 5	764,37	nuageux S.	766,9	15 5	763,42	nuageux S.
22	768,3	17 5	765,57	couvert N.	768,5	15 8	765,98	couv. N.
23	765,9	21 0	762,74	beau N.N.O.	765,6	17 6	762,86	beau N. O.
24	»	»	»	»	»	»	»	»
Moyenne........			764,50	»	Moyenne...		764,53	»
Excès sur la moyenne générale.			—0,69	»	Exc. sur la m. gén.		—0,66	»

OBSERVATIONS BAROMÉTRIQUES FAITES A TERRE.

A LA BAIE-DES-ILES (NOUVELLE-ZÉLANDE).

JOURS. 1838.	8 HEURES.				9 HEURES.			
	Haut. bar.	Temp.	Haut. à 0°.	Ét. de l'atm.	Haut. bar.	Temp	Haut. à 0°.	Ét. de l'atm.
13 oct.	771,9	17°2	769,20	beau S.	771,6	15°8	769,07	beau S.
14	770,8	15 0	768,37	beau N. O.	770,8	14 0	768,50	beau N. O.
15	767,7	16 5	765,10	beau N.N.O.	767,5	16 5	764,90	Id.
16	766,0	17 0	763,34	couv. N.O.	766,0	16 8	763,36	couv. N. O.
17	767,5	17 2	764,81	pluv. N.O.	767,1	16 0	764,56	pluv. N O.
18	764,8	15 6	762,31	beau O S.O	764,8	14 5	762,45	pluv. O.S.O.
19	767,1	14 4	764,76	beau S.	767,1	13 0	764,93	beau S
20	766,2	13 9	763,92	couv. S.S.O.	766,1	14 0	763,81	beau S.S.O.
21	767,2	14 8	764,81	nuageux S.	767,3	13 5	765,07	nuag. S O.
22	768,0	15 5	765,52	couvert N.	767,6	15 0	765,18	couv. N.
23	765,2	18 0	762,42	beau N. O.	765,4	18 6	762,54	beau N.O.
24	»	»	»	»	»	»	»	»
Moyenne......			764,54	»	Moyenne...		764,53	»
Excès sur la moyenne générale.			—0,66	»	Exc. sur la m. gén.		—0,66	»

JOURS. 1838.	10 HEURES.				11 HEURES.			
	Haut. bar.	Temp.	Haut. à 0°.	Ét. de l'atm.	Haut. bar.	Temp	Haut. à 0°.	Ét. de l'atm.
13 oct.	771,6	15°0	769,17	beau S.	771,4	15 3	768,93	beau S
14	769,9	13 0	767,72	beau N.O.	770,6	12 0	768,55	beau O·N.O.
15	767,5	16 6	764,88	Id.	767,0	16 8	764,36	Id
16	766,7	17 5	764,22	pluv. N.O.	766,3	17 0	763,88	pluv. N.O.
17	767,4	14 0	765,10	Id.	767,3	13 5	765,07	Id.
18	764,8	14 2	762,49	pluv. O S O	765,0	15 0	762,59	pluvieux O.
19	767,0	12 4	764,90	beau calme.	766,8	12 0	764,75	beau calme
20	766,0	14 0	763,71	beau S.S.O.	766,0	13 5	763,77	beau S.S.E
21	767,2	13 6	764,96	nuag. S O.	767,2	13 0	765,03	nuageux S.O.
22	767,9	14 9	765,49	couvert N.	768,0	14 0	765,70	couv. calme.
23	765,4	17 5	762,63	beau N.O.	765,4	16 5	762,80	beau calme.
24	»	»	»	»	»	»	»	»
Moyenne......			764,62	»	Moyenne...		764,65	»
Excès sur la moyenne générale.			—0,58	»	Exc. sur la m. gén.		—0,54	»

OBSERVATIONS BAROMÉTRIQUES FAITES A TERRE.

AU PORT-JACKSON (NOUVELLE-HOLLANDE),
A 6 MÈT. 6 AU-DESSUS DU NIVEAU MOYEN DE LA MER.

Latitude 33°51' S. — Longitude 148°53' E.
Hauteur moyenne 760^{mm},21. — Amplitude totale de la variation diurne 2^{mm},12?

DU 27 NOVEMBRE AU 6 DÉCEMBRE 1838.
PAR MM. DE TESSAN, GOUBY, DUBOSQ, ET LEROUX.

JOURS. 1838.	MINUIT.				1 HEURE.			
	Haut. bar.	Temp.	Haut. à 0°.	Ét. de l'atm.	Haut. bar.	Temp.	Haut. à 0°.	Ét. de l'atm.
27 nov.	760,5?	13°0?	758,34?	pluie S.S.O.	760,4	13°0	758,24	couv. S S.O.
28	763,4	16 7	760,48	nuag. S.O.	763,3	16 2	760,74	couvert S.
29	764,9	16 0	762,36	beau S.	764,7	15 9	762,17	beau S.S.O.
30	765,6	15 8	763,09	beau S.O.	765,2	15 6	762,71	beau S.O.
1er déc.	761,7	18 6	758,85	beau calme.	760,3	17 7	757,57	beau calme.
2	764,9	17 3	762,20	beau S.S.O.	763,9	16 9	761,25	nuag. S.S.O.
3	764,4	17 2	761,71	beau calme.	763,6	17 0	760,93	nuag. calme.
4	763,0	21 0	759,85	beau N.N.E	762,1	19 8	759,00	pluie S.
5	764,8	18 3	761,98*	blule E S.E.	764,8	18 4	761,97*	pluie S.E.
6	768,2	18 3	765,37*	couv. E.S.E.	768,0	18 5	765,15*	pluie E.S.E.
Moyenne........			760,86	»	Moyenne....		760,33	»
Excès sur la moyenne générale.			+0,65	»	Exc. sur la m. gén.		+0,12	»

JOURS. 1838.	2 HEURES.				3 HEURES.			
	Haut. bar.	Temp.	Haut. à 0°.	Ét. de l'atm.	Haut. bar.	Temp.	Haut. à 0°.	Ét. de l'atm.
27 nov.	760,3	13°0	758,14	couv. S.S.O.	760,1	12°0	758,07	couv. S.O.
28	763,1	15 8	760,59	couvert S.	763,1	15 6	760,62	couv. S.
29	764,7	15 7	762,20	beau S S.O.	764,7	15 5	762,28	beau S.O.
30	765,2	15 0	762,79	beau S.O.	764,5	14 5	762,15	beau N.E
1er déc.	759,7	18 0	756,93	beau calme.	759,2	17 5	756,49	beau calme.
2	763,9	16 7	760,28	nuag. S.S.O.	763,4	16 0	760,87	nuag. S.S.O.
3	763,6	16 5	760,00	nuag. calme	763,7	16 1	761,16	nuag. calme.
4	761,9	19 9	758,89	pluie S.	762,5	17 8	759,75	pluie S.
5	766,0	17 8	763,24*	pluie E.S.E.	765,6	17 8	762,84*	couv. E.S.E.
6	767,9	19 0	764,98*	Id.	767,8	18 5	764,95*	pluie E.S.E.
Moyenne........			759,98	»	Moyenne....		760,17	»
Excès sur la moyenne générale.			−0,23	»	Exc. sur la m. gén.		−0,04	»

OBSERVATIONS BAROMÉTRIQUES FAITES A TERRE.

AU PORT-JACKSON (NOUVELLE-HOLLANDE).

JOURS. 1838.	4 HEURES.				5 HEURES.			
	Haut. bar.	Temp.	Haut. à 0°.	Ét. de l'atm.	Haut. bar.	Temp.	Haut à 0°.	Ét. de l'atm.
27 nov.	759,4	11°6	757,41	couvert S.O.	759,6	13 0	757,44	couvert S.O
28	763,0	16 0	760,47	couv. S.S.O.	763,3	14 4	760,96	couv. S. O
29	764,8	15 0	762,39	beau S.O.	764,8	15 3	762,35	beau S O.
30	764,5	14 2	762,19	beau E.	765,5	14 0	763,21	beau calme.
1er déc.	758,2	18 0	755,44	beau calme	758,4	17 2	765,73	Id.
2	764,1	16 5	761,50	nuag. S S.O.	765,0	13 1	762,45	pluie S.S.O
3	763,6	16 7	760,98	nuag. calme.	763,6	16 3	761,03	brum.calme
4	762,7	17 5	759,98	pluie S.	762,9	16 8	760,27	pluie S.
5	766,6	18 2	763,79*	couv. E.S.E	766,2	18 0	763,41*	couv. E.S.E
6	768,1	18 3	765,27*	pluie E.S.E.	768,4	18 5	765,55*	pluie E.S.E
Moyenne.			760,05	»	Moyenne. . . .		760,43	»
Excès sur la moyenne générale.			—0,17	»	Exc. sur la m. gén.		+0,22	»

JOURS. 1838.	6 HEURES.				7 HEURES.			
	Haut. bar.	Temp.	Haut. à 0°.	Ét. de l'atm	Haut. bar.	Temp.	Haut. à 0°.	Ét. de l'atm.
27 nov.	760,1	12°9	757,96	couv. S. O.	760,2	19 4	757,26	couvert S.O.
28	762,3	15 0	759,89	Id.	762,7	15 7	760,30	Id
29	764,6	15 8	762,09	beau S.O.	764,7	16 8	762,06	beau S.O.
30	765,0	19 4	762,04	beau calme.	765,3	23 0	761,90	beau calme.
1er déc.	757,7	20 6	754,62	beau S.O.	757,9	24 0	754,29	beau S O
2	764,1	16 0	761,57	pluv. S.S.O.	763,7	16 5	760,11	pluv. S.S.O
3	763,3	16 5	760,71	brum.calme.	763,9	22 5	760,57	brum, S.S.O.
2	763,9	16 2	760,34	pluie S.	764,3	15 9	761,78	pluv. S.S.E.
5	766,7*	18 1	764,90*	couv. E.S.E.	766,7	18 0	763,91*	couv. E.S.E
6	769,0*	18 8	766,11*	couvert E.	770,5	19 0	767,58*	couvert E.
Moyenne.			759,90	»	Moyenne. . . .		759,78	»
Excès sur la moyenne générale.			—0,31	»	Exc. sur la m. gén.		—0,43	»

OBSERVATIONS BAROMÉTRIQUES FAITES A TERRE.

AU PORT-JACKSON (NOUVELLE-HOLLANDE).

DATES. 1838.	8 HEURES.				9 HEURES.			
	Haut. bar.	Temp.	Haut. à 0°.	Ét. de l'atm.	Haut. bar.	Temp.	Haut. à 0°.	Ét. de l'atm
27 nov.	760,7	19°0	757,81	couvert S O.	761,3	20°6	758,21	couvert S.O.
28	763,6	16 6	760,99	Id.	764,0	18 8	761,12	Id.
29	765,2	20 5	762,11	beau S.O.	765,2	19 0	762,29	beau S.S.O.
30	765,6	24 4	762,02	beau calme.	765,0?	20 0	761,97?	beau calme
1er déc.	759,5	22 0	756,24	beau S.	759,6	22 2	756,32	beau S.
2	763,9	16 6	761,29	pluv. S.O.	764,0	18 4	761,17	nuag. S.S O.
3	764,5	27 7	760,52	brum. S.S.O.	764,3	28 7	760,20	beau E.
4	764,7	16 3	762,13	pluie S.S.E.	764,8	16 5	762,20	pluie S S.E.
5	768,1	19 6	765,11*	couv. E S E.	768,1	18 8	765,21*	couv. E.S.E
6	769,4	18 3	766,57*	couvert E.	768,9	20 0	765,86*	Id.
Moyenne........			760,39	»	Moyenne....		760,44	»
Excès sur la moyenne générale.			+0,18	»	Exc. sur la m. gén.		+0,23	»

DATES. 1838.	10 HEURES.				11 HEURES.			
	Haut. bar.	Temp.	Haut. à 0°.	Ét. de l'atm.	Haut. bar.	Temp.	Haut. à 0°.	Ét. de l'atm.
27 nov.	761,1	21°9	757,85	couvert S.	761,8	21°2	758,63	couv. S.S.E.
28	764,2	20 2	761,15	couv. S S.O.	765,0	24 6	761,40	couvert S.
29	765,7	23 8	762,20	beau S.	765,9	24 5	762,31	beau S.
30	763,8	20 0	760,78	beau E.	764,0	19 0	761,10	beau E.N E
1er déc.	758,5	24 8	754,90	beau S.	758,7	21 8	754,47	beau S.
2	764,7	21 2	761,52	nuag. S.S.O	764,5	22 3	761,19	nuag. S.S O.
3	763,0	21 6	759,78	beau E.	764,0	21 5	760,79	beau N.E.
4	764,6	16 5	762,00	pluv. S.S.E.	764,9	16 3	762,33	pluv. S.S.E.
5	767,6	20 4	764,51*	couv. E.S.E.	768,0	20 0	764,96*	couv. E.S.E
6	769,7	21 8	766,43*	couv. E.N.E.	769,3	22 5	765,95*	couv. E.N.E
Moyenne........			760,02	»	Moyenne....		760,28	»
Excès sur la moyenne générale.			—0,19	»	Exc. sur la m. gén.		+0,07	»

OBSERVATIONS BAROMÉTRIQUES FAITES A TERRE.

AU PORT-JACKSON (NOUVELLE-HOLLANDE).

JOURS. 1838.	8 HEURES.				9 HEURE.			
	Haut. bar.	Temp.	Haut. à 0°.	Ét. de l'atm.	Haut. bar.	Temp.	Haut. à 0°.	Ét. de l'atm.
27 nov.	761,5	16°5	758,91	nuageux S.	762,0	16°0	759,47	nuag. S.
28	765,2	16 2	762,64	beau S.	765,2	16 3	762,63	beau S.
29	764,2	16 9	761,55	beau E	763,9	17 0	761,24	beau S.E.
30	759,9	17 0	757,25	beau N E.	759,7	16 8	757,08	beau N. E.
1er déc.	763,2	18 0	760,42	beau S S.O.	763,7	18 0	760,82	beau S.S.O.
2	763,5	18 2	760,70	beau S.	763,6	18 0	760,82	beau calme.
3	761,3	20 7	758,19	beau N.E.	762,8	20 0	759,76	beau N.N.E.
4	764,8	17 0	762,14	pluie S E	765,0	18 0	762,22	pluie, S. E.
5	768,1	17 1	765,42*	couv. E.S.E.	768,1	17 3	765,40*	couv. E.S.E
6	»	»	»	»	»	»	»	»
Moyenne.			760,23	»	Moyenne. . .		760.51	»
Excès sur la moyenne générale.			+0,02	»	Exc. sur la m. gén.		+0,30	»

JOURS. 1838.	10 HEURES.				11 HEURES.			
	Haut. bar.	Temp.	Haut. à 0°.	Ét. de l'atm.	Haut. bar.	Temp.	Haut. à 0°.	Ét. de l'atm
27 déc.	762,6	16°6	760,00	nuag. S.	764,2	16°8	761,57	nuageux S.
28	765,1	16 1	762,55	beau S.	765,0	15 9	762,47	beau S
29	766,1	16 6	763,19	beau E.	765,6	16 0	763,06	beau S.O.
30	759,5	16 0	756,98	beau N N.E.	761,5	19 0	758,61	beau N N.E
1er déc.	764,4	17 8	761,64	beau S.S.O.	764,6	17 5	761,88	beau S S.O.
2	764,2	17 5	761,48	beau calme.	764,5	17 5	761,78	beau calme.
3	763,4	20 0	760,36	beau N.N.E.	762,4	20 5	759,20	beau N.N.E.
4	765,1	18 3	762,28	pluie E.S.E	765,0?	18 3?	762,18?	pluie E.S.E.
5	768,3	17 9	765,52*	couv. E.S.E.	768,8	18 0	765,91*	couv. E.S.E.
6	»	»	»	»	»	»	»	»
Moyenne.			761,10	»	Moyenne. . .		761,34	»
Excès sur la moyenne générale.			+0,89	»	Exc sur la m. gén.		+1,13	»

OBSERVATIONS BAROMÉTRIQUES FAITES A TERRE.
A FALSE-BAY (CAP DE BONNE-ESPÉRANCE).
A 9? MÈT. ENVIRON AU-DESSUS DU NIVEAU MOYEN DE LA MER.

Latitude 34°11' S.—Longitude 16°6' E.
Hauteur moyenne 761^{mm},61. — Amplitude totale de la variation diurne 1^{mm},10.

DU 3 AU 11 AVRIL 1839.
PAR MM. DE TESSAN, LEFEBVRE, DUBOSQ et LEROUX.

JOURS. 1839.	MINUIT.				1 HEURE.			
	Haut. bar.	Temp.	Haut. à 0°.	Ét. de l'atm.	Haut. bar.	Temp.	Haut. à 0°.	Ét. de l'atm.
3 avril.	768,3	20°2	765,23	beau calme.	768,6	18°8	765,71	beau calme.
4	767,5	20 3	764,42	couv. calme.	767,5	20 0	764,46	couv. calme.
5	765,4	19 9	762,38	beau S.S.E.	765,0	19 7	762,00	beau S.S.E.
6	764,9	20 3	761,83	Id.	765,1	19 9	762,08	Id.
7	763,6	19 7	760,61	Id.	763,8	19 7	760,81	Id.
8	765,5	18 9	762,60	Id.	765,5	18 9	762,60	Id.
9	764,1	22 0	760,83	Id.	764,5	23 2	761,08	Id.
10	762,8	19 3	759,86	beau calme.	762,6	19 0	759,70	beau calme.
11	761,3	20 6	758,21	Id.	761,3	20 3	758,25	Id.
Moyenne.			761,77	»	Moyenne. . .		761,85	»
Excès sur la moyenne générale.			+0,17	»	Exc. sur la m. gén.		+0,25	»

JOURS. 1839.	2 HEURES.				3 HEURES.			
	Haut. bar.	Temp.	Haut. à 0°.	Ét. de l'atm.	Haut. bar.	Temp.	Haut. à 0°.	Ét. de l'atm.
3 avril.	768,1	17 9	765,32	beau calme.	768,1	19°4	765,13	brum. calm.
4	767,1	20 4	764,01	couv. S.E.	767,1	20 3	764,03	couvert S.E.
5	765,0	19 8	761,99	beau S.S.E.	765,0	20 0	761,97	beau S.S.E.
6	765,0	19 7	762,00	Id.	764,9	19 1	761,98	Id.
7	764,3	20 3	761,23	beau S.	764,4	20 5	762,31	beau S.
8	765,0	18 8	762,12	beau S.S.E.	764,8	18 8	761,92	beau S.S.E.
9	765,3	23 2	761,87	Id.	764,8	21 1	761,63	Id.
10	763,3	18 9	760,41	couv. calme.	762,2	19 6	759,23	beau calme.
11	762,5	20 0	759,48	beau calme.	762,5	20 3	759,44	Id.
Moyenne.			762,05	»	Moyenne. . .		761,96	»
Excès sur la moyenne générale.			+0,44	»	Exc. sur la m. gén.		+0,35	»

JOURS. 1838.	4 HEURES.				5 HEURES.			
	Haut. bar.	Temp.	Haut. à 0°.	Ét. de l'atm.	Haut. bar.	Temp.	Haut. à 0°.	Ét. de l'atm.
3 avril.	767,5	18°0	764,71	beau calme.	768,0	18°0	765,21	beau calme.
4	767,2	20 4	764,11	couv. S.E.	767,2	19 3	764,25	couv. S.S.E.
5	765,2	20 2	762,14	beau S.S.E.	765,3	19 8	762,29	Id.
6	764,4	19 2	761,47	»	764,2	19 2	761,27	Id.
7	764,0	20 7	760,88	beau S.	764,6	20 4	761,52	beau S.
8	764,3	18 8	761,42	beau S.S.E.	763,3	18 3	760,48	beau S.S.E.
9	765,7	21 2	762,52	Id.	763,6	21 2	760,43	Id.
10	762,0	18 8	759,12	beau calme.	762,1	18 2	759,20	beau calme.
11	761,8	19 8	758,90	Id.	760,9	19 0	758,01	Id.
Moyenne.			761,70	»	Moyenne. . .		761,52	»
Excès sur la moyenne générale.			+0,09	»	Exc. sur la m. gén.		−0,09	»

OBSERVATIONS BAROMÉTRIQUES FAITES A TERRE.

A FALSE-BAY (CAP DE BONNE-ESPÉRANCE).

JOURS. 1839.	6 HEURES.				7 HEURES.			
	Haut. bar.	Temp.	Haut. à 0°.	Ét. de l'atm.	Haut. bar.	Temp.	Haut. à 0°.	Ét. de l'atm.
3 avril.	768,8	17°3	765,30	beau E.	767,8	15 8	765,28	beau E.
4	767,5	19 0	764,58	couv. S.S.E.	767,1	18 8	764,21	couvert S.
5	765,0	19 0	762,09	beau S.S.E	765,1	19 2	762,19	beau S.S.E
6	764,2	19 2	761,27	Id.	764,6	19 7	761,61	Id.
7	764,7	20 9	761,59	beau S.	764,8	20 8	761,67	beau S.
8	764,3	19 0	761,40	beau S.S.E	765,0	20 0	761,85	beau S.S.E
9	763,9	20 4	760,83	Id.	763,2	19 3	760,14	beau calme.
10	762,0	18 0	759,22	beau calme.	762,6	18 2	759,80	Id.
11	761,0	19 8	758,01	Id.	761,8	18 8	758,93	Id.
Moyenne. . . .			761,59	»	Moyenne. . .		761,74	»
Excès sur la moyenne générale.			—0,02	»	Exc. sur la m. gén.		+0,13	»

JOURS. 1839.	8 HEURES.				9 HEURES.			
	Haut. bar	Temp.	Haut. à 0°.	Ét. de l'atm.	Haut. bar.	Temp.	Haut. à 0°.	Ét. de l'atm.
3 avril.	767,7	15°7	765,19	beau E.	768,0	16°4	765,41	brum. calme
4	767,0	19 4	764,04	couvert S.	767,1	22 0	763,81	couv. S.S.E.
5	765,3	21 0	762,15	beau S.S.E.	765,3	23 3	761,86	brum. S.S.E
6	764,9	20 3	761,83	Id.	767,1	22 1	763,80	Id.
7	764,8	21 2	761,62	beau S.	765,4	22 8	762,02	beau S.
8	766,0	22 0	762,72	beau S.S E.	765,7	23 9	762,18	beau S.S.E
9	764,4	19 9	761,26	beau calme.	764,5	22 0	761,22	Id.
10	763,1	18 9	760,21	Id.	763,5	20 3	760,44	beau calme
11	762,0	19 6	759,03	Id.	762,9	21 2	759,73	Id.
Moyenne.			762,01	»	Moyenne. . . .		762,27	»
Excès sur la moyenne générale.			+0,40	»	Exc. sur la m. gén.		+0,67	»

JOURS. 1839.	10 HEURES.				11 HEURES.			
	Haut. bar.	Temp.	Haut. à 0°.	Ét. de l'atm.	Haut. bar.	Temp.	Haut à 0°	Ét. de l'atm.
3 avril.	768,5	17°3	765,79	brum. calm	768,6	19 5	765,62	brum. calm.
4	766,9	21 7	763,65	couv. S.S.E	766,4	21 7	763,15	couv. S.S.E.
5	765,6	25 0	761,95	beau S.S.E.	765,4	21 0	762,25	beau S.S.E.
6	765,4	24 0	761,88	Id.	765,3	24 6	761,70	Id.
7	765,6	23 8	762,10	Id.	765,8	23 6	762,32	Id.
8	766,7	26 8	762,82	Id.	766,0	26 8	762,13	Id.
9	765,3	24 0	761,78	Id.	765,5	27 2	761,58	Id.
10	763,6	24 2	760,06	beau calme.	763,2	25 8	759,46	beau S.E.
11	762,5	23 5	759,05	Id.	762,9	26 2	759,12	Id.
Moyenne. . . .			762,01	»	Moyenne		761,93	»
Excès sur la moyenne générale.			+0,40	»	Exc. sur la m. gén.		+0,32	»

OBSERVATIONS BAROMÉTRIQUES FAITES A TERRE.

A FALSE-BAY (CAP DE BONNE-ESPÉRANCE).

JOURS. 1839.	MIDI.				I HEURE.			
	Haut. bar.	Temp.	Haut. à 0°.	Ét. de l'atm.	Haut. bar.	Temp.	Haut. à 0°.	Ét. de l'atm
3 avril.	768,5	23°5	765,02	brum. calm.	768,0	22°0	764,71	couv. calme.
4	766,5	23 0	763,09	couv. S.S.E.	766,6	24 6	763,00	couv. S.S.E.
5	765,2	26 3	761,39	beau S S.E.	765,2	26 0	761,43	beau S.S.E.
6	765,3	24 9	761,66	Id.	765,2	25 7	761,46	Id.
7	765,6	23 8	762,10	beau calme.	765,1	23 5	761,64	Id.
8	765,9	29 8	761,65	beau S.S.E.	765,7	29 0	761,55	Id.
9	764,7	29 3	760,52	Id.	764,2	28 6	760,11	Id.
10	763,6	28 5	759,52	beau E.S.E.	763,8	29 5	759,60	beau calme.
11	763,3	29 5	759,10	beau calme.	763,5	28 5	759,42	beau S. E.
Moyenne.			761,56	»	Moyenne. . .		761,44	»
Excès sur la moyenne générale.			—0,05	»	Exc. sur la m. gén.		—0,17	»

JOURS. 1839.	2 HEURES.				3 HEURES.			
	Haut. bar.	Temp.	Haut. à 0°.	Ét. de l'atm.	Haut. bar.	Temp.	Haut. à 0°.	Ét. de l'atm.
3 avril.	768,1	25°0	764,44	couvert O.	767,7	24 4	764,12	couv. O.
4	767,3	23 5	763,73	couv. S.S.E.	766,3	22 4	762,97	couv. S.S.E.
5	764,8	25 2	761,13	beau S.S.E.	764,7	23 8	761,20	beau S.S.E.
6	764,6	24 4	761,03	Id.	764,6	24 0	761,08	beau S.
7	765,2	24 3	761,64	Id.	764,9	23 0	761,50	beau S.S.E.
8	765,7	28 3	761,64	Id.	766,0	26 9	762,11	Id.
9	764,3	28 5	760,22	Id.	763,8	25 0	760,16	Id.
10	762,9	25 9	759,13	beau calme.	762,6	24 8	758,98	beau calme.
11	762,4	26 3	758,58	Id.	761,8	23 0	758,42	beau E.S.E.
Moyenne.			761,28	»	Moyenne. . .		761,17	»
Excès sur la moyenne générale.			—0,33	»	Exc. sur la m. gén.		—0,44	»

JOURS. 1839.	4 HEURES.				5 HEURES.			
	Haut bar.	Temp.	Haut. à 0°.	Ét. de l'atm.	Haut. bar.	Temp.	Haut. à 0°.	Ét. de l'atm.
3 avril.	768,0	21°9	764,72	couv. O.	767,7	20°9	764,55	couvert O.
4	766,5	21 4	763,39	beau S.S.E	766,1	20 2	763,04	beau S.S.E.
5	764,4	22 4	761,08	Id.	764,3	21 5	761,09	Id
6	764,7	22 8	761,32	beau S.	764,4	21 5	761,19	beau S.
7	764,9	21 4	761,70	beau S S.E.	765,1	20 3	762,03	beau S.S.E.
8	765,7	25 9	761,94	Id.	765,8	24 2	761,25	Id.
9	764,1	24 2	760,55	beau calme.	764,6	23 2	761,18	beau E.
10	762,3	22 3	758,99	Id.	761,7	21 3	758,52	beau calme.
11	762,3	20 8	759,18	beau E.S.E.	761,8	19 7	758,82	beau E.S.E.
Moyenne.			761,43	»	Moyenne . .		761,30	»
Excès sur la moyenne générale.			—0,18	»	Exc. sur la m. gén.		—0,31	»

OBSERVATIONS BAROMÉTRIQUES FAITES A TERRE.
A FALSE-BAY (CAP DE BONNE-ESPÉRANCE).

JOURS. 1838.	6 HEURES.				7 HEURES.			
	Haut. bar.	Temp.	Haut. à 0°.	Ét. de l'atm.	Haut. bar.	Temp.	Haut. à 0°.	Ét. de l'atm.
3 avril.	767,5	20°5	764,40	couv. O.	768,3	21 4	765,09	couv. calm
4	766,0	19 8	762,99	brum S.S.E	766,6	19 5	763,62	beau S.
5	764,3	20 5	761,21	Id.	764,0	20 0	760,97	beau S.S.E
6	764,3	20 5	761,17	Id.	764,6	21 4	761,40	beau S.
7	764,9	20 8	761,87	Id.	764,6	19 8	761,59	beau S.S E
8	765,8	23 0	762,40	beau S.S.E.	765,5	22 8	762,12	Id.
9	763,5	21 0	760,35	beau E.	763,3	20 0	760,28	beau E.
10	761,9	20 0	758,88	beau calme	761,6	21 0	758,46	beau calme
11	761,5	18 8	758,70	beau E.S.E.	761,6	18 8	758,73	beau S.E.
Moyenne........			761,33	»	Moyenne. . .		761,36	»
Excès sur la moyenne générale.			—0,28	»	Exc. sur la m. gén.		—0,24	»

JOURS. 1838.	8 HEURES.				9 HEURES.			
	Haut bar.	Temp.	Haut à 0°.	Ét. de l'atm.	Haut. bar.	Temp.	Haut. à 0°.	Ét. de l'atm
3 avril.	768,1	22°0	764,81	couv. calme.	768,1	21°2	764,91	couv. calme.
4	765,5	20 0	762,47	beau S.	765,7	20 0	762,67	beau S.S.E.
5	764,0	20 0	760,97	beau S.S.E.	764,5	20 5	761,41	Id.
6	764,9	21 0	761,75	beau S.	764,8	20 3	761,73	beau S.
7	765,5	19 7	762,50	beau S.S.E.	765,9	19 6	762,91	beau S.S.E.
8	765,3	22 5	761,96	Id.	765,3	22 5	761,96	Id.
9	763,2	20 6	760,10	beau E.	763,6?	19 9?	760,59?	beau calme.
10	761,5	22 5	758,17	beau calme.	761,5	22 5	758,17	Id.
11	761,9	18 9	759,01	beau S.E.	761,6	18 5	758,76	beau E.N.E
Moyenne........			761,30	»	Moyenne. . .		761,46	»
Excès sur la moyenne générale.			—0,30	»	Exc. sur la m. gén.		—0,15	»

JOURS. 1838.	10 HEURES.				11 HEURES.			
	Haut. bar.	Temp.	Haut. à 0°.	Ét. de l'atm.	Haut. bar.	Temp.	Haut. à 0°.	Ét. de l'atm.
3 avril.	767,8	20°6	764,68	couv. calme.	767,8	20°5	764,70	couv. calme.
4	765,7	19 8	762,59	beau S.S.E.	765,5	20 0	762,47	beau S.S.E.
5	764,7	20 3	761,63	Id.	765,1	20 5	762,01	Id.
6	764,1	20 0	761,07	beau S.	764,0	20 5	761,03	Id.
7	765,8	19 1	762,88	beau S.S.E.	765,8	18 9	762,90	Id.
8	765,3	22 5	761,96	Id.	764,1	22 4	760,87	Id.
9	763,1	19 8	760,10	beau calme.	763,0	19 6	760,02	beau calme.
10	761,5	22 5	758,17	Id.	761,8	22 4	758,49	Id.
11	761,6	19 0	758,71	beau E.N.E.	761,8	19 6	758,83	beau S.
Moyenne........			761,31	»	Moyenne. . .		761,26	»
Excès sur la moyenne générale.			—0,30	»	Exc. sur la m. gén.		—0,35	»

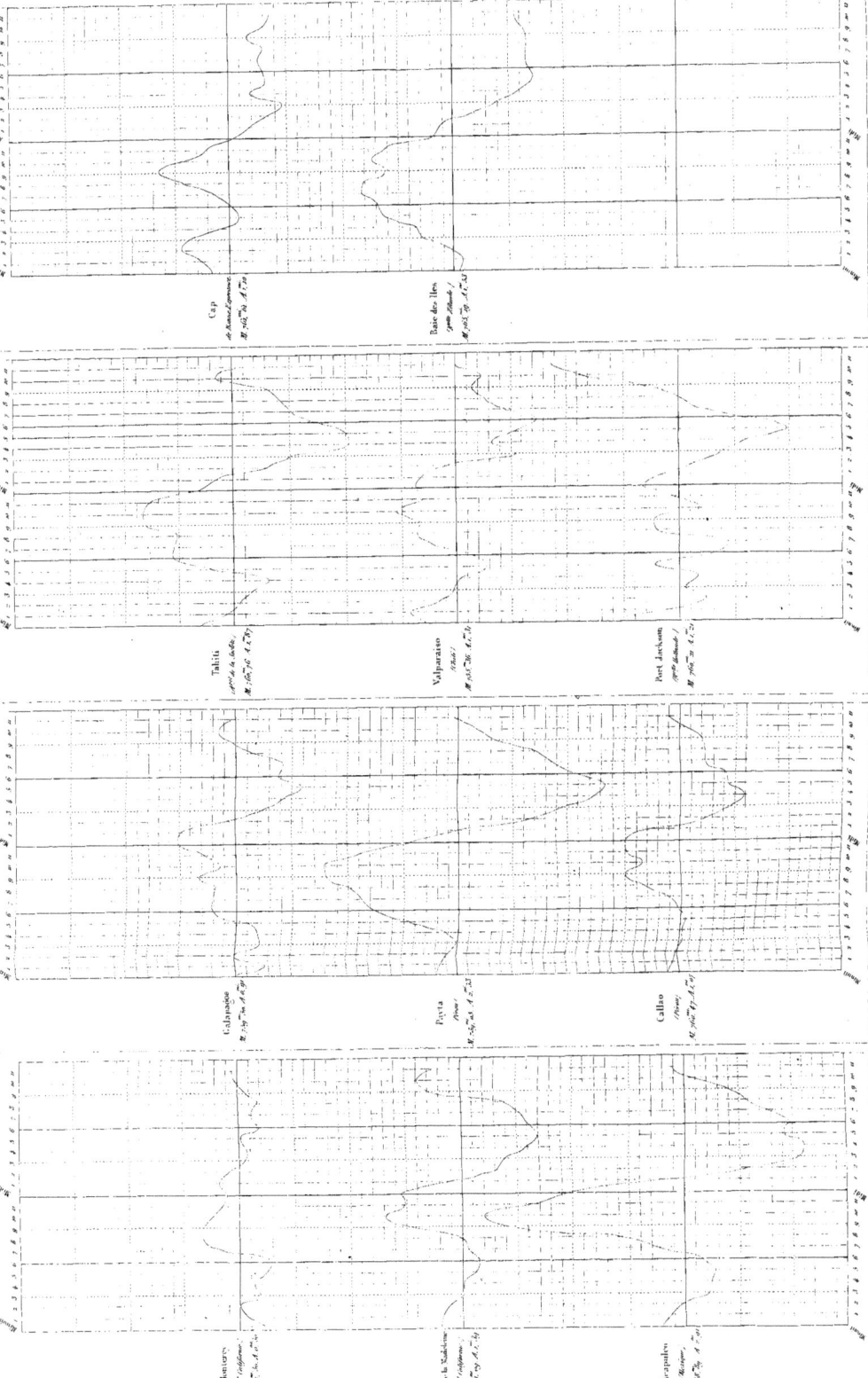

RÉSUMÉ

DES

OBSERVATIONS MÉTÉOROLOGIQUES

FAITES A LA MER.

Les tableaux suivants offrent le résumé des Observations Météorologiques faites à la mer; c'est-à-dire le résumé des observations dont les détails occupent les deux premiers volumes de la partie Physique de ce Voyage.

Nous y donnons pour chaque jour : 1° la date; 2° la position géographique du point de midi et la déclinaison de l'aiguille aimantée; 3° la direction et la vitesse des courants à la surface de la mer; 4° le maximum, le minimum et la moyenne des températures de la mer à la surface; 5° le maximum, le minimum et la moyenne des températures de l'air à l'ombre; 6° le maximum, le minimum et la moyenne de la pression barométrique; 7° la force élastique de la vapeur d'eau contenue dans l'air; 8° le double de la dépression de l'horizon, et 9° enfin, les vents, l'état du ciel et l'état de la mer.

Les températures sont exprimées en degrés centigrades. Comme les dixièmes de degré ne sont qu'estimés, et que d'ailleurs, ainsi que nous l'avons dit dans l'Introduction, au tome Ier, il peut y avoir des erreurs constantes de 1, 2 et 3 dixièmes en plus, il sera prudent de ne compter que sur l'exactitude du quart de degré, même dans les moyennes des 24 heures, quoique nous y ayions conservé le chiffre des centièmes. Au reste, il est évident, d'après l'état des instruments et la manière d'observer, que l'erreur ne peut être qu'en plus.

La longueur de la colonne de mercure dont le poids doit représenter la pression atmosphérique, est exprimée en millimètres, et elle est réduite à 0° de température. Les dixièmes n'étant encore qu'estimés, et des erreurs constantes de deux et trois dixièmes pouvant, comme nous l'avons dit, exister dans ces observations, on devra ne compter que sur l'exactitude du demi-millimètre, même dans la moyenne des 24 heures, quoique nous y ayions conservé le chiffre des centièmes.

La force élastique de la vapeur d'eau contenue dans l'air, déduite de la température du point de rosée, est aussi représentée par le poids d'une colonne de mercure, dont la longueur, réduite à 0° de température, est exprimée en millimètres. On sait, du reste, que ces mêmes nombres expriment aussi, à très-peu près, la quantité en grammes de la vapeur d'eau contenue dans un mètre cube d'air.

Sous le nom de *Double de la Dépression de l'horizon*, nous donnons le supplément de l'angle que faisaient entr'eux les deux rayons visuels, menés de l'œil de l'observateur à deux points diamétralement opposés de l'horizon. Cet angle, d'après les tables en usage, devait être de 8'50"; la hauteur de l'œil au-dessus du niveau de la mer étant de $6^m,17 = 19$ pieds.

La direction du vent est rapportée au Nord du compas ou N. magnétique; si on avait à la rapporter au N. du monde, on trouverait la valeur de la déclinaison de l'aiguille aimantée dans la deuxième colonne, au-dessous des latitude et longitude du point de midi. Lorsque le vent a trop varié dans la journée pour que toutes les directions qu'il a prises pussent être portées sur le tableau, on y a porté seulement les directions extrêmes, en indiquant, autant que possible, l'ordre de succession.

Les courants à la surface de la mer sont déduits de la route estimée de la frégate. La direction en est rapportée au N. du monde, et la vitesse en est exprimée en milles marins par jours de 24 heures (le mille marin par 24 heures répond à 21^{mm},433 par seconde).

Nous donnons à la suite de ces tableaux une carte de la route de la frégate sur laquelle les courants sont représentés pour la direction par des flèches dont la longueur est en outre proportionnelle à leur vitesse (l'échelle des flèches est de 1^{mm} pour un mille marin en 24 heures), et nous avons inscrit à côté de chaque position, le maximum, le minimum et la moyenne des températures de la mer.

On peut, de cette manière, saisir d'un coup d'œil l'ensemble de tous les documents recueillis par les observateurs de la *Vénus*, sur la question des courants à la surface de la mer.

RÉSUMÉ DES OBSERVATIONS MÉTÉOROLOGIQUES

FAITES A LA MER,

PAR MM. DUBOSQ, SIREUIL, KERSERHO, RAULLINE ET BERTRAND,

sous la surveillance spéciale

DE M. CHIRON DU BROSSAI.

Dates.	Positions.	Courants en 24 h.	TEMPÉRATURES de la mer.	TEMPÉRATURES de l'air.	Pression baromét. en millim.	Force élastique de la vapeur d'eau.	Double de la dépression de l'horizon.	Vents. État du ciel. État de la mer.	Lieux.
1836. déc.	Latitude. Longit. Déclin.	Direct. Vitesse en mill.	Max. Min. Diff. Moyenne.	Max. Min. Diff. Moyenne.	Max. Min. Diff. Moyenne.				
29	48°16' N. 7 13 O. » N.O.	» » »	» » »	» » »	» » 763,56	»	»	N N E. couvert. belle.	Départ de Brest.
30	47 39 N. 10 27 O. » N.O.	» » »	» » 11°5	» » 7°7	765,5 762,9 2,7 764,44	»	»	N N E. E N E. couvert. belle.	Trav. de Brest à Ténériff.
31	45 33 N. 13 21 O. » N.O.	» » »	12,0 1°5 10,5 11,64	9,0 1°5 7,5 8.31	768,7 764,6 4,1 766,11	5^{mm}9	»	E N E. E S E. couvert. houleuse.	

RÉSUMÉ DES OBSERVATIONS MÉTÉOROLOGIQUES FAITES A LA MER.

Lieux.	Dates. janv. 1837.	Positions Latitude. Longit. Déclin.	Courants en 24 h. Direct. Vitesse en mill.	TEMPÉRATURES de la mer. Max. Min. Moyenne.	Diff.	de l'air. Max. Min. Moyenne.	Diff.	Pression baromét. en millim. Max. Min. Moyenne.	Diff.	Force élastique de la vapeur d'eau.	Double de la dépression de l'horizon.	Vents. État du ciel. État de la mer.
Trav. de Brest à Ténériff	1	42°40' N. 16 49 O. 24 N.O.	» »	12,0 10,5 11,02	1,5	9,0 7,0 8,13	2,0	767,3 759,7 764,27	7,6	»	»	S E. E S E. grains. gros.; très-gros.
	2	39 15 N. 18 10 O. » N.O.	» »	14,7 11,0 13,68	3,7	11,2 8,0 10,20	3,2	762,3 757,8 760,00	4,5	7^{mm}8	7'11"	E S E. N N E. couvert; pluie. grosse.
	3	37 12 N. 18 07 O. 22 N.O.	S. 8° O. 16,6	16,3 14,0 15,52	2,3	15,0 10,0 12,75	5,0	766,6 762,8 764,92	3,5	7, 7	8 28	N N O. N O. nuageux. houleuse.
	4	35 46 N. 18 22 O. 22 N.O.	S.60 O. 23,4	17,3 15,4 16,47	1,9	16,0 11,8 13,71	4,2	765,7 757,4 762,07	8,3	11, 0	9 34	N. S S E. S. grains; pluie. belle.
	5	35 18 N. 18 26 O. » N.O.	S.82 O. 8,6	17,5 16,5 17,04	1,0	17,2 13,5 15,97	3,7	758,2 756,1 757,01	2,1	13 ,1	8 31	S. S O. O. couvert; beau. grosse; belle.
	6	34 39 N. 17 32 O. 22 N.O.	S.82 O. 16,4	17,4 16,2 17,04	1,2	18,0 14,8 16,24	3,2	761,7 758,2 759,86	3,5	12 ,1	8 40	O N O. beau; gr.; pluie. houleuse.
	7	32 07 N. 17 21 O. » N.O.	S.68 E. 18,0	18,5 17,0 17,52	1,5	18,3 15,0 16,38	3,3	763,3 761,1 762,29	2,2	12 ,0	9 20	O N O. O. N O. grains; beau. belle.
	8	30 25 N. 17 23 O. 22 N.O.	S 31 O. 15,4	18,7 17,0 17,96	1,7	18,7 15,0 17,14	3,7	765,3 761,1 763,52	4,2	12 ,9	10 00	O N O. N O. N E. beau ; très-beau. belle.
	9	29 03 N. 18 15 O. 22 N.O.	» »	19,1 18,0 18,44	1,1	19,8 15,0 17,41	4,8	766,3 764,79	2,8	»	9 35	N E. grains; pluie. belle.
A Sainte Croix de Ténériff	10	28 28 N. 18 35 O. » N.O.	» »	19,2 18,2 18,72	1,0	19,2 15,0 17,40	4,2	766,2 762,3 764,02	3,9	»	»	E N E. pluie; gr.;brume. belle.
Trav. de Ténériff à Rio-Janeiro.	11	25 56 N. 19 53 O. 20 N.O.	» »	19,8 18,5 19,33	1,3	19,7 16,0 18,26	3,7	763,9 759,2 761,78	3,7	12 ,5	8 40	E. E N E. grains; brume. belle.
Entrée dans la région tropic.	12	23 31 N. 21 11 O. 20 N.O.	S.57 O. 10,7	20,5 19,4 20,00	1,1	21,5 18,0 19,36	3,5	762,2 759,1 760,50	3,1	13 ,2	9 17	N E. N. beau; hor. brum. mer houleuse.
	13	21 50 N. 21 53 O. 20 N.O.	S.23 E. 25,2	21,3 20,1 20,63	1,2	21,5 18,5 20,07	3,0	764,9 760,6 762,52	4,3	13 ,6	8 32	N N O. horizon brum. belle; jaunâtre.
	14	20 01 N. 20 51 O. 19 N.O.	S.34 O. 15,0	21,6 20,4 21,02	1,2	22,3 18,4 20,07	3,9	764,4 762,7 763,55	1,7	12 ,8	8 40	N N O. N E. E N E. nuageux. belle.
	15	17°48' N. 23 43 O. 17 N.O.	S. 3 O. 8,8	22,0 21,5 21,84	0,5	21,3 18,3 19,97	3,0	763,4 760,6 762,33	2,8	15 ,0	9 00	N E. E N E. horizon brum. peu houleuse.
Près des îles du cap Vert	16	15 58 O. 24 42 N. 17 N.O.	S.63 O. 27,6	22,5 22,0 22,22	0,5	21,5 19,8 20,27	1,7	763,3 760,1 762,19	3,2	13 ,7	10 00	N E. beau. houleuse.

RÉSUMÉ DES OBSERVATIONS MÉTÉOROLOGIQUES FAITES A LA MER.

Dates.	Positions	Courants en 24 h. Direct. Vitesse en mill.	TEMPÉRATURES de la mer. Max. Min. Diff. Moyenne	de l'air. Max. Min. Diff. Moyenne	Pression baromét. en millim. Max. Min. Diff. Moyenne	Force élastique de la vapeur d'eau.	Double de la dépression de l'horizon.	Vents. État du ciel. État de la mer.	Lieux.
janv. 1837.	Latitude. Longit. Déclin.								
17	13 16 O. 25 00 N. 17 N.O.	S.71° E. 7,1	24,0 22,3 1,7 23,44	23,4 19,8 3,6 21,63	763,3 760,7 2,6 762,16	16mm8	9'15"	N E. beau. clapoteuse; belle.	Près des Iles du cap Vert
18	10 13 O. 25 53 N. 16 N.O.	S.79 O. 28,8	25,5 24,0 1,5 24,86	24,3 22,0 2,3 23,13	765,5 759,7 5,8 761,52	21 ,1	9 00	E N E. nuageux. clap. tr.-phosph.	
19	7 24 N. 26 49 O. » N.O.	N.77 O 19,8	26,2 25,5 0,7 25,83	27,0 22,5 4,5 24,97	761,4 758,7 2,7 759,67	19 ,0	10 45	N E. NNE. nuageux. houleuse.	
20	5 13 N. 27 43 O. » N.O.	S.66 O. 16,1	26,5 26,0 0,5 26,23	28,5 24,0 4,5 26,04	760,7 759,2 1,5 759,63	21 ,9	10 10	NE. ENE. SE. horizon brum. houleuse.	
21	3 37 N. 28 29 O. 15 N.O.	N.51 O. 1,8	27,0 26,0 1,0 26,60	28,2 25,0 3,2 26,14	761,2 757,7 3,5 759,61	22 ,5	9 08	S. S. E. grains. belle.	
22	2 10 N. 29 17 O. 14 N.O.	N.46 O. 16,8	27,0 26,4 0,6 26,60	28,8 25,5 4,3 26,47	760,1 757,7 2,4 758,81	21 ,3	8 52	SSE. S. grains; éclairs. belle.	
23	0 35 N. 31 24 O. 12 N O.	N.79 O. 40,0	26,7 26,0 0,7 26,21	28,0 25,5 2,5 26,30	760,2 757,5 2,7 758,93	23 ,2	8 25	SSE couvert. belle.	Sous l'Équatteur.
24	1 04 S. 33 01 O. 12 N.O.	N.63 O. 17,0	26,5 25,8 0,7 26,12	29,5 25,0 4,5 26,40	759,7 757,2 2,5 758,73	22 ,6	8 45	SSE couvert; grains. belle.	
25	2 36 S 34 29 O. 10 N.O.	N.87 O. 36,1	26,2 26,0 0,2 26,12	29,0 24,8 4,2 26,70	759,6 756,2 3,4 758,14	22 ,3	8 58	S E. nuageux. belle.	
26	3 51 S. 34 55 O. 9 N.O.	S.69 O. 21,0	26,5 26,0 0,5 26,29	29,0 25,0 4,0 26,58	759,9 756,7 3,2 758,41	22 ,2	9 00	ESE. SE. nuageux; clair. clap.; phosphor.	
27	6 15 S. 35 29 O 9 N.O.	S.36 O. 31,4	26,4 26,0 0,4 26,08	28,5 25,0 3,5 26,37	760,1 758,1 2,0 759,18	21 ,4	9 15	E S E. nuageux; clair. belle.	Près du cap St-Roque. (Amér.)
28	8 40 S. 35 41 O. » N.O.	S.39 O. 28,7	27,2 26,0 1,2 26,61	29,3 25,3 4,0 26,63	760,1 758,2 1,9 759,14	20 ,8	9 00	E S E. nuageux. belle.	
29	10 56 S. 36 15 O. 8 N.O.	S.65 O. 18,6	27,0 26,3 0,7 26,55	28,7 25,3 3,4 26,54	761,7 758,2 3,5 759,71	20 ,8	9 05	E S E. nuageux; clair. belle.	
30	12 54 S 36 48 O. 7 N.O.	S.39 O 37,3	27,2 26,5 0,7 26,87	28,0 25,2 2,8 26,87	761,9 758,7 3,2 760,34	20 ,6	9 40	E S E. beau. belle.	
31	15 10 S. 37 36 O 7 N.O.	S.77 E. 9,0	27,0 27,0 0,0 27,00	29,5 25,4 4,1 26,79	765,1 761,2 3,9 762,46	20 ,7	9 10	E S E. nuageux. belle.	De Ténérif à Rio-Janeiro.

IX.

RÉSUMÉ DES OBSERVATIONS MÉTÉOROLOGIQUES FAITES A LA MER.

Lieux.	Dates. 1837. févier.	Positions Latitude Longit. Déclin.	Courants en 24 h. Direct. Vitesse en mill.	TEMPÉRATURES de la mer. Max. Min. Moyenne.	Diff.	TEMPÉRATURES de l'air. Max. Min. Moyenne.	Diff.	Pression baromét. en millim. Max. Min. Moyenne.	Diff.	Force élastique de la vapeur d'eau.	Double de la dépression de l'horizon.	Vents. État du ciel. État de la mer.
De Ténérif à Rio-Janeiro.	1er	27°47' S. 38 57 O. 7 N.O.	S.66° O. 37,8	27,3 27,0 27,03	0,3	29,0 25,7 26,78	3,3	765,1 762,1 763,47	3,0	20mm,2	9' 30"	ESE. nuageux; grains. belle.
	2	20 45 S. 40 57 O. 5 N.O.	S.71 O. 30,7	27,0 26,0 26,25	1,0	28,5 24,0 26,13	4,5	764,7 762,6 763,48	2,1	21, 5	8 52	ESE.; ENE. éclairs; grains houleuse; cour.
	3	22 53 S. 43 03 O. 2 N.O.	S.54 O 39,3	26,0 22,0 24,52	4,0	28,9 24,5 25,20	4,4	765,0 760,8 762,69	4,2	21, 2	8 55	ENE.; NE clair. belle.
En rade de Rio-Janeiro.	4	22 54 S. 45 30 O. 0 51 N.E.	» »	25,5 18,8 22,29	6,7	25,5 20,0 23,13	5,5	763,7 759,4 761,97	4,3	19, 2	+0 40 −0 53 mirage	NE.; ENE. horizon; brum. belle.
	5	» » »	» »	26,0 17,8 22·69	8,2	28,0 22,0 24,59	6,0	765,0 762,8 763,66	2,2	21, 5	»	cal.; ESE.; NE clair. belle.
	6	» » »	» »	25,7 21,0 23,80	4,7	26,8 22,2 24,93	4,6	763,0 759,2 760,83	3,8	21, 7	»	calme; N.; S beau. belle.
	7	» » »	» »	26,0 22,0 23,67	4,0	30,0 23,5 26,52	6,5	760,3 757,2 758,89	3,1	21, 3	»	cal.; NNO.; S. beau. belle.
	8	» » »	» »	26,0 17,2 22,74	8,8	32,0 23,0 26,91	9,0	759,3 757,0 758,50	2,3	20, 3	»	cal.; NNO.; S beau. belle.
	9	» » »	» »	25,0 21,0 24,07	4,0	29,5 23,5 26,45	6,0	760,3 757,4 758,75	2,9	20, 9	»	calme; N.; S. beau. belle.
	10	» » »	» »	26,0 20,5 24,14	5,5	29,8 24,0 26,34	5,8	759,2 756,8 758,16	2,4	21, 9	»	calme; NO.; S. beau. belle.
	11	» » »	» »	27,0 23,5 24,77	3,5	30,6 23,6 26,36	7,0	760,3 758,0 758,96	2,3	21, 6	»	calme; N.; S. beau. belle.
	12	» » »	» »	26,0 23,0 24,49	3,0	29,0 24,3 25,64	4,7	760,3 759,0 759,41	1,3	22, 1	»	calme; N.; S. beau. belle.
	13	» » »	» »	25,0 20,5 23,08	4,5	26,0 22,5 24,54	3,5	760,3 758,3 759,45	2,0	22, 0	»	calme; S. beau; couvert. belle.
	14	» » »	» »	25,0 22,0 23,01	3,0	30,0 22,4 24,75	7,6	760,3 756,9 758,54	3,4		»	calme; N.; S. couvert; pluie. houleuse.

RÉSUMÉ DES OBSERVATIONS MÉTÉOROLOGIQUES FAITES A LA MER.

Dates. 1837. fév.	Positions Latitude. Longit. Déclin.	Courants en 24 h. Direct. Vitesse en mill.	TEMPÉRATURES de la mer. Max. Min. Diff. Moyenne	TEMPÉRATURES de l'air. Max. Mid. Diff. Moyenne	Pression baromét. en mi.lim. Max. Min. Diff. Moyenne	Force élastique de la vapeur d'eau.	Double de la dépression de l'horizon.	Vents. État du ciel. État de la mer.	Lieux.
15	22 54 S. 45 30 O. » N.E.	» »	25,0 20,5 4,5 23,30	25,0 20,0 5,0 22,53	760,9 758,4 2,5 759,15	21mm8	»	S.; calme; S. pluie; couvert. houleuse.	De Rio-Janeiro à Vaparaiso.
16	23 03 S. 45 27 O. » N.E.	» »	23,0 21,0 2,0 21,94	23,9 19,3 3,6 21,70	762,6 759,4 3,2 761,12	20,7	»	SSO.; NO ; S.; E. pluie; couvert. houleuse.	
17	23 30 S. 45 41 O. » N.E	» »	24,3 21,5 2,8 22,88	24,0 20,5 3,5 21,97	762,1 759,6 2,5 761,05	20,4	»	NNE. SO N. couvert; pluie. houleuse.	Sorti de la region tropicale.
18	24 12 S. 45 58 O. » N E.	» »	24,8 23,5 0,3 24,20	23,8 20,5 3,3 21,96	761,6 760,1 1,5 760,74	16,8	10' 25"	N E. S E. pluie; grains. houleuse; belle.	
19	26 09 S. 48 03 O. 3 N. E.	» »	25,8 24,0 1,8 24,95	27,6 21,8 5,8 24,09	761,6 759,6 1,8 760,69	19,7	10 00	ESE. E. ENE. grains; nuageux. belle.	
20	27 56 S. 49 39 O. 3 N.E	S.47° O. 36,0	25,0 24,2 0,8 24,55	28,0 22,8 5,2 24,57	763,4 760,1 3,0 761,62	20,7	8 55	N. NO. O. NNE. grains; nuageux. houleuse; belle.	
21	30 24 S. 51 15 O. 5 N.E.	S 64 O. 14,8	24,8 23,0 1,8 24,15	29,5 23,5 6,0 25,81	763,2 760,3 2,9 761,61	21,1	9 10	NNE. beau. belle.	
22	32 37 S. 52 38 O. 5 N.E.	S.38 O. 34,5	24,5 23,8 0,7 24,17	29,5 24,0 5,5 25,90	762,7 760,2 2,5 761,41	21,6	8 40	NNE. N E. nuageux. belle.	
23	34 16 S. 54 01 O. 6 N E.	S.34 O. 14,5	23,5 22,0 1,5 23,12	27,0 23,4 3,6 24,76	760,2 755,2 5,0 757,65	22,4	9 13	N. OSO. NNO. beau; pluie; écl. belle.	
24	35 59 S. 55 12 O. 9 N.E.	» »	23,2 21,5 1,7 22,50	23,7 21,4 2,3 22,67	758,9 755,3 3,6 757,08	21,1	»	NO. OSO. calme. tonnerre; pluie. belle.	
25	36 31 S. 55 36 O. 10 N E.	» »	22,5 15,0 7,5 17,70	21,0 15,5 5,5 18,54	759,2 755,5 3,7 757,93	17,7	»	cal.; SO. SSO. pluie; brumeux. belle; houleuse.	Vis-à-vis l'embouchure de la Plata.
26	38 06 S. 56 02 O. 10 N.E.	» »	17,0 14,5 2,5 15,98	22,0 15,0 7,0 17,93	760,2 758,4 1,8 759,39	15,8	»	cal.; SSE. SSO. brume épaisse. belle.	
27	38 37 S. 56 35 O. 12 N.E.	N.54 O. 13,2	17,0 14,7 2,3 15,77	18,2 15,3 2,9 16,40	760,0 756,8 3,2 758,06	16,1	»	calme; SO. pluie ; brumeux. belle.	De Rio-Janeiro à Valparaiso.
28	40 24 S. 55 59 O. 12 N.E.	S.72 E. 21,3	20,0 14,0 6,0 17,70	18,8 14,0 4,8 16,48	763,3 760,4 2,9 762,19	12,4	10 07	SO. SSO. beau. grosse.	

RÉSUMÉ DES OBSERVATIONS MÉTÉOROLOGIQUES FAITES A LA MER.

Lieux.	Dates. mars 1837.	Positions Latitude. Longit. Déclin.	Courants en 24 h. Direct. Vitesse en mill.	TEMPÉRATURES de la mer. Max. Min. Moyenne.	Diff.	de l'air. Max. Min. Moyenne.	Diff.	Pression baromét. en millim. Max. Min. Moyenne.	Diff.	Force élastique de la vapeur d'eau.	Double de la dépression de l'horizon.	Vents. État du ciel. État de la mer.
De Rio-Janeiro à Valparaiso.	1	41°41' S. 55 33 O. 13 N.E.	S.30° O. 27,5	19,2 15,8 17,59	3,4	20,2 16,2 17,41	4,0	763,0 760,7 761,80	2,3	12^{mm}6	8' 45''	S O. S. beau. grosse.
	2	41 56 S. 57 26 O. 13 N.E.	S. 2 E. 12,7	16,0 15 0 15,78	1,0	17,0 16,0 16,52	1,0	763,5 761,5 762,59	2,0	12 ,8	9 52	S. E. NE. beau; couvert. houleuse.
	3	43 05 S. 59 31 O. 14 N.E.	S 59 O. 16,8	16,0 10,5 14,66	5,5	19,5 12,5 16,64	7,0	761,8 760,2 760,99	1,6	13 ,7	9 10	NNE. NNO. couvert; brum. belle.
	4	45 23 S. 63 15 O. 15 N.E.	N.49 O. 4,1	14,6 9,0 13,40	5,6	17,8 11,8 14,49	6,8	763,3 754,0 757,49	9,3	12 ,5	7 30	NNO. O. SSO brumeux. houleuse.
	5	46 38 S. 63 30 O. 17 N.E.	N. 4 E. 6,5	14,8 12,5 14,00	2,3	17,2 12,8 14,19	4,4	765,9 757,4 762,38	8,5	9 ,7	8 40	SSE. NE. N. beau; couv.; écl. houleuse.
	6	47 51 S. 65 06 O. 18 N.E.	S.82 O. 25,3	13,0 11,8 12,58	1,2	14,0 11,8 12,99	2,2	757,1 751,8 754,43	5,3	10 ,0	8 08	NNO. SO beau. grosse; houleuse.
	7	49 39 S. 64 33 O. 19 N.E.	N.85 O. 35,5	11,8 10,3 11,23	1,5	12,4 10,5 11,64	1,9	757,4 754,9 756,02	2,5	9 ,5	8 01	SO. O. ONO. beau. grosse.
	8	50 44 S. 65 04 O. 19 N.E.	N.64 E. 3,8	11,2 10,0 10,67	1,2	16,0 9,0 11,95	7,0	755,4 744,0 750,63	1,4	9 ,8	»	O. OSO. calme. beau;nuag.;pluie. houleuse.
Près des îles Malouines.	9	51 57 S. 65 45 O. 20 N.E.	N.23 E. 1,7	10,0 9,4 9,55	0,6	10,0 8,8 9,24	1,2	752,1 743,6 748,23	8,5	9 ,2	»	O. S. O. N.O. couv.; brum ; pl. houleuse.
	10	53 24 S. 66 49 O. 20 N.E.	» »	10,0 8,3 9,50	1,7	11,8 8 7 10,20	3,1	748,6 740,4 746,01	8,2	9 ,6	»	ONO. OSO. calm. brumeux. houleuse.
	11	54 26 S. 66 13 O. 20 N.E.	S.74 E. 15,6	9,2 8,5 8,67	0,7	9,0 7,5 8,23	1,5	754,9 745,8 749,91	9,1	8 ,3	»	OSO. SSO. éclairs; grains grosse.
Près de la terre des États.	12	55 01 S. 66 16 O. 21 N.E.	N.10 E. 32,8	10,0 6,9 8,58	3,1	10,7 6,0 8,37	4,7	754,4 740,8 746,90	13,6	8 ,4	8 50	OSO. calme. pluie; couvert. très-houleuse.
	13	56 17 S. 65 30 O. 21 N.E.	S.61 E. 8,2	7,2 7,0 7,02	0,2	6,0 4,5 5,27	1,5	740,4 736,8 737,95	3,6	5 ,8	8 45	SSO. SO. grêle;pluie; couv. houleuse.
	14	56 35 S. 66 57 O. 22 N.E.	N.33 O. 20,6	7,6 7,0 7,27	0,6	6,6 4,5 5,53	2,1	752,2 739,0 747,29	13,2	5 ,5	8 40	S. O. calme. grains ; pluie. houleuse.
	15	57 27 S. 67 43 O. 22 N.E.	» »	7,4 6,2 6,85	1,2	7,2 4,0 5,92	3,2	746,7 738,1 743,21	8,6	5 ,9	»	OSO. OSO. pluie ; nuageux. très-grosse.
	16	57 22 S. 66 19 O. 22 N.E.	N.23 E. 29,9	6,7 5,6 6,36	1,1	6,8 3,0 5,08	3,8	749,7 739,0 745,98	10,7	6 ,0	7 10	S O. calme; O. couvert; pluie. très-grosse.

RÉSUMÉ DES OBSERVATIONS MÉTÉOROLOGIQUES FAITES A LA MER.

Dates. 1837. mars	Positions. Latitude. Longit. Déclin.	Courants en 24 h. Direct. Vitesse en mill.	TEMPÉRATURES de la mer Max. Min. Diff. Moyenne.	TEMPÉRATURES de l'air. Max. Min. Diff. Moyenne.	Pression baromét. en millim. Max. Min. Diff. Moyenne.	Force élastique de la vapeur d'eau.	Double de la dépression de l'horizon.	Vents État du ciel. État de la mer.	Lieux.
17	58 13 S. 66 06 O. 22 N.E.	N.63 O. 18,7	5,8 5,0 0,8 5,34	7,0 5,0 2,0 5,80	749,4 739,2 10,2 746,08	6mm7	7' 00''	ONO. grains; nuag. houleuse.	Parages du cap Horn.
18	58 43 S. 68 02 O. 22 N.E.	» »	7,0 5,0 2,0 5,70	7,4 5,8 1,6 6,55	751,2 743,1 8,1 749,46	6 ,9	8 20	N. O. NNO. couvert; brum. houleuse.	
19	58 58 S. 72 02 O. 25 N E.	» »	7,0 5,3 1,7 6,28	8,0 4,7 3,3 6,41	739,6 726,2 13,4 733,49	7 ,6	»	N. NO. couvert; grains. houleuse.	
20	59 51 S. 74 22 O. 26 N E.	N.45 O. 5,7	5,7 4,5 1,2 5,14	5,8 3,7 2,1 4,78	725,4 720,2 5,2 722,41	6 ,5	6 42	NO. O. SO. couvert; grains. grosse.	
21	60 19 S. 74 34 O. 26 N E.	S.14 O. 20,2	5,0 4,5 0,5 4,75	4,0 2,5 1,5 3,51	743,4 725,3 18,1 734,04	5 ,7	»	OSO; SSO. grains. grosse.	
22	58 41 S. 75 40 O. 26 N.E.	» »	7,0 4,7 2,3 6,49	7,5 3,7 3,8 5,95	753,3 742,4 10,9 749,22	»	»	SO. OSO. O. couvert; brum. houleuse.	
23	58 32 S. 75 49 O. 26 N.E	N. 4,5	7,0 6,3 0,7 6,58	7,5 4,5 3,0 6,22	767,2 753,8 13,4 761,87	7 ,2	8 25	OSO. SO. pluie; beau houleuse.	
24	59 37 S. 77 25 O. 26 N.E.	» »	6,3 5,3 1,0 5,84	6,4 5,4 1,0 5,90	766,2 759,3 6,9 763,54	»	7 55	O. ONO. couvert. houleuse.	
25	60 38 S. 80 42 O. 27 N.E.	» »	6,0 5,2 0,8 5,52	6,2 3,5 2,7 5,14	758,3 751,3 7,0 755,51	6 ,8	»	NO. S. couvert. houleuse; grosse.	Point le plus élevé en latitude.
26	59 48 S. 82 16 O. 28 N.E.	N.73 E. 11,0	6,2 4,6 1,6 5,87	6,8 3,0 3,8 4,82	758,3 758,6 756,50	5 ,7	8 25	S. calme; NO. couvert. houleuse; grosse.	
27	59 43 S. 85 19 O. » N.E.	» »	6,6 6,0 0,6 6,27	6,6 4,5 2,1 5,89	747,4 741,9 5,5 743,61	»	»	N. O. ONO. couvert; beau. grosse; houleuse.	
28	59 20 S. 84 08 O. 28 N.E.	N.19 O. 4,8	6,4 5,7 0,7 6,11	7,6 5,4 2,2 6,75	753,0 743,3 9,7 748,94	»	8 12	NNO. nuageux; brum. houleuse.	
29	58 47 S. 82 35 O. 27 N.E.	S.63 O. 4,5	7,5 6,0 1,5 6,48	7,8 7,0 0,8 7,35	755,2 751,3 3,9 753,12	7 ,3	»	NO. couv. brumeux. houleuse.	
30	58 44 S. 82 30 O. 26 N.E.	» »	7,2 6,0 1,2 6,70	7,6 6,6 1,0 7,15	753,3 737,1 16,2 747,28	»	»	NO. NNO. couvert; pluie. grosse.	
31	58 34 S. 82 47 O. 26 N.E.	S.62 E. 13,4	6,8 6,0 0,8 6,42	7,2 5,8 1,4 6,65	735,3 722,3 13,0 727,96	»	»	NNO. O. couvert. houleuse.	

RÉSUMÉ DES OBSERVATIONS MÉTÉOROLOGIQUES FAITES A LA MER.

Lieux.	Dates. avril 1837.	Positions Latitude. Longit. Déclin.	Courants en 24 h. Direct. Vitesse en mill.	TEMPÉRATURES de la mer. Max. Min. Moyenne.	Diff.	TEMPÉRATURES de l'air. Max. Min. Moyenne.	Diff.	Pression baromét. en millim. Max. Min. Moyenne.	Diff.	Force élastique de la vapeur d'eau.	Double de la dépression de l'horizon.	Vents. État du ciel. État de la mer.
De Rio-Janeiro à Valparaiso.	1	58 40 S. 8 35 O. 26 N.E.	S.85° E. 8,0	5,8 5,5 5,66	0,3	6,3 3,8 4,92	2,8	736,4 732,3 736,30	6,1	6^{mm}7	8' 15"	SO. calme; SSE. grains; nuageux. tr.-grosse; houl.
	2	58 06 S. 82 06 O. 26 N.E.	N.45 E. 6,0	6,3 5,5 5,92	0,8	4,5 3,0 3,97	1,5	746,5 737,6 743,06	8,9	0,0	8 20	S. SO. ONO. gr; grêle; nuag houleuse.
	3	57 26 S. 84 11 O. 27 N.E.	» »	6,8 5,5 6,18	1,3	6,2 4,0 5,18	2,2	744,3 735,5 738,10	8,8	»	»	NO. SO. grêle; pluie; couv. houleuse.
	4	57 16 S. 84 35 O. 28 N.E.	S.50 E. 19,7	7,6 6,3 6,68	0,4	5,8 4,3 5,22	1,5	745,5 738,4 742,66	7,1	6,3	»	NO. NNO. grêle; pluie; couv. houleuse.
	5	56 58 S. 84 36 O. »	N. 2 E. 13,0	7,0 6,0 6,61	1,0	5,8 4,0 4,99	1,8	752,7 745,4 748,27	7,3	»	»	calme; ESE. nuageux; beau. houleuse.
	6	55 34 S. 84 28 O. 28 N.E.	N.61 E. 11,4	7,5 6,3 7,03	1,2	7,4 4,5 6,18	2,9	758,7 753,4 757,33	5,3	6,5	9 00	E; N; NNO. nuag.; brumeux belle.
	7	54 30 S. 81 54 O. 28 N.E.	» »	8,6 7,0 8,03	1,6	9,0 6,8 8,04	2,2	757,4 750,2 753,17	7,2	»	»	N O. pluie; brumeux. houleuse.
	8	53 36 S. 81 07 O. 27 N.E.	S.25 E. 25,8	9,0 8,0 8,46	1,0	8,8 7,8 8,22	1,0	751,2 750,2 752,31	4,0	7,5	7 05	O. OSO. couv.; gr.; pluie. grosse.
	9	52 09 S. 80 29 O. 26 N.E.	S.88 E. 16,2	9,4 8,5 9,00	0,9	9,0 7,1 8,13	1,9	757,2 746,7 751,26	10,5	7,2	8 40	O. SO. pluie; nuageux. houleuse.
	10	49 46 S. 80 46 O. 26 N.E.	S.80 E 30,7	10,6 9,0 9,97	1,6	10,0 8,0 9,28	2,0	759,7 756,2 758,49	3,5	7,5	»	OSO. O. ONO couvert; grains. houleuse.
	11	49 05 S. 81 33 O. 26 N.E.	» »	10,5 10,0 10,25	0,5	10,5 9,3 9,66	1,2	760,1 752,9 756,42	7,2	8,1	»	NO. NNO. gr.; pluie; couv. houleuse.
	12	48 32 S. 82 14 O. 23 N.E.	S.79 E. 16,2	11,0 9,8 10,57	1,2	12,6 9,4 10,66	3,2	764,9 753,1 761,54	10,8	9,2	8 15	SO. O. NO nuageux; beau. houleuse.
	13	47 31 S. 82 02 O. 22 N.E.	N.66 E. 16,5	12,5 9,9 11,25	2,6	13,5 9,4 11,14	4,1	768,9 761,9 765,42	7,0	8,6	7 45	NNO. SO. SE. pluie; couv. beau. houleuse.
	14	45 43 S. 82 28 O. 22 N.E.	N.28 O. 15,0	12,4 9,8 11,48	2,6	11,4 9,0 9,91	2,4	768,9 764,9 767,34	4,0	7,0	8 45	S.E. beau; nuageux. houleuse.
	15	44 24 S. 82 06 O. 20 N.E.	N.14 E. 17,3	12,7 11,0 12,15	1,7	13,0 9,0 10,98	4,0	767,3 765,4 766,32	1,9	9,2	9 00	OSO. O. calme. nuageux. houleuse.

RÉSUMÉ DES OBSERVATIONS MÉTÉOROLOGIQUES FAITES A LA MER.

Dates.	Positions	Courants en 24 h.	TÉMPÉRATURES de la mer.	TÉMPÉRATURES de l'air.	Pression baromét. en millim.	Force élastique de la vapeur d'eau.	Double de la dépression de l'horizon.	Vents.	Lieux.
avril 1837.	Latitude. Longit. Déclin.	Direct. Vitesse en mill.	Max. Min. Moyenne	Max. Min. Moyenne	Max. Min. Moyenne.			État du ciel. État de la mer.	
16	43°47′ S. 81 26 O. 20 N.E.	» »	13,2 12,0 1,2 12,78	14,0 11,8 3,2 12,56	766,9 762,7 4,2 764,98	10ᵐᵐ5	8′47″	calme; SE. N. brumeux. belle.	De Rio-Janeiro à Valparaiso.
17	43 16 S. 79 37 O. 20 N.E.	N.33 E. 11,0	13,8 12,2 1,6 13,27	14,0 12,0 2,0 13,39	764,0 760,6 3,4 762,37	9,9	»	NNO. NO. nuageux. belle.	
18	42 16 S 78 24 O. 19 N.E.	»	15,0 13,0 2,0 14,23	15,0 13,0 2,0 14,11	760,6 759,6 1,0 760,23	11,2	9 25	NO. N. couvert. belle; houleuse.	
19	41 50 S. 78 40 O. 19 N.E.	N.83 E. 26,5	15,0 14,4 0,6 14,84	15,7 13,0 2,7 14,50	760,6 758,1 2,5 759,27	11,6	»	N. NO. couvert. houleuse.	Dans le voisinage de l'île Chiloé.
20	40 56 S. 78 12 O. 18 N.E.	» »	15,8 14,7 1,1 15,11	15,7 13,7 2,0 14,40	763,0 758,9 4,1 761,22	10,7	»	NO. OSO. pluie; brum. belle.	
21	38 58 S. 77 44 O. 17 N.E.	N.41 E. 25,8	16,0 14,2 1,8 15,17	15,6 13,0 2,6 14,44	763,9 760,5 3,4 762,65	10,8	8 13	OSO. SO. beau; couvert. houleuse.	
22	36 56 S. 76 33 O. 17 N.E.	N. 8 O. 23,2	15,5 13,5 2,0 14,41	15,2 14,0 1,2 14,40	764,6 762,5 2,1 763,91	10,8	8 00	S. SSE. beau; nuageux belle.	
23	34 03 S. 74 43 O. 17 N.E.	N.25 E. 26,2	15,5 12,2 3,3 13,73	14,6 12,0 2,6 13,66	763,5 760,6 2,9 761,93	10,1	8 15	SE. SSO. SO. clair. houleuse.	
24	33 26 S. 74 24 O. 18 N.E	» »	12,6 12,3 0,3 12,47	12,3 11,0 1,3 11,66	762,6 761,6 1,0 762,32	10,1	»	OSO. N. calme. brumeux. houleuse.	
25	34 13 S. 74 10 O. 18 N.E.	» »	16,0 12,0 4,0 13,73	15,0 11,3 3,7 13,67	763,1 759,6 3,5 761,60	9,7	»	calme; ENE. SE. couvert. houl. clapoteuse.	
26	33 02 S. 74 04 O. 15 N E.	» »	16,0 13,5 2,5 14,83	16,8 12,2 4,6 14,88	761,6 759,6 2,0 761,00	12,0	»	S. calme; S. couvert; beau. belle.	
27	» » 15 36 N.E.	» »	15,0 13,3 1,7 14,08	16,4 12,0 4,4 14,13	762,8 760,9 1,9 761,58	»	»	NNE. calme. nuageux; beau. belle.	En Rade de Valparaiso.
28	» » »	» »	15,7 13,0 2,7 14,51	19,8 12,3 7,5 15,66	764,6 764,4 3,2 763,61	12,8	»	calme; NNO. nuageux; clair. belle.	
29	» » »	» »	15,8 14,0 1,8 15,21	20,6 12,7 7,9 16,18	763,6 760,2 3,4 762,45	13,0	»	calme; NO. beau. belle.	
30	33 02 S. 74 04 O. 15 30 NE	» »	17,3 14,5 2,8 15,66	20,3 12,8 7,5 17,14	761,9 760,1 1,8 760,72	»	»	calme; NE. beau. belle.	

— 288 —

RÉSUMÉ DES OBSERVATIONS MÉTÉOROLOGIQUES FAITES A LA MER.

Lieux.	Dates. mai 1837.	Positions Latitude. Longit. Déclin.	Courants en 24 h. Direct. Vitesse en mill.	TEMPÉRATURES de la mer. Max. Min. Moyenne	Diff.	de l'air. Max. Min. Moyenne.	Diff.	Pression baromét. en millim. Max. Min. Moyenne.	Diff.	Force élastique de la vapeur d'eau.	Double de la dépression de l'horizon.	Vents. État du ciel. État de la mer.
En Rade de Valparaiso.	1	33 02 S. 74 04 O. 15 36 N.E.	» »	15,7 14,6 15,24	1,1	19,0 14,6 16,11	4,4	760,2 756,3 757,44	3,9	»	»	calme; N. NE. couvert; brum. belle.
	2	» » »	» »	15,3 14,0 14,75	1,3	17,0 13,8 15,48	3,2	762,2 756,7 759,63	5,5	»	»	N. N. O. couvert. houleuse; grosse.
	3	» » »	» »	15,8 14,5 15,08	1,3	15,2 14,5 15,05	0,7	763,2 761,2 762,04	2,0	»	»	N. pluie; brum. houleuse.
	4	» » »	» »	16,0 14,5 15,29	1,5	19,0 14,8 16,39	4,2	763,2 761,6 762,08	1,6	»	»	calme; S calme. couvert. houleuse; belle.
	5	» » »	» »	16,0 15,0 15,27	1,0	17,8 14,5 15,94	3,3	761,2 757,8 759,50	3,4	13^{mm}3	»	calme; S. NO. beau. belle.
	6	» » »	» »	15,8 13,5 15,21	2,3	18,2 15,0 16,43	3,2	761,5 759,3 760,40	2,2	13 ,0	»	calme; E; NE. couvert. belle.
	7	» » »	» »	17,0 13,5 15,41	3,5	20,5 14,9 17,62	5,6	761,5 759,2 760,06	2,3	»	»	calme; E. clair. belle.
	8	» » »	» »	16,0 14,5 15,46	1,5	17,0 15,2 16,12	1,8	762,5 759,9 761,33	2,6	»	»	calme; NO. brumeux; beau belle.
	9	» » »	» »	15,5 14,8 15,25	0,7	17,2 15,0 16,00	2,2	764,0 760,3 762,08	3,7	»	»	NE. NO. NE. pluie; couvert. houleuse.
	10	» » »	» »	16,3 14,5 15,35	1,8	18,0 14,5 15,98	3,5	764,0 762,7 763,20	1,3	13 ,4	»	N. couvert; pluie. houleuse.
	11	» » »	» »	15,8 15,0 15,34	0,8	16,8 15,5 16,06	1,3	762,7 759,7 760,91	3,0	13 ,9	»	S. SE. NE. S. pluvieux; couv. belle.
	12	33 02 S. 74 04 O. 15 36 NE.	» »	16,0 15,0 15,64	1,0	16,8 16,0 16,32	0,8	758,7 758,0 758,33	0,7	13 ,1	»	calme; N. calme couv. pluvieux un peu houleuse.
De Valparaiso au Callao	13	33 02 S. 74 04 O. 17 30 N.E	» »	17,0 15,2 15,90	1,8	18,4 15,3 16,25	3,1	763,6 759,7 761,76	3,9	13 ,7	»	OSO; calme; NO. pluv. couv. clair. houleuse
	14	31 57 S. 74 53 O. 17 N.E	» »	16,8 15,5 16,33	1,3	17,0 14,8 15,60	2,2	765,9 763,2 765,25	2,7	13 ,2	»	ESE; SSO; SSE. nuageux; clair. houleuse.
	15	28 22 S. 75 35 O. 15 N.E.	» »	18,0 16,5 17,23	1,5	17,8 15,0 16,42	2,8	765,3 761,3 763,28	4,0	12 ,6	»	S S E. clair. houleuse.
	16	24 54 S. 76 20 O. 13 N.E.	N. 17 O. 24,5	19,5 17,5 18,61	2,0	18,4 16,6 17,80	1,8	762,7 761,2 761,99	1,5	13 ,7	»	S S E. beau. houleuse.

RÉSUMÉ DES OBSERVATIONS MÉTÉOROLOGIQUES FAITES A LA MER.								
Dates.	Positions	Courants en 24 h.	TEMPÉRATURES		Pression baromet. en millim.	Force élastique de la vapeur d'eau.	Double de la dépression de l'horizon.	Vents.	Lieux.
			de la mer.	de l'air.				État du ciel.	
mai 1837.	Latitude. Longit. Déclin.	Direct. Vitesse en mill.	Max. Min. Diff. Moyenne	Max. Min. Diff. Moyenne	Max. Min. Diff. Moyenne.			État de la mer.	
17	22 18 S. 76 52 O. 12 N.E.	» »	21,0 2,2 18,8 19,94	24,0 6,2 17,8 20,24	764,2 3,2 761,0 762,64	15^{mm}9	9' 05"	SSE. nuageux. belle.	Entrée dans la région tropic.
18	19 39 S. 77 32 O. 11 N.E.	N.17 O. 7,8	21,0 1,0 20,0 20,66	23,0 3,5 19,5 20,75	762,0 2,2 759,8 760,71	16 ,5	9 32	SSE. SE. pluvieux; couv. belle.	
19	17 38 S. 78 00 O. 11 N.E	O. 13,0	21,0 1,0 20,0 20,66	23,5 4,1 19,4 20,98	761,9 3,5 758,4 760,15	16 ,1	9 30	SSE nuageux; clair. belle.	
20	16 27 S. 78 17 O. 11 N.E.	S.11 E. 5,0	21,0 1,0 20,0 20,70	23,0 3,5 19,5 20,80	760,9 2,6 758,3 759,75	15 ,4	9 50	ESE. SE. SSE. beau. belle.	
21	15 04 S. 78 51 O. 11 N E.	N.52 O. 11,9	20,4 2,4 18,0 19,12	24,4 5,8 18,6 20,54	761,9 2,0 759,9 760,47	15 ,8	9 08	SSE; SE. nuageux; clair. belle; jaunâtre.	
22	13 50 S. 79 01 O. 11 N.E.	S.48 E. 9,1	19,3 2,3 17,0 18,28	21,2 3,4 17,8 19,26	762,1 4,2 757,9 759,67	14 ,9	»	SSE; SO; S. brumeux; beau. clapoteuse; belle.	
23	12 39 S. 79 27 O. 10 N.E.	N.50 O. 8.5	19,2 1,9 17,3 18,10	23,5 5,0 18,5 20,01	761,4 2,5 758,9 759,99	16 ,0	»	S. OSO. S. beau; hor. brum. belle.	
24	12 19 S. 79 35 O. 10 N.E	» »	18,6 1,6 17,0 17,70	21,0 3,0 18,0 19,18	762,5 2,0 760,5 761,33	14 ,9	»	S. SO. SE. beau; horiz. bru. belle.	
25	12 04 S 79 34 O. 10 16 N.E.	» »	19,8 2,8 17,0 17,90	22,0 5,0 17,0 19,27	762,5 2,2 760,3 761,60	»	»	calme; ESE. S. brumeux; clair. belle.	En Rade du Callao de Lima.
26	» » »	» »	17,8 1,8 16,0 16,90	21,6 5,0 16,6 18,77	761,5 0,9 760,6 761,15	»	»	calme; S. beau. belle.	
27	» » »	» »	18,0 2,2 15,8 16,85	24,0 7,5 16,5 19,01	761,9 1,6 760,3 761,16	15 ,1	»	S. calme. brumeux; beau. belle.	
28	» » »	» »	17,8 1,0 16,8 17,20	22,0 4,0 18,0 19,74	762,8 2,0 760,8 761,66	15 ,2	»	calme; S. beau. belle.	
29	» » »	» »	18,2 1,4 16,8 17,40	22,0 4,8 17,2 19,34	761,4 2,6 758,8 760,12	16 ,8	»	calme; NO. S. beau. belle	
30	» » »	» »	18,4 1,9 16,5 17,24	23,5 7,5 16,0 19,11	760,1 1,7 758,4 759,49	15 ,7	»	calme; SO. S. beau. belle.	
31	» » »	» »	18,5 2,5 16,0 17,26	21,0 3,7 17,3 18,43	759,2 2,1 757,1 758,11	15 ,5	»	SE. NE. calme. brumeux. belle.	

IX.   37

RÉSUMÉ DES OBSERVATIONS MÉTÉOROLOGIQUES FAITES A LA MER.

Lieux.	Dates. juin 1837.	Positions Latitude. Longit. Déclin.	Courants en 24 h. Direct. Vitesse en mill.	TEMPÉRATURES de la mer. Max. Min. Moyenne.	Diff.	TEMPÉRATURES de l'air. Max. Min. Moyenne.	Diff.	Pression baromét. en millim Max. Min. Moyenne.	Force élastique de la vapeur d'eau.	Double de la dépression de l'horizon	Vents. État du ciel. État de la mer.
En rade du Callao de Lima.	1	12°04' S. 79 34 O. 10 16 N.E.	» »	19,0 17,4 18,17	1,4	22,0 17,5 18,79	4,5	761,3 758,4 759,44	2,9	»	»	calme; N. couvert. belle.
Du Callao de Lima aux îles Sandwich.	2	12 04 S. 79 34 O. »	» »	18,3 17,0 17,82	1,3	25,0 17,4 19,99	7,6	762,1 759,4 760,71	2,7	»	»	calme; SO. SSE couvert; clair. belle.
	3	12 13 S. 81 07 O. 10 N.E.	» »	22,2 18,0 19,83	4,2	23,5 18,0 20,04	5,5	761,4 759,4 760,60	2,0	14ᵐᵐ7	»	S S E. E S E clair. belle.
	4	11 44 S. 82 53 O. 10 N.E.	N.17° O. 13,8	22,5 21,5 22,12	1,0	24,0 19,7 21,32	4,3	762,2 759,8 761,03	2,4	15 ,9	»	E S E. S S E couvert. belle.
	5	11 31 S. 85 17 O. 10 N.E.	» »	23,0 21,8 22,63	1,2	24,5 20,5 21,86	4,0	761,8 759,1 760,90	2,7	16 ,9	0' 52"	S E. E S E. couvert; pluie. belle.
	6	11 05 S. 88 15 O. 7 N.E.	N 60 O. 33,8	23,3 22,5 22,95	0,8	23,0 21,3 22,00	1,7	763,2 760,2 762,12	3,0	16 ,2	9 15	E S E. couvert; beau. belle.
	7	10 43 S. 91 16 O. 7 N E.	N.70 O. 25,8	23,8 23,3 23,49	0,5	24,7 22,0 23,04	2,7	762,7 759,9 761,11	2,8	16 ,9	9 55	S E. beau; nuageux belle.
	8	10 33 S. 94 08 O. 8 N.E.	» »	24,0 23,3 23,87	0,7	25,3 22,5 23,66	2,8	761,6 758,6 760,29	3,0	18 ,3	9 08	S E. couvert; nuag. belle.
	9	10 04 S. 97 20 O. 8 N.E.	S.87 O. 23,0	24,8 24,0 24,35	0,8	27,0 22,5 24,25	4,5	762,1 759,2 760,63	2,9	18 ,1	9 45	S E. nuageux. belle.
	10	9 45 S. 100 14 O. »	N.23 O. 12,8	25,4 24,5 24,94	0,9	28,1 23,0 24,37	5,1	762,2 760,4 761,12	1,8	»	9 25	S.E. nuageux; beau belle
	11	9 35 S. 103 16 O. 8 N.E.	N.84 O. 33,8	25,7 25,0 25,30	0,7	31,5 24,0 25,90	7,5	761,9 760,3 761,23	1,6	19 ,8	»	S E. E S E. beau. belle.
	12	9 18 S. 105 32 O. 7 N.E.	N.15 E. 5,1	25,5 25,0 25,25	0,5	29,6 24,0 25,57	5,6	762,8 759,8 760,84	3,0	19 ,7	9 05	S E. beau. belle.
	13	8 47 S 108 02 O. 7 N.E.	N.45 O. 19,0	26,0 25,0 25,35	1,0	30,0 24,0 25,69	7,0	761,3 759,8 760,57	1,5	21 ,2	9 26	E S.E. beau. belle.
	14	8 20 S. 111 19 O. 6 N.E.	N.79 O. 34,4	26,3 25,0 25,69	1,3	28,3 24,5 26,09	3,8	761,8 759,2 760,31	2,6	20 ,4	8 52	E S E. beau. belle.
	15	8 02 S. 114 32 O. »	N.87 O. 35,3	26,3 25,4 25,94	0,9	29,8 24,5 25,92	5,1	761,3 758,7 759,78	2,5	16 ,3	9 00	E S E. beau. belle.

RÉSUMÉ DES OBSERVATIONS MÉTÉOROLOGIQUES FAITES A LA MER.

Dates.	Positions	Courants en 24 h. Direct. Vitesse en mill.	TEMPÉRATURES. de la mer. Max. Min. Moyenne		de l'air. Max. Min. Moyenne		Pression baromét. en millim Max. Min. Moyenne.		Force élastique de la vapeur d'eau.	Double de la dépression de l'horizon.	Vents. État du ciel. État de la mer.	Lieux.
juin 1837.	Latitude. Longit. Déclin.		Diff.		Diff.		Diff.					
16	7 22S. 116 650. 6 N.E.	N.41°O. 19,9	26,4 25,7 26,12	0,7	29,0 24,0 25,87	5,0	761,8 759,2 760,49	2,6	19ᵐᵐ2	9'22"	E S E. grains; nuag. belle.	Du Callao de Lima aux îles Sandwich.
17	6 33S 119 490. 6 N.E.	N.81 O. 29,7	26,6 26,0 26,19	0,6	30,0 25,0 27,01	5,0	761,0 759,2 760,47	2,4	20 ,4	9 08	E S E. beau nuageux. belle.	
18	5 48S. 122 560. 6 N.E	N.76 O. 34,8	27,0 25,8 26,27	1,2	31,4 25,3 26,99	6,1	761,2 759,1 760,11	2.1	21 ,0	»	E S E. grains; nuag. belle.	
19	5 18 S. 125 510. 4 N.E	S.81 O. 30.4	27,0 25,8 26,59	1,2	30,5 25,6 27,50	4,9	760,7 758,1 759,78	2,6	22 ,1	9 00	E S E. beau; grains. belle.	
20	5 02S. 128 380. 4 N.E.	N.79 O. 33,3	27,1 26,0 26,60	1,1	30,0 25,8 27,34	4,2	760,6 758,6 759,47	2,0	22 ,5	9 25	E S E. grains; beau. belle.	
21	5 00S. 130 580. 4 N.E.	N.81 O. 10,2	27,0 26,3 26,65	0,7	28,5 25,0 26,36	3,5	760,2 758,2 759,07	2,0	21 ,2	10 10	E S E. beau. belle.	
22	4 43S 133 360. 4 N.E.	N.64 O. 29,3	27,0 25,8 26,67	1,2	26,8 25,8 26,21	1,0	760,9 758,1 759,59	2,8	21 ,0	9 10	E S E. beau; couvert. belle.	
23	2 06S. 134 510. 4 N.E.	N.57 O. 38,1	27,2 25,7 26,52	1,5	28,0 25,0 26,60	3,0	760,1 758,6 759,21	1,5	21 ,7	9 45	E S E. beau. belle.	
24	0 13N. 135 210. 4 N E.	N.85 O. 15,1	26,0 25,0 25,67	1,0	26,5 25,0 25,65	1,5	760,3 758,6 759,54	1,7	21 ,8	9 10	E. SE. clair nuageux. belle.	Sous l'équateur.
25	2 17N. 136 050. 5 N.E.	N.73 O. 29,2	27,0 25,5 26,50	1,5	27,2 25,3 26,35	1,9	759,6 758,1 758,76	1,5	21 ,9	»	E S E. clair. belle.	
26	3 56N. 136 430. 5 N.E.	» »	27,5 26,5 27,11	1,0	27,0 24,8 25,64	2,2	759.2 756,3 757,96	2,9	20 ,8	9 25	E. ENE. ESE. gr. pluie couv. belle.	
27	4 32N. 136 540. 5 N.E	» »	27,5 26,8 27,16	0,7	27,0 24,0 25,09	3,0	758,2 756,2 757,57	2,0	19 ,6	»	S. ESE. NE. pluvieux. belle.	
28	5 28N. 137 020. 5 N.E.	» »	27,5 27,0 27,21	0,5	26,0 24,5 25,17	1,5	757,7 755,3 756,56	2,4	19 ,4	»	E S E. pluvieux. belle.	
29	7 07N. 137 440. 3 N.E.	» »	27,6 27,0 27,35	0,6	28,0 25,8 26,88	2,2	758,1 755,9 756,82	2,2	23 ,8	8 55	S E. SSE. pluvieux couv. belle.	
30	8 18N. 138 120. 3 N.E.	» »	27,6 26,8 27,11	0,8	26,9 25,2 25,87	1,7	758,2 756,1 757,19	2,1	21 ,2	10 15	SSE. calme NE. pluvieux couv. houleuse.	

RÉSUMÉ DES OBSERVATIONS MÉTÉOROLOGIQUES FAITES A LA MER.

Lieux.	Dates. juillet 1837.	Positions Latitude. Longit. Déclin.	Courants en 24 h. Direct. Vitesse en mill.	TEMPÉRATURES de la mer. Max. Min. Moyenne.	Diff.	TEMPÉRATURES de l'air. Max. Min. Moyenne.	Diff.	Pression baromét. en millim. Max. Min. Moyenne.	Diff.	Force élastique de la vapeur d'eau.	Double de la dépression de l'horizon.	Vents. État du ciel. État de la mer.
Du Callao de Lima aux îles Sandwich.	1	8 44N. 138 55O. 5 N.E.	N.88 O. 25, 0	27,2 26,7 27,00	0,5	27,0 25,5 26,08	1,5	758,6 757,0 757,52	1,6	21mm8	9' 35"	N. N E. gr.; pluie; couv. houleuse, belle.
	2	10 29N. 141 19O. 5 N.E.	N.58 O. 29,3	26,8 26,3 26,50	0,5	26,9 25,3 25,38	1,6	760,8 758,2 759,58	2,6	21 ,8	»	N E. beau; nuageux. belle.
	3	12 01N. 143 57O. 5 N.E.	N.81 O. 28, 0	26,8 25,3 26,40	1,5	26,0 24,2 25,24	1,8	760,6 759,3 759,77	1,3	20 ,4	9 52	N E. beau. clapoteuse; belle.
	4	13 31N. 146 22O. 6 N.E.	N.61 O. 30, 4	25,6 24,5 25,20	1,1	26,8 24,0 24,88	2,8	760,8 758,3 759,69	2,5	17 ,2	9 25	N.E. nuageux. beau. belle.
	5	15 19N. 148 50O. 7 N.E.	N.54 O. 22, 3	24,8 24,0 24,37	0,8	25,0 23,5 24,20	1,5	760,7 759,8 760,27	0,9	19 ,8	9 50	N. E. grains; beau. belle.
	6	17 10N. 151 09O. 7 N.E.	» »	24,7 24,0 24,40	0,7	25,5 23,5 24,23	2,0	761,1 760,7 761,16	1,1	19 ,9	»	E.N.E. beau. grains. belle.
	7	18 54 N. 153 29O. 8 N.E.	N.58 O. 15, 4	25,8 24,0 24,66	1,8	25,0 24,0 24,75	1,0	762,8 761,0 761,98	1,8	20 ,3	9 22	N E. grains; beau. belle.
	8	20 03N. 155 51O. 9 N.E.	N.40 O. 19, 1	25,2 24,5 24,89	0,7	25,8 23,8 24,78	2,0	763,3 761,3 762,57	2,0	20 ,5	9 07	E N E. gr.; nuag.; beau. belle.
	9	21 06N. 158 14O. 9 N.E.	» »	25,3 24,0 24,65	1,3	26,2 24,0 24,86	2,2	762,7 760,8 761,95	1,9	19 ,9	»	E. E N E. grains; beau. belle.
En rade l'Honoloulou (archip. des Sandwich).	10	21 18N. 160 12O. 10 N.E.	» »	26,0 24,3 25,35	1,7	28,0 24,0 25,68	4,0	761,8 759,1 760,86	2,7	»	»	E. E N E. nuageux; clair. beau.
	11	21 18N. 160 12O. 10 ONE.	» »	26,0 25,0 25,34	1,0	28,0 24,0 25,40	4,0	764,7 762,7 763,89	2,0	18 ,8	»	E. E N E. pluv.; gr. beau. houleuse.
	12	» » »	» »	25,8 24,8 25,35	1,0	27,0 24,0 25,27	3,0	764,5 762,8 764,02	1,7	21 ,3	»	E. nuageux. houleuse.
	13	» » »	» »	25,8 24,5 25,14	1,3	28,8 24,0 25,48	4,8	765,2 763,1 763,75	2,1	21 ,2	»	N E. grains; nuageux. houleuse. belle.
	14	» » »	» »	26,0 24,0 25,13	2,0	27,0 24,0 25,35	3,0	764,1 761,7 763,25	2,4	20 ,9	»	N E gr.; horiz; brum houleuse; belle.
	15	» » »	» »	26,6 24,6 25,20	2,0	28,0 24,0 25,70	4,0	763,5 761,4 762,63	2,1	»	»	E. beau. belle.
	16	» » »	» »	26,5 24,7 25,39	1,8	28,0 24,5 26,18	3,5	764,2 762,4 763,26	1,8	22 ,0	»	E N E. nuageux; beau. houleuse.

RÉSUMÉ DES OBSERVATIONS MÉTÉOROLOGIQUES FAITES A LA MER.									
Dates.	Positions	Courants en 24 h. Direct. Vitesse en mill.	TEMPÉRATURES de la mer. Max. Min. Moyenne Diff.	de l'air. Max. Min. Moyenne. Diff.	Pression baromét. en millim. Max. Min. Moyenne. Diff.	Force élastique de la vapeur d'eau.	Double de la dépression de l'horizon.	Vents. État du ciel. État de la mer.	Lieux.
juill. 1837.	Latitude. Longit. Déclin.								
17	» » »	» » »	25,8 25,0 0,8 25,10	28,0 24,0 4,0 25,86	764,2 762,3 1,9 763,28	21mm2	»	E N E. N E. couvert; beau. belle; clapoteuse.	En rade d'Honolulu (archip. des Sandwich).
18	» » »	» » »	25,8 25,0 0,8 25,20	28,0 24,0 4,0 25,86	763,8 760,8 3,0 762,82	22 ,1	»	N E. E N E. pluvieux. beau. belle.	
19	» » »	» » »	26,3 24,5 1,8 25,29	28,0 24,0 4,0 25,59	763,7 762,7 1,0 763,18	22 ,3	»	E N E. N E. beau. belle.	
20	» » »	» » »	25,7 24,5 1,2 25,03	28,0 24,0 4,0 25,84	763,1 762,1 1,0 762,54	21 ,2	»	E N E. pluvieux; beau belle.	
21	» » »	» » »	25,6 24,8 0,8 25,21	28,5 23,5 5,0 25,55	764,1 762,1 2,0 762,73	20 ,6	»	E N E. E. pluvieux; beau. belle.	
22	» » »	» » »	26,0 25,0 1,0 25,30	28,5 23,0 5,5 25,92	763,7 761,1 2,6 762,25	21 ,4	»	E. E N E. pluvieux; beau. belle.	
23	21 18N. 160 120. »	» » »	26,0 24,0 2,0 25,14	28,0 24,0 4,0 25,95	763,4 761,4 2,0 762,25	22 ,6	»	E N E. pluvieux, beau. belle.	Des îles Sandwich au Kamtschatka.
24	21 18N. 160 210. 8 N.E.	» » »	26,5 24,5 2,0 25,30	27,2 23,8 3,4 25,19	764,4 762,2 2,2 762,96	21 ,4	»	E N E. pluvieux; beau. belle.	
25	21 14N. 162 000. 8 N.E.	» » »	26,0 25,3 0,7 25,55	27,5 23,8 3,7 25,26	763,7 761,9 1,8 763,00	21 ,4	»	E N E. beau. belle.	
26	21 20N. 164 57N. 9 N.E.	N.79 O. 18,1	25,6 24,8 0,8 25,20	27,6 24,0 3,6 25,33	763,5 761,7 1,8 762,77	20 ,7	10'00"	E N E. beau. belle.	
27	21 37N. 168 080. 10 N.E.	S.85 O. 9,9	26,2 25,4 0,8 25,85	27,0 24,5 2,5 25,65	763,2 761,0 2,2 762,17	21 ,7	10 00	E N E. N E. beau; grains. belle.	
28	21 54N. 170 330. 10 N.E.	N.18 O. 4,9	26,5 25,6 0,9 26,18	28,0 24,5 3,5 25,89	762,2 761,2 1,0 761,78	21 ,3	10 00	E. E N E. beau. belle.	
29	22 11N. 173 230. 10 N.E.	S.73 O. 16,9	26,5 25,8 0,7 26,21	27,2 24,8 2,4 26,00	762,7 761,2 1,5 761,91	22 ,3	9 55	E N E. E. beau; gr.; pluie. belle.	
30	22 28N. 175 530. 9 N.E.	N.73 E. 7,5	26,5 25,4 1,1 26,20	26,5 24,3 2,2 25,35	762,7 760,7 2,0 761,89	22 ,1	»	E E S E. beau; couvert. belle.	
31	22 45N. 177 470. 10 N.E.	N.23 O. 20,0	27,0 26,3 0,7 26,61	27,4 25,3 2,1 26,19	762,7 761,1 1,6 761,78	22 ,4	10 10	E N E. N E. beau. belle.	

— 294 —

Lieux.	Dates. août 1837.	Positions. Latitude. Longit. Déclin.	Courants en 24 h. Direct. Vitesse en mill.	TEMPÉRATURES de la mer. Max. Min. Moyenne.	Diff.	de l'air. Max. Min. Moyenne.	Diff.	Pression baromét. en millim. Max. Min. Moyenne.	Dff.	Force élastique de la vapeur d'eau.	Double de la dépression de l'horizon.	Vents. État du ciel. État de la mer.
Sorti de la rég. tropic. Coupé le mérid. de 180°. Des îles Sandwich au Kamtschatka.	1	23 45N. 179 35O. 11 N.E.	N.49 O. 17,6	27,6 26,0 26,79	1,6	29,2 25.3 26,77	3,9	763,6 762,1 762,57	1,5	24ᵐᵐ1	10' 00''	NE. ENE. E beau. belle.
	2 et 3	25 08N. 178 43E. 12 N E.	N.25 O. 11,0	27,8 26,0 27,12	1,8	27,0 25,8 26,46	1,2	763,3 761,5 762.85	1,8	22 ,2	10 00	ENE. ESE. E beau. belle.
	4	26 03N. 177 19E. 12 N.E.	O. 14,0	28,2 26,6 27,29	1,6	28,8 25,6 26,45	3,2	764,2 762,9 763,44	1,3	23 ,0	10 00	ESE. ENE. beau ; grains. belle.
	5	26 31N. 176 52E. 12 N.E.	N.79 E. 8,0	28,3 25,8 26,99	2,5	28,5 26,0 26,89	2,5	763,5 759,3 762,16	4,2	22 ,2	»	variable ; faible. couvert ; grains. belle; houleuse.
	6	26 45N. 175 31E. »	N.41 E. 11,3	28,5 26,8 27,49	1,7	27,0 23,5 26,04	3,5	761,8 759,7 740,62	2,1	21 ,3	»	N. NNO. gr.; pluie; couv. houleuse.
	7	27 15N. 175 06E. 13 N.E.	N.77 E. 9,9	28,5 27,0 27,60	1,5	28.0 25,5 26,80	2,5	759,2 757,5 758,28	1,7	22 ,7	10 00	E. NE. grains ; pluie. belle.
	8	28 01N. 173 47E. 12 N.E.	N.16 E. 7,8	28,0 26,8 27,55	1,2	27,3 26,0 26,80	1,3	762,0 758,1 760,02	3,9	»	10 00	ESE. SE. beau ; grains. houleuse.
	9	29 14 N. 171 36E. 12 N.E.	N.16 E. 7,8	27,0 26,0 26,68	1,0	27,8 25,0 26,56	2,8	764,0 761,0 762,32	3,0	23 ,6	9 00	E. ESE. SE grains; pluie. houleuse.
	10	30 53O. 169 32E. 12 N E.	S.25 E. 8,8	26,2 24,8 25,50	1,4	27,7 25,0 25,86	2,7	766,2 764,3 765,42	1,9	21 ,3	9 22	ENE. ESE. E grains ; pluie. houleuse.
	11	32 38N. 167 17E. 11 N.E.	N.85 E. 17,5	25,4 24,8 25,15	0,6	27,0 24,5 25,51	2,5	767,7 765,9 767,11	1,8	21 ,9	8 42	NE. E. beau. houleuse; grosse
	12	32 58N. 166 10E. 10 N.E.	S.25 O. 26, 9	26,0 24,6 25,01	1,4	27,0 24,0 25,50	3,0	768,2 765,2 766,82	3,0	21 ,9	10 00	NE. NNO. beau ; gr.; pluie houleuse.
	13	33 21O. 164 40E. 8 N.E.	N.67 O. 8,2	26,0 25,4 25,76	0,6	26,8 24,5 25,39	2,3	766,2 765,2 765,83	1,0	21 ,2	»	N. NNO. beau. belle.
	14	33 51N. 163 32E. 8 N.E	N.63 O. 11, 0	28,4 25,4 26,46	3,0	28,0 24,8 26,05	3,2	766,2 764,7 765,22	1,5	21 ,9	»	NNE ; calm.; ESE beau. belle.
	15	34 51N. 163 06E. 8 N.E.	N.23 O. 14, 4	26,8 25,5 26,21	1,3	28.3 25,0 25,89	3,3	765,7 764,1 764,65	1,6	22 ,5	10 55	SSE. SO. OSO beau. très-belle.
	16	37 45N. 162 29E. 7 N.E.	S.79 E. 15, 9	25,3 21,0 23,77	4,3	26,2 22,0 24,29	4,2	763,8 759,8 761,32	3,5	21 ,9	10 00	SO. SSO. beau ; brumeux belle ; houleuse

— 295 —

RÉSUMÉ DES OBSERVATIONS MÉTÉOROLOGIQUES FAITES A LA MER.

Dates. août 1837.	Positions Latitude. Longit. Déclin.	Courants en 24 h. Direct. Vitesse en mill.	TEMPÉRATURES de la mer. Max. Min. Diff. Moyenne	TEMPÉRATURES de l'air. Max. Min. Diff. Moyenne	Pression baromét. en millim Max. Min. Diff Moyenne	Force élastique de la vapeur d'eau.	Double de la dépression de l'horizon.	Vents. État du ciel. État de la mer.	Lieux.
17	40 17N. 161 37E. 7 N.E.	» »	22,0 15,0 7,0 19,25	23,0 18,0 5,0 20,97	758,9 748,2 10,7 754,69	17ᵐᵐ0	»	S O. S. SSO. brumeux ; pluie. houleuse ; belle.	Entré dans une région très-brum.
18	42 01N. 161 18E. 7 N.E.	» »	15,2 13,0 2,2 13,67	16,0 11,5 4,5 13,55	755,8 745,8 10,0 749,08	»	»	SO. NNO. tr.-brum.; couv. houleuse; grosse.	
19	41 42O. 160 22E. 7 N.E.	» »	14,5 14,0 0,5 14,30	13,0 11,0 2,0 12,29	762,5 757,4 5,1 760,03	9,3	»	NNO. calme. couvert. houleuse.	
20	42 55N 160 30E. 6 N.E.	» »	13,8 12,0 1,8 12,69	14,5 12,6 1,9 13,59	762,4 758,6 3,6 760,66	11,3	»	S. E. variable brumeux ; pluie. belle.	
21	44 54N. 159 35S 6 N.E.	N.78 O. 5,2	13,5 12,0 1,5 12,37	13,5 11,7 1,8 12,24	760,9 757,3 3,6 758,44	10,2	»	ESE. NNE. var. pl ; couv.; brum. belle ; houleuse.	
22	46 39N. 158 30E. 6 N.E.	N.60 O. 18,3	14,0 13,0 1,0 13,34	13,3 11,0 2,3 11,85	764,4 761,5 2,9 763,08	10,7	»	NNO. O. couvert. houleuse.	
23	46 57N. 158 14S. 6 N.E	» »	12,5 11,5 1,0 11,67	14,7 11,0 3,7 12,62	764,0 762,8 1,2 763,53	10,9	»	OSO. SO. brum ; nuageux. belle.	
24	48 07N. 158 02 S. 6 N.E.	» »	12,0 11,5 0,5 11,67	13,5 11,0 2,5 12,20	764,4 760,6 3,8 762,93	»	»	O. SO. couvert; brum. belle.	
25	51 04N. 157 18E. 4 N.E.	S 23 O. 8,3	12,6 8,0 4,6 11,50	15,0 11,5 3,5 12,91	759,1 755,7 3,4 757,43	»	»	O. OSO. beau. belle; clapoteuse.	
26	52 29N 156 02E. 4 N.E.	» »	13,8 11,4 2,4 12,87	13,6 11,6 2,0 12,20	757,2 753,7 3,5 755,97	»	»	SSO. E ESE brum.; pluie. belle ; houleuse.	
27	52 31N 156 45E. 4 N.E.	» »	12,8 10,3 1,5 11,18	13,3 10,6 2,7 11,39	753,6 751,6 2,0 752,66	»	»	SE. SSE. S. pluie ; brum houleuse.	
28	52 06N. 157 17E. 4 N.E.	» »	10,8 8,8 2,0 9,80	11,7 9,8 1,9 10,30	752,1 749,7 2,4 750,54	»	»	SSE. SE. brum; pluie. houleuse ; belle.	
29	51 42N 157 02E. 6 N.E.	» »	10,0 7,8 2,2 8,65	12,0 10,0 2,0 10,72	751,9 750,6 1,3 751,37	»	»	SE. SSO. ONO. brumeux ; pluie. belle.	
30	52 14N. 156 24E. 4 N.E.	» »	12,5 9,4 3,1 10,93	14,4 10,5 3,9 12,22	751,7 747,7 4,0 749,66	10,2	»	NNO. SO. SSE. beau. belle.	Rade de Pétropawlowski au Kamtschatka.
31	53 01N. 156 23E. 3 27NE	» »	11,4 10,8 0,6 11,20	11,3 9,4 1,9 10,86	747,7 743,8 3,9 745,77	»	10° 00"	NO. NNO. SE. pluie ; brumeux. belle.	

RÉSUMÉ DES OBSERVATIONS MÉTÉOROLOGIQUES FAITES A LA MER.									
Lieux.	Dates. sept. 1837.	Positions Latitude. Longit. Déclin.	Courants en 24 h. Direct. Vitesse en mill.	TEMPÉRATURES de la mer. Max. Min. Moyenne.	de l'air. Max. Min. Moyenne.	Pression baromét. en millim. Max. Min. Moyenne.	Force élastique de la vapeur d'eau.	Double de la dépression de l'horizon.	Vents. État du ciel. État de la mer.
Rade de Pétropawlowski.	1	53 01N. 156 23E. 3 27N.E.	» »	12,6 11,0 1,6 11,90	14,5 10,0 4,5 11,96	748,7 746,1 2,6 747,44	9mm8	»	N O. calme; S E. couvert. belle.
	2	53 01N. 156 23E. »	» »	12,2 11,5 0,7 11,77	13,3 10,6 2,7 12,14	754,0 748,8 5,2 750,88	»	»	calme; S E. S. pluv.; couvert. belle.
	3	» » »	» »	12,6 11,4 1,2 11,88	18,0 10,0 8,0 12,82	761,8 755,8 6,0 759,34	»	»	calme; S. S E. brumeux; beau. belle.
	4	» » »	» »	13,0 11,5 1,5 12,20	14,6 10,5 4,1 12,29	763,1 761,8 1,3 762,42	9,4	»	N E. N. S S E. beau. belle.
	5	» » »	» »	13,0 11,7 1,3 12,31	15,3 10,0 5,3 12,55	763,4 763,1 0,3 763,23	10,8	»	calme; S E. beau. belle.
	6	» » »	» »	12,3 11,0 1,3 11,60	11,0 9,3 1,7 10,05	763,6 762,7 0,9 763,01	»	»	E. S E. pluv.; brumeux. belle.
	7	» » »	» »	12,0 11,2 0,8 11,65	13,7 9,5 4,2 11,30	764,3 763,0 1,3 763,73	»	»	S E. S S E. pluv.; brumeux. belle.
	8	» » »	» »	11,8 11,0 0,8 11,24	11,7 9,7 2,0 10,58	762,8 759,9 2,9 761,86	»	»	S E. E. pluvieux; couv. belle.
	9	» » »	» »	11,5 10,3 1,2 10,63	10,0 7,0 3,0 8,86	759,6 748,3 11,3 753,10	»	»	E S E. N N O. pluvieux. belle.
	10	» » »	» »	12,2 10,0 2,2 10,88	19,0 6,5 12,5 10,18	747,4 743,8 3,6 744,98	»	»	N N O. S. N. beau. belle.
	11	» » »	» »	11,7 10,0 1,7 11,10	16,0 9,5 6,5 12,18	745,9 743,8 2,1 745,04	»	»	N N O. S S E. couvert; pluie. belle.
	12	» » »	» »	12,3 10,5 1,8 11,40	19,0 8,0 11,0 10,70	748,8 746,4 2,4 747,28	»	»	N N O. S E. N E. beau; pluie. belle.
	13	» » »	» »	11,8 10,8 1,6 11,13	16,0 9,0 7,0 11,91	754,3 748,8 5,5 750,84	»	»	N O. N. beau; nuageux belle
	14	» » »	» »	12,0 10,6 1,4 11,16	17,0 8,5 8,5 11,90	757,1 754,6 2,5 755,85	»	»	N. calme; S. S E. beau. belle.
	15	53 01N. 156 23E. 3 27N E.	» »	11,7 10,5 1,2 11,22	16,0 7,5 8,5 12,20	758,9 755,9 3,0 756,48	»	»	N O. N. S E. beau. belle.

RÉSUMÉ DES OBSERVATIONS MÉTÉOROLOGIQUES FAITES A LA MER.

Dates.	Positions	Courants en 24 h.	TEMPÉRATURES de la mer.		de l'air.		Pression baromét. en millim.		Force élastique de la vapeur d'eau.	Double de la dépression de l'horizon.	Vents. État du ciel. État de la mer.	Lieux.
sept. 1837.	Latitude. Longit. Déclin.	Direct. Vitesse en mill.	Max. Min. Moyenne	Diff.	Max. Min. Moyenne	Diff.	Max. Min. Moyenne.	Diff.				
16	53 01N. 156 23E. 3 N.E.	» »	11,8 10,5 11,07	1,3	12,5 7,0 10,00	5,5	761,5 759,0 760,32	2,5	»	»	NO. calme; SSO. beau. belle.	Du Kamtschatka à Monterey.
17	51 51N. 159 36E. 4 N.E.	» »	11,8 11,2 11,46	0,6	12,6 10,4 11,16	2,2	763,1 761,9 762,62	1,2	8ᵐᵐ7	»	SSO. SSE. SE. nuageux; beau. belle; houleuse.	
18	51 35N. 159 21E. 4 N.E.	» »	11,8 10,5 11,44	1,3	12,0 10,0 10,78	2,0	763,1 761,8 762,68	1,3	8,5	»	SSE. SE. nuageux; beau. unie.	
19	51 12N. 160 23E. 5 N.E.	S.79 O. 4,9	12,0 11,4 11,65	0,6	13,0 9,8 10,95	3,2	763,6 759,8 761,75	3,8	8,9	9'50"	SSO. S. beau. belle; unie.	
20	50 59N. 162 03E. 7 N.E.	N.59 E. 6,9	11,8 11,3 11,60	0,5	11,4 9,5 10,42	1,9	759,9 756,4 757,39	3,5	8,9	10 42	SSE. E. ENE. nuag.; beau. belle.	
21	50 41N. 163 22E. 7 N.E.	S.77 E. 7,2	11,3 10,0 10,81	1,3	12,0 9,0 10,60	3,0	757,8 756,3 756,85	1,5	8,9	9 42	ENE. N. NO. beau; nuageux. belle; houleuse.	
22	51 04N. 166 17E. 9 N.E.	S. 17 O 14,8	10,5 9,7 9,97	0,8	14,0 8,5 10,65	5,5	757,9 754,8 756,12	3,1	9,0	9 08	NO. O. SO. beau; pluvieux. houleuse.	
23	50 05N. 168 11E. 10 N.E.	S. 53 O. 19,5	9,5 9,0 9,35	0,5	12,0 8,2 9,63	3,8	756,9 754,8 755,79	2,1	8,1	9 20	NE NNO. ONO. couvert; beau houleuse; belle.	
24	49 26N. 171 02E. 12 N.E.	S.16 O. 15,5	9,2 8,2 8,70	1,0	13,5 7,5 9,75	6,0	758,9 756,9 758,07	2,0	8,4	»	ONO. O. beau. belle.	
25	49 12N. 172 53E. 12 N.E.	S.44 E. 11,0	8,6 7,6 8,19	1,0	10,8 7,4 8,73	3,4	761,0 759,0 759,89	2,0	8,0	»	O. NNO. N. nuageux; couv. belle.	
26	48 55N. 175 06E. 13 N.E.	S.13 O. 14,5	9,0 7,7 8,47	1,3	12,6 7,3 9,40	5,3	765,4 761,2 763,41	4,2	8,9	9 50	N. ONO. O. beau; nuageux. belle.	
27	48 25N. 178 58E. 14 N.E.	S.30 O. 4,8	9,0 8,5 8,87	0,5	10,4 8,0 8,97	2,4	766,1 765,1 765,58	1,0	8,5	9 15	O. OSO. S. nuageux; beau. belle.	Coupé le méridien de 180°.
27 bis	47 53N. 176 35O. 15 N.E.	» »	9,3 8,7 8,95	0,6	10,0 8,5 9,42	1,5	765,2 760,0 763,09	5,0	»	»	S. SSE SSO. pluv.; brumeux. belle; grosse.	
28	47 16N. 171 45O. 16 N.E.	» »	10,2 9,0 9,67	1,2	11,2 10,0 10,63	1,2	769,0 763,6 766,48	5,5	9,3	»	SSO. S. brumeux; beau. gros.; houl; belle.	
29	46 26N. 169 15O. 16 N.E.	» »	10,8 10,0 10,39	0,8	12,0 10,0 10,85	2,0	768,4 761,4 765,16	7,0	9,8	»	SSE. E. ESE. brum.; pluvieux. belle; houleuse.	
30	45 16N. 170 02O. 16 N.E.	» »	11,5 11,0 11,19	0,5	13,3 11,6 12,64	1,7	760,9 759,2 759,91	1,7	»	»	ESE. SE. SSE. pluv.; tr.-brum. houleuse.	

IX. 38

RÉSUMÉ DES OBSERVATIONS MÉTÉOROLOGIQUES FAITES A LA MER.

Lieux.	Dates. oct. 1837.	Positions Latitude. Longit. Déclin.	Courant en 24 h. Direct. Vitesse en mill.	TEMPÉRATURES de la mer. Max. Min. Moyenne.	Diff.	TEMPÉRATURES de l'air. Max. Min. Moyenne.	Diff.	Pression baromét. en millim. Max. Min. Moyenne.	Diff.	Force élastique de la vapeur d'eau.	Double de la dépression de l'horizon.	Vents. État du ciel. État de la mer.
Du Kamtschatka à Monterey.	1	46 06N. 168 340. 16 N.E.	» »	11,3 11,0 11,10	0,3	13,2 11,7 12,52	1,5	759,7 766,7 758,27	3,0	»	»	SSE. SE. OSO. pluv.; brumeux. belle.
	2	45 43N. 166 520. 16 N.E.	S.75 O. 15,9	11,7 11,0 11,28	0,7	14,0 10,4 11,54	3,6	764,4 759,7 763,09	4,7	9mm6	9' 50"	OSO. ONO. NE. nuageux. houleuse.
	3	45 08N. 165 470. 18 N.E.	N.82 O. 28,1	12,9 11,3 12,15	1,6	12,0 9,9 11,05	2,1	766,8 764,8 765,26	2,0	9,3	9 58	NNO. NNE. beau; nuageux. houleuse; belle.
	4	43 48N. 163 330. 18 N.E.	N.82 O. 28,1	15,8 12,8 14,00	3,0	15,0 10,8 12,39	4,2	766,3 763,7 764,79	2,6	9,2	10 18	NNE. ENE. couvert; brum. belle.
	5	42 05N. 162 380. 18 N.E.	» »	17,3 16,3 16,79	1,0	17,0 15,4 16,40	1,6	762,7 757,5 759,69	5,2	»	»	ENE. SE. pluv.; brumeux. houleuse; grosse.
	6	41 17N. 163 260. 18 N.E.	» »	18,0 17,2 17,58	0,8	18,0 16,0 17,34	2,0	755,4 750,7 752,99	4,7	14,8	»	ESE. SO. SSO. pluvieux; grains. très-houleuse.
	7	41 04N. 160 380. 19 N.E.	S.50 O. 18,3	18,5 17,4 18,07	1,1	20,0 17,0 18,42	3,0	763,2 754,5 758,97	8,7	14,0	8 ,50	SSO. SO. beau. houleuse.
	8	41 09N. 158 580. 20 N.E.	» »	18,5 18,0 18,26	0,5	20,0 17,8 18,79	2,2	763,2 759,1 761,76	4,1	15,6	»	ESE. SE. nuageux. belle.
	9	41 17N. 155 410. 20 N.E.	» »	18,2 17,5 17,86	0,7	18,5 17,5 18,12	1,0	759,1 756,1 756,91	3,0	14,0	»	SSE. SSO pluvieux; grains. belle
	10	40 24N. 150 580. 20 N.E.	» »	18,5 17,5 17,99	1,0	20,0 18,0 18,66	2,0	757,1 753,0 754,08	4,1	15,7	»	SSO. pluv.; brumeux. houleuse; grosse.
	11	40 57N. 147 040. 19 N.E.	» »	18,0 17,5 17,74	0,5	20,2 17,3 18,20	2,9	760,1 753,5 756,86	6,6	14,8	8 20	SO. O. SSO. pluvieux; beau. très-houleuse.
	12	40 17N. 143 140. 19 N.E.	N.30 O. 26,3	18,3 17,5 17,77	0,8	20,7 18,3 19,37	2,4	763,4 758,6 760,68	4,8	15,8	»	SSO. OSO. beau. houleuse.
	13	39 14N. 138 230. 20 N.E.	» »	18,1 17,5 17,75	0,6	20,0 17,8 18,85	2,2	767,1 763,4 765,88	3,7	16,1	»	SSO. O. pluv. brumeux. belle.
	14	38 13O. 135 290. 18 N.E.	» »	18,8 18,2 18,44	0,6	20,6 18,0 18,80	2,6	767,1 765,9 766,32	1,2	15,8	»	OSO. O. NO pluv.; br.; beau. belle.
	15	37 16N. 132 560. 17 N.E.	S. 33 E. 11,5	18,5 17,0 17,82	1,5	19,7 16,0 17,40	3,7	766,1 762,2 763,86	3,9	13,7	»	NO. ONO. O. beau; grains. belle.
	16	36 44N. 129 520. 14 N.E.	S. 26 E. 11,0	17,0 15,6 16,39	1,4	17,6 15,0 16,11	2,6	764,3 762,2 763,28	2,1	11,4	9 ,00	ONO. O. SO. beau. belle.

RÉSUMÉ DES OBSERVATIONS MÉTÉOROLOGIQUES FAITES A LA MER.

Dates. oct. 1837.	Positions Latitude. Longit. Déclin.	Courants en 24 h. Direct. Vitesse en mill.	TEMPÉRATURES de la mer. Max. Min. Moyenne	Diff.	TEMPÉRATURES de l'air. Max. Min. Moyenne	Diff.	Pression baromét. en millim. Max. Min. Moyenne.	Diff.	Force élastique de la vapeur d'eau.	Double de la dépression de l'horizon.	Vents. État du ciel. État de la mer.	Lieux.
17	36 45N. 127 120 14 N.E.	S.17 E. 8,5	15,8 14,2 14,49	1,6	16,2 14,0 14,93	2,2	762,3 761,8 762,02	1,0	11mm6	7' 50"	O S O. O. S. beau; grains. belle.	Du Kamtschatka à Monterey.
18	36 39N. 124 250. 14 N.E.	E. 25,6	14,4 12,6 13,80	1,8	15,2 14,0 14,30	1,2	765,4 760,4 761,88	5,0	11 ,0	»	S S E. S E. beau. houleuse; belle.	
19	36 36N. 124 130. 14 30NE	» »	14,0 12,5 13,42	1,5	17,0 10,0 19,49	7,0	761,1 758,2 759,76	2,9	10 ,1	»	calme; SE. NO. beau. belle.	
20	36 36N. 124 130. »	» »	14,3 12,4 13,48	1,9	14,7 11,8 13,29	2,9	766,0 757,2 760·67	8,8	»	»	ONO. SO. O. couv. brumeux. belle.	En rade de Monterey.
21	» » »	» »	14,5 12,5 13,40	2,0	15,5 10,0 13,00	5,5	767,6 765,6 766,60	2,0	10 ,0	»	calme; N. S. beau. belle.	
22	» » »	» »	14,5 12,5 13,54	2,0	16,4 8,7 12,12	7,7	768,8 767,3 767,79	1,5	10 ,8	»	N O. S. E. O. beau. belle.	
23	» » »	» »	14,5 12,7 13,64	1,8	18,0 8,5 13,20	9,5	768,2 767,1 767,74	1,2	10 ,7	»	cal.;NNO.O.OSO. beau. belle.	
24	» » »	» »	14,6 12,7 13,70	1,9	20,0 9,8 14,70	10,2	767,9 764,9 766,24	3,0	12 ,3	»	calme; NNO. N. beau. belle.	
25	» » »	» »	15,0 12,8 13,53	2,2	19,4 10,0 13,77	9,4	764,9 757,9 761,08	7,0	11 ,6	»	calm.;NNO.NNE. beau. belle.	
26	» » »	» »	14,0 12,0 13,24	2,0	15,8 9,8 12,20	6,0	757,6 756,4 757,18	1,2	11 ,3	»	calme; NNO. beau; brumeux. belle.	
27	» » »	» »	14,8 12,8 13,24	2,0	18,0 9,0 12,90	9,0	760,6 757,5 759,11	3,1	11 ,6	»	cal.; S. O. NNO. tr.-brum.; couv. belle.	
28	» » »	» »	14,4 12,3 13,27	2,1	15,2 11,0 13,40	4,2	764,1 760,6 762;02	3,5	11 ,6	»	calme; S. NNO. couvert; beau. belle.	
29	» » »	» »	14,0 12,3 13,38	1,7	14,8 11,0 13,28	3,8	765,7 764,4 764,79	1,3	11 ,6	»	ONO. O. NNO. couvert; beau. belle.	
30	» » »	» »	14,0 12,3 13,07	1,7	14,8 10,8 12,45	4,0	765,7 763,8 764,56	1,9	11 ,0	»	O. N N O. couv; brum;beau. belle.	
31	36 36N. 124 130. 14 30NE.	» »	14,0 12,5 13,24	1,5	15,0 11,0 12,75	4,0	766,2 765,3 765,44	0,9	10 ,3	»	O. E N E. N O. brumeux; beau. belle.	

RÉSUMÉ DES OBSERVATIONS MÉTÉOROLOGIQUES FAITES A LA MER.									
Lieux.	Dates. nov. 1837.	Positions Latitude. Longit. Déclin.	Courants en 24 h. Direct. Vitesse en mill.	TEMPÉRATURES de la mer. Max. Min. Diff. Moyenne	TEMPÉRATURES de l'air. Max. Min. Diff. Moyenne	Pression baromét. en millim Max. Min. Diff. Moyenne.	Force élastique de la vapeur d'eau.	Double de la dépression de l'horizon.	Vents. État du ciel. État de la mer.
En rade de Monterey.	1	36 36N. 124 130. 14 30 N.E.	» »	14,0 12,5 1,5 13,09	15,0 9,5 5,5 12,02	766,1 762,2 3,9 764,11	10mm7	»	N O N N O. beau. belle ; houleuse
	2	36 36N. 124 130. »	» »	14,0 12,5 1,5 13,17	15,0 9,8 5,2 12,46	762,7 761,6 1,1 762,21	10 ,3	»	O N O. N N O. beau. houleuse ; belle
	3	» » »	» »	13,4 11,8 1,6 12,69	15,4 7,5 7,9 11,21	765,4 762,8 2,6 764,04	10 ,7	»	O. NO. NNO. beau. houleuse ; be ll
	4	» » »	» »	14,0 12,8 1,4 13,25	18,5 8,0 10,5 11,83	765,5 763,6 1,9 764,63	11 ,1	»	calme ; S. NNO. beau. belle.
	5	» » »	» »	14,3 12,7 1,6 13,29	17,0 9,0 8,0 12,22	765,7 762,8 2,9 764,10	11 ,2	»	calme ; NO. O. beau. belle.
	6	» » »	» »	14,0 12,5 1,5 13,24	17,0 9,7 7,3 13,21	762,6 757,5 5,1 760,42	11 ,1	»	calme. beau. belle.
	7	» » »	» »	13,5 12,0 1,5 12,50	17,2 10,0 7,2 13,79	762,6 760,1 2,5 760,82	12 ,3	»	calm. E. S. SSO. brumeux ; beau. belle ; houleuse
	8	» » »	» »	14,0 12,5 1,5 13,07	16,8 9,3 7,5 13,48	762,6 760,8 1,8 761,77	»	»	ca.; ENE N. OSO. beau ; brumeux. belle.
	9	» » »	» »	13,5 12,5 1,0 13,21	17,0 12,0 5,0 14,13	759,4 754,3 5,1 756,35	»	»	S. SE. S. pluvieux ; grains. houleuse.
	10	» » »	» »	13,8 12,4 1,4 13,13	14,0 8,6 5,4 12,18	766,6 759,4 7,2 762,29	10 ,7	»	S. O. ONO. OSO. pluvieux ; beau belle.
	11	» » »	» »	14,3 12,0 2,3 13,09	14,8 7,3 7,5 11,05	768,8 766,6 2,2 767,78	9 ,9	»	calme ; N. NE. beau. belle.
	12	» » »	» »	14,0 12,8 1,2 13,32	15,3 8,0 7,3 11,59	769,3 766,6 2,7 768,23	10 ,4	»	cal.; S. O. NNO. beau. houleuse.
	13	» » »	» »	14,0 12,3 1,7 13,21	16,4 8,5 7,9 11,77	766,7 764,5 2,2 765,33	10 ,2	»	calme ; NE. NO. beau. belle.
De Monterey à la baie de la Magdeleine.	14	36 36N. 124 130. 14 30NE.	» »	13,5 12,5 1,0 13,26	14,5 8,6 5,9 11,93	764,7 762,7 2,0 763,44	11 ,2	»	ca.; SO. NE. NO. beau. belle.
	15	33 36N. 124 390. 14 N.E.	» »	15,0 14,0 1,0 14,72	17,0 12,4 4,6 14,13	765,1 763,6 1,5 764,14	11 ,5	»	NNO. NO. nuageux ; beau. belle.

RÉSUMÉ DES OBSERVATIONS MÉTÉOROLOGIQUES FAITES A LA MER.									
Dates.	Positions	Courants en 24 h.	TEMPÉRATURES de la mer.	TEMPÉRATURES de l'air.	Pression baromét. en millim.	Force élastique de la vapeur d'eau.	Double de la dépression de l'horizon	Vents. État du ciel. État de la mer.	Lieux.
nov. 1837.	Latitude. Longit. Déclin.	Direct. Vitesse en mill.	Max. Min. Diff. Moyenne	Max. Min. Diff. Moyenne	Max. Min. Diff. Moyenne				
16	30 48N. 122 470 12 N.E.	S. 21 O. 10,6	16,6 15,0 1,6 15,76	19,0 13,8 5,2 15,91	762,8 761,4 1,4 762,02	12mm9	»	N O. N N O. beau. belle.	De Monterey à la baie de la Magdeleine.
17	29 25N. 121 120. 12 N.E.	S. 3 O. 11,5	18,7 16,8 1,9 17,90	20,8 16,0 4,8 18,05	762,3 760,1 2,2 760,93	15,1	»	N N O. N O. beau. belle.	
18	29 11N. 121 000. 12 N.E.	S. 18 O. 9,3	19,2 17,5 1,7 18,20	20,0 16,7 3,3 18,10	760,7 757,6 3,1 759,44	14,0	»	NNO. NO. calm. beau. belle.	Auprès de l'île de la Goudeloupe.
19	29 03N. 120 280. 11 N.E.	S. 30 E. 8,4	18,3 17,5 6,8 17,88	20,0 15,7 4,3 17,42	758,6 757,2 1,4 758,04	14,2	»	OSO. ONO. N. brumeux; beau. belle.	
20	27 21N. 119 500. 11 N.E.	S. 49 O. 7,8	18,0 17,5 0,5 18,20	17,8 14,6 3,2 15,81	761,3 757,2 4,1 759,79	12,3	»	N O. N N O. brumeux. belle.	
21	26 30N. 119 250. »	» »	18,0 17,5 0,5 17,87	18,5 14,7 3,8 16,42	763 9 760,8 3,1 762,84	12,5	»	N O. N E. couvert. belle.	
22	25 09N. 118 260 11 N.E.	» »	19,6 17,6 2,0 18,81	17,8 15,0 2,8 16,81	765,1 762,3 2,8 763,09	»	»	NNO. N N E. beau; couvert. belle.	
23	24 27N. 115 450. 10 N.E.	S. 17 E. 8,4	22,0 18,8 3,2 19,92	21,7 17,2 4,5 19,20	762,6 760,9 1,7 761,82	15,6	»	NE. N. NNO. beau; couvert. belle.	
24	24 26N. 114 410. 10 N.E.	» »	23,8 22,3 1,5 23,12	23,0 21,0 2,0 21,48	763,2 760,2 3,0 761,69	17,3	»	NNO. N O. beau. belle.	
25	24 31N. 114 270. 10 N.E.	S. 26 O. 3,0	23,7 21,8 1,9 23,77	23,5 18,2 5,3 20,79	761,8 760,7 1,1 761,24	16,8	»	N O. N N O. beau; couvert. belle.	Dans la baie de la Magdeleine.
26	24 36N. 114 250. 8 15N.E.	» »	23,2 21,5 1,7 22,33	20,0 17,7 2,3 18,64	762,1 759,9 2,2 761,14	14,7	»	NO. beau. belle.	
27	24 36N. 114 250. »	» »	23,0 21,4 1,6 22,39	22,7 17,2 5,5 19,66	762,9 760,9 2,0 761,82	14,1	»	N O. calme; O. beau. belle.	
28	» » »	» »	23,0 21,3 1,7 22,23	24,0 18,2 6,8 20,32	762,8 760,8 2,0 761,85	16,0	»	NO. calme; NO. beau. belle.	
29	» » »	» »	22,5 21,5 1,0 22,04	23,0 18,0 5,0 20,07	763,2 760,8 2,4 761,78	16,2	»	NNO. NE. NO. beau. belle.	
30	24 36N. 114 250. 8 15N.E.	» »	22,0 21,0 1,0 21,44	22,0 17,5 4,5 19,40	762,8 761,3 1,5 762,10	15,0	»	NO. N. ONO. beau. belle.	

RÉSUMÉ DES OBSERVATIONS MÉTÉOROLOGIQUES FAITES A LA MER.

Lieux.	Dates. déc. 1837.	Positions. Latitude. Longit. Déclin.	Courants en 24 h. Direct. Vitesse en mill.	TEMPÉRATURES de la mer. Max. Min. Moyenne	Diff.	de l'air. Max. Min. Moyenne.	Diff.	Pression baromét. en millim. Max. Min. Moyenne.	Diff.	Force élastique de la vapeur d'eau.	Double de la dépression de l'horizon.	Vents. État du ciel. État de la mer.
Dans la baie de la Magdeleine.	1	24 36N. 114 25O 8 15N.E	» »	21,6 21,0 21,17	0,6	19,5 17,0 17,97	2,5	763,6 762,4 762,76	1,2	14^{mm},5	»	N O. N N O. beau ; nuageux. belle.
	2	24 36N. 114 25O. »	» »	21,0 19,2 20,13	1,8	22,0 16,0 18,45	6,0	762,0 760,0 761,23	2,0	14 ,8	»	N. N E. N O. couvert. belle.
	3	» » »	» »	21,0 19,0 19,80	2,0	20,0 17,0 18,32	3,0	761,3 759,1 760,00	2,2	14 ,6	»	NNO. ENE. ONO. couvert ; beau. belle.
	4	» » »	» »	20,2 19,0 19,51	1,2	19,0 14,6 17,25	4,4	763,1 760,8 762,00	1,3	13 ,6	»	N O. N N O. beau. belle.
	5	» » »	» »	21,4 19,0 19,89	2,4	22,4 15,2 18,29	7,2	762,6 759,8 760,74	2,8	15 ,9	»	NO. calme; NO. beau. belle.
De la baie de la Magdeleine à Mazatlan.	6	24 36N. 114 25O. 8 15N.E.	» »	20,5 19,0 20,01	1,5	21,8 16,0 18,40	5,8	762,5 759,6 761,24	2,9	15 ,4	»	NO. calme; NO. beau. belle.
	7	24 03N. 114 44O. 9 N.E.	» »	21,8 20,3 21,14	1,5	19,5 17,3 18,03	2,2	765,1 742,0 763,79	3,1	12 ,6	»	N O. N N O. nuageux ; beau. belle ; clapoteus.
Entrée dans la région tropic.	8	22 20N. 114 47O. 8 N.E.	S. 40 E. 7, 7	23,6 21,0 22,24	2,6	20,4 17,7 18,45	2,7	765,6 762,0 763,76	3,6	14 ,3	»	N O. N. beau. belle; houleuse.
	9	22 35N. 113 09O. 8 N.E.	S. 74 O. 16, 0	22,5 21,1 21,72	1,4	21,0 18,0 19,37	3,0	763,1 759,9 761,21	3,2	14 ,7	»	N N O. N. beau. houleuse
	10	22 52N. 112 20O. 8 N.E	S. 25 E. 11, 0	22,5 20,7 21,52	1,8	22,5 17,0 19,32	5,5	762,0 759,0 760,39	3,0	15 ,5	»	NNO. OSO. beau. belle.
A l'entrée du golfe de Californie.	11	22 58N. 112 00O. »	S. 18 E 18, 4	22,2 21,3 21,78	0,9	22,5 18,3 19,92	4,2	760,0 757,9 759,04	2,1	14 ,1	»	O. N O. S O. beau. belle.
	12	23 03O. 109 25O. 8 33N.E.	S.14 O. 21, 8	22,7 20,0 21,45	2,7	20,0 16,5 18,87	3,5	762,9 759,9 761,71	3,0	13 ,8	»	ONO. N. NO. beau. belle.
En rade de Mazatlan.	13	23 14N. 108 49O. »	» »	21,0 20,0 20,42	1,0	21,0 15,2 18,43	5,8	761,3 759,3 760,17	2,0	14 ,6	»	ONO. O. NO. beau. belle.
	14	23 14N. 108 49O. »	» »	20,5 19,7 20,11	0,8	23,4 14,0 18,20	9,4	762,0 759,8 761,02	2,2	15 ,0	»	N O. calme; O. beau. belle.
	15	» » »	» »	20,6 19,5 19,68	1,1	22,4 15,2 18,12	7,2	761,9 760,5 761,05	1,4	16 ,1	»	calme; SO. E. beau. belle.
	16	» » »	» »	21,2 19,0 20,23	2,2	24,0 16,0 19,90	8,0	761,3 758,7 760,44	2,6	»	»	SE. E. S. SE. beau. belle ; houleuse.

Dates.	Positions	Courants en 24 h. Direct. Vitesse en mill.	TEMPÉRATURES de la mer. Max. Min. Diff. Moyenne.	TEMPÉRATURES de l'air. Max. Min. Diff. Moyenne.	Pression baromét. en millim. Max. Min. Diff. Moyenne.	Force élastique de la vapeur d'eau.	Double de la dépression de l'horizon.	Vents. État du ciel. État de la mer.	Lieux.
déc. 1837.	Latitude. Longit. Déclin.								
17	23 14N. 108 49O. »	» »	21,6 20,7 0,9 21,04	22,7 18,4 4,3 20,10	761,9 759,8 2,1 761,02	»	»	SE. E. SO. NO. beau. houleuse.	De Mazatlan à San-Blas.
18	23 14N. 108 49O. »	» »	22,0 20,3 1,7 21,01	22,0 17,0 5,0 19,29	763,8 759,9 3,9 761,35	14^{mm}7	»	NO. calm.; O. NO. beau. belle.	
19	22 06N. 108 42O. 8 N.E.	» »	23,7 21,5 2,2 22,70	22,8 19,2 3,6 20,45	762,8 761,2 1,6 761,85	14 ,5	»	NNO. NE. NO. beau. belle.	
20	21 50N. 108 14O. »	» »	24,5 22,3 2,2 23,12	23,2 20,0 3,2 21,32	763,6 760,6 3,0 762,46	»	»	NNO. calm.; ENE. beau. belle.	
21	21 36N. 107 54O. »	» »	23,5 22,0 1,5 22,49	23,7 18,7 5,0 21,45	762,8 760,1 2,7 761,49	18 ,4	»	NNE. calme.; NO. brumeux; beau. belle.	En rade de San-Blas.
22	21 32N. 107 36O. 9 12N.E.	» »	22,8 21,6 1,2 22,38	24,0 17,5 6,5 20,67	760,8 758,1 2,7 759,71	18 ,3	»	NE. NO. O. calm. brumeux; beau. belle.	
23	» » »	» »	24,0 22,0 2,0 22,85	26,4 19,6 6,8 22,76	762,9 759,5 3,4 760,72	16 ,3	»	calme; N. O. beau. belle.	
24	» » »	» »	22,7 22,0 0,7 22,23	25,0 18,8 6,2 20,95	763,6 761,1 2,5 762,28	18 ,2	»	calme; O. SO. beau. belle.	
25	» » »	» »	23,0 22,0 1,0 22,51	25,6 19,3 6,3 22,07	763,8 761,9 1,9 762,88	16 ,8	»	calm.; NE. NO. beau; couvert. belle.	
26	» » »	» »	23,0 21,8 1,2 22,52	23,6 18,6 5,0 20,46	764,1 761,3 2,8 762,79	17 ,1	»	cal.; SO.O NO.NE. beau. belle.	
27	21 32N. 107 36O. 9 12N.E	» »	23,3 22,0 1,3 22,52	23,0 18,7 4,3 20,83	765,0 761,6 3,4 762,82	17 ,4	»	calme; E. O. NO. beau. belle.	
28	20 42N. 108 14O. 7 N.E.	» »	23,6 22,4 1,2 23,04	24,3 20,7 3,6 22,28	762,9 759,7 3,2 761,34	17 ,0	»	N. NNE. NNO. beau. belle.	De San-Blas à Acapulco.
29	19 40N 108 04O. 7 N.E.	N.50 O. 9,2	24,6 23,0 1,6 23,98	25,6 21,0 4,6 23,50	762,5 759,8 2,7 761,02	18 ,6	»	NO. ESE. SSO. nuageux; beau. belle.	
30	19 18N. 107 34O. 7 N.E.	N.12 O. 7,6	25,8 24,3 1,5 24,91	27,0 22,0 5,0 24,00	761,6 758,9 2,7 760,0	19 ,5	»	N. SO. O. calme. beau. belle.	
31	19 01N 107 09O. 7 N.E.	N.26 E. 3,0	25,4 24,4 1,0 24,96	27,0 23,0 4,0 24,38	762,0 759,3 2,7 760,32	20 ,6	»	SE. N. O. calme. beau. belle.	

RÉSUMÉ DES OBSERVATIONS MÉTÉOROLOGIQUES FAITES A LA MER.

Lieux.	Dates. janv. 1838.	Positions Latitude. Longit. Déclin.	Courants en 24 h. Direct. Vitesse en mill.	TEMPÉRATURES de la mer. Max. Min. Moyenne.	Diff.	de l'air. Max. Min. Moyenne.	Diff.	Pression baromét. en millim Max. Min. Moyenne.	Diff.	Force élastique de la vapeur d'eau.	Double de la dépression de l'horizon.	Vents. État du ciel. État de la mer.
De San-Blas à Acapulco.	1	18 46N. 106 320. 9 N.E	» »	26,0 24,3 25,30	1,7	26,6 22,7 24,41	3,9	760,5 758,8 759,49	1,7	»	»	calme; O N O. beau. belle.
	2	17 53N. 105 390. 9 N.E.	» »	27,5 25,2 26,33	2,3	28,0 23,5 25,08	4,5	761,2 757,9 760,03	3,3	19mm7	»	O. NNO. beau. belle.
	3	17 46N. 104 440. 9 N.E.	S 84 E. 12,0	28,0 26,5 27,20	1,5	29,0 24,0 26,12	5,0	760,3 758,1 759,24	2,2	19,4	»	NE. N. OSO. beau. belle.
	4	17 29N. 104 000. 9 N.E.	S.85 O 3,9	27,8 26,2 27,00	1,6	30,5 24,4 26,61	6,1	760,2 756,7 758,53	3,5	21,8	»	NE. ONO. NNO. beau. belle.
	5	17 06N. 103 300. 9 N.E.	S. 68 O. 10,9	27,8 27,3 27,55	0,5	28,3 24,9 26,72	3,4	760,1 757,9 758,95	2,2	22,4	»	NNO. ESE. calm. beau. belle.
	6	17 08N. 103 400. 9 N.E.	N.75 O. 17,5	27,7 27,0 27,31	0,7	30,4 25,6 27,16	4,8	760,4 756,6 759,15	3,8	23,1	»	SE. calm.; NO. O. beau. belle.
	7	16 47N. 102 390. 9 N.E.	S. 63 E. 1,9	28,8 27,5 28,05	1,3	32,0 25,8 27,98	6,2	» » »		»	»	ONO. O. OSO. beau. belle.
En rade d'Acapulco.	8	16 50N. 102 090. 8 17NE.	» »	28,1 27,2 27,74	0,9	30,0 24,2 27,32	5,8	» » »		24,2	»	NE. SSE. NNO beau. belle.
	9	16 50N. 102 090. »	» »	28,3 27,5 27,80	0,8	28,4 24,0 25,85	4,4	» » »		23,0	»	NNO. calm.; NNO beau. belle.
	10	» » »	» »	28,2 26,6 27,40	1,6	28,0 24,0 25,82	4,0	» » »		23,3	»	N. calme; O. N beau. belle.
	11	» » »	» »	27,8 27,0 27,37	0,8	27,8 22,4 25,40	5,4	» » »		22,7	»	calme; OSO. beau. belle.
	12	» » »	» »	28,0 27,0 27,55	1,0	29,6 22,5 25,75	7,1	» » »		24,1	»	N.cal;.OSO.ONO. beau. belle.
	13	» » »	» »	28,0 26,2 27,25	1,8	30,0 20,8 25,15	10,2	» » »		21,7	»	NNE. N. O. S. O. beau. belle.
	14	» » »	» »	27,8 26,8 27,29	1,0	28,4 21,5 25,63	6,9	» » »		22,9	»	calme; SO. ONO. beau. belle.
	15	» » »	» »	28,0 27,0 27,43	1,0	28,5 22,7 25,52	5,8	» » »		21,8	»	N. calme; SO. beau. belle.
	16	» » »	» »	27,8 26,7 27,27	1,1	28,0 22,2 25,44	5,8	» » »		»	»	N. calme; OSO.N. beau. belle.

RÉSUMÉ DES OBSERVATIONS MÉTÉOROLOGIQUES FAITES A LA MER.									
Dates. janv. 1838.	Positions Latitude. Longit. Déclin.	Courants en 24 h. Direct. Vitesse en mill.	TEMPÉRATURES de la mer. Max. Min. Diff. Moyenne.	TEMPÉRATURES de l'air. Max. Min. Diff. Moyenne.	Pression baromet. en millim. Max. Min. Diff. Moyenne.	Force élastique de la vapeur d'eau.	Double de la dé- pression de l'horizon.	Vents. État du ciel. État de la mer.	Lieux.
17	» » »	» »	27,8 1,0 26,8 27,31	28,5 5,5 23,0 25,06	» » »	22^{mm}1	»	N. calm.; SO. N. beau. belle.	En rade d'Acapulco.
18	» » »	» »	28,0 1,2 26,8 27,40	30,0 9,0 21,0 25,60	» » »	23 ,4	»	N. calme; SO. N. beau. belle.	
19	» » »	» »	27,8 1,0 26,8 27,40	28,8 6,8 22,0 26,07	» » »	24 ,2	»	NE.SE.SO. calme. beau; nuageux. belle.	
20	» » »	» »	27,8 1,0 26,8 27,34	28,0 3,6 24,4 26,29	» » »	22 ,7	»	calm.;NE.SO.NO. beau. belle.	
21	» » »	» »	28,0 1,2 26,8 27,37	28,8 6,8 22,0 26,17	» » »	«	»	NNO. OSO. calm. beau. belle.	
22	16 50N. 102 09O. »	» »	27,8 1,2 26,6 27,24	28,5 4,5 24,0 26,49	» » »	22 ,5	»	NE. OSO O. N. beau. belle.	D'Acapulco à Valparaiso.
23	16 50N. 102 09O. 8 17N.E.	» »	28,3 1,8 26,5 27,27	28,2 3,7 24,5 26,65	» » »	24 ,0	»	N. calme; OSO. beau. belle.	
24	15 32N. 101 46O. 8 N.E.	» »	28,5 1,5 27,0 28,02	28,0 2,0 26,0 27,15	» » »	23 ,1	»	O. NO. OSO. beau. belle.	
25	13 50N. 101 06O. 8 N.E.	S. 40 E. 31,7	28,7 1,2 27,5 28,09	30,0 4,0 26,0 28,00	» » »	24 ,4	»	ONO. NO. N. NE beau. belle.	
26	12 07N. 101 23O. 8 N.E.	S. 24 O. 63,3	28,0 2,0 26,0 27,56	29,2 3,2 26,0 27,12	762,2 760,4 1,8 761,10	24 ,3	»	NNE. NE. N. NE. beau. belle.	
27	9 56N. 101 21O. 9 N.E.	S. 43 O. 20,9	26,5 0,8 25,7 26,02	27,4 2,4 25,0 26,33	762,5 759,4 3,1 760,82	23 ,4	»	NE. ENE. beau. belle; houleuse.	
28	7 47N. 101 01O. 10 N.E.	N. 47 O. 30,1	26,4 0,4 26,0 26,13	27,3 2,5 24,8 26,12	762,0 759,0 3,0 760,74	22 ,9	»	ENE. E. ENE. couvert; beau. belle.	
29	5 53N. 100 29O. 10 N.E.	N. 15E. 6,9	26,4 1,1 25,3 26,04	27,5 2,0 25,5 26,17	761,5 758,5 3,0 759,62	23 ,9	»	ENE. N. ENE. beau. belle.	
30	3 19N. 99 12O. 9 N.E.	S. 80 O. 18,9	27,0 1,0 26,0 26,22	27,5 2,2 25,3 26,15	759,5 757,5 2,0 758,73	22 ,9	»	ENE. NE. couvert. belle; houleuse.	
31	2 19N. 99 19O. 9 N.E.	S. 88 O. 28,9	26,2 0,2 26,0 26,02	26,3 1,5 24,8 25,02	759,5 757,2 2,3 758,43	20 ,0	»	SSE. SO. SSE. grains; couvert. belle.	

RÉSUMÉ DES OBSERVATIONS MÉTÉOROLOGIQUES FAITES A LA MER.

Lieux.	Dates. 1838. févier.	Positions Latitude Longit. Décl.n.	Courants en 24 h. Direct. Vitesse en mill.	TEMPÉRATURES de la mer. Max. Min. Moyenne	Diff.	TEMPÉRATURES de l'air. Max. Min. Moyenne	Diff.	Pression baromét. en millim. Max. Min. Moyenne.	Diff.	Force élastique de la vapeur d'eau.	Double de la dépression de l'horizon.	Vents. État du ciel. État de la mer.
D'Acapulco à Valparaiso.	1er	2°02' N 99 07 O. 9 N.E.	N.34 O. 32,9	26,6 26,0 26,18	0,6	27,8 24,8 26,38	3,0	761,0 758,0 759,57	3,0	23ᵐᵐ,0	»	S S E. S E. beau nuageux. belle.
	2	1 42 N. 100 07 O. 8 N.E.	N.49 O. 38,9	27,2 25,8 26,56	1,4	31,5 24,0 26,99	7,5	760,9 758,5 759,75	2,4	23 ,9	»	SSE. calme SE. pluv.; grains. belle.
	3	1 53 N. 100 32 O. 8 N.E.	N.43 O. 32,8	27,3 25,8 26,59	1,5	27,2 24,3 26,12	2,9	762,0 757,9 759,54	4,1	22 ,8	»	calm. SO.NO.NE beau ; nuageux. belle.
	4	1 06 N. 100 25 O. 9 N.E.	N.52 O. 15,9	27,4 26,0 26,65	1,4	28,0 24,5 26,31	3,5	761,1 758,5 759,65	2,6	22 ,7	»	NE. N. ENE. grains; beau. belle.
	5	0 25 N. 100 14 O. 9 N.E.	» »	26,8 25,8 26,36	1,0	26,5 23,5 25,21	3,0	761,5 759,0 759,80	2,5	22 ,4	»	SE. S. OSO. SSO. pluvieux grains. belle ; houleuse.
Sous l'équateur	6	0 24 N. 99 50 O. 9 N.E.	N.83 E. 44,9	26,5 25,4 25,87	1,1	29,2 24,0 26,42	5,2	761,2 758,5 759,84	2,7	23 ,2	»	S. SO. O. calme beau. houleuse.
	7	0 32 S. 99 36 O. 9 N.E.	N.43 E. 9,0	28,0 25,0 26,12	3,0	29,3 24,5 26,61	4,8	760,8 758,9 759,74	1,9	24 ,3	»	calme plat. beau. houleuse.
	8	0 56 S. 99 27 O 9 N.E.	S.34 E. 17,1	27,2 25,7 26,29	1,5	30,0 25,2 27,57	4,8	761,9 758,9 760,26	3,0	24 ,5	»	calme; N. S. beau ; nuageux. belle.
	9	1 17 S. 99 19 O. »	S.51 E. 21,6	27,7 26,0 26,87	1,7	30,0 24,8 26,91	5,2	761,4 758,9 760,14	2,5	23 ,9	»	calm.;SO.S.SSE grains ; beau. belle.
	10	1 34 S. 9932 O 9 N.E	S.74 O. 31,5	30,1 26,2 27,68	3,9	30,5 25,4 28,34	5,1	761,4 758,5 760,02	2,9	25 ,4	»	calm.;SO.O.OSO. beau. belle.
	11	1 55 S. 99 01 O. 9 N.E.	S.72 O. 8,8	27,8 26,4 27,02	1,4	28,2 23,0 25,79	5,2	761,0 759,4 760,18	1,6	23 ,9	»	OSO. cal.;SO. SE. pluvieux ; nuag. belle.
	12	2 26 S. 98 47 O. 9 N.E.	N.85 E. 26,8	26,8 26,0 26,32	0,8	28,0 24,8 26,18	3,2	761,8 759,2 760,50	2,6	24 ,0	»	S E. S S E. nuageux. belle.
	13	3 23 S. 99 51 O. 8 N.E.	» »	26,4 25,0 25,66	1,4	26,4 24,3 25,21	2,1	761,9 758,9 760,38	3,0	24 ,2	»	SSE. SO. NE. couv.; pluvieux. belle ; houleuse.
	14	3 51 S. 99 51 O. 9 N.E.	» »	27,0 24,5 25,81	2,5	29,8 24,0 26,09	5,8	761,0 758,5 759,93	2,5	24 ,4	»	NE. calme; SSE. grains; pluv. houleuse.

RÉSUMÉ DES OBSERVATIONS MÉTÉOROLOGIQUES FAITES A LA MER.									
Dates.	Positions	Courants en 24 h.	TEMPÉRATURES		Pression baromét. en millim.	Force élastique de la vapeur d'eau.	Double de la dépression de l'horizon.	Vents. État du ciel. État de la mer.	Lieux.
1838. fév.	Latitude. Longit. Déclin.	Direct. Vitesse en mill.	de la mer. Max. Min. Moyenne. Diff.	de l'air. Max. Mid. Moyenne. Diff.	Max. Min. Moyenne. Diff.				
15	3 11 S. 100 17 O. 8 N.E	N.14 O. 22,5	26,7 25,0 26,01 1,7	29,0 25,0 26,13 4,0	760,5 759,0 759,87 1,5	22mm,6	»	SSO. SE. beau; grains. clapoteuse; belle.	Sorti de la region tropicale.
16	4 21 S. 101 52 O. 8 N.E.	S.87 O. 42,3	26,7 25,5 26,09 1,2	27,7 25,0 25,93 2,7	760,9 758,0 759,41 2,9	23 ,7	»	SE. grains. belle.	
17	6 27 S. 103 55 O. 8 N.E	N.80 O. 19,3	26,0 25,5 25,76 0,5	27,0 24,0 25,40 3,0	760,6 758,5 759,54 2,1	22 ,7	»	SE ESE. grains; pluvieux. houleuse; belle.	
18	8 37 S. 105 43 O. 8 N E.	» »	26,0 25,2 25,62 0,7	27,0 24,5 25,30 2,5	761,1 758,6 759,52 2,5	23 ,4	»	SE. SSE. couvert; grains. belle.	
19	10 27 S. 107 47 O. 8 N.E	N.30 E. 12,8	25,8 25,0 25,41 0,8	28,3 24,3 25,73 4,0	761,6 759,1 760,34 2,5	23 ,0	»	SE. ESE. nuageux; beau. belle.	
20	13 01 S. 109 03 O. 8 N E	N.37 O. 4,3	25,6 24,3 25,04 1,3	28,3 23,0 25,25 5,3	763,6 759,6 761,08 4,0	23 ,2	»	SE. ESE. beau. belle.	
21	15 41 S. 109 48 O. 8 N.E	S.36 O. 15,1	25,7 24,5 25,15 1,2	28,0 24,0 25,54 4,0	764,1 760,2 762,03 3,9	22 ,6	»	ESE. E. belle. houleuse; belle.	
22	18 24 S. 110 10 O. 8 N.E	S.13 E. 4,2	26,6 24,7 25,58 1,9	29,0 24,0 26,26 5,0	766,6 763,1 764,25 3,5	23 ,5	»	E. ESE. grains; beau. belle.	
23	21 03 S. 110 42 O. 8 N.E.	N.89 O. 16,2	26,0 25,0 25,59 1,0	28,0 25,0 26,08 3,0	766,1 765,0 765,48 1,1	,f	»	E. grains; beau. belle; houleuse.	
24	23 48 S. 111 00 O. 8 N.E.	N.57 O. 10,5	25,4 24,7 25,09 0,7	27,0 24,0 24,85 3,0	766,4 764,6 765,42 1,8	19 ,4	»	ESE. E. ENE. grains; beau. houleuse.	
25	26 30 S. 110 57 O. 8 N.E.	N.59 E. 3,9	24,8 24,0 24,47 0,8	27,5 23,8 24,88 3,7	767,3 765,5 766,62 1,8	19 ,4	»	ENE. E ENE. beau. houleuse.	Auprès de l'île de Pâques.
26	27 00 S. 111 26 O. 8 N.E.	N. 9 O. 25,0	25,3 24,0 24,59 1,3	27,5 23,4 25,06 4,1	767,3 766,5 766,90 0,8	21 ,8	»	E. SE. beau. houleuse.	
27	28 19 S. 111 31 O. 8 N.E.	S.22 O. 8,0	25,6 24,0 24,55 1,6	27,0 22,6 24,77 4,3	767,2 764,5 765,77 2,7	21 ,8	»	E. ENE. ESE. grains; beau. belle; houleuse.	
28	29 16 S. 111 05 O. 8 N.E.	S.14 O. 12,2	25,2 24,1 24,54 1,1	27,5 22,5 24,75 5,0	766,7 763,6 765,22 3,1	22 ,7	»	ENE. NNE. NNO. beau; grains. houleuse.	

RÉSUMÉ DES OBSERVATIONS MÉTÉOROLOGIQUES FAITES A LA MER.

Lieux.	Dates. mars 1838.	Positions Latitude. Longit. Déclin.	Courants en 24 h. Direct. Vitesse en mill.	TEMPÉRATURES de la mer. Max. Min. Moyenne.	Diff.	de l'air. Max. Min. Moyenne.	Diff.	Pression baromét. en millim. Max. Min. Moyenne.	Force élastique de la vapeur d'eau.	Double de la dépression de l'horizon.	Vents. État du ciel. État de la mer.
D'Acapulco à Valparaiso.	1	29 56 S. 108 480. 8 N.E.	S.49 E. 28,4	24,3 23,1 23,91	1,2	26,0 23,0 24,12	3,0	764,1 763,6 763,82	0,5	21mm2	» NNO. beau. houleuse.
	2	31 03 S. 104 490. 10 N.E.	S. 8 E. 14,1	23,0 22,0 22,63	1,0	25,8 22,7 23,94	3,1	764,1 762,1 763,02	2,0	18,9	» NO. belle; houleuse.
	3	31 38 S. 101 120. 12 N.E.	S.28 O. 4,0	22,8 21,8 22,39	1,0	25,0 21,7 23.08	3,3	764,9 763,2 764,26	1,7	20,6	» NO. O. ONO. couvert; pluie. houleuse.
	4	35 15 S. 98 21 O. 13 N.B.	S.53 E. 2,0	22,4 21,3 22,02	1,1	26,5 21,7 23,49	4,8	765,8 763,4 765,03	2,4	21,2	» O. beau. belle.
	5	32 37 S. 95 25 O. 13 N.E.	S.58 E. 9,7	22,6 21,8 22,16	0,8	27,0 21,5 23,23	5,5	767,9 765,8 766,68	2,1	18,7	» O. beau. houleuse.
	6	32 49S. 93 160. 15 N.E	N.86 E. 15,7	22,7 21,0 21,90	1,7	27,0 21,2 23.26	5,8	768,7 767,4 767,66	1,3	»	» O. beau. belle.
	7	32 55S. 90 230. 14 N.E	N.81 E. 9,9	22,2 21,4 21,89	0,8	25,4 19,5 22,41	5,9	766,9 762,4 764,53	4,5	18,3	» O. OSO S. nuageux; pluie. houleuse.
	8	32 48 S. 87 550. 15 N.E.	» »	21,6 21,0 21,28	0,6	20,7 18,4 19,43	2,3	764,1 761,5 762,31	2,6	»	» S E. grains. houleuse.
	9	32 39 S. 85 390. 16 N.E.	E. 19,2	21,3 20,0 20,59	1,3	21,4 18,4 19,59	3,0	763,6 762,1 762,81	1,5	14,5	» S E. beau; grains. houleuse.
	10	32 44S. 85 040. 15 N.E.	N.63 E. 22,9	21,4 20,0 20,52	1,4	22,5 17,5 19,40	5,0	768,6 763,7 765,91	4,9	»	» S E. grains; beau. houleuse.
	11	33 38 S. 85 460. 14 N.E.	N.18 E. 9,3	21,0 19,8 20,59	1,2	20,0 18,0 18,63	2,0	769,2 767,7 767,63	2,5	13,7	» E S E. nuageux. houleuse.
	12	33 15S. 83 360. 14 N.E.	S.77 O. 4,6	20,8 19,7 20,30	1,1	20,0 17,5 18,60	2,5	766,2 763,7 764,70	2,5	14,9	» SE. SSE. S. nuageux. houleuse.
Auprès des îles Mas-à-Fuera et Juan-Fernandez.	13	33 25S. 82 590. 14 N.E.	S.86 E. 6,0	21,2 20,0 20.58	1,2	21,0 17,4 18,72	3,6	762,7 761,2 762.09	0,5	14,9	» S. calme; NNO. couvert. houleuse; belle.
	14	33 54S. 82 300. 14 N.E.	S.43 E. 13,3	21,0 19,8 20,36	1,2	24,0 17,4 19,98	6,6	761,2 760,5 760,73	0,7	16,2	» NNO. O. beau. un peu houleuse.
	15	33 35S. 81 00 O. 14 N.E.	N.80 E. 17,7	21,0 20,0 20,22	1,0	24,3 18,5 20,76	5,8	763,7 761,1 762,54	1,6	16,4	» OSO. ONO. très-beau. houleuse, belle.
	16	33 38 S. 79 290. 14 N.E.	S.83 E. 17,9	20,4 19,5 19,86	0,9	24,8 19,0 21,14	5,8	761,9 760,1 761,27	1,8	16,9	» ONO. O. OSO. beau. belle.

— 309 —

RÉSUMÉ DES OBSERVATIONS MÉTÉOROLOGIQUES FAITES A LA MER.									
Dates.	Positions	Courants en 24 h.	TEMPÉRATURES		Pression baromét. en millim:	Force élastique de la vapeur d'eau.	Double de la dépression de l'horizon.	Vents.	Lieux.
			de la mer.	de l'air.				État du ciel.	
mars 1837.	Latitude. Longit. Déclin.	Direct. Vitesse en mill.	Max. Min. Diff. Moyenne	Max. Min. Diff. Moyenne.	Max. Min. Diff. Moyenne.			État de la mer.	
17	33 03 S. 76 540. 16 N.E.	N.61 E. 28,1	19,5 19,0 0,5 19,31	23,8 17,8 6,0 20,05	763,6 761,6 2,0 762,57	15ᵐᵐ0	»	SSO. O. SSO. beau. belle.	
18	33 02 S. 74 040. 15 N.E.	» »	18,0 13,6 4,4 16,07	19,0 15,5 3,5 17,51	764,1 761,0 3,1 762,64	»	»	S. beau. belle.	
19	32 02 S. 74 040. 15 36 NE.	» »	16,5 13,5 3,0 15,39	25,0 14,2 10,8 17,63	761,4 758,3 3,1 759,88	13 ,1	»	calme. beau. belle.	En rade de Valparaiso.
20	» » »	» »	15,5 14,0 1,5 14,54	19,1 12,8 6,3 15,60	760,9 759,0 1,9 759,77	11 ,5	»	calme. couvert. belle.	
21	» » »	» »	15,0 14,0 1,0 14,64	20,7 14,0 6,7 16,00	764,8 758,0 6,8 761,32	»	»	calme; N. couv.;pluie;beau. belle.	
22	» » »	» »	15,3 13,5 1,8 14,41	24,0 12,0 12,0 17,00	763,1 757,7 5,3 760,03	14 ,5	»	S E. S. clair. belle; houleuse.	
23	» » »	» »	15,0 13,4 1,6 14,29	20,0 12,8 7,2 16,09	761,7 758,0 3,7 759,86	»	»	E SE. N O. beau. belle.	
24	» » »	» »	15,4 13,6 1,8 14,72	20,5 14,0 6,5 16,26	759,1 756,3 2,8 757,52	»	»	N O. beau. belle.	
25	» » »	» »	15,6 14,0 1,6 14,87	19,7 12,0 7,7 16,42	761,2 756,3 4,9 759,05	»	»	E. calme; N. NO. nuageux. belle; houleuse.	
26	» » »	» »	15,8 14,0 1,8 15,02	23,3 15,0 8,3 18,49	762,2 760,6 1,6 761,31	17 ,2	»	calme. beau. houleuse.	
27	» » »	» »	17,5 14,3 3,2 16,16	26,0 14,8 11,2 19,44	761,8 760,4 1,4 761,15	16 ,5	»	calm.; N. calme. beau. houleuse.	
28	» » »	» »	17,3 15,0 2,3 16,54	23,0 15,0 8,0 19,00	764,2 761,3 2,9 763,08	15 ,9	»	calme; SO. S. beau. belle.	
29	» » »	» »	18,0 15,5 2,5 16,74	24,0 16,5 7,5 20,54	763,0 757,6 5,4 759,42	14 ,8	»	N. calme; S O. beau. houleuse; belle.	
30	» » »	» »	16,5 15,8 0,7 16,13	20,0 13,0 7,0 17,03	761,0 759,0 2,9 760,28	14 ,2	»	calm.; N.NO.SO. beau. belle.	
31	33 02 S. 74 040. 15 36 N.E.	» »	16,7 15,7 1,0 16,16	20,0 14,3 5,7 16,88	761,9 759,2 2,7 761,06	»	»	calme. NO. beau. belle.	

RÉSUMÉ DES OBSERVATIONS MÉTÉOROLOGIQUES FAITES A LA MER.									
Lieux.	Dates. avril 1838.	Positions Latitude. Long't. Déclin.	Courants en 24 h. Direct. Vitesse en mill.	TEMPÉRATURES		Pression baromét. en millim. Max. Min. Diff Moyenne.	Force élastique de la vapeur d'eau.	Double de la dépression de l'horizon.	Vents. État du ciel. État de la mer.
				de la mer. Max. Min. Diff Moyenne.	de l'air. Max. Min. Diff Moyenne.				
En rade de Valparaiso.	1	33 02N. 74 040. 1536N.E.	» »	16,5 15,4 1,1 15,99	21,0 15,0 6,0 17,90	763,0 760,2 2,8 761,16	15^{mm}7	»	calme; SE. SSO. beau. belle.
	2	» » »	» »	17,3 15,5 1,8 16,18	23,0 13,8 9,2 17,81	761,2 758,6 2,6 759,90	13 ,4	»	calme; N. beau. belle.
	3	» » »	» »	16,8 15,5 1,3 16,06	22,0 13,2 8,8 17,27	764,1 760,1 3,7 762,62	»	»	N. calme. couvert; pluie. belle.
	4	» » »	» »	16,2 15,3 0,9 15,83	25,0 13,6 10,4 19,51	764,7 762,9 1,8 763,42	»	»	calme; ONO. SO. beau. belle.
	5	» » »	» »	16,5 14,8 1,7 15,75	24,5 14,2 10,3 18,72	764,1 761,4 2,7 762,56	»	»	calme; ENE. SE. beau. belle.
	6	» » »	» »	16,3 14,0 2,3 15,16	22,0 14,5 7,5 17,48	762,3 760,9 1,4 761,79	14 ,8	»	calme; S E. beau. belle.
	7	» » »	» »	15,2 13,4 1,8 14,49	24,0 13,0 11,0 17,09	763,0 761,1 1,9 762,30	13 ,6	»	calme. beau. belle.
	8	» » »	» »	14,6 13,8 0,8 14,19	21,0 14,0 7,0 17,88	763,2 761,5 1,7 762,58	12 ,9	»	calme. beau. belle.
	9	» » »	» »	14,9 13,4 1,5 14,25	18,8 12,1 6,7 15,41	766,1 763,9 2,2 764,85	11 ,8	»	SE. S. beau. belle.
	10	» » »	» »	13,5 12,3 1,2 12,93	18,5 10,0 8,5 14,43	766,2 762,0 4,2 763,57	10 ,9	»	SE. calme; S. beau. belle.
	11	» » »	» »	13,8 11,6 2,2 12,47	20,5 12,6 7,9 16,35	761,7 759,8 1,9 760,81	»	»	calme. beau. belle.
	12	» » »	» »	13,6 11,8 1,8 12,77	18,0 11,5 6,5 14,74	762,5 761,5 1,0 761,82	»	»	calme. beau. belle.
	13	» » »	» »	13,5 12,0 1,5 12,46	17,8 11,5 5,3 13,95	762,7 761,2 1,5 761,92	»	»	calm.; NE.SE.SO. beau. belle.
	14	» » »	» »	13,3 12,0 1,3 12,71	19,0 12,0 7,0 15,26	763,3 761,2 2,1 762,21	11 ,3	»	calme; SE. OSO. brumeux; beau. belle.
	15	33 02N. 74 040. 1536N.E.	» »	14,0 12,1 1,9 13,17	19,0 12,0 7,0 15,26	762,7 760,8 1,9 761,57	11 ,9	»	calme. brumeux; clair. belle.

RÉSUMÉ DES OBSERVATIONS MÉTÉOROLOGIQUES FAITES À LA MER.									
Dates.	Positions	Courants en 24 h.	TEMPÉRATURES		Pression baromét: en millim.	Force élastique de la vapeur d'eau.	Double de la dépression de l'horizon	Vents. État du ciel. [État de la mer.	Lieux.
			de la mer.	de l'air.					
avril 1838.	Latitude. Longit. Déclin.	Direct. Vitesse en mill.	Max. Min. Moyenne	Diff	Max. Min. Moyenne	Diff	Max. Min. Moyenne	Diff			
16	» » »	» »	13,5 12,5 12,89	1,0	17,4 10,0 14,03	7,4	763,3 762,2 762,81	1,1	11ᵐᵐ4	»	calme. beau. belle.	En rade de Valparaiso.
17	» » »	» »	13,5 12,3 12,81	1,2	22,0 11,4 16,30	10,6	762,2 758,9 760,65	3,3	11 ,7	»	calme; S. O. beau. belle.	
18	» » »	» »	12,6 11,3 11,87	1,3	18,2 13,3 16,31	4,9	762,1 759,0 760,42	3,1	12 ,1	»	calme. beau. belle.	
19	» » »	» »	11,8 10,8 11,30	1,0	14,8 10,0 12,72	4,8	762,5 762,0 762,32	0,5	»	»	calme. beau ; brume. belle.	
20	» » »	» »	12,5 11,0 12,03	1,5	15,5 10,0 12,27	5,5	763,4 762,0 762,76	1,4	10 ,8	»	calme. beau ; brume. belle.	
21	» » »	» »	12,3 11,2 12,02	1,1	13,0 9,0 11,09	4,0	763,5 762,1 763,11	1,4	10 ,1	»	calme; ESE. N. brumeux. belle.	
22	» » »	» »	12,9 11,2 11,63	1,7	14,2 9,0 12,00	5,2	763,5 761,4 762,66	2,1	9 ,2	»	calme. brume épaisse. belle.	
23	» » »	» »	12,6 11,5 12,14	1,1	15,0 11,2 13,17	3,8	763,6 761,6 762,78	2,0	10 ,7	»	calme; E. SE. SO. brumeux. belle.	
24	» » »	» »	12,6 11,8 12,08	0,8	15,7 12,0 13,67	3,7	764,2 762,5 763,40	1,7	10 ,7	»	calme ; ESE. brumeux. belle.	
25	» » »	» »	12,8 11,7 12,23	1,1	18,6 11,5 14,40	7,1	764,3 762,7 763,46	1,6	11 ,7	»	cal.; SSO.NO.NE. beau. belle.	
26	» » »	» »	13,0 11,8 12,40	1,2	19,5 11,3 14,56	8,2	762,7 761,2 762,20	1,5	11 ,2	»	calme. beau. belle.	
27	» » »	» »	13,4 11,8 12,70	1,6	16,7 12,0 14,50	4,7	764,0 761,2 761,94	2,8	12 ,1	»	calme; NE. NNO. beau ; pluvieux. belle ; houleuse.	
28	33 02N. 74 040. 15 36N.E.	» »	15,8 12,8 14,07	2,1	19,0 12,8 15,69	6,2	765,7 763,3 764,34	2,4	12 ,2	»	N. NO. SSO. nuageux. houleuse.	
29	31 00N. 76 100. 16 N.E.	N.45 O. 10,5	16,8 14,5 15,36	2,3	14,9 14,5 14,75	0,4	765,2 763,2 763,81	2,0	11 ,4	»	S. SSO. nuageux. grosse houle.	De Valparaiso au Callao de Lima.
30	28 46N. 79 070. 15 N.E.	N. 2 E. 2, 4	19,3 18,0 18,81	1,3	17,3 14,0 15,02	3,3	765,1 763,1 763,91	2,0	12 ,4	»	SE. SSE. S. nuageux. houleuse.	

RÉSUMÉ DES OBSERVATIONS MÉTÉOROLOGIQUES FAITES A LA MER.

Lieux.	Dates. mai 1838.	Positions. Latitude. Longit. Déclin.	Cour.nt en 24 h. Direct. Vitesse en mill.	TEMPÉRATURES de la mer. Max. Min. Diff. Moyenne	TEMPÉRATURES de l'air. Max. Min. Diff. Moyenne.	Pression baromét. en millim. Max. Min. Diff. Moyenne.	Force élastique de la vapeur d'eau.	Double de la dépression de l'horizon.	Vents. État du ciel. État de la mer.
De Valparaiso au Callao de Lima.	1	27 03 S 81 20O. 14 N.E.	N.86 E. 1,9	19,7 19,2 0,5 19,47	18,0 16,0 2,0 17,58	764,0 763,1 0,9 763,35	12mm7	»	S. S E. S. S E. nuageux. houleuse.
	2	26 23 S. 82 25O. 13 N.E.	N 31 O. 22,4	20,0 19,5 0,5 19,67	18,2 17,0 1,2 17,66	765,4 762,2 3,2 763,40	13 ,3	»	S S E. S E. S. brumeux ; couv. belle ; houleuse.
Auprès des Îles Saint-Félix et Saint-Ambroise.	3	26 15S. 82 39O. 14 N E.	N. 1 E. 18,5	20,3 19,5 0,8 19,98	20,0 18,0 2,0 19,08	766,2 763,9 2,3 764,82	14 ,8	»	S S E. S E. couvert; beau. houleuse.
	4	24 18S. 82 12O. 13 N.E.	» »	20,6 19,0 1,6 19,93	20,8 18,0 2,8 19,56	766,9 763,3 3,6 764,93	15 ,4	»	S E. E S E. nuageux. belle.
	5	21 26 S. 81 34O. 13 N.E.	» »	21,0 19,6 1,4 20,45	21,1 19,4 1,7 20,12	765,8 762,3 3,5 763,73	14 ,8	»	E S E. couvert. houleuse.
Entrée dans la région tropic.	6	18 20S. 80 49O. 12 N.E	» »	21,9 20,5 1,4 21,32	22,5 19,5 3,0 20,83	764,7 761,6 3,1 762,92	16 ,7	»	E. E S E. couvert. houleuse.
	7	15 33 S. 80 21O. 11 N.E.	» »	21,5 19,8 1,7 21,01	21,7 20,2 1,5 20,83	762,6 760,6 2,0 761,78	15 ,9	»	E S E. couvert. belle.
	8	13 21 S. 79 55O. 10 N.E.	» »	19,8 18,3 1,5 19,05	21,0 16,5 4,5 18,31	761,7 759,5 2,3 760,60	14 ,5	»	S E. calme. nuageux ; brum. belle.
	9	12 46 S. 79 33O. 10 N.E.	N.41 O. 14,1	19,8 18,0 1,8 19,02	21,0 16,5 4,5 18,31	762,2 759,9 2,3 761,05	14 ,5	»	E. S S O. S E. brumeux. belle.
	10	12 14S 79 40O. 9 N.E.	» »	18,6 16,5 2,1 17,75	19,3 17,0 2,3 18,00	761,9 760,3 1,6 760,65	14 ,1	»	S E. S. S S E. S E. brumeux. belle.
En rade du Callao de Lima.	11	12 03S. 79 33O. 10 16N.E.	» »	17,5 15,8 1,7 16,56	23,0 17,5 5,5 19,38	762,4 760,6 1,8 761,32	15 ,8	»	S S E. couvert. belle.
	12	12 03 S. 79 33O. 10 16N.E.	» »	17,8 15,7 2,1 16,40	21,3 16,0 5,3 18,24	762,1 760,0 2,1 760,85	14 ,2	»	S E. S O. S S O. brumeux ; beau. belle.
	13	» » »	» »	17,0 16,0 1,0 16,45	21,0 16,3 4,7 18,78	762,0 759,8 2,2 760,92	14 ,9	»	calme ; S S E. brumeux. belle.
	14	» » »	» »	16,6 16,0 0,6 16,24	21,3 17,5 3,8 19,15	762,6 759,8 2,8 761,45	»	»	calme ; S E. beau. belle.
	15	» » »	» »	16,5 16,0 0,5 16,21	21,3 17,6 3,7 19,24	764,6 761,7 2,9 762,81	15 ,7	»	calme ; S E. beau. belle.
	16	» » »	» »	16,7 15,3 1,4 15,94	21,0 16,5 4,5 18,75	763,7 761,0 2,7 762,47	15 ,2	»	S S E. S E. brumeux ; beau. belle

			TEMPÉRATURES		Pression	Force élastique de la vapeur d'eau.	Double de la dépression de l'horizon.	Vents.	
		Courants en 24 h.	de la mer.	de l'air	baromét. en millim.			État du ciel.	Lieux.
Dates.	Positions								
mai 1838.	Latitude. Longit. Décl.n.	Direct. Vitesse en mill.	Max. Min. Diff. Moyenne.	Max. Min. Diff. Moyenne.	Max. Min. Diff. Moyenne.			État de la mer.	
17	12 03 S. 79 33 O. 10 16 N.E.	» »	16,2 15,0 1,2 15,70	20,0 17,0 3,0 18,25	762,9 761,0 1,9 762,11	[4^{min}]	»	calme. brume épaisse. belle.	En rade du Callao de Lima.
18	» » »	» »	16,6 15,3 1,3 15,90	21,0 17,0 4,0 18,51	762,9 760,4 2,5 761,67	14 ,7	»	calme; S. S E. brumeux. belle.	
19	» » »	» »	17,3 15,5 1,8 16,57	20,5 17,6 2,9 18,77	762,7 761,2 1,5 761,87	14 ,9	»	SE. calme; O.SSE. couvert. belle.	
20	» » »	» »	17,7 16,0 1,7 17,02	21,6 17,0 4,6 18,71	762,4 760,9 1,5 761,69	14 ,6	»	calme; ONO. beau. belle.	
21	» » »	» »	17,8 17,0 0,8 17,39	20,5 17,0 3,5 18,75	764,0 761,8 2,2 762,70	14 ,8	»	N. NO. calme. beau. belle.	
22	» » »	» »	18,7 17,0 1,7 17,89	24,2 17,4 6,8 20,31	763,2 760,5 2,7 761,95	16 ,1	»	S E. beau. belle.	
23	» » »	» »	19,5 18,0 1,5 18,77	26,0 18,5 7,5 20,87	» » »	18 ,6	»	S E. beau. belle.	
24	» » »	» »	18,7 17,8 0,9 18,39	23,4 17,7 5,7 19,95	» » »	17 ,8	»	S E. couvert. belle.	
25	» » »	» »	18,0 16,7 1,3 17,66	23,5 16,5 7,0 19,06	» » »	16 ,7	»	S E. SS E. couvert. belle.	
26	» » »	» »	16,4 15,5 0,9 16,05	23,0 16,2 6,8 19,14	» » »	16 ,6	»	S E. SS E. beau. belle.	
27	» » »	» »	17,3 15,5 1,8 16,40	21,5 17,5 4,0 19,19	» » »	15 ,1	»	calme; NE. SSE. beau. belle.	
28	» » »	» »	17,0 15,7 1,3 16,29	22,0 16,7 5,3 19,26	» » »	»	»	calme; NE. SSE. beau. belle.	
29	» » »	» »	16,8 15,6 1,2 16,20	21,8 17,0 4,8 19,35	» » »	»	»	S E. beau. belle.	
30	» » »	» »	18,0 15,6 2,4 16,64	22,5 16,8 5,7 18,56	» » »	14 ,5	»	calme; SO. SSE. couvert. belle.	
31	12 03 S. 79 33 O. 10 16 N.E.	» »	17,5 15,5 2,0 16,58	22,2 17,0 5,2 18,84	» » »	14 ,8	»	calmé; ESE. SE. couvert. belle.	

RÉSUMÉ DES OBSERVATIONS MÉTÉOROLOGIQUES FAITES A LA MER.

Lieux.	Dates. juin 1838.	Positions Latitude Long t. Déclin.	Courants en 24 h. Direct. Vitesse en mill	TEMPÉRATURES		Pression baromét. en m.lim. Max. Min. Diff Moyenne.	Force élastique de la vapeur d'eau.	Double de la dépression de l'horizon.	Vents. État du ciel. État de la mer.
				de la mer. Max. Min. Diff Moyenne.	de l'air. Max. Min. Diff Moyenne.				
Du Callao de Lima à Payta.	1	12 03 S. 79 33 O. 10 16 N.E.	» »	18,7 15,3 3,4 16,89	22,3 17,0 5,3 18,15	» » »	»	»	S E. S S E. couvert. belle.
	2	12 02 S. 80 11 O. »	O. 22,5	19,0 18,2 0,7 18,54	19,2 18,0 1,2 18,49	» » »	13mm7	»	S E. E S E. couvert. houleuse.
	3	10 50 S. 80 52 O. »	N.55 O. 14,6	22,0 18,2 3,8 20,56	20,5 17,6 2,9 19,32	» » »	15 ,0	»	E S E. S S E. beau. belle.
	4	9 06 S. 82 38 O. »	N.70 O. 6,7	22,0 21,0 1,0 21,53	22,7 20,0 2,7 21,29	» » »	17 ,1	»	E S E. nuageux; beau. belle.
	5	6 55 S. 83 30 O. »	N.58 O. 17,2	20,4 17,6 2,8 19,82	21,7 18,0 3,7 20,17	» » »	15 ,9	»	SE. nuageux; beau. belle.
En rade de Payta.	6	5 07 S. 83 32 O. 9 0 N.E.	» »	18,5 16,8 1,7 17,61	24,2 18,7 5,5 21,06	» » »	»	»	S E. S S E. nuageux; beau. belle.
	7	» » »	» »	18,5 16,8 1,7 17,61	24,6 18,8 5,8 21,13	» » »	»	»	E S E. S S E. beau; couvert. belle.
	8	» » »	» »	18,2 16,0 2,2 17,22	25,7 18,5 7,2 20,64	» » »	»	»	SE. ENE. O. S. beau. belle.
	9	» » »	» »	19,5 16,8 2,7 17,35	26,0 19,8 6,2 21,71	» » »	18 ,7	»	SE. SSO. SSE. beau; couvert. belle.
	10	» » »	» »	19,5 16,2 3,3 17,73	24,3 19,0 5,3 21,50	» » »	»	»	ESE. SSO. beau; couvert. belle.
	11	» » »	» »	18,5 16,5 2,0 17,49	24,6 19,5 5,1 21,42	» » »	18 ,0	»	ESE. SSO. beau. belle.
	12	» » »	» »	20,5 17,0 3,5 18,60	27,4 18,9 8,5 22,19	» » »	14 ,5	»	ESE. SSE. SE. beau. belle.
	13	» » »	» »	18,6 17,0 1,6 17,71	26,5 18,8 7,7 21,56	» » »	19 ,4	»	S E. S S E. beau. belle.
	14	» » »	» »	18,3 17,0 1,3 17,63	29,0 18,5 10,5 21,85	» » »	21 ,1	»	SSE. SSO. SE. beau. belle.
	15	5 07 S. 83 32 O. 9 0 N.E.	» »	18,4 16,7 1,7 17,61	20,4 18,0 8,4 21,58	» » »	19 ,5	»	SE. ESE. SSE beau. belle.

RÉSUMÉ DES OBSERVATIONS MÉTÉOROLOGIQUES FAITES A LA MER.

Dates. Juin 1838.	Positions Latitude. Longit. Déclin.	Courants en 24 h. Direct. Vitesse en mill.	TEMPÉRATURES de la mer. Max Min. Moyenne. Diff	TEMPÉRATURES de l'air. Max. Min. Moyenne. Diff.	Pression baromét. en millim. Max. Min. Moyenne.	Force élastique de la vapeur d'eau.	Double de la dépression de l'horizon	Vents. État du ciel. État de la mer.	Lieux.
16	5 07 S. 83 320. 9 00 N.E.	» »	18,0 16,5 1,5 17,11	30,0 18,0 12,0 22,17	» » »	21ᵐᵐ6	»	ESE. SSE. beau. belle.	De Payta aux Îles Galapagos.
17	5 07 S 83 320 »	N.83 O. 25,9	18,9 16,5 2,4 17,60	25,0 18,5 6,5 19,98	» » »	17, 4	»	ESE. SO. S. beau. belle.	
18	4 07 S. 85 450. »	N.43 O. 17,1	21,5 19,0 2,5 20,68	22,0 18,8 3,2 20,80	» » »	15 ,4	»	SSE. S. couvert. houleuse; belle.	
19	3 16 S. 88 380. 9 N.E.	N.61 E. 13,8	23,7 21,7 2,0 22,85	22,6 21,0 1,6 22,11	» » »	17 ,3	»	SSE. SE. couvert. houleuse.	
20	2 05 S. 90 350. 9 N E.	N.35 O. 15,7	24,2 23,5 0,7 23,76	23,6 22,0 1,6 22,42	» » »	18 ,1	»	SSE. SE. ESE. couvert. belle.	
21	1 29 S. 92 060. 9 N.E	N.53 O. 18,3	23,8 23,2 0,6 23,55	24,0 20,3 3,7 22,90	» » »	18 ,7	»	SE. SSE. ESE. nuageux. houleuse; belle.	
22	1 23 S 92 590 9 N.E.	» »	23,7 22,3 1,4 23,10	25,0 22,8 2,2 23,73	» » »	18 ,2	»	SE SSE. couvert. belle.	
23	1 14 S. 92 580. 8 51 N.E.	» »	23,8 22,0 1,8 22,70	26,0 23,0 3,0 24,10	» » »	19 ,4	»	SSE. E. SE. couvert. houleuse; belle.	En rade de Post-Office (Galapagos).
24	» » »	» »	23,6 22,5 1,1 23,05	25,6 23,0 2,6 23,05	» » »	»	»	SO. S. SE. couvert. belle.	
25	» » »	» »	23,6 22,0 1,6 22,80	25,0 23,0 2,0 23,88	» » »	»	»	SE. SSE. couvert; pluie. belle.	
26	» » »	» »	23,5 22,2 1,3 22,95	26,5 22,5 4,0 23,75	» » »	19 ,1	»	S. SSE. E. couvert. belle.	
27	» » »	» »	23,5 22,3 1,2 22,87	25,7 22,0 3,7 23,94	» » »	19 ,8	»	calme; SSO. SSE. brum; pluie. belle.	
28	» » »	» »	23,4 22,0 1,4 22,89	26,2 21,3 4,9 23,05	» » »	19 ,7	»	SO. SSO. calme. nuageux. belle.	
29	» » »	» »	23,0 22,0 1,0 22,72	25,0 21,8 3,2 23,17	» » »	19 ,3	»	E N E. SSE. pluvieux; couv. belle.	
30	1 14 S. 92 530. 8 51 N.E.	» »	23,0 22,0 1,0 22,60	25,2 22,5 2,7 23,51	» » »	19 ,3	»	SE. SSE. couvert. belle.	

Lieux.	Dates. juill. 1838.	Positions Latitude. Longit. Déclin.	Courant en 24 h. Direct. Vitesse en mill.	TEMPÉRATURES de la mer. Max. Min. Moyenne.		TEMPÉRATURES de l'air. Max. Min. Moyenne.		Pression baromét. en millim. Max. Min. Moyenne.		Force élastique de la vapeur d'eau.	Double de la dépression de l'horizon.	Vents. État du ciel. État de la mer.
En rade de Post-Office.	1	1 14 S. 92 530. 8 51 N.E.	» »	23,2 22,2 22,83	1,0	27,4 22,5 24,14	4,9	» » »		19ᵐᵐ9	»	NE. E. SSE. couvert. belle.
Dans les îles Galapagos.	2	1 14 S. 92 530 8 51 N.E.	» »	23,2 22,0 22,80	1,2	27,4 21,8 23,97	5,6	» » »		19 ,9	»	SE. ENE. calme pluie; couvert. belle.
	3	1 14 S. 92 530. »	» »	23,2 22,0 22,70	1,2	26,2 21,8 23,33	4,4	» » »		19 ,5	»	SE. NNE. SSE pluie; couvert. belle.
	4	1 35 S. 92 440. 9 N.E.	S.78 O. 8,9	24,0 22,6 23,21	1,4	24,2 22,0 23,99	2,2	» » »		17 ,9	»	ESE. SSE. SE. couvert. calme.
	5	1 53 S. 92 000 9 N.E.	S.15 E. 24,9	23,0 22,8 22,91	0,2	24,0 22,5 23,09	1,5	» » »		18 ,9	»	S S E. S E. nuageux. belle.
	6	1 27 S. 91 590. 9 N.E.	S.61 O. 21,7	24,2 22,7 23,68	1,5	25,0 22,5 23,71	2,5	» » »		19 ,1	»	SSE. SE. ESE. couvert houleuse; belle.
Sous l'équateur.	7	0 56 S. 91 560. »	S.66 O. 10,7	24,5 23,5 24,13	1,0	26,0 22,2 23,99	3,8	» » »		19 ,5	»	S. SSE. pluie; couvert. belle.
	8	0 38 S. 91 500. 9 N.E.	N.77 O. 23,8	24,9 23,5 24,14	1,4	25,0 23,0 23,72	2,0	759,9 757,9 759,00	2,0	19 ,2	»	SSE. S. nuageux. belle.
	9	0 22 N. 92 310. 9 N.E.	S.51 O. 15,0	25,4 24,5 25,04	0,9	24,7 23,5 23,97	1,2	759,9 757,4 759,15	2,5	19 ,8	»	S S E. S. couvert; grains. belle.
	10	0 25 N. 93 040. 9 N.E.	» »	25,5 24,3 24,71	1,2	26,5 23,5 24,56	3,0	759,9 758,3 759,23	1,6	18 ,9	»	SSE. S. ESE nuageux. belle.
	11	0 16 N. 92 460. »	» »	25,0 24,2 24,62	0,8	25,0 23,0 23,92	2,0	759,9 756,4 758,87	3,5	20 ,1	»	S S E. S. nuageux. belle.
	12	1 15 N. 94 100. »	N.60 O. 42,2	25,6 24,0 25,08	1,6	25,0 23,5 24,12	1,5	759,9 757,0 758,10	2,9	18 ,8	»	SSO. SSE. S. couvert. belle.
	13	1 42 N. 94 290. 9 N.E.	N.69 O. 19,7	26,6 25,0 26,04	1,6	26,2 23,6 24,55	2,6	758,9 756,3 757,37	2,6	21 ,4	»	SSO. S. couvert. houleuse.
	14	0 44 N. 93 480. 9 N.E.	N.27 O. 31,5	25,7 23,8 25,00	1,9	26,4 23,0 24,54	3,4	758,4 756,3 757,62	2,1	20 ,6	»	SSO. SSE. couvert. belle.
	15	0 00 N. 94 010. 9 N.E.	N.78 O. 37,5	25,2 22,0 23,47	3,2	24,7 21,7 23,09	3,0	759,8 757,5 759,11	2,3	18 ,5	»	SSO. S. couvert. belle.
	16	0 37 S. 95 280. 9 N.E.	N.83 O. 16,5	22,4 21,5 22,07	0,9	24,0 21,6 22,45	2,4	760,0 758,3 759,07	1,7	17 ,9	»	S. SSE. beau; grains. belle.

RÉSUMÉ DES OBSERVATIONS MÉTÉOROLOGIQUES FAITES A LA MER.

Dates.	Positions	Courants en 24 h.	TEMPÉRATURES de la mer.		TEMPÉRATURES de l'air.		Pression baromét. en millim.		Force élastique de la vapeur d'eau.	Double de la dépression de l'horizon.	Vents. État du ciel. État de la mer.	Lieux.
juill. 1838.	Latitude. Longit. Déclin.	Direct. Vitesse en mill.	Max. Min. Moyenne	Diff.	Max. Min. Moyenne	Diff.	Max. Min. Moyenne.	Diff.				
17	1 40 S. 97 390 10 N.E	N.61 O. 26,7	22,8 21,6 22,27	1,2	23,9 21,2 22,62	2,7	759,5 758,0 758,62	0,5	18mm,3	»	S E. couvert; beau. houleuse.	Des îles Galapagos aux Iles Marquises de Mendana.
18	3 27 S. 100 560. »	N 85 O. 41,8	23,7 22,0 23,05	1,7	24,2 21,9 22,82	2,3	759,6 757,0 758,23	2,6	18 ,1	»	S E. couvert. houleuse.	
19	5 05 S. 103 29 0. 9 N E	» »	24,3 23,5 23,84	0,8	24,5 22,8 23,59	1,7	760,0 757,7 758,35	2,3	18 ,8	»	S E. E S E. couvert. houleuse.	
20	6 19 S. 106 340. 9 N.E.	N.83 O. 18,0	24,0 23,6 23,92	0,4	24,8 23,2 23,84	1,6	758,9 757,4 758,25	1,5	19 ,4	»	ESE. E. ESE. couvert. houleuse.	
21	7 33 S. 109 210. 8 N.E.	N. 8 O. 4,8	25,3 24,0 24,66	1,3	25,2 23,0 23,74	2,2	759,9 757,0 758,38	2,9	19 ,2	»	SE. ESE. beau; pluie. houleuse.	
22	8 46 S. 112 200. 7 N.E.	N.77 O. 19,0	25,6 24,7 25,19	0,9	25,2 23,0 24,38	2,2	759,8 757,9 759,18	1,9	»	»	ESE. E. beau. belle.	
23	8 53 S. 115 080. 6 N.E	» »	25,6 25,0 25,30	0,6	25,2 24,0 24,63	1,2	762,8 759,7 760,58	3,1	19 ,8	»	E S E. beau. belle.	
24	9 16 S. 117 540. 5 N E.	S. 81 O. 8,0	25,9 25,2 25,55	0,7	25,4 24,2 24,94	1,2	762,8 760,2 761,39	2,6	19 ,4	»	E S E. beau. belle.	
25	9 34 S. 120 440. 4 N.E.	S. 1,6	26,3 25,0 25,55	1,3	25,8 24,0 24,85	1,8	761,3 758,7 760,22	2,6	20 ,3	»	SE. ESE. beau; pluie belle.	
26	9 41 S. 123 360. 4 N.E.	N.49 E. 12,7	26,4 25,4 25,80	1,0	25,7 24,0 25,14	1,7	760,3 758,8 759,85	1,5	20 ,6	»	SE. ESE E. beau; pluie. belle.	
27	9 52 S. 126 460. 4 N.E.	N.72 O. 27,0	26,0 25,0 25,61	1,0	25,6 24,3 25,04	1,3	762,2 759,2 760,66	3,0	20 ,1	»	SE. ESE. beau. belle.	
28	10 04 S. 129 570 4 N.E.	N 59 O. 16,8	26,4 25,5 26,05	0,9	26.0 24.5 25,13	1,5	761,8 759,7 760,31	2,1	20 ,7	»	E S E. beau. belle.	
29	10 27 S. 133 30 O. 4 N.E.	S.87 O. 29,3	26,6 25,8 26,17	0,8	26,2 25,0 25,81	1,2	761,7 759,2 760,27	2,5	20 ,7	»	E S E. beau. houleuse.	
30	10 31 S. 136 150. 5 N.E	» »	26,6 25,8 26,24	0,8	26,0 25,2 25,67	0,8	761,7 757,5 759,73	4,2	20 ,9	»	SE. ESE. nuageux; pluie. houleuse.	
31	10 17 S. 139 9 O. 5 N.E.	N.37 O. 17,8	26,6 26,0 26,32	0,6	26,0 25,0 25,67	1,0	761,2 758,7 759,55	2,5	21 ,3	»	ESE. SE. couvert. belle.	

RÉSUMÉ DES OBSERVATIONS MÉTÉOROLOGIQUES FAITES A LA MER.

Lieux.	Dates. août 1838.	Positions Latitude. Longit. Déclin.	Courants en 24 h. Direct. Vitesse en mill	TEMPÉRATURES de la mer. Max. Min. Moyenne	Diff.	de l'air. Max. Min. Moyenne	Diff.	Pression baromét. en millim. Max. Min. Moyenne.	Force élastique de la vapeur d'eau.	Double de la dépression de l'horizon	Vents. État du ciel. État de la mer.
Dans l'archipel des Marquises de Mendana.	1	10 34 S. 141 00 O. 5 N.E.	N.53 O. 12,3	26,8 25,9 26,43	0,9	27,0 24,8 26,02	2,2	759,7 758,2 758,73	1,5	22mm5	SE. ESE. beau; couvert. houleuse; belle.
	2	9 43 S. 141 10 O. 5 N.E.	S.73 O. 11,8	26,8 26,0 26,44	0,8	27,6 25,5 26,25	2,1	759,4 757,2 758,37	2,2	22 ,9	»	ES É. beau. houleuse.
	3	9 40 S. 141 190. 5 N.E.	» »	27,5 25,8 26.87	1,7	28,2 25,5 26,52	2,7	759,1 757,7 758,34	1,4	23 ,1	»	ESE. E. S. beau. belle.
	4	9 47 S. 141 370. »	» »	27,5 25,6 26,78	1,9	29,0 25,3 26,57	3,7	761,1 758,2 759,58	2,9	»	»	E.ESE.OSO.ENE. beau. belle.
A Resolution-Bay ou Madre de Dios.	5	9 56 S. 141 320. 5 N.E.	» »	27,5 26,0 26,72	1,5	29,0 25,5 26,84	3,5	761,1 759,0 760,08	2,1	»	»	E. ENE SE. beau; grains. belle.
	6	9 56 S. 141 320. 5 N.E.	» »	27,0 26,0 26,51	1,0	28,3 25,0 26,28	3,3	760,6 758,1 759,24	2,5	»	»	ESE. NE. E. grains; pluie. belle.
	7	9 56 S. 141 320. 5 N.E.	» »	27,3 26,3 26,76	1,0	28,7 25,6 26,94	3,1	760,1 757,5 758,67	2,6	»	»	E. NE. beau; grains. belle.
	8	9 56 S. 141 320. 5 N.E.	» »	26,6 26,0 26,27	0,6	26,8 21,4 21,58	5,2	760,7 758,2 759,10	2,5	»	»	E. SE. NE. couvert; pluie. belle.
	9	9 56 S. 141 32 N. 5 N.E.	» »	26,8 26,0 26,42	0,8	27,0 20,7 24,87	6,3	758,7 757,2 758,09	1,5	»	»	E. SE. couvert; beau. belle.
	10	9 59 S. 141 240. 5 N.E.	S.33 E. 8,7	26,7 26,2 26,36	0,5	26,8 24,8 25,87	2,0	760,7 756,7 758,35	4,0	»	»	E. ESE. NNE. beau; couvert. belle; houleuse
	11	9 10 S. 141 420. 5 N.E.	N.51 E. 9,1	27,2 26,0 26,70	1,2	27,5 24,0 25,75	3,5	759,7 756,7 757,86	3,0	»	»	calme; variable couvert; pluie. belle.
	12	9 03 S. 141 410. »	S.17 E 5,1	26,4 25,8 26,13	0,6	25,5 23,0 24,49	2,5	759,3 756,2 757,71	3,1	»	»	NO. N, NE couvert; pluie. houleuse.
	13	8 53 S. 142 040. 5 N.E.	N.19 O. 2,7	27,2 26,0 26,56	1,2	27,5 25,0 26,22	2,5	759,1 756,2 757,93	2,9	»	»	NE. ENE. beau belle; houleuse
	14	8 18 S. 142 17 E. 4 N.E	N.47 O. 7,2	26,8 26,2 26,47	0,6	27,0 25,5 26,12	1,5	760,6 758,1 759,36	2,5	»	»	ENE. E. beau. belle.
	15	7 58 S. 142 340. »	N.88 O. 10,4	26,8 26,2 26,52	0,6	28,0 25,3 26,42	2,7	760 2 758,1 759,13	2,1	»	»	E. ESE. beau. houleuse.
	16	7 34 S. 142 410. 4 N.E	N.80 O. 13,9	27,3 26,4 26,74	0,9	27,5 25,7 26 ,13	1,8	760,2 758,1 759,66	2,1	»	»	ESE. E. beau. belle.

RÉSUMÉ DES OBSERVATIONS MÉTÉOROLOGIQUES FAITES A LA MER.

Dates.	Positions	Courants en 24 h. Direct. V.tesse en mill.	TEMPÉRATURES de la mer Max. Min. Moyenne	Diff	de l'air Max. Min. Moyenne.	Diff.	Pression baromét. en milim. Max. Min. Moyenne.	Diff.	Force élastique de la vapeur d'eau.	Double de la dépression de l'horizon.	Vents. État du ciel. État de la mer.	Lieux
août 1838	Latitude. Longt. Déclin.											
17	8 19 S. 143 10 O. 4 N.E	N.70 O. 21,2	27,0 26,4 26,70	0,6	27,8 25,0 26,30	2,8	760,3 758,1 759,43	2,2	»	»	ESE. E. ENE. beau. belle; houleuse	A Resolution-Bay ou Madre de D'os.
18	9 29 S. 142 380. 5 N.E.	N. 1 E. 15,1	27,0 26,0 26,66	1,0	29,0 25,4 26,91	3,6	761,3 759,2 760,22	2,1	23ᵐᵐ4	»	E. ENE. SE. beau. belle.	
19	9 15 S. 142 280. »	N 87 E 22,4	26,7 26,0 26,49	0,5	26,5 24,8 25,48	1,7	760,6 758,2 759,59	2,4	21,2	»	E. ENE. ESE couvert; grains. belle; houleuse.	
20	8 45 S 142 270 4 N.E.	N.80 O. 17,0	26,8 26,0 26,49	0,8	27,0 25,2 26,20	2,8	759,7 758,1 758,93	1,6	22,7	»	ESE. E. nuageux; beau. houleuse; belle.	Des Iles Marquises de Mendana à l'ile Tahiti.
21	10 28 S. 143 580. 4 N.E	S. 70 E. 12,6	27,0 26,3 26,49	0,7	27,8 25,3 26,54	2,5	760,6 757,6 758,24	3,0	»	»	E. ENE. NE. beau. houleuse; belle.	
22	10 59 S. 145 000. 6 N.E.	S. 61 O. 13,6	27,2 26,3 26,72	0,9	27,0 25,5 26,30	1,5	760,6 757,6 759,20	3,0	»	»	ENE. NE. E. beau. belle.	
23	12 02 S. 146 230. 5 N.E	N 68 O 16,1	27,5 26,0 26,69	1,5	28,8 25,0 26,64	3,8	760,6 758,0 759,60	2,6	»	»	NE. ESE. beau. belle.	
24	13 36 S. 147 410. 6 N.E	S. 78 O. 23,4	27,0 26,5 26,69	0,5	28,4 25,8 26,52	2,6	761,2 759,0 760,58	2,2	»	»	ESE. ENE. E. beau. belle.	
25	14 23 S. 149 050. 6 N.E	S. 80 O. 23,6	27,4 26,5 26,79	0,9	27,0 25,0 26,19	2,0	759,7 758,6 759,24	1,1	»	»	E. NE. ENE. beau; pluie. belle.	
26	14 53 S. 150 320. »	N.75 O. 16,7	27,7 26,3 26,65	1,4	26,5 23,0 24,43	3,5	759,7 758,3 758,84	1,4	»	»	E. ESE. ENE. beau; pluie. belle.	Dans les îles Pomotou.
27	15 10 S. 150 450. 6 N E	S. 52 O. 11,9	27,0 26,2 26,64	0,8	28,0 23,4 25,82	4,6	760,6 758,5 759,44	2,1	»	»	E. NE. ESE. beau. belle.	
28	16 30 S. 151 120. 5 N E	S. 36 O. 16,1	26,7 26,2 26,44	0,5	27,0 24,0 25,46	3,0	761,4 759,2 760,31	2,2	»	»	E. ESE. beau. belle.	
29	17 32 S. 151 540. 6 11 N·E	» »	26,5 25,5 26.00	1,0	27,0 24,0 25,34	3,0	761,2 759,0 760,10	2,2	»	»	ESE. E. NE. cal. beau. belle.	En rade de Papéïti (Ile Tahiti).
30	17 32 S. 151 540. 6 11 N.E.	» »	27,0 25,4 26,34	1,6	28,8 23,6 26,53	5,2	761,8 760,0 760,82	1,8	»	»	SE. SO. N. NE. beau. belle.	
31	17 32 S. 151 540. 6 11 N.E.	» »	27,0 25,6 26,58	1,4	28,0 22,5 25,60	5,5	762,9 759,1 761,34	3,8	»	»	» » »	

RÉSUMÉ DES OBSERVATIONS MÉTÉOROLOGIQUES FAITES A LA MER.

Lieux.	Dates. sept. 1838.	Positions Latitude. Longit. Déclin	Cour nt en 24 h. Direct. Vitesse en mill.	TEMPÉRATURES de la mer. Max. Min. Moyenne	Diff.	de l'air. Max. Min. Moyenne	Diff.	Pression baromét. en millim. Max. Min. Moyenne.	Diff.	Force élastique de la vapeur r d'eau.	Double de la dépression de l'horizon.	Vents. État du ciel. État de la mer.
En rade de Papetti (Ile Tahiti).	1	17 32 S 151 540 6 11N.E.	» »	27,0 26,3 25,82	0,7	28,5 23,7 25,82	4,8	763,1 761,1 761,97	2,0	»	»	ENE. SSE. SO. beau. belle. S. calme ; NE. beau. belle.
	2	» » »	» »	27,0 26,2 26,62	0,8	27,8 23,0 25,44	4,8	763,6 759,6 761,45	4,0	»	»	calme; NE. SO. beau. belle.
	3	» » »	» »	27,3 26,0 26,72	1,3	28,0 24,8 26,09	3,2	761,2 758,6 759,80	2,6	»	»	S. calm.; NE. SO. beau ; couvert. belle.
	4	» » »	» »	27,5 26,0 26,69	1,5	29,8 24,3 26,65	5,5	761,1 758,1 759,67	3,0	»	»	calme; NNE. SO. beau. belle.
	5	» » »	» »	27,3 26,0 26,75	1,3	29,2 23,2 26,37	6,0	763,6 758,9 760,77	4,7	»	»	E. calme; NE. SO. beau. belle.
	6	» » »	» »	27,0 25,7 26,67	1,3	27,5 23,5 25,37	4,0	763,1 761,0 761,85	2,1	»	»	calme; NE. beau. belle.
	7	» » »	» »	27,0 25,6 26,42	1,4	28,8 23,3 26,32	5,5	762,4 759,7 760,97	2,7	»	»	N. NE. beau. belle.
	8	» » »	» »	27,0 26,2 26,50	0,8	30,0 24,3 26,97	5,7	761,7 759,1 760,72	2,6	»	»	ESE. NE. nuageux; beau. belle.
	9	» » »	» »	27,2 26,3 26,69	0,9	31,0 24,5 26,79	6,5	762,2 759,6 760,87	2,6	»	»	SE. NE. calme. beau. belle.
	10	» » »	» »	27,3 26,2 26,70	1,1	29,0 24,0 26,10	5,0	762,2 759,4 760,70	2,8	»	»	E. NE. beau; pluie. belle.
	11	» » »	» »	27,5 26,2 26,77	1,3	29,5 24,0 26,13	5,5	760,3 757,1 759,00	3,2	»	»	SSO. pluie; beau. belle.
	12	» » »	» »	27,0 26,3 26,65	0,7	29,3 23,6 26,04	5,7	760,0 757,2 758,14	2,8	»	»	SSO. SO. couvert; beau. belle.
	13	» » »	» »	27,0 26,0 26,60	1,0	28,0 23,0 25,15	5,0	761,1 758,1 759,42	3,0	»	»	SSO. ESE. calme. couvert; beau. belle.
	14	» » »	» »	26,7 26,3 26,51	0,4	27,0 23,0 24,57	4,0	762,1 760,5 761,17	1,6	»	»	SE. SSO. calme. beau. belle.
	15	17 32 S 151 540 6 11N.E.	» »	27,0 25,3 26,35	1,7	29,5 22,8 25,93	6,8	762,4 758,6 761,31	3,8	»	»	

RÉSUMÉ DES OBSERVATIONS MÉTÉOROLOGIQUES FAITES A LA MER.

Dates.	Positions.	Courant en 24 h. Direct. Vitesse en mill.	TEMPÉRATURES de la mer. Max. Min. Diff. Moyenne	TEMPÉRATURES de l'air. Max. Min. Diff. Moyenne	Pression baromét. en millim. Max. Min. Diff. Moyenne.	Force élastique de la vapeur d'eau.	Double de la dépression de l'horizon.	Vents. État du ciel. État de la mer.	Lieux.
sept. 1838.	Latitude. Longit. Déclin								
16	17 32 S. 151 540. 6 11 N.E.	» »	27,0 26,0 1,0 26,49	29,0 22,5 6,5 25,54	764,6 759,6 5,0 762,70	»	»	SSE. calme; OSO. beau. belle.	De l'île Tahiti à la Baie-des-Iles (Nouv.-Zél.).
17	17 23 S. 151 520. 7 N.E.	» »	26,5 25,3 1,2 25,94	25,0 22,6 2,4 23,57	764,5 760,5 4,0 762,87	»	»	SE. SO SE. beau; couvert; belle; houleuse.	
18	17 47 S. 152 490. 7 N.E.	» »	26,2 25,0 1,2 25,78	23,6 22,6 1,0 22,99	762,6 761,5 1,1 761,94	18mm3	»	SE. ESE. nuageux; pluie. houleuse.	
19	19 25 S. 154 500. 7 N E.	N.78 O. 18,0	24,8 24,0 0,8 24,54	22,7 20,2 2,5 21,74	763,5 761,5 2,0 762,14	15,8	»	ESE. SE. couvert; beau. houleuse.	
20	21 04 S. 156 290. 8 N.E.	N 45 O. 13,8	24,2 21,3 2,9 23,15	23,0 20,0 3,0 21,67	764,9 762,6 2,3 764,15	16,2	»	SE. ESE. beau. houleuse.	
21	21 50 S. 157 050. 7 N.E.	N 29 E. 20,7	21,8 21,0 0,8 21,46	21,7 19,5 2,2 20,71	764,8 763,8 1,0 764,47	»	»	SE. ESE. beau. houleuse.	
22	21 48 S. 159 530. 8 N.E.	N.25 O. 8,1	23,0 22,0 1,0 22,86	21,3 18,8 2,5 19,97	764,8 763,7 1,1 764,18	15,4	»	SE. ESE. beau; nuageux. houleuse; belle.	
23	21 31 S. 161 550. 9 N.E.	N.18 E. 9,3	22,8 21,8 1,0 22,37	21,7 18,7 3,0 20,32	764,8 762,8 2,0 763,82	15,4	»	ESE. SE. couvert; beau. belle; houleuse.	
24	21 39 S. 162 520. 9 N.E	N.16 O. 18,9	23,3 22,0 1,3 22,80	21,2 19,8 1,4 20,56	764,8 764,3 0,5 764,77	15,4	»	ESE. SE. nuageux; beau. houleuse.	
25	21 48 S. 165 070. 9 N.E.	S.63 O. 14,4	23,0 22,0 1,0 22,70	21,8 19,8 2,0 20,78	764,8 763,2 1,6 764,38	16,0	»	ESE. SE. couvert; beau. houleuse.	
26	22 18 S. 168 200 9 N.E.	N.30 O. 14,5	23,3 21,5 1,8 22,49	21,4 19,6 1,8 20,46	763,7 762,7 1,0 763,01	15,6	»	SE ESE. SSE. nuageux. belle.	
27	23 33 N. 171 040. 10 N.E.	N.80 O. 9,6	21,5 19,8 1,7 20,62	20,5 19,4 1,1 19,90	765,3 763,6 1,7 764,35	14,5	»	SE. ESE. couvert; pluv. belle.	Sorti de la region tropicale.
28	25 09 S 173 550 11 N.E.	N.74 O. 17,7	20,8 20,0 0,8 20,38	20,8 19,3 1,5 19,73	763,8 763,9 1,9 764,78	14,4	»	ESE. E. ENE. nuageux; beau. belle.	
29	26 26 S. 176 080. 11 N.E.	S.70 O. 17,7	21,0 19,3 1,7 20,39	21,8 18,5 3,3 19,82	764,4 762,8 1,6 763,44	13,9	»	NE. NNE. nuageux; beau. belle.	
30	26 53 S. 176 480. 11 N.E.	N.75 E. 9,3	20,5 19,3 1,2 19,87	21,0 18,2 2,8 18,90	764,0 761,9 2,1 763,08	15,0	»	NE. SE. SSE. beau; couvert. belle.	

IX.

— 322 —

RÉSUMÉ DES OBSERVATIONS MÉTÉOROLOGIQUES FAITES A LA MER.

Lieux.	Dates. oct. 1838.	Positions Latitude. Longit. Déclin.	Courants en 24 h. Direct. Vitesse en mill.	TEMPÉRATURES de la mer. Max. Min. Moyenne.	Diff.	de l'air. Max. Min. Moyenne.	Diff.	Pression baromét. en millim. Max. Min. Moyenne.	Diff.	Force élastique de la vapeur d'eau.	Double de la dépression de l'horizon.	Vents. État du ciel. État de la mer.
De l'île Tahiti à la Baie-des-Îles (Nouv.-Zél.).	1	27 26 S. 178 40 O. 11 N.E.	N.50 E. 11,1	20,4 20,0 20,18	0,4	18,3 17,3 17,99	1,0	763,9 761,9 763,37	2,0	13mm4	»	SSE. E. NE. pluie; couvert. belle; houleuse.
	2 et 3	28 35 S. 179 58 O. 11 N.E.	N.82 O. 10,0	19,7 19,3 19,39	0,4	21 8 18,0 19,42	3,8	764,4 762,9 763,69	1,5	»	»	N O. O. beau. belle
	4	28 51 S. 179 45 E. 11 N.E.	N.39 O. 8,5	20,2 19,0 19,63	1,2	22,8 17,0 19,69	5,8	764,0 762,6 763,36	1,4	»	8'50"	ONO. O. SSE. beau; grains. belle; houleuse.
	5	29 40 S. 177 59 E. 11 N.E.	N.49 O. 9,3	19,4 17,8 18,53	1,6	17,5 15,3 16,36	2,2	767,9 763,3 765,33	4,6	»	»	SSE. SE. ESE. couvert. houleuse.
	6	31 40 S. 176 07 E. 10 N.E.	S. 27 E. 4,9	18,0 15,8 17,23	2,2	16,5 14,6 15,36	1,9	768,6 766,5 767,64	2,1	»	»	SE. E ENE. nuageux; beau. belle.
	7	32 52 S. 174 26 E. 12 N.E.	N.38 O. 7,1	17,3 15,8 16,47	1,5	19,8 14,5 16,56	5,3	769,8 767,7 768,78	2,1	»	»	SE. E. OSO. beau. belle.
	8	33 28 S. 173 43 E. 12 N.E.	N.26 E. 10,6	16,5 15,0 15,39	1,5	15,3 13,0 14,0	2,3	773,3 768,7 770,39	4,6	9,2	»	OSO. S. ESE. grains; beau. belle; houleuse.
	9	34 00 S. 172 44 E. 12 N.E.	N. 5 O. 11,5	16,3 15,2 15,95	1,1	16,0 13,5 14,57	2,5	775,4 770,2 773,31	5,2	»	»	SE. S. OSO. beau. belle.
	10	34 25 S. 172 41 E. 12 N.E.	N. 9 E. 17,1	16,5 15,3 15,95	1,2	18,0 13,8 15,38	4,2	771,6 767,2 769,68	4,4	»	»	SSO. OSO. nuageux; beau. belle.
	11	34 29 S. 171 34 E. 12 N.E.	N. 8 O. 15,5	17,8 15,7 16,56	2,1	17,5 15,0 16,08	2,5	770,8 768,7 769,82	2,1	»	»	SO. ENE NNE beau. belle.
En rade de Kororareka Baie-des-Îles (Nouvelle-Zélande).	12	34 54 S. 171 49 E. 13 N.E.	S. 33 E. 13,3	16,8 15,8 16,33	1,0	18,8 14,0 16,50	4,8	770,7 768,1 769,57	2,6	»	»	NO O. SO. couvert. houleuse.
	13	35 15 S. 171 50 E. 13 36 N.E.	» »	16,5 15,5 15,95	1,0	20,0 14,0 16,53	6,0	769,7 768,1 769,14	1,6	»	»	ONO. calme; S. beau. belle.
	14	» » »	» »	17,4 16,0 16,67	1,4	20,0 15,5 17,49	4,5	770,1 768,1 769,10	2,0	12,8	»	calme; N. ONO. beau. belle.
	15	» » »	» »	17,6 16,2 16,98	1,4	19,5 15,5 17,55	4,0	768,5 766,0 767,40	2,5	»	»	NO. calme; NNO. beau. belle.
	16	35 15 S. 171 50 E. 10 36 N.E.	» »	17,3 16,0 16,72	1,3	20,8 16,0 18,05	4,8	766,6 763,9 765,65	2,7	14,5	»	NO. couv.; pluvieux. belle.

— 323 —

RÉSUMÉ DES OBSERVATIONS MÉTÉOROLOGIQUES FAITES A LA MER.

Dates. oct. 1838	Positions Latitude. Long.t. Déclin.	Courants en 24 h. Direct. Vitesse en mill.	TEMPÉRATURES de la mer Max. Min. Moyenne		de l'air. Max. Min. Moyenne		Pression baromét. en millim. Max. Min. Moyenne		Force élastique de la vapeur d'eau.	Double de la dépression de l'horizon.	Vents. État du ciel. État de la mer.	Lieux.
17	35 15 S. 171 50 E. 13 36 NE.	» »	17,6 16,5 17,12	1,1	19,7 15,0 17,50	4,7	766,4 764,5 765,79	1,9	»	»	NO. couvert ; pluv. belle.	En rade de Kororarcka Baie-des-Îles (Nouvelle-Zélande).
18	» » »	» »	17,0 16,2 16,66	0,8	20,0 14,0 16,80	6,0	766,3 763,1 765,07	3,2	»	»	O. N. OSO. beau ; pluvieux belle.	
19	» » »	» »	16,8 16,0 16,35	0,8	18,7 15,0 16,72	3,7	766,5 765,6 766,10	0,9	»	»	S. calme. pluvieux ; beau. belle.	
20	» » »	» »	16,3 15,0 15,76	1,3	18,0 13,2 15,53	4,8	767,3 764,8 765,89	2,5	»	»	OSO. SSO. SSE. beau. belle.	
21	» » »	» »	15,7 15,0 15,42	0,7	20,6 13,0 15,68	7,6	766,4 765,2 765,72	1,2	»	»	SSE. S. SO. beau ; nuageux. belle.	
22	» » »	» »	16,3 15,3 15,78	1,0	18,0 13,4 15,55	4,6	767,3 765,8 766,82	1,5	12^{mm}2	»	SO. cal. ; N. NNE. beau ; couvert. belle.	
23	» » »	» »	16,7 15,2 15,85	1,5	20,3 14,4 17,37	5,9	767,6 764,7 765,92	2,9	13 ,4	»	calm. ; NNE. ONO. beau. belle.	
24	» » »	» »	17,0 15,8 16,41	1,2	18,7 14,5 16,73	4,2	764,2 760,7 762,66	3,5	13 ,0	»	NO. SE. N. ; calm. brumeux ; beau. belle.	
25	» » »	» »	17,2 15,6 16,24	1,6	21,0 15,0 18,22	6,0	763,0 761,1 761,87	1,9	14 ,2	»	SSE. NNE. N. nuag. ; beau. belle.	
26	» » »	» »	18,3 16,1 17,55	2,2	21,0 14,8 17,94	6,2	763,9 762,6 762,99	1,3	»	»	SO. NNE. N. beau. belle.	
27	» » »	» »	18,8 17,3 18,16	1,5	21,3 12,0 16,13	9,3	763,7 758,6 760,95	5,1	»	»	N. NNE. NNO. couvert ; beau. belle.	
28	» » »	» »	18,3 17,5 17,95	0,8	19,8 13,0 15,95	6,8	758,9 755,4 756,98	3,5	»	»	NNO. O. OSO. couvert. belle.	
29	» » »	» »	18,6 17,3 17,81	1,3	21,8 13,0 16,72	8,8	760,6 758,5 759,63	2,1	»	»	SO. NE. SE. beau ; nuageux. Belle.	
30	» » »	» »	19,0 17,3 18,22	1,7	21,5 13,8 17,11	7,7	760,6 758,1 758,98	2,5	»	»	ESE. calme ; N. couvert ; beau. belle.	
31	35 15 S. 171 50 E. 13 36 NE.	» »	19,2 16,5 17,88	2,7	20,0 14,0 17,63	6,0	760,9 759,5 760,47	1,4	»	»	S. calme ; N. beau. belle.	

RÉSUMÉ DES OBSERVATIONS MÉTÉOROLOGIQUES FAITES A LA MER.

Lieux.	Dates. nov. 1838.	Positions Latitude. Longit. Déclin.	Courants en 24 h. Direct. Vitesse en mill.	TEMPÉRATURES de la mer. Max. Min. Moyenne	Diff.	de l'air. Max. Min. Moyenne	Diff.	Pression baromét. en millim Max. Min. Moyenne	Diff.	Force élastique de la vapeur d'eau.	Double de la dépression de l'horizon	Vents. État du ciel. État de la mer.
En rade de Kororareka Baie-des-Iles (Nouvelle-Zélande).	1	35 15 S. 171 50 E. 13 36 N.E.	» »	18,7 16,6 17,77	2,1	21,0 13,5 17,55	7,5	761,6 760,0 760,49	1,6	»	»	S. calme; N. beau. belle.
	2	» » »	» »	18,6 17,8 18,30	0,8	21,0 15,0 17,75	6,0	760,9 758,6 759,44	2,3	»	»	calme; S. N. nuageux. belle.
	3	» » »	» »	18,5 17,3 17,96	1,2	20,0 13,5 16,23	6,5	763,3 760,5 762,11	2,8	»	»	SSE. SE. S. SSO. couvert. belle.
	4	» » »	» »	18,0 17,2 17,54	0,8	21,5 14,0 17,52	7,5	763,4 761,5 762,43	1,9	»	»	SE. ESE. N. pluie; nuageux. belle.
	5	» » »	» »	18,9 17,2 17,94	1,7	23,5 13,5 17,29	10,0	761,6 759,5 760,61	2,1	14mm,0	»	SSE. NE. S. nuageux; pluie. belle.
	6	» » »	» »	18,4 17,3 17,86	1,1	20,6 14,5 17,01	6,1	761,0 758,1 759,37	2,9	13 ,9	»	SSE N.NE. calme. couvert. belle.
	7	» » »	» »	18,8 17,5 18,28	1,2	21,0 16,3 18,40	4,7	757,4 755,1 756,16	2,3	»	»	SE. N. NE. pluie; grains. belle.
	8	» » »	» »	18,8 17,6 18,34	1,2	20,5 16,5 18,30	4,0	753,7 749,4 751,84	4,3	14 ,0	»	NE NNO. O. couvert; grains. belle.
	9	» » »	» »	18,8 18,0 18,39	0,8	21,0 15,0 17,92	6,0	757,0 753,6 755,12	3,4	14 ,4	»	NO. O. SSO couvert. belle.
	10	» » »	» »	18,8 17,6 18,16	1,2	19,8 13,6 17,09	6,2	757,2 753,1 755,04	4,1	14 ,0	»	SO. calme; NNO. beau. belle.
	11	35 15 S. 171 50 E. 13 36 N.E.	» »	18,8 17,3 18,15	1,5	20,2 14,0 17,11	6,2	760,2 753,3 756,85	6,9	»	»	NNO. O. SO. beau; nuageux. belle.
De la Baie-des-Iles (Nouv.-Zél.) au Port-Jackson (Nouvelle-Hollande).	12	33 40 S. 171 08 E. 13 N.E.	N.38 E. 8,1	19,3 17,5 18,60	1,8	19,0 14,5 16,95	4,5	763,2 760,2 762,40	3,0	13 ,3	»	SO. O. beau. belle; houleuse.
	13	34 28 S. 169 54 E. 14 N.E.	N.80 E 11,0	18,4 16,0 16,76	2,4	19,6 15,7 17,51	3,9	763,1 757,6 760,09	5,5	14 ,3	»	O NO. O. S. beau; nuageux. belle; houleuse.
	14	34 37 S. 168 41 E. 13 N.E.	N. 7 E. 7,1	17,3 16,6 16,84	0,8	16,3 14,5 15,21	1,8	761,0 760,1 760,59	0,8	»	»	S. SE. ESE. beau; couvert. houleuse.
	15	34 44 S. 167 58 E. »	» »	17,3 16,3 16,84	1,0	16,8 13,8 15,17	3,0	759,9 756,4 758,16	3,5	11 ,4	»	E. SE. NE. NNO. couvert. houleuse.

RÉSUMÉ DES OBSERVATIONS MÉTÉOROLOGIQUES FAITES A LA MER.

Dates.	Positions	Courants en 24 h.	TEMPÉRATURES de la mer.	TEMPÉRATURES de l'air.	Pression baromét. en millim.	Force élastique de la vapeur d'eau.	Double de la dépression de l'horizon.	Vents. État du ciel. État de la mer.	Lieux.
nov. 1838.	Latitude. Longit. Déclin.	Direct. Vitesse en mill.	Max. Min. Diff Moyenne	Max. Min. Diff. Moyenne	Max. Min. Diff. Moyenne.				
16	35 04 S. 165 18E. 13 N.E.	N.87 O. 9,1	18,0 16,2 1,8 17,21	19,7 14,6 5,1 17,72	756,2 751,1 5,1 752,56	14mm0	»	NNO. NO. O. couvert; grains. houleuse.	De la Baie-des-Iles (Nouv.-Zél.) au Port-Jackson (Nouvelle-Hollande).
17	35 12 S. 163 37E. 13 N.E.	»	17,8 16,5 1,3 17,22	17,7 15,0 2,7 16,07	762,1 753,1 9,0 758,33	12 ,1	»	O. S. SSE. ENE. couvert. houleuse.	
18	35 05S. 160 20E. 13 N.E.	S. 57 O. 9,2	17,6 17,0 0,6 17,27	19,0 15,8 3,2 17,50	761,1 752,3 8,8 756,14	»	»	ENE. N. NO. couvert. houleuse.	
19	34 34 S. 158 42E. 13 N E.	N. 2 E. 25,4	18,4 17,0 1,4 17,94	19,5 17,0 2,5 18,26	761,5 754,2 7,3 758,09	»	»	NO. SSO. SE. E. beau. houleuse.	
20	34 19 S. 156 55E. 12 N.E.	» »	20,2 18,0 2,2 19,22	20,5 17,0 3,5 19,25	762,2 760,8 1,4 761,29	14 ,9	»	E. N. NO. beau. houleuse; belle.	
21	34 30 S. 155 27E. 12 N E	S.16 O. 10,5	21,0 19,5 1,5 20,40	22,4 19,0 3,4 20,70	763,7 761,9 1,8 762,99	15 ,4	»	ONO.calm.;SE.E beau. belle; clapoteuse.	
22	34 36S. 153 20O. 12 N.E.	S. 68 O. 20,3	20,6 20,0 0,6 20,15	23,0 18,4 4,6 20,51	763,3 757,2 6,1 760,36	17 ,8	»	ENE. N. NO. S. nuageux. belle.	
23	34 04S. 151 02E. 13 N E.	N 73 O. 12,4	21,3 18,8 2,8 20,17	19,3 14,5 4,8 17,17	759,5 756,1 3,4 758,07	»	»	S. ESE SSE. couvert. belle; houleuse.	
24	33 35S. 149 15E. »	» »	20,3 18,7 1,6 19,42	20,3 14,0 6,3 16,73	759,3 754,6 4,7 756,91	12 ,8	»	SE.NNO.SSE.SSO. beau; pluie. houleuse; belle.	En rade de Sydney Port-Jackson (Nouvelle-Hollande).
25	33 51 S. 148 53E. 9 50N.E	» »	20,0 17,5 2,5 18,92	19,6 13,2 6,4 17,34	760,2 752,9 7,3 756,00	12 ,5	»	SSO. SO. SSE. S. beau. belle.	
26	» » »	» »	19,8 18,0 1,8 19,07	19,2 14,0 5,2 17,51	758,3 755,1 2,2 756,73	»	»	S SO. S. beau; pluvieux belle	
27	» » »	» »	19,5 18,4 1,1 18,97	20,5 16,0 4,5 18,23	761,5 757,2 4,3 759,02	»	»	SO. S. SSE. SO. couvert; nuag. belle.	
28	» » »	» »	20,0 18,7 1,3 19,25	21,8 16,0 5,8 18,29	763,0 760,7 2,3 762,00	15 ,1	»	S. SO. S. SE. couvert. beau. belle.	
29	» » »	» »	20,0 18,3 1,7 19,65	22,3 16,0 6,3 19,10	765,2 763,0 2,2 763,94	15 ,6	»	SO. S. E. SE. beau. belle.	
30	33 51 S. 148 53E. 9 50N.E.	» »	20,2 19,0 1,2 19,55	20,8 18,3 2,5 19,59	764,4 757,4 7,0 761,14	15 ,2	»	SO.E.calm.;NNE. beau. belle.	

RÉSUMÉ DES OBSERVATIONS MÉTÉOROLOGIQUES FAITES A LA MER.

Lieux.	Dates. déc. 1838.	Positions Latitude. Longit. Déclin.	Courants en 24 h. Direct. Vitesse en mill.	TEMPÉRATURES de la mer. Max. Min. Diff. Moyenne.	TEMPÉRATURES de l'air. Max. Min. Diff. Moyenne.	Pression baromét. en millim. Max. Min. Diff. Moyenne.	Force élastique de la vapeur d'eau.	Double de la dépression de l'horizon.	Vents. État du ciel. État de la mer.
En rade de Sydney Port-Jackson (Nouvelle-Hollande).	1	33 51 S. 148 53 E 9 50 N.E	» »	20,0 19,0 1,0 19,35	21,5 18,3 3,2 19,67	762,4 756,0 6,4 758,35	»	»	calme; SO.S.SSO. beau. belle.
	2	» » »	» »	20,5 18,8 1,7 19,80	21,0 16,5 4,5 18,97	762,6 761,9 0,7 762,30	»	»	SSO. S. calme. pluvieux; beau. belle.
	3	» » »	» »	20,8 19,2 1,6 19,82	21,0 18,0 3,0 19,63	763,2 757,2 6,0 759,71	»	»	cal.; SSO. E.NNE. brumeux; beau. belle.
	4	» » »	» »	19,7 18,3 1,4 18,06	19,3 16,2 3,1 17,60	764,4 758,5 5,9 762,35	»	»	S. SSE. ESE. pluie. belle.
	5	» » »	» »	20,0 18,3 1,7 19,30	20,5 16,0 4,5 17,93	767,0 763,9 3,1 765,86	»	»	SE. ESE. couvert. belle.
	6	» » »	» »	19,8 18,3 1,5 19,10	23,5 17,3 6,2 20,01	767,3 766,5 0,8 766,90	»	»	ESE. E. ENE. E. pluv.; couvert. belle.
	7	» » »	» »	20,6 19,3 1,3 20,03	23,5 18,0 5,5 20,54	766,6 760,9 5,7 765,33	»	»	E. NNE. E. ESE. pluvieux; beau. belle.
	8	» » »	» »	21,5 19,0 2,5 20,43	24,0 19,0 5,0 21,43	765,2 760,8 4,4 763,80	»	»	ENE. NE. beau. belle.
	9	» » »	» »	21,5 19,4 2,1 20,38	25,6 18,5 7,1 21,38	765,1 761,7 3,4 763,43	»	»	NE. beau. belle.
	10	» » »	» »	21,8 19,5 2,3 20,84	23,0 19,8 3,2 21,64	763,9 761,6 2,3 762,20	15ᵐᵐ1	»	S. SSE. nuageux; beau. belle.
	11	» » »	» »	21,3 20,8 0,8 21,00	21,8 16,3 5,5 19,71	766,3 763,9 2,4 765,03	14,3	»	ENE. calm.; ESE. beau. belle.
	12	» » »	» »	21,8 18,0 3,8 20,56	26,5 19,0 7,5 21,72	765,8 761,5 1,3 765,17	»	»	ESE. E. ENE. beau. belle.
	13	» » »	» »	22,0 19,8 2,2 21,20	23,7 18,5 5,2 21,30	765,8 761,8 4,0 764,44	»	»	ESE. S. SO. beau. belle.
	14	» » »	» »	22,0 20,0 2,0 21,19	24,5 19,3 5,2 21,75	761,8 755,6 6,2 758,42	17,2	»	N.calm.;ENE.SE beau; pluie. belle
	15	» » »	» »	21,5 19,7 1,8 20,86	21,4 18,2 3,2 19,46	761,9 758,3 3,6 760,03	14,2	»	SE. S. SE. pluvieux; couv. belle.
	16	33 51 S. 148 53 E 9 50 N.E	» »	22,0 18,5 3,5 20,53	26,8 17,4 9,4 22,08	760,9 746,9 4,0 752,55	»	»	S.O. NO. SO. beau. belle.

— 327 —

RÉSUMÉ DES OBSERVATIONS MÉTÉOROLOGIQUES FAITES A LA MER.

Dates.	Positions	Courant en 24 h. D'rect. Vitesse en mill. Déclin.	TEMPÉRATURES de la mer. Max. Min. Moyenne.	Diff.	de l'air. Max. Min. Moyenne.	Diff.	Pression baromét. en millim. Max. Min. Moyenne.	Diff.	Force élastique de la vapeur d'eau.	Double de la dé- pression de l'horizon.	Vents. État du ciel. État de la mer.	Lieux.
déc. 1838.	Latitude. Longit. Déclin.											
17	33 51 S. 148 53 E. 9 50 N E.	» »	21,5 19,2 20,60	2,3	22,8 19,0 20,80	3,8	752,7 747,7 749,96	5,0	17ᵐᵐ0	»	SE. NE. E. SE. beau ; pluie. belle.	Du Port-Jackson à l'île de Bourbon.
18	33 57 S. 149 20 E. »	» »	21,0 19,5 20,15	1,5	20,0 16,0 18,31	4,0	753,9 751,7 752,23	2,2	12 ,3	»	OSO. S. SSE. SE. beau ; pluie. belle ; houleuse.	
19	34 05 S. 150 15 E. 9 N.E.	N.83 O. 7,9	22,4 19,0 21,32	3,4	19,0 15,8 17,64	3,2	759,1 754,7 757,35	4,4	13 ,1	»	SSE. S. SSO. couvert ; beau. houleuse.	
20	34 29 S. 152 06 E. »	S.71 E. 11,5	22,5 21,0 22,20	1,5	19,8 16,3 18,15	3,5	761,4 757,9 759,90	3,5	14 ,0	»	SSO. S. nuageux. houleuse.	
21	35 26 S. 153 36 E. 11 N E.	S. 57 E. 12,2	22,2 18,5 20,35	3,7	20,5 16,4 18,10	4,1	758,7 754,0 756,84	4,7	14 ,5	»	SSO. S. OSO. nuageux ; beau. houleuse.	
22	36 35 S 153 52 E 10 N.E.	» »	18,7 17,0 18,14	1,7	17,5 14,3 16,10	3,2	758,6 755,6 756,96	3,0	12 ,1	»	SO. S. OSO. nuageux. houleuse.	
23	38 10 S. 154 44 E. 10 N.E.	S.49 E. 14,7	16,8 15,5 16,03	1,3	15,7 13,3 14,67	2,4	756,3 754,6 755,67	1,7	11 ,2	»	SO. SSO. O. SO. beau ; nuageux. houleuse.	
24	39 41 S. 155 00 E. 9 N.E.	S.45 E. 11,8	16,6 14,4 15,80	2,2	16,2 13,5 14,65	2,7	759,8 755,4 757,47	4,4	11 ,3	»	SO. OSO. ONO. nuageux ; beau. houleuse.	
25	41 02 S. 154 19 E. 14 N.E.	S.87 E. 14,7	14,8 13,5 14,18	1,3	17,4 13,3 15,37	4,1	763,2 751,7 760,13	8,5	11 ,6	»	ONO. NO. NNO. beau. belle ; houleuse.	
26	42 04 S. 152 16 E. »	» »	14,0 12,5 13,33	1,5	16,0 12,2 14,54	3,8	758,0 753,2 754,31	4,8	»	»	NO. ONO. SO. SSE. brumeux. houleuse.	
27	42 34 S. 151 51 E. 10 N E.	N.58 E. 1,2	13,2 12,0 12,89	1,2	13,8 11,0 12,46	2,8	754,4 751,8 753,01	2,6	10 ,4	»	SE. ONO. SO. O. couvert ; grains. houleuse ; grosse.	
28	43 49 S. 151 02 E. »	S.40 O. 6,7	12,6 11,2 12,09	1,4	14,0 9,7 11,38	4,3	752,6 737,4 743,87	15,2	»	»	NO. O. OSO. couvert ; grains. grosse.	
29	45 00 S. 151 27 E. »	S.54 O. 8,5	12,0 11,4 11,66	0,6	9,9 8,5 9,05	1,4	749,3 737,6 743,55	11,7	»	»	OSO. SO. SSO. grains. grosse.	
30	43 49 S. 150 24 E. 14 N.E.	S.75 E. 0,7	12,5 11,2 11,90	1,3	11,0 8,3 9,93	2,7	760,1 749,8 754,90	10,3	8 ,9	»	S. SO. SSO. grains ; nuag. grosse ; houleuse.	
31	43 41 S. 149 20 E. 8 N.E.	N.42 O. 10,0	13,8 12,0 12,96	1,8	14,6 11,0 13,30	3,6	760,6 750,4 757,30	10,2	11 ,3	»	OSO. O. NNO. N. beau ; brumeux. houleuse.	

RÉSUMÉ DES OBSERVATIONS MÉTÉOROLOGIQUES FAITES A LA MER.

Lieux.	Dates. janv. 1839.	Positions Latitude. Long t. Déclin.	Courants en 24 h. Direct. Vitesse en mill.	TEMPÉRATURES de la mer. Max. Min. Moyenne	Diff	de l'air. Max. Min. Moyenne.	Diff	Pression baromét. en millim. Max. Min. Moyenne.	Diff	Force élastique de la vapeur d'eau.	Double de la dépression de l'horizon.	Vents. État du ciel. État de la mer.
Du Port-Jackson à l'île de Bourbon.	1	41 40 S 146 52 E 8 N.E	S. 25 E 18, 1	13,3 12,0 12,65	1,3	15,0 10,0 13,19	5,0	749,4 746,4 748,82	3,0	»	»	N. NNO. SO. O. grains; couvert. grosse; houleuse.
	2	45 51 S 147 03 E »	S 49 E. 13, 0	12,0 11,0 11,65	1,0	10,7 9,0 10,05	1,7	751,1 748,7 749,92	2,4	»	»	O. OSO. grains; couvert très-grosse.
	3	46 52 S. 147 31 E. »	S.87. E. 7, 3	11,2 10,0 10,67	1,2	10,5 8,0 8,60	2,5	750,7 736,4 739,43	14,3	»	»	O. ONO. OSO. gr.; pluie; grêle. très-grosse.
	4	46 58 S 148 08 E. »	E. 15,9	10,3 9,5 9,98	0,8	9,2 7,5 8,14	1,7	755,2 741,0 749,87	14,2	»	»	OSO. SSO. grains; couvert. grosse; houleuse.
	5	45 15 S. 147 19 E. »	N.74 E. 14, 0	12,0 9,5 10,76	2,5	11,0 7,8 9,57	3,2	753,9 751,7 752,56	2,2	8ᵐᵐ4	»	ONO. O. SO. couvert. houleuse.
	6	45 56 S. 146 30 O. 8 N.E	» »	11,0 9,8 10,50	1,2	10,5 7,5 9,90	3,0	752,3 732,8 739,98	19,5	»	»	ONO. O. SO. couvert; pluv. houleuse.
	7	45 17 S. 146 00 E, 13 N.E	N.76 E. 15, 0	14,0 9,3 11,58	4,7	9,0 6,5 8,78	2,5	742,2 729,8 732,71	12,4	»	»	OSO. SO. S. couvert; grains houleuse.
	8	44 30 S. 144 19 E. »	N.14 O. 17, 7	13,8 12,0 12,86	1,8	11,5 7,0 9,38	4,5	749,2 742,3 746,40	6,9	»	»	S. OSO. ONO. couvert. houleuse.
	9	46 04 S 143 16 E. 11 N.E	» »	12,2 9,5 11,74	2,7	11,0 7,6 9,37	3,4	745,8 737,9 743,09	7,8	»	»	NO. O. OSO. pluie; couvert grosse; houleuse
Dans le sud de la Nouvelle-Hollande.	10	46 08 S 141 48 E. »	N.34 E. 25, 1	11,0 8,8 10,16	2,2	10·8 7,5 9,22	3,3	753,8 742,9 749,65	10,9	»	»	OSO. O. ONO. nuageux; beau houleuse; belle
	11	46 21 S. 142 00 E. 8 N.E	N. 6 O. 5, 9	11,5 8,8 10,45	2,7	10.3 7,0 8,71	3,3	754,8 747,0 752,08	7,8	»	»	ONO. O. SO. nuageux; pluv. houleuse; belle.
	12	45 35 S. 139 42 E. 14 N.E	N.14 O. 17, 3	11,5 8,8 10,45	2,7	10,3 7,0 8,67	3,3	753,9 751,0 752,24	2,9	»	»	OSO. SO. SSO. beau; pluie. belle; houleuse.
	13	45 07 S. 137 55 E. »	» »	11,5 10,0 10,87	1,5	12,4 8,0 9,60	4,4	750,9 728,8 740,21	22,1	»	»	N. NNO. NNE. couvert. belle; houleuse
	14	45 58 S. 134 39 E. 12 N.E	S.87 O. 24, 7	11,2 10,0 10,52	1,2	11,0 8,0 9,58	3,0	728,8 725,8 726,72	3,0	»	»	NO. NNO. N. couvert; pluie. houleuse.
	15	45 55 S. 133 08 E. »	N.45 O. 6, 3	10,3 9,5 10,04	0,8	10,5 7,8 8,58	2,7	748,8 724,9 736,00	13,9	»	»	SSO. SO. couvert. houleuse.
	16	44 34 S. 131 04 E. 3 N.E	S.85 O. 16, 7	12,2 10,2 11,39	2,0	11,3 8,0 9,75	3,3	759,7 748,8 756,07	10,9	»	»	SSO. SO. OSO. couvert; beau. houleuse.

RÉSUMÉ DES OBSERVATIONS MÉTÉOROLOGIQUES FAITES A LA MER.

Dates. janv. 1839.	Positions Latitude. Longit. Déclin.	Courant en 24 h. Direct. Vitesse en mill.	TEMPÉRATURES de la mer. Max. Min. Moyenne. Diff.	de l'air. Max. Min. Moyenne. Diff.	Pression baromét. en millim. Max. Min. Moyenne. Diff.	Force élastique de la vapeur d'eau.	Double de la dépression de l'horizon.	Vents. État du ciel. État de la mer.	Lieux.
17	43 03 S. 129 35 E. »	» » »	13,2 11,8 1,4 12,51	12,3 9,8 2,5 10,95	763,4 759,7 3,7 761,85	»	»	OSO. O. NNO. couvert. belle.	Dans le sud de la Nouvelle-Hollande.
18	43 19 S. 128 04 E. »	» » »	12,7 11,8 0,9 12,34	14,3 10,0 4,3 12,47	» » »	»	»	NNO. N. NNE. couvert. belle.	
19	42 43 S. 126 34 E. 5 N.E.	N.35 O. 14,6	12,8 12,0 0,8 12,59	13,7 11,2 2,5 12,59	» » »	»	»	NO. OSO. O. NO. couvert. houleuse.	
20	42 15 S. 126 13 E. »	N.74 O. 7,3	12,8 12,0 0,8 12,52	12,7 10,0 2,7 11,52	» » »	»	»	O. OSO. SO. couvert. houleuse.	
21	40 27 S. 125 04 E. »	N.15 O. 21,5	14,7 11,5 3,2 13,69	12,7 9,5 3,2 11,17	» » »	»	»	OSO. SO. SSO. couvert. houleuse.	
22	39 12 S. 123 02 E. 5 N.O.	N. 3 O 3,8	14,6 14,0 0,6 14,43	14,0 11,0 3,0 12,76	» » »	»	»	SSO. SO. calme. nuageux; beau. houleuse.	
23	39 04 S. 122 33 E. 5 N.O.	N.58 E. 1,5	16,1 14,0 2,1 15,26	16,8 12,3 4,5 14,56	» » »	»	»	SO. N. calme; NE. couvert; pluv. houleuse.	
24	39 05 S. 120 49 E. 5 N.O.	» »	16,7 15,8 0,9 16,33	18,6 13,4 5,2 16,15	» » »	13^{mm},4	»	N. NE. ENE. SO. couvert; pluv. belle.	
25	37 49 S. 119 03 E. 5 N.O.	N.44 O. 12,3	18,0 14,8 3,2 17,66	18,0 13,2 4,8 16,15	» » »	»	»	OSO. O. SO. beau; couvert. belle; houleuse.	
26	36 44 S. 117 54 E. 4 N.O	N 20 E. 12,0	19,3 17,5 1,8 18,55	19,3 15,7 3,6 17,45	» » »	14,6	»	OSO. NO. N. beau. houleuse.	
27	36 36 S. 116 08 E. 5 N.O.	N.12 E 7,8	18,3 16,8 1,8 17,80	19,2 14,5 4,7 17,12	» » »	»	»	N. NE. ONO. OSO. beau. houleuse.	
28	36 08 S. 114 58 E. 7 N.O.	N.11 E. 8,1	18,7 16,5 2,2 17,85	15,2 13,7 1,7 14,55	» » »	»	»	SSO. OSO. ONO. couvert; beau. houleuse.	
29	37 09 S. 114 38 E. »	N.77 O. 6,0	18,0 16,5 1,2 17,56	19,2 13,5 5,7 16,35	» » »	»	»	NO. O. OSO. couvert. grosse; houleuse.	
30	37 09 S. 114 10 E. 5 N.O.	N.83 O. 13,5	17,8 17,0 17,47	19,5 16,2 3,3 18,04	» » »	»	»	O. NO. NNO. couvert. houleuse.	Du Port-Jackson à l'île de Bourbon.
31	37 51 S. 113 23 E. 7 N.O.	S. 8,7	18,0 16,0 2,0 17,22	20,2 15,5 4,7 18,14	» » »	»	»	NNO. N. SSO. beau; couvert. houleuse; belle.	

IX.

RÉSUMÉ DES OBSERVATIONS MÉTÉOROLOGIQUES FAITES A LA MER.

Lieux.	Dates. 1839. févier.	Positions Latitude Longit. Décl.n.	Courants en 24 h. Direct. Vitesse en mill.	TEMPÉRATURES de la mer. Max. Min. Moyenne	Diff.	TEMPÉRATURES de l'air. Max. Min. Moyenne	Diff.	Pression baromét. en millim. Max. Min. Moyenne.	Force élastique de la vapeur d'eau.	Double de la dépression de l'horizon.	Vents. État du ciel. État de la mer.
Dans le voisinage du cap Leuwin. Du Port-Jackson à l'Ile de Bourbon.	1er	37 42 S. 112 38 E. »	S.25 E. 6, 9	17,7 16,0 17,09	1,7	16,8 14,0 15,55	2,8	» » »	»	»	S. E. SE. nuageux; beau. belle; houleuse.
	2	37 07 S. 111 24E. 7 N.O.	N.40 O. 16,2	17,5 16,7 17,13	0,8	17,5 15,0 16,16	2,5	» » »	12ᵐᵐ8	»	SO. S. SE. couvert. houleuse.
	3	35 44 S. 109 21 O. 8 N.O.	N. 9 O. 10,9	18,8 17,5 18,37	1,3	17,8 15,8 16,93	2,0	» » »	12 ,9	»	S. SE. ESE. nuageux; beau. houleuse.
	4	34 25 S. 107 32E. 8 N.O.	S.64 O. 15, 0	19,8 18,0 19,45	1,8	21,0 15,7 17.53	5,3	» » »	»	»	SE. NE. OSO.NO. couvert. belle.
	5	33 19 S. 106 38E. 8 N.O.	S. 32 O. 8, 5	19,8 19,0 19,47	0,8	18,3 15,5 17,29	2,8	» » »	13 ,1	»	NO. O. OSO. beau. belle.
	6	31 31 S. 105 35 E. 7 N.O.	N.61 E. 32,7	19,8 19,0 19,53	0,8	20,5 17,2 19,09	3,3	» » »	14 ,3	»	OSO O. SSO. SSE. beau. houleuse.
	7	30 02 S. 104 33E. 6 N.O.	N.22 O. 29,0	21,5 19,5 20,38	2,0	20,0 17,8 19,08	2,2	» » »	15 ,0	»	SO. S. SSE. SSO. couvert; beau. houleuse.
	8	28 42 S. 102 08 E. 6 N.O.	N.20 E. 11,8	21,6 20,5 21,16	1,1	21,2 19,0 19,98	2,2	» » »	»	»	SSE. SE. couvert; beau. belle.
	9	28 09 S. 100 25 E. 6 N.O.	N.33 E. 15,7	22,3 21,5 21,95	0,8	21,9 19,3 20,51	2,6	» » »	14 ,8	»	ESE. SE. nuageux; beau. houleuse.
	10	27 58 S 98 48E. 6 N.O.	N.40 E. 5,4	22,9 21,5 22,23	1,4	22,4 19,0 20,16	3,4	» » »	13 ,6	»	ESE. SE. beau. houleuse, belle.
	11	27 47 S. 97 58E. 5 N.O.	N.41 O. 7, 6	24,0 22,1 23,10	1,9	23,6 19,0 21,83	4,6	» » »	13 ,8	»	ESE. calme; SO. beau. belle.
	12	27 22 S. 97 17E. 7 N.O.	S.49 O. 6, 5	24,0 22,7 23,42	1,3	24,4 20,7 22,90	3,7	» » »	»	»	SO. calme; S. SE. beau. belle.
	13	27 09 S. 96 33 O. 7 N.O.	N.83 O 10,7	24,2 22,7 23,34	1,5	25,3 21,4 23,58	3,9	» » »	17 ,9	»	ESE. calme; OSO. beau. belle; houleuse.
	14	26 47 S. 96 10E. 7 N.O.	N.82 E 2, 0	24,2 22,8 23,60	1,4	25,5 21,6 23,51	3,9	» » »	17 ,5	»	SSO. calm.; SO SE. beau. belle.

RÉSUMÉ DES OBSERVATIONS MÉTÉOROLOGIQUES FAITES A LA MER.

Dates.	Positions	Courants en 24 h.	TEMPÉRATURES de la mer.		TEMPÉRATURES de l'air.		Pression baromét. en millim.	Force élastique de la vapeur d'eau.	Double de la dépression de l'horizon.	Vents. État du ciel. État de la mer.	Lieux.
1839. fév.	Latitude. Longit. Déclin.	Direct. Vitesse en mill.	Max. Min. Moyenne	Diff.	Max. Mid. Moyenne	Diff.	Max. Min. Moyenne				
15	26 19 S. 95 33 E. 7 N.O.	N. 9 E. 8,4	24,2 23,2 23,70	1,0	26,0 22,0 23,82	4,0	» » »	20mm0	»	SSE. SE. E. SE. beau. belle.	
16	25 24 S. 93 42 E. 7 N.O.	N.57 O. 6,9	23,7 23,0 23,38	0,7	24,2 22,0 23,40	2,2	» » »	18 ,0	»	SE. ESE. E. beau. belle.	
17	24 56 S. 91 400. 6 N.O.	N.74 O. 8,0	24,7 23,5 24,12	1,2	26,3 23,0 24,57	3,3	» » »	21 ,3	»	ESE. NE. ESE. couvert. belle.	Entré dans la région tropicale.
18	24 22 S. 90 23 E. 7 N.O.	N.44 E. 21,7	25,7 24,2 25,05	1,5	25,5 23,0 24,18	2,5	» » »	»	»	NE. SSO. SSE. beau. belle.	
19	23 42 S. 87 26 E. 8 N.O.	N.37 E. 17,5	25,4 25,0 25,08	0,4	24,5 22,8 23,55	1,7	» » »	18 ,3	»	SE. SSE. ESE. couvert; beau. houleuse.	
20	23 13 S. 84 50 E. »	N.50 O. 11,5	25,0 24,0 24,50	1,0	26,7 20,6 24,00	6,1	» » »	20 ,5	»	ESE. E. couvert. houleuse.	
21	22 46 S. 81 43 E. »	» »	25,8 24,3 25,32	1,5	24,5 23,2 23,55	1,3	» » »	»	»	E. ESE. pluie; couvert. houleuse.	
22	22 15 S. 78 11 E. »	» »	25,5 24,6 25,13	0,9	25,5 23,6 24,55	1,9	» » »	20 ,8	»	ESE. pluvieux; couv. houleuse.	
23	22 04 S. 76 25 E. 9 N.O.	N.75 O. 22,7	25,8 24,8 25,38	1,0	27,6 24,0 25,90	3,6	» » »	21 ,6	»	NNE. NNO. couvert; nuag. houleuse; belle.	
24	22 13 S. 74 18 E. 9 N.O.	N. 6 E. 8,9	26,0 24,5 25,40	1,5	26,5 24,5 25,47	2,0	» » »	»	»	NO. NE. E. ESE. beau. belle.	
25	21 38 S. 72 34 E. 9 N.O.	N.30 O. 16,0	27,7 25,0 26,55	2,7	28,2 25,2 26,47	3,0	» » »	23 ,6	»	ESE. ENE. NNE. beau; pluvieux. belle.	
26	20 53 S. 69 33 O. »	N.72 O. 24,7	26,7 25,8 26,38	0,9	28,5 25,6 26,74	2,9	» » »	24 ,1	»	NE. E. ESE. nuageux. belle.	
27	20 48 S. 67 29 E. 10 N.O.	N.85 O. 9,3	26,5 25,9 26,29	0,6	27,3 25,0 26,29	2,3	» » »	22 ,4	»	E. ENE. ESE. grains; beau. belle.	
28	20 35 S. 65 17 E. 9 N.O.	N.61 O. 17,8	26,7 26,0 26,44	0,7	28,5 25,0 26,33	3,5	» » »	23 ,0	»	ESE. E. nuageux; beau. belle.	

RÉSUMÉ DES OBSERVATIONS MÉTÉOROLOGIQUES FAITES A LA MER.

Lieux.	Dates. mars 1839.	Positions Latitude. Longit. Déclin.	Courants en 24 h. Direct. Vitesse en mill.	TEMPÉRATURES de la mer. Max. Min. Moyenne	Diff	TEMPÉRATURES de l'air. Max. Min. Moyenne	Diff	Pression baromét. en millim Max. Min. Moyenne.	Force élastique de la vapeur d'eau.	Double de la dépression de l'horizon.	Vents. État du ciel. État de la mer.
Du Port-Jackson à l'île de Bourbon.	1	20 27 S. 62 52 E. 10 N.O.	N.70 O. 19,0	27,7 26,5 27,20	1,2	29,3 26,0 27,29	3,3	» » »	22mm7	»	E. nuageux; beau. belle.
	2	20 24 S. 60 35 E. 10 N.O.	N.18 E. 2,7	27,6 26,7 27,27	0,9	29,0 26,0 27,08	3,0	» » »	»	»	E. NE. nuageux. houleuse.
	3	20 33 S. 58 32 E. 10 N.O.	S.48 O. 16,8	27,8 26,5 27,26	1,3	27,8 25,3 26,74	2,5	» » »	23 ,1	»	NE. E. ESE. pluie; beau. belle.
En rade de Bourbon.	4	20 30 S. 56 34 E. 10 N.O.	N.77 O. 12,0	27,8 27,0 27,40	0,8	29,0 26,0 26,85	3,0	» » »	23 ,1	»	E. SE. ESE. beau. belle.
	5	20 55 S. 53 47 E. 11 N.O.	» »	27,3 26,8 27,06	0,5	29,4 26,0 27,44	3,4	» » »	»	»	ESE. beau; nuageux. belle.
	6	20 50 S. 53 08 E. »	» »	27,3 25,8 26,70	1,5	28,7 25,3 26,89	3,4	» » »	24 ,4	»	ESE. grains; nuageux houleuse.
De Bourbon au cap de Bonne-Espérance.	7	» » »	» »	27,0 26,2 26,61	0,8	28,7 25,7 27,02	3,0	» » »	24 ,7	»	ESE. nuageux; beau. houleuse.
	8	» » »	» »	26,8 26,5 26,64	0,3	28,2 24,7 26,29	3,5	» » »	22 ,2	»	ESE. E. beau; nuageux houleuse.
	9	20 57 S. 52 12 E. 12 N.O.	» »	28,0 26,0 26,80	2,0	28,0 24,3 25,57	3,7	» » »	21 ,8	»	SSE. ESE. SE. pluvieux; beau. houleuse.
	10	22 36 S. 50 50 E. 13 N.O.	» »	27,4 26,6 26,96	0,8	27,4 25,0 27,20	2,4	» » »	22 ,5	»	SE. E. SSE. couvert. belle.
Sorti de la région tropicale.	11	24 48 S. 48 40 E. 14 N.O.	S.77 E. 7,5	26,8 25,5 26,34	1,3	27,3 25,0 26,07	2,3	» » »	23 ,4	»	ESE. E. ENE. beau. belle.
	12	26 38 S. 46 37 E. 15 N.O.	S. 8 O. 34,2	26,0 25,6 25,96	0,4	29,2 25,3 26,87	3,9	» » »	23 ,1	»	E. NE. NNE. nuageux. houleuse; belle.
	13	28 09 S. 43 49 E. 18 N.O.	S. 5 O. 20,4	26,6 25,0 25,97	1,6	29,0 26,0 27,45	3,0	» » »	23 ,4	»	ENE. NNE. ESE beau. belle.
	14	29 06 S. 41 2 E. 18 N.O.	» »	26,5 25,0 25,81	1,5	26,5 24,5 25,53	2,0	» » »	»	»	NE. N. ONO. SO. couvert. houleuse.
	15	29 51 S. 41 57 E. 18 N.O.	S.50 E. 24,9	25,8 25,0 25,38	0,8	27,4 23,8 25,58	3,6	» » »	»	»	O.NO. calm.;SSE. pluie; couvert. houleuse.
	16	30 49 S. 41 06 E. 18 N.O.	S. 80 E. 16,5	25,5 25,2 25,42	0,3	27,5 24,5 25,85	3,0	» » »	23 ,3	»	ONO. NO. N. couvert; beau. houleuse.

RÉSUMÉ DES OBSERVATIONS MÉTÉOROLOGIQUES FAITES A LA MER.

Dates.	Positions	Courants en 24 h.	TEMPÉRATURES de la mer.		TEMPÉRATURES de l'air.		Pression baromét. en millim.		Force élastique de la vapeur d'eau.	Double de la dépression de l'horizon.	Vents. État du ciel. État de la mer.	Lieux.
mars 1839.	Latitude. Longit. Déclin.	Direct. Vitesse en mill.	Max. Min. Moyenne	Diff.	Max. Min. Moyenne.	Diff.	Max. Min. Moyenne.	Diff.				
17	32 04 S. 39 47 E. »	S. 30 E. 11,1	25,7 24,5 25,08	1,2	27,0 23,2 25,41	3,8	» » »		21 ,8	»	NO. O. OSO. grains; nuageux. houleuse.	De Bourbon au cap de Bonne-Espérance.
18	31 05 S. 38 30 E. »	N. 42 O. 11,4	25,2 24,3 24,70	0,9	22,8 21,0 21,81	1,8	» » »		»	»	OSO. SSO. SE. nuageux. houleuse.	
19	31 05 S. 37 50 E. 19 N.O.	N. 71 E. 17,0	25,7 24,4 25,07	1,3	25,0 21,0 23,20	4,0	» » »		23 ,0	»	SE. ENE. NNE. beau. houleuse; belle.	
20	32 10 S. 35 19 E. 20 N.O.	S. 66 E 34,0	25,5 24,3 25,06	1,2	27,3 23,0 24,72	4,3	» » »		»	»	NNE. N. nuageux. houleuse.	
21	32 54 S. 32 54 E. »	S. 8 O. 7,5	25,0 23,0 23,92	2,0	25,0 18,0 20,24	7,0	» » »		17 ,0	»	SO. SSE. OSO. pluie; tonnerre. houleuse.	
22	32 01 S. 31 59 E. »	S. 38 O 25,4	24,2 22,8 23,50	1,4	21,2 18,0 19,41	3,2	» » »		»	»	OSO. O. nuageux; beau. houleuse.	
23	31 33 S. 31 10 E. 22 N.O.	S. 54 O. 24,5	24,6 23,0 23,79	1,6	22,3 20,4 21,25	1,9	» » »		»	»	OSO. SSO. calm. beau. houleuse.	
24	32 15 S. 30 12 E. »	S. 56 O. 11,5	23,4 22,8 23,07	0,6	24,0 21,2 22,64	2,8	» » »		20 ,4	»	ENE. beau. belle.	
25	33 33 S. 27 39 E. 25 N.O.	S. 13 E. 19,9	24,1 22,3 23,25	1,8	25,2 22,0 23,80	3,2	» » »		16 ,3	»	E. ENE. N. beau. belle.	
26	34 42 S. 24 51 E. 25 N.O.	S. 40 O. 34,4	24,2 23,2 23,60	1,0	24,0 22,0 22,72	2,0	» » »		18 ,1	»	O. SO. SSE. ESE. nuageux. belle; houleuse.	
27	35 34 S. 20 51 E. 26 N.O.	S. 58 O. 87,5	24,5 20,0 22,62	4,5	23,6 21,5 22,63	2,1	» » »		»	»	E. SE. nuageux; beau. houleuse.	
28	34 39 S. 18 13 E. 27 N.O.	S. 74 O. 44,5	21,2 20,5 20,95	0,7	22,6 21,5 21,90	1,1	» » »		14 ,9	»	ESE. S. couv.; brumeux. belle.	En rade de Simon's-Town (False-Bay) (cap de Bonne-Espérance).
29	34 18 S. 16 20 E. 30 N.O.	»	21,0 16,3 18,29	4,7	22,8 17,8 20,68	5,0	» » »		14 ,2	»	S. SSE. nuageux; beau. belle.	
30	34 11 S. 16 06 E. 29 7 N.O.	»	16,3 15,8 16,07	0,5	22,5 17,3 19,30	5,2	» » »		15 ,2	»	SSE. SE. beau. houleuse.	
31	» » »	»	18,7 15,8 17,56	2,9	26,0 19,0 21,40	7,0	» » »		»	»	SE. SSE. NNE. N. beau. belle.	

RÉSUMÉ DES OBSERVATIONS MÉTÉOROLOGIQUES FAITES A LA MER.

Lieux.	Dates. avril 1839.	Positions Latitude. Longit. Déclin.	Courants en 24 h. Direct. Vitesse en mill.	TEMPÉRATURES de la mer. Max. Min. Diff. Moyenne	TEMPÉRATURES de l'air. Max. Min. Diff. Moyenne	Pression baromét. en millim Max. Min. Diff. Moyenne.	Force élastique de la vapeur d'eau.	Double de la dépression de l'horizon.	Vents. État du ciel. État de la mer.
En rade de Simon's-Town (False-Bay) (cap de Bonne-Espérance).	1	34 11 S. 16 06 E. 29 7 N.O.	» »	18,3 17,5 0,8 17,95	21,0 17,2 3,8 19,25	» » »	»	»	ENE. N. ONO. beau. belle.
	2	» » »	» »	17,5 14,8 2,7 16,59	21,2 16,0 5,2 18,81	» » »	11mm2	»	NO. N. NE O. beau. belle.
	3	» » »	» »	16,7 15,5 1,2 15,57	22,3 15,7 6,6 18,73	» » »	»	»	calm.; E. O. calm. beau; couvert. houleuse.
	4	» » »	» »	18,0 16,0 2,0 17,42	23,0 19,0 4,0 20,34	» » »	15,6	»	SE. SSE. S. couvert; beau. belle.
	5	» » »	» »	17,5 16,0 1,5 17,08	24,2 18,0 6,2 21,37	» » »	»	»	SSE. beau. belle.
	6	» » »	» »	17,5 16,5 1,0 17,31	23,0 18,8 4,2 20,25	» » »	»	»	SSE. S. beau. belle.
	7	» » »	» »	17,7 16,5 1,2 17,04	23,0 19,0 4,0 20,81	» » »	»	»	SSE. S. beau. belle.
	8	» » »	» »	18,0 16,5 1,5 17,23	23,6 17,7 5,9 21,06	» » »	»	»	SSE. beau. belle.
	9	» » »	» »	18,4 16,5 1,9 17,20	25,0 18,5 6,5 21,43	» » »	»	»	SSE. calme; E. beau. belle.
	10	» » »	» »	18,0 16,8 1,2 17,49	25,5 17,0 8,5 21,23	» » »	16,5	»	calme. beau. belle.
	11	» » »	» »	19,7 16,8 2,9 18,11	25,6 18,7 6,9 21,26	» » »	»	»	calme. SE. ENE. beau. belle
	12	» » »	» »	19,0 17,0 2,0 18,35	24,2 16,2 8,0 18,89	» » »	»	»	cal. ENE. O. NNO. beau; nuageux. belle.
	13	» » »	» »	16,6 13,7 2,9 14,83	20,0 16,4 3,6 17,54	» » »	»	»	N. NE. NNO. couvert; pluv. belle.
	14	» » »	» »	14,3 12,3 2,0 13,42	21,3 15,3 6,0 17,69	» » »	»	»	NO. SSO. SSE. couvert.; beau belle.
	15	34 11 S. 16 06 E. 29 7 N.O.	» »	16,0 13,0 3,0 14,88	23,0 16,3 6,7 18,88	» » »	»	»	SSE. S. SO. S. couvert; beau. belle.

RÉSUMÉ DES OBSERVATIONS MÉTÉOROLOGIQUES FAITES A LA MER.

Dates. avril 1839.	Positions. Latitude. Longit. Déclin.	Courant en 24 h. Direct. Vitesse en mill.	TEMPÉRATURES de la mer. Max. Min. Moyenne. Diff.	TEMPÉRATURES de l'air. Max. Min. Moyenne. Diff.	Pression baromét. en millim. Max. Min. Moyenne. Diff.	Force élastique de la vapeur d'eau.	Double de la dépression de l'horizon.	Vents. État du ciel. État de la mer.	Lieux.
16	34 11 S. 16 03 E. 29 7 N.E.	»	17,5 15,0 16,62 — 2,5	21,0 16,4 18,39 — 4,6	» » »	14mm7	»	SSE. SE beau. belle.	En rade de Simon's-Town (False-Bay) (cap de Bonne-Espérance).
17	» » »	» »	18,0 15,8 17,15 — 2,2	23,3 15,8 18,97 — 7,5	» » »	»	»	calme.SE.SO.NO. beau; couvert. belle.	
18	» » »	» »	17,0 16,7 16,89 — 0,3	15,8 13,0 14,57 — 2,8	» » »	11,6	»	SO. O. S. SSE. pluie; couvert. belle.	
19	» » »	» »	17,0 16,4 16,74 — 0,6	19,3 12,0 15,46 — 7,3	» » »	»	»	S. SO. SSE. pluvieux; nuag. belle.	
20	» » »	» »	17,5 16,0 16,65 — 1,5	19,0 13,4 16,23 — 5,6	» » »	»	»	SSE.calme;NO.N. beau. belle.	
21	34 11 S. 16 06 E. 29 7 N.E.	» »	19,3 15,2 17,44 — 4,1	19,0 13,0 16,16 — 6,0	» » »	»	»	O. OSO. NO. SO. beau; couvert. belle; houleuse	Du cap de Bonne-Espérance à l'île de Sainte-Hélène.
22	34 38 S. 15 38 E. 28 N.O.	N. 3 E. 8,6	19,4 18,8 18,94 — 0,6	17,4 15,8 16,64 — 1,6	» » »	»	»	SO. SSO. beau. houleuse.	
23	33 28 S. 13 37 E. 27 N.O.	N. 2 E. 11,7	19,2 18,5 18,73 — 0,7	17,4 15,8 16,73 — 1,6	» » »	»	»	SO. OSO. S. SSE. beau. houleuse.	
24	31 35 S. 11 01 E. 27 N.O	N.38 O. 26,4	19,0 17,5 18,48 — 1,5	18,4 17,0 17,76 — 1,4	» » »	»	»	S. SSE. beau. houleuse.	
25	30 02 S. 9 17 E. 26 N.O	N.41 O. 16,5	19,4 18,2 18,90 — 1,2	19,0 17,0 17,88 — 2,0	» » »	»	»	SSE. S. SO. nuageux. houleuse.	
26	29 33 S. 8 37 E. 27 N.O.	N.70 O. 15,8	19,2 18,0 18,78 — 1,2	19,0 16,5 18,00 — 1,2	» » »	»	»	cal.;SO.ONO.SSO beau. belle.	
27	28 19 S. 7 21 E. »	N.38 O. 27,9	19,5 18,7 18,95 — 0,8	20,0 18,3 19,06 — 1,7	» » »	»	»	SO. S. SE. couvert. belle.	
28	27 23 S. 6 11 E. 27 N.O.	N. 38 O. 13,2	19,9 19,3 19,58 — 0,6	20,6 18,5 19,49 — 2,1	» » »	»	»	SE. ENE. couvert; beau. belle.	
29	26 35 S. 5 12 E. 26 N.O.	N.40 O. 9,6	20,2 19,4 19,73 — 0,8	21,0 18,0 19,40 — 3,0	» » »	»	»	SE. ENE. NNO nuageux; beau. belle.	
30	25 54 S. 5 07 E. 27 N.O.	N.16 O. 23,1	20,0 19,3 19,55 — 0,7	20,5 18,5 19,45 — 2,0	» » »	»	»	NNO. NO. nuageux; beau. belle.	

RÉSUMÉ DES OBSERVATIONS MÉTÉOROLOGIQUES FAITES A LA MER.

Lieux.	Dates. mai 1839.	Positions Latitude. Longit. Déclin.	Courants en 24 h. Direct. Vitesse en mill.	TEMPÉRATURES de la mer. Max. Min. Moyenne.		TEMPÉRATURES de l'air. Max. Min. Moyenne.		Pression baromét. en millim. Max. Min. Moyenne.		Force élastique de la vapeur d'eau.	Double de la dépression de l'horizon.	Vents. État du ciel. État de la mer.
De False-Bay à l'île de Sainte-Hélène.	1	25 10 S. 5 29 E. »	» »	19,8 19,2 19,51	0,6	29,5 19,2 19,61	1,3	» » »		»	»	NNO. N. ENE. pluvieux; couv. belle; houleuse.
	2	24 35 S. 4 50 E. »	» »	20,0 19,4 19,82	0,6	19,8 17,8 19,04	2,0	» » »		»	»	NE. E. SSE. pluvieux; couv. houleuse.
	3	22 29 S. 2 17 E. »	N.64 O. 28,8	21,5 20,0 20,87	1,5	21,0 18,8 20,08	2,2	» » »		»	»	SSE. pluvieux; beau. houleuse; belle.
Entré dans la région tropicale.	4	20 51 S. 0 17 E. 25 N.O.	N.50 O. 8,6	22,3 21,5 21,75	0,8	22,2 20,8 21,52	1,4	» » »		»	»	SSE. beau. belle.
	5	19 25 S. 2 040. »	N.49 O. 15,3	22,5 21,5 22,05	1,0	22,5 21,0 21,80	1,5	» » »		»	»	SSE. SE. beau. belle.
	6	18 12 S. 4 070. »	» »	23,0 22,3 22,69	0,7	23,7 22,0 22,71	1,7	» » »		»	»	SSE. SE. couvert. houleuse; belle.
A Sainte-Hélène.	7	16 50 S. 6 220. »	N.58 O. 37,7	23,6 22,8 23,19	0,8	23,5 22,5 23,07	1,0	» » »		»	»	SE. SSE. couvert; beau. belle.
	8	15 54 S. 8 030. »	» »	23,8 23,4 23,63	0,4	25,4 23,2 24,09	2,2	» » »		»	»	SE. SE. S. couvert. belle.
	9	15 54 S. 8 030. 22 N.O.	» »	24,0 23,3 23,62	0,7	26,0 22,5 23,82	3,5	» » »		»	»	SE. SE. SSO. beau. belle.
De Sainte-Hélène à l'Ascension.	10	» » »	» »	24,0 23,5 23,78	0,5	27,0 22,5 24,15	4,5	» » »		»	»	S. SSE. SE. beau. belle.
	11	14 28 S. 9 290. 22 N.O.	» »	24,8 23,8 24,35	1,0	25,1 23,0 24,11	2,1	» » »		»	»	SSE. SE. beau. belle.
	12	12 40 S. 11 150. 21 N.O.	N.57 O. 13,4	25,4 24,8 25,20	0,6	26,2 23,7 24,89	2,5	» » »		»	»	SE. SSE. couvert; beau. belle.
	13	11 22 S. 12 490. 20 N.O.	N.54 O. 21,2	26,3 25,2 25,89	1,1	26,3 24,4 25,23	1,9	» » ♭		»	»	SSE. beau. belle.
	14	9 49 S. 14 260. 20 N.O.	N.45 O. 23,3	26,6 25,7 26,41	1,1	26,7 24,8 25,75	1,9	» » »		»	»	SSE. beau. belle.
A l'île de l'Ascension.	15	8 17 S. 16 120. 19 N.O.	N.61 O. 31,7	27,5 26,8 27,18	0,7	27,5 25,8 26,65	1,7	» » »		»	»	SSE. SE. beau. belle.
	16	7 54 S. 16 450 19 N.O.	» »	27,3 26,5 26,80	0,8	29,4 25,7 17,18	3,7	» » »		»	»	SSE. beau. belle.

— 557 —

RÉSUMÉ DES OBSERVATIONS MÉTÉOROLOGIQUES FAITES A LA MER.										
Dates.	Positions	Courant en 24 h.	TEMPÉRATURES		Pression baromét. en millim.	Force élastique de la vapeur d'eau.	Double de la dépression de l'horizon.	Vents.		Lieux.
			de la mer.	de l'air.				État du ciel.		
mai. 1839.	Latitude. Longit. Déclin.	Direct. Vitesse en mill.	Max. Min. Moyenne. Diff.	Max. Min. Moyenne. Diff.	Max. Min. Moyenne. Diff.			État de la mer.		
17	5 55 S. 18 030. 19 N.O.	S.16 O. 12,5	27,5 27,0 27,30 0,5	27,7 26,4 27,00 1,3	» » »	»	»	SSE. beau. belle.		De l'île de l'Ascension à Brest.
18	4 29 S. 21 050. 17 N.O.	S.88 O. 25,2	27,4 26,8 27,19 0,6	27,8 26,5 27,10 1,3	» » »	»	»	S. SSE. couvert; beau. belle.		
19	3 18 S. 23 360. 16 N.O.	N.72 O. 37,3	27,5 26,8 27,26 0,7	28,7 26,5 27,21 2,2	» » »	»	»	SE. SSE. E. beau. belle.		
20	1 52 S. 25 380. 15 N.O.	N.85 O. 34,1	27,0 26,2 26,57 0,8	28,5 26,4 27,11 2,1	» » »	»	»	SSE. nuageux; beau. belle.		
21	0 09 N. 26 460. 15 N.O	N.38 O. 10,2	26,5 25,8 26,24 0,7	28,0 26,2 27,12 1,8	» » »	»	»	SSE. SE. ESE. nuageux; beau. belle.		Sous l'équateur.
22	2 51 N. 27 430. 14 N.O.	N.66 O. 39,5	27,5 26,8 27,29 0,7	27,7 26,5 27,03 1,2	» » »	»	»	ESE. SE. ENE. beau; grains. belle.		
23	4 05 N. 28 120. »	» »	27,2 27,0 27,06 0,2	27,0 24,5 25,94 2,5	» » »	»	»	E. NNE. SE. couvert; pluv. houleuse.		
24	4 25 N. 28 300. 15 N.O.	» »	27,0 26,5 26,82 0,5	25,7 24,0 24,74 1,7	» » »	»	»	SE. calme; NNE. pluie; couvert. houleuse.		
25	6 27 N. 30 140. 14 N O.	N.18 O. 17,0	26,7 25,0 25,85 1,7	26,5 24,8 25,48 1,7	» » »	»	»	N E. beau. belle.		
26	8 22 N. 32 050. 13 N.O.	S.75 O. 16,3	25,5 24,7 25,16 0,8	26,5 24,2 25,09 2,3	» » »	»	»	NE. ENE. beau. belle.		
27	10 16 N. 32 220. »	» »	25,0 24,3 24,72 0,7	26,5 24,0 25,12 2,5	» » »	»	»	ENE. NE. beau. belle.		
28	11 58 N. 34 510. 12 N.O.	S.85 O. 14,0	24,5 23,5 24,07 1,0	25,8 23,6 24,46 2,2	» » »	»	»	ENE. NE. NNE. nuageux; beau. belle.		
29	13 55 N. 37 200. 12 N.O.	S.31 O. 9,7	24,0 23,3 23,65 0,7	25,2 23,0 23,90 2,2	» » »	»	»	NE. ENE. beau; nuageux. belle.		
30	16 36 N. 38 540. 11 N.O.	» »	23,5 23,2 23,48 0,3	25,0 23,0 23,95 2,0	» » »	»	»	ENE. NE. nuageux; beau. belle.		
31	19 19 N. 40 300. 12 N.O.	N.63 O. 21,0	24,3 23,4 23,96 0,9	25,8 23,2 24,27 2,6	» » »	»	»	ENE. beau. belle.		

— 338 —

RÉSUMÉ DES OBSERVATIONS MÉTÉOROLOGIQUES FAITES A LA MER.

Lieux.	Dates. juin. 1839.	Positions Latitude. Longit. Déclin.	Courants en 24 h. Direct. Vitesse en mill.	TEMPÉRATURES de la mer. Max. Min. Moyenne	Diff	de l'air. Max. Min. Moyenne	Diff.	Pression baromét. en millim. Max. Min. Moyenne.	Diff.	Force élastique de la vapeur d'eau.	Double de la dépression de l'horizon.	Vents. État du ciel. État de la mer.
De l'Ile de l'Ascension à Brest.	1	21 22N. 41 130. 11 N.O.	N.41 O. 17,3	25,0 23,5 24,46	1,5	26,3 23,2 24,87	3,1	» » »		»	»	NE. E. ENE. beau. belle.
	2	22 34N. 41 370. 11 N.O.	N.52 O. 11,0	25,0 24,0 24,78	1,0	26,8 23,8 25,09	3,0	» » »		»	»	ENE. E. beau. belle.
Sorti de la region tropicale.	3	24 00N. 42 130. 11 N.O.	N.53 O. 11,3	26,2 24,5 25,32	1,7	28,0 24,5 25,73	3,5	» » »		»	»	NE. E. ENE. beau. belle.
	4	25 13N. 43 120. 12 N.O.	S. 84 O. 10,1	26,0 25,0 25,51	1,0	27,2 24,5 25,45	2,7	» » »		»	»	NE. ENE. NNE. beau. belle.
	5	26 57N. 44 130. 13 N.O.	N.65 O 22,0	26,0 24,0 25,12	2,0	28,2 24,5 25,83	3,7	» » »		»	»	ENE. NE. beau. belle.
	6	27 51N. 45 280. 13 N.O.	S.73 O. 15,7	25,2 24,2 24,60	1,0	27,0 24,4 25,49	2,6	» » »		»	»	NE. ENE. NNE. couvert. belle.
	7	28 15N. 46 310. 13 N.O.	S.70 O. 15,5	26,4 24,5 25,41	1,9	27,2 24,0 25,60	3,2	» » »		»	»	NNE. N. NNO beau. belle.
	8	28 25N. 46 190. 15 N.O.	S.76 O. 19,0	26,6 25,0 25,58	1,6	27,0 23,8 24,95	3,2	» » »		»		cal.;NNO.OSO.SO couvert; beau. belle.
	9	29 66N. 45 100 14 N.O.	» »	24,6 23,0 24,21	1,6	25,6 22,5 24,47	3,1	» » »		»	»	OSO. O. NNO. nuageux; grains. belle.
	10	31 36N. 43 230. 16 N.O.	S. 8 E. 9,2	23,2 22,0 22,59	1,2	24,0 21,0 22,41	3,0	» » »		»	»	NNO.NO.N ENE. beau. houleuse.
	11	31 56N. 43 010. 16 N.O.	S. 45 E. 11,3	22,4 21,5 21,96	0,9	24,0 20,5 22,35	3,5	» » »		»	»	ENE. E. SE. beau. houleuse.
	12	34 04N. 42 090. 17 N.O.	N.16 O. 6,3	21,8 20,5 21,23	1,3	24,0 21,0 22,17	3,0	» » »		»	»	S. ESE. SE. nuageux; beau. houleuse.
	13	36 02N. 40 540. 18 N.O.	N 42 O. 12,3	20,5 19,2 19,89	1,3	21,3 19,2 19,95	2,1	» » »		»	»	SE. ESE. SSE. nuageux; pluie. belle.
	14	37 48N. 39 140. 19 N.O.	N.29 N 23,5	20,0 19,0 19,51	1,0	21,0 18,5 19,70	2,7	» » »		»	»	SSE. SE. beau. belle.
	15	39 32N. 36 270. 21 N.O.	N.12 E. 14,5	18,5 17,5 18,21	1,0	19.8 18,0 18,89	1,8	» » »		»	»	SSE. S. couvert; beau. belle.

RÉSUMÉ DES OBSERVATIONS MÉTÉOROLOGIQUES FAITES A LA MER.

Dates.	Positions	Courants en 24 h.	TEMPÉRATURES		Pression baromét. en millim.	Force élastique de la vapeur d'eau.	Double de la dépression de l'horizon.	Vents.	Lieux.
			de la mer.	de l'air.				État du ciel.	
juin 1839.	Latitude. Longit. Déclin.	Direct. Vitesse en mill.	Max. Min. Moyenne. Diff.	Max. Min. Moyenne. Diff.	Max. Min. Moyenne. Diff.			État de la mer.	
16	40 37N. 33 120. »	N.20 E. 24,0	18,8 17,8 18,20 1,0	20,4 18,0 18,94 2,4	» » »	»	»	S. SSO. SO. couvert. belle.	En vue des Açores.
17	41 37N. 30 440. 22 N.O.	N.13 O. 16,2	18,5 17,5 17,92 1,0	19,8 17,5 18,56 2,3	» » »	»	»	SSO. SO. ONO. couvert. belle.	
18	42 28N. 28 290. »	N.12 E. 16,4	18,0 16,2 17,28 1,8	18,3 15,5 16,86 2,8	» » »	»	»	O. SO. NE. NNE. pluie; couvert. belle.	
19	42 42N. 25 240. »	N.21 E. 2,6	16,8 15,2 16,21 1,6	16,5 15,0 15,81 1,5	» » »	»	»	NNE. N. couvert. belle.	
20	43 14N. 22 040. 23 N.O.	S.69 E. 9,5	16,0 15,2 15,52 0,8	16,2 14,8 15,67 1,4	» » »	»	»	N. NNO. O. SO. couvert. belle.	
21	44 05N. 18 160. 23 N.O.	» »	15,8 15,0 15,44 0,8	17,6 15,5 16,37 2,1	» » »	»	»	OSO. SO. O. couvert; pluie. houleuse; grosse.	
22	45 27N. 14 310. »	N.23 E. 31,3	15,7 15,2 15,45 0,5	17,8 15,0 16,32 2,8	» » »	»	»	O. beau. houleuse.	
23	46 18N. 10 470. 24 N.O.	S.80 E. 13,0	15,8 14,5 15,40 0,4	16,3 15,2 15,84 1,1	» » »	»	»	O. ONO. beau. houleuse.	Arrivée à Brest.
24	48 00N. 7 190. 24 N.O.	S.72 E. 29,0	16,5 14,4 15,13 2,1	18,0 15,0 15,93 3,0	» » »	»	»	O. OSO. SO. beau; brumeux. belle; houleuse.	
25	48 23,6N. 6 49,60. »	» »							

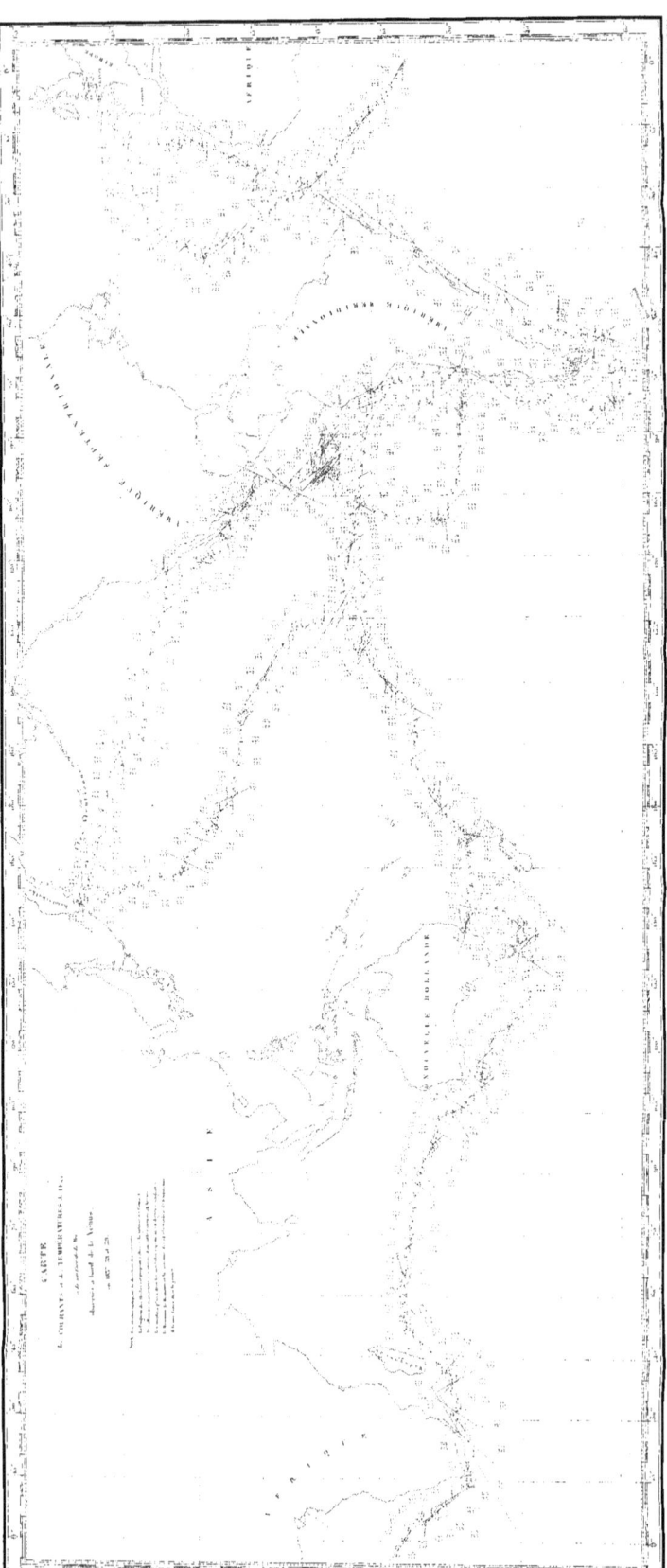

ANOMALIES

DES

TEMPÉRATURES DE LA MER.

En jetant les yeux sur la carte précédente, on est frappé et par des différences brusques de température qu'on remarque dans quelque points voisins, et par des différences considérables de température que présentent des points éloignés, il est vrai, mais situés par la même latitude.

Si l'on fait attention que la variation des températures de la mer du jour à la nuit est partout, loin des côtes, extrêmement petite : de un à deux degrés au plus ; qu'entre les tropiques la différence des températures de la mer du mois le plus chaud de l'année au mois le plus froid est comprise entre les mêmes limites; si l'on considère, en outre, que les pouvoirs absorbants, émissifs et réfléchissants de l'eau doivent être très-sensiblement les mêmes sur toute l'étendue de la surface de la mer; et si l'on remarque enfin qu'au large les variations de température de l'air sont aussi très-petites et n'ont d'ailleurs que très-peu d'influence sur la température de la mer, on restera convaincu que toute différence de température qui excède trois à quatre degrés dans des points voisins ou dans des points éloignés mais situés par la même latitude, dénote l'influence d'un courant chaud ou d'un courant froid.

Pour faciliter les comparaisons, nous avons rapproché dans le tableau suivant les principales anomalies qu'on remarque sur la carte précédente.

Quelques-unes sont dues à des courants bien connus et déjà portés sur les très-utiles cartes physiques de Berghaus; mais plusieurs autres doivent être attribuées à des courants non encore signalés ou du moins imparfaitement signalés sur les cartes; tel entre autres le courant très-chaud (27°5) qu'on rencontre dans l'océan Pacifique par 30° de latitude nord, 180° de longitude, qu'on retrouve ensuite à mille lieues de là sur la côte N. O. d'Amérique et qui sans doute, après avoir passé le détroit de Behring, vient baigner la côte nord d'Islande dans l'océan Atlantique.

On ne doit pas oublier que les températures accusées par nos thermomètres peuvent être trop élevées de un, deux et trois dixièmes de degré par suite des variations du zéro des thermomètres.

ANOMALIES DES TEMPÉRATURES DE LA MER.

DATES.	Latitude.	Longitude	Max. Min. Moy.	REMARQUES.
31 déc. 1836.	45°33' N.	13°21' O.	12,0 10,5 11,6	Point de croisement de deux routes. Du solstice d'hiver au solstice d'été, la température moyenne, à cette latitude, n'a varié que de 4° environ.
22 juin 1839.	45 27 N.	14 31 O.	15,7 15,2 15,5	
17 juin 1839.	41 37 N.	30 44 O.	18,5 17,5 17,9	Il résulte de la comparaison de ces températures qu'à cette époque de l'année du moins, l'influence du Gulph-stream ne s'étend pas aussi à l'est que l'indique la carte de Berghaus. La différence de température du 15 juin au 27 janvier est encore, comme ci-dessus, d'environ 4°.
15 juin 1839.	39 32 N.	36 27 O.	18,5 17,5 18,2	
2 janv. 1839.	39 15 N.	18 10 O.	14,7 11,0 13,7	
12 juin 1839.	34 04 N.	42 09 O.	21,8 20,5 21,2	La différence entre les températures moyennes de ces deux journées dont la latitude est la même, étant encore d'environ 4°, on peut conclure avec assez de probabilité que le Gulph-stream ne faisait pas sentir son influence dans la journée du 12 juin 1839.
6 janv. 1837.	34 39 N.	17 32 O.	17,4 16,2 17,0	
10 juin 1839.	31 36 N.	43 23 O.	23,2 22,0 22,6	Ici l'influence du Gulph-stream est manifeste sur les températures du 8 juin. Le 30 mai est de 12° plus au S. que le 8 juin, et cependant la température moyenne y est plus basse de 2° environ. En outre, la différence de température moyenne du 8 juin 1839 au 9 janvier 1837, situé sur le même parallèle, s'élève à 7°,2', au lieu d'être de 4 seulement, comme on l'aurait trouvé sans cela.
8 juin 1839.	28 25 N.	46 19 O.	26,6 25,0 25,6	
30 mai 1839.	16 36 N.	38 54 O.	23,8 23,2 23,5	
9 janv. 1837.	29 03 N.	18 15 O.	19,1 18,0 18,4	
29 mai 1839.	13 55 N.	37 20 O.	24,0 23,3 23,7	A cette latitude, un intervalle de 4 mois et demi, c'est-à-dire du maximum de froid au commencement de la chaleur, n'apporte déjà qu'une différence très-petite dans les températures.
17 janv. 1837.	13 16 N.	25 20 O.	24,0 22,3 23,4	
27 mai 1839.	10 16 N.	33 22 O.	25,0 24,3 24,7	Eu égard à la latitude, ces températures, ainsi que celles des deux journées qu'on vient de citer, paraîtront un peu basses. Elles dénotent, sans doute, l'influence d'un courant froid.
18 janv. 1837.	10 13 N.	25 53 O.	25,5 24,0 24,9	

ANOMALIES DES TEMPÉRATURES DE LA MER.

DATES.	Latitude.	Longit.	Max. Min. Moy.	REMARQUES.
24 mai 1839.	4 25 N.	28°30′ O.	27,0 26,5 26,8	Croisement de deux routes dans le voisiage de l'équateur à quatre mois d'intervalle. La température est très-sensiblement la même.
21 janv. 1837.	3 37 N.	28 29 O.	27,0 26,0 26,6	
23 mai 1839.	4 05 N.	28 12 O.	27,2 27,0 27,1	Le 23 et le 22 sont au N. de l'équateur, le 16, le 17 et le 15 sont au S., et la température moyenne de ces journées est à très-peu près 27°2′; tandis que la température des deux journées intermédiaires du 20 et du 21, qui se trouvent au milieu du courant équinoxial, n'est que de 26°2′, c'est-à-dire de 1° plus faible. Dans ce point, ce courant est donc relativement froid. Il est, en cela, semblable, mais à un moindre degré, au courant équinoxial de l'Océan pacifique.
22 mai 1839.	2 51 N.	27 43 O.	27,5 26,8 27,3	
21 mai 1839.	0 09 N.	26 46 O.	26,5 25,8 26,2	
20 mai 1839.	1 52 S.	25 38 O.	26,5 25,8 26,2	
19 mai 1839.	3 18 S.	23 36 O.	27,5 26,8 27,3	
17 mai 1839.	5 55 S.	18 03 O.	27,5 27,0 27,3	
15 mai 1839.	8 17 S.	16 12 O.	27,5 26,8 27,2	
21 janv. 1837.	3 37 N.	28 29 O.	27,0 26,0 26,6	Les journées du 21 et du 22 janvier sont au N. de l'équateur; la journée du 28 est beaucoup au S.: et les journées du 24 et du 23 sont sous l'équateur même, mais elles sont en plein courant comme la journée du 27, et la température y est d'un demi degré plus basse que plus au N. ou plus au S., ce qui confirme le résultat précédent sur la température relativement froide de ce courant. Mais la différence de température est ici moindre que dans l'autre traversée, parce que le soleil échauffait depuis quatre mois l'hémisphère S. d'où provient l'eau qui alimente ce courant. Le même effet a lieu sur le courant équinoxial de l'Océan pacifique.
22 janv. 1837.	2 10 N.	29 17 O.	27,0 26,4 26,6	
23 janv. 1837.	0 35 N.	31 34 O.	26,7 26,0 26,2	
24 janv. 1837.	1 04 S.	33 01 O.	26,5 25,8 26,1	
27 janv. 1837.	6 15 S.	35 29 O.	26,4 26,0 26,1	
28 janv. 1837.	8 40 S.	35 41 O.	27,2 26,0 26,6	
2 fév. 1837.	20 45 S.	40 57 O.	27,0 26,0 26,3	L'approche de Rio-Janeiro se fait sentir par un

ANOMALIES DES TEMPÉRATURES DE LA MER.

DATES.	Latitude.	Longit.	Max. Min. Moy.	REMARQUES.
3 fév. 1837.	22°53' S.	43°03' O.	26,0 22,0 24,5	abaissement considérable de température de la mer : 3° environ.
14 fév. 1837.	22 54 S.	45 30 O.	25,0 22,0 23,0	*En rade de Rio-Janeiro.*
16 fév. 1837.	23 03 S.	45 27 O.	23,0 21,0 21,9	La température considérable du 19 février et des jours suivants jusqu'au 24, prouve l'existence en ces points d'un courant chaud. En même temps, la température basse du 30 avril 1839 dénote l'existence d'un courant sensiblement froid sur la côte opposée d'Afrique, courant manifesté d'ailleurs par son effet sur la route de la frégate.
19 fév. 1837.	26 09 S.	48 03 O.	25,8 24,0 25,0	
30 avril 1839.	25 54 S.	5 07 E.	20.0 19,3 19,6	
24 fév. 1837.	35 59 S.	55 12 O.	23,2 21,5 22,5	L'influence de la rivière de la Plata se fait sentir ici par un abaissement considérable de la température de la mer ; puisque dans la journée du 25 février l'eau s'est refroidie de 7°5'.
25 fév. 1837.	36 31 S.	55 36 O.	22,5 15,0 17,7	
26 fév. 1837.	38 06 S.	56 02 O.	17,0 14,5 16,0	
1 mars 1837.	41 41 S.	55 33 O.	19,2 15,8 17,6	
2 mars 1837.	41 56 S.	57 26 O.	16,0 15,0 15,8	
3 mars 1837.	43 05 S.	59 31 O.	16,0 10,5 14,7	Dans la nuit du 3 au 4 mars, à 2 h. du matin, la frégate a coupé une zone plus froide de 5 à 6° que l'eau environnante. Ce refroidissement est sans doute l'effet des rivières Rio-Négro et Mendoza. Nous sommes cependant à près de 100 lieues de la côte.
4 mars 1837.	45 23 S.	63 15 O.	14,6 9,0 13,4	
5 mars 1837.	45 38 S.	63 30 O.	14,8 12,5 14,0	
9 mars 1837.	51 57 S.	65 45 O.	10,0 9,4 9,6	Par la même latitude à l'E. et à l'O. du cap Horn, la température est à très-peu près la même. Dans les températures que nous avons trouvées aux environs de ce cap, rien n'a dévoilé l'existence du courant chaud de ces parages.
9 avril 1837.	52 09 S.	80 29 O.	9,4 8,5 9,0	

ANOMALIES DES TEMPÉRATURES DE LA MER.

DATES.	Latitude.	Longit.	Max. Min. Moy.	REMARQUES.
20 avril 1837.	40°56' S.	78°12' O.	15,8 14,7 15,1	Du 20 au 24 avril la frégate s'est rapprochée de 7° de l'équateur, et cependant la température moyenne de la mer a baissé de 2° 1/2; mais la frégate se rapprochait en même temps de la côte, sur laquelle existe un courant froid, et c'est là sans doute la cause de l'anomalie signalée.
22 avril 1837.	36 56 S.	76 33 O.	15,5 13,5 14,4	
24 avril 1837.	33 26 S.	74 24 O.	12,6 12,3 12,5	
27 avril 1837.	33 02 S.	74 04 O.	15,0 13,3 14,1	*En rade de Valparaiso*
1 mars 1838.	29 56 S.	108 48 N.	24,3 23,1 23,9	Tous ces points ont sensiblement la même latitude; et la température moyenne va cependant en diminuant très-sensiblement du premier au dernier à mesure qu'on s'approche de la côte du Chili.
5 mars 1838.	32 37 S.	95 25 O.	22,6 21,8 22,2	
10 mars 1838.	32 44 S.	85 04 O.	21,1 20,0 20,5	
17 mars 1838.	33 03 S.	76 54 O.	19,8 19,0 19,3	
19 mars 1838.	33 02 S.	74 04 O.	16,5 13,5 15,4	*En rade de Valparaiso.*
2 mars 1838.	31 03 S.	104 49 O.	23,0 22,0 22,6	La petite différence de latitude du 2 mars au 28 février, suivie d'une différence aussi sensible de température, et la grande différence de latitude des 28, 22 et 19 février, suivie d'une différence de température aussi petite, prouvent l'existence d'une zone chaude dans les parages de l'île de Pâques au 28 février.
28 fév. 1838.	29 16 S.	111 05 O.	25,2 24,1 24,5	
22 fév. 1838.	18 24 S.	110 10 O.	26,6 24,7 25,6	
19 fév. 1838.	10 27 S.	107 47 O.	25,8 25,0 25,4	
1er juin 1837.	12 04 S.	79 34 O.	19,0 17,4 18,2	*En rade de Callao de Lima.*
4 juin 1837.	11 44 S.	82 53 O.	22,5 21,5 22,1	
7 juin 1837.	10 43 S.	91 16 O.	23,8 23,3 23,5	Ici comme sur le parallèle de Valparaiso, la température décroît très-sensiblement à mesure qu'on s'approche de la côte.
11 juin 1837.	9 35 S.	103 16 O.	25,7 25,0 25,3	

ANOMALIES DES TEMPÉRATURES DE LA MER.

DATES.	Latitude.	Longit.	Max. Min. Moy.	REMARQUES.
16 juin 1838.	5°07' S.	83°32'O.	18,0 16,5 17,1	*En rade de Payta.*
18 juin 1838.	4 07 S.	85 45 O.	21,5 19,0 20,7	Ici encore la température décroit sensiblement en s'approchant de la côte d'Amérique, quoiqu'on ne sorte pas des limites du courant froid du Pérou.
19 juin 1838.	3 16 S.	88 38 O.	23,7 21,7 22,8	
18 juill. 1838.	3 27 S.	100 56 O.	23,7 22,0 23,1	
12 juill. 1838.	1 15 N.	94 10 O.	25,6 24,0 25,1	L'influence du courant froid du Pérou est manifeste sur la journée du 16 juillet, et déjà sensible sur celle du 12. L'égalité des températures au 1er février et au 13 juillet (5 mois et demi d'intervalle), prouve qu'à ces deux époques on était en dehors du courant froid du Pérou, et l'on a ainsi, dans la position du 12 juillet, la limite N. de ce courant dans les parages des îles Galapagos.
13 juill. 1838.	1 42 N.	94 29 O.	26,6 25,0 26,0	
16 juill. 1838.	0 37 S.	95 28 O.	22,4 21,5 22,1	
1er fév. 1838.	2 02 N.	99 07 O.	26,6 26,0 26,2	
14 fév. 1838.	3 51 S.	99 51 O.	27,0 24,5 26,8	La comparaison de ces températures, prises à 5 mois d'intervalle au même point dans le courant froid du Pérou, fait voir l'influence considérable de la position du soleil sur la température que ce courant conserve sous l'équateur. Ce courant est moins froid de 2°7' quand le soleil échauffe depuis longtemps l'hémisphère S. d'où il provient.
18 juill. 1838.	3 27 S.	100 56 O.	23,7 22,0 23,1	
12 juin 1837.	9 18 S.	105 32 O	25,5 25,0 25,3	La presque égalité de température de ces deux journées, malgré l'intervalle de 4 mois qui les sépare, prouve que ce point d'intersection de deux routes est vers la limite S. du courant froid du Pérou.
18 fév. 1838.	8 37 S.	105 43 O.	26,0 25,2 25,6	
14 juin 1837.	8 20 S.	111 19 O.	26,3 25,0 25,7	Ce point d'intersection des deux routes du 14 juin et du 22 juillet est encore vers la limite S. du courant froid du Pérou. Mais en comparant les températures de ces deux points d'intersection à celles du 20 août placé par la même latitude et plus à l'O. on y reconnaît encore une influence sensible du courant froid du Pérou.
22 juill. 1838.	8 45 S.	112 20 O.	25,6 24,7 25,2	
20 juill. 1838.	6 19 S.	108 34 O.	24,0 23,6 23,8	
20 août 1838.	8 45 S.	142 27 O.	26,8 26,0 26,5	

ANOMALIES DES TEMPÉRATURES DE LA MER.

DATES.	Latitude.	Longit.	Max. Min. Moy.	REMARQUES.
24 juin 1837.	0°13' N.	135°21'O.	26,0 25,0 25,7	
25 juin 1837.	2 17 N.	136 05 O.	27,0 25,5 26,5	La comparaison de ces températures fait voir que le point du 25 juin se trouve exactement sur la limite N. du courant froid du Pérou.
26 juin 1837.	3 56 N.	136 43 O.	27,5 26,5 27,1	
5 juillet 1837.	15 19 N.	148 50 O.	24,8 24,0 24,4	Les températures de cette journée paraîtront sans doute un peu basses si l'on fait attention à la latitude du lieu et à l'époque de l'année. Il faut y voir la petite influence d'un courant froid venu des côtes de Californie.
26 juill. 1837.	21 20 N.	164 57 O.	25,6 24,8 25,2	
7 août 1837.	27 15 N.	175 06 E.	28,5 27,0 27,5	Les températures du 7 et du 14 août mettent en évidence l'existence d'un courant très-chaud. Les températures des 14, 16, 17 et 20 août, font voir le décroissement singulièrement rapide de la température de ce courant dans la direction suivie. Ce courant est l'analogue du Gulph-stream de l'Océan Atlantique, et produit comme lui des brumes épaisses. Il fait sentir son influence calorifique jusque sur la côte N.O. d'Amérique à plus de mille lieues de distance de ce point-ci. Ce courant, par son importance, mérite d'être signalé sur les cartes physiques.
12 août 1837.	32 58 N.	166 10 E.	26,0 24,6 25,0	
14 août 1837.	33 51 N.	163 32 E.	28,4 25,4 26,5	
16 août 1837.	37 45 N.	162 29 E.	25,3 21,0 23,8	
7 août 1837.	40 17 N.	161 37 E.	22,0 15,0 19,3	
20 août 1837.	42 55 N.	160 30 E.	13,8 12,0 12,7	
19 sept. 1837.	51 12 N.	160 23 E.	12,0 11,4 11,7	La comparaison de ces nombres met en évidence l'existence d'un courant sensiblement chaud sur la côte du Kamtschatka. Ce courant peut expliquer comment il se fait que la mer ne gèle jamais sur cette côte, malgré les froids intenses de ces parages.
25 sept. 1837.	49 12 N.	172 53 E.	8,6 7,6 8,2	
2 octob. 1837.	45 43 N.	166 52 O.	11,7 11,0 11,3	La différence de latitude de ces deux points ne peut expliquer l'énorme différence de température qu'ils présentent, et l'on doit voir dans les températures du 8 l'influence d'un courant chaud ; le même sans doute dont nous avons reconnu précédemment l'existence et signalé l'analogie avec le Guph-stream.
8 octob. 1837.	41 09 N.	158 58 O.	18,5 17,4 18,1	

ANOMALIES DES TEMPÉRATURES DE LA MER.

DATES.	Latitude.	Longit.	Max. Min. Moy.	REMARQUES.
14 oct. 1837.	38°13' N.	135°29'O.	18,8 18,2 18,4	Ici la différence des températures est en sens contraire de la différence de latitude, et prouve encore l'existence du courant chaud que nous venons de signaler et peut-être aussi l'existence d'un courant comparativement froid qui redescend le long de la côte N.O. d'Amérique et de Californie.
18 oct. 1837.	37 16 N.	132 56 O.	14,4 12,6 13,8	
22 nov. 1837.	25 09 N.	118 26 O.	19,6 17,6 18,8	L'existence de ce courant froid, descendant le long de la côte N.O. d'Amérique et de Californie est mise ici en toute évidence; car ces deux points ont la même latitude, sont d'ailleurs très-voisins, et cependant ils offrent une différence de 4°,3 dans leur température moyenne. Ce courant est du reste indiqué par son effet sur la route de la frégate.
24 nov. 1837.	24 36 N.	114 41 O.	23,8 22,3 23,1	
29 déc. 1837.	19 40 N.	108 04 O.	24,6 23,0 24,0	
7 janv. 1838.	16 47 N.	102 39 O.	28,8 27,5 28,1	Ces nombres mettent en évidence l'existence d'un courant très-chaud sur les côtes d'Acapulco.
25 janv. 1838.	13 50 N.	101 06 O.	28,7 27,6 28,1	
27 janv. 1838.	9 56 N.	101 21 O.	26,5 25,7 26,0	
28 août 1838.	16 30 S.	151 12 O.	26,7 26,2 26,4	
16 sept. 1838.	17 32 S.	151 54 O.	27,0 26,0 26,5	*En rade de Papéiti.*
19 sept. 1838.	19 25 S.	154 50 O.	24,8 24,0 24,5	Le décroissement rapide de la température du 16 au 21 septembre ne peut être expliqué par le seul changement de latitude. Il faut y voir en outre l'effet d'un courant froid indiqué d'ailleurs par son effet sur la route de la frégate.
20 sept. 1838.	21 04 S.	156 29 O.	24,2 21,3 23,2	
21 sept. 1838.	21 50 S.	157 05 O.	21,8 21,0 21,5	
26 sept. 1838.	22 18 S.	168 20 O.	23,3 21,5 22,5	Cet abaissement de deux degrés annonce encore sans doute l'action d'un courant froid.
27 sept. 1838.	23 33 S.	171 04 O.	21,5 19,8 20,6	

ANOMALIES DES TEMPÉRATURES DE LA MER.

DATES.	Latitude.	Longit.	Max. Min. Moy.	REMARQUES.
1er oct. 1838.	27 26 S.	178°40'O.	20,4 20,0 20,2	
5 octob. 1838.	29 40 S.	177 59 E.	19,4 17,8 18,5	Peut-être tirera-t-on la même conclusion de la comparaison de ces nombres-ci.
8 octob. 1838.	33 28 S.	173 43 E.	16,5 15,0 15,4	
10 oct. 1838.	34 25 S.	172 41 E.	16,5 15,3 16,0	
15 nov. 1838.	34 44 S.	167 58 E.	17,3 16,3 16,8	
18 nov. 1838.	35 05 S.	160 20 E.	17,6 17,0 17,3	Cet accroissement de température le long du parallèle parcouru indique, ou l'action d'un courant froid sur les côtes de la Nouvelle-Zélande, ou l'action d'un courant chaud sur la côte de la Nouvelle-Hollande. Peut-être les deux causes existent-elles à la fois.
20 nov. 1838.	34 19 S.	156 55 E.	21,2 18,0 19,2	
22 nov. 1838.	34 36 S.	153 20 E.	20,6 20,0 20,2	
24 nov. 1838.	33 35 S.	149 15 E.	20,3 18,7 19,6	
3 janv. 1839.	45 56 S.	146 30 E.	11,0 9,8 10,5	
7 janv. 1839.	45 17 S.	146 00 E.	14,0 9,3 11,6	Dans la journée du 8 janvier et dans une partie des journées du 7 et du 9, la frégate a passé dans une zone d'eau plus chaude que les eaux environnantes d'environ 3°. Il faut par conséquent prolonger dans le S. de la terre de Van-Diémen le courant chaud des côtes de la Nouvelle-Hollande.
8 janv. 1839.	44 30 S.	144 19 E.	13,8 12,0 12,9	
9 janv. 1839.	46 04 S.	143 16 E.	12,2 9,5 11,7	
10 janv. 1839.	46 08 S.	141 48 E.	11,0 8,8 10,2	
20 janv. 1839.	42 15 S.	126 13 E.	12,8 12,0 12,3	Dans la journée du 24 janvier, la frégate a passé de 14°,5 à 14°,7; dans celle du 25 janvier elle a passé de 14°,8 à 18°,0. Il y a eu là évidemment une action sensible, mais il n'est pas facile de décider si la cause agissante est chaude ou froide. La frégate était alors dans le S.E. du cap Leuwin de la Nouvelle-Hollande.
21 janv. 1839.	40 27 S.	125 04 E.	14,7 11,6 13,7	
22 janv. 1839.	39 12 S.	123 02 E.	14,6 14,0 14,4	
25 janv. 1839.	37 49 S.	119 03 E.	18,0 14,8 17,7	

ANOMALIES DES TEMPÉRATURES DE LA MER.

DATES.	Latitude.	Longit.	Max. Min. Moy.	REMARQUES.
16 fév. 1839.	25°24' S.	93°42'E.	23,7 / 23,0 / 23,4	Il y a encore là une action sensible dont le sens est difficile à déterminer.
18 fév. 1839.	24 22 S.	90 23 E.	25,7 / 24,2 / 25,1	
24 fév. 1839.	22 13 S.	74 18 E.	26,0 / 24,5 / 25,4	Dans la journée du 25 février, la frégate est entrée dans une zone sensiblement plus chaude ; zone qu'elle ne quitte plus de là au cap de Bonne-Espérance. On a ainsi une limite S. du courant des Aiguilles.
25 fév. 1837.	21 38 S.	72 34 E.	27,7 / 25,0 / 26,6	
1 mars 1839.	20 27 S.	62 52 E.	27,7 / 26,5 / 27,2	La comparaison des températures de ces trois journées ayant même latitude, prouve évidemment que le 1er mars la frégate était dans un courant chaud et qu'elle était probablement dans un courant froid le 4 mai à l'O. du cap de Bonne-Espérance.
4 mai 1839.	20 51 S.	0 17 E.	22,3 / 21,5 / 21,8	
23 fév. 1838.	21 03 S.	110 42 O.	26,0 / 25,0 / 25,6	
17 mars 1839.	32 04 S.	39 47 E.	25,7 / 24,5 / 25,1	Il résulte de la comparaison des journées du 17 et du 24 mars, situées par la même latitude que la température du courant chaud des Aiguilles diminue sensiblement de température en se rapprochant de la côte. Les nombres du 24 avril et du 6 février comparés aux précédents, font voir la différence considérable des températures qui existent par cette latitude à l'E. et à l'O. du cap de Bonne-Espérance, ainsi qu'à l'O. et à l'E. de la mer des Indes.
24 mars 1839.	32 15 S.	30 12 E.	23,4 / 22,8 / 23,1	
24 avril 1839.	31 25 S.	11 01 E.	19,0 / 17,5 / 18,5	
6 fév. 1839.	31 31 S.	105 38 O.	19,8 / 19,0 / 19,5	
26 mars 1839.	34 42 S.	24 51 E.	24,2 / 23,2 / 23,6	Ces points ont sensiblement la même latitude, et la comparaison des températures des 26, 28, 29 et 30 mars met en évidence le décroissement rapide de température du courant chaud des Aiguilles à mesure qu'on s'approche de terre.
28 mars 1839.	34 39 S.	18 13 E.	21,2 / 20,5 / 21,0	
29 mars 1839.	34 18 S.	16 20 E.	21,0 / 16,3 / 18,3	
30 mars 1839.	34 11 S.	16 06 E.	16,3 / 15,8 / 16,1	*En rade dans False-Bay.*
1 avril 1839.	34 11 S	16 06 E.	17,5 / 16,0 / 16,6	*Id*
22 avril 1839.	34 38 S.	15 38 E	19,4 / 18,8 / 18,9	Les journées des 22 et 23 avril, comparées à celle du 26 mars, font voir la grande différence des températures qui existent à l'E. et à l'O. du cap de Bonne-Espérance.
23 avril 1839.	33 28 S.	13 37 E.	19,2 / 18,5 / 18,7	

ANOMALIES DES TEMPÉRATURES DE LA MER.

DATES.	Latitude.	Longit.	Max. Min. Moy.	REMARQUES.
21 fév. 1837.	30°24' S.	51°15' O.	24,8 23,0 24,2	Sur la côte E. d'Amérique (Océan Atlantique) (courant chaud du Brésil).
30 avril 1838.	28 46 S.	79 07 O.	19,3 18,0 18,8	Sur la côte O. d'Amérique (Océan Pacifique) (courant froid du Pérou).
28 fév. 1838.	29 16 S.	111 05 O.	25,2 24,1 24,5	Parages de l'île de Pâques (Océan Pacifique) (courant chaud).
5 octob. 1838.	29 40 S.	177 59 E.	19,4 17,8 18,5	Parages des îles Kermadec (Océan Pacifique) (courant froid).
7 fév. 1839.	30 02 S.	104 33 E.	21,5 19,5 20,4	Sur la côte O. de la Nouvelle-Hollande (mer des Indes).
15 mars 1839.	29 51 S.	41 57 E.	25,8 25,0 25,4	Sur la côte E. d'Afrique (mer des Indes) (courant chaud des Aiguilles).
25 avril 1839.	30 02 S.	9 17 E.	19,4 18,2 18,9	Sur la côte O. d'Afrique (Océan Atlantique) (courant froid).
8 janv. 1837.	30 25 N.	17 23 O.	18,7 17,0 18,0	Parages des îles Canaries (Océan Atlantique) (courant froid).
9 juin 1839.	29 56 N.	45 10 O.	24,6 23,0 24,2	(Océan Atlantique) courant chaud, Gulph-stream.
17 nov. 1837.	29 25 N.	121 12 O.	18,7 16,8 17,9	Sur la côte de Californie (Océan Pacifique) (courant froid).
10 août 1837.	30 53 N.	169 32 E.	26,2 24,8 25,5	(Océan Pacifique) (courant chaud analogue au Gulph-stream).
6 mai 1839.	18 12 S.	4 07 O.	23,0 22,3 22,7	Parages de l'île Sainte-Hélène (Océan Atlantique) (courant froid).
1er fév. 1837.	17 47 S.	38 57 O.	27,3 27,0 27,0	Côtes du Brésil (Océan Atlantique) (courant chaud du Brésil).
6 mai 1838.	18 20 S.	80 49 O.	21,9 20,5 21,3	Côtes du Pérou (Océan Pacifique) (courant froid du Pérou).
22 fév. 1838.	18 24 S.	110 10 O.	26,6 24,7 25,6	(Océan Pacifique).
18 sept. 1838.	17 47 S.	152 49 O.	26,2 25,0 25,8	(Océan Pacifique) (parages de l'île Tahiti).

TEMPÉRATURES

DE

L'EAU DE LA MER A LA SURFACE

AUX

DIVERS ATTÉRAGES DE LA FRÉGATE LA VÉNUS.

Les températures de la mer trouvées aux divers attérages de la *Vénus*, devant intéresser les physiciens qui s'occupent de l'influence que le voisinage des terres et des hauts-fonds peut exercer sur la température des eaux de la mer, nous avons cru devoir les rapprocher dans les tableaux suivants.

En jetant les yeux sur ces observations, on verra tout de suite que la différence des températures au large et sur la côte n'a été bien sensible que dans les points où les tableaux précédents ont signalé l'existence de courants chauds ou froids; et qu'elle est restée insensible dans les points où aucun courant n'a été signalé, ou bien encore dans les points où la route a suivi la direction même du courant.

Nous avons inséré dans ces tableaux, comme ayant le même but et conduisant du reste à la même conclusion, le tableau des températures observées au large, aux açores et au-dessus d'un banc dans l'archipel des Iles Marquises, les 14 et 15 août 1838.

TEMPÉRATURE DE LA MER AUX ATTÉRAGES.

ARRIVÉE A BREST EN JUIN 1839.				ARRIVÉE ET DÉPART DE SAINTE-CROIX-DE-TÉNÉRIFFE EN JANVIER 1837.			
DATES.	22	23	24	DATES.	9	10	11
Latit. à midi.	45°27' N.	46°18' N.	48°09' N.	Latit. à midi.	29°03' N.	28°28' N.	25°56' N.
Long. à midi.	14 31 O.	10 47 O.	7 19 O.	Long. à midi.	18 15 O.	18 35 O.	19 53 O.
Tempér. moy. de l'air.	16°,3	15°,8	15°,9	Tempér. moy. de l'air.	17°,4	17°,5	18°,3
Heures.	Températ.	Températ.	Températ.	Heures.	Températ.	Températ.	Températ.
1	15,2	15,5	14,5	1	18,0	18,2	18,5
2	15,2	15,5	14,5	2	18,0	18,3	18,5
3	15,2	15,5	14,5	3	18,0	18,3	18,7
4	15,2	15,5	14,4	4	18,0	18,3	18,7
5	15,2	15,4	14,5	5	18,0	18,0	»
6	15,2	15,4	14,5	6	18,0	18,3	»
7	15,2	15,5	14,6	7	18,5	18,6	»
8	15,3	15,5	14,6	8	18,5	18,6	»
9	15,3	15,5	14,6	9	18,7	18,6	»
10	15,3	15,5	14,5	10	19,0	18,5	19,3
11	15,5	15,6	14,5	11	19,0	18,6	19,4
midi.	15,5	15,6	14,5	midi.	19,0	19,0	19,4
1	15,6	15,6	14,4	1	19,1	19,0	19,5
2	15,7	15,7	14,3	2	19,0	19,0	19,5
3	15,7	15,8	14,3	3	19,0	19,0	19,8
4	15,7	15,8	16,0	4	19,0	19,2	19,8
5	15,7	15,8	16,0	5	18,8	19,0	19,6
6	15,7	15,8	16,5	6	18,5	19,0	19,6
7	15,7	15,5	16,5	7	18,5	19,0	19,6
8	15,5	15,3	16,5	8	18,1	19,0	19,5
9	15,5	15,0	16,4	9	18,0	18,8	19,5
10	15,5	14,7	16,4	10	18,0	19,0	19,5
11	15,5	14,5	16,0	11	18,0	19,0	19,5
minuit.	15,7	14,5	15,7	minuit.	18,0	19,0	19,4
Moyennes...	15,45	15,40	15,13	Moyennes...	18,44	18,72	19,33
Différence : 1° environ.				Différence insensible.			

TEMPÉRATURE DE LA MER AUX ATTÉRAGES.

ARRIVÉE A RIO-JANEIRO EN FÉVRIER 1837.				DÉPART DE RIO-JANEIRO EN FÉVRIER 1837.			
DATES.	2	3	4	DATES.	16	17	18
Latit. à midi.	20°45' S.	22°53' S.	22°54' S.	Latit. à midi.	23°03' S.	23°30' S.	24°12' S.
Long. à midi.	40 57 O.	43 03 O.	45 30 O.	Long. à midi	45 27 O.	45 41 O.	45 58 O.
Tempér. moy. de l'air.	26°,1	25°,2	23°,1	Tempér. moy. de l'air.	21°,7	22°,0	24°,2
Heures.	Températ.	Températ.	Températ.	Heures.	Températ.	Températ.	Températ.
1	27,0	26,0	22,0	1	23,0	21,8	24,0
2	27,0	26,0	22,0	2	22,5	21,8	23,5
3	27,0	26,0	22,0	3	23,0	21,6	23,5
4	26,5	26,0	22,0	4	21,0	21,5	24,0
5	26,0	25,5	21,0	5	21,0	21,5	23,5
6	26,0	26,0	21,0	6	21,0	22,0	23,5
7	26,0	25,5	21,0	7	21,2	22,0	24,2
8	26,0	25,5	21,0	8	21,5	22,0	24,5
9	26,2	25,5	16,5 ?	9	22,7	22,0	24,5
10	26,3	25,3	16,2 ?	10	22,6	22,0	23,8
11	26,3	25,5	18,8 ?	11	22,4	22,7	23,9
midi.	26,4	25,5	21,5	midi.	22,0	23,0	23,9
1	26,4	25,2	21,0	1	22,8	23,5	24,5
2	26,3	25,2	20,8	2	21,6	24,3	24,8
3	26,2	25,0	22,5	3	21,8	24,0	24,8
4	26,2	25,0	25,5	4	21,5	24,0	24,8
5	26,0	23,0	25,2	5	21,5	24,0	24,7
6	26,0	22,8	25,0	6	21,0	24,0	24,7
7	26,0	22,8	25,0	7	21,2	24,0	24,5
8	26,0	22,8	25,0	8	22,0	23,6	24,5
9	26,0	22,6	25,0	9	22,2	23,5	24,5
10	26,0	22,6	25,0	10	22,2	23,5	24,5
11	26,0	22,0	25,0	11	22,5	23,5	24,3
minuit.	26,0	22,0	25,0	minuit.	22,5	23,5	24,5
Moyennes...	26,25	24,52	22,29	Moyennes...	21,94	22,88	24,20

Différence de 4° environ.
Courant chaud des côtes du Brésil.

Différence de 2°,5 environ.
Courant chaud des côtes du Brésil.

TEMPÉRATURE DE LA MER AUX ATTÉRAGES.

ARRIVÉE A VALPARAISO EN AVRIL 1837 (1ʳᵉ RELACHE).				DÉPART DE VALPARAISO EN MAI 1837 (1ʳᵉ RELACHE.)			
DATES.	23	24	26	DATES.	12	13	14
Latit. à midi.	34°03' S.	33°26' S.	33°02' S.	Latit. à midi.	33°02' S.	33°02' S.	31°57' S.
Long. à midi.	74 43 O.	74 24 O.	74 04 O.	Long. à midi.	74 04 O.	74 04 O.	74 53 O.
Tempér. moy. de l'air.	13°,7	11°,7	14°,9	Tempér. moy. de l'air.	16°,3	16°,3	15°,6
Heures.	Témpérat.	Témpérat.	Temperat.	Heures.	Témpérat.	Témpérat.	Témpérat.
1	14,0	12,5	13,5	1	16,0	15,8	15,8
2	14,5	12,5	13,5	2	16,0	15,6	15,8
3	14,3	12,5	13,5	3	15,8	15,6	15,7
4	14,5	12,5	13,5	4	15,8	15,5	15,5
5	14,5	12,5	15,0	5	15,8	15,5	15,7
6	14,5	12,5	15,1	6	15,8	15,5	15,8
7	14,5	12,3	15,4	7	16,0	15,5	15,8
8	14,9	12,4	15,8	8	16,0	15,5	16,0
9	15,0	12,6	16,0	9	16,0	15,8	16,5
10	15,2	12,6	16,0	10	15,8	15,4	16,8
11	15,5	12,6	16,0	11	15,5	15,2	16,8
midi.	15,0	12,6	16,0	midi.	15,5	15,5	16,8
1	15,0	12,5	15,8	1	15,0	16,0	16,8
2	14,5	12,4	15,8	2	15,2	16,5	16,8
3	12,5	12,5	15,5	3	15,2	17,0	16,8
4	12,5	12,3	15,3	4	15,4	17,0	16,6
5	12,5	12,4	15,8	5	15,4	17,0	16,4
6	12,5	12,3	15,3	6	15,3	16,7	16,4
7	12,3	12,4	14,5	7	15,3	16,4	16,0
8	12,2	12,5	14,0	8	15,3	16,0	16,0
9	12,2	12,5	14,0	9	15,6	15,8	16,5
10	12,3	12,5	13,8	10	15,8	15,7	16,8
11	12,4	12,5	13,5	11	15,8	15,7	17,0
minuit.	12,3	12,5	13,5	minuit.	16,0	15,5	17,0
Moyennes...	13,73	12,47	14,83	Moyennes...	15,64	15,90	16,33
Différence variable. Courant froid des côtes du Pérou.				Différence peu sensible (la route longe la côte). Courant froid des côtes du Pérou.			

TEMPÉRATURE DE LA MER AUX ATTÉRAGES.

ARRIVÉE A VALPARAISO EN MARS 1838 (2ᵉ RELACHE).				DÉPART DE VALPARAISO EN AVRIL 1838 (2ᵉ RELACHE).			
DATES.	17	18	19	DATES.	28	29	30
Latit. à midi.	33°03' S.	33°02' S.	33°02' S.	Latit. à midi.	33°02' S.	31°00' S.	28°46' S.
Long. à midi.	76 54 O.	74 04 O.	74 04 O.	Long. à midi.	74 04 O.	76 10 O.	79 07 O.
Tempér. moy. de l'air.	20°,0	17°,5	17°,6	Tempér. moy. de l'air.	15°,7	14°,7	15°,9
Heures.	Températ.	Températ.	Températ.	Heures.	Températ.	Températ.	Températ.
1	19,5	18,0	13,5	1	13,0	16,0	18,0
2	19,5	17,5	13,5	2	13,0	16,3	18,0
3	19,5	17,3	13,5	3	12,8	16,2	18,0
4	19,5	17,0	13,5	4	12,8	16,4	18,0
5	19,4	17,0	14,0	5	12,9	16,5	18,2
6	19,4	17,0	15,0	6	13,0	16,7	18,3
7	19,3	17,2	16,5	7	13,0	16,8	18,6
8	19,3	17,2	16,0	8	13,0	16,7	19,0
9	19,3	17,0	16,0	9	13,2	15,5	19,0
10	19,0	17,0	16,0	10	13,2	14,8	19,0
11	19,5	16,7	16,0	11	13,4	14,8	19,2
midi.	19,5	16,5	16,0	midi.	13,4	14,8	19,3
1	19,5	16,4	16,4	1	13,4	14,8	19,2
2	19,4	16,1	16,5	2	13,5	14,7	19,0
3	19,2	16,0	16,5	3	14,4	14,7	19,0
4	19,2	15,5	16,5	4	15,0	14,6	19,0
5	19,3	15,5	16,5	5	15,0	14,6	19,0
6	19,2	15,3	16,3	6	15,1	14,6	19,0
7	19,2	15,0	16,0	7	15,5	14,5	19,0
8	19,2	15,0	15,6	8	15,8	14,5	19,0
9	19,2	14,5	15,0	9	15,8	14,5	19,0
10	19,2	13,8	14,8	10	15,8	14,5	19,2
11	19,2	13,6	14,8	11	15,8	14,8	19,2
minuit.	19,0	13,6	»	minuit.	15,8	16,3	19,3
Moyennes...	19,31	16,07	15,39	Moyennes...	14,07	15,36	18,81

Arrivée : Au mouillage de Valparaiso (colonne 19). Au mouillage (colonne 18).
Départ : Au mouillage de Valparaiso (colonne 29).

Différence de 3° environ. Courant froid des côtes du Pérou.   Différence en sens contraire de 1° environ. Courant froid des côtes du Pérou.

TEMPÉRATURE DE LA MER AUX ATTÉRAGES.

ARRIVÉE AU CALLAO DE LIMA EN MAI 1837 (1ʳᵉ RELACHE).				DÉPART DU CALLAO DE LIMA EN JUIN 1837 (1ʳᵉ RELACHE).			
DATES.	23	24	25	DATES.	2	3	4
Latit. à midi.	12°39′ S.	12°19′ S.	12°04′ S.	Latit. à midi.	12°04′ S.	12°13′ S.	11°44′ S.
Long. à midi.	79 27 O.	79 35 O.	79 34 O.	Long. à midi.	79 34 O	81 07 O.	82 53 O.
Tempér. moy. de l'air.	20°,0	19°,2	19°,3	Tempér. moy. de l'air.	20°,0	20°,0	21°,3
Heures.	Températ.	Températ.	Températ.	Heures.	Températ.	Températ.	Températ.
1	17,5	17,8	17,0	1	17,2	18,0	21,5
2	17,3	17,8	17,0	2	17,0	18,3	21,5
3	17,3	18,0	17,0	3	17,0	18,5	21,5
4	17,6	18,0	17,3	4	17,0	18,5	21,5
5	17,8	17,6	17,4	5	17,4	18,5	21,8
6	18,0	17,6	17,5	6	17,7	18,6	22,0
7	17,8	17,5	17,8	7	18,0	18,7	22,2
8	18,0	17,4	17,5	8	18,2	18,9	22,2
9	18,0	17,8	18,0	9	18,3	19,1	22,5
10	18,0	18,2	18,5	10	18,0	19,1	22,5
11	18,3	18,6	18,5	11	18,0	19,3	22,5
midi.	18,5	18,5	18,7	midi.	18,2	20,0	22,4
1	18,5	18,2	19,0	1	18,2	19,8	22,3
2	18,8	17,8	19,5	2	18,3	19,8	22,2
3	19,2	17,6	19,8	3	18,3	19,8	22,5
4	19,2	17,6	18,8	4	18,0	19,8	22,5
5	19,0	17,6	18,4	5	18,0	19,8	22,5
6	18,6	17,4	17,5	6	18,0	19,8	22,5
7	18,4	17,4	17,4	7	18,0	21,0	22,3
8	18,2	17,4	17,4	8	18,0	22,0	22,0
9	18,0	17,4	17,5	9	17,8	22,2	22,0
10	18,0	17,3	17,4	10	17,8	22,2	22,0
11	17,6	17,3	17,3	11	17,7	22,2	22,0
minuit.	17,6	17,0	17,4	minui.	17,7	22,2	22,0
Moyennes...	18,10	17,70	17,90	Moyennes...	17,82	19,83	22,12

Différence peu sensible (la route longe la côte). Courant froid des côtes du Pérou.	Différence de 4° environ. Courant froid des côtes du Pérou.

TEMPÉRATURE DE LA MER AUX ATTÉRAGES

ARRIVÉE AU CALLAO DE LIMA EN MAI 1838 (2ᵉ RELACHE).				DÉPART DU CALLAO DE LIMA EN JUIN 1838 (2ᵉ RELACHE).			
DATES.	9	10	11	DATES.	1	2	3
Latit. à midi.	12°46' S.	12°14' S.	12°03' S.	Latit. à midi.	12°03' S.	12°02' S.	10°50' S.
Long. à midi.	79 33 O.	79 40 O.	79 33 O.	Long. à midi.	79 33 O.	80 11 O.	80 52 O.
Tempér. moy. de l'air.	18°,3	18°,0	19°,4	Tempér. moy. de l'air.	18°,5	18°,5	19°,3
Heures.	Températ.	Températ.	Températ.	Heures.	Températ.	Températ.	Températ.
1	18,8	17,5	16,5	1	15,8	18,5	18,3
2	18,8	17,5	16,2	2	15,5	18,5	18,2
3	18,6	17,5	16,3	3	15,3	18,3	18,2
4	18,5	17,5	16,2	4	15,3	18,3	18,2
5	18,6	17,5	16,4	5	15,8	18,3	18,8
6	18,8	17,5	16,5	6	16,0	19,4	19,5
7	19,0	17,6	16,6	7	16,0	18,5	20,5
8	19,1	17,8	16,6	8	16,2	18,5	20,5
9	19,0	17,8	16,5	9	16,3	18,5	20,7
10	19,0	18,0	16,5	10	17,0	18,5	21,0
11	19,0	18,0	17,0	11	17,0	18,8	21,2
midi.	19,0	18,0	17,2	midi.	16,8	18,8	21,2
1	19,3	18,3	17,3	1	16,8	18,8	21,5
2	19,5	18,5	17,5	2	17,0	18,8	21,8
3	19,8	18,6	17,3	3	17,3	19,0	22,0
4	19,8	18,6	17,0	4	17,6	19,0	22,0
5	19,7	18,6	17,0	5	17,6	19,0	22,0
6	19,6	18,5	17,0	6	17,6	18,8	22,0
7	19,5	18,0	16,2	7	17,5	18,5	21,3
8	19,2	17,8	16,0	8	17,6	18,3	21,0
9	19,0	17,0	16,0	9	17,9	18,3	21,3
10	18,6	16,8	16,0	10	18,2	18,3	20,8
11	18,3	16,5	15,8	11	18,7	18,2	20,7
minuit.	18,0	16,5	15,8	minuit.	18,5	18,2	20,7
Moyennes...	19,02	17,75	16,56	Moyennes...	16,89	18,54	20,56

Différence de 1° environ (la route longe la côte). Courant froid des côtes du Pérou. — Différence de 2° environ (la route longe la côte) Courant froid des côtes du Pérou.

(Au mouillage du Callao de Lima — colonnes 11 mai et juin)

TEMPÉRATURE DE LA MER AUX ATTÉRAGES.

ARRIVÉE A HONOLOULOU (SANDWICH) EN JUILLET 1837.				DÉPART D'HONOLOULOU (SAUDWICH) EN JUILLET 1837.			
DATES.	8	9	10	DATES.	23	24	25
Latit. à midi.	20°03' N.	21°06' N.	21°18' N.	Latit. à midi.	21°18' N.	21°18'	21°14' N.
Long. à midi.	155 51 O.	158 14 O.	160 12 O.	Long. à midi.	160 12 O.	160 12	162 00 O.
Tempér. moy. de l'air.	24°,8	24°,9	25°,7	Tempér. moy. de l'air.	26°,0	25°,2	25°,3
Heures.	Températ.	Températ.	Températ.	Heures.	Températ.	Températ.	Températ.
1	24,5	24,2	24,3	1	25,0	24,5	25,3
2	24,7	24,2	24,5	2	25,0	24,5	25,5
3	24,7	24,2	24,6	3	24,0	24,5	25,5
4	24,7	24,2	24,5	4	24,0	24,5	25,5
5	24,8	24,5	24,8	5	24,5	24,7	25,6
6	24,8	24,6	24,9	6	25,0	25,0	25,6
7	24,9	24,6	25,0	7	25,6	25,0	25,6
8	24,8	24,6	25,5	8	25,8	25,0	25,6
9	24,8	25,3	25,6	9	25,8	25,4	25,7
10	24,7	25,2	25,8	10	25,5	25,3	25,7
11	25,0	25,2	25,8	11	25,6	25,2	25,8
midi.	25,0	25,3	25,8	midi.	26,0	25,2	26,0
1	25,0	25,0	25,8	1	26,0	25,5	25,8
2	25,2	25,0	26,0	2	25,5	25,8	25,8
3	25,2	25,0	25,8	3	25,5	26,0	25,7
4	25,2	25,0	25,8	4	25,5	26,5	25,6
5	25,0	25,0	25,7	5	25,5	26,5	25,4
6	25,0	25,0	25,7	6	25,3	26,5	25,6
7	25,0	25,0	25,5	7	25,0	25,7	25,4
8	25,0	24,0	25,4	8	24,7	25,5	25,2
9	24,8	24,0	25,4	9	24,7	25,0	25,2
10	25,0	24,0	25,2	10	24,6	25,0	25,5
11	25,0	24,0	25,2	11	24,6	25,2	25,5
minuit.	24,6	24,0	25,2	minuit.	25,0	25,2	25,5
Moyennes...	24,89	24,65	25,35	Moyennes...	25,14	25,30	25,55
Différence insensible.				Différence insensible.			

Au mouillage d'Honoloulou. — *Au mouillage d'Honoloulou.*

TEMPÉRATURE DE LA MER AUX ATTÉRAGES.

ARRIVÉE A LA BAIE D'AVATCHA (KAMTSCHATKA) EN AOUT 1837.				DÉPART DE LA BAIE D'AVATCHA (KAMTSCHATKA) EN SEPTEMBRE 1837.			
DATES.	29	30	31	DATES.	16	17	18
Latit. à midi.	51°42' N.	52°14' N.	53°01' N.	Latit. à midi.	53°01' N.	51°51' N.	51°35' N.
Long. à midi.	157 02 E.	156 24 E.	156 23 E.	Long. à midi.	156 23 E.	159 36 E.	159 21 E.
Tempér. moy. de l'air.	10°,7	12°,2	10°,9	Tempér. moy. de l'air.	10°,0	11°,2	10°,8
Heures.	Témpérat.	Témpérat.	Témpérat.	Heures.	Témpérat.	Témpérat.	Témpérat.
1	10,0	9,8	11,0	1	10,8	11,2	10,5
2	9,5	9,7	11,0	2	10,8	11,2	10,6
3	9,0	9,5	10,8	3	10,6	11,2	10,7
4	8,6	9,5	10,9	4	10,6	11,2	10,5
5	7,8	9,4	10,8	5	10,5	11,3	11,5
6	8,0	10,0	11,4	6	10,5	11,4	11,8
7	8,3	10,0	11,3	7	10,7	11,5	11,8
8	8,0	10,5	11,6	8	10,5	11,5	11,8
9	8,4	10,0	11,5	9	10,7	11,5	11,8
10	8,4	11,3	11,6	10	10,7	11,8	11,7
11	8,3	10,8	11,5	11	10,8	11,8	11,7
midi.	8,5	10,8	11,2	midi.	10,3	11,7	11,7
1	8,3	10,9	11,0	1	11,0	11,7	11,8
2	8,5	10,5	11,0	2	11,8	11,5	11,8
3	8,0	12,5	11,3	3	11,8	11,4	11,8
4	8,3	12,0	11,2	4	11,8	11,5	11,7
5	8,6	12,5	11,2	5	11,8	11,5	11,7
6	9,0	12,5	11,3	6	11,5	11,4	11,7
7	9,3	12,3	11,3	7	11,7	11,5	11,7
8	8,8	12,3	11,4	8	11,6	11,5	11,5
9	8,8	12,0	11,3	9	11,5	11,4	11,2
10	9,0	12,0	11,2	10	11,2	11,4	11,2
11	9,0	11,5	11,1	11	11,3	11,5	11,3
minuit.	9,0	11,0	11,0	minuit.	11,3	11,5	11,2
Moyennes...	8,65	10,93	11,20	Moyennes...	11,07	11,46	11,44

Différence en sens contraire de 3° environ.
Courant chaud des côtes du Kamtschatka.

Différence insensible.
Courant chaud des côtes du Kamtschatka.

TEMPÉRATURE DE LA MER AUX ATTÉRAGES.

ARRIVÉE A MONTEREY (HAUTE CALIFORNIE) EN OCTOBRE 1837.				DÉPART DE MONTEREY (HAUTE CALIFORNIE) EN NOVEMBRE 1837.			
DATES.	16	17	18	DATES.	13	14	15
Latit. à midi.	36°44' N.	36°45' N.	36°39' N.	Latit. à midi.	36°36' N.	36°36' N.	33°36' N.
Long. à midi.	129 52 O.	127 12 O.	124 25 O.	Long. à midi.	124 13 O.	124 13 O.	124 39 O.
Tempér. moy. de l'air.	16°,1	14°,9	14°,3	Tempér. moy. de l'air.	11°,8	11°,9	14°,1
Heures.	Températ.	Températ.	Temperat.	Heures.	Températ.	Températ.	Températ.
1	17,0	14,8	14,2	1	13,0	13,0	14,0
2	17,0	14,8	14,0	2	13,0	13,0	14,3
3	17,0	14,8	14,0	3	12,5	12,8	14,5
4	17,0	14,8	14,0	4	12,3	12,8	14,5
5	16,8	14,5	14,0	5	12,3	12,5	14,4
6	16,8	14,4	13,8	6	12,4	12,8	14,3
7	16,8	14,5	13,4	7	12,8	13,0	14,0
8	16,8	14,5	13,0	8	13,0	13,0	14,2
9	16,9	14,5	12,6	9	13,0	13,0	14,5
10	17,0	14,7	13,6	10	13,0	13,0	14,7
11	17,0	14,8	13,6	11	13,5	13,2	14,8
midi.	16,8	14,8	12,6	midi.	13,5	13,2	15,0
1	16,8	15,0	13,3	1	13,8	13,3	15,0
2	16,8	15,5	14,0	2	14,0	13,3	15,0
3	16,8	15,8	14,4	3	14,0	13,4	15,0
4	16,8	15,8	14,4	4	14,0	13,5	15,0
5	16,3	15,7	14,4	5	14,0	13,5	15,0
6	15,0	15,7	14,0	6	13,8	13,4	15,0
7	15,0	15,7	14,0	7	13,2	13,3	15,0
8	15,0	15,6	14,0	8	13,0	13,3	15,0
9	14,6	15,3	14,0	9	13,0	14,0	15,0
10	14,8	15,0	14,0	10	13,0	14,0	15,0
11	14,8	14,6	14,0	11	13,0	14,0	15,0
minuit.	14,8	14,2	14,0	minuit.	13,0	14,0	15,0
Moyennes...	16,39	14,20	13,80	Moyennes...	13,21	13,26	14,72

Note sur colonne 18 octobre : Mouillage de Monterey.
Note sur colonnes 13 et 14 novembre : Au mouillage de Monterey.

Différence de 2° environ.   Différence de 1° environ.
Courant froid sur la côte de Californie.   Courant froid sur la côte de Californie.

TEMPÉRATURE DE LA MER AUX ATTÉRAGES.

ARRIVÉE A LA BAIE DE LA MAGDELEINE (BASSE CALIFORNIE) EN NOVEMBRE 1823.				DÉPARD DE LA BAIE DE LA MAGDELEINE (BASSE CALIFORNIE) EN DÉCEMBRE 1837.			
DATES.	23	24	25	DATES.	6	7	8
Latit. à midi.	24°27' N.	24°36' N.	24°31' N.	Latit. à midi.	24°36' N.	24°03'	22°20' N.
Long. à midi.	115 45 O.	114 41 O.	114 27 O.	Long. à midi.	114 25 O.	114 44	114 47 O.
Tempér. moy. de l'air.	19°,2	21°,5	20°,8	Tempér. moy. de l'air.	18°,4	18°,0	18°,5
Heures.	Températ.	Températ.	Températ.	Heures.	Températ.	Températ.	Températ.
1	18,8	22,5	22,5	1	19,0	20,5	21,3
2	18,8	22,3	22,0	2	19,0	20,5	21,2
3	18,8	22,5	22,0	3	19,3	20,5	21,0
4	18,8	22,5	21,8	4	19,6	20,5	21,0
5	18,8	22,4	22,4	5	19,6	20,3	21,2
6	19,2	23,0	23,2	6	19,6	20,5	21,5
7	19,6	23,5	23,5	7	19,6	20,6	21,2
8	20,5	23,8	23,7	8	19,8	21,0	21,5
9	20,5	23,7	23,5	9	20,0	21,0	21,3
10	20,8	23,5	23,4	10	20,0	21,2	21,5
11	20,8	23,5	23,0	11	20,3	21,3	21,7
midi.	20,8	23,5	23,0	midi.	20,5	21,4	22,1
1	20,8	23,5	23,0	1	20,4	21,0	22,2
2	20,8	23,4	23,0	2	20,4	21,2	23,0
3	21,0	23,4	23,0	3	20,4	21,4	23,6
4	21,0	23,4	23,0	4	20,4	21,5	23,6
5	21,0	23,4	23,0	5	20,3	21,3	23,5
6	21,0	23,0	22,0	6	20,3	21,3	23,5
7	19,0	23,0	22,8	7	20,3	21,5	23,0
8	18,0	23,0	22,2	8	20,3	21,7	23,0
9	18,0	23,0	22,2	9	20,0	21,8	23,0
10	21,5	23,3	22,2	10	20,3	21,8	23,0
11	21,5	23,4	22,2	11	20,5	21,8	23,0
minuit.	22,0	23,5	22,8	minuit.	20,5	21,8	23,0
Moyennes...	19,92	23,12	22,77	Moyennes...	20,01	21,14	22,24

Différence en sens contraire de 3° environ.
Courant froid des côtes de Californie.

Différence de 1° environ.
Courant froid des côtes de Californie.

TEMPÉRATURE DE LA MER AUX ATTÉRAGES

ARRIVÉE A MAZATLAN (MEXIQUE) EN DÉCEMBRE 1837.				DÉPART DE MAZATLAN (MEXIQUE) ET ARRIVÉE A SAN BLAS (MEXIQUE) EN DÉCEMBRE 1827.			
DATES.	11	12	13	DATES.	18	19	20
Latit. à midi.	22°58' N.	23°3 N.	23°14' N.	Latit. à midi.	23°14' N.	22°6' N.	21°50' N.
Long. à midi.	112 00 O.	109 25 O.	108 49 O.	Long. à midi.	108 49 O.	108 42 O.	108 14 O.
Tempér. moy. de l'air.	19°,9	18°,9	18°,4	Tempér. moy. de l'air.	19°,3	20°,5	21°,3
Heures.	Températ.	Températ.	Températ.	Heures.	Températ.	Températ.	Températ.
1	21,3	22,0	20,2	1	20,5	21,5	22,7
2	21,3	22,0	20,0	2	20,5	21,5	22,5
3	21,5	22,0	20,0	3	20,3	21,6	22,4
4	21,5	21,7	20,0	4	20,3	21,6	22,3
5	21,4	22,0	20,0	5	20,4	21,7	22,7
6	21,4	22,0	20,0	6	20,4	21,8	22,6
7	21,5	22,5	20,2	7	20,7	22,0	22,5
8	21,6	22,6	20,2	8	20,8	22,5	22,8
9	21,6	22,6	20,2	9	21,0	22,7	23,0
10	21,8	22,4	20,3	10	21,0	22,9	23,0
11	21,8	22,5	20,5	11	21,0	23,7	23,0
midi.	22,0	22,7	21,0	midi.	21,3	23,7	23,0
1	21,8	22,3	21,0	1	21,2	23,6	24,0
2	22,0	22,0	20,8	2	21,2	23,4	24,5
3	22,0	20,5	21,0	3	21,2	23,4	24,3
4	22,0	20,5	21,0	4	21,2	23,4	24,3
5	22,0	20,5	20,8	5	21,2	23,3	24,2
6	22,0	20,5	20,8	6	21,4	23,2	24,3
7	22,0	20,3	20,8	7	22,0	23,0	24,0
8	21,8	20,3	20,5	8	22,0	23,0	24,0
9	22,0	20,0	20,5	9	21,5	23,0	23,0
10	22,2	20,0	20,3	10	21,0	23,0	22,5
11	22,2	20,0	20,2	11	21,0	23,0	22,5
minuit.	22,2	20,0	20,0	minuit.	21,0	23,0	22,5
Moyennes...	21,78	12,45	20,42	Moyennes...	21,01	22,70	23,12
Différence de 2° environ.				Différence d'abord dans un sens et puis en sens contraire.			

(Auprès du cap San Lucar. / Au mouillage. / Au mouillage de Mazatlan. / Au mouillage de Mazatlan. / Au mouillage auprès de l'île Isabelle. / M. San-Blas.)

TEMPÉRATURE DE LA MER AUX ATTÉRAGES.

ARRIVÉE A ACAPULCO (MEXIQUE) EN JANVIER 1838.				DÉPART D'ACAPULCO (MEXIQUE) EN JANVIER 1838.			
DATES.	6	7	8	DATES.	16	17	18
Latit. à midi.	17°08' N.	16°47' N.	16°50' N.	Latit. à midi.	16°50' N.	15°32' N.	13°50' N.
Long. à midi.	103 40 O.	102 39 O.	102 09 O.	Long. à midi.	102 09 O.	101 46 O.	101 06 O.
Tempér. moy. de l'air.	27°,2	28°,0	27°,3	Tempér. moy. de l'air.	26°,7	27°,2	28°,0
Heures.	Températ.	Températ.	Températ.	Heures.	Températ.	Températ.	Températ.
1	27,4	27,5	27,3	1	26,6	27,0	27,8
2	27,2	27,5	27,3	2	26,5	27,5	27,7
3	27,0	27,6	27,2	3	26,5	27,8	27,8
4	27,0	27,6	27,2	4	26,5	28,0	27,8
5	27,0	27,6	27,6	5	26,8	28,0	27,5
6	27,4	27,7	27,8	6	27,0	27,8	27,7
7	27,3	27,7	27,8	7	27,1	27,6	27,7
8	27,4	27,7	28,0	8	27,5	27,8	28,0
9	27,5	28,0	28,0	9	27,6	28,0	28,0
10	27,5	28,2	27,7	10	27,7	27,8	28,0
11	27,7	28,3	27,5	11	27,8	28,4	28,0
midi.	27,7	28,5	27,7	midi.	27,7	28,0	28,2
1	27,4	28,7	28,0	1	27,6	28,4	28,3
2	27,5	28,8	28,1	2	28,3	28,5	28,5
3	27,5	28,8	28,0	3	28,3	28,5	28,7
4	27,5	28,8	28,0	4	28,2	28,5	28,7
5	27,4	28,8	28,0	5	27,8	28,5	28,5
6	27,4	28,5	28,0	6	27,3	28,3	28,5
7	27,4	28,3	27,5	7	27,0	28,2	28,3
8	27,3	28,0	27,5	8	27,0	28,0	28,2
9	27,0	27,8	27,7	9	27,0	28,0	28,2
10	27,0	27,8	27,9	10	27,0	28,0	28,2
11	27,0	27,6	28,0	11	27,0	28,0	28,0
minuit.	27,0	27,5	28,0	minuit.	26,8	28,0	28,0
Moyennes...	27,31	28,05	27.74	Moyennes...	27,27	28,02	28,09
Différence peu sensible. (Courant chaud).				Différence de 1°, environ. (Courant chaud).			

TEMPÉRATURE DE LA MER AUX ATTÉRAGES.

ARRIVÉE A PAYTA (PÉROU) EN JUIN 1838.				DÉPART DE PAYTA PÉROU EN JUIN 1838.			
DATES.	4	5	6	DATES.	17	18	19
Latit. à midi.	9°06' S.	6°55' S.	5°07' S.	Latit. à midi.	5°0'7 S.	4°07, S.	3°16' S.
Long. à midi.	82 38 O.	83 30 O.	83 32 O.	Long. à midi.	83 32 O.	85 45 O.	88 38 O.
Tempér. moy. de l'air.	21°,3	20°,2	21°,1	Tempér. moy. de l'air.	20°,0	20°,8	22°,1
Heures.	Températ.	Températ.	Températ.	Heures.	Températ.	Températ.	Températ.
1	21,0	20,4	17,8	1	17,0	19,0	21,7
2	21,2	19,7	17,8	2	16,8	19,6	22,0
3	21,5	19,5	17,8	3	16,6	19,8	22,3
4	21,5	19,8	17,8	4	16,5	19,8	22,5
5	21,4	19,5	17,8	5	16,5	20,0	22,2
6	21,4	19,0	18,0	6	16,5	20,3	22,3
7	21,4	18,8	18,3	7	16,5	20,4	22,5
8	21,5	18,8	18,5	8	16,6	20,0	22,5
9	21,5	19,0	18,0	9	16,8	20,5	22,5
10	21,6	19,2	17,8	10	17,0	20,6	22,6
11	21,4	19,4	17,8	11	17,3	20,8	22,6
midi.	21,4	19,5	17,6	midi.	17,5	21,0	22,7
1	21,6	19,0	17,6	1	17,6	21,0	22,8
2	21,8	18,8	17,6	2	18,0	21,2	23,0
3	22,0	18,7	17,6	3	18,0	21,2	23,0
4	22,0	18,7	17,7	4	18,0	21,4	23,4
5	22,0	18,5	17,6	5	18,0	21,2	23,4
6	22,0	18,5	17,5	6	18,0	21,0	23,4
7	22,0	18,0	17,3	7	17,9	21,0	23,4
8	21,8	17,6	17,0	8	18,5	21,0	23,4
9	21,5	17,6	17,0	9	18,7	21,2	23,5
10	21,2	17,8	17,0	10	18,3	21,5	23,5
11	21,0	17,8	17,0	11	18,9	21,5	23,5
minuit.	21,0	18,0	16,8	minuit.	18,9	21,5	23,7
Moyennes...	21,53	18,82	17,61	Moyennes...	17,60	20,68	22,85
Différence de 3° environ. (Courant froid des côtes du Pérou.)				Différence de 5° environ. (Courant froid des côtes du Pérou.)			

TEMPÉRATURE DE LA MER AUX ATTÉRAGES.

ARRIVÉE A L'ILE CHARLES (AUX GALAPAGOS) EN JNIN 1838.				AUX ACORES D'UN BANC AUX ILES MARQUISES EN AOUT 1838.				
DATES.	20	21	22	DATES.	14		15	
Latit. à midi.	2°05' S.	1°29' S.	1°23' S.	Latit. à midi.	8°18' S.		7°58' S.	
Long. à midi.	90 35 O.	92 06 O.	92 59 O.	Long. à midi.	142 17 O.		142 34 O.	
Tempér. moy. de l'air.	22°,4	22°,9	23°,7	Tempér. moy. de l'air.	26°,1		26°,4	
Heures.	Températ.	Températ.	Températ.	Heures.	Temp.	profond. en mèt.	Temp.	profond. en mèt.
1	23,6	23,5	23,5	1	26,2		26,5	
2	23,6	23,2	23,4	2	26,2		26,3	
3	23,5	23,2	23,4	3	26,2		26,3	
4	23,5	23,2	23,4	4	26,2		26,2	
5	23,5	23,5	23,4	5	26,2		26,2	
6	23,5	23,7	23,5	6	26,3		26,3	
7	23,5	23,7	23,5	7	26,3		26,5	
8	23,5	23,7	23,5	8	26,4		26,5	
9	23,5	23,7	23,6	9	26,4		26,5	
10	23,5	23,8	23,6	10	26,6		26,6	
11	23,6	23,9	23,7	11	26,6		26,6	
midi.	23,8	23,4	23,5	midi.	26,6	plus de 325.	26,7	plus de 325.
1	23,8	23,8	23,4	1	26,7		26,7	
2	24,2	23,7	23,0	2	26,7		26,8	
3	24,2	23,6	23,0	3	26,8		26,8	
4	24,2	23,6	22,8	4	26,8	id.	26,8	
5	24,0	23,6	22,7	5	26,7		26,6	
6	24,0	23,5	22,7	6	26,5	10 et 13.	26,5	
7	24,2	23,5	22,5	7	26,5		26,5	
8	24,0	23,5	22,5	8	26,5		25,5	
9	23,8	23,4	22,8	9	26,5	plus de 325.	26,5	
10	23,8	23,5	22,4	10	26,5		26,5	
11	23,6	23,5	22,4	11	26,5		26,5	
minuit.	23,6	23,5	22,3	minui.	26,5		26,5	
Moyennes...	23,76	23,55	23,10	Moyennes...	26,47	»	26,52	»
Différence insensible. (Courant froid des côtes du Pérou.)				Différence insensible.				

Au mouillage de Post-Office.

TEMPÉRATURE DE LA MER AUX ATTÉRAGES.

ARRIVÉ EA TAHITI (ARCHIPEL DE LA SOCIÉTÉ). EN AOUT 1838.				DÉPART DE TAHITI (ARCHIPEL DE LA SOCIÉTÉ) EN SEPTEMBRE 1837.			
DATES.	27	28	29	DATES.	17	18	19
Latit. à midi.	15°10' S.	16°30' S.	17°32' S.	Latit. à midi.	17°23' S.	17°47' S.	19°25' S.
Long. à midi.	150 45 O.	151 12 O.	151 54 O.	Long. à midi.	151 52 O.	152 49 O.	154 50 O.
Tempér. moy. de l'air.	25°,8	25°,5	25°,3	Tempér. moy. de l'air.	23°,6	23°,0	21°,7
Heures.	Températ.	Températ.	Températ.	Heures.	Températ.	Températ.	Températ.
1	26,3	26,4	26,0	1	26,2	25,5	24,8
2	26,3	26,4	26,0	2	26,2	25,8	24,6
3	26,4	26,4	26,0	3	26,0	25,8	24,5
4	26,3	26,3	26,0	4	26,0	25,8	24,5
5	26,4	26,3	25,8	5	25,8	25,7	24,6
6	26,5	26,4	25,6	6	26,0	25,3	24,8
7	26,5	26,4	25,5	7	26,0	25,3	24,5
8	26,5	26,5	25,5	8	26,0	25,3	24,5
9	26,7	26,7	25,6	9	26,0	25,5	24,7
10	26,8	26,6	25,6	10	26,2	25,5	24,8
11	26,8	26,6	25,6	11	26,3	25,8	24,8
midi.	26,8	26,6	25,6	midi.	26,5	26,0	24,8
1	27,0	26,6	25,8	1	26,5	26,2	24,6
2	26,8	26,6	26,2	2	26,2	26,0	24,6
3	27,0	26,5	26,5	3	26,2	26,0	24,7
4	27,0	26,4	26,5	4	26,0	26,0	24,7
5	27,0	26,4	26,5	5	26,0	26,0	24,7
6	27,0	26,4	26,5	6	25,8	26,0	24,6
7	27,0	26,4	26,4	7	25,7	25,8	24,5
8	27,0	26,4	26,4	8	25,7	25,8	24,3
9	26,6	26,4	26,3	9	25,5	25,5	24,3
10	26,4	26,4	26,2	10	25,3	25,3	24,2
11	26,2	26,2	26,0	11	25,3	25,2	24,0
minuit.	26,2	26,2	26,0	minuit.	25,3	25,0	24,0
Moyennes...	26,44	26,44	26,00	Moyennes...	25,94	25,78	24,54
Différence : 1° environ.				Différence insensible.			

(Au mouillage de Papetti.) (Mouill. de Papetti.)

TEMPÉRATURE DE LA MER AUX ATTÉRAGES.

ARRIVÉE A LA BAIE-DES-ILES (NOUVELLE-ZÉLANDE) EN OCTOBRE 1838.				DÉPART DE LA BAIE-DES-ILES (NOUVELLE-ZÉLANDE) EN NOVEMBRE 1838.			
DATES.	10	11	12	DATES.	11	12	13
Latit. à midi.	34°25' S.	34°29' S.	34°54' S.	Latit. à midi.	35°15 S.	33°40, S.	34°28' S.
Long. à midi.	172 41 E.	171 34 E.	171 49 E.	Long. à midi.	171 50 E.	171 08 E.	169 54 E.
Tempér. moy. de l'air.	15°,4	16°,1	16°,5	Tempér. moy. de l'air.	17°,1	17°,0	17°,5
Heures.	Températ.	Températ.	Températ.	Heures.	Températ.	Températ.	Températ.
1	15,8	16,0	16,3	1	18,0	17,5	18,4
2	15,6	15,8	16,3	2	18,0	17,5	18,3
3	15,5	15,8	16,3	3	18,0	17,8	18,0
4	15,3	15,8	16,3	4	17,9	17,8	17,8
5	15,5	15,7	16,4	5	17,9	17,9	17,0
6	15,7	15,8	16,6	6	17,9	17,9	16,8
7	15,5	15,8	16,6	7	18,2	18,0	17,0
8	15,6	15,8	16,6	8	18,2	18,2	16,0
9	15,7	16,0	16,8	9	18,2	18,8	16,2
10	15,8	16,1	16,8	10	18,3	18,8	16,3
11	15,8	16,3	16,8	11	18,3	19,2	16,3
midi.	15,8	16,3	16,8	midi.	18,6	19,3	16,3
1	15,8	16,8	16,8	1	18,7	19,3	16,3
2	15,8	17,0	16,5	2	18,7	19,2	16,5
3	16,0	17,8	16,5	3	18,7	19,3	16,7
4	16,4	17,8	16,1	4	18,7	19,3	16,7
5	16,5	17,8	16,1	5	18,7	19,2	16,6
6	16,5	17,7	16,1	6	18,5	19,2	16,5
7	16,5	17,7	16,0	7	18,3	19,2	16,5
8	16,5	17,5	16,0	8	18,0	19,0	16,5
9	16,4	17,0	16,0	9	17,6	18,8	16,5
10	16,3	16,6	15,8	10	17,6	18,5	16,5
11	16,3	16,3	15,8	11	17,5	18,5	16,3
minuit.	16,2	16,3	15,8	minuit.	17,3	18,4	16,3
Moyennes...	15,95	16,56	16,33	Moyennes...	18,15	18,60	16,76
Petite différence en sens contraire.				Petite différence.			

(Au mouillage de Kororaréka.)

TEMPÉRATURE DE LA MER AUX ATTÉRAGES.

ARRIVÉE AU PORT JACKSON (NOUVELLE-HOLLANDE) EN NOVEMBRE 1838.				DÉPART DU PORT-JACKSON (NOUVELLE-HOLLANDE) EN DÉCEMBRE 1838.			
DATES.	22	23	24	DATES.	18	19	20
Latit. à midi.	34°36' S.	34°04' S.	33°35' S.	Latit. à midi.	33°57' S.	34°05' S.	34°29' S.
Long. à midi.	153 20 E.	151 02 E.	149 15 E.	Long. à midi.	149 20 E.	150 15 E.	152 06 E.
Tempér. moy. de l'air.	20°,5	17°,2	16°,7	Tempér. moy. de l'air.	18°,3	17°,5	18°,1
Heures.	Températ.	Températ.	Températ.	Heures.	Températ.	Températ.	Températ.
1	20,0	19,6	19,0	1	19,8	20,2	21,7
2	20,0	19,3	19,0	2	19,8	20,2	21,7
3	20,0	19,0	19,1	3	19,8	20,0	21,7
4	20,2	18,8	19,1	4	19,8	20,0	21,8
5	20,2	19,4	19,0	5	19,7	19,5	21,0
6	20,3	19,8	19,0	6	19,5	19,0	22,0
7	20,3	19,9	19,2	7	19,5	20,5	22,2
8	20,3	20,8	19,2	8	19,5	21,0	22,3
9	20,3	20,5	19,2	9	19,6	21,0	22,3
10	20,3	20,8	19,4	10	19,6	21,0	22,4
11	20,5	21,0	20,0	11	19,7	21,6	22,5
midi.	20,6	21,2	20,3	midi.	19,8	21,9	22,5
1	20,5	21,3	20,3	1	20,2	22,0	22,5
2	20,0	21,3	20,3	2	20,6	22,0	22,5
3	20,0	21,3	20,2	3	20,6	22,2	22,5
4	20,0	21,2	20,0	4	21,0	22,3	22,5
5	20,0	21,2	19,7	5	21,0	22,4	22,5
6	20,0	21,0	19,5	6	21,0	22,3	22,5
7	20,0	21,0	19,3	7	20,8	22,3	22,3
8	20,0	19,4	19,2	8	20,5	22,2	22,3
9	20,0	19,7	19,2	9	20,5	22,2	22,3
10	20,0	19,2	19,2	10	20,5	22,0	22,3
11	20,0	19,2	19,0	11	20,5	22,0	22,3
minuit.	20,0	18,8	18,7	minuit.	20,3	22,0	22,3
Moyennes...	20,15	20,17	19.42	Moyennes...	20,15	21,32	22,20

Différence de 1° environ. Courant chaud sur la côte SE. de la Nouv.-Holl. || Différence de 2°, environ. Courant chaud sur la côte SE. de la Nouv.-Holl.

TEMPÉRATURE DE LA MER AUX ATTÉRAGES.

ARRIVÉE A L'ILE DE BOURBON EN MARS 1839.				DÉPART DE L'ILE DE BOURBON EN MARS 1839.			
DATES.	3	4	5	DATES.	8	9	10
Latit. à midi.	20°33' S.	20°30' S.	20°55' S.	Latit. à midi.	20°50' .S	20°57' S.	22°36' S.
Long. à midi.	58 32 E.	56 34 E.	53 47 E.	Long. à midi.	53 08 E.	52 12 E.	50 50 E.
Tempér. moy. de l'air.	26°,7	26°,9	27°,4	Tempér. moy. de l'air.	26°,3	25°,6	27°,2
Heures.	Températ.	Températ.	Temperat.	Heures.	Températ.	Températ.	Températ.
1	26,7	27,0	27,0	1	26,5	26,4	26,8
2	26,7	27,0	26,8	2	26,5	26,4	27,0
3	26,6	27,0	26,8	3	26,5	26,5	27,0
4	26,5	27,0	26,8	4	26,5	26,5	26,8
5	26,8	27,0	26,8	5	26,5	26,5	26,6
6	27,0	27,3	27,2	6	26,5	26,6	26,8
7	27.3	27,5	27,2	7	26,5	26,8	27,0
8	27,5	27,6	27,3	8	26,5	26,8	27,0
9	27,5	27,6	27,3	9	26,5	27,0	27,2
10	27,5	27,7	27,3	10	26,7	27,0	27,2
11	27,7	27,8	27,3	11	26,7	27,5	27,2
midi.	27,8	27,8	27,3	midi.	26,8	27,5	27,4
1	27,6	27,8	27,3	1	26,8	28,0	27,3
2	27,6	27,8	27,0	2	26,8	28,0	27,4
3	27,6	27,7	27,0	3	26,8	27,5	27,0
4	27,5	27,6	27,0	4	26,8	27,0	27,0
5	27,5	27,6	27,0	5	26,8	27,0	27,0
6	27,5	27,5	27,0	6	26,8	27,0	27,0
7	27,5	27,5	27,0	7	26,8	26,5	27,0
8	27,2	27,5	27,0	8	26,8	26,5	26,8
9	27,2	27,3	27,0	9	26,8	26,3	26,8
10	27,3	27,2	27,0	10	26,5	26,0	26,8
11	27,3	27,0	27,0	11	26,5	26,0	26,6
minuit.	27,0	27,0	27,0	minuit.	26,5	26,0	26,6
Moyennes...	27,26	27,40	27,06	Moyennes...	26,64	26,80	26,96

Petite différence de 0°5 environ.
Courant chaud des Aiguilles.

Différence insensible.
Courant chaud des Aiguilles.

TEMPÉRATURE DE LA MER AUX ATTÉRAGES.

ARRIVÉE A FALSE-BAY (CAP DE BONNE-ESPÉRANCE) EN MARS 1839.				DÉPART DE FALSE-BAY (CAP DE BONNE-ESPÉRANCE) EN AVRIL 1839.			
DATES.	27	28	29	DATES.	21	22	23
Latit. à midi.	35°34' S.	34°39' S.	34°18' S.	Latit. à midi.	34°11' S.	34°38'	33°24' S.
Long. à midi.	20 51 E.	18 13 E.	16 20 E.	Long. à midi.	16 06 E.	15 38	13 37 E.
Tempér. moy. de l'air.	22°,6	21°,9	20°,7	Tempér. moy. de l'air.	16°,2	16°,6	16°,7
Heures.	Températ.	Températ.	Températ.	Heures.	Températ.	Températ.	Températ.
1	24,0	20,5	21,0	1	16,0	19,0	19,0
2	24,0	20,7	21,0	2	15,5	18,8	18,8
3	24,0	20,7	20,7	3	15,2	18,8	18,8
4	24,0	20,7	20,6	4	15,5	18,8	18,8
5	23,8	20,7	20,6	5	15,7	18,8	18,7
6	24,0	20,8	20,8	6	15,7	18,7	18,7
7	24,2	21,0	20,8	7	15,7	18,7	18,7
8	24,3	21,0	20,8	8	16,2	18,7	18,7
9	24,3	21,0	20,5	9	16,2	19,0	18,7
10	24,2	21,0	19,5	10	16,5	19,0	18,7
11	24,5	21,0	18,4	11	16,8	19,2	18,7
midi.	24,5	21,0	16,6	midi.	17,0	19,4	18,7
1	24,0	21,0	16,6	1	18,0	19,3	19,0
2	21,5	21,0	16,5	2	18,6	19,0	19,0
3	21,9	21,2	16,5	3	19,0	19,2	19,2
4	22,3	21,2	16,5	4	19,3	19,2	18,7
5	22,0	21,2	16,5	5	19,0	19,0	18,7
6	20,5	21,0	16,5	6	19,0	19,0	18,5
7	20,3	21,0	16,5	7	19,0	19,0	18,5
8	20,0	21,0	16,5	8	18,7	18,8	18,5
9	20,2	21,0	16,5	9	19,0	18,8	18,5
10	20,0	21,0	16,5	10	19,0	18,8	18,7
11	20,3	21,0	16,3	11	19,0	18,8	18,7
minuit.	20,2	21,0	16,3	minuit.	19,0	18,8	18,7
Moyennes...	22,62	20,95	18,29	Moyennes...	17,44	18,94	18,73

Colonne 27 (après-midi) : Sur le banc des Aiguilles.
Colonne 29 (après-midi) : Au mouillage de Simon's-Town.
Colonnes 21-23 : Au mouillage de Simon's-Town.

Différence de 8° environ.
Courant chaud des Aiguilles.

Différence de 1° environ.
Courant chaud des Aiguilles.

TEMPÉRATURE DE LA MER AUX ATTÉRAGES.

ARRIVÉE A L'ILE SAINTE-HÉLÈNE EN MAI 1839.				DÉPART DE L'ILE SAINTE-HÉLÈNE EN MAI 1839.			
DATES.	6	7	8	DATES.	10	11	12
Latit. à midi.	18°12' S.	16°50' S.	15°54' S.	Latit. à midi.	15°54' S.	14°28' S.	12°40' S.
Long. à midi.	4 07 O.	6 22 O.	8 03 O.	Long. à midi.	8 03 O.	9 29 O.	11 15 O.
Tempér. moy. de l'air.	22°,7	23°,1	24°,1	Tempér. moy. de l'air.	24°,2	24°,1	24°,9
Heures.	Températ.	Températ.	Températ.	Heures.	Températ.	Températ.	Températ.
1	22,3	22,8	23,6	1	23,5	23,8	24,8
2	22,3	23,0	23,6	2	23,5	24,0	25,0
3	22,3	22,8	23,6	3	23,6	24,0	25,0
4	22,3	22,8	23,5	4	23,6	24,0	25,0
5	22,5	22,8	23,5	5	23,6	23,8	24,8
6	22,5	23,0	23,6	6	23,6	24,0	24,8
7	22,5	23,1	23,6	7	23,8	24,0	25,0
8	22,7	23,1	23,8	8	23,8	24,2	25,2
9	22,7	23,2	23,8	9	23,8	24,2	25,2
10	22,7	23,3	23,9	10	23,8	24,2	25,3
11	22,8	23,3	23,9	11	24,0	24,3	25,3
midi.	22,8	23,5	23,9	midi.	24,0	24,3	25,4
1	22,8	23,3	23,7	1	24,0	24,6	25,4
2	23,0	23,3	23,8	2	24,0	24,6	25,4
3	23,0	23,2	23,8	3	24,0	24,7	25,4
4	23,0	23,2	23,8	4	24,0	24,7	25,4
5	23,0	23,2	23,7	5	24,0	24,6	25,4
6	23,0	23,2	23,6	6	24,0	24,5	25,4
7	23,0	23,2	23,6	7	24,0	24,5	25,4
8	22,7	23,2	23,6	8	24,0	24,5	25,4
9	22,7	23,3	23,5	9	23,7	24,7	25,2
10	22,7	23,6	23,5	10	23,5	24,8	25,2
11	22,7	23,6	23,4	11	23,5	24,8	25,3
minuit.	22,6	23,6	23,4	minuit.	23,5	24,8	25,3
Moyennes...	22,69	23,19	23,63	Moyennes...	23,78	24,35	25,20
Petite différence en sens contraire.				Différence insensible.			

(Colonnes 8 et 10-11 : Au mouillage de Jame's-Town.)

TEMPÉRATURE DE LA MER AUX ATTÉRAGES.

ARRIVÉE ET DÉPART DE L'ILE DE L'ASCENSION EN MAI 1839.							
DATES.	15	16	17	DATES.	»	»	»
Latit. à midi.	8°17' S.	7°54'.S	5°55' S.	Latit. à midi.	»	»	»
Long. à midi.	16 12 O.	16 45 O.	18 03 O.	Long. à midi.	»	»	»
Tempér. moy. de l'air.	26°,7	27°,2	27°,0	Tempér. moy. de l'air.	»	»	»
Heures.	Températ.	Températ.	Températ.	Heures.	Températ.	Tempérét.	Températ.
1	26,8	26,7	27,3	1	»	»	»
2	26,8	26,5	27,3	2	»	»	»
3	26,8	26,5	27,3	3	»	»	»
4	26,8	26,5	27,2	4	»	»	»
5	26,8	26,5	27,0	5	»	»	»
6	27,0	26,5	27,0	6	»	»	»
7	27,0	26,5	27,0	7	»	»	»
8	27,2	26,5	27,2	8	»	»	»
9	27,2	26,5	27,3	9	»	»	»
10	27,2	26,8	27,4	10	»	»	»
11	27,2	26,8	27,4	11	»	»	»
midi.	27,4	27,0	27,4	midi.	»	»	»
1	27,3	27,3	27,5	1	»	»	»
2	27,3	27,0	27,5	2	»	»	»
3	27,3	27,0	27,5	3	»	»	»
4	27,3	27,0	27,3	4	»	»	»
5	27,5	27,0	27,4	5	»	»	»
6	27,6	27,0	27,4	6	»	»	»
7	27,5	27,0	27,4	7	»	»	»
8	27,5	27,0	27,4	8	»	»	»
9	27,4	27,0	27,4	9	»	»	»
10	27,4	26,8	27,2	10	»	»	»
11	27,2	26,9	27,2	11	»	»	»
minuit.	27,0	27,0	27,2	minuit.	»	»	»
Moyennes...	27,18	26,80	27,30	Moyennes...	»	»	»

Différence incensible.

TEMPÉRATURES

MAXIMA, MINIMA ET MOYENNES

DE

L'AIR ET DE LA MER

SOUS L'ÉQUATEUR

entre 10° de latitude N. et 10° de latitude S.

Les températures de la mer dans le voisinage de l'équateur terrestre ayant acquis un haut degré d'intérêt depuis que l'illustre sécrétaire perpétuel de l'Académie des Sciences, M. Arago, les a signalées comme pouvant conduire à la solution d'une question très-importante de philosophie naturelle, de savoir si la puissance calorifique du soleil varie ou ne varie pas avec les siècles, nous avons cru nécessaire de réunir ici les températures maxima, minima et moyennes de l'air et de la mer, obtenues dans les cinq traversées dans lesquelles la route de *la Vénus* a coupé l'équateur.

On y verra sans doute que pour la solution de la question proposée, il est indispensable de fixer à l'avenir la longitude et la latitude des points où les observations devront être faites.

On reconnaîtra aussi sans peine que les courants froids et variables de température avec la saison, qui, dans la forme actuelle des mers et des masses continentales, sillonnent les deux océans dans les régions équatoriales, compliquent un peu la solution indiquée et ajoutent à sa difficulté.

L'illustre auteur de l'ASIE CENTRALE, dit dans une note insérée au Tome III, page 353 de son savant ouvrage, que les indications thermométriques obtenues par les observateurs de *la Vénus* dans le voisinage de l'équateur, lui paraissent *un peu trop faibles.*

Personne au monde ne peut être juge plus compétent en cette matière que M. de Humboldt, dont l'immense savoir étonne l'imagination ; et cependant je ne puis dans ce cas me ranger à son avis. Le dévouement sans bornes de M. Humboldt pour la science et la vérité me fait espérer qu'il voudra bien me pardonner la liberté que je prends d'exposer ici les motifs de mon opposition.

J'ai dit et publié, il y a déjà longtemps (introduction au tome Ier), que nos indications thermométriques ne pouvaient qu'être trop élevées de deux ou trois dixièmes de degré ; j'espère pouvoir aujourd'hui le démontrer en m'appuyant sur les nombres mêmes cités par l'illustre auteur dans son savant ouvrage.

Une erreur constante en moins ne peut évidemment provenir que des instrmuens eux-mêmes, ou de la manière d'observer.

Or, nos instruments au nombre de douze, sortaient tous des ateliers de M. Bunten. Ils ont tous été fabriqués avec le même verre, à quatre ou cinq jours d'intervalle les uns des autres, et pour ainsi dire tous à la fois. Je les ai vus tous dans le même sceau de glace fondante, tous dans la même cafetière d'eau chaude à côté du même étalon. Sur ces douze thermomètres, quatre ont été comparés, directement avant le départ, à celui de l'Observatoire (thermomètre de M. Arago), par MM. Laugier et Plantamour, et tous ont accusé une erreur *en plus.*

Voici du reste le détail de cette comparaison.

(Le thermomètre de l'observatoire marque +0°,2 à 0° de température.)

Therm. Observ.	10°,8	10°,7	39°,2	39°,0	38°,8	43°,9	43°,8	43°,8	43°,6	43°,4	43°,2	43°,2	43°,1	43°,0
Thermom. n° 1.	10,7	10,7	39,3			43,9	43,8							
Id. n° 2.	10,6	10,6		39,0				43,7	43,5					
Id. n° 3.	10,7	10,7			38,9					43,2	43,1			
Id. n° 4.	10,7	10,6										43,3	43,2	43,0

On voit par ce tableau que la marche de ces thermomètres est des plus satisfaisantes, que le n° 1, entre autres, s'accorde parfaitement avec l'étalon de l'Observatoire et doit par conséquent présenter comme lui un excès de 0°,2 sur la température vraie.

Ce thermomètre a été conservé pour étalon et on lui a comparé successivement tous les autres thermomètres, au fur et à mesure qu'on les mettait en observation. Les différences, tantôt dans un sens, tantôt dans l'autre, n'ont jamais été que de 1 à 2 dixièmes au plus.

Si l'on ajoute à celà que le zéro de ce thermomètre (et probablement aussi celui de tous les autres, comme étant de même fabrique, de même verre, de même date, de même dimension), s'est encore élevé pendant la campagne de 2 dixièmes environ, puisqu'en janvier 1839, il marquait + 0,3 plongé dans la glace fondante. (Le 13 mars 1837 le thermomètre qui servait à prendre la température de la mer, s'est maintenu à + 0°,3 dans la glace fondante.) Il restera prouvé qu'une erreur constante *en moins* n'a pu provenir des instruments employés et qu'on devrait au contraire s'attendre à une erreur *en plus* de 0,2 à 0,3, puisque nous n'avons fait subir aucune correction aux indications de nos thermomètres.

Mais notre thermomètre étalon n° 1 comparé le 21 août 1843, au thermomètre étalon de l'Observatoire (thermomètre de M. Mathieu), par MM. Laugier et Mauvais a donné les résultats suivants :

Therm. Obs.	0°,0	4°,00	5°,8	13°,8	26°,7	26°,8	33°,9	34°,2	49°,5
Therm. n° 1.	+0,40	4,35	6,00	13,9	26,7	26,7	33,8	34,0	49,0
Correction...	−0,40	−0,35	−0,20	−0,10	0,00	+0,10	+0,10	+0,20	+0,50

Ce qui conduit à la formule suivante qui représente à un demi-dixième de degré près ces comparaisons :

$$T° = t° - 0°,41 + 0°,017\, t°.$$

T° étant la température vraie et t° la température accusée par le thermomètre n° 1.

Ainsi au-dessus de 34°, il pourrait y avoir une erreur sensible *en moins* dans nos observations; mais, comme ni l'eau ni l'air n'ont jamais atteint cette température, il est certain qu'une erreur dans ce sens n'a pu provenir des instruments employés[1].

---

[1] Il résulte des deux comparaisons de notre thermomètre n° 1 avec ceux de l'Observatoire, que cet instrument a subi une singulière modification dans ses indications. Cette modification ne peut s'expliquer qu'en admettant que le travail moléculaire du verre qui faisait rétrécir la boule et monter le zéro, faisait au contraire élargir le canal du tube, et en augmentait la capacité d'un cinquantième environ. En effet, le point d'encastrement du tube dans l'échelle en ivoire qui porte la division n'ayant pas changé, et le trait de lime qui marque sur le tube la position du

Voyons pour ce qui est du mode d'observation.

L'instrument était tenu sous la dunette dans la cabine des timonniers donnant sur le pont. Dans le jour, à l'époque surtout du maximum de température de l'eau (vers midi, une heure) le thermomètre était soumis dans cette cabine à une température très-sensiblement plus élevée que celle de l'eau. En le plongeant dans l'eau, il avait donc à descendre; et dèslors, en supposant que la durée de l'immersion fût trop courte ou que l'agitation du thermomètre dans le liquide ne fût pas assez vive, l'indication ne pouvait en être que *trop élevée*.

Le sceau en bois, qui servait à puiser l'eau, restait constamment sur la dunette exposé aux ardeurs du soleil, et sa température propre, au moment surtout du minimum de la température de l'eau (midi, 1 heure) ne pouvait qu'être plus élevée que celle de la mer. Il ne pouvait donc qu'échauffer l'eau puisée et l'indication du thermomètre ne pouvait encore qu'être *trop élevée;* mais vu la faible masse relative du sceau, le peu de conductibilité du bois et de l'eau, et la grande capacité de celle-ci pour la chaleur, il est excessivement probable que l'effet était réellement insensible.

La lecture se faisait toujours pendant que le thermomètre plongeait dans l'eau, dans laquelle on l'agitait en l'abritant de l'action directe des rayons solaires.

Il n'y a donc ni dans les instruments, ni dans la manière

---

zéro coïncidant encore avec le zéro de l'échelle, il est impossible d'admettre que la modification observée puisse provenir de variations qu'aurait éprouvées l'échelle. L'action différente du travail moléculaire du verre sur la boule et sur le tube peut tenir, ce me semble, à l'énorme différence d'épaisseur des parois de la boule et du tube et à la grande différence de leur diamètre intérieur. On conçoit, en effet, qu'à cause de la grande épaisseur des parois du tube et de son petit diamètre, le mouvement des molécules qui forment la paroi intérieure du canal se fasse de l'intérieur vers l'extérieur qui fait voûte; et comme le canal est elliptique, qu'il est trèsaplati et d'une capacité excessivement faible, on conçoit que le plus léger mouvement des molécules, que la plus légère déformation du canal ait dû produire une augmentation proportionnellement très-sensible dans sa capacité.

d'observer, rien qui puisse donner lieu à une *erreur en moins;* tout concourt au contraire, comme je l'ai dit ailleurs, à donner une *erreur en plus*.

Au reste les nombres mêmes cités par M. de Humboldt, vont nous donner la preuve qu'il en est réellement ainsi. Nous n'avons pas malheureusement suivi la même route que l'illustre voyageur sur une longue étendue; mais nous avons quelques point communs dans le voisinage d'Acapulco, et cela suffit.

Or, M. de Humboldt trouve dans ces parages.	28°,0	27°,9'	»	»
A la latitude de	12°15'	13°16'	»	»
Les observateurs de la *Vénus* trouvent dans ces mêmes parages..	28°,0	28°,7	28°,5	28°,3
A la latitude de	12°7'	13°50'	15°12'	16°50'
La moyenne des deux résultats de M. de Humboldt, est.				27°,95
La moyenne de nos quatre résultats, est..				28°,38

et la différence + 0,42 est en sens contraire de la prévision de M. de Humboldt et dans le sens indiqué par nous d'après l'examen des instruments et du mode d'observation. Elle nous paraît seulement un peu trop forte.

Si dans le voisinage de l'équateur, nous trouvons des températures maxima plus faibles que les précédentes, c'est que les températures y sont réellement plus faibles; l'équateur terrestre, dans les deux océans, étant parcouru par des courants froids que nous avons coupés dans notre route, comme on a pu le voir par les tableaux des Anomalies des températures de la mer. (Pages 341 à 352.)

TEMPÉRATURES DE L'AIR ET DE LA MER.

OCÉAN ATLANTIQUE.

Dates. 1837. janv.	Positions géograph. Latitude.	Longit.	TEMP. DE L'AIR. Max.	Min.	Moy.	TEMP. DE LA MER. Max.	Min.	Moy.	VENTS et ÉTAT DU CIEL.
18	10°13' N.	25°53' O.	24,3	22,0	23,13	25,5	24,0	24,86	ENE. nuageux.
19	7 24 N.	26 49 O.	27,0	22,5	24,97	26,2	25,5	25,83	NE. NNE. nuageux.
20	5 13 N.	27 43 O.	28,5	24,0	26,04	26,5	26,0	26,23	NE. ENE. SE. horizon brum.
21	3 37 N.	28 29 O.	28,2	25,0	26,14	27,0	26,0	26,60	SSE. grains.
22	2 10 N.	29 17 O.	29,8	25,5	26,47	27,0	26,4	26,60	SSE. S. grains; éclairs.
23	0 38 N.	31 24 O.	28,0	25,5	26,30	26,7	26,0	26,21	SSE. couvert.
24	1 04 S.	33 01 O.	29,5	25,0	26,40	26,5	25,8	26,12	SSE. couvert; grains.
25	2 36 S.	34 29 O.	29,0	24,8	26,70	26,2	26,0	26,12	SE. nuageux.
26	3 51 S.	34 55 O.	29,0	25,0	26,58	26,5	26,0	26,29	ESE. SE. nuageux; clair.
27	6 15 S.	35 29 O.	28,5	25,0	26,37	26,4	26,0	26,08	ESE. nuageux; clair.
28	8 40 S.	35 41 O.	29,3	25,3	26,63	27,2	26,0	26,61	ESE. nuageux.
29	10 56 S.	36 15 O.	28,7	25,3	26,54	27,0	26,3	26,55	ESE. nuageux; clair.
Moy.	»	»	28,32	24,57	26,22	26,56	25,83	26,18	»

NOTA.—Le thermomètre qui donnait la température de l'air était à l'ombre, mais sur le pont.

OCÉAN ATLANTIQUE.

Dates. 1839. janv.	Positions géograph. Latitude.	Longit.	TEMP. DE L'AIR. Max.	Min.	Moy.	TEMP. DE LA MER. Max.	Min.	Moy.	VENTS et ÉTAT DU CIEL
14	9°49' S.	14°26' O.	26,7	24,8	25,75	26,8	25,7	26,41	SSE. beau.
15	8 17 S.	16 12 O.	27,5	25,8	26,65	27,5	26,8	27,18	SSE. SE. beau.
16	7 54 S.	16 45 O.	29,4	25,7	27,18	27,3	26,5	26,80	SSE. beau.
17	5 55 S.	18 03 O.	27,7	26,4	27,00	27,5	27,0	27,30	SSE. beau.
18	4 29 S.	21 05 O.	27,8	26,5	27,10	27,4	26,8	27,19	S. SSE. couvert; beau.
19	3 18 S.	23 36 O.	28,7	26,5	27,21	27,5	26,8	27,26	SE. SSE. E. beau.
20	1 52 S.	25 38 O.	28,5	26,4	27,11	27,0	26,2	26,57	SSE. nuageux; beau.
21	0 09 N.	26 46 O.	28,0	26,2	27,12	26,5	25,8	26,24	SSE. SE. ESE. nuageux; beau.
22	2 51 N.	27 43 O.	27,7	26,5	27,03	27,5	26,8	27,29	ESE. SE. ENE. beau; grains.
23	4 05 N.	28 12 O.	27,0	24,5	25,94	27,2	27,0	27,06	E. NNE. SE. couvert; pluv.
24	4 25 N.	28 30 O.	25,7	24,0	24,74	27,0	26,5	26,82	SE. calme; NNE. pluie; couvert.
25	6 27 N.	30 14 O.	26,5	24,8	25,48	26,7	25,0	25,85	NE. beau.
26	8 22 N.	32 05 O.	26,5	24,2	25,09	25,5	24,7	25,16	NE. ENE. beau.
27	10 16 N.	33 22 O.	26,5	24,0	25,12	25,0	24,3	24,72	ENE. NE. beau.
Moy.	»	»	27,44	25,45	26,32	26,89	26,13	26,56	»

NOTA. Le thermomètre qui donnait la température de l'air, était à l'ombre et en dehors du bâtiment, ainsi que dans les observations suivantes.

TEMPÉRATURES DE L'AIR ET DE LA MER.

OCÉAN PACIFIQUE.

Dates. 1837. juin	Position géographiq. Latitude.	Longit.	TEMP. DE L'AIR. Max.	Min.	Moy.	TEMP. DE LA MER. Max.	Min.	Moy.	VENTS et ÉTAT DU CIEL.
9	10°04' S.	97°20' O.	27,0	22,5	24,25	24,8	24,0	24,35	SE. nuageux.
10	9 45 S.	100 14 O.	28,1	23,0	24,37	25,4	24,5	24,94	SE. nuageux.
11	9 35 S.	103 16 O.	31,5	24,0	25,90	25,7	25,0	25,30	SE. ESE. nuageux.
12	9 18 S.	105 32 O.	29,6	24,0	25,57	25,5	25,0	25,25	SE. beau.
13	8 47 S.	108 02 O.	30,0	24,0	25,69	26,0	25,0	25,35	ESE. beau.
14	8 20 S.	111 19 O.	28,3	24,5	26,09	26,3	25,0	25,69	ESE. beau.
15	8 02 S.	114 32 O.	29,6	24,5	25,92	26,3	25,4	25,94	ESE. beau.
16	7 22 S.	116 55 O.	29,0	24,0	25,87	26,4	25,7	26,12	ESE. grains; nuageux.
17	6 33 S.	119 49 O.	30,0	25,0	27,01	26,6	26,0	26,19	ESE. beau; nuageux.
18	5 48 S.	122 56 O.	31,4	25,3	26,99	27,0	25,8	26,27	ESE. grains; nuageux.
19	5 18 S.	125 51 O.	30,5	25,6	27,50	27,0	25,8	26,59	ESE. beau; grains.
20	5 02 S.	128 38 O.	30,0	25,8	27,34	27,1	26,0	26,60	ESE. grains; beau.
21	5 00 S.	130 58 O.	28,5	25,0	26,36	27,0	26,3	26,65	ESE. beau.
22	4 43 S.	133 36 O.	26,8	25,8	26,21	27,0	25,8	26,67	ESE. beau; couvert.
23	2 06 S.	134 51 O.	28,0	25,0	26,60	27,2	25,7	26,52	ESE. beau.
24	0 13 N.	135 21 O.	26,5	25,0	25,65	26,0	25,0	25,67	E. SE. clair; nuageux.
25	2 17 N.	136 05 O.	27,2	25,3	26,35	27,0	25,5	26,50	ESE; clair.
26	3 56 N.	136 43 O.	27,0	24,8	25,64	27,5	26,5	27,11	E. ENE. ESE. grains; pluie; couv.
27	4 32 N.	136 54 O.	27,0	24,0	25,09	27,5	26,8	27,16	S. ESE. NE. pluvieux.
28	5 28 N.	137 02 O.	26,0	24,5	25,17	27,5	27,0	27,21	ESE. pluvieux.
29	7 07 N.	137 44 O.	28,0	25,8	26,88	27,6	27,0	27,35	SE. SSE. pluvieux; couvert.
30	8 18 N.	138 12 O.	26,9	25,2	25,87	27,6	26,8	27,11	SSE. calme; NE. pluv.; couv.
1 juillet	8 44 N.	137 55 O.	27,0	25,5	26,08	27,2	26,7	27,00	N. NE. grains; pluie; couvert.
2	10 29 N.	141 19 O.	26,9	25,3	25,38	26,8	26,3	26,50	NE. beau; nuageux.
Moy.	»	»	28,37	24,72	25,99	26,67	25,77	26,25	»

TEMPÉRATURE DE L'AIR ET DE LA MER.

OCÉAN PACIFIQUE.

Dates. 1838. janvier.	Position géographiq.		TEMP. DE L'AIR.			TEMP. DE LA MER.			VENTS et ÉTAT DU CIEL.
	Latitude.	Longit.	Max.	Min.	Moy.	Max.	Min.	Moy.	
27	9 56 N.	101°21' O.	27,4	25,0	26,33	26,5	25,7	26,02	NE. ENE. beau.
28	7 47 N.	101 01 O.	27,3	24,8	25,12	26,4	26,0	26,13	ENE. E. ENE. couvert; beau.
29	5 53 N.	100 29 O.	27,5	25,5	26,17	26,4	25,3	26,04	ENE. N. ENE. beau.
30	3 19 N.	99 12 O.	27,5	25,3	26,15	27,0	26,0	26,22	ENE. NE. couvert.
31	2 19 N.	99 19 O.	26,3	24,8	25,02	26,2	26,0	26,02	SSE. SO. SSE. grains; couvert.
1 fév.	2 02 N.	99 07 O.	27,8	24,8	26,38	26,6	26,0	26,18	SSE. SE. beau; nuageux.
2	1 42 N.	100 09 O.	31,5	24,0	26,99	27,2	25,8	26,56	SSE. calme; SE. pluv.; grains.
3	1 53 N.	100 32 O.	27,2	24,3	26,12	27,3	25,8	26,59	calme; SO. NO. NE. beau; nuag.
4	1 06 N.	100 28 O.	28,0	24,5	26,31	27,4	26,0	26,65	NE. N. ENE. grains; beau.
5	0 25 N.	100 24 O.	26,5	23,5	25,21	26,8	25,8	26,36	SE. S. OSO. SSO. pluv.; grains.
6	0 24 S.	99 50 O.	29,2	24,0	26,42	26,5	25,4	25,87	S. SO. O. calme; beau.
7	0 32 S.	99 38 O.	29,3	24,5	26,61	28,0	25,0	26,12	calme plat; beau.
8	0 56 S.	99 27 O.	30,0	25,2	27,57	27,2	25,7	26,29	calme; N. S. beau; nuageux.
9	1 17 S.	99 19 O.	30,0	24,8	26,91	27,7	26,0	26,87	calme; SO. S. SSE. grains; beau.
10	1 34 S.	99 32 O.	30,5	25,4	28,34	30,1	26,2	27,08	calme; SO. O. OSO. beau.
11	1 55 S.	99 01 O.	28,2	23,0	25,79	27,8	26,4	27,02	OSO. calme; SO. SE. pluv.; nuag.
12	2 26 S.	98 47 O.	28,0	24,8	26,18	26,8	26,0	26,32	SE. SSE. nuageux.
13	3 23 S.	99 51 O.	26,4	24,3	25,21	26,4	25,0	25,66	SSE. SO. NE. couvert; pluv.
14	3 51 S.	99 51 O.	29,8	24,0	26,09	27,0	24,5	25,81	NE. calme; SSE. grains; pluv.
15	3 11 S.	100 17 O.	29,0	25,0	26,13	26,7	25,0	26,01	SSO. SE. beau; grains.
16	4 21 S.	101 52 O.	27,7	25,0	25,93	26,7	25,5	26,09	SE. grains.
17	6 27 S.	103 55 O.	27,0	24,0	25,40	26,0	25,5	25,76	SE. ESE. grains; pluvieux.
18	8 37 S.	105 43 O.	27,0	24,5	25,30	26,0	25,2	25,62	SE. SSE. couvert; grains.
19	10 27 S.	107 47 O.	28,3	24,3	25,73	25,8	25,0	25,41	SE. ESE. nuageux; beau.
Moy.	»	»	28,22	24,55	26,14	26,94	25,62	26,22	»

TEMPÉRATURES DE L'AIR ET DE LA MER.

OCÉAN PACIFIQUE.

Dates.	Position géographiq.		TEMP. DE L'AIR.			TEMP. DE LA MER.			VENTS et ÉTAT DU CIEL.
1838. juillet.	Latitude.	Longit.	Max.	Min.	Moy.	Max.	Min.	Moy.	
3	1°14' S.	92°53' O.	26,2	21,8	23,23	23,2	22,0	22,70	SE. NNE. SSE. pluie; couvert.
4	1 35 S.	92 44 O.	24,2	22,0	22,99	24,0	22,6	23,21	ESE. SSE. SE. couvert.
5	1 53 S.	92 00 O.	24,0	22,5	23,09	23,0	22,8	22,91	SSE. SE. nuageux.
6	1 27 S.	91 59 O.	25,0	22,5	23,71	24,2	22,7	23,68	SSE. SE. ESE. couvert.
7	0 56 S.	91 56 O.	26,0	22,2	23,99	24,5	23,5	24,13	S. SSE. pluie; couvert.
8	0 38 S.	91 50 O.	25,0	23,0	23,72	24,9	23,5	24,14	SSE. S. nuageux.
9	0 22 N.	92 31 O.	24,7	23,5	23,97	25,4	24,5	25,04	SSE. S. couvert; grains.
10	0 25 N.	93 04 O.	26,5	23,5	24,56	25,5	24,3	24,71	SSE. S. ESE. nuageux.
11	0 16 N.	92 46 O.	25,0	23,0	23,92	25,0	24,2	24,62	SSE. S. nuageux.
12	1 15 N.	94 10 O.	25,0	23,5	24,12	25,6	24,0	25,08	SSO. SSE. S. couvert.
13	1 42 N.	94 29 O.	26,2	23,6	24,55	26,6	25,0	26,04	SSO. S. couvert.
14	0 44 N.	93 48 O.	26,4	23,0	24,54	25,7	23,8	25,00	SSO. SSE. couvert.
15	0 00	94 01 O.	24,7	21,7	23,09	25,2	22,0	23,47	SSO. S. couvert.
16	0 37 S.	95 28 O.	24,0	21,6	22,45	22,4	21,5	22,07	S. SSE. beau; grains.
17	1 40 S.	97 39 O.	23,9	21,2	22,62	22,8	21,6	22,27	SE. couvert; beau.
18	3 27 S.	100 56 O.	24,2	21,9	22,82	23,7	22,0	23,05	SE. couvert.
19	5 05 S.	103 29 O.	24,5	22,8	23,59	24,3	23,5	23,84	SE. ESE. couvert.
20	6 19 S.	106 34 O.	24,8	23,2	23,84	24,0	23,6	23,92	ESE. E. ESE. couvert.
21	7 33 S.	109 21 O.	25,2	23,0	23,74	25,3	24,0	24,66	SE. ESE. beau; pluie.
22	8 45 S.	112 20 O.	25,2	23,0	24,38	25,6	24,7	25,19	ESE. E. beau.
23	8 53 S.	115 08 O.	25,2	24,0	24,63	25,6	25,0	25,30	ESE. beau.
24	9 16 S.	117 54 O.	25,4	24,2	24,94	25,9	25,2	25,55	ESE. beau.
25	9 34 S.	120 44 O.	25,8	24,0	24,85	26,3	25,0	25,55	SE. ESE. beau; pluie.
26	9 41 S.	123 36 O.	25,7	24,0	25,14	26,4	25,4	25,80	SE. ESE. E. beau; pluie.
27	9 52 S.	126 46 O.	25,6	24,3	25,04	26,0	25,0	25,61	SE. ESE. beau.
28	10 04 S.	129 57 O.	26,0	24,5	25,13	26,4	25,5	26,05	ESE; beau.
Moy.	«	«	25,17	22,98	23,95	24,90	23,73	24,37	»

TEMPÉRATURES SOUS-MARINES

ET

GRANDES SONDES.

Le tableau suivant contient l'ensemble des observations de températures sous-marines faites à bord de la *Vénus* avec des thermomètres à maxima et minima du système de *Six* exécutés par notre célèbre artiste, M. Bunten. (Voir pour la description de l'instrument le traité de physique de M. Pouillet tome 1er page 308.)

Tous les thermométrographes employés ont été comparés au thermomètre n^e 1 et réglés sur cet étalon; en sorte que les résultats consignés ici doivent se ressentir des variations du zéro de cet instrument, c'est-à-dire être trop élevés de deux à trois dixièmes de degrés.

En examinant avec attention le mode d'expérimentation, on voit facilement que toutes les causes d'erreur tendent à faire indiquer aux thermométrographes des températures trop élevées. En effet, en supposant que la durée de l'immersion, à la profondeur voulue, eut été trop courte, l'instrument devait marquer une température trop élevée, puisqu'il partait toujours d'une température beaucoup plus élevée que celle à laquelle il devait s'arrêter. Au reste, cette cause d'erreur n'est pas à craindre ici; puisque indépendamment du temps employé à faire descendre et à remonter l'instrument, ou le laissait toujours pendant une *demi-heure* à la profondeur voulue. Et cette durée d'immersion avait été, par des expériences préalables, reconnue plus que suffisante pour l'établissement apparent de l'équilibre entre les températures du thermomètre et du milieu ambiant.

D'un autre côté, en supposant que la pression de l'eau ait agi sur la boule du thermomètre, l'index a dû marquer encore une température trop élevée, puisque la pression, en diminuant la capacité de la boule, diminuait évidemment la contraction apparente du liquide thermométrique. Pour l'un de nos thermométrographes l'effet s'est élevé à 1°,7 pour une profondeur de 1620 mètres (1000 brasses) c'est-à-dire pour une pression de 162 atmosphères environ. A l'aide du coefficient de correction qui résulte de cette expérience faite exprès dans le but de le déterminer, nous avons pu corriger les indications données par ce même instrument, dans le cas où la pression de l'eau, malgré les précautions prises, avait agi sur la boule du thermomètre, c'est-à-dire, dans le cas où l'étui était revenu plein d'eau.

N'ayant pas eu les coefficients de correction semblables pour les autres thermométrographes, nous n'avons pas pu dans les mêmes cas, corriger leurs indications, et nous n'avons marqué comme bonnes que les observations dans lesquelles l'instrument est revenu vide et sec, ou bien dans lesquelles la profondeur a été assez petite pour que la pression n'ait pas pu avoir un effet bien sensible.

Enfin, en supposant que pendant l'opération du sondage, l'instrument ait reçu quelque choc capable de déranger la position de l'index (ce que l'on évitait du reste avec le plus grand soin), les chocs ne pouvaient évidemment que faire descendre le curseur, c'est-à-dire, faire marquer à l'instrument une température, trop élevée puisque dans ces thermomètres, la boule est en haut et la tige dirigée et graduée de haut en bas.

Ainsi donc, il est impossible que les températures aux profondeurs indiquées, soient plus élevées que celles qui résultent de nos observations et elles sont très-probablement plus basses de deux à trois dixièmes.

Quant à la profondeur verticale assignée à l'instrument dans chaque observation, nous donnons *la plus petite* profondeur à laquelle il puisse s'être arrêté; puisque, en supposant, comme nous le faisons, la corde rectiligne et dirigée suivant la tangente, au premier élément de la courbe qu'elle forme, (élément qui fait le plus grand angle avec la verticale), on porte nécessairment trop haut son extrémité inférieure. Comme, d'un autre côté, la longueur même de la ligne donne une profondeur nécessairement plus grande que celle à laquelle l'instrument est réellement descendu, on peut, quand ces deux limites ne sont pas trop éloignées l'une de l'autre, adopter avec confiance la première. Mais quand ces deux limites sont très-éloignées, la profondeur réelle est très-incertaine et nous l'avons alors signalée sur le tableau par un point d'interrogation. C'est ce qui arrive toutes les fois que l'angle de la ligne avec la verticale est un peu grand et atteint ou dépasse 30 degrés.

Quand la petite boule de l'index est imprégnée de l'oxide qui se forme à la surface de la colonne de mercure, ce liquide passe avec une facilité extrême au dessus du curseur, sans le pousser devant lui dans son mouvement ascendant; en sorte que le curseur se trouve ainsi noyé dans le mercure et l'opération est manquée. C'est ce que nous indiquons dans le tableau par les mots *curseur noyé.*

TABLEAU DES SONDES THERMOMÉTRIQUES FAITES A BORD DE LA VÉNUS.

DATES. 1837.	HEURES.	Latitudes.	Longitudes.	LONGUEURS de la ligne filé mètres	brasse.	Angles de la ligne avec la verticale.	PROFONDEURS verticales mètres	brasse.	Températures à ces profondeurs.	Temp. à la surface.	Temp. de l'air.	REMARQUES.
13 janv.	11h 50' mat.	21°50' N.	21°53' O.	810	500	56°	490?	300?	10°,0	21°,2	22°,0	L'étui revient plein d'eau
17 fév.	10 60 mat.	23 30 S.	45 41 O.	114	70		114	70	15,6	22,6	23,5	Etui plein(ent.de Rio-Jan.)
26 fév.	1 56 soir.	38 12 S.	36 00 O.	650	400	pas notée.	600?	370?	3,6 bon.	16,0	22,0	Etui plein.
2 mars.	midi.	41 56 S	57 26 O.	325	200	60	180?	113?	3,6 bon.	16,0	17,0	Etui plein.
	6 0 mat.			114	70	0	114	70	6,2 Id.	14,0	12,8	Etui vide; fond de sable.
5 mars	7 5 mat.	45 38 S.	63 30 O.	66	40	0	65	40	5,5 Id.	14,0	13,0	Etui plein.
	8 0 mat.			49	30	0	40	30	9,0 Id.	14,2	16,0	Etui plein.
	11 53 mat.			114	70	0	114	70	5,2 Id.	14,8	17,2	Etui plein; fond de sable.
23 mars	midi.	58 32 S.	75 49 O.	650	400	40	490?	300?	4,2 Id.	6,7	7,2	Vide.
26 mars	11 0 mat.	59 48 S.	82 16 O.	810	500	10 à 15	730	450	3,9	6,1	5,8	Plein.
1 avril	11 15 mat.	58 40 S.	81 35 O.	810	500	45	570?	360?	3,7	5,8	5,8	Plein.
4 avril	10 14 mat.	57 16 S.	84 35 O.	3720	2290	0	3720	2290	Therm. cassé.	7,0	5,5	Plein.
5 avril	9 0 mat.	56 58 S.	84 36 O.	4000	2460	15	3910	2410	Cassé.	7,0	6,9	L'étui est aplati et crevé.
16avril	2 30 soir.	43 47 S.	81 26 O.	810	500	0	810	500	4,1 bon.	13,2	13,1	Vide.
	4 0 soir.			1790	1100	0	1790	1100	2,3 Id.	13,0	12,8	Vide.
24 avril	10 8 mat.	33 26 S.	74 23 O.	260	160	0	260	160	9,5 Id.	12,6	11,0	Vid.; fond par 290m 180 br.
22 mai.	10 8 mat.	13 50 S.	79 01 O.	210	130	0	210	130	13,0 Id.	18,3	20,0	Vide; fond.
23 mai.	10 0 mat.	12 39 S.	79 27 O.	208	128	0	208	128	13,2 Id.	19,9	18,0	Vide; fond.
26 juin.	1 50 soir.	3 35 N.	136 43 O.	1620	1000	40	1140?	700?	Curseur noyé.	27,4	25,5	Vide.
27 juin.	10 25 mat.	4 32 N.	136 54 O.	3740	2300	très-petit.	3740	2300	1,7 Ecrasé.	27,2	26,0	Vid., l'ét. apl. et non crevé.
9 juillet.	3 0 soir.	21 06 N.	158 19 O.	162	100	33	162	100	13,0 bon.	25,0	24,5	Vide.
5 août.	8 14 mat.	26 30 N.	176 54 E.	3740	2300	50	3130	1930	Sans therm.	27,4	27,0	Plein.
18 août.	7 45 mat.	42 01 N.	161 18 E.	325	200	20	195?	120?	5,3 bon.	14,8	15,6	Vide.
19 août.	10 16 mat.	41 42 N.	160 22 E.	325	200	60	276	170	5,1 Id.	16,4	12,0	Vide.
21 août.	10 30 mat.	46 05 N.	159 28 E.	292	180	35	146?	90?	4,0 Id.	12,6	13,0	Vide.
22 août.	10 45 mat.	45 39 N.	158 30 E.	3410	2100		2920	1800	Cassé.	13,3	12,0	plein.
18 sept.	7 0 soir.	51 34 N.	159 43 E.	1790	1100	11	1750	1080	2,5 bon.	11,7	11,0	Vide.
25 sept.	8 25 mat.	48 57 N.	174 37 E.	3570	2200	40 à 30	2920?	1800?	Cassé.	8,0	9,8	Plein; fond de vase verdât.
17 nov.	11 45 mat.	29 25 N.	121 11 O.	810	500	0	810	500	6,3	18,5	20,8	Plein.
18 nov.	11 50 mat.	29 11 N.	121 00 O.	325	200	0	325	200	Curseur noyé.	18,5	19,8	Plein.

TABLEAU DES SONDES THERMOMÉTRIQUES FAITES A BORD DE LA VÉNUS.

DATES.	HEURES.	Latitudes.	Longitudes.	LONGUEURS de la ligne filée.		Angles de la ligne avec la verticale.	PROFONDEURS verticales.		Températures à ces profondeurs.	Temp. à la surface	Temp. de l'air.	REMARQUES.
				mètres	brasse.		mètres	brasse.				
1838.												
2 fév.	8h.00'mat.	1°42' N.	100°09' O.	810	500	62	390?	240?	Curseur noyé.	26°,2	27°,6	Fort cour. uniq. superfic.
	1 00 soir.			810	500	66	340?	210?	Id.	27,1	31,5	Id.
7 fév.	7 30 mat.	0 31 S.	99 39 O.	810	500	»	»	»	Id.	25,5	25,8	Id.
	5 00 soir.			810	500	50	520?	320?	7,2 bon.	27,0	29,0	Id. vide.
8 fév.	3 30 soir.	0 55 S.	99 27 O.	1100	500	67	700?	430?	3,0 Id.	26,5	30,0	Id. vide.
11 fév.	10 00 mat.	1 55 S.	99 01 O.	1790	1100	50	2270	1400	Cassé.	27,2	28,0	Plein.
30 sept.	7 30 mat.	26 53 S.	176 51 O.	3570	2200	0	1620	1000	7,3 cor.5,6 bon.	19,3	19,3	Pl. La temp.corr.est bonne.
4 oct.	7 47 mat.	28 49 S.	179 38 O.	1620	1000	45	1140?	700?	7,1 Corr. 5,9	19,4	19,0	Plein.
7 oct.	11 31 mat.	32 51 S.	174 22 E.	1620	1000	28	1430	880	6,9 Cor. 5,4 b.	16,3	19,0	Plein.
12 oct.	8 10 mat.	34 54 S.	171 45 E.	490	300	45	280?	180?	10,3 bon.	16,6	16,0	Vide.
14 nov.	11 56 mat.	34 37 S.	168 41 E.	980	600	23	890	550	6,0 Id.	17,0	16,2	Vide.
19 nov.	6 42 soir.	34 34 S.	158 42 E.	1300	800	38	1020?	630?	4,9 Id.	18,3	18,5	Vide.
27 déc.	7 45 mat.	42 34 S.	151 50 E.	1620	1000	43	1180?	730?	6,4 Cor. 5,2	13,2	13,0	Plein.
1839.												
17 janv.	midi.	43 2 S.	120 34 E.	1790	1100	0	1790	1100	7,0 Cor.5,1 bon.	13,0	12,0	Plein.
23 janv.	6 35 soir.	39 4 S.	121 2 E.	570	350	0	570	350	9,2 Cor. 8,6 Id.	16,0	14,8	Plein.
27 janv.	6 30 mat.	36 36 S.	116 8 E.	1620	1000	10	1610	990	2,8 Id.	17,9	17,5	Vide.
1er fév.	9 50 mat.	37 42 S.	112 38 E.	1620	1000	10	1610	990	3,0 Id.	16,7	16,2	Un petit peu d'eau.
11 fév.	8 04 mat.	27 47 S.	98 0 E.	1620	1000	10	1610	990	2,8 Id.	23,8	24,6	Vide.
14 fév.	7 39 mat.	26 47 S.	96 10 E.	1620	1000	15	1530	970	6,0 Cor. 4,3 Id.	23,2	23,5	Plein.
15 mars	0 26 soir.	39 51 S.	41 57 E.	1620	1000	56	930?	570?	3,2 Id.	25,4	27,0	Vide.
23 mars	11 31 mat.	31 33 S.	31 10 E.	1620	1000	32 à 23	1420	870	4,2 Id.	24,0	22,3	Vide.
26 avril.	6 48 mat.	29 33 S.	8 37 E.	1950	1200	17	1870	1150	5,1 Cor. 3,1 Id.	19,0	17,0	Plein.
29 avril.	midi 7'	28 36 S.	5 12 E.	1620	1000	0	1620	1000	5,3 Cor. 3,6 Id.	20,0	21,0	Plein.
1 mai,	10 35 mat.	25 10 S.	5 39 E.	1620	1000	0	1620	1010	3,0 Id.	19,6	20,5	Vide.
8 mai	midi b°	15 54 N.	8 3 O.	325	200	0	325	200	4,7 Cor. 3,0 Id.	19,5	19,7	Plein.
24 mai	6 15 mat.			1950	1200	20	1840	1180?	12,0 Id.	23,6	23,7	Vide.
	8 00 mat.	4 23 N.	28 26 O.	1950	1200	45 à 65	1570?	970	3,2 Id.	27,0	25,3	Vide.
7 juin.	9 30 mat.	28 15 N.	46 31 O.	3410	2100	55	»	»	6,0 Cor. 4,3 Instr. perdu.	27,0	25,3	Plein.
	9 30 mat.									25,5	25,8	La ligne s'est cassée.

RÉSUMÉ

DES

DIVERSES OBSERVATIONS

FAITES

DANS LES DIVERSES RELACHES DE LA FRÉGATE LA VÉNUS.

Nous avons réuni dans les tableaux suivants les résultats des observations de toute sorte faites dans les diverses relâches de *la Vénus*, de manière à présenter pour chaque lieu l'ensemble des observations qu'on y a faites. C'est le résumé complet du volume précédent et de la première partie de celui-ci.

Ici, comme dans tout le cours de cet ouvrage, les températures sont exprimées en degré centigrade. Nous n'avons fait subir aucune correction aux indications de nos thermomètres, quoique, d'après les remarques placées en tête du premier volume, on doive regarder toutes ces indications comme *trop élevées* de 2 à 3 dixièmes de degré, puisque le zéro de notre thermomètre étalon, auquel tous les autres ont été comparés, s'est élevé de la première de ces limites à l'autre dans le courant de la campagne.

Les hauteurs barométriques sont exprimées en millimètres et réduites à zéro degré de température.

Les heures indiquées se rapportent toujours au temps vrai du lieu.

On n'a fait subir aux résultats des observations d'intensité magnétique aucune correction, ni relativement à la température, ni relativement à la perte de force magnétique des aiguilles. Les résultats donnés sont ceux qu'on déduit immédiatement de la formule : $J = \frac{K}{\cos. I} \left(\frac{N}{T}\right)^2$; dans laquelle J est l'intensité cherchée, N le nombre des oscillations horizontales, infiniment petites, exécutées dans le temps T ; I est l'inclinaison de l'aiguille aimantée (on a toujours adopté pour cette inclinaison le résultat moyen donné par l'aiguille d'inclinaison n° 1); K est un coefficient supposé constant pour chaque aiguille, et qui, d'après les données admises pour Paris avant le départ, étaient 5,13009 pour l'aiguille n° 1, et 6,34822 pour l'aiguille n° 2 (voir dans le volume précédent, aux pages 204 et 205, les remarques relatives aux valeurs des coefficients de réduction).

Les petites différences qu'on peut remarquer entre les valeurs des amplitudes totales de la *variation diurne* de la déclinaison que nous donnons ici, et celles que nous avons données dans le volume précédent, en tête de chaque tableau de détail, tiennent en partie à ce que ces dernières étaient le résultat d'une simple construction graphique, et en partie aussi à une petite correction ayant pour objet de faire disparaître la petite influence de la *variation annuelle* sur le mouvement diurne de l'aiguille pour ne laisser subsister que l'influence due à la variation diurne.

RÉSUMÉ DES OBSERVATIONS FAITES DANS LES DIVERSES RELACHES DE LA VÉNUS.

A PARIS,

(avant le départ) en octobre 1836.

DANS LE PAVILLON MAGNÉTIQUE DE L'OBSERVATOIRE.

Latitude 48°50' N. — Longitude 00°00'.

PAR MM. LOTTIN ET LAUGIER.

INCLINAISON définitive de l'aiguille aimantée : 67°25',2" N.; le 12 octobre.

Nombre définitif des OSCILLATIONS horizontales, infiniment petites, exécutées en 10' de T.M.

Aiguille n° 1   190,442   Température. 15°,5 ⎱ le 12 octobre, de 11 h. à midi 30'.
Id.   2   171,180   Id.   17°,0 ⎰

Il faut remarquer, toutefois, que les données provisoires qui avaient servi de base aux calculs des intensités sont un peu différentes de celles qui précèdent. On avait admis :

Pour l'inclinaison de l'aiguille aimantée   67°27' N.

Pour le nombre des oscillations hor. inf. pet. exécutées en 10' de T. M. ⎰ Aig. n° 1   190, 463
⎱ id.   2   171, 247

Pour l'intensité de la force magnétique, à Paris, lors des observ. 1,348;

Et l'on n'a fait subir aux résultats aucune correction ni relativement à ces petites différences de données, ni relativement à la température, ni relativement enfin à la perte de force magnétique des aiguilles.

A PARIS,

(au retour) en août 1839.

DANS LE PAVILLON MAGNÉTIQUE DE L'OBSERVATOIRE.

PAR MM. LAUGIER ET DE TESSAN.

INCLINAISON DE L'AIGUILLE AIMANTÉE.

Aiguille n° 1   67°12'6   le 16 août, vers 3 h. du soir.
Id.   2   67°09'0   le Id.   4 h. 30' soir.

INTENSITÉ de la force magnét. et nombre des OSCILLATIONS hor. inf. pet. exécut. en 10' de T. M.

	Intensité.	Oscillations.	Temp. extér.	
Aig. n°1	1,175 au lieu de 1,348	178,73 au lieu de 190,46	20°,2	le 16 août vers 9h. 40' m.
id. 2	1,117 1,348	156,61 171,22	21 ,0	Id. vers 10 10 m.

La perte considérable de force magnétique que les aiguilles ont éprouvée s'est effectuée en grande partie dans le trajet de retour de Brest à Paris par les voitures publiques, ainsi que cela résulte évidemment des observations suivantes, faites à Brest au départ et au retour de la Vénus.

RÉSUMÉ DES OBSERVATIONS FAITES DANS LES DIVERSES RELACHES DE LA VÉNUS.

A BREST,
(au départ) en décembre 1836.
SUR LA TERRASSE OCCIDENTALE DE L'OBSERVATOIRE DE LA MARINE.
Latitude 48°23',6 N. — Longitude 6°49',6 O.
PAR MM. DE TESSAN, LEFEBVRE ET DUBOSQ.

INCLINAISON DE L'AIGUILLE AIMANTÉE.
Aiguille n° 1   68°19' N.; le 27 décembre, vers 2 h. 30' du soir.

INTENSITÉ de la force magnét. et nombre des OSCILLATIONS hor. inf. pet. exécut. en 10' de T. M.

Intensité.	Oscillations.	Température.		
		Extérieur.	Intérieur.	
Aig. n° 1 1,381	189,20	4°,1	2°,1	le 27 déc., vers 3 h. 20' du soir.
Id. 1,382	189,27	0, 8	1, 6	Id. vers 4 0' du soir.

A BREST,
(au retour) en juin 1839.
SUR LA TERRASSE OCCIDENTALE DE L'OBSERVATOIRE DE LA MARINE.
PAR MM. DE TESSAN, LEFEBVRE ET DUBOSQ.

INCLINAISON DE L'AIGUILLE AIMANTÉE.
Aiguille n° 1   68°09' N.; le 25 juin, vers 8 h. du matin.

INTENSITÉ de la force magnét. et nombre des OSCILLATIONS hor. inf. pet. exécut. en 10' de T. M.

Intensité.	Oscillations.	Températures.		
		Extér.	Intér.	
Aig. n° 1. 1,307 au lieu de 1,381	184,74 au lieu de 189,23	14°,5	21°,2	le 28 juin, vers 9 h. 40' du m

A SAINTE-CROIX DE TÉNÉRIFFE.
en janvier 1837.
SUR LA TERRASSE DE LA MAISON DU CONSUL DE FRANCE.
Latitude 28°28' N. — Longitude 18°35' O.
PAR M. DE TESSAN.

INCLINAISON DE L'AIGUILLE AIMANTÉE.
Aiguille n° 1   59°14' N.; le 10 janvier, vers 11 h. 30' du matin.

INTENSITÉ de la force magnét. et nombre des OSCILLATIONS hor. inf. pet. exécut. en 10' de T. M.

Intensité.	oscillations.	Températures		
		Extér.	Intér.	
Aig. n° 1 1,307	216,60	20,5	34,7	le 10 janvier, vers 1 h. 0' du soir.

RÉSUMÉ DES OBSERVATIONS FAITES DANS LES DIVERSES RELACHES DE LA VÉNUS.

A RIO-JANEIRO (BRÉSIL).
en février 1837.
SUR L'ILE VILLEGAGNON, DANS LE VOISINAGE DU DÉBARCADÈRE.
Latitude 22°54' S.—Longitude 45°50' O.
PAR MM. DE TESSAN, LEFEBVRE, DUBOSQ ET RAULLINE.

Longitude de l'observatoire. 45°29'15" par la montre n° 76.
                               45 30 47   par l'immersion de ♂ du Bélier.
Heure de l'immersion de ♂ du Bélier, le 11 février au soir, 9 h. 58'08",06 T.M. de Rio-Jan.

OBSERVATIONS POUR DÉTERMINER LA VALEUR DES DIVISIONS DU NIVEAU DU THÉODOLITE RÉPÉTITEUR DE M. GAMBEY.

PREMIÈRE SÉRIE.		DEUXIÈME SÉRIE.	
AV— Divisions du niveau.	AR+ Divisions du niveau.	AV— Divisions du niveau.	AR+ Divisions du niveau.
17,5	9,3	26,0	0,5
1,0	26,0	0,3	25,8
26,0	1,0	26,0	0,5
2,5	24,2	2,0	24,5
26,0	1,0	25,0	1,5
3,0	24,0	3,0	23,0
Départ 0°0'00"	180°0'00"	Départ 0°0'00"	180°0'00"
Arrivée 0 3 27	180 3 27	Arrivée 0 3 54	180 3 54
Valeur d'une division. 3",288.		Valeur d'une division. 3",284.	

Valeur moyenne d'une division 3",286.

MARÉES (10 *jours d'observations*).

Heure de l'établissement du port.
- 2h.27'; le 5 février.
- 2 16 ; le 6 id.
- 2 23 ; le 7 id.
- 2 35 ; le 8 id.
- 2 39 ; le 9 id.
- 2 39 ; le 10 id.
- 2 29 ; le 11 id.
- 2 30 ; le 12 id.

Unité de marée. 0m,52

Moyenne 2h.30'

TEMPÉRATURES.

	air	mer
Température moyenne de l'air et de la mer en rade, du 4 au 15 février.	25°,3	23°,5
Ecarts maxima.	32,0	27,2
	20,0	17,2
Diff.	12,0	10,0
Température du puits de l'île Villegagnon (4m de profondeur; 0,3 d'eau).		23°,0
Id. d'une source auprès du village de Saint-Domingue (bien abritée, assez abondante).		23°,2

RÉSUMÉ DES OBSERVATIONS FAITES DANS LES DIVERSES RELACHES DE LA VÉNUS.

Température de l'aqueduc souterrain de Sainte-Thérèse près du couvent de ce nom. 23°,5
Id.   id.   à la fontaine publique. 24 ,0
Id.   d'une source auprès du village de Saint-Domingue (peu abritée, peu abondante).. 24 ,8
Température d'une source auprès du village de Saint-Domingue (peu abritée, peu abondante).. 24 ,5
Température d'un puits auprès du village de Saint-Domingue (3^m,3 de profondeur; découvert).. 24 ,2
Température du puits de M. Constant 2^m. de profondeur; couvert)........... 24 ,0
Id.   d'un étang presque à sec..................................... 27 ,5

TEMPÉRATURES DES THERMOMÈTRES VÊTUS DE BLANC ET VÊTUS DE NOIR EXPOSÉS AU SOLEIL.

Le 9 février.

Heures.	7h14'	8h42'	10h0'	10h30'	11h30'	1h12'	3h15'	4h0'	4h15'	5h0'	5h45'	6h0'
Ther. blanc.	27°0	30°0	30°0	33°8	32°5	32°5	32°5	31°0	32°0	31°8	27°2	26°2
Ther. noir.	31 0	35 0	33 2	38 5	33 8	36 0	36 0	34 8	36 5	35 5	28 2	27 0
Différences.	3 0	5 0	3 2	4 7	1 3	3 5	3 5	3 8	3 5	3 7	1 0	0 8

(Brise faible; ciel clair; instruments libres. Le soleil passe à 6° environ du zénith.)

Le 11 février.

Heures.	8h30'	9h0'	10h0'	11h0'	midi.	1h0'	2h15'	3h0'	4h0'	5h0'
Ther. blanc.	35°,8	36°,8	38°,0	39°,0	38°,0	49°,0	40°,0	40°,0	40°,5	35°,0
Ther. noir.	47,8	48,8	48,6	47,5	55,0 pl. de 60	46,0	46,0	45,5	38,0
Différences.	12,0	12,0	10,6	8,5	17,0	?	6,0	6,0	5,5	3,0

Calme jusqu'à 2 heures et puis jolie brise; ciel clair. Jusqu'à 1 heure inclusivement, les instruments sont mis à l'abri du contact de l'air dans des tubes de verre ouverts par les deux bouts. A 1 heure, le liquide du thermomètre noir remplissant tout le tube, on a dû enlever les étuis; et à partir de cette heure les deux instruments sont restés entièrement libres.

Le 12 février.

Heures.	7 h.	8 h.	9 h.	10 h.	11 h.	midi 15'	1 h.	4 h.	5 h.
Ther. blanc.	28°,8	29°,5	31°,2	33°,0	35°,0	34°,0?	43°,5	38°,0	32°,0
Ther. noir.	33,8	37,0	36,5	37,5	40,0	37,5?	49,0	42,5	38,0
Différences.	5,0	7,5	5,3	4,5	5,0	3,5?	5,5	4,5	6,0

(Les thermomètres sont libres; la brise est sensible; à midi 15' une ombre faible abritait accidentellement les deux thermomètres.)

Le 13 février.

Heures.	7 h.	8 h.	9 h.	10 h.	11 h.	midi.	1 h.	2 h.	4 h.	5 h.
Ther. blanc.	28°,8	29°,8	30°,0	33°,0	32°,0	36°,0	38°,0	40°,0	37°,5?	33°,0?
Ther. noir.	35,0	37,0	38,5	40,0	37,0	44,0	46,0	47,6	43°,0?	37°,5?
Différences.	6,2	7,2	8,5	7,0	5,0	8,0	8,0	7,6	5,5?	4,5?

(Les thermomètres sont placés dans des étuis en verre ouverts par les deux bouts; la brise est sensible; le ciel s'est légèrement voilé dans l'après-midi et se voile davantage vers 4 heures.)

DÉCLINAISON DE L'AIGUILLE AIMANTÉE.

Aiguille n° 1............... 0° 54' NE. le 11 février vers 6 h. du matin.

INCLINAISON DE L'AIGUILLE AIMANTÉE.

Aiguille n° 2............. 13° 19' S. le 8 février vers 6 h. 30' du matin.
Latitude magnétique........ 6° 45' S.

RÉSUMÉ DES OBSERVATIONS FAITES DANS LES DIVERSES RELACHES DE LA VÉNUS.

INTENSITÉ de la force magnét. et nombre des OSCILLATIONS hor. inf. pet. exécut. en 10' de T.M.

	Intensité.	Oscillations.	Température			
			Extér.	Intér.		
Aiguille N° 1.	0,860	242,60	23°,0	24°,6	le 9 février,	vers 7 h. du mat.
Id.	0,863	242,71	23 ,2	25 ,1	Id.	Id.
Id.	0,862	242,67	23 ,7	26 ,4	Id.	vers 9 h. du mat.

VARIATION DIURNE DE LA DÉCLINAISON.
Du 7 au 14 février.

Temps favorable; instrument bien placé, mais non assez solidement établi.
Le mouvement se prononce vers l'ouest à.......................... 2h.00' du mat.
Maximum de déviation occidentale (3' 56") à...................... 6 30 Id.
Position moyenne à.. 9 30 Id.
Maximum de déviation orientale (6' 24") à........................ 1 00 du soir.
Position moyenne à.. 3 30 Id.
2° maximum de déviation occidentale (2' 39") à................... 5 15 Id.
Position moyenne à.. 6 45 Id.
2° maximum de déviation orientale (0' 54") à..................... 7 30 Id.
Position moyenne à.. 8 15 Id.
3° maximum de déviation occidentale (0' 58") à................... 9 30 Id.
Le mouvement cesse à.. 10 30
Amplitude totale de la *variation diurne*........................ 10'20"
Amplitude totale rapportée à la direction de la force magnétique...... 10'03"

A VALPARAISO (CHILI).
(1re relâche) en avril et mai 1837.

A L'ALMENDRAL, DANS LA MAISON DE COMMERCE DE MM. GREEN ET MAC FERLAND.
Latitude 33°2' S.—Longitude 74°4' O.
PAR MM. DE TESSAN, LEFEBVRE, DUBOSQ, BERTRAND ET RAULLINE.

LATITUDE de l'observatoire 33° 2' 38",3 par des hauteurs circumméridiennes de δ du Lion.
33 2 31 ,6 id. id. de β du Lion.
33 2 39 ,6 Id. id. de η du navire.
Moyenne 33° 2' 36",5 Sud.
LONGITUDE de l'observat. 74° 00' 00" par la montre n° 76.

MARÉES (12 jours d'observations.)
Heure de l'établissement du port { 9h33' le 4 mai.
9 44 le 5 mai.
9 51 le 6 mai.
Moyenne 9 40'
Unité de marée..... 0 m. 79

TEMPÉRATURES.

	air	mer
Température moyenne de l'air et de la mer en rade, du 27 avril au 12 mai	16°,0	15°,2
Ecarts maxima	{ 20 ,6	17 ,0
	{ 12 ,0	13 ,0
Diff.	8°,6	5°,0

Température de l'aiguade...................... 17°,0
Id. très-faibles sources dans une *quebrada*. 17 ,1

RÉSUMÉ DES OBSERVATIONS FAITES DANS LES DIVERSES RELACHES DE LA VÉNUS.

DÉCLINAISON de l'aiguille aimantée (sur la grève au bord de la mer).
Aiguille n° 1   15° 33',5   le 8 mai vers 7 h. du matin.
Id.   n° 2   15° 37,7   Id.   Id.
Moyenne 15° 36' NE.

INCLINAISON de l'aiguille aimantée (dans le jardin de M. Green).
Aiguille n° 1   38° 19',9   le 30 avril, vers 5 h. du soir.
                38° 20,0   le 2 mai, vers 3 h. du soir.
Moyenne 38° 20' Sud.
Latitude magnétique 21° 29' Sud.

INTENSITÉ de la force magnétique et nombre des OSCILLATIONS horizontales infin. petites exécutées en 10' de T. M. (jardin de M. Green).

	Intensité.	Oscillations.	Température Extér.	Température Intér.	
Aiguille n° 1	1,122	248,49	19°,8	21°,0	le 30 avril vers 4h30' du soir.
Id.	1,127	249,03	19,8	20,0	Id. vers 5 0 du soir.
Id.	1,126	248,90	19,0	19,3	Id. vers 5 30 du soir.
Aiguille n° 1	1,102	221,38	18,0	18,0	le 2 mai vers 2 50 du soir.

VARIATION DIURNE DE LA DÉCLINAISON.
Du 29 avril au 9 mai.

Temps favorable; l'instrument est placé dans un cabinet, trop près d'une porte dont les gonds et la serrure sont en fer; le sol est souvent ébranlé par le passage de voitures chargées.
Le mouvement se prononce vers l'O. à..................... 6h.30' du matin.
Maximum de déviation occidentale (2' 44") à............... 9 45 Id.
Position moyenne à.. 11 50 Id.
Maximum de déviation orientale (3' 37") à................. 2 37 du soir.
Position moyenne à.. 9 45 Id.
Le mouvement cesse à.....................................minuit 30
Amplitude totale de la *variation diurne*................. 6' 21"
Amplitude totale rapportée à la direction de la force magnétique......... 5 00

A VALPARAISO (CHILI),
(2e relâche) en mars et avril 1838.
SUR L'EMPLACEMENT DE L'ANCIEN FORT LOUIS.
Latitude 33°2' S. — Longitude 74°4' O.
PAR MM. DE TESSAN, LEFEBVRE, DUBOSQ, BERTRAND ET BRISSAULT.

LATITUDE de l'observatoire 33°2'17"   par des hauteurs circumméridiennes du soleil.
                         33 2 19   Id.
                         33 2 26   Id.
                         33 2 22   Id.
Moyenne 33°2'24" Sud.
LONGITUDE de l'observat. 73°55'19" O. par 36 distances lunaires de M. Du Petit-Thouars.
                         73 58 6 O. par 28 Id.   de M. Lefebvre.

— 598 —

RÉSUMÉ DES OBSERVATIONS FAITES DANS LES DIVERSES RELACHES DE LA VÉNUS.

DÉPRESSIONS DE L'HORIZON DE LA MER, PRISES DE L'OBSERVATOIRE.

		23 mars, vers 4 h. 15' soir.	Le 23 mars, vers 6 h. soir.	Le 24 mars, vers midi.	Le 25 mars, vers 9 h. mat.	Le 30 mars, vers 4h.45' soir.
	Dépression	11' 31'',02 11 33 ,80 11 15 ,50	10' 37'',56 10 47 ,40 »	12' 18'',40 12 25 ,42 »	12' 04'',97 12 10 ,10 12 11 ,60	12' 03'',45 12 04 ,80 11 59 ,92
A l'obs.	Press. bar. T. de l'air.	754,3 16°0?	753,5 17°5	752,8 21°,0	753,0 21°,0	755,8 24°,5?
En rade.	Pression bar. T. de l'air. T. de la mer.	758,0 19°8 15 0	758,8 18,5 15°2	757,1 20°,0 15 ,2	757,7 17°,0 15 ,4	759,7 19°,0 16 ,5

PRESSION BAROMÉTRIQUE.

Hauteur approximative de la cuvette au-dessus du niveau de la mer { 45 m. d'après la dépression moyenne.
54 d'après la hauteur barométrique moy.

Hauteur moyenne du baromètre pendant les 9 jours d'observation....... $755^{mm},36$

Ecarts maxima { 759 ,94
754 ,73

Diff. 8 ,48

Amplitude totale moyenne de la variation diurne..... $1^{mm},31$
Heure du maximum d'après la marche moyenne......... 10h.0'
Heure du minimum............Id...................... 6 0
Mouvements peu réguliers.

TEMPÉRATURES.
Température de la terre à $0^m,81$ de profondeur à l'observatoire.

30 MARS.		31 MARS.		1er AVRIL.	
Heures.	Températ.	Heures.	Températ.	Heures.	Températ.
4 soir. 7 11	20°,2 20 ,0 20 ,5	2 mat. 4 7 10 1 soir. 4 7 10	20°,5 20 ,6 20 ,2 20 ,5 20 ,3 20 ,2 20 ,5 20 ,9	2 mat. 5 9 midi. 3 6 Moy. générale Ecarts maxima Différence..	21°,0 20 ,5 21 ,2 20 ,8 20 ,6 20 ,2 20°,54 { 21 ,2 20 ,0 1°,2

Température d'une petite source assez abondante dans une *Quebrada* 16°,6

	air	mer
Température moyenne de l'air et de la mer en rade, du 19 mars au 27 avril	15,8	14,1
Ecarts maxima	{ 26,0 9,0	18,0 10,8
Diff.	17,0	7,2

RÉSUMÉ DES OBSERVATIONS FAITES DANS LES DIVERSES RELACHES DE LA VÉNUS.

INCLINAISON DE L'AIGUILLE AIMANTÉE.

Aiguille n° 1	38° 12',8	le 28 mars vers	8h30' du matin.
Id.	38 04 2	Id. vers 11	du matin.
Id.	38 06 0	Id. vers 2	du soir.
Id.	38 18 2	Id. vers 4 30	du soir.
Id.	38 16 2	le 31 mars vers 1 30	du soir.
Id.	38 19 4	le 1ᵉʳ avril vers 9 30	du matin.
Moyenne	38° 12' Sud.		
Aiguille n° 2	38° 12',0	le 23 mars vers 2h	du soir.
Id.	38 03 ,5	Id. vers 4 30'	du soir.
Id.	38 02 ,7	Id. vers »	
Id.	37 58 ,6	le 25 mars vers 10 30	du matin.
Id.	37 57 ,6	le 27 mars vers 10 0	du matin.
Moyenne	38° 03' Sud.		

A bord de la Vénus.

Aiguille n° 3	36°28'	36°24'	36°28'	36°32'	36°15'	36°17'	37°27'
Le cap étant au	S. 52° E.	S. 29° E.	S. 6° E.	S. 16° O.	S. 30° O.	S. 50° O.	N. 85° O.

Dans le jardin de M. Green, sur le même emplacement que l'année précédente.
Aiguille n° 1   38° 43',4 S. le 26 mars, vers 2 h. du soir.

INTENSITÉ de la force magnét. et nombre des OSCILLATIONS hor. inf. pet. exécut. en 10' de T. M.

	Intensité.	Oscillations.	Température.			
			Extérieur.	Intérieur.		
Aig. n°1	1,110	247,44	24°,1	29°,9	le 27 mars vers midi 50'	
Id.	1,114	247,84	24 ,9	29, 7	Id. vers 1h.10' du soir.	
Id.	1,114	247,82	27 ,0	29, 0	Id. vers 1 30	Id.
Aig. n°2	1,076	248,97	22 ,5	27, 8	Id. vers 2 30	Id.
Id.	1,076	248,42	23 ,9	27, 8	Id. vers 2 40	Id.
Id.	1,075	248,85	23 ,4	27, 3	Id. vers 3 30	Id.

Dans le jardin de M. Green, sur le même emplacement que l'année précédente.

Aig. n°1	1,122	247,82	24°,8	26°,2	le 16 mars vers 4h. du soir.	
Id.	1,123	247,99	23 ,7	23 ,8	Id. vers 4 30	Id.
Aig. n°2	1,077	248,27	28 ,3	28 ,8	le 29 mars vers 1 30	Id.
Id.	1,078	248,44	28 ,2	28 ,0	Id. vers 1 50	Id.
Id.	1,076	248,18	28 ,6	28 ,2	Id. vers 2 10	Id.

VARIATION DIURNE DE LA DÉCLINAISON.
Du 20 au 30 mars.

Temps pas toujours favorable; instrument bien placé et solidement établi.

Le mouvement se prononce vers l'ouest à....................	5h30' du matin.
Maximum de déviation occidentale (5' 42") à................	9 30 Id.
Position moyenne à...	11 30 Id.
Maximum de déviation orientale (5' 11") à..................	2 30 du soir.
Position moyenne à...	9 15 Id.
Le mouvement cesse à......................................	minuit 30
Amplitude totale de la *Variation diurne*..................	10' 53"
Amplitude totale rapportée à la direction de la force magnétique.	8' 33"

RÉSUMÉ DES OBSERVATIONS FAITES DANS LES DIVERSES RELACHES DE LA VÉNUS.

AU CALLAO DE LIMA (PÉROU),
(1ʳᵉ relache) en mai 1837.
SUR LA GRÈVE PAR LE TRAVERS DU FORT NOUVEAU.
Latitude 12°3' S.—Longitude 79°33' O.
PAR MM. DE TESSAN, LEFEBVRE ET RAULLINE.

LONGITUDE du mouillage 79°33'00" par la montre n° 76.

MARÉES (6 jours d'observations).

Heure de l'établissement du port.
- 5h57' le 28 mai.
- 5 40 le 29 Id.
- 6 04 le 30 Id.
- 6 08 le 31 Id.
- 6 01 le 1ᵉʳ juin.

Moyenne...... 5h58'

TEMPÉRATURE de l'eau des ruisseaux dans le marais................. 19°,2 19°,1

                                                                                                   air   mer

TEMPÉRATURE moyenne de l'air et de la mer en rade; du 25 mai au 1ᵉʳ juin 19°,1 17°,4

Ecarts maxima { 24,0 19,8
                   { 16,0 15,8

Différ. 8°,0 6°,0

INCLINAISON DE L'AIGUILLE AIMANTÉE.
Aig. n°1   6° 55' S. le 29 mai vers 8h30' du matin.
Latitude magnétique   3° 27' S.

INTENSITÉ de la force magnét. et nombre des OSCILLATIONS hor. inf. pet. exécut. en 10' de T.M.

		Température.		
Intensité.	Oscillations.	Extérieure.	Intérieure.	
Aig. n°1 0,975	260,63	24°,0	24°,0	le 29 mai vers 9h0' du m.
Id. 0,974	260,54	24,0	25,5	Id. vers 9 30' Id.

AU CALLAO DE LIMA (PÉROU),
(2ᵉ relâche) en mai 1838.
DANS L'ANCIEN FORT DU SOLEIL.
Latitude 12° 3' S. — Longitude 79° 33' O.
PAR MM. DE TESSAN, LEFEBVRE, DUBOSQ, BERTRAND, BRISSAULT ET RAULLINE.

LATITUDE de l'observatoire.   12° 3' 38"   par des hauteurs circumméridiennes du soleil.
                               12 3 37
                               12 3 43
                               12 3 34
                               12 3 40
                               12 3 44
                               12 3 33
                               12 3 29
                               12 3 44
                               12 3 42
                               12 3 52?
                               12 3 23?

Moyenne..........   12° 3' 38

LONGITUDE de l'observatoire   79° 33' 30"   par la montre n° 76.

RÉSUMÉ DES OBSERVATIONS FAITES DANS LES DIVERSES RELACHES DE LA VÉNUS.

MARÉES (14 jours d'observations).

Heure de l'établissement du port....
- 5h54' le 23 mai.
- 6 01 le 24 id.
- 5 38 id.
- 6 09 le 25 id.

Moyenne........ 5h55'

Unité de marée.... 0^m, 38.

PRESSION BAROMÉTRIQUE.

Hauteur de la cuvette au-dessus du niveau de la mer................ 4 mètres environ.
Hauteur moyenne du baromètre pendant les huit jours d'observations   760^{mm},47
écarts maxima { 762,92 / 758,87
Diff. 4,05

Amplitude totale moyenne de la variation diurne........ 1^m,07
Heure du maximum d'après la marche moyenne.......... 9h. du matin et midi.
Heure du minimum..............id.................... 4h. du soir.
Mouvement irrégulier.

TEMPÉRATURES.

Température d'une petite source assez abondante, surtout à mi-falaise entre le Callao et le Morro-Solar... 24°,8
Autre id. un peu plus basse.................................. 24 ,8

	air.	mer.
Température moyenne de l'air et de la mer en rade ; du 11 au 31 mai	19°,1	16°,7
écarts maxima {	26 ,0	19 ,5
	16 ,0	15 ,0
Différ.	10 ,0	4 ,5

DÉCLINAISON DE L'AIGUILLE AIMANTÉE.

Aiguille n°1	10°18'	le 19 mai, vers 7h. du matin.
Id.	10 12	id. id.
Id.	10 17	le 21 mai, vers 1h. 30' du soir.
Aiguille n°2	10 12	le 15 id. vers 6h. id.
Id.	10 22	le 19 id. vers 6 du matin.
Id.	10 17	le 21 id. vers 1 30' du soir,

Moyenne 10°17' N. E.

INCLINAISON DE L'AIGUILLE AIMANTÉE.

Aiguille n°1	6°46',9	le 18 mai, vers 9h. du matin.
Id.	6 46 ,4	id. vers 10 id.
Id.	6 58 ,4	id. vers 3 30' du soir.
Id.	6 43 ,9	le 20 mai, vers midi.

Moyenne 6°49' Sud,

Aig. n°2	6°58',5	le 17 mars, vers 9h. du matin.
Id.	6 59 ,8	id. vers 10 30' id.
Id.	6 59 ,1	id. vers 3 30' du soir.
Id.	6 52 ,2	id. dans la soirée.

Moyenne 6°57' Sud.

RÉSUMÉ DES OBSERVATIONS FAITES DANS LES DIVERSES RELACHES DE LA VÉNUS.

INTENSITÉ de la force magnét. et nombre des OSCILLATIONS hor. inf. pet. exécut. en 10' de T.M.

Intensité.	Oscillations.	Températures		
		Extérieure.	Intérieure.	
Aiguille n°1 0,964	259,13	23°,4	23°,2	le 20 mai, vers 2h. 30' du soir.
Id. 0,963	259,08	23 ,2	24 ,0	id. vers 3h. 0 id.
Id. 0,963	259,03	22 ,1	23 ,0	id. vers 3 50 id.
Id. 0,963	259,02	22 ,3	22 ,8	id. vers 5 0 id.
Aig. n°2 0,928	228,59	23 ,4	24 ,6	le 19 mai, vers 2 30 du soir.
Id. 0,927	228,43	22 ,5	24 ,0	id. vers 4 0 id.
Id. 0,926	228,34	22 ,4	24 ,0	id. vers 4 30 id.

VARIATION DIURNE DE LA DÉCLINAISON.
Du 12 au 20 mai.

Temps favorable; instrument solidement établi; à 39 mètres de distance dans le O.N.O. se trouvait une grosse pièce de canon en fonte de fer.

Le mouvement se prononce vers l'Est à.................... 2h.30' du matin.
Maximum de déviation orientale (4' 06") à................ 6 45 id.
Position moyenne à..................................... 7 50 id.
Maximum de déviation occidentale (2' 58") à............. 10 30 id.
Position moyenne à..................................... 1 35 du soir.
Maximum de déviation orientale (2' 06") à................ 3 45 id.
Le mouvement cesse à.................................. 7 00 id.
Amplitude totale de la *variation diurne*................ 5' 04"
Amplitude totale rapportée à la direction de la force magnétique........ 5' 02"

AUX ILES SANDWICH,
en juillet 1837.

A HONOLOULOU, DANS LE JARDIN DE LA MISSION CATHOLIQUE.
Latitude 21°48' N. — Longitude 160°12' O.

PAR MM. DE TESSAN, LEFEBVRE, DUBOSQ, BERTRAND ET RAULLINE.

Latitude de l'observatoire 21°48' 04",6 par des hauteurs de la polaire hors du méridien.
                             21 48 14 ,1
                             21 48 10 ,7
                             21 48 21 ,6
                             21 48 09 ,8
                             21 48 20 ,6
          Moyenne   21°48' 12" Sud.

Longitude de l'observatoire   160° 4' 20" par la montre n° 76.
                                 160°12' 30" par 2 culminations lunaires.

RÉSUMÉ DES OBSERVATIONS FAITES DANS LES DIVERSES RELACHES DE LA VÉNUS.

MARÉES (12 jours d'observations).

Heure de l'établissement du port.
$\begin{cases} 3\text{h}.28' & \text{le 17 juillet.} \\ 3\ 40 & \text{id.} \\ 3\ 32 & \text{le 18 juillet.} \\ 3\ 31 & \text{id.} \\ 3\ 23 & \text{le 19 juillet.} \\ 3\ 48 & \text{id.} \\ 3\ 35 & \text{le 20 juillet.} \\ 3\ 52 & \text{id.} \end{cases}$

Unité de marée.......... $0^m,29$

Moyenne...... $3\text{h}.36$

TEMPÉRATURE du puits de la mission catholique ($8^m,5$ de profondeur; $0^m,6$ d'eau)   24°,3
    Id.   Ruisseau de la vallée du Pali, non loin de la cascade.............   28 ,3
    Id.   plus bas près du 1ᵉʳ pont...................   29 ,0

	air.	mer.
TEMPÉRATURE moyenne de l'air et de la mer en rade; du 11 au 23 juillet	25°,6	25°,2
écarts maxima	28 ,8	26 ,6
	23 ,0	24 ,0
Différ.	5 ,8	2 ,6

DÉCLINAISON DE L'AIGUILLE AIMANTÉE.

Aiguille n°1   9° 59'   le 17 juillet, vers 6h. du matin.
   Id.   2   10 04   id.

Moyenne $10°\ 04'$ N. E.

INCLINAISON DE L'AIGUILLE AIMANTÉE.

Aiguille n° 1   44° 54',8   le 12 juillet, vers 3h. 0' du soir.
   Id.   44 58 8   le 16 juillet, vers 1 30 du soir.
Moyenne   44° 57' N.
Latit. magnétique   24° 09' N.
Aiguille n° 2   42° 07',2   le 13 juillet, vers 3h. 0' du soir.
   Id.   44 50',2   le 16 juillet, vers 1 30 du soir.
Moyenne   44° 59' N.

A bord de la Vénus (cap à l'Est).

Aiguille n° 3   (1ʳᵉ série)   43° 28'   le 22 juillet.
   Id.   (2ᵉ série)   43° 21   id.
   Id.   (3ᵉ série)   43 25   id.
   Id.   (4ᵉ série)   43 24   id.
Moyenne   43° 24' N.

INTENSITÉ de la force magnét. et nombre des OSCILLATIONS hor. inf. pet. exécut. en. 10' de T.M.

		Température.		
Intensité.	Oscillations.	Extér.	Intér.	
Aiguille n° 1 1,147	224,65	27°,2	30°,5	Le 15 juillet, vers midi 40'
Id. 1,147	244,62	27 ,7	30 ,4	id. 1 h.30'soir.
Aiguille n° 2 1,151	220,28	28 ,2	29 ,8	id. 2 00 id.
Id. 1,148	220,06	27 ,5	30 ,5	id. 2 50 id.

RÉSUMÉ DES OBSERVATIONS FAITES DANS LES DIVERSES RELACHES DE LA VÉNUS.

VARIATION DIURNE DE LA DÉCLINAISON.
Du 11 au 20 juillet.

Temps favorable; instrument bien placé et solidement établi.

Le mouvement se prononce vers l'Est à............................	2h.15' du matin.
Position moyenne à..	3 00 id.
Maximum de déviation orientale (4' 48") à........................	7 30 id.
Position moyenne à..	10 15 id.
Maximum de déviation occidentale (2' 34") à.....................	1 45 du soir.
Le mouvement cesse à...	5 30 id.
Amplitude totale de la *variation diurne*........................	7' 19"
Amplitude rapportée à la direction de la force magnétique........	5 27

AU KAMTSCHATKA,
en septembre 1837.

A PÉTROPAWLOWSKY, AUPRÈS DE LA MAISON DE M. PIERRE ACHARD.
Latitude 53°04' N. — Longitude 156°23' E.

PAR MM. DE TESSAN, LEFEBVRE, DUBOSQ, BERTRAND ET RAULLINE.

LATITUDE de l'observatoire..... 53° 0' 55",0 par une hauteur circumméridienne du soleil.
                                  53 1 07 ,0 par   id.   de 2 α de cassiopée.
                                  53 0 44 ,5 par la polaire hors du méridien.
                                  53 0 54 ,8   id.
                                  53 0 44 ,0   id.
                                  53 0 55 ,6   id.

Moyenne.......... 53° 0' 53",5 N.
LONGITUDE de l'observatoire.... 156° 48' 36" E. par la montre n° 76.

MARÉES (14 jours d'observations).

Heure de l'établissement du port.
4 h.30'	le 2 septembre.	Et 4 h.10'	le 13 septembre.
4 17	id.	2 35	le 14 septembre.
4 34	3 septembre.	3 46	id.
4 54	id.	2 24	le 15 septembre.
3 50	4 septembre.	Moy. 3 h. 44'	
4 53	id.		

Moyenne.......... 4 h. 26'
Moyenne générale.......... 3 h. 57'
Unité de marée............. 0ᵐ,46

	air.	mer.
TEMPÉRATURE moyenne de l'air et de la mer en rade, du 31 août au 15 sept.	11°,4	11°,5
Écarts maxima	19,0 / 6,5	13,0 / 10,0
Différ.	2°,5	3°,0

DÉCLINAISON DE L'AIGUILLE AIMANTÉE.

Aiguille n° 1   3° 27' le 4 septembre, vers 11 h. du matin.
Id.   2   3 30 id.   id.
Moyenne 3° 28' N.E.

RÉSUMÉ DES OBSERVATIONS FAITES DANS LES DIVERSES RELACHES DE LA VÉNUS.

INCLINAISON DE L'AIGUILLE AIMANTÉE.

Aiguille n° 1   64° 04',8   le 4 septembre, vers 3 h. du soir.
Id.   64 05 ,7   le 11 septembre, vers 10 du matin.
Moyenne   64° 05'
Aiguille n° 2   64° 26',4   le 5 septembre, vers 2 h. du soir.

INTENSITÉ de la force magnét. et nombre des OSCILLATIONS hor. inf. pet. exécut. en 10' de T. M.

Intensité.	Oscillations.	Températures		
		Extér.	Intér.	
Aiguille n° 1 1,475	212,68	11°,3	11°,8	Le 5 sept., vers 6h.30' matin.
Id. 1,477	212,87	12,0	14 ,3	id. 7 00 id.
Aiguille n° 2 1,450	189,58	14 ,7	22 ,0	id. 11 30 id.
Id. 1,440	188,92	15 ,8	25 ,0	id. 11 50 id.

VARIATION DIURNE DE LA DÉCLINAISON.
Du 3 au 15 septembre.

Temps peu favorable ; instrument placé près d'une maison habitée, et établi sur un sol qui s'ébranle sous les pas.
Mouvement lent et continu vers l'Est depuis la veille.
Maximum de déviation orientale (4' 37") à................. 7 h.30' du matin.
Position moyenne à.................................... 10 05   id.
Mouvement de déviation occidentale (5' 12") à............ 3 00 du soir.
Position moyenne à.................................... 9 30   id.
Mouvement lent et continu vers l'Est pendant toute la nuit.
Amplitude totale de la *variation diurne*.................... 9' 49"
Amplitude totale rapportée à la direction de la force magnétique... 4' 17"

A MONTEREY (HAUTE-CALIFORNIE),
en octobre et novembre 1837.

AUPRÈS DE LA MAISON DE DON RAPHAEL GONZALÈS.
Latitude 36°36' N.—Longitude 124°13' O.

PAR MM. DE TESSAN, LEFEBVRE, DUBOSQ, BERTRAND, BRISSAULT ET RAULLINE.

LATITUDE de l'observatoire	36° 36'04",4	par des hauteurs circumméridiennes du soleil.
	36 35 44 ,0	id.
	36 36 04 ,7	id.
	36 36 08 ,0	id.
	26 35 54 ,8	par des hauteurs de la polaire hors du méridien.
	36 35 54 ,2	id.
	36 35 54 ,0	id.
	36 35 57 ,3	id.
	36 35 48 ,1	id.
	36 35 50 ,4	id.
	36 36 04 ,0	id.
	36 35 54 ,3	id.
Moyenne	36° 35'55" N.	

RÉSUMÉ DES OBSERVATIONS FAITES DANS LES DIVERSES RELACHES DE LA VÉNUS

Longitude de l'observat. 124° 10′26″ par la montre n° 76.
124 13 23 par 176 distances lunaires de M. Du Petit-Thouars.
124 14 37 par 44 distances lunaires de M. Lefebvre.

MARÉES (16 jours d'observations).

Heure de l'établissement du port
- 10h07′ le 26 octobre.
- 9 34 le 27 id.
- 9 52 le 28 id.
- 9 52 le 29 id.
- 9 56 le 30 id.

Moyenne........ 9h52′
Unité de marée.......... 0^m,98

PRESSION BAROMÉTRIQUE.

Hauteur approchée de la cuvette au-dessus du niveau de la mer.... 4 mètres environ.
Hauteur moyenne du baromètre pendant les 14 jours d'observations. 762^{mm},50
Écarts maxima { 766 ,87
{ 756 ,22
Diff. 10 ,65
Amplitude totale moyenne de la variation diurne.... 0^{mm},50
Heure du maximum d'après la marche moyenne .... 8h 30′ du matin.
Heure du minimum d'après la marche moyenne .... 6 0 du soir.
Mouvements irréguliers.

TEMPÉRATURES.

Température d'une très-faible source qui suinte à la pointe des Pins.......... 16°,2
Id. d'une faible source dans le Sud de la ville................. 16 ,0

	air.	mer.
Temp. moyenne de l'air et de la mer en rade, du 19 octobre au 13 novembre	12°,7	13°,2
Écarts maxima	20 ,0	15 ,0
	7 ,3	11 ,8
Diff.	12 ,7	3 ,2

A LA BAIE DE SAN-FRANCISCO,
Latitude 37°50′ N. — Longitude 124°48′ O.

Température d'une faible source près du rivage .... 17°,4
Id.............id......plus élevée......................... 16 ,3
Id.............id......plus élevée encore.................... 16 ,3
Id......de l'eau du ravin................................. 12 ,4
Température de l'air au sommet de l'aiguade (hauteur 350 mètres)... 12 ,7
Id........id.......au bord de la mer...................... 16 ,0

DÉCLINAISON DE L'AIGUILLE AIMANTÉE.

Aiguille n° 1 14° 23′ le 24 octobre, vers 7 h du matin.
Id. 14 22 le 25 id.. 7 id.
Id. 14 29 le 25 id. 7 30″ id.
Aiguille n° 2 14 20 le 25 id. 7 id.

Moyenne 14° 23′,5 NE.

RÉSUMÉ DES OBSERVATIONS FAITES DANS LES DIVERSES RELACHES DE LA VÉNUS.

INCLINAISON DE L'AIGUILLE AIMANTÉE.

Aiguille n° 1	61° 31',5	le 25 octobre vers 1 h.	du soir.
Id...............	61 32 ,0	le 28 id.	3	id.
Moyenne.	61° 32' N.			
Latitude magnétique...	42° 41' N.			
Aiguille n° 2	61° 11 ,0	le 27 octobre vers 1 h.	du soir.
Id...............	64 08 ,3	id.	3	id.
Id...............	64 25 ,1	le 29 id.	1 30"	id.
Moyenne	64° 15' N.			

INTENSITÉ de la force magnét. et nombre des OSCILLATIONS hor. inf. pet. exécut. en 10' de T. M.

			Températures		
	Intensité.	Oscillations.	Extérieure.	Intérieure.	
Aig. n° 1	1,563	228,63	23°,5	»	le 24 octob. vers 4h50' du soir.
Id.	1,564	228,74	25 ,0	»	id. id. 2 30 id.
Id.	1,567	228,92	14 ,5	»	le 28 id. 1 30 id.
Aig. n° 2	1,548	204,53	16 ,0	»	le 24 id. 4 50 id.
Id.	1,550	204,68	14 ,0	»	id. id. 5 20 id.

VARIATION DIURNE DE LA DÉCLINAISON.
Du 20 octobre au 3 novembre.

Temps favorable; instrument solidement établi, mais placé trop près d'une maison habitée.
Le mouvement se prononce vers l'Est à............................ 6 h.15' du matin.
Maximum de déviation orientale (2' 38") à...................... 8 30 id.
Position moyenne à.. 10 45 id.
Maximum de déviation occidentale (2' 24") à................... 1 45 du soir.
Position moyenne à.. 8 0 id.
Le mouvement cesse à....................................... 9 30 id.
Amplitude totale de la *variation diurne*..................... 5 02"
Amplitude totale rapportée à la direction de la force magnétique...... 2 24

A LA BAIE DE LA MADELEINE (BASSE-CALIFORNIE),
en novembre et décembre 1837.
DANS UN RAVIN DE LA CÔTE N. O.
Latitude 24°36' N. — Longitude 114°25' O.
PAR MM. DE TESSAN, LEFEBVRE, DUBOSQ, BERTRAND, BRISSAULT ET RAULLINE.

LATITUDE de l'observatoire	24° 36' 40",6	par des hauteurs circomméridiennes du soleil.
	24 36 52 ,0	id.
	24 36 57 ,0	id.
	24 37 05 ,6	id.
	24 36 40 ,1	id.
	24 36 35 ,0	id.
	24 36 43 ,7	par des hauteurs de la polaire hors du méridien.
	24 36 33 ,6	id.
	24 36 26 ,1	id.
	24 36 35 ,1	id.
Moyenne.	24° 36' 37" N.	

RÉSUMÉ DES OBSERVATIONS FAITES DANS LES DIVERSES RELACHES DE LA VÉNUS.

Longit. de l'observatoire. 114° 25' 16" par la montre n° 76.
                      114 23 32" par 80 distances lunaires de M. Lefebvre.

MARÉES (9 jours d'observations).

Heure de l'établissement du port.
$\begin{cases} 7\,h.40' & \text{le 26 novembre.} \\ 7\ \ 40 & \text{le 27 id.} \\ 7\ \ 31 & \text{le 28 id.} \\ 7\ \ 32 & \text{le 29 id.} \end{cases}$

Moyenne 7 h. 37'

Unité de marée............ $1^m,38$

PRESSION BAROMÉTRIQUE.

Hauteur de la cuvette au-dessus du niveau de la mer. $2^m,5$ à très-peu près.
Hauteur moyenne du baromètre pendant les 7 jours d'observations....... $761^{mm},09$

Ecarts maxima $\begin{cases} 762\ ,91 \\ 757\ ,61 \end{cases}$

                                                                                                        Diff. 5 ,30

Amplitude totale moyenne de la variation diurne....... $1^{mm},39$
Heure du maximum d'après la marche moyenne.................. 10 h. 0' du matin.
Heure du minimum d'après la marche moyenne.................. 5 0 du soir.
Mouvements assez réguliers.

                                                                                               air.   mer.
Température moyenne de l'air et de la mer en rade, du 26 nov. au 5 déc. 18°,8 21°,1

Ecarts maxima $\begin{cases} 24\ ,0 & 23\ ,2 \\ 14\ ,6 & 19\ ,0 \end{cases}$

                                                                                                   Diff. 9°,4 4°,2

DÉCLINAISON DE L'AIGUILLE AIMANTÉE.

Aiguille n° 1	8° 13'	le 30 novembre	vers 7 h.	du matin.
Id.	8 18	le 2 décembre	3 30'	du soir.
Id.	8 08	le 3 id.	6 30	du matin.
Id.	8 15	id. id.	4	du soir.
Aiguille n° 2	8 20	le 30 novembre	7 30	du matin.
Id.	8 13	le 2 décembre	4	du soir.
Id.	8 14	le 3 id.	7	du matin.
Id.	8 14	le 4 id.	4	du soir.

Moyenne 8° 14' N.E.

INCLINAISON DE L'AIGUILLE AIMANTÉE.

Aiguille n° 1   50° 36',7 le 30 novembre, vers midi.
id.   50 48 ,4 le 2 décembre, dans la matinée.
Moyenne   50° 43' N.
Latitude magnétique   34° 26' N.
Aiguille n° 2   50° 53',6 le 1er décembre, vers 2 h. du soir.
Id.   50 54 ,2 le 2 id. dans la soirée.
Id.   50 52 ,4 le 3 id· dans la matinée.
Moyenne   50° 53' N.

RÉSUMÉ DES OBSERVATIONS FAITES DANS LES DIVERSES RELACHES DE LA VÉNUS.

INTENSITÉ de la force magnét. et nombre des OSCILLATIONS hor. inf. pct. exécut. en 10' de T.M.

	Intensité.	Oscillations.	Températures		
			Extérieure.	Intérieure.	
Aig. n° 1	1,428	251,91	21°,0	22°,4	29 nov., vers 2 h. 30' soir.
Id.	1,430	252,05	21 ,4	22 ,0	id. 3 00 id.
Id.	1,427	251,81	21 ,2	21 ,9	id. 3 30 id.
Aig. n° 2	1,407	224,74	21 ,2	22 ,7	30 nov. 1 50 id.
Id.	1,406	224,69	21 ,2	22 ,2	id. 2 00 id.
Id.	1,410	224,98	21 ,9	22 ,0	id. 2 40 id.

VARIATION DIURNE DE LA DÉCLINAISON.
Du 27 novembre au 7 décembre.

Temps pas toujours favorable; instrument bien placé et solidement établi.

Le mouvement se prononce vers l'Est à.....................	7 h. 0' du matin.
Maximum de déviation orientale (2' 27") à.................	9 30 id.
Position moyenne à.......................................	11 45 id.
Maximum de déviation occidentale (2' 58") à..............	1 45 du soir.
Position moyenne à.......................................	6 5 id.
Le mouvement cesse à.....................................	7 45 id.
Amplitude totale de la *variation diurne*................	5' 25"
Amplitude totale rapportée à la direction de la force magnétique.....	3' 26"

A MAZATLAN (MEXIQUE),
en décembre 1837.
A LA POINTE SUD DE L'ILE VÉNADO ET A L'ILOT SUD DE L'ENTRÉE.
Latitude 23°14' N. — Longitude 108°49' O.

PAR MM. DE TESSAN, LEFEBVRE, DUBOSQ ET BERTRAND.

LAT. partie S. de l'île Vénado.	23° 14' 33",0	par des hauteurs de la polaire hors du méridien.
	23 14 17 ,6	
	23 14 25 ,4	
	23 14 37 ,2	
Moyenne	23° 14' 28" N.	
LONGITUDE id.	108° 45' 52" O.	par la montre n° 76.

		air.	mer.
TEMPÉRATURE moyenne de l'air et de la mer en rade, du 13 au 17 décembre		19°,0	20°,4
Écarts maxima		(24 ,0	21 ,6
		(14 ,0	19 ,0
Diff.		10°,0	2 ,6

DÉCLINAISON DE L'AIGUILLE AIMANTÉE.

Aiguille n° 1   8° 33' N. E. le 13 décembre, vers 4 h. du soir.

INCLINAISON DE L'AIGUILLE AIMANTÉE.

Aiguille n° 1	47° 45' N. le 17 décembre, vers 10 h. du matin.
Lat. magnétique	28 50' N.
Aiguille n° 2	47 24 N. le 15 décembre vers 2 h. 30' du soir.

RÉSUMÉ DES OBSERVATIONS FAITES DANS LES DIVERSES RELACHES DE LA VÉNUS.

INTENSITÉ de la force magnét. et nombre des OSCILLATIONS hor. inf. pet. exécut. en 10' de T.M.

	Intensité.	Oscillations.	Températures		
			Extérieure.	Intérieure.	
Aig. n° 1	1,414	258,32	18°,4	19°,2	le 13 déc. vers 4h10' du soir.
Id.	1,413	258,24	18 ,0	19 ,5	id. 4 30 id.
Id. 2	1,348	226,73	22 ,8	25 ,6	le 17 id. 2 00 id.
Id.	1,348	226,75	23 ,6	24 ,5	id. 2 30 id.

A SAN-BLAS (MEXIQUE),
en décembre 1837.

DANS L'ANSE AU NORD DE L'ENTRÉE.
Latitude 21° 32' N. — Longitude 107° 36' O.

PAR MM. DE TESSAN, LEFEBVRE, DUBOSQ ET BERTRAND.

LATITUDE de l'observatoire 21° 32' 20",7 par des hauteurs circomméridiennes du soleil.
21 32 35 ,8
Moyenne 21° 32' 28" N.
LONGITUDE de l'observat. 107° 36' 58" O. par la montre n° 76.

TEMPÉRATURE moyenne de l'air et de la mer en rade, du 22 au 26 décembre
	air.	mer.
	21°,4	22°,5
Écarts maxima	26 ,4	24 ,0
	17 ,5	24 ,6
Diff.	8°,9	2°,4

DÉCLINAISON DE L'AIGUILLE AIMANTÉE.

Aiguille n° 1   9° 11'   le 26 décembre, vers 4h.30' du soir.
Id.   2   9 07   le 22   id   5   id.
Moyenne   9° 09'   N.E.

INCLINAISON DE L'AIGUILLE AIMANTÉE.

Aiguille n° 1   46° 09' N.   le 22 décembre, vers midi.
Lat. magnétique   27° 30' N.
Aiguille n° 2   45° 44' N.   le 26 décembre, vers 2 h. du soir.

INTENSITÉ de la force magnét. et nombre des OSCILLATIONS hor. inf. pet. exécut. en 10' de T.M.

	Intensité.	Oscillations.	Températures		
			Extér.	Intér.	
Aiguille n° 1	1,413	262,13	22°,1	23°,4	le 22 déc., vers 4h20' du soir.
Id.	1,414	262,15	22 ,0	22 ,8	id. 4 40 id.
Aiguille n° 2	1,357	230,90	23 ,3	25 ,0	le 26 id. midi 50'
Id.	1,358	234,02	23 ,0	25 ,0	id. 1 20 du soir.

RÉSUMÉ DES OBSERVATIONS FAITES DANS LES DIVERSES RELACHES DE LA VÉNUS.

A ACAPULCO (MEXIQUE),
en janvier 1838.
A L'EXTRÉMITÉ OCCIDENTALE DE LA PLAGE QUI LONGE LA VILLE.
Latitude 16°50' N. — Longitude 102°09' O.
PAR MM. DE TESSAN, LEFEBVRE, DUBOSQ, BERTRAND, BRISSAULT ET RAULLINE.

LATITUDE de l'observatoire 16° 50' 27",9 par des hauteurs circomméridiennes du soleil.
16 50 30 ,9
16 50 30 ,1
16 50 23 ,8
16 50 28 ,3

Moyenne....... 16° 50' 28" N.
LONGITUDE de l'observatoire 102° 43' 00" O. par la montre n° 76.
102 6 24 par 136 distances lunaires de M. Du Petit-Thouars.
102 12 27 par 64 distances lunaires de M. Lefebvre.

MARÉES (10 jours d'observations).

Heure de l'établissement du port   3h. 00'   le 12 janvier.
                                               2   45   id.
                                               3   15   le 13 janvier.
                                               3   00   id.
                                               3   15   le 14 janvier.
                                               3   16   id.

Moyenne.......... 3h. 05'
Unité de marée............ 0^m,37

PRESSION BAROMÉTRIQUE.

Hauteur de la cuvette au-dessus du niveau de la mer, 2^m à très-peu près.
Hauteur moyenne du baromètre pendant les 12 jours d'observations..... 758^{mm},89
Écarts maxima $\begin{cases} 763 & ,00 \\ 755 & ,10 \end{cases}$

Diff.   7 ,90
Amplitude totale moyenne de la variation diurne........ 2^{mm},94
Heure du maximum d'après la marche moyenne........ 10h. 0'
Heure du minimum d'après la marche moyenne........ 3 45'
Mouvements assez réguliers.

	air	mer
TEMPÉRATURE moyenne de l'air et de la mer en rade, du 8 au 22 janvier.	25°,8	27°,4
Écarts maxima	30,0 / 20,8	28,3 / 26,2
Différ.	9°,2	2°,1

DÉCLINAISON DE L'AIGUILLE AIMANTÉE.

Aiguille n° 1   8° 15'   le 11 janvier, vers 5h. du soir.
Id.   8 13   le 12 janvier, vers 9   du matin.
Id.   8 16   id.   vers 4   du soir.
Id.   8 24   le 17   id.   id.
Aiguille n° 2   8 17   le 11   id.   vers 5h. 30 du soir.
Id.   8 22   le 12   id.   id. 9   du matin.
Id.   8 14   le 17   id.   id. 4   du soir.
Id.   8 24   le 22   id.   id.

Moyenne........... 2° 17' N. E.

RÉSUMÉ DES OBSERVATIONS FAITES DANS LES DIVERSES RELACHES DE LA VÉNUS.

INCLINAISON DE L'AIGUILLE AIMANTÉE.

Aiguille n° 1. 39°03',2   le 12 janv., vers 11h30' du matin.
Id.   39 12,5   id.   2   du soir.
Id.   38 58,4   le 13 id.   1   id.
Id.   39 04,9   id.   3   id.
Id.   39 15,0   le 18 id.   10   du matin.
Id.   38 57,9   id.   1 30 du soir.
        Moyenne   39° 05' N.
Latitude magnétique 22° 09' N.
Aiguille n° 2. 38° 44',2 le 13 janvier, vers 9 h. du matin.
Id.   38° 40,4   id.   11   id.
        Moyenne   38° 42' N.

INTENSITÉ de la force magnét. et nombre des OSCILLATIONS hor. inf. pet. exécut. en 10' de T. M.

	Intensité.	Oscillations.	Températures		
			Extér.	Intér.	
Aiguille n° 1.	1,309	267,07	23°,4	23°,7	le 15 janvier, vers 8h. 30' du m.
Id.	1,309	267,00	23,8	24,0	id. 9 0 id.
Aiguille n° 2.	1,259	235,47	27,3	28,5	id. 11 30 du m.
Id.	1,254	234,93	27,5	28,8	id. vers midi.

VARIATION DIURNE DE LA DÉCLINAISON.
Du 9 au 22 janvier.

Temps très-favorable; instrument bien placé et solidement établi.
(Il y a eu 34 petites secousses de tremblement de terre pendant la durée des observations.)
Le mouvement se prononce vers l'Est à...................... 6h30' du matin.
Position moyenne à... 7 15   id.
Maximum de déviation orientale (5' 08") à................... 9 30   id.
Position moyenne à... 11 35   id.
Maximum de déviation occidentale (2' 44") à................ 2 00 du soir.
Position moyenne et cessation de mouvement à............... 4 45   id.
Amplitude totale de la *variation diurne*.................. 5' 52"
Amplitude totale rapportée à la direction de la force magnétique. 4' 33"

A PAYTA (PÉROU),
en juin 1838.

EN DEHORS ET AU SUD DE LA VILLE (MAISON DON GOMEZ).
Latitude 5°07' S. — Longitude 83°32' O.

PAR MM. DE TESSAN, LEFEBVRE, GOURY, BERTRAND, BRISSAULT ET RAULLINE.

LATITUDE de l'observatoire. 5°05'09",9 par des hauteurs circomméridiennes du soleil.
                             5 05 08,2
                             5 05 07,4
                             5 05 08,2
                             5 05 11,2
        Moyenne........   5°05' 0,9 S.

| RÉSUMÉ DES OBSERVATIONS FAITES DANS LES DIVERSES RELACHES DE LA VÉNUS. |

Longitude de l'observatoire 83°32'36" par la montre n° 76.
Id. au mouillage... 83 28 42 par 88 distances lunaires de M. Du Petit-Thouars.

MARÉES (8 jours d'observations).

Heure de l'établissement du port.
- 3h.19' le 8 juin.
- 3 28 le 9 id.
- 3 06 le 9 id.
- 3 13 le 10 id.
- 3 14 le 10 id.
- 3 29 le 11 id.

Unité de marée..... $0^m,89$

Moyenne 3h.18'

PRESSION BAROMÉTRIQUE.

Hauteur de la cuvette au-dessus du niveau de la mer = 7^m (estimation grossiè^r.
Hauteur moyenne du baromètre pendant les 9 jours d'observations 759,05
Écarts maxima { 764 ,34
{ 755 ,70
Diff.................... 5 ,64
Amplitude totale moyenne de la variation diurne..... $2^{mn},53$
Heure du maximum d'après la marche moyenne........... 9h.45' du matin.
Heure du minimum........id.........id............... 5 00 du soir.
Mouvements réguliers.

Température de la terre dans une case à $0^m,65$ de profondeur (moy. des 10 observ.) 25°,2
Écarts maxima..... { 25 ,5
{ 24 ,8
Différence.. 0 ,7

                                                                                   air. mer.
Température moyenne de l'air et de la mer en rade, du 6 au 16 juin. 21°,1 17°,7
Écarts maxima...... { 30 ,0 20 ,5
{ 18 ,0 16 ,0
Diff. 12,0 4 ,5

DÉCLINAISON DE L'AIGUILLE AIMANTÉE.

Aiguille n° 1   8° 56'   le 11 juin, vers 5 h. du soir.
Id. 2   9 03   id.   id.
Moyenne 8° 59' N.E.

INCLINAISON DE L'AIGUILLE AIMANTÉE.

Aiguille n° 1   4° 30',9   le 8 juin, vers 11 h. du matin.
Id.   4 33 ,2   12 id. 2 30' du soir.
Moyenne 4° 32' N.
Latitude magnétique 2 16 N.

Aiguille n° 2   4° 32',6   le 9 juin, vers 10h.30' du matin.
Id.   4 32 ,3   13 id. 9 30 du soir.
Moyenne 4° 32' N.

Aiguille n° 3   4° 10'5" N. le 9 juin, vers 1 h. 30' du soir.

A bord de la Vénus (cap au S. 59° E.).

Aiguille n° 3   4° 25' N. le 9 juin, vers 1 h. 30' du matin.

RÉSUMÉ DES OBSERVATIONS FAITES DANS LES DIVERSES RELACHES DE LA VÉNUS.

INTENSITÉ de la force magnét. et nombre des OSCILLATIONS hor. inf. pet. exécut. en 10' de T. M.

	Intensité.	Oscillations.	Températures				
			Extérieure.	Intérieure.			
Aig. n° 1	0,999	264,41	21°,1	22°,4	le 9 juin, vers	7h.00'	mat.
Id.	0,996	263,94	23,8	26,8	10 id.	5 20	soir.
Id.	0,997	264,04	23,4	24,4	10 id.	5 50	id.
Aig. n° 2	0,965	233,53	19,5	20,0	11 id.	7 00	mat.
Id.	0,964	233,43	20,1	21,1	11 id.	7 20	id.
Id.	0,966	233,69	18,9	19,1	12 id.	6 50	id.
Id.	0,964	223,49	19,7	20,8	12 id.	7 20	id.

VARIATION DIURNE DE LA DÉCLINAISON.
Du 7 au 16 juin.

Temps favorable ; instrument bien placé, et solidement établi.
Le mouvement se prononce vers l'est à.............................. 5h.00' du mat.
Maximum de déviation orientale (2' 03") à........................ 7 15 id.
Position moyenne à... 9 50 id.
Maximum de déviation occidentale (0'37") à....................... midi.
Position moyenne à... 1 45 du soir.
Maximum de déviation orientale (0' 37") à........................ 3 15 id.
Position moyenne à... 3 45 id.
Maximum de déviation occidentale (0' 58") à...................... 6 45 id.
Le mouvement cesse à... 9 30
Amplitude totale de la *variation diurne*.......................... 3'04"
Amplitude totale rapportée à la direction de la force magnétique...... 3'00"

AUX ILES GALAPAGOS,
En juin et juillet 1838.

DANS LA BAIE DE POST-OFFICE, AU NORD DE L'ILE CHARLES.
Latitude 1°14' S. — Longitude 93°53' O.
PAR MM. DE TESSAN, LEFEBVRE, GOURY, BERTRAND, FISEAU ET LEROUX.

LATITUDE de l'observat. 1° 44' 04",6 par des hauteurs circumméridiennes de α du centaure.
        1 44 01 ,9   **id.**   β id.
        1 13 59 ,2   id.   β id.
        1 13 51 ,8   id.   α du Bouvier.
        1°13' 59" Sud.

LONGITUDE de l'observ. 92° 53' 32" par la montre n° 76.

MARÉES (7 *jours d'observations*).

Heure de l'établissement du port.
- 3h05' le 26 juin.
- 3 33 le 27 id.
- 3 44 le 28 id.
- 3 52 le 29 id.
- 3 44 le 30 id.
- 3 23 le 1ᵉʳ juillet.

Unité de marée........... 0 m. 89 (par une observation faite hors des sysygies).

RÉSUMÉ DES OBSERVATIONS FAITES DANS LES DIVERSES RELACHES DE LA VÉNUS.

PRESSION BAROMÉTRIQUE.

Hauteur de la cuvette au-dessus du niveau de la mer = $2^m,5$
Hauteur moyenne du baromètre pendant les 8 jours d'observations....... $759^{mm},70$
Écarts maxima. $\begin{cases} 761,23 \\ 758,30 \end{cases}$

Diff. 2 ,93
Amplitude totale moyenne de la variation diurne.......... $0^{mm},91$
Heure du maximum d'après la marche moyenne...................... midi 15'
Heure du minimum d'après la marche moyenne...................... 5 0
Mouvements irréguliers.

	air.	mer.
TEMPÉRATURE moyenne de l'air et de la mer en rade, du 24 juin au 3 juillet	23°,6	22°,8
Écarts maxima.	27,4 / 21,3	23,6 / 22,0
Diff.	6,1	1,6

DECLINAISON DE L'AIGUILLE AIMANTÉE.

Aiguille n° 1   8°,51' le 26 juin, vers 3 h. du soir.
Id.   2   8 ,55   id.   id.
Moyenne 8°,53' N. E.

INCLINAISON DE L'AIGUILLE AIMANTÉE.

Aiguille n° 1   8°,14',0 N. le 25 juin, vers 9 h. du matin.
Latitude magnétique   4°,07'   N.
Aiguille n° 2   8°, 8',6 N. id.   2 30' du soir.

INTENSITÉ de la force magnét. et nombre des OSCILLATIONS hor. inf. pet. exécut. en 10' de T.M.

Intensité.		Oscillations.	Temp. extér.			
Aiguille n° 1	1,041	268,87	22°,7	le 26 juin, vers	7 h.	du matin.
Id.	1,034	267,55	28,4	id.	midi 30'	
Id.	1,034	267,63	28,0	id.	1 0	du soir.
Id. 2	1,002	237,12	28,3	id.	1 30	id.
Id.	1,003	237,52	27,2	id.	2 0	id.
Id.	1,004	237,37	27,2	id.	2 30	id.

VARIATION DIURNE DE LA DÉCLINAISON.
Du 25 juin au 3 juillet.

Temps très-favorable ; instrument bien placé et solidement établi.
Le mouvement se prononce vers l'Est à..................... 2h.15' du matin.
Maximum de déviation orientale (2' 44") à................ 7 30   id.
Position moyenne à.. 10 15   id.
Maximum de déviation occidentale (1' 28") à............. 1 15 du soir.
Position moyenne à.. 9 30   id.
Le mouvement vers l'E., se ralentit extraordinairement à... 9 30   id.
Amplitude totale de la *variation diurne*................... 4' 12"
Amplitude totale rapportée à la direction de la force magnétique.......... 4 09

RÉSUMÉ DES OBSERVATIONS FAITES DANS LES DIVERSES RELACHES DE LA VÉNUS.

AUX ILES MARQUISES,
en août 1838.
DANS LA BAIE DE MADRE-DE-DIOS OU RESOLUTION-BAY.
Latitude 9°56' S.—Longitude 144°32' O.

PAR MM. DE TESSAN, LEFEBVRE, DUBOSQ ET LEROUX.

LATITUDE de l'observatoire   9°56' 22",3   par des hauteurs circumméridiennes du soleil.
                                       9 56 22 ,5
                     Moyenne   9° 56' 22"   S.
LONGITUDE de l'observatoire 144° 31' 34"   O.   par la montre n° 76.

MARÉES (2 *jours d'observations*).
Heure de l'établissement du port. $\begin{cases} 5h9' \text{ le 5 août.} \\ 5\ 5' \text{ le 6 id.} \end{cases}$
                            Moyenne   5h7'
Unité de marée........ 0^m,92 (par une observation faite hors des syzygies).

                                                                       air.   mer.
TEMPÉRATURE moyenne de l'air et de la mer en rade, le 7 août...... 26°,9   26°,8
                                       Écarts maxima $\begin{cases} 28,7 & 27,3 \\ 25,6 & 26,3 \end{cases}$
                                                  Diff.   3°,4   1°,0

INCLINAISON DE L'AIGUILLE AIMANTÉE.
Aiguille n° 1   18°15' S. le 7 août, vers 2 h. du soir.
Latitude magnétique   9°22' S.

INTENSITÉ de la force magnét. et nombre des OSCILLATIONS hor. inf. pet. exécut. en 10' de T. M.

	Intensité.	Oscillations.	Temp. extér.	
Aiguille n° 1	1,051	264,66	28°,3	le 7 août vers 3h30' du soir.
Id.	1,050	264,57	28 ,7	id. 4 0 id.

A L'ILE TAHITI (ARCHIPEL DE LA SOCIÉTÉ).
DANS LA BAIE DE PAPEÏTI (JARDIN DE M. BOB, MAISON POOMANI),
Latitude 17°32' S.—Longitude 151°54' O.

PAR MM. DE TESSAN, LEFEBVRE, GOURY, BERTRAND, BRISSAULT, LEROUX ET BAULLINE.

LATITUDE de l'observatoire   17°31'56",4   par des hauteurs circumméridiennes du soleil.
                                  17 32 02 ,5   id.
                                  17 31 55 ,4   id.
                                  17 32 04 ,3   id.
                                  17 32 04 ,8   id.
                Moyenne   17°31'59"   Sud.
LONGITUDE de l'observat. 151°57'42"   O. par la montre n° 76.
                         151 53 21   par des distances lunaires de M. Du Petit-Thouars.
                         151 53 49   déduite de la longitude de la pointe Vénus.

RÉSUMÉ DES OBSERVATIONS FAITES DANS LES DIVERSES RELACHES DE LA VÉNUS.

MARÉES (*10 jours d'observations*).

Dates. (Sept.)	2	3	4	5	6	7	8	9	10	11
Heures de la pleine mer.	midi 7'	midi 30'	midi 52'	1h.30'	midi 30'	2h.30'	1h.45'	midi 37'	1h.15'	1h.7
Hauteur au-dessus de la basse mer précédente.	$0^m,41$	$0^m,39$	$0^m,37$	$0^m,39$	$0^m,35$	$0^m,41$	$0^m,20$	$0^m,19$	$0^m,15$	$0^m,19$

La pleine lune a eu lieu dans la nuit du 4 au 5. Le 7 de 1h.30' à 2h. 30' (heure de la pleine mer); le niveau de l'eau ne s'est élevé que de 3 centimètres (et encore la moitié de cette élévation (1 centim.,5) est probablement due à la diminution de la pression atmosphérique, qui a passé de $760^{mm},32$ à $759^{mm},08$.

PRESSION BAROMÉTRIQUE.

Hauteur de la cuvette au-dessus du niveau de la mer $2^m,0$
Hauteur moyenne du baromètre pendant les 9 jours d'observations.... $760^{mm},76$
Écarts maxima. $\begin{cases} 762 ,83 \\ 758 ,74 \end{cases}$
Diff. $\overline{4^{mm},09}$
Amplitude totale moyenne de la variation diurne...... $1^{mm},87$
Heure du maximum d'après la marche moyenne....... 10h. 0' du matin.
Heure du maximum d'après la marche moyenne...... 4 0 du soir.
Mouvements peu réguliers.

TEMPÉRATURE d'une source abondante à midi et à 6h. du soir........ 24°,8
TEMPÉRATURE moyenne de l'air et de la mer en rade : du 30 août au 16 sept. 26°,0 26°,6
Écarts maxima. $\begin{cases} 31,0 27,5 \\ 22,5 25,3 \end{cases}$
Diff. 8,5 2,2

DÉCLINAISON DE L'AIGUILLE AIMANTÉE.

Aiguille n° 1   6° 13'   le 3 septembre, vers 9h. du matin.
Id.   6 14   le 5   id.   8 30' du matin.
Aiguille n° 2   6 08   le 3   id.   9 00   id.
Id.   6 06   le 5   id.   8 30   id.
                 6° 10'   N. E.

INCLINAISON DE L'AIGUILLE AIMANTÉE.

Aiguille n° 1......... 27° 07',2 S. le 1er septembre, vers 2h. du soir.
Latitude magnétique.... 14 23 S.
Aiguille n° 2......... 27 11,3 S. le 2 id.   11h. du matin.

A bord de la Vénus (cap au N. 28 O.)
Aiguille n° 3......... 25° 32' S. le 14 septembre.

INTENSITÉ de la force magnét. et nombre des OSCILLATIONS hor. inf. pet. exécut. en 10' de T.M.

Aig. n°1	1,141	263,44	27°,8	le 2 septemb., vers 2h.00' du soir.
Id.	1,140	263,33	27,6	id.	2 30 id.
Aig. n°2	1,038	228,91	27,3	id.	3 40 id.
Id.	1,044	229,23	20,6	le 3 id.	6 30 du mat.
Id.	1,036	228,68	23,9	id.	7 0 id.

RÉSUMÉ DES OBSERVATIONS FAITES DANS LES DIVERSES RELACHES DE LA VÉNUS.

A la pointe Vénus (dans le lieu même où M. l'ingénieur Dumoulin à observé).
Aiguille n° 1. | 260,54 | 27°,2 | le 13 septembre, vers 4h. 40' du soir.

VARIATION DIURNE DE LA DÉCLINAISON.
Du 1er au 11 septembre.

Temps très-favorable; instrument bien placé et solidement établi.
Le mouvement se prononce vers l'Est à.............. 4h. 30 du matin.
Position moyenne à............................... 4 40 id.
Maximum de déviation orientale (2' 0") à........... 6 30 id.
Position moyenne à............................... 8 15 id.
Maximum de déviation occidentale (3' 42") à........ 11 15 et 30' id.
Position moyenne à............................... 1 50 du soir.
Maximum de déviation orientale (2' 06") à.......... 3 45 id.
Position moyenne et cessation de mouvement à...... 10 40 id.
Amplitude totale de la *variation diurne*.................... 5'48"
Amplitude totale rapportée à la direction de la force magnétique... 5 10

A LA NOUVELLE ZÉLANDE,
en octobre 1838.

A LA BAIE-DE-ILES, DANS LE JARDIN DE M. ROBERTON, AUPRÈS DE KORORAREKA.
Latitude 35°15' S. — Longitude 174°50 E.

PAR MM. DE TESSAN, LEFEBVRE, DUBOSQ, BERTRAND ET BRISSAULT.

LATITUDE de l'observatoire 35° 15' 44",0   par des hauteurs circomméridiennes du soleil.
                            35 15 15 ,7
                            35 15 44 ,6
                            35 15 43 ,2
                            35 15 44 ,0
                            35 15 09 ,2
                            35 15 40 ,0
                            ─────────────
                            35° 15' 42", S.

LONGITUDE de l'observ.   174° 47' 06 E. par la montre n° 76.
                         174 49 40   par 48 distances lunaires de M. Du Petit-Thouars.
                         174 50 40   par 64 distances lunaires de M. Lefebvre.

MARÉES (16 jours d'observations).

Heure de l'établissement du port :
- 7h. 22' le 17 octobre.
- 7 38 le 18 id.
- 7 38 id.
- 8 19 le 19 id.
- 8 10 le 20 id.

7h. 49'

Unité de marée............ 1m,02

PRESSION BAROMÉTRIQUE.

Hauteur de la cuvette au-dessus du niveau de la mer 5m. (estimation grossière).
Hauteur moyenne du baromètre pendant les 10 jours d'observations..... 765mm,19
Écarts maxima. { 769 ,77
               { 762 ,07
Diff. 7 ,70

RÉSUMÉ DES OBSERVATIONS FAITES DANS LES DIVERSES RELACHES DE LA VÉNUS.

Amplitude totale moyenne de la variation diurne................ $1^{mm},53$
Heure du maximum d'après la marche moyenne............... 7h. 0' du matin.
                      Id.   5 0 du soir.
Mouvements peu réguliers.

	air	mer
TEMPÉRATURE moyenne de l'air et de la mer en rade, du 13 octob. au 14 nov.	17°,2	17°,3
Ecarts maxima.	23,5 / 13,0	19,2 / 15,0
Diff.	10°,5	4°,2

DÉCLINAISON DE L'AIGUILLE AIMANTÉE.

Aiguille n° 1.   13° 26' le 15 octob., vers 11h. du matin.
    Id.   13 33 le 21   id.   7   id.
Aiguille n° 2.   13 35 le 15   id.   11   id.
    Id.   13 38 le 21   id.   7   id.
                13° 33' N.E.

INCLINAISON DE L'AIGUILLE AIMANTÉE.

Aiguille n° 1   58° 58',0" le 15 octobre, vers 8h. du matin.
  Id.   58 57 9 le 20   id.   1 du soir.
               58° 58' S.
Latit. magnétique 39° 44' S.
Aiguille n° 2   59° 28'1" le 15 octobre, vers 2h. du soir.
  Id.   59 27 6 le 16   id.   3 30' du soir.
   Moyenne 59° 28' S.

INTENSITÉ de la force magnét. et nombre des OSCILLATIONS hor. inf. pet. exécut. en 10' de T.M.

	Intensité.	Oscillat.	Temp. extér.	
Aiguille n° 1.	1.527	235,04	16°,4	le 16 octobre, vers 7h 30' du m.
Id.	1,523	234,81	17,0	id. 8 0 id.
Aiguille n° 2.	1,389	204,54	19,1	id. 11 40 id.
Id.	1,389	204,54	18,7	id. 11 40 id.
Id.	1,390	204,58	18,3	id. midi 0 id.

VARIATION DIURNE DE LA DÉCLINAISON.
Du 13 au 24 octobre.

Temps très-favorable; instrument bien placé et solidement établi.
Le mouvement se prononce vers l'Ouest à.................. 5h.45' du matin.
Maximum de déviation occidentale (5' 43") à............... 9 15   id.
Position moyenne à.. 11 30   id.
Maximum de déviation orientale (5' 14") à................ 1 45 du soir.
Position moyenne à.. 8 45   id.
Le mouvement cesse à..................................... 10 30   id.
Amplitude totale de la *variation diurne*.................... 10' 57"
Amplitude totale rapportée à la direction de la force magnétique........ 5' 39"

RÉSUMÉ DES OBSERVATIONS FAITES DANS LES DIVERSES RELACHES DE LA VÉNUS.

A LA NOUVELLE–HOLLANDE,
en novembre et décembre 1838.

AU PORT JACKSON, SUR L'ILOT PINCH–GUT EN RADE DE SYDNEY.
Latitude 33°54' S. — Longitude 148°53' E.

PAR MM. DE TESSAN, LEFEBVRE, GOURY, DUBOSQ ET LEROUX.

LATITUDE de l'observatoire   33°54' 02",1 ? par des hauteurs circomméridiennes du soleil.
                           33 54 24 ,9
                           33 54 49 ,6
           Moyenne   33°54' 24"   S.
LONGITUDE de l'observatoire   148°53' 11"   E. par la montre n° 76.

MARÉES (6 jours d'observations).

Heure de l'établissement du port
     9h 26' le 30 octobre.
     8 45 le 1ᵉʳ novembre.
     8 58 le 2   id.
     8 53 le 3   id.
     9 10 le 4   id.
       Moyenne   9 . 02

Unité de marée.............. 0^m,93

PRESSION BAROMÉTRIQUE.

Hauteur de la cuvette au-dessus du niveau de la mer = 6^m,6.
Hauteur moyenne du baromètre pendant les 8 jours d'observations....... 760^{mm},21
                                     Écarts maxima   763 ,85
                                                           754 ,29
                                                                  Diff.   9 ,56
Amplitude totale moyenne de la variation diurne.......... 2^{mm},12.
Heure du maximum d'après la marche moyenne................. 11 h.0' du soir.
Heure du minimum d'après la marche moyenne................. 5   0   id.
Mouvements des plus irréguliers.

                                                                                        air.   mer.
TEMPÉRATURE moyenne de l'air et de la mer en rade, du 25 nov. au 17 déc.   19°,8   20°,0
                                                                Écarts maxima   26 ,8   22 ,0
                                                                                           14 ,0   18 ,0
                                                                                            Diff.   12 ,8   4 ,0

DÉCLINAISON DE L'AIGUILLE AIMANTÉE

Aiguille n° 1   9° 48'   le 28 novembre, vers midi 30'
Id.   2   9 52   id.   id.
                9 50   N. E.

INCLINAISON DE L'AIGUILLE AIMANTÉE.

Aiguille n° 1   62° 54',2   le 27 novembre, vers 2 h. du soir.
Id.   62 49 ,8   le 28   id.   7   du matin.
               62 50   S.

RÉSUMÉ DES OBSERVATIONS FAITES DANS LES DIVERSES RELACHES DE LA VÉNUS.

INTENSITÉ de la force magnét. et nombre des OSCILLATIONS hor. inf. pet. exécut. en 10' de T.M.

	Intensité.	Oscillations.	Temp. extér.				
Aiguille n° 1	1,629	228,48	15°,4	le 29 nov., vers	6h.	10'	du matin
Id.	1,628	228,38	15,6	id.	6	40	id.
Id. n° 2	1,479	195,72	16,2	id.	7	10	id.
Id.	1,474	195,33	17,1	id.	8	0	id.

VARIATION DIURNE DE LA DÉCLINAISON.
Du 27 novembre au 6 décembre.

Temps favorable; instrument bien placé et solidement établi.
Le mouvement se prononce vers l'Ouest à.................................... 4h.15' du matin.
Maximum de déviation occidentale (7' 23") à............................. 9 0 id.
Position moyenne à... 11 40 id.
Maximum de déviation orientale (6' 47") à................................ 2 45 du soir.
Position moyenne à... 9 30 id.
Le mouvement cesse à.. 10 30 id.
Amplitude totale de la *variation diurne*................................... 14' 10"
Amplitude totale rapportée à la direction de la force magnétique......... 6 28

A L'ÎLE DE BOURBON,
en mars 1839.

SUR L'EXTRÉMITÉ ORIENTALE DU MÔLE DE SAINT-DENIS.
Latitude 20°52' S.—Longitude 53°10' E.

PAR MM. DE TESSAN, LEFEBVRE ET DUBOSQ.

INCLINAISON DE L'AIGUILLE AIMANTÉE.

Aiguille n° 1   55°12',4 S. le 8 mars, vers 10 h. 30' du matin.

INTENSITÉ de la force magnét. et nombre des OSCILLATIONS hor. inf. pet. exécut. en 10' de T.M.

	Intensité.	Oscillations.	Temp. extér.				
Aiguille n° 1	1,140	213,69	29°,2	le 8 mars, vers	2h.	40'	du soir.
Id.	1,144	214,03	28,7	id.	3	0	id.
Id.	1,148	214,29	28,5	id.	3	20	id.

	air.	eau.
TEMPÉRATURE moyenne de l'air et de la mer en rade, du 6 au 8 mars......	26°,7	26°,7
Écarts maxima	28,7	27,3
	24,7	25,8
Diff.	4,0	1,5

RÉSUMÉ DES OBSERVATIONS FAITES DANS LES DIVERSES RELACHES DE LA VÉNUS

AU CAP DE BONNE-ESPÉRANCE,
en avril 1839.

A SIMON'S TOWN (FASLE-BAY) DANS LE JARDIN DE M. BULL.
Latitude 34°44' S.—Longitude 16°06' E.

PAR MM. DE TESSAN, LEFEBVRE, DUBOSQ ET LEROUX.

LATITUDE de l'observatoire.... 34° 11' 44",8 par des hauteurs circomméridiennes du soleil.
          34 11 41 ,6
          34 11 29 ,0
          34 11 50 ,0

  Moyenne......... 34° 11' 41" S.
LONGITUDE du mouillage...... 16° 8' 55" E. par la montre n° 76.

MARÉES (4 jours d'observations).

Heure de l'établissement du port. $\begin{cases} 3\text{h}.6' \text{ le 13 avril.} \\ 3\ \ 8 \text{ id.} \\ 3\ \ 16 \text{ le 14 id.} \end{cases}$

         Moyenne 3h.10'
Unité de marée............ 0^m,86

PRESSION BAROMÉTRIQUE.

Hauteur de la cuvette au-dessus du niveau de la mer.... 9 mètres. (Estimation grossière)
Hauteur moyenne du baromètre pendant les 6 jours d'observations......... 761^{mm},64

         Écarts maxima $\begin{cases} 765,79 \\ 758,17 \end{cases}$
             Diff.   7,62

Amplitude totale moyenne de la variation diurne........ 1^{mm},10
Heure du maximum d'après la marche moyenne......... 9h.0' du matin.
Heure du minimum............id................... 3h.0' du soir.
Mouvements peu réguliers.

TEMPÉRATURE du puits de M. Bull (5 mètres de prof. 0^m,5 d'eau; en partie couvert) 19°,3.
                        air.   mer.
TEMPÉRATURE moyenne de l'air et de la mer en rade, du 30 mars au 20 avr.   19°,2   16°,7
          Écarts maxima $\begin{cases} 26,0 & 19,7 \\ 12,0 & 12,3 \end{cases}$
            Différ.   14,0   7,4

DÉCLINAISON DE L'AIGUILLE AIMANTÉE.

Aiguille n° 1   29° 12' le 6 avril, vers   7 h.   du matin.
Id.   29 05   le 7   id.   7   id.
Aiguille n° 2   29 00   le 6   id.   7 30"   id.
Id.   29 10   le 7   id.   7   id.

  Moyenne   29° 07' N. O.

Sur la grève de sable dans le N. O. de la ville.
Aiguille n° 1   29° 11' N. O.   le 16 avril vers 4h. du soir.

RÉSUMÉ DES OBSERVATIONS FAITES DANS LES DIVERSES RELACHES DE LA VÉNUS.

INCLINAISON DE L'AIGUILLE AIMANTÉE.

Aiguille n° 1   52° 59',6 le 3 avril, vers 1h. du soir.
Id.   52 57,3 le 5 id. 9 30' du matin.
Moyenne   52° 58' S.
Latitude magnétique. 33 32' S.
Aiguille n° 2   53° 06',1 le 3 avril, vers 4h. du soir.
Id.   53 01,4 le 5 id. 3 id.
Moyenne. 53° 04' S.

Sur la grève de sable, dans le N. O. de la ville.

Aiguille n° 1   53° 37',2 S. le 16 avril, vers 1h. du soir.

INTENSITÉ de la force magnét. et nombre des OSCILLATIONS hor. inf. pet. exécut. en 10' de T.M.

	Intensité.	Oscillat.	Temp. extér.			
Aiguille n° 1	0,981	203,60	19°,0	le 4 avril, vers	7h.40'	du matin.
Id.	0,977	203,18	20,7	id.	11 0	id.
Id.	0,976	203,11	21,7	id.	11 40	id.
Aiguille n° 2	0,874	172,81	22,6	id.	midi 20	
Id.	0,871	172,45	23,2	id.	id. 50	
Id.	0,872	172,55	23,3	id.	1 20	du soir.

Sur la grève de sable dans le N. O. de la ville.

Aiguille n° 1 0,984 | 202,77 | 21,9 | le 16 avril, vers 2h. 20' du soir.

VARIATION DIURNE DE LA DÉCLINAISON.
Du 3 au 11 avril.

Temps très-favorable ; instrument bien placé et solidement établi.
Mouvement lent vers l'Ouest pendant toute la nuit.
Position moyenne à.................................... 2 h.00' du matin.
Mouvement plus rapide à................................ 5 30 id.
Maximum de déviation occidentale (5' 01") à............ 9 30 id.
Position moyenne à.................................... midi.
Maximum de déviation orientale (2' 32") à.............. 1 h.45 du soir.
Mouvement lent vers l'Ouest jusqu'au lendemain.
Amplitude totale de la *variation diurne*.............. 7 33"
Amplitude totale rapportée à la direction de la force magnétique...... 4 33

A L'ILE DE SAINTE-HÉLÈNE,
en mai 1839.

SUR LE MÔLE, AUPRÈS DU DÉBARCADÈRE DE JAME'S TOWN.
Latitude 15°53' S. — Longitude 8°03' O.

PAR MM. DE TESSAN, LEFEBVRE ET DUBOSQ.

(Les roches volcaniques du voisinage de l'observatoire sont légèrement magnétiques.)

RÉSUMÉ DES OBSERVATIONS FAITES DANS LES DIVERSES RELACHES DE LA VÉNUS.

INCLINAISON DE L'AIGUILLE AIMANTÉE.

Aiguille n° 1 17°55' S. le 10 mai, vers 7 h.30' du matin.
Latitude magnétique 9°11 S.

INTENSITÉ de la force magnét. et nombre des OSCILLATIONS hor. inf. pet. exécut. en 10' de T. M.

	Intensité.	Oscillations.	Temp. extér.	
Aiguille n° 1	0,806	231,97	26°,0	le 10 mai, vers 9 h. 20' du matin.

TEMPÉRATURE de la petite source auprès du tombeau......... 18°,0

		air.	mer.
TEMPÉRATURE moyenne de l'air et de la mer en rade, du 9 au 10 mai....		24°,0	23°,7
	Écarts maxima	27,0	24,0
		22,5	23,3
	Diff.	4°,5	0°,7

A L'ILE DE L'ASCENSION,
en mai 1839.

A SANDY-BAY, SUR LA GRÈVE DE SABLE.
Latitude 7°54 S. — Longitude 16°45 O.

PAR MM. DE TESSAN, LEFEBVRE ET DUBOSQ.

(Les roches volcaniques du voisinage de l'observatoire sont légèrement magnétiques.)

INCLINAISON DE L'AIGUILLE AIMANTÉE.

Aiguille n° 1 0° 05',6 N. le 16 mai, vers 11 h. du matin.
Latitude magnétique 0 2 5 N.

INTENSITÉ de la force magnét. et nombre des OSCILLATIONS hor. inf. pet. exécut. en 10' de T.M.

	Intensité.	Oscillations.	Temp. extér.	
Aiguile n° 1	0,817	239,51	31°,0	le 16 mai, vers midi 40'

		air.	mer.
TEMPÉRATURE moyenne de l'air et de la mer en rade, le 16 mai.........		27°,2	26°,8
	Écarts maxima	29,4	27,3
		25,7	26,5
	Différ.	3°,7	0°,8

RÉSUMÉ

DES OBSERVATIONS

DE LA

VARIATION DIURNE DE LA DÉCLINAISON DE L'AIGUILLE AIMANTÉE.

Comme complément des résultats divers rassemblés dans les tableaux précédents, nous donnons ici le résumé détaillé de nos observations de la *variation diurne* de la déclinaison, faites de quart d'heure en quart d'heure, de nuit comme de jour, dans les quinzes relâches principales de la *Vénus*.

Les déviations sont exprimées en minutes et secondes de degré. Le signe + indique une déviation vers l'occident, de la *pointe nord* de l'aiguille (de la pointe qui se dirige vers le pôle magnétique de l'hémisphère nord, pointe désignée sous le nom de *pôle austral* de l'aiguille, dans quelques traités de physique). Le signe — indique une déviation vers l'orient de la même pointe nord. Le zéro ou point de départ correspond à la position moyenne de l'aiguille, position déduite de l'ensemble de toutes les observations de la même relâche.

La première ligne de chaque série est la moyenne brute pour chacun de 96 quart d'heure de la journée, de toutes les observations faites, à la même époque du jour, dans chaque relâche. La seconde ligne est cette même moyenne, corrigée du petit déplacement moyen que l'aiguille a éprouvé dans les vingt-quatre heures, par suite de son mouvement annuel ou par toute autre cause étrangère au mouvement diurne. Si l'on compare, en effet, les nombres extrêmes qui, dans la première ligne de chaque série, correspondent à l'heure de minuit du commencement et de la fin de la journée, on voit que ces nombres ne sont pas exactement les mêmes, c'est-à-dire que l'aiguille ne revient pas exactement à la même position tous les jours à la même heure. La différence est petite, et pour la faire disparaître complétement, on a supposé que, pendant un aussi court intervalle de temps, l'action de la cause perturbatrice a été proportionnelle au temps écoulé. Et, par suite, on a réparti sur les nombres intermédiaires la petite différence trouvée entre les nombres extrêmes, de manière que le point de midi ne change pas et que les points de minuit, au commencement et à la fin de la journée, coïncident. Les nombres de la seconde ligne ainsi obtenus diffèrent très-peu de leurs homologues dans la première; mais on doit toutefois les considérer comme représentant mieux les mouvements de l'aiguille, dus uniquement à l'action de la cause diurne. C'est d'après ces nombres, ainsi corrigés, que le tableau graphique a été construit.

Les séries sont disposées d'après l'ordre de grandeur de l'inclinaison de l'aiguille aimantée dans les divers lieux d'observation, en commençant par celles qui correspondent aux points de l'hémisphère nord où l'inclinaison est la plus grande, et finissant par celles qui correspondent aux points de l'hémisphère sud où l'inclinaison est aussi la plus grande; en sorte, qu'au milieu se trouvent les séries correspondantes aux points voisins de l'équateur magnétique et de l'équateur terrestre. Le tableau graphique présente la même disposition, sauf toutefois pour la série de Rio-Janeiro, que nous avons rejetée à la fin, parce que les mouvements de l'aiguille dans cette localité ayant été complétement anomaux résistent à toute analogie, et que la courbe qui les représente aurait masqué, en partie, le changement graduel et régulier des autres courbes, changement que nous désirions mettre en relief, parce qu'il constate un fait nouveau qui peut être important.

Les nombres correspondants aux points maxima des courbes, c'est-à-dire correspondants aux plus grandes déviations de la pointe nord de l'aiguille vers l'ouest, sont signalés à l'attention par un trait horizontal placé au-dessus d'eux. Les nombres correspondants aux points minima des courbes, c'est-à-dire correspondants aux plus grandes déviations de la pointe nord de l'aiguille vers l'est, sont signalés par un trait horizontal placé au-dessous d'eux. Les points de passage par la position moyenne sont indiqués par un grand zéro, et ceux où le mouvement commence ou cesse d'être sensible, sont marqués d'un trait vertical.

Sur le tableau graphique, nous avons marqué d'un signe particulier les points maxima et minima des courbes qui nous paraissent analogues entre eux. Ce rapprochement conduit à un résultat inattendu, mais qui sera, je crois, justifié par les considérations que nous présenterons à ce sujet dans le volume suivant.

On trouvera dans les tableaux qui précèdent, les données géographiques, physiques et magnétiques, qui se rapportent aux diverses localités où ces observations de *variation diurne* ont été faites.

RÉSUMÉ DES OBSERVATIONS DE LA VARIATION DIURNE DE LA DÉCLINAISON.

Minuit	15'	30'	45'	1 h.	15'	30'	45'	2 h.	15'	30'	45'
	A PETROPAWLOWSKI (Kamtschatka).
—0' 25"	—0' 21"	—0' 22"	—0' 33"	—0' 44"	—1' 15"	—1' 23"	—1' 27"	—1' 43"	—1' 55"	—2' 13"	—2' 34"
—0 50	—0 46	—0 46	—0 57	—1 08	—1 37	—1 45	—1 49	—2 04	—2 16	—2 33	—2 53
	A MONTEREY (Haute-Californie).
—0 58	—1 07	—1 06	—1 27	—1 25	—1 13	—1 07	—0 47	—0 46	—0 40	—0 30	—0 32
—0 50	—1 00	—0 59	—1 21	—1 19	—1 07	—1 01	—0 41	—0 39	—0 34	—0 24	—0 26
	A LA BAIE DE LA MADELEINE (Basse-Californie).
—0 08	—0 10	—0 18	—0 24	—0 22	—0 08	—0 14	—0 11	—0 20	—0 08	—0 05	—0 02
—0 16	—0 19	—0 26	—0 32	—0 30	—0 15	—0 21	—0 18	—0 27	—0 15	—0 12	—0 08
	A HONOLOULOU (Iles Sandwich).
+0 20	+0 17	+0 23	+0 15	+0 14	+0 15	+0 17	+0 12	+0 13	+0 15	+0 08	+0 05
+0 25	+0 23	+0 29	+0 20	+0 19	+0 20	+0 22	+0 17	+0 18	+0 19	+0 12	+0 09
	A ACAPULCO (Mexique).
—0 03	+0 03	—0 03	—0 03	0 00	+0 03	+0 05	+0 06	+0 12	+0 10	+0 09	+0 11
—0 06	—0 01	—0 06	—0 07	—0 04	0 00	+0 02	+0 03	+0 09	+0 07	+0 06	+0 08
	A L'ILE CHARLES (archipel des Galapagos).
+0 15	+0 11	+0 10	+0 04	+0 06	+0 02	+0 03	+0 03	+0 03	+0 04	—0 07	—0 10
+0 03	—0 01	—0 02	—0 08	—0 06	—0 10	—0 08	—0 07	—0 08	—0 06	—0 17	—0 19
	A PAYTA (Pérou).
—0 08	—0 09	—0 09	—0 09	—0 12	—0 09	—0 09	—0 06	—0 10	—0 17	—0 19	—0 21
+0 17	+0 15	+0 15	+0 14	+0 10	+0 12	+0 12	+0 15	+0 10	+0 03	0 00	—0 02
	AU CALLAO DE LIMA (Pérou).
—0 12	—0 13	—0 15	—0 14	—0 18	—0 13	—0 14	—0 21	—0 22	—0 30	—0 27	—0 31
—0 04	—0 05	—0 08	—0 07	—0 11	—0 06	—0 07	—0 15	—0 16	—0 24	—0 21	—0 25
	A RIO-JANEIRO (Brésil).
+0 25	+0 31	+0 37	+0 35	+0 35	+0 30	+0 25	+0 28	+0 30	+0 46	+0 53	+0 53
+0 27	+0 34	+0 40	+0 37	+0 37	+0 32	+0 27	+0 30	+0 32	+0 48	+0 55	+0 55
	A L'ILE TAHITI (Archipel de la Société).
+0 02	+0 02	+0 05	+0 06	+0 07	+0 07	+0 06	—0 01	—0 01	—0 03	—0 04	—0 08
+0 01	+0 01	+0 04	+0 05	+0 05	+0 05	+0 04	—0 03	—0 03	—0 06	—0 07	—0 12
	A VALPARAISO (Chili) (1re série).
+0 36	+0 41	+0 49	+0 52	+0 52	+0 50	+0 56	+0 57	+1 03	+1 08	+0 59	+0 57
+0 43	+0 48	+0 56	+0 58	+0 58	+0 56	+1 01	+1 03	+1 08	+1 13	+1 05	+1 02
	A VALPARAISO (Chili) (2e série).
+0 37	+0 46	+0 53	+0 54	+0 53	+0 53	+0 44	+0 35	+0 33	+0 36	+0 38	+0 36
+0 32	+0 41	+0 48	+0 50	+0 49	+0 49	+0 39	+0 31	+0 28	+0 32	+0 34	+0 32
	A FALSE-BAY (cap de Bonne-Espérance).
—0 50	—0 47	—0 45	—0 42	—0 40	—0 30	—0 28	—0 23	—0 21	—0 14	—0 14	—0 11
—0 16	—0 23	—0 22	—0 20	—0 17	—0 08	—0 07	—0 03	—0 01	+0 06	+0 05	+0 07
	A LA BAIE-DES-ILES (Nouvelle-Zélande).
+0 21	+0 04	+0 04	+0 00	+0 00	+0 02	+0 05	+0 05	+0 03	+0 06	+0 07	+0 07
+0 28	+0 11	+0 10	+0 06	+0 03	—0 04	+0 11	+0 11	+0 09	+0 11	+0 12	+0 12
	AU PORT-JACKSON (Nouvelle-Hollande).
+1 17	+1 19	+1 25	+1 10	+1 08	+1 10	+1 05	+0 48	+0 47	+0 45	+0 43	+0 51
+0 47	+0 50	+0 59	+0 42	+0 40	+0 43	+0 39	+0 22	+0 22	+0 20	+0 19	+0 27
Minuit	15'	30'	45'	1 h.	15'	30'	45'	2 h.	15'	30'	45'

RÉSUMÉ DES OBSERVATIONS DE LA VARIATION DIURNE DE LA DÉCLINAISON.

3 h.	15'	30'	45'	4 h.	15'	30'	45'	5 h.	15'	30'	45'
				A Pétropawlowski.							
—2' 40"	—2' 48"	—3' 03"	—3' 09"	—3' 05"	—2' 56"	—2' 38"	—3' 06"	—3' 36"	—4' 02"	—3' 55"	—3' 55"
—2 59	—3 06	—3 21	—3 26	—3 22	—3 12	—2 51	—3 22	—3 51	—4 16	—4 08	—4 08
				A Monterey.							
—0 31	—0 39	—1 04	—1 17	—1 05	—0 42	—0 47	—0 32	—0 45	—0 40	—0 31	—0 21
—0 25	—0 34	—0 59	—1 11	—1 00	—0 43	—0 43	—0 28	—0 40	—0 36	—0 27	—0 18
				A la Baie de la Madeleine.							
+0 06	+0 04	—0 09	—0 19	—0 28	—0 21	—0 07	—0 05	—0 10	—0 05	—0 09	—0 18
0 00	—0 02	—0 15	—0 25	—0 34	—0 26	—0 12	—0 10	—0 14	—0 10	—0 13	—0 23
				A Honoloulou.							
—0 05	—0 11	—0 18	—0 21	—0 32	—0 40	—0 52	—1 00	—1 05	—1 17	—1 43	—1 55
—0 01	—0 07	—0 14	—0 17	—0 28	—0 37	—0 48	—0 57	—1 01	—1 13	—1 40	—1 52
				A Acapulco.							
+0 13	+0 15	+0 17	+0 20	+0 24	+0 19	+0 21	+0 15	+0 09	+0 17	+0 18	+0 30
+0 10	+0 12	+0 14	+0 17	+0 21	+0 17	+0 19	+0 13	+0 06	+0 14	+0 15	+0 28
				A l'île Charles.							
—0 20	—0 30	—0 31	—0 38	—0 47	—0 43	—0 41	—0 42	—0 50	—0 59	—1 09	—1 24
—0 29	—0 39	—0 39	—0 47	—0 55	—0 51	—0 49	—0 50	—0 57	—1 06	—1 16	—1 31
				A Payta.							
—0 22	—0 23	—0 25	—0 26	—0 25	—0 21	—0 19	—0 20	—0 23	—0 27	—0 42	—0 51
—0 04	—0 05	—0 07	—0 09	—0 08	—0 05	—0 04	—0 05	—0 09	—0 13	—0 29	—0 38
				Au Callao de Lima.							
—0 32	—0 33	—0 33	—0 35	—0 37	—0 37	—0 43	—0 49	—0 54	—1 02	—1 03	—1 05
—0 26	—0 27	—0 27	—0 30	—0 32	—0 32	—0 38	—0 44	—0 50	—0 58	—0 59	—1 00
				A Rio-Janeiro.							
+1 03	+1 06	+1 13	+1 13	+1 18	+1 24	+1 29	+1 42	+1 46	+1 44	+1 57	+2 22
+1 05	+1 08	+1 15	+1 15	+1 19	+1 26	+1 31	+1 43	+1 47	+1 46	+1 59	+2 24
				A l'île Tahiti.							
—0 10	—0 09	—0 12	—0 19	—0 22	—0 12	—0 24	—0 32	—0 39	—0 49	—0 13	—1 04
—0 14	—0 13	—0 17	—0 24	—0 26	—0 27	—0 30	—0 37	—0 45	—0 55	—1 00	—1 11
				A Valparaiso.							
+0 50	+0 52	+0 52	+0 49	+0 48	+0 41	+0 39	+0 31	+0 32	+0 30	+0 24	+0 16
+0 55	+0 57	+0 57	+0 54	+0 53	+0 45	+0 43	+0 35	+0 36	+0 33	+0 28	+0 20
				A Valparaiso.							
+0 42	+0 49	+0 44	+0 32	+0 25	+0 29	+0 33	+0 26	+0 19	+0 32	+0 32	+0 35
+0 38	+0 45	+0 40	+0 28	+0 22	+0 25	+0 30	+0 23	+0 16	+0 28	+0 29	+0 33
				A False-Bay.							
—0 13	—0 11	—0 06	—0 06	—0 07	+0 03	+0 09	+0 05	+0 06	+0 05	+0 03	+0 10
+0 05	+0 06	+0 11	+0 10	+0 09	+0 19	+0 24	+0 19	+0 20	+0 18	+0 16	+0 23
				A la Baie-des-Iles.							
+0 23	+0 26	+0 23	+0 19	+0 12	+0 15	+0 24	+0 17	+0 14	+0 14	+0 23	+0 33
+0 26	+0 30	+0 28	+0 23	+0 16	+0 20	+0 28	+0 21	+0 17	+0 17	+0 27	+0 36
				Au Port-Jackson.							
+0 51	+0 53	+1 02	+0 55	+0 39	+0 44	+0 52	+0 57	+1 17	+1 26	+1 58	+2 00
+0 28	+0 31	+0 41	+0 34	+0 19	+0 24	+0 34	+0 38	+1 00	+1 11	+1 41	+1 45
3 h.	15'	30'	45'	4 h.	15'	30'	45'	5 h.	15'	30'	45'

RÉSUMÉ DES OBSERVATIONS DE LA VARIATION DIURNE DE LA DÉCLINAISON.

6 h.	15'	30'	45'	7 h.	15'	30'	45'	8 h.	15'	30'	45'
					A Pétropawlowski.						
—3' 49"	—3' 56'	—4' 05"	—4' 19"	—4' 17"	—4' 21"	—4' 27"	—4' 17"	—4' 25"	—4' 12"	—4' 10'	—4' 09"
—4 02	—4 09	—4 17	—4 20	—4 27	—4 31	—4 37	—4 26	—4 33	—4 20	—4 17	—4 16
					A Monterey.						
—0 21	—0 26	—0 31	—0 49	—1 11	—1 39	—1 34	—1 42	—2 00	—2 18	—2 40	—2 38
—0 17	—0 23	—0 28	—0 46	—1 08	—1 36	—1 31	—1 40	—1 57	—2 15	—2 38	—2 36
					A la Baie de la Madeleine.						
—0 27	—0 23	—0 18	—0 09	—0 02	—0 18	—0 25	—0 36	—0 59	—1 22	—1 32	—2 11
—0 31	—0 27	—0 22	—0 12	—0 05	—0 21	—0 28	—0 39	—1 02	—1 24	—1 34	—2 13
					A Honoloulou.						
—2 22	—2 53	—3 27	—4 10	—4 16	—4 49	—4 50	—4 47	—4 30	—4 16	—3 43	—3 24
—2 19	—2 50	—3 24	—4 07	—4 13	—4 47	—4 48	—4 44	—4 28	—4 14	—3 41	—3 22
					A Acapulco.						
+0 32	+0 44	+0 43	+0 29	+0 12	—0 01	—0 36	—1 04	—1 37	—2 01	—2 21	—2 34
+0 30	+0 42	+0 41	+0 27	+0 10	—0 02	—0 37	—1 05	—1 38	—2 02	—2 22	—2 35
					A l'île Charles.						
—1 43	—2 07	—2 12	—2 26	—2 33	—2 36	—2 39	—2 26	—2 12	—1 55	—1 39	—1 22
—1 49	—2 12	—2 17	—2 31	—2 38	—2 41	—2 44	—2 30	—2 16	—1 59	—1 42	—1 26
					A Payta.						
—1 05	—1 27	—1 41	—2 01	—2 04	—2 13	—2 09	—1 55	—1 47	—1 33	—1 23	—1 09
—0 53	—1 15	—1 30	—1 50	—1 54	—2 03	—2 00	—1 46	—1 39	—1 25	—1 16	—1 02
					Au Callao de Lima.						
—1 00	—1 05	—1 05	—1 10	—1 00	—0 42	—0 29	—0 11	+0 03	+0 21	+0 46	+1 07
—0 56	—1 01	—1 01	—1 03	—0 57	—0 39	—0 26	—0 08	+0 06	+0 23	+0 48	+1 09
					A Rio-Janeiro.						
+3 20	+3 37	+3 55	+3 49	+3 16	+3 16	+3 11	+2 55	+2 21	+2 25	+2 22	+2 04
+3 21	+3 38	+3 56	+3 50	+3 17	+3 17	+3 12	+2 56	+2 21	+2 30	+2 23	+2 05
					A l'île Tahiti.						
—1 16	—1 37	—1 52	—1 49	—1 34	—1 16	—1 01	—0 34	—0 04	+0 19	+0 47	+1 07
—1 23	—1 45	—2 00	—1 57	—1 42	—1 24	—1 09	—0 43	—0 140	+0 09	+0 37	+0 57
					A Valparaiso.						
+0 16	+0 16	+0 20	+0 36	+0 32	+0 47	+0 44	+1 00	+1 24	+0 39	+2 06	+2 20
+1 19	+0 19	+0 23	+0 33	+0 35	+0 50	+0 46	+1 03	+1 26	+1 41	+2 08	+2 22
					A Valparaiso.						
+0 40	+0 58	+1 22	+1 40	+2 11	+2 40	+3 24	+4 00	+4 24	+4 46	+5 01	+5 11
+0 37	+0 55	+1 20	+1 38	+2 09	+2 38	+3 22	+3 58	+4 22	+4 44	+4 59	+5 10
					A False-Bay.						
+0 17	+0 26	+0 40	+0 59	+1 18	+1 33	+1 55	+2 24	+2 42	+3 25	+3 58	+4 35
+0 29	+0 38	+0 51	+1 10	+1 28	+1 43	+2 04	+2 33	+2 50	+3 32	+4 05	+4 41
					A la Baie-des-Iles.						
+0 57	+1 18	+1 32	+1 52	+2 16	+2 50	+3 26	+3 46	+4 06	+4 52	+5 19	+5 33
+1 00	+1 21	+1 35	+1 55	+2 18	+2 52	+3 28	+3 48	+4 08	+4 54	+5 21	+5 35
					Au Port-Jackson.						
+2 09	+2 35	+2 50	+3 14	+3 53	+4 25	+4 58	+5 42	+6 04	+6 40	+6 53	+7 21
+1 54	+2 21	+2 37	+3 01	+3 40	+4 14	+4 47	+5 31	+5 54	+6 31	+6 44	+7 12
6 h.	15'	30'	45'	7 h.	15'	30'	45'	8 h.	15'	30'	45'

RÉSUMÉ DES OBSERVATIONS DE LA VARIATION DIURNE DE LA DÉCLINAISON.

9 h.	15'	30'	45'	10 h.	15'	30'	45'	11 h.	15'	30'	45'
				A Pétropawlowski.							
—3 30	—3 04	—2 21	—1 23	—0' 10"	+0 26	+0 38	+1 22	+2 12	+2 52	+3 05	+3 19
—3 36	—3 09	—2 26	—1 27	—0 14 0	+0 23	+0 35	+1 19	+2 10	+2 51	+3 04	+3 18
				A Monterey.							
—2 34	—2 13	—1 56	—1 22	—1 02	—0 42	—0 18	—0 03	+0 36	+0 56	+1 08	+1 12
—2 32	—2 11	—1 55	—1 20	—1 01	—0 41	—0 17	—0 03 0	+0 37	+0 56	+1 08	+1 12
				A la baie de la Madeleine.							
—2 13	—2 17	—2 25	—2 19	—2 04	—1 42	—1 29	—1 02	—0 31	—0 02	+0 20	+0 50
—2 15	—2 19	—2 26	—2 20	—2 05	—1 44	—1 30	—1 03	—0 32	—0 00	+0 19	+0 50
				A Honoloulou.							
—3 02	—2 25	—1 57	—1 19	—0 45	—0 09	+0 20	+0 41	+1 00	+1 14	+1 35	+1 51
—3 00	—2 23	—1 56	—1 18	—0 44	—0 08 0	+0 20	+0 42	+1 01	+1 14	+1 35	+1 51
				A Acapulco.							
—2 50	—2 56	—3 07	—2 53	—2 42	—2 15	—2 05	—1 46	—1 13	—0 33	—0 10	+0 20
—2 51	—2 56	—3 08	—2 54	—2 42	—2 15	—2 05	—1 46	—1 14	—0 33	—0 10 0	+0 19
				A l'île Charles.							
—1 11	—0 54	—0 37	—0 25	—0 08	—0 02	+0 08	+0 19	+0 13	+0 36	+0 44	+0 46
—1 14	—0 57	—0 40	—0 27	—0 10	—0 00	+0 07	+0 18	+0 12	+0 35	+0 43	+0 46
				A Payta.							
—0 52	—0 34	—0 20	—0 12	—0 01	+0 04	+0 12	+0 20	+0 23	+0 26	+0 30	+0 34
—0 46	—0 29	—0 15	—0 06 0	+0 03	+0 08	+0 15	+0 22	+0 25	+0 27	+0 31	+0 35
				Au Callao de Lima.							
+1 31	+1 52	+2 06	+2 23	+2 35	+2 49	+2 57	+2 54	+2 48	+2 39	+2 43	+2 30
+1 32	+1 53	+2 07	+2 24	+2 36	+2 50	+2 58	+2 55	+2 49	+2 40	+2 43	+2 30
				À Rio-Janeiro.							
+1 59	+0 58	—0 07	—1 06	—2 02	—2 52	—3 27	—4 11	—4 33	—5 06	—5 22	—5 42
+2 00	+0 58 0	—0 06	—1 06	—2 02	—2 52	—3 26	—4 11	—4 33	—5 06	—5 22	—5 42
				A l'île Tahiti.							
+1 34	+2 01	+2 34	+2 56	+3 15	+3 27	+3 34	+3 42	+3 52	+3 55	+3 55	+3 40
+1 23	+1 49	+2 22	+2 45	+3 03	+3 13	+3 21	+3 29	+3 39	+3 42	+3 42	+3 26
				A Valparaiso.							
+2 25	+2 39	+2 42	+2 43	+2 31	+2 34	+2 21	+2 03	+1 40	+1 18	+1 03	+0 23
+2 26	+2 40	+2 43	+2 44	+2 32	+2 35	+2 23	+2 03	+1 41	+1 19	+1 03	+0 2 0
				A Valparaiso.							
+5 23	+5 38	+5 43	+5 26	+4 44	+4 27	+3 57	+3 16	+2 24	+1 30	+0 38	—0 20
+5 22	+5 37	+5 42	+5 25	+4 43	+4 26	+3 56	+3 15	+2 22	+1 28	+0 39	—0 2
				A False-Bay.							
+4 46	+1 55	+4 56	+4 49	+4 27	+4 02	+3 30	+2 55	+2 11	+1 42	+1 00	+0 31
+4 52	+5 00	+5 01	+4 53	+4 32	+4 05	+3 33	+2 57	+2 13	+1 43	+1 01	+0 31
				A la Baie-des-Iles.							
+5 41	+5 42	+5 27	+5 07	+4 32	+4 01	+3 24	+2 29	+1 47	+0 50	+0 02	—0 47
+5 42	+5 43	+5 28	+5 08	+4 33	+4 02	+3 25	+2 30	+1 48	+0 50	+0 02 0	—0 47
				Au Port-Jackson.							
+7 31	+7 19	+6 57	+6 31	+6 08	+5 30	+4 53	+3 48	+2 41	+1 54	+0 41	—0 14
+7 28	+7 12	+6 50	+6 25	+6 03	+5 26	+4 49	+3 44	+2 38	+1 52	+0 40 0	—0 14
9 h.	15'	30'	45'	10 h.	15'	30'	45'	11 h.	15'	30'	45'

RÉSUMÉ DES OBSERVATIONS DE LA VARIATION DIURNE DE LA DÉCLINAISON.

midi	15'	30'	45'	1h.	15'	30'	45'	2h.	15'	30'	45'
				A Pétropawlowski.							
+3'53"	+4'21"	+4'26"	+4'26"	+4'17"	+4'25"	+4'12"	+3'54	+4'16"	+4'34"	+4'47"	+4'54'
+3 53	+4 22	+4 27	+4 28	+4 19	+4 27	+4 15	+3 57	+4 20	+4 39	+4 52	+4 59
				A Monterey.							
+1 35	+1 54	+2 00	+2 03	+2 22	+2 15	+2 19	+2 25	+2 14	+2 03	+2 07	+1 54
+1 35	+1 54	+1 59	+2 05	+2 21	+2 14	+2 18	+2 24	+2 13	+2 02	+2 06	+1 52
				A la Baie de la Madeleine.							
+1 05	+1 37	+1 56	+2 13	+2 25	+2 36	+2 46	+2 56	+2 55	+2 53	+2 39	+2 40
+1 05	+1 37	+1 57	+2 13	+2 25	+2 37	+2 47	+2 57	+2 56	+2 55	+2 41	+2 42
				A Honoloulou.							
+2 00	+2 06	+2 06	+2 17	+2 14	+2 25	+2 22	+2 32	+2 25	+2 25	+2 22	+2 18
+2 00	+2 06	+2 05	+2 17	+2 14	+2 24	+2 21	+2 31	+2 24	+2 24	+2 20	+2 17
				A Acapulco.							
+0 47	+1 18	+1 45	+2 08	+2 22	+2 31	+2 31	+2 36	+2 43	+2 39	+2 23	+2 09
+0 47	+1 18	+1 45	+2 08	+2 23	+2 32	+2 32	+2 36	+2 44	+2 40	+2 24	+2 10
				A l'île Charles.							
+0 57	+1 05	+1 13	+1 18	+1 19	+1 27	+1 24	+1 22	+1 21	+1 18	+1 19	+1 18
+0 57	+1 06	+1 13	+1 19	+1 20	+1 28	+1 25	+1 24	+1 23	+1 20	+1 21	+1 21
				A Payta.							
−0 37	+0 35	+0 34	+0 31	+0 26	+0 20	+0 12	+0 02	−0 11	−0 17	−0 26	−0 29
−0 37	+0 35	+0 33	+0 29	+0 24	+0 17	+0 09	−0 00	−0 15	−0 22	−0 32	−0 35
				Au Callao de Lima.							
−2 14	+1 54	+1 30	+1 16	+1 03	+0 39	+0 17	−0 12	−0 33	−0 58	−1 14	−1 23
−2 14	+1 53	+1 30	+1 15	+1 02	+0 38	+0 16	−0 13	−0 34	−0 59	−1 16	−1 24
				A Rio-Janeiro.							
−5 36	−5 46	−5 49	−6 12	−6 24	−5 36	−5 02	−4 28	−3 52	−3 05	−2 31	−2 17
−5 36	−5 46	−5 49	−6 12	−6 21	−5 36	−5 02	−4 28	−3 52	−3 06	−2 31	−2 18
				A l'île Tahiti.							
+3 05	+2 50	+2 32	+2 16	+1 44	+1 06	+0 38	+0 01	−0 28	−1 00	−1 24	−1 45
+3 19	+3 03	+2 46	+2 29	+1 57	+1 18	+0 51	+0 13	−0 18	−0 48	−1 13	−1 34
				A Valparaiso.							
−0 10	−1 00	−1 34	−1 57	−2 18	−2 41	−2 52	−2 59	−3 10	−3 19	−3 36	−3 09
−0 10	−1 00	−1 34	−1 58	−2 18	−2 42	−2 53	−3 00	−3 11	−3 20	−3 37	−3 11
				A Valparaiso.							
−1 25	−2 11	−3 03	−3 44	−4 19	−4 43	−4 56	−5 00	−5 05	−5 11	−5 12	−5 01
−1 25	−2 11	−3 02	−3 44	−4 18	−4 42	−4 55	−4 59	−5 04	−5 10	−5 11	−5 00
				A False-Bay.							
+0 01	−0 45	−1 10	−1 29	−1 57	−2 19	−2 24	−2 29	−2 17	−2 15	−2 08	−2 06
+0 010	−0 45	−1 11	−1 31	−1 59	−2 22	−2 27	−2 32	−2 20	−2 19	−2 13	−2 11
				A la Baie-des-Iles.							
−2 04	−2 27	−3 13	−3 41	−4 24	−5 03	−5 01	−5 13	−5 07	−5 04	−4 56	−4 49
−2 04	−2 27	−3 13	−3 42	−4 25	−5 03	−5 02	−5 14	−5 08	−5 05	−4 57	−4 51
				Au Port-Jackson.							
−1 00	−2 10	−3 05	−3 47	−4 43	−5 19	−5 50	−6 25	−6 48	−6 51	−6 52	−6 54
−1 00	−2 09	−2 59	−3 45	−4 39	−5 15	−5 46	−6 20	−6 43	−6 46	−6 46	−6 47
midi	15'	30'	45'	1h.	15'	30'	45'	2h.	15'	30'	45'

RÉSUMÉ DES OBSERVATIONS DE LA VARIATION DIURNE DE LA DÉCLINAISON.

3 h.	15'	30'	45'	4 h.	15'	30'	45'	5 h.	15'	30'	45'
	A Pétropawlowski.										
+5° 06"	+4° 54"	+4° 46"	+4° 22"	+4° 22"	+4° 14"	+3° 44"	+3° 26"	+2° 51"	+2° 27"	+2° 06"	+1° 45"
+5 12	+5 00	+4 53	+4 30	+4 30	+4 23	+3 54	+3 36	+3 02	+2 38	+2 17	+1 57
	A Monterey.										
+1 47	+1 44	+1 41	+1 31	+1 27	+1 24	+1 18	+1 25	+1 21	+1 22	+1 19	+1 11
+1 45	+1 42	+1 39	+1 29	+1 26	+1 22	+1 16	+1 22	+1 18	+1 19	+1 16	+1 07
	A la Baie de la Madeleine.										
+2 36	+2 25	+2 07	+1 51	+1 07	+0 50	+0 53	+0 41	+0 31	+0 22	+0 15	+0 18
+2 38	+2 27	+2 10	+1 53	+1 10	+0 53	+0 56	+0 45	+0 35	+0 24	+0 18	+0 22
	A Honoloulou.										
+1 50	+1 53	+1 55	+1 31	+1 34	+1 26	+1 18	+1 03	+0 48	+0 37	+0 29	+0 29
+1 49	+1 51	+1 53	+1 30	+1 32	+1 24	+1 16	+1 00	+0 46	+0 35	+0 27	+0 27
	A Acapulco.										
+2 00	+1 40	+1 25	+0 59	+0 38	+0 36	+0 12	+0 03	+0 02	+0 04	+0 04	+0 04
+2 01	+1 41	+1 26	+1 00	+0 39	+0 37	+0 14	+0 04	+0 03	+0 06	+0 06	+0 06
	A l'île Charles.										
+1 18	+1 17	+1 10	+1 01	+1 02	+1 00	+0 57	+0 55	+0 50	+0 54	+0 52	+0 50
+1 21	+1 21	+1 14	+1 05	+1 06	+1 04	+1 02	+1 00	+0 55	+0 59	+0 58	+0 55
	A Payta.										
−0 25	−0 30	−0 06	+0 05	+0 17	+0 18	+0 35	+0 41	+0 46	+0 53	+0 57	+0 57
−0 31	−0 37	−0 13	−1 030	+0 09	+0 09	+0 26	+0 32	+0 36	+0 42	+0 46	+0 46
	Au Callao de Lima.										
−1 52	−1 53	−2 04	−2 04	−1 57	−1 43	−1 30	−1 05	−0 50	−0 40	−0 24	−0 24
−1 53	−1 55	−2 06	−2 06	−2 00	−1 46	−1 33	−1 08	−0 53	−0 44	−0 23	−0 28
	A Rio-Janeiro.										
−1 28	−0 59	+0 02	+0 33	+1 09	+1 46	+2 07	+2 21	+2 32	+2 40	+2 34	+2 40
−1 28	−0 590	+0 01	+0 32	+1 08	+1 45	+2 06	+2 20	+2 31	+2 39	+2 33	+2 39
	A l'île Tahiti.										
−1 59	−2 14	−2 14	−2 16	−2 14	−2 15	−2 08	−1 56	−1 39	−1 26	−1 18	−1 14
−1 48	−2 04	−2 04	−2 06	−2 04	−2 06	−1 59	−1 47	−1 31	−1 18	−1 11	−1 07
	A Valparaiso.										
−3 09	−2 39	−2 22	−2 07	−2 02	−2 07	−1 55	−1 45	−1 21	−1 07	−1 03	−1 01
−3 11	−2 40	−2 24	−2 09	−2 04	−2 09	−1 57	−1 47	−1 24	−1 10	−1 06	−1 04
	A Valparaiso.										
−4 37	−4 19	−3 54	−3 35	−3 13	−3 02	−2 31	−2 08	−1 57	−1 49	−1 37	−1 25
−4 35	−4 17	−3 52	−3 33	−3 11	−3 00	−2 29	−2 06	−1 55	−1 47	−1 35	−1 23
	A False-Bay.										
−1 49	−1 38	−1 31	−1 27	−1 21	−1 11	−1 19	−1 09	−1 10	−1 17	−1 19	−1 22
−1 54	−1 44	−1 37	−1 34	−1 28	−1 20	−1 28	−1 18	−1 20	−1 28	−1 30	−1 34
	A la Baie-des-Iles.										
−4 28	−4 15	−3 54	−3 33	−3 10	−2 40	−2 31	−1 58	−1 37	−1 30	−1 17	−0 55
−4 29	−4 17	−3 56	−3 35	−3 12	−2 42	−2 33	−2 01	−1 40	−1 33	−1 20	−0 58
	Au Port-Jackson.										
−6 45	−6 14	−6 16	−5 56	−5 39	−5 25	−4 55	−4 34	−4 09	−3 53	−3 27	−3 05
−6 38	−6 05	−6 08	−5 47	−5 29	−5 14	−4 43	−4 22	−3 57	−3 40	−3 13	−2 50
3 h.	15'	30'	45'	4 h.	15'	30'	45'	5 h.	15'	30'	45'

RÉSUMÉ DES OBSERVATIONS DE LA VARIATION DIURNE DE LA DÉCLINAISON.

6 h.	15'	30'	45'	7 h.	15'	30'	45'	8 h.	15'.	30'	45'
				A Pétropawlowski.							
+1'41"	+1'33"	+1 36	+1 42	+1'24"	+1 13	+1 04	+0 47	+0 34	+0 23	+0 10	+0 09
+1 54	+1 47	+1 50	+1 56	+1 49	+1 28	+1 20	+1 04	+0 51	+0 40	+0 28	+0 27
				A Monterey.							
+1 04	+0 57	+0 49	+0 44	+0 37	+0 27	+0 22	+0 11	+0 03	+0 10	+0 05	+0 04
+1 00	+0 53	+0 45	+0 40	+0 33	+0 22	+0 18	+0 08	−0 02	+0 05	0 00	−0 01
				A la baie de la Madeleine.							
+0 01	−0 08	−0 19	−0 23	−0 21	−0 36	−0 36	−0 43	−0 43	−0 43	−0 47	−0 49
+0 05	−0 03	−0 14	−0 18	−0 15	−0 31	−0 31	−0 37	−0 37	−0 37	−0 41	−0 43
				A Honoloulou.							
+0 33	+0 30	+0 22	+0 21	+0 31	+0 37	+0 39	+0 38	+0 51	+0 48	+0 46	+0 39
+0 30	+0 27	+0 18	+0 17	+0 28	+0 34	+0 35	+0 34	+0 47	+0 44	+0 42	+0 35
				A Acapulco.							
+0 15	+0 16	+0 10	+0 04	−0 04	−0 17	−0 24	−0 34	−0 35	−0 34	−0 33	−0 33
+0 07	+0 18	+0 12	+0 06	−0 02	−0 14	−0 21	−0 31	−0 32	−0 31	−0 30	−0 30
				A l'île Charles.							
+0 41	+0 37	+0 36	+0 36	+0 36	+0 38	+0 36	+0 37	+0 38	+0 37	+0 33	+0 26
+0 48	+0 44	+0 42	+0 42	+0 43	+0 46	+0 43	+0 45	+0 46	+0 46	+0 42	+0 37
				A Payta.							
+1 02	+1 03	+1 09	+1 11	+1 09	+1 09	+1 12	+1 16	+1 07	+1 03	+0 57	+0 51
+0 50	+0 50	+0 56	+0 58	+0 55	+0 55	+0 57	+0 50	+0 51	+0 46	+0 39	+0 33
				Au Callao de Lima.							
−0 24	−0 19	−0 15	−0 03	+0 03	0 00	+0 03	+0 05	+0 04	+0 02	+0 02	+0 03
−0 28	−0 23	−0 19	−0 08	−0 02	−0 05	−0 02	0 00	−0 01	−0 03	−0 03	−0 03
				A Rio-Janeiro.							
+2 24	+1 14	+0 35	−0 10	−0 35	−0 30	−0 53	−0 13	0 00	+0 02	+0 10	+0 10
+2 23	+1 12	+0 33	−0 11	−0 36	−0 31	−0 54	−0 15	−0 02	0 00	+0 08	+0 08
				A l'île Tahiti.							
−1 12	−0 59	−0 55	−0 48	−0 46	−0 42	−0 42	−0 40	−0 28	−0 26	−0 23	−0 17
−1 05	−0 52	−0 48	−0 42	−0 40	−0 37	−0 37	−0 35	−0 24	−0 21	−0 19	−0 13
				A Valparaiso.							
−0 59	−0 52	−0 35	−0 14	−0 09	−0 30	−0 34	−0 34	−0 38	−0 36	−0 37	−0 34
−1 03	−0 55	−0 39	−0 18	−0 12	−0 34	−0 38	−0 39	−0 43	−0 41	−0 41	−0 38
				A Valparaiso.							
−1 13	−1 18	−1 20	−1 13	−1 08	−0 59	−0 58	−0 49	−0 48	−0 39	−0 30	−0 20
−1 11	−1 15	−1 17	−1 10	−1 05	−0 55	−0 54	−0 46	−0 45	−0 35	−0 27	−0 16
				A False-Bay.							
−1 20	−1 15	−1 11	−1 04	−1 08	−0 58	−1 04	−1 05	−1 12	−1 15	−1 00	−0 52
−1 32	−1 27	−1 24	−1 17	−1 22	−1 12	−1 18	−1 21	−1 28	−1 31	−1 17	−1 09
				A la Baie-des-Iles.							
−0 42	−0 39	−0 43	−0 42	−0 38	−0 31	−0 25	−0 22	−0 15	−0 13	−0 07	+0 01
−0 45	−0 42	−0 46	−0 46	−0 42	−0 35	−0 29	−0 26	−0 20	−0 17	−0 11	0 00
				Au Port-Jackson.							
−2 36	−2 12	−1 47	−1 21	−1 10	−0 58	−0 55	−1 04	−0 51	−0 57	−0 51	−0 46
−2 21	−1 57	−1 31	−1 04	−0 53	−0 40	−0 36	−0 45	−0 30	−0 36	−0 29	−0 24
6 h.	15'	30'	45'	7 h.	15'	30'	45'	8 h.	15'	30'	45'

RÉSUMÉ DES OBSERVATIONS DE LA VARIATION DIURNE DE LA DÉCLINAISON.

9 h.	15'	30'	45'	10 h.	15'	30'	45'	11 h.	15'	30'	45'
				A Pétropawlowski.							
+0' 08"	—0' 05"	—0' 15"	—0' 31"	—0' 40"	—0' 40"	—0' 46"	—0' 48	—0' 52"	—1' 11"	—1' 16"	—1' 17"
+0 27	+0 14	+0 05	—0 10	—0 18	—0 18	—0 23	—0 26	—0 28	—0 47	—0 51	—0 51
				A Monterey.							
—0 05	—0 15	—0 21	—0 16	—0 16	—0 21	—0 22	—0 12	—0 01	—0 12	—0 21	—0 43
—0 11	—0 20	—0 26	—0 22	—0 22	—0 27	—0 29	—0 18	—0 07	—0 19	—0 28	—0 50
				A la Baie de la Madeleine.							
—0 46	—0 43	—0 45	—0 42	—0 45	—0 49	—0 40	—0 45	—0 40	—0 34	—0 29	—0 25
—0 39	—0 36	—0 38	—0 35	—0 38	—0 42	—0 33	—0 37	—0 32	—0 26	—0 21	—0 17
				A Honoloulou.							
+0 39	+0 44	+0 47	+0 44	+0 48	+0 46	+0 46	+0 41	+0 34	+0 33	+0 33	+0 31
+0 34	+0 40	+0 43	+0 39	+0 44	+0 41	+0 40	+0 36	+0 29	+0 27	+0 27	+0 26
				A Acapulco.							
—0 32	—0 36	—0 34	—0 35	—0 31	—0 32	—0 27	—0 24	—0 21	—0 17	—0 15	—0 11
—0 29	—0 33	—0 31	—0 32	—0 28	—0 29	—0 24	—0 20	—0 17	—0 13	—0 11	—0 07
				A l'île Charles.							
+0 21	+0 13	—0 01	+0 01	—0 04	—0 03	—0 01	—0 05	—0 03	—0 09	—0 08	—0 10
+0 30	+0 23	+0 09	+0 11	+0 06	+0 07	+0 10	+0 06	+0 08	+0 03	+0 04	+0 02
				A Payta.							
+0 54	+0 45	+0 39	+0 41	+0 41	+0 39	+0 42	+0 40	+0 40	+0 42	+0 41	+0 41
+0 36	+0 27	+0 19	+0 22	+0 21	+0 18	+0 21	+0 18	+0 28	+0 19	+0 18	+0 17
				Au Callao de Lima.							
+0 02	—0 04	0 00	—0 01	—0 06	—0 03	—0 09	—0 05	—0 03	—0 03	+0 02	+0 03
—0 03	—0 10	—0 06	—0 07	—0 12	—0 13	—0 15	—0 12	—0 10	—0 11	—0 06	—0 04
				A Rio-Janeiro.							
+0 25	+0 46	+1 00	+0 56	+0 51	+0 47	+0 23	+0 25	+0 23	+0 43	+0 28	+0 30
+0 23	+0 44	+0 58	+0 54	+0 49	+0 45	+0 21	+0 23	+0 21	+0 41	+0 26	+0 27
				A l'île Tahiti.							
—0 16	—0 16	—0 12	—0 10	—0 11	—0 09	—0 02	0 00	+0 02	+0 03	+0 03	+0 02
—0 12	—0 13	—0 09	—0 07	—0 08	—0 07	—0 00	+0 01	+0 03	+0 04	+0 04	+0 02
				A Valparaiso.							
—0 27	—0 12	—0 25	+0 01	+0 08	+0 22	+0 28	+0 32	+0 37	+0 42	+0 44	+0 49
—0 32	—0 17	—0 10	—0 04	+0 00	+0 16	+0 22	+0 26	+0 31	+0 36	+0 37	+0 43
				A Valparaiso.							
—0 09	—0 08	—0 02	—0 09	—0 06	+0 05	—0 02	—0 02	+0 01	+0 09	+0 21	+0 27
—0 05	—0 04	+0 02	—0 05	—0 02	+0 10	+0 03	+0 03	+0 05	+0 14	+0 25	+0 32
				A False-Bay.							
—0 53	—0 55	—0 47	—0 57	—0 41	—0 34	—0 24	—0 19	—0 14	—0 09	—0 07	—0 02
—1 12	—1 13	—1 05	—1 16	—1 01	—0 54	—0 55	—0 40	—0 36	—0 32	—0 30	—0 26
				A la Baie-des-Iles.							
+0 14	+0 18	+0 22	+0 27	+0 28	+0 37	+0 39	+0 41	+0 44	+0 43	+0 39	+0 34
+0 09	+0 13	+0 17	+0 21	+0 23	+0 31	+0 33	+0 35	+0 38	+0 37	+0 32	+0 28
				Au Port-Jackson.							
—0 36	—0 43	—0 19	—0 10	+0 08	+0 09	+0 12	+0 05	+0 08	+0 14	+0 14	+0 17
—0 14	—0 20	+0 05	+0 14	+0 33	+0 34	+0 35	+0 32	+0 35	+0 42	+0 42	+0 47
9 h.	15'	30'	45'	10 h.	15'	30'	45'	11 h.	15'	30'	45'

TABLEAU GRAPHIQUE DE LA VARIATION DIURNE DE LA DÉCLINAISON DE L'AIGUILLE AIMANTÉE
observée dans les diverses relâches de la VÉNUS

POINTS
DE
L'ÉQUATEUR MAGNÉTIQUE

DÉTERMINÉS PAR LES

OBSERVATIONS DE L'INCLINAISON DE L'AIGUILLE AIMANTÉE

faites soit à terre, soit à la mer

DANS LE VOISINAGE DE CET ÉQUATEUR.

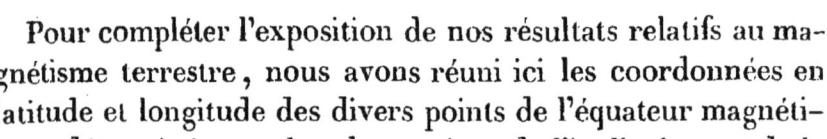

Pour compléter l'exposition de nos résultats relatifs au magnétisme terrestre, nous avons réuni ici les coordonnées en latitude et longitude des divers points de l'équateur magnétique, déterminées par les observations de l'inclinaison et de la déclinaison de l'aiguille aimantée, faites soit à terre, dans les régions inter tropicales, soit à la mer, dans les quatre traversées dont la route coupe l'équateur magnétique.

Les différences de position sont considérables, mais on est encore étonné qu'elles ne le soient pas davantage, quand on fait attention que les observations dont on a déduit ces positions ont été faites à bord d'une frégate de 60 canons, armée en guerre, c'est-à-dire chargée de fer.

Les points déterminés dans la traversée de Callao de Lima à Taïti par Payta, les îles Galapagos et les îles Marquises, c'est-à-dire sur une étendue de 1500 lieues environ, coïncident presque exactement avec les points de l'équateur magnétique déterminés par le savant capitaine Duperrey, d'après ses propres observations faites à bord de la *Coquille*. Et c'est là ce qui nous à décidé a publier le résultat de ces observations, entreprises dans l'unique but de déterminer l'action du fer du batiment sur l'aiguille, action que nous croyions devoir être très-considérable.

Pour le calcul, nous avons fait usage des formules suivantes :

$$\text{Tang. } m = \tfrac{1}{2} \text{ tang. } I;$$
$$\text{Tang. } (l-l') = \text{tang. } m \cdot \cos. D;$$
$$\text{Sin. } (L-L') = \frac{\sin. m \cdot \sin. D}{\cos. l'};$$

dans lesquelles, I est l'inclinaison observée; m la distance du point d'observation à l'équateur magnétique, distance comptée sur le méridien magnétique dont la déclinaison est D; l et L sont la latitude et la longitude du point d'observation; l' et L' sont la latitude et la longitude du point cherché de l'équateur magnétique.

On n'a fait subir aucune correction aux inclinaisons observées, quoiqu'il soit hors de doute que le fer du batiment influait sensiblement sur la position de l'aiguille. Mais les éléments des corrections nous ont paru trop peu certains pour pouvoir être employés avec confiance. Voici, du reste, ces éléments : l'inclinaison était *plus petite* à bord qu'à terre.

A Valparaiso, de			A Payta de
1° 44'	le cap étant au	S. 52° E.	0° 13' le cap étant au S. 59° E.
1 48	—	S. 29 E.	
1 44	—	S. 6 E.	A Taïti de
1 40	—	S. 16 O.	1° 35' le cap étant au N. 28° O.
1 57	—	S. 30 O.	
1 55	—	S. 50 O.	
0 45	—	N. 85 O.	

et l'inclinaison était *plus grande* à bord qu'à terre.

Aux îles Sandwich, de 1°27' le cap étant à l'E.

POINTS DE L'ÉQUATEUR MAGNÉTIQUE.

NOMS des lieux.	ÉLÉMENTS DU CALGUL.				Point correspondant de l'équateur magnétique.	
	Latitude.	Longitude.	Déclinaison.	Inclinaison.	Latitude.	Longitude.
Valparaiso.	33°02'S.	74°04'O.	15°36' NE.	38°12' S.	12°17' S?	68°19' O?
Callao de Lima.	12 03 S.	79 33 O.	10 17 NE.	6 49 S.	8 41 S.	78 56 O.
Payta.	5 07 S.	83 34 O.	8 59 NE.	4 32 N.	7 22 S.	83 55 O
Iles Galapagos.	1 14 S.	92 53 O.	8 51 NE.	8 14 N.	· 5 18 S.	93 31 O.
Acapulco.	16 50 N.	102 09 O.	8 17 NE.	39 05 N.	5 03 S?	105 16 O?
Iles Marquises.	9 56 S.	141 32 O.	5 00 NE.	18 15 S.	0 36 S.	140 42 O.
Ile Tahiti.	17 32 S.	151 54 O.	6 11 NE.	27 07 S.	3 33 S.	150 22 O.
Iles Sandwich.	21 18 N.	160 21 O.	10 00 NE.	41 57 N.	2 31 S?	164 26 O?
Rio-Janeiro.	22 54 S.	45 30 O.	0 51 NE.	13 19 S.	16 09 S.	45 22 O.
Ile de l'Ascension.	7 54 S.	16 45 O.	19 00 NO.	0 06 N.	7 56 S.	16 44 O.
Ile Sainte-Hélène.	15 54 S.	8 03 O.	22 00 NO.	17 55 N.	7 23 S.	11 30 O.

TRAVERSÉES. Dates. 1837.						
6 juin	11 05 S.	88 15 O.	7 00 NE.	8 02 S.	7 05' S.	87 45 O.
7	10 43 S.	91 16 O.	7 00 NE.	5 54 S.	8 09 S.	90 44 O.
9	10 04 S.	97 20 O.	8 00 NE.	8 25 S.	5 58 S.	96 46 O.
11	9 35 S.	103 16 O.	8 00 NE.	10 21 S.	4 25 S.	102 32 O.
13	8 47 S.	108 02 O.	7 00 NE.	10 24 S.	3 35 S.	107 24 O.
15	8 02 S.	114 32 O.	6 00 NE.	12 24 S.	1 48 S.	113 53 O.
17	6 33 S.	119 49 O.	6 00 NE.	7 50 S.	2 38 S.	119 24 O.
19	5 18 S.	125 51 O.	4 00 NE.	4 00 S.	3 18 S.	125 43 O.
21	5 00 S.	130 58 O.	4 00 NE.	4 30 S.	2 45 S.	130 49 O.
23	2 06 S.	134 51 O.	4 00 NE.	5 23 N.	4 47 S.	135 02 O.
25	2 17 N.	136 05 O.	5 00 NE.	14 08 N.	4 51 S.	136 43 O.
28	5 28 N.	137 02 O.	5 00 NE.	20 16 N.	4 55 S.	137 56 O.
30	8 17 N.	138 12 O.	3 00 NE.	25 10 N.	4 55 S.	138 53 O.
2 juill.	10 29 N.	141 19 O.	5 00 NE.	27 11 N.	3 52 S.	142 18 O.
4	13 31 N.	146 22 O.	6 00 NE.	32 54 N.	4 19 S.	148 13 O.

(Traversée du Callao de Lima aux îles Sandwich.)

1838.						
31 janv.	2°19'N.	99°19'O.	9°00' NE.	13°22'N	4°23 S.	100°23'O.
1 février.	2 02 N.	99 07 O.	9 00 NE.	10 31 N.	3 12 S.	99 57 O.
4	1 06 N.	100 28 O.	9 00 NE.	9 52 N.	4 48 S.	101 15 O.
6	0 24 S.	99 50 O.	9 00 NE.	7 32 N.	4 08 S.	100 25 O.
11	1 55 S.	99 01 O.	9 00 NE.	4 01 N.	3 54 S.	99 20 O.
13	3 23 N.	99 51 O.	8 00 NE.	1 42 N.	4 13 S.	99 58 O.
14	3 51 S.	99 51 O.	9 00 NE.	1 00 N.	4 20 S.	99 55 O.
16	4 21 S.	101 52 O.	8 00 NE.	1 52 S.	3 26 S.	101 44 O.
17	6 27 S.	103 55 O.	8 00 NE.	7 39 S.	2 39 S.	103 23 O.
19	10 27 S.	107 49 O.	8 00 NE.	16 01 S.	2 22 S.	106 39 O.
20	13 01 S.	109 03 O.	8 00 NE.	20 38 S.	2 27 S.	108 34 O.

(Traversée d'Acapulco à Valparaiso.)

POINTS DE L'ÉQUATEUR MAGNÉTIQUE.

TRAVERSÉES. Dates. 1838.	ÉLÉMENTS DU CALCUL.				Point correspondant de l'équateur magnétique.	
	Latitude.	Longitude.	Déclinaison.	Inclinaison.	Latitude.	Longitude.
Trav. de Payta à Tahiti par les îles Galapagos et les îles Marquises. 19 juin	3°16′S.	88°38′O.	9°00′NE.	6°34′ N.	6°31′S.	89°09′O.
20	2 05 S.	90 35 O.	9 00 NE.	8 35 N.	6 21 S.	91 16 O.
16 juill.	0 37 S.	95 28 O.	9 00 NE.	6 54 N.	4 02 S.	96 01 O.
17	1 40 S.	97 39 O.	10 00 NE.	4 43 N.	4 00 S.	98 04 O.
22	8 45 S.	112 20 O.	7 09 NE.	12 19 S.	2 34 S.	111 34 O.
24	9 16 S.	117 54 O.	5 0 NE.	13 13 S.	2 26 S.	117 18 O.
26	9 41 S.	123 36 O.	4 00 NE.	13 53 S.	2 39 S.	123 07 O.
28	10 04 S.	129 57 O.	4 00 NE.	15 00 S.	2 27 S.	129 25 O.
29	10 27 S.	133 03 O.	4 00 NE.	15 50 S.	2 24 S.	132 56 O.
21 août	10 28 S.	143 58 O.	4 00 NE.	16 27 S.	2 05 S.	143 23 O.
23	12 02 S.	146 23 O.	5 00 NE.	19 59 S.	1 48 S.	145 29 O.
25	14 23 S.	149 05 O.	6 00 NE.	24 32 S.	1 36 S.	147 47 O.
1839. Trav. de Ste-Hélène en France. 12 mai	12 40 S.	11 15 O.	21 00 NO.	8 32 S.	8 40 S.	12 49 O.
14	9 49 S.	14 26 O.	20 00 NO.	0 56 S.	9 23 S.	14 27 O.
15	8 17 S.	16 12 O.	19 00 NO.	3 04 N.	9 43 S.	15 42 O.
17	5 55 S.	18 03 O.	19 00 NO.	8 09 N.	9 47 S.	16 42 O.
18	4 29 S.	21 05 O.	17 00 NO.	13 17 N.	10 55 S.	19 05 O.
19	3 18 S.	23 36 O.	16 00 NO.	17 25 N.	11 52 S.	21 37 O.
20	1 52 S.	25 38 O.	15 00 NO.	20 04 N.	11 52 S.	22 55 O.
21	0 09 N.	26 46 O.	15 00 NO.	24 58 N.	12 31 S.	23 20 O.

OBSERVATIONS MÉTÉOROLOGIQUES

FAITES

A PÉTROPAWLOWSKI (KAMTSCHATKA),

communiquées à M. le commandant de la *Vénus*.

PAR M. LE GOUVERNEUR-GÉNÉRAL SCHAKOF.

MAI, JUIN, JUILLET ET AOUT 1837.

Nota. — En admettant que la hauteur du baromètre soit exprimée en mesures anglaises ($25^{mm},4$), l'erreur instrumentale serait de — 0 pouce, 037, d'après 15 comparaisons, très-peu satisfaisantes d'ailleurs. La hauteur de la cuvette au-dessus du niveau de la mer, ne nous est pas connue.

1837. MOIS DE MAI. (date russe).		Thermomètre de Réaumur à l'ombre.	Barom. franç. (en pouce et cent. de pouce mesure angl. probablement	VENTS.	ÉTAT du l'atmosphère.	observations.
1 samedi.	matin. midi. soir.	+ 3°,0 + 1 ,3 + 1 ,5	29",90 29 ,80 29 ,58	E. faible. S. E. frais. N. E. frais.	nuag., neige. temps à neige. nuageux.	
2 dimanche.	matin. midi. soir.	+ 5 ,0 + 7 ,4 + 2 ,0	29 ,60 29 ,60 29 ,59	N. faible. N. O. N. E. faible.	nuageux. clair. Id.	
3 lundi.	matin. midi. soir.	+ 3 ,0 + 4 ,0 + 2 ,0	29 ,58 29 ,57 29 ,60	E. faible. N. faible. calme.	nuag., neige. Id. nuageux.	
4 mardi.	matin. midi. soir.	+ 1 ,0 +12 ,5 + 1 ,0	29 ,58 29 ,70 29 ,70	N. O. frais. O. frais. N. faible.	clair. Id. Id.	
5 mercredi.	matin. midi. soir.	+ 3 ,0 + 2 ,5 + 1 ,0	29 ,70 29 ,70 29 ,67	calme. E. frais. calme.	nuageux. Id. neige.	
6 jeudi.	matin. midi. soir.	+ 1 ,3 +10 ,5 + 2 ,8	29 ,61 29 ,61 29 ,62	N. O. frais. N. O. faible. Id.	clair. Id. Id.	
7 vendredi.	matin. midi. soir.	+ 2 ,5 + 4 ,8 + 1 ,3	29 ,61 29 ,61 29 ,62	N. frais. Id. N. O. faible.	nuag., neige. Id. nuageux.	
8 samedi.	matin. midi. soir.	+ 4 ,0 + 7 ,0 + 5 ,0	29 ,55 29 ,55 29 ,55	calme. O. frais. O. faible.	clair. nuageux. clair.	
9 dimanche.	matin. midi. soir.	+ 5 ,8 +10 ,2 + 2 ,8	29 ,90 29 ,90 29 ,95	S. faible. calme. Id.	clair. Id. Id.	
10 lundi.	matin. midi. soir.	+ 5 ,0 +12 ,0 + 3 ,0	29 ,94 30 ,01 30 ,02	calme. Id. Id.	nuageux. Id. Id.	

OBSERVATIONS MÉTÉOROLOGIQUES FAITES A PÉTROPAWLOWSKI (KAMTSCHATKA).

MOIS DE MAI. 1837 (date russe).		Thermomètre de Réaumur à l'ombre.	Barom. franç. (en pouce et cent. de pouce mesure angl. probablement	VENTS.	ÉTAT de l'atmosphère.	observations.
11 mardi.	matin.	+ 6°,4	30'',02	calme.	nuageux.	
	midi.	+ 8,8	30 ,02	S. E. frais.	clair.	
	soir.	+ 7,0	30 ,09	Id.	Id.	
12 mercredi.	matin.	+ 7,3	30 ,15	calme.	nuageux.	
	midi.	+ 9,5	30 ,15	Id.	Id.	
	soir.	+ 1,5	30 ,14	Id.	Id.	
13 jeudi.	matin.	+ 6,0	30 ,00	calme.	nuageux.	
	midi.	+11 ,5	30 ,01	S. E. frais.	clair.	
	soir.	+ 5,2	29 ,98	Id.	Id.	
14 vendredi.	matin.	+ 7,5	29 ,84	calme.	clair.	
	midi.	+14 ,8	29 ,84	Id.	Id.	
	soir.	+ 5,0	29 ,84	Id.	Id.	
15 samedi.	matin.	+ 8,0	29 ,84	calme.	clair.	
	midi.	+13 ,5	29 ,84	N. O.	Id.	
	soir.	+ 8,0	29 ,92	Id.	Id.	
16 dimanche.	matin.	+10 ,5	29 ,96	N. O. faible.	clair.	
	midi.	+18 ,0	29 ,96	Id.	Id.	
	soir.	+ 7,0	29 ,99	calme.	Id.	
17 lundi.	matin.	+ 6,7	30 ,11	S. E. faible	clair.	
	midi.	+13 ,5	30 ,11	Id.	Id.	
	soir.	+ 9,0	30 ,11	calme.	Id.	
18 mardi.	matin.	+ 7,5	30 ,11	N. faible.	clair.	
	midi.	+12 ,8	30 ,12	calme.	Id.	
	soir.	+ 6,4	30 ,12	Id.	Id.	
19 mercredi.	matin.	+ 8,3	30 ,12	E. faible.	nuageux.	
	midi.	+14 ,0	30 ,12	Id.	pluie.	
	soir.	+ 6,0	30 ,12	Id.	nuageux.	
20 jeudi.	matin.	+ 9,0	30 ,10	calme.	clair.	
	midi.	+14 ,2	29 ,91	N. frais.	Id.	
	soir.	+ 8,4	29 ,84	Id.	Id.	
21 vendredi.	matin.	+ 7,8	29 ,80	E. faible.	nuageux.	
	midi.	+14 ,5	29 ,80	Id.	pluie.	
	soir.	+ 8,0	29 ,80	Id.	nuageux.	
22 samedi.	matin.	+ 6,2	29 ,80	O. frais.	nuageux.	
	midi.	+14 ,5	29 ,80	Id.	clair.	
	soir.	+ 3,5	29 ,74	Id.	Id.	
23 dimanche.	matin.	+ 3,8	29 ,80	calme.	clair.	
	midi.	+12 ,0	29 ,88	Id.	Id.	
	soir.	+ 3,5	29 ,88	S. faible.	Id.	
24 lundi.	matin.	+ 3,0	30 ,00	calme.	clair.	
	midi.	+ 8,0	30 ,00	Id.	Id.	
	soir.	+ 5,0	30 ,00	Id.	Id.	

OBSERVATIONS MÉTÉOROLOGIQUES FAITES A PÉTROPAWLOWSKI (KAMTSCHATKA).

MOIS DE MAI. 1837. (date russe).		Thermomètre de Réaumur à l'ombre.	Barom. franç. (en pouce et cent. de pouce mesure angl. probablement	VENTS.	ÉTAT de l'atmosphère.	observations.
25 mardi.	matin. midi. soir.	+ 9°,0 +11,8 + 5,0	29",90 29,90 29,90	calme. N. E faible. Id.	nuageux. Id. clair.	
26 mercredi.	matin. midi. soir.	+ 5,0 +12,9 + 5,0	30,00 30,00 29,90	S. E. faible. Id. Id.	clair. Id. Id.	
27 jeudi.	matin. midi. soir.	+ 5,0 + 6,5 + 3,5	29,90 29,84 29,80	calme. Id. Id.	pluie. Id. nuageux.	
28 vendredi.	matin. midi. soir.	+ 6,2 + 9,0 +14,0	29,73 29,70 29,70	E. faible. N. O. faible. Id	clair. Id. id.	
29 samedi.	matin. midi. soir.	+ 9,3 +10,0 +12,0	29,81 29,81 29,90	N. O. frais. Id. Id.	clair. id. id.	
30 dimanche.	matin. midi. soir.	+ 9,7 +13,0 + 9,7	30,05 30,07 30,10	N. O. frais. Id. Id.	clair. id. id.	
31 lundi.	matin. midi. soir.	+10,0 +15,6 + 8,0	30,10 30,10 30,10	N. O. frais. Id. Id.	clair. id. id.	
JUIN. 1 mardi.	matin. midi. soir.	8,0 13,0 6,0	30,14 30,14 30,14	S. O. faible. id. calme.	clair. id. id.	
2 mercredi.	matin. midi. soir.	6,0 7,8 5,0	30,14 30,14 30,14	N. faible. S. E. id. O. id.	clair. nuageux. clair.	
3 jeudi.	matin. midi. soir.	8,0 10,8 7,3	30,10 30,10 30,07	E. faible. calme. id.	nuageux. id. clair.	
4 vendredi.	matin. midi. soir.	8,0 15,0 6,5	30,00 30,06 30,00	S E. faible. id. calme.	nuages divisés. id. clair.	
5 samedi.	matin. midi. soir.	7,0 12,0 8,0	30,06 30,10 30,06	S. O. frais. id. id.	clair. id. id.	
6 dimanche.	matin. midi. soir.	8,0 15,6 10,5	30,05 30,01 30,00	S. faible. S. frais. id.	clair. Id. id.	
7 lundi.	matin. midi. soir.	9,0 15,5 10,8	30,01 30,01 30,01	S. faible. id. calme.	clair. id. id.	

OBSERVATIONS MÉTÉOROLOGIQUES FAITES A PÉTROPAWLOWSKI (KAMTSCHATKA).

MOIS DE JUIN. 1837. (date russe).		Thermomètre de Réaumur à l'ombre.	Barom. franç. (en pouce et cent. de pouce mesure angl. probablement	VENTS.	ETAT de l'atmosphère.	Observations.
8 mardi.	matin. midi. soir.	10,5 16,0 13,0	30,01 29,95 29,95	S. faible. calme. id.	clair. id. id.	
9 mercredi.	matin. midi. soir.	10,0 16,0 9,0	29,95 29,95 29,95	O. faible. id. calme.	clair. id. id.	
10 jeudi.	matin. midi. soir.	10,0 16,8 10,3	29,95 29,95 29,95	N. faible. id. calme.	clair. id. id.	A 6h.20' du soir, léger tremblem. de terre
11 vendredi.	matin. midi. soir.	9,0 15,3 8,0	29,95 29,95 29,95	calme. id. id.	nuageux. nuages divisés. id.	
12 samedi.	matin. midi. soir.	10°,0 15,2 9,5	29",95 29,95 29,95	S. frais. id. id.	clair. id. id.	
13 dimanche.	matin. midi. soir.	9,0 16,3 8,0	30,03 30,03 30,03	O. frais. id. faible. id.	clair. id. id.	
14 lundi.	matin. midi. soir.	8,0 15,0 9,0	30,03 30,03 30,03	E. faible. id. id.	nuageux. petite pluie. id.	
15 mardi.	matin. midi. soir.	9,0 16,5 10,0	30,05 30,05 30,05	N. O. faible. id. id.	nuages divisés. clair. id.	
16 mercredi.	matin. midi. soir.	12,0 15,0 13,0	30,05 30,05 30,05	E. faible. id. calme.	nuages divisés. pluie. clair.	
17 jeudi.	matin. midi. soir.	11,0 16,8 10,0	29,98 30,08 30,08	calme. E. frais. id.	clair. pluie. id.	
18 vendredi.	matin. midi. soir.	13,0 16,0 11,5	30,20 30,20 30,20	E. faible. calme. id.	pluie. nuageux. clair.	
19 samedi.	matin. midi. soir.	12,0 17,0 10,0	30,20 30,20 30,20	N. O. faible. S. E. frais. id.	nuages divisés. id. clair.	
20 dimanche.	matin. midi. soir.	12,0 16,3 11,0	30,18 30,16 30,16	E. faible. id. id.	nuageux. id. id.	
21 lundi.	matin. midi. soir.	12,5 13,5 10,0	30,12 30,10 30,10	E. faible. id. id.	pluie. id. id.	

OBSERVATIONS MÉTÉOROLOGIQUES FAITES A PÉTROPAWLOWSKI (KAMTSCHATKA).

MOIS DE JUIN. 1837. (date russe).		Thermomètre de Reaumur à l'ombre.	Barom. franç (en pouce en cent. de pouce mesure angl. probablement	VENTS.	ÉTAT de l'atmosphère.	observations.
22 mardi.	matin. midi. soir.	11°,0 13,0 10,3	30",16 30,20 30,20	E. faible. id. id.	pluie. id. nuageux.	
23 mercredi.	matin. midi. soir.	11,0 14,0 10,0	30,20 30,18 30,18	E. faible. id. S. E. frais	pluie. id. id.	
24 jeudi.	matin. midi. soir.	11°,5 14,0 10,3	30",20 30,18 30,18	E. faible. id. id.	pluie. id. id.	
25 vendredi.	mat n. midi soir.	11,8 14,3 10,5	30,16 30,16 30,16	calme. E. faible. calme.	pluie. id. nuageux.	
26 samedi.	matin. midi. soir.	11,0 16,0 12,3	30,16 30,18 30,16	calme. id. id.	clair. id. id.	
27 dimanche.	matin. midi. soir.	11,0 15,6 11,3	30,16 30,16 30,16	calme. E. faible. N. O. frais.	clair. nuageux. pluie.	
28 lundi.	matin. midi. soir.	11,3 14,0 10,0	30,20 30,26 30,26	calme. E. faible. id.	nuageux. id. id.	
29 mardi.	matin. midi. soir.	11,0 15,5 10,0	30,20 30,20 30,20	S. E. faible. id. id.	clair. pluie. id.	
30 mercredi.	matin. midi. soir.	12,3 15,5 10,9	30,16 30,16 30,16	calme. id. id.	clair. id. nuageux.	
JUILLET.						
1 jeudi.	matin. midi. soir.	11,0 16,0 12,0	30,08 30,08 30,08	S. E. faible. id. id.	clair. id. nuages divisés.	
2 vendredi.	matin. midi. soir.	12,0 16,0 13,5	29,96 29,96 29,96	calme. S. O. faible. calme.	clair. id. id.	
3 samedi.	matin. midi. soir.	13,5 17,0 11,6	29,96 29,96 29,96	calme. E. frais. id.	clair. nuageux. pluie.	
4 dimanche.	matin. midi. soir.	11,0 15,0 11,5	29,90 29,90 29,90	calme. S. E. frais. E. frais.	clair. id. nuages divisés.	
5 lundi.	matin. midi. soir.	11,0 16,0 13,0	29,92 29,92 29,92	N. E. faible. id. id.	petite pluie. id. id.	

OBSERVATIONS MÉTÉOROLOGIQUES FAITES A PÉTROPAWLOWSKI (KAMTSCHATKA).						
MOIS DE JUILLET. 1837. (date russe).		Thermomètre de Réaumur à l'ombre.	Barom. franç. (en pouce et cent. de pouce mesure angl. probablement	VENTS.	ÉTAT de l'atmosphère.	Observations.
6 mardi.	matin. midi. soir.	12,3 16,5 13,0	29,80 29,80 29,80	calme. id. id.	nuages divisés. id. id.	
7 mercredi.	matin. midi. soir.	12,6 16,0 12,3	29,78 29,78 29,78	O. faible. id. id.	nuages divisés. clair. id.	
8 jeudi.	matin. midi. soir.	13,5 16,6 12,8	29,70 29,70 29,70	calme. S. E. faible. N. faible.	nuageux. pluie. clair.	
9 vendredi.	matin. midi. soir.	12,6 15,8 11,0	29,70 29,70 29,70	clame. N. frais. calme.	clair. nuageux. clair.	
10 samedi.	matin. midi. soir.	11,0 15,3 12,5	29,68 29,68 29,68	E. faible. id. calme.	pluie. id. nuageux.	
11 dimanche.	matin. midi. soir.	12,0 16,6 11,0	29,72 29,72 29,72	calme. id. id.	clair. id. id.	
12 lundi.	matin. midi. soir.	12,8 17,3 11,5	29,78 29,78 29,78	calme. S. E. faible. id.	nuageux. id. petite pluie.	
13 mardi.	matin. midi. soir.	12,6 18,3 12,5	29,78 29,78 29,78	S. O. faible. id. id.	clair. id. id.	
14 mercredi.	matin. midi. soir.	12°,8 17,9 13,0	29",76 29,76 29,76	N. O. faible. id. id.	clair. id. id.	
15 jeudi.	matin. midi. soir.	14,3 19,8 13,7	29,74 29,74 29,74	N. O. frais. id. id.	clair. id. id.	
16 vendredi.	matin. midi. soir.	14,0 18,5 13,3	29,76 29,76 29,76	N. O. frais. id. id.	clair. id. id.	
17 samedi.	matin. midi soir.	13,0 18,0 13,0	29,78 29,78 29,78	calme. S. E. frais. id.	clair. nuageux. id.	
18 dimanche.	matin. midi. soir.	13,0 16,5 11,0	29,70 29,70 29,70	E. frais. id. id.	pluie. id. id.	
19 lundi.	matin. midi. soir.	14,0 17,5 12,0	29,74 29,74 29,74	E. faible. id. calme.	pluie. id. nuageux.	

OBSERVATIONS MÉTÉOROLOGIQUES FAITES A PÉTROPAWLOWSKI (KAMTSCHATKA).

MOIS DE JUILLET. 1837. (date russe).		Thermomètre de Réaumur à l'ombre.	Barom. franç. (en pouce et csnt. de pouce mesure angl. probablement	VENTS.	ÉTAT de l'atmosphère.	observations.
20 mardi.	matin. midi. soir.	12°,0 16 ,5 11 ,0	29″,70 29 ,70 29 ,70	calme. id. id.	clair. id. id.	
21 mercredi.	matin. midi. soir.	12 ,0 16 ,8 12 ,5	29 ,70 29 ,70 29 ,70	S. O. faible. id. calme.	clair. id. id.	
22 jeudi.	matin. midi. soir.	12 ,0 15 ,6 11 ,3	29 ,68 29 ,68 29 ,68	calme. N. E. faible. id.	clair. nuageux. pluie.	
23 vendredi.	matin. midi. soir.	12 ,3 16 ,5 13 ,0	29 ,70 29 ,70 29 ,70	N. frais. N. O. faible. id.	clair. id. id.	
24 samedi.	matin. midi. soir.	12 ,0 16 ,8 13 ,0	29 ,64 29 ,64 29 ,64	S. E. frais. id. calme.	nuageux. id. pluie.	
25 dimanche.	matin. midi. soir.	12 ,5 16 ,0 11 ,0	29 ,62 29 ,62 29 ,62	E. faible. id. id.	pluie. id. id.	
26 lundi.	matin. midi. soir.	12°,3 16 ,5 13 ,0	29″,68 29 ,68 29 ,68	E. faible. id. id.	pluie. id. id.	
27 mardi.	matin. midi. soir.	11 ,5 16 ,0 12 ,0	29 ,68 29 ,68 29 ,68	E. faible. id. calme.	pluie. id. nuageux.	
28 mercredi.	matin. midi. soir.	12 ,3 16 ,5 11 ,2	29 ,70 29 ,70 29 ,70	N.E. faible. id. calme.	nuageux. id. id.	
29 jeudi.	matin. midi. soir.	12 ,5 15 ,8 11 ,0	29 ,68 29 ,68 29 ,68	calme. N. frais. calme.	clair. id. id.	
30 vendredi.	matin. midi. soir.	11 ,6 16 ,4 11 ,8	29 ,70 29 ,70 29 ,70	calme. E. faible. calme.	nuageux. pluie. id.	
31 samedi.	matin. midi. soir.	12 ,0 16 ,5 13 ,0	29 ,67 29 ,67 29 ,67	E. faible. calme. id.	nuageux. id. id.	
AOUT. 1 dimanche.	matin. midi. soir.	12 ,7 16 ,5 11 ,0	29 ,78 29 ,78 29 ,78	E. faible. id. calme.	pluie. id. nuages divisés.	
2 lundi.	matin. midi. soir.	12 ,5 16 ,9 12 ,0	29 ,80 29 ,80 29 ,80	calme. N. faible. id.	clair. id. id.	

OBSERVATIONS MÉTÉOROLOGIQUES FAITES A PÉTROPAWLOWSKI (KAMTSCHATKA).

MOIS D'AOUT 1837. (date russe).		Thermomètre de Réaumur à l'ombre.	Barom. franç. (en pouce et cent. de pouce mesure angl. probablement	VENTS.	ÉTAT de l'atmosphère.	observations.
3 mardi.	matin. midi. soir.	12,6 17,0 12,3	29,82 29,82 29,82	calme. N. E. faible. calme.	clair. id. id.	/
4 mercredi.	matin. midi. soir.	13,0 17,9 12,0	29,87 29,87 29,87	N. O. faible. id. calme.	clair. id. id.	
5 jeudi.	matin. midi. soir.	13,3 18,5 12,8	29,90 29,90 29,90	N. faible. S. E frais. id.	clair. nuageux. pluie et orage.	
6 vendredi.	matin. midi. soir.	12,4 16,6 11,0	29,90 29,90 29,90	calme. S. E. faible. calme.	nuageux. id. id.	
7 samedi.	matin. midi. soir.	12,8 16,3 12,6	29,90 29,90 29,90	calme. S. frais. id.	clair. id. id.	
8 dimanche.	matin. midi. soir.	12,3 16,3 12,2	29,90 29,90 29,90	calme. id. id.	nuageux. id. clair.	
9 lundi.	matin. midi. soir.	12,0 15,9 12,3	29,88 29,88 29,88	calme. S. E. frais. id.	clair. nuageux. id.	
10 mardi.	matin. midi. soir.	12,7 16,3 12,0	29,90 29,90 29,90	E. faible. id. calme.	pluie. id. nuageux.	
11 mercredi.	matin. midi. soir.	13,0 16,8 12,5	29,90 29,90 29,90	N. O. faible. id. calme.	clair. id. id.	
12 jeudi.	matin. midi. soir.	13,3 17,0 12,8	29,90 29,90 29,90	S. O. frais. calme. id.	clair. id. id.	
13 vendredi.	matin. midi. soir.	12,7 18,0 13,0	29,92 29,92 29,92	N. faible. S. frais. calme.	clair. id. id.	
14 samedi.	matin. midi. soir.	13,0 17,3 12,8	29,92 29,92 29,92	E. faible. id. S. E. faible.	pluie. id. id.	
15 dimanche.	matin. midi. soir.	12,6 15,3 12,8	29,81 29,81 29,81	S. E. frais. id. id.	pluie. id. id.	
16 lundi.	matin. midi. soir.	13,0 15,0 11,2	29,78 29,78 29,78	S. E. faible. id. id.	pluie. id. id.	

OBSERVATIONS MÉTÉOROLOGIQUES FAITES A PÉTROPAWLOWSKI (KAMTSCHATKA).

MOIS D'AOUT. 1837. (date russe).		Thermomètre de Reaumur à l'ombre.	Barom. franç. (en pouce en cent. de pouce mesure angl. probablement	VENTS.	ÉTAT de l'atmosphère.	observations.
17 mardi.	matin. midi. soir.	12,0 15,6 12,4	29,70 29,70 29,70	S. E. faible. calme. id.	pluie. nuageux. id.	
18 mercredi.	matin. midi. soir.	12,7 15,8 12,0	29,68 29,68 29,68	N. O. calme. id. S. frais.	clair. id. id.	
19 jeudi.	matin. midi. soir.	12,0 15,0 11,9	29,62 29,62 29,62	E. faible. id. calme.	pluie. id. nuageux.	
20 vendredi.	matin. midi. soir.	10,5 14,2 9,0	29,60 29,60 29,60	calme. id. id.	nuageux. id. id.	
21 samedi.	matin. midi. soir.	11,0 13,5 11,3	29,60 29,60 29,60	E. faible. calme. S. E. frais.	pluie. nuageux. id.	
22 dimanche.	matin. midi. soir.	11,0 14,0 11,2	29,53 29,53 29,53	calme. S. frais. id.	nuageux. clair. id.	
23 lundi.	matin. midi. soir.	11,9 13,7 12,0	29,56 29,56 29,56	S. frais. id. id.	clair. id. id.	
24 mardi.	matin. midi. soir.	11,0 14,0 10,5	29,60 29,60 29,60	calme. S. faible. id.	clair. nuageux. id.	
25 mercredi.	matin. midi. soir.	10,0 13,8 9,6	29,58 29,58 29,60	S. E. faible. id. id.	pluie. id. id.	
26 jeudi.	matin. midi. soir.	10,2 13,9 10,0	29,60 29,60 29,60	S. E. frais. id. id.	pluie. id. id.	
27 vendredi.	matin. midi. soir.	8,9 13,0 10,0	29,58 29,58 29,58	S. E. faible. id. calme.	pluie. nuageux. id.	
28 samedi.	matin. midi. soir.	9,8 12,0 8,5	29,60 29,60 29,60	F. frais. id. id.	pluie. id. id.	
29 dimanche.	matin. midi. soir.	8,6 12,6 9,5	29,58 29,56 29,56	calme. id. S. E. faible.	clair. id. nuageux.	
30 lundi.	matin. midi. soir.	9,4 12,0 8,5	29,54 29,54 29,56	calme. N. E. faible. id.	nuageux. id. pluie.	
31 mardi.	matin. midi. soir.	9,4 12,5 9,3	29,58 29,58 29,58	calme. id. id.	clair. id. id.	

RÉSUMÉ

DES

OBSERVATIONS METEOROLOGIQUES

FAITES AUX ILES SANDWICH

PENDANT LES ANNÉES 1837, 1838 ET 1839,

PAR M. LE DOCTEUR ROOKE.

Le savant docteur Rooke, qui se livre avec tant de zèle à la pratique des observations météorologiques aux iles Sandwich dans l'océan Pacifique, nous a fait l'honneur de nous communiquer, par l'intermédiaire de M. le contre-amiral Du Petit-Thouars, commandant des forces navales de France dans l'Océanie, les résultats moyens de ses travaux pour les 12 mois de 1837, pour les 6 premiers mois de 1838 et pour les 7 premiers mois de 1839. Nous donnons ici ces résultats avec confiance, persuadés qu'ils seront bien accueillis par les savants qui s'occupent de la physique du globe. Le point qu'occupe M. le docteur Rooke est en effet très-important par sa position isolée au milieu du grand Océan.

La cuvette du baromètre est élevée de 33 pieds anglais au-dessus du niveau de la mer, et l'erreur du baromètre est de + 0,025, ainsi qu'il résulte d'une note jointe à l'un de ces tableaux.

GENERAL TABLE

OF METEOROLOGICAL OBSERVATIONS

AT HONOLULU,

BY T. CHAS. — BYDE ROOKE, F. R. C. S.

Honolulu is in latitude 21°48 North.—And longitude 158°4' West.

FROM JANUARY 1, TO JULY 1, 1837.

		January.	February.	March.	April.	May.	June.
Barometer...	Average height at 7. A. M.	29,970	30,076	30,098	30,128	30,109	30,093
	Average height at 2. P. M.	30,006	30,030	30,057	30,092	30,085	30,061
	Average height at 10. P. M.	30,013	30,060	30,087	30,117	30,097	30,085
	Maximum.	30,143	30,160	30,180	80,200	30,240	30,200
	Minimum.	29,873	29,960	29,850	29,980	30,020	29,960
	Range.	00,270	00,200	00,330	00,220	00,220	00,240
Farenheit thermometer.	Average at 7. A. M.	67,9	71,1	69,6	72,1	73,4	76,1
	Average at 2. P. M.	76,6	77,7	76,6	78,4	80,2	81,9
	Average at 10. P. M.	71,3	72,7	72,4	73,7	75,0	77,5
	Maximum.	80	81	79	80	82	84
	Minimum.	61	66	65	71	71	75
	Mean.	71,9	73,5	72,0	75,5	76,5	79,5
Winds........	Trade. Days.	10	22	19	30	30	29
	Southerly. Days.	14	4	6	0	1	0
	Variable. Days.	7	2	6	0	0	1
Weather......	Fine. Days.	24	19	22	25	29	21
	Rainy. Days.	3	3	2	4	1	3
	Variable. Days.	4	6	7	1	1	6
	Rain during the Month. Inches.	2,0	1,7	2,5	1,2	0,9	1,4

FROM JULY 1, 1837, TO JANUARY 1, 1838.

		July.	August.	Septemb.	Octob.	Novemb.	Décemb.	Aver. of the year.
Barometer.	Average height at 7 A. M.	30,115	30,077	30,095	30,116	30,070	30,124	30,128
	Average height at 2 P. M.	30,095	30,066	30,060	30,076	30,029	30,072	30,060
	Average height at 10 P. M.	30,107	30,087	30,097	30,120	30,071	30,115	30,090
	Maximum	30,185	30,145	30,175	30,205	30,225	30,235	30,191
	Minimum	30,045	30,055	30,005	30,025	29,905	29,925	29,955
	Range	00,140	0,090	00,170	00,180	00,320	00,310	00,225
Farenheit thermometer.	Average at 7 A. M.	76,4	76,9	76,5	74,8	72,7	69,9	73,1
	Average at 2 P. M.	81,5	82,8	83,0	80,6	77,9	76,5	79,5
	Average at 10 P. M.	77,3	78,1	77,0	76,0	73,8	71,1	74,8
	Maximum	84	84	85	83	81	79	82
	Minimum	75	75	75	71	69	66	70
	Mean	79,5	79,5	80,0	77,0	75,0	72,5	77,3
Winds.	Trade. Days	28	30	29	26	19	23	295
	Southerly. Days	1	0	1	4	7	6	44
	Variable. Days	2	1	0	1	4	2	26
Weather.	Fine. Days	21	22	29	28	18	27	285
	Rainy. Days	7	3	1	1	8	1	37
	Variable. Days	3	6	0	2	4	3	43
	Rain during the month. Inches	2,8	2,0	0,7	0,4	4,5	1,0	21,1

FROM JANUARY 1, TO JUNE 31, 1838.

		January.	February	March.	April.	May.	June.
Barometer...	Average height at 7. A. M.	30,060	30,016	30,105	30,127	30,149	30,085
	Average height at 2. P. M.	30,028	29,970	30,064	30,095	30,139	30,040
	Average height at 10. P. M.	30,054	30,005	30,095	30,140	30,162	30,090
	Maximum	30,185	30,165	30,195	30,215	30,245	30,175
	Minimum	29,965	29,855	29,950	30,015	30,005	29,925
	Range	00,220	00,310	00,145	00,200	00,240	00,150
Farenheit thermometer.	Average height at 7. A. M.	69,3	71,2	62,0	71,5	73,2	75,5
	Average height at 2. P. M.	75,6	75,3	75,1	76,7	80,3	81,7
	Average height at 10. P. M.	71,5	72,1	72,5	72,8	75,5	77,7
	Maximum	78	78	81	80	83	84
	Minimum	68	68	69	68	71	73
	Mean	73,0	73,0	75,0	74,0	77,0	78,5
Winds	Trade, Days	21	20	22	29	25	20
	Southerly, Days	5	3	3	1	5	7
	Variable, Days	5	5	6	0	1	3
Weather	Fine, Days	25	18	21	27	28	17
	Rainy, Days	3	6	4	1	1	3
	Variable, Days	3	4	6	2	2	10
Rain	Rain during the Month, Inches	0,8	8,5	2,1	1,0	0,5	2,5

FROM JANUARY 1, TO JULLY 31, 1839.

		January.	February	March.	April.	May.	June.	July.
Barometer.	Average height at 7 A. M.	30,035	30,026	30,115	30,145	30,150	30,090	30,105
	Average height at 2 P. M.	30,005	29,964	30,095	30,105	30,125	30,070	30,090
	Average height at 10 P.M.	30,045	30,015	30,135	30,145	30,145	30,090	30,115
	Maximum.	30,185	30,180	30,165	30,215	30,230	30,200	30,180
	Minimum.	29,865	29,680	30,045	30,045	30,050	29,930	30,030
	Range.	0,320	0,500	0,120	0,170	0,180	0,270	0,150
Farenheit thermometer.	Average height at 7. A M.	70	67	71,5	72	74	75	77
	Average height at 2. P M.	75	74	76	77	78	79	81
	Average height at 10. P M.	71	77	72	73	76,5	75	77,5
	Maximum.	77	70	70	78	80	84	84
	Minimum.	63	60	77	70	71	73	75
	Mean.	72	68	73,5	74	74,5	78,5	79,5
Winds.	Trade, Days.	11	18	24	28	29	20	29
	Southerly, Days.	12	10	6	2	1	7	0
	Variable, Days.	8	0	1	0	1	3	2
Weather.	Fine, Days.	27	22	21	25	24	25	24
	Rainy, Days.	3	4	7	2	1	3	4
	Variable, Days.	1	2	3	3	6	2	3
	Rain, during the Month, Inches.	4,5	3,2	6,5	2,2	0,8	1,8	2,7

FIN.

ERRATA

DU TOME QUATRIÈME DE LA PARTIE PHYSIQUE.

PAGES.	DÉSIGNATION.	ERREURS.	CORRECTIONS.
116	4 octobre, 4 h. du soir; différence en latitude.	N. 7' 00"	S. 3' 18"
128	3 janvier, 8 h. 2ᵐ. du matin ; longitude moyenne.	104°52' 25"	104°52' 55"
145	1ʳᵉ colonne ; sommet de l'île.	Guara.	Guaza.
151	2ᵉ colonne ; la plus grande des Roches Aligos.	37+7	27+7
158	Sommet Est de l'île Chatam.	278+7	278+7 ?
192	2ᵉ colonne : suite du 1ᵉʳ.	novembre.	décembre.
215	4ᵉ ligne.	oblévées.	observées.
265	18 octob. 1838, 5 h. du soir . hauteur du baromètre à 0.	760,40	762,40
272	5 décemb. 1838, 11 h. du soir : hauteur du baromètre.	768,8	768,7
307	Dans la colonne des lieux , en place de : Sort de la région tropicale, il faut : d'Acapulco à Valparaiso.		
Id.	A la date du 24 février, dans la colonne des lieux il faut mettre : Sorti de la région tropicale.		
309	Dates.	1837.	1838.
Id.	Au 19 mars, latitude.	32° 02	33 02
310	Le 4 avril, températures de l'air, minimum.	13°,6	14,6
311	Le 23 avril, colonne des vents.	E. SE.	ESE.
319	Dans la colonne des lieux , en place de : A Résolution-Bay ou madre de dios, il faut : Dans les îles Marquises.		
336	Le 8 mai, colonne des vents.	SE. SE. S.	SSE. SE. S.
Id.	Le 9 mai, colonne des vents.	SE. SE. SSE.	S. SE. SSO.
342	5ᵉ ligne de la 2ᵉ remarque.	27 janvier.	2 janvier.
350	Il faut ajouter au bas de cette page :		

Dates.	Latitude.	Longitude.	Températ.	Remarques.
26 janv. 1839.	36° 44 S.	117 54 E.	19,3 17,5 18,6	Courant froid sur la côte O. de la Nouv.-Hollande.
2 février 1839.	37° 07 S.	111 24 E.	17,5 16,7 17,1	
8 février 1839.	28 42 S.	102 08 E.	21,6 20,5 21,2	Courant froid sur la côte O. de la Nouv.-Hollande.
11 février 1839.	27 47 S.	97 58 E.	24,0 22,1 23,1	

PAGES.	DÉSIGNATION.	ERREURS.	CORRECTIONS.
352	Le 7 février 1839, ajouter à la suite de la remarque : (courant froid).		
379	Ligne 13	minimum.	maximum.
Id.	Ligne 14.	eau.	air.
381	2ᵉ tableau, dates.	janvier.	mai.
385	Dernière ligne.	ou	on.
388	Le 23 mai, température à la surface.	19°,9	17°,9
389	Le 15 mars 1839, latitude.	39° 51 S.	29°51 S.
Id.	Le 24 mai 1839, profondeurs verticales en brasses.	1130 ? 970	1130 970 ?
401	Températures, 1ʳᵉ ligne.	surtout.	sortant.
422	Pression barométrique, 2ᵉ ligne.	6 jours.	9 jours.
432	Observations de Pétropawlowski, 2ᵉ ligne, à midi 30'.	4' 27"	4' 28"
Id.	id. id. à midi 45'.	4' 28"	4' 27"
435	Valparaiso , 9 h. 30, 1ᵉ ligne.	—0' 25"	—0' 05"
Id.	id. 10 0, 2ᵉ ligne.	+0' 00"	+0' 02"

Cet ouvrage formera 10 volumes grand in-8° de 500 pages, imprimés sur beau papier grand raisin vélin, et cartonnés. Et un ATLAS contenant 190 planches in-folio, sur très-beau papier demi-jésus vélin, publié par livraisons de 6 ou 5 planches, et 20 cartes hydrographiques sur grand aigle vélin.

DIVISION DE L'OUVRAGE :

RELATION DU VOYAGE par M. Du Petit-Thouars. 4 volumes cartonnés et un atlas composé de 70 planches lithographiées, représentant des panoramas, des vues pittoresques, des costumes, etc., exécuté par les meilleurs artistes, et d'une grande carte générale du monde, sur laquelle est tracé l'itinéraire du voyage. Ces planches sont tirées sur papier de Chine ou à plusieurs teintes; la carte et les costumes sont coloriés avec le plus grand soin, 12 livraisons.

HISTOIRE NATURELLE. 1 volume cartonné et 110 planches gravées.
ZOOLOGIE. 80 planches tirées en couleur et soigneusement retouchées au pinceau, 15 livraisons.
BOTANIQUE. 30 planches tirées en noir pour les phanérogames, et tirées en couleur et soigneusement retouchées au pinceau pour les cryptogames, 6 livraisons.

Le texte sera rédigé par MM. Ad. Brongniard, Decaisne, Gaudichaud, Isidore Geoffroi Saint-Hilaire, Guillemin et Valenciennes.
Les planches seront gravées d'après les dessins de MM. Blanchard, Borromée, Oudart, Riocreux, Werner, etc.

PHYSIQUE ET HYDROGRAPHIE, par M. de Tessan, ingénieur-hydrographe de la marine. 5 volumes cartonnés.
Observations faites à la mer, 2 volumes.
Observations faites à terre, 2 volumes.
Considérations générales, 1 volume.
L'hydrographie sera complétée par un atlas composé de 19 cartes nouvelles et 15 vues de côtes, sur papier grand aigle, qui formera environ 4 livraisons.

PRIX pour les souscripteurs à tout l'ouvrage :

Chaque livraison de l'Atlas, 12 fr. 50.
Chaque volume cartonné, 9 fr.

CHAQUE PARTIE SE VEND SÉPARÉMENT.

LA RELATION DU VOYAGE. 4 vol. in-8, brochés, avec une carte générale du monde.	32 fr.
L'ATLAS PITTORESQUE, 12 livraisons.	150 fr.
LA ZOOLOGIE. 1 demi-volume et 10 livr. de planches.	217 fr.
LA BOTANIQUE. 1 demi-volume et 6 livr. de planches.	97 fr.
LA PHYSIQUE. 5 volumes.	50 fr.
L'ATLAS HYDROGRAPHIQUE.	58 fr.
LA CARTE GÉNÉRALE, sur grand aigle, coloriée.	4 fr.
— — en noir.	2 fr.

Imp. d'A. SIROU, rue des Noyers, 37.

www.ingramcontent.com/pod-product-compliance
Lightning Source LLC
Chambersburg PA
CBHW050245230426
43664CB00012B/1833